헌정회복을 위한 헌법학자회의 활동보고서

2024.12.25 ~ 2025.7.28.

차례

권두언

김선택

고려대 법전원 명예교수, 헌정회복을 위한 헌법학자회의 공동대표

2024년 12월 3일부터 현재까지 지난 8개월은 헌법학과 헌법학자가 존재의 이유를 증명해야 하는 시간이었습니다.

되돌아 보면, 1961년 5·16 군사쿠데타, 1972년 10월 유신 친위 쿠데타, 그리고 다시 1979.12.12~1980년 5.17의 군사쿠데타는 헌법 뿐만 아니라 헌법학이 그 존재를 부정당한 역사적 사건들이었습니다. 이 역사의 고비마다 헌법과 헌법학은 제대로 저항 한 번 못하고 무릎을 꿇었습니다. 헌법이 권력의 통제를 사명으로 하고 헌법학은 이러한 헌법의 사명을 강화하는 것을 과제로 하는 것인데...... 참으로 참담하고 부끄러운 시대였습니다. 한국헌법학은 제 역할을 못한 과거에 대한 통절한 반성을 기초로 다시 세워져야 했습니다.

그런데 12·3 내란의 밤, 우리 헌법학과 헌법학자들은 굴종의 과거를 답습할 것인가 아니면 '배운 대로 살 것인가'를 선택할 기로에 섰습니다. 현직 대통령이 자신에게 권력을 위임한 주권자국민의 신임을 완전히 배신하여 국민의 군대를 자신의 사병인양 동원하여 헌정을 무너뜨리고 영구독재정권수립을 기도한 것입니다. 이 무자비한 폭력의 위협 앞에서 우리 헌법학자들은 굴하지도 회피하지도 않았습니다. 오히려 헌법을 부정하고 파괴하는 세력에게 진실을 덮을 포장지식을 공급하였던 부끄러운 과거와 결별

하는 결단을 내렸습니다.

12월 3일 밤 국회의사당으로 달려갔던 시민들, 금년 1월 초 매서운 추위와 폭설에도 불구하고 은박담요를 둘러쓴 채 거리에서 밤을 지새운 키세스 시위대, 시대의 암흑을 희망의 빛으로 바꿔놓은 응원봉 시위대를 비롯, 무너진 헌정질서 회복을 '한 목소리로' 외친 대다수 국민들과 우리 헌법학자들은 기꺼이 함께 동행했습니다.

헌법을 파괴하고 자유민주적 기본질서를 유린한 내란세력에 맞서서 우리 국민들은 헌법에 의해 보장된 평화적이고 합법적인 방법과 절차를 통하여 헌정의 위기를 극복해왔습니다.

이 극복의 과정 가운데 2024년 12월 25일 우리 헌법학자들은 '헌정회복을 위한 헌법학자회의'를 구성하여 역사의 부름에 응했습니다.

객관적인 진리탐구를 본업으로 하는 학자들의 정치참여에는 한계가 있어야 할 것입니다. 그러나 이번 12.3사태는 헌법 자체를 부정하는 것이었으므로, 헌법학자들에게도 자신들의 존재가 부정당하는 상황으로 인식되었습니다. 과거 독재에 부역했던 어용학자들이 자신들의 반헌법적 행동을 '정치참여'로 호도했던 상황과는 질적으로 다른 상황이었습니다. 그들은 헌법의 적의 편이 됨으로써 스스로도 헌법의 적이 되었습니다. 우리는 헌법의 적과 맞서 싸우는 길을 선택했습니다.

감히 말씀드려도 된다면, 우리는 헌법학과 헌법학자들에게도 '헌법의 수호자'로서의 역할이 있다는 것을 증명해냈습니다. 저는 공동대표의 한 사람으로서 우리 '헌정회복을 위한 헌법학자회의' 구성원이신 110여명 헌법학자 한 분 한 분을 모두 자랑스럽게 생각하며, 여러분 모두에게 깊은 존경과 감사를 드립니다. 여러분이 이번에 수립한 레거시(legacy)가 후배들에게도 준범으로 작용하여 우리 헌법과 민주주의에 다시 위기가 닥치는 날 그들도 우리와 같이 용감하게 나서서 우리 헌법과 민주주의를 지켜낼 수 있을 것입니다.

이 자리를 빌어 특히 감사를 드려야 할 분들이 있습니다. 상임실행위원 김종철교수님과 각 지역 대표 실행위원님들을 비롯하여 총괄간사 심우민 교수님, 기획간사 이세주 교수님, 학술간사 윤정인 교수님, 재무간사 김연식 교수님, 홍보간사 이황희 교수님 등 간사진에게 특별한 감사를 드립니다. 우리 '헌정회복을 위한 헌법학자회의'가 이룬 성과가 있다면 그것은 오로지 이 분들의 헌신적인 노력 덕분입니다. 또한 대통령탄핵심판을 진행 중이던 헌법재판소에 제출할 의견서 작성을 위해 혼신의 힘을 다해 애써 주신 정태호 교수님, 허완중 교수님, 강일신 교수님, 배정훈 교수님, 이재희 교수님의 수고도 잊을 수 없습니다. 다시 한 번 깊이 감사드립니다.

자랑스러운 '헌정회복을 위한 헌법학자회의'의 구성원이신 동료 헌법학자 여러분,

오늘은 지난 8개월간의 수고에 대해서 서로 위로하고 격려하는 자리일 뿐만 아니라 아직도 진행 중인 헌정회복과정을 예의 주시하면서 우리가 헌법학자로서 대한민국 헌법과 민주주의의 안정과 발전을 위하여 더 열심히 연구하고 더 열심히 토론하기로 마음을 다잡는 날이 되길 바랍니다.

여러분이 자랑스럽습니다.

감사합니다.

2025년 7월 28일

권두언

전광석

연세대 법전원 명예교수, 헌정회복을 위한 헌법학자회의 공동대표

2024년 12월 3일 대통령이 비상계엄을 선포하였다. 우리나라에서 마지막으로 비상계엄이 선포되고 해제되었던 때가 1979년과 1981년이었고, 이는 45년 전이니까 많은 국민에게 비상계엄은 낯설은 것이었으리라. 45년 전 이를 직접 경험한 우리 세대의 충격은 컸다. 현상적으로는 당장 내일, 즉 12월 4일 아침 계엄군과 시민의 유혈적 대립이 끔찍하게 그려졌다. 민주화의 원년이었던 1987년, 그리고 이후 40년 동안 가꾸어 온 헌정이 일시에 무너지는 장면이 우리 역사의 현장이 아닌 듯했다. 세계에 유례가 없이 산업화와 민주화, 그리고 선진화를 이루었다는 국민적 성취감과 자존감이 사실은 이렇게 허약한 것이었나, 불가역적(不可逆的)이라는 판단을 그렇게 쉽게 하는 것이 아니구나 하는 생각도 들었다. 실제 우리나라는 국제사회에서 결핍민주주의로 분류되기도 하였다.

비상계엄이 선포된 직후의 언론을 통해 접하는 국회 주변의 장면은 그나마 위로가 되었다. 시민은 한밤중에 국회 인근에 신속히 집결했고, 국회를 장악하려는 계엄군과 직접 부딪쳤다. 그러면서 부당하고 불법적인 명령을 받아 어리둥절한 상태에 있는 군경의 심정적 공감을 이끌어냈다. 국회가 즉시 소집되어 헌법의 절차에 따라 계엄의 해제를 요구했다. 이를 두고 다음 날 국내외 언론은 한국 민주주의의 충격적 붕괴에 놀라워 하면서도,

또 그 회복력을 경탄하였다. 그러나 헌정은 순식간에 붕괴되고 헌법과 국민 의식은 상처를 입었지만 회복, 즉 비상계엄이 해제된 후 상황을 정상화하고 또 청산하는 일은 그렇게 간단하지 않았다. 정상화의 과정에서 그동안 헌법과 헌법학에서 예기치 못했던 문제가 발생했고, 부분적으로는 시대정신에 훨씬 미치지 못하는 헌법 지식과 의식 수준을 경험하기도 했다.

비상계엄의 시간을 경험하면서 우리의 헌정과 민주주의는 공고하다기보다 취약했고, 정상으로의 회복을 더디게 하는 여러 장벽이 있었다. 비상계엄이라는 오래된, 그동안 시야에서 벗어나 있던 소재(素材)가 다시 연구의 대상이 되어야 했고, 비상계엄이 해제된 이후 정치적 셈법에 따라 여러 문제가 혼란스럽게 제기되었다. 그런데 이 모든 일은 처음부터, 그리고 포괄적으로 헌법문제였다. 헌법지식의 외피를 쓰고 비상계엄을 왜곡하여 설명하거나 문제의 중대성을 축소시키는 정치적 움직임도 있었다. 12월 7일 국회에서 대통령의 위헌적 비상계엄 선포를 사유로 하여 상정된 단핵의결안은 여당 국회의원들이 회피하여 표결이 이르지 못한 것은 너무 반헌법적(反憲法的)이었고, 시민과 공직자의 인식의 차이가 너무 컸다는 것은 새삼 뼈저렸다. 언론도 중심을 잡지 못하고 있었다. 공직자와 언론의 도움을 받지 못하는 시민들이 사태를 올바르게 바라보고, 경우에 따라서는 행동하기 위하여 헌법적 지식이 필요했다. 이에 헌법학자들은 사태를 판단하는 준거인 헌법의 지식을 우리 사회에 전달하기 위하여 12월 말 '헌정회복을 위한 헌법학자회의'를 시작하였다. 이는 일종의 지식인 운동으로서 일반적인 학술활동과는 달라야 했다. 처음 활동을 시작할 때 생각했던 것보다 훨씬 많은 정치적 퇴행이 있었고, 그때마다 헌법학자회의의 역할이 필요했다. 그리고 올해 4월 4일 헌법재판소가 재판관 전원 일치로 대통령 탄핵을 결정하면서 우리 모임의 역할도 우선은 끝났다.

우리 모임을 시작하면서 사건이 발생한 시점에 이를 경험한 헌법학자들의 관점과 활동을 기록으로 남겨야 하겠다는 생각이 있었다. 최고공직자의 반헌법적 사고와 행동이 순식간에 헌정질서를 흩트렸지만, 헌정질서를 회복하는 절차와 방법은 점진적이며 인내를 필요로 한다. 이때 작용하는 헌법적 준거와 그에 대한 공론을 객관적으로 서술하여 기록으로 남겨야 했다. 이는 12월 3일 이후 약 4개월 동안의 헌정의 역사를 충실히 이해하는 사료(史料)가 될 것으로 기대한다.

권두언

이헌환

아주대 법전원 교수, 헌정회복을 위한 헌법학자회의 공동대표

지난 2024년 12월 3일부터 올해 2025년 6월 3일까지 정확히 6개월의 기간 동안 우리나라는 극심한 혼란과 한치 앞을 알 수 없는 암흑의 시기를 지나왔습니다. 45년 전에 있었던 계엄선포라는 기이한 정치행위가 다시 눈앞의 현실에서 벌어지는 것을 생방송으로 지켜보는 것은 꿈에서라도 예상하지 못했던 충격적 사실이었습니다. 우리 사회가 20세기를 지나오는 동안 형성된 지배적 세력들 중에서 검찰세력이 일부 군부세력 및 일부 종교세력과 결탁하여 국민주권을 배제하고 자의적 권력을 실현하고자 도모한 것이 바로 지난 12·3 내란사태였습니다.

하지만 더더욱 놀라운 것은 그 위기의 순간 우리 공동체 구성원들이 보여준 모습들이었습니다. 누구랄 것도 없이 곧바로 국회 앞으로 달려가고, 완전무장한 군인들 앞에서 용감히 총부리를 맞잡아 그들을 저지하며, 전진하려는 차량들을 온몸으로 가로막아 무력화시키고, 국회를 침탈하려는 군인들을 막아서며 온갖 장애물을 동원하여 본회의장을 사수하려는 국회 보좌진들과 직원들의 용기와 행동들이 고스란히 생생하게 전세계로 전파되었습니다. 국회를 향해 출동하던 군인들을 강북에서 움직이지 못하게 명령한 지휘관의 목숨건 명령불복종 행동과 세계최강의 전력을 가졌음에도 국민들을 향해서는 손끝 하나 다치지 않게 하려는 득수부대 요원들의 지혜롭

고 용기있는 움직임들은 이 나라가 결코 과거의 방식에 익숙해져 있는 일부 정치인과 군인들의 손아귀에 좌지우지되지 않는다는 것을 절실히 보여주었습니다.

한평생을 헌법학을 공부하면서, 앞서 있는 유럽과 선진국의 헌법이론을 머리로만 알고 있었던 필자는, 눈앞에 펼쳐진 현실을 설명하고 많은 이들에게 이떤 것이 헌법적으로 타당한지에 관하여 말하지 않으면 안된다는 강박적 의무감이 들었습니다. 45년 이전의 엄혹한 시절을 경험하면서 무언지 모르게 위축되고 비틀렸던 경험적 의식과 그로 인해 아무 것도 할 수 없었던 젊은 날의 부채감을 벗어버릴 수 있는 좋은 기회일 수 있겠다는 생각이 머리를 스쳤습니다.

12월 3일 바로 다음날부터 숱한 언론사 기자들의 전화와 자문, 방송출연 요청 등을 받으면서, 우리 공동체가 결코 무도한 자들의 사실적 힘에 끌려가서는 안된다고 목소리 높여 부르짖었습니다. 200명이 넘는 기자들과 때로는 한 시간 넘게 설명하고 이해시키며 무엇이 바른 길인지를 공감하도록 하고자 애썼습니다.

20여 일이 지나면서, 연세대 김종철 교수의 제안으로 개인적 차원이 아니라 집단적 차원에서 헌법학자들이 목소리를 내어야 한다는 절박한 현실의 요구를 담아 '헌정회복을 위한 헌법학자회의'를 결성하고 세상을 향해 열심히 부르짖기 시작했습니다.

어언 6개월이 지나면서 새 정부가 출범하고 6개월 간의 내란사태에 대한 단죄의 시간이 이어지고 있습니다. 이제 더 이상 20세기적인 미개함이 우리 사회를 구렁텅이에 몰아넣지 못하도록 철저히 사태를 조사하고 그에 걸맞는 처벌이 이루어지기를 간절히 소망합니다.

이제 지난 6개월여의 기간 동안 전개되었던 '헌법학자회의'의 눈부신 활동들을 정리하는 시간을 맞이하면서, 필자는 헌법학이 교과서에만 머물러 있지 아니하고 우리 공동체 구성원들의 의식과 생활 속에서 생생히 살아 움직이는 것임을 다시 한번 깨닫게 되었습니다. 더 나아가 지난 6개월여 기간 동안의 우리의 경험들이 바람직한 공동체를 만들고자 애쓰는 많은 다른 나라의 모범사례로 될 수 있을 것으로 기대합니다.

이제 다시 학자이자 연구자라는 자리로 돌아가서, 지난 6개월여 기간에 대한 냉철한 분석과 이해에 힘을 쏟아야 하는 때가 된 듯합니다. 지난 20세기 동안 민주주의와 법치주의의 선진국들에 대하여, '우리도 그들처럼' 되고자 하여 그들을 열심히 배우고 본받고자 애썼습니다. 2025년을 계기로 하여 이제는 '그들도 우리처럼' 되고자 하는 시절이 눈앞에 전개되고 있습니다. 전 세계에 'K-Boom'이 나타나고 있습니다. 헌법학도 그 대열에 함께 해야 할 것입니다.

이제 6개월여의 경험을 정리하여 후학들에게 참고할 수 있도록 제공하고 그들이 시대를 정리하고 바람직한 인간공동체의 길을 제공하는 큰 선구자가 되기를 기대해 봅니다. 후학들의 연구성과들은 아마도 '탈아입구(脫亞入球), 범인류공영(凡人類公營)(Beyond Asia into Globe, for the Prosperity of Pan-Human beings)'의 시대로 나아가는 데에 자그마한 기여를 할 수도 있을 것입니다.

감사와 찬양은 당연히 우리 공동체 구성원들 전체에 주어져야 합니다.

우리 국민 여러분! 감사하고, 감사하고 또 감사합니다.

더불어, 뜻을 같이 한 우리 '헌법학자회의'의 참여자 여러분께 한 시대를 같이 한 동료로서 너무도 감사하고, 또 감사합니다.

2025년 을사년이 새 시대를 향한 출발점이 되기를 기대하면서...

이 헌 환 識.

제1장

창립

I

2024년 12월 3일 전후

1. 12월 3일

이날 밤 늦은 시간 대통령이 비상계엄을 선포하였다. 이어서 계엄사령부 포고령이 발표되었다. 이에 따르면 비상계엄은 반국가세력이 대한민국의 체제를 전복하는 위협으로부터 자유민주주의를 수호하는 목적을 갖는다. 국회 등의, 그리고 일체의 정치활동을 금하고, 언론과 출판은 계엄사의 통제를 받는다. 계엄포고령을 위반한 자는 영장없이 체포·구금할 수 있고, 이를 위반한 자는 계엄법에 의하여 처단한다. 이탈 전공의를 처단한다는 엉뚱한 내용도 있었다. 반국가세력 등 체제전복 세력이라는 표현은 거슬러 올라가서 1970년대를 연상시켰다. 민주화와 산업화 및 선진화를 동시에 이룬 유일한 나라의 국민이라는 우리의 성취감과 자존감은 순식간에 무너졌다. 헌정의 역사를 45년 전으로 되돌리는 난(亂)은 그 자체로 자괴감을 일으켰으며, 비상계엄을 전후하여 대통령, 국무회의, 계엄지휘부가 허둥대는 장면은 희화적이었다.

다음 두 장면이 이어졌으며, 위안이 되었다. 먼저, 비상계엄선포에 대한 국회의 헌법에 따른 대응은 신속했다. 다음 날 오전 1시 즈음 국회는 계엄의 해제를 의결하고 비상계엄은 약 6시간 만에 해제되었다. 다음, 시민의 의식과 언동은 1987년 이후 민주화와 민주주의는 불가역적(不可逆的)이라는 자칫 꺼져버릴 수 있는 신념을 확인시켜 주었다.

곧바로 헌법보호장치인 탄핵이 의제(議題)가 되었다. 우리는 이미 두 차례에 걸쳐 대통령에 대한 국회의 탄핵소추와 헌법재판소의 탄핵심판을 겪은 바 있다. 한번은 기각되었고, 또 한번은 인용되었다. 그런데 이번 정치적 상황은 이전과는 크게 달랐다. 비상계엄의 선포와 계엄포고령, 비상계엄 중의, 그리고 이어지는 계엄당국의 조치는 모두가, 그리고 직접적으로 헌법문제들이었다. 이러한 특수한 상황이 헌법학자에게 짐이 되었고, 할 일을 찾게 하였다. 이는 시급했다. 비상계엄이 남긴 문제가 계속 헌정의 정상화에 걸림돌이 되었으며, 헌정은 한 순간에 무너졌지만 이를 다시 회복하는 과정은 더디고 혼란스러울 수도 있었다. 정치권의 행보는 부분적으로 바르지 않았다. 우리 사회에 이에 관한 헌법지식을 충실히 전달하는 것이 우선 필요했다. 그렇지 않으면 공론은 소모적으로 진행될 수도 있었다.

2. 12월 3일 이전

12월 3일 이전에 도대체 우리 사회가 어떠한 상황에 있었길래 대통령이 누구도 예측할 수 없는 비상계엄의 선포를 감행했을까? 비상계엄에 대한 헌법적 담론은 이로부터 시작되어야 했다. 1987년 헌법에서 대통령을 선출하는 국민적 정당성과 국회를 구성하는 정당적 정당성이 간극을 보여 빈번하게 국회에서 여소야대의 정당구도가 나타났다. 때로는 국회와 정부가 극한적으로 대립하였다. 그러나 그때마다 많은 헌법적 및 정치적 비판을 받기는 했지만, 정치적 기지(機智)가 발휘되어 헌정이 궤도를 유지할 수 있었다. 집권당과 야당이 헌법구도에서 각자의 역할을 벗어나지는 않았다. 사실 대통령중심제에서 여소야대의 정당구도는 얼마든지 나타날 수 있으며, 그 정도를 벗어났다고 하더라도 이는 어디까지나 정치의 문제이다.

2022년 5월 출범한 윤석열 정부에 와서 상황은 크게 달라졌다. 정부는 국회와의 협력을 회피하였다. 야당의 대표가 선거법 위반을 이유로 기소되었다는 사실은 헌법의 기능에 관한 문제가 아니라 법원의 재판에 맡겨진 과제였다. 즉 이 점이 헌정의 정상적인 진행을 저해하는 요소는 아니다. 2022년 이후 헌정이 극단적인 대립으로 인하여 기능하기 어려운 것은 사실이었다. 우리 헌법사에서 이례적으로 빈번하게 대통령의 법률안 거부권이 행사되었다. 국회는 예외적인 헌법보호제도인 탄핵소추를 계속 의결하였다. 그러나 이를 헌법의 치명적 결함, 정부의 위기 혹은 비상사태라고 할 수는 없다. 이는 정치문제이고, 그래서 정치적 위기라 하더라도 어디까지나 정치과정에서 그 해법이 모색되어야 했다. 우리 사회가 그러한 능력이 없다면 어떠한 정부형태, 어떠한 제도로도 헌정의 정상은 유지될 수 없다.

비상계엄이 해제된 후 헌정을 회복하는 데 있어서 우리 사회의 이목(耳目)은 헌법재판소에 모아졌다. 그런데 그 당시 헌법재판소는 정상적으로 운영될 수 없는 상황에 있었다. 2024년 10월 17일 3명의 헌법재판관(김기영, 이종석, 이영진)이 임기가 만료되어 퇴임하였다. 헌법재판의 심리와 결정을 위해서는 7명 이상의 재판관이 참여하여야 한다. 헌법소원심판에서 가처분 신청과 결정에 의하여 이러한 장애는 극복되었지만(헌재 2024.10.14. 2024헌사1250), 여전히 6명의 재판관이 참여하여 심판을 결정할 수는 없었다. 여기에 더하여 2명의 헌법재판관(문형배, 이미선)이 2025년 4월 18일 퇴임할 예정이었다. 이러한 헌법재판소 구성의 공백을 메우는 문제가 비상계엄선포 이후의 헌정과 헌정의 회복에 어떠한 영향을 줄지, 어떠한 헌법문제로 발전할지를 미리 내다볼 수는 없었다. 그런데 실제 이 문제는 예상치 못하게 대통령 탄핵심판에 있어서 핵심적인 정치적 의제가 되었다. 이 문제를 둘러싸고 우리 사회는 구심점을 갖지 못했고, 일부 헌법 지성과 언론도 혼돈을 가중시켰다. 그만큼 헌법학자회의가 단단한 헌법논리를 제공하여야 했다.

3. 12월 3일 이후

비상계엄이 헌법에 정한 발동요건을 갖추지 못하였다는 점은 적어도 대부분의 헌법학자들이 보기에는 뚜렷했다. 먼저, 비상계엄은 이를 발동하기 위한 실질적인 요건을 갖추지 못했다. 계엄포고령에 나타난 계엄조치, 특히 국회의 기능을 정지시키고 중앙선거관리위원회를 수색하는 조치는 헌법 및 계엄법에 의하여 허용되는 것이 아니었고, 또 과잉 조치였다. 국회의 기능을 정지하는 조치는 국회 해산에 다름 없었다. 1972년 헌법과 1980년 헌법과는 달리 현행 우리 헌법은 대통령에게 이러한 권한을 부여하지는 않았다. 비상계엄은 위기 상황을 정상으로 회복시키기 위한 목적을 가져야 한다. 그런데 12·3 비상계엄은 헌정을 정상으로 회복하는 것이 아니라 새로운 권위주의체제를 수립하고자 했다. 부총리에게 전달되었다는, 비상입법기구를 설치하기 위하여 필요한 예비비를 확보하라는 대통령의 메모가 이를 확인시켜 주었다. 국무회의의 심의, 국무총리와 관계 국무위원의 부서와 같은 비상계엄의 선포를 위하여 거쳐야 하는 헌법상의 절차가 지켜지지 않았나.

비상계엄의 선포를 대통령의 통치행위로서 포괄적으로 정당화할 수는 없다. 사법심사의 대상에서 제외되는 통치행위는 헌법해석론과 헌법이론적으로 인정되지 않으며, 판례 역시 다르지 않다. 1972년 헌법이 긴급조치와 비상계엄의 선포를 사법심사의 대상에서 제외하였는데 1980년 헌법, 그리고 현행 헌법이 이 규정을 삭제한 것은 이러한 대통령의 권한 행사가 사법심사의 대상이 되어야 한다는 헌법적 의지였다. 해묵은 통치행위론을 다시 꺼내어 계엄선포를 정당화하는 입장이 있었지만, 그러면 우리는 1972년 헌법으로 되돌아가야 한다는 것인가 하는 질문을 하고 싶었다. 헌법 및 법률, 특히 계엄법, 그리고 논란의 여지가 있지만 형법의 내란죄에 위반하여 발동된 비상계엄은 대통령 탄핵의 사유에 해당했다. 국회가 비상계엄의 해제 요구를 의결하고 비상계엄이 해제된 후, 곧이어 대통령의 위헌·위법행위에 대한 사법적 청산이 필요했다. 국회는 재적의원 과반수의 찬성으로 탄핵소추를 발의하였다. 실제 국회는 비상계엄의 해제를 의결한 후 12월 4일 곧바로 탄핵소추를 발의하였다. 여당은 12월 5일 탄핵 반대를 당론으로 정하고 그 방법을 강구하고 있었다.

12월 5일 일부 헌법교수들의 모임에서 국민과 국민대표 간에 의견의 간극이 너무 크고 국민의 의사가 헌정에 연계되지 못하는 비정상을 회복하는데 헌법학자들의 역할이 필요하고, 또 크다는 생각이 모아졌다. 이에 우선 개별적으로 의견을 모아 12월 7일 대통령의 탄핵을 촉구하는 '헌법·행정법연구자 선언'을 작성하고 발표하였다. 131명의 학자가 이에 참여하였다. 그러나 12월 7일 국회의 탄핵소추를 위한 표결에 있어서 여당의원들이 당론에 따라 집단적으로 불참하였다. 결국 탄핵의결을 위한 의결정족수가 부족하였고 투표가 성립 조차 되지 못했다. 이는 우리 민주주의의 수준을 보여주는 장면이었다. 민주주의에서 국민의 위임을 받은 공직과 국민 사이에 어느 정도 간극이 있는 것은 정상이지만, 거대정당인 여당이 적나라한 헌법파괴와 그 극복을 위한 정치를 회피하는 것은 헌정의 치명적 결핍이었다. 이 점을 확인하고 헌정을 회복하는 실체법적 및 절차법적 사고가 필요했다. 이러한 작업은 정치와 언론이 대체(代替)할 수 있는 것이 아니었다. 헌법학자들이 이론가가 아닌 헌법운동가로서 해법(解法)을 공론에 부치고 집단지성에 의하여 정답을 찾아 적극적으로 제공하는 행태, 때로는 '소신에 찬 성난 외침'이 필요했다. 12월 14일 국회에서 탄핵소추안은 다시 상정되어 재적의원 3분의 2 이상의 찬성으로 가결되었다. 이로써 대통령의 권한행사는 정지되고, 국무총리가 대통령의 권한을 대행하게 되었다.

II

헌정회복을 위한 헌법학자회의

1. 설립의 취지와 계기, 목표

대통령이 탄핵소추되었으며 이제 국무총리가 맡은 권한대행이 헌정회복을 위한 행보를 단계적으로 밟아야 했다. 권한대행은 우선 헌법재판소가 탄핵심판에 대한 심리와 결정을 할 수 있도록 국회에서 이미 여야 합의에 의하여 선출된 헌법재판관 후보자를 임명하여야 했다. 그런데 권한대행은 헌법재판관 임명이 국가원수의 권한에 해당한다는 불분명한 명분, 따라서 이는 권한대행의 권한 범위를 넘는다는 이유로 필요한 조치를 미루었다. 이러면 헌정회복의 일정은 더디고 불명확해진다. 자칫 정치적 셈법이 헌법을 압도할 수 있었다. 비상계엄에 의한 헌정의 위기를 정상화하는 과도기에 연이어 헌법의 문제가 나타났으며, 그 당시 정치는 헌법투쟁의 장(場)이 되었다. 이 시기에 헌법의 오독(誤讀), 그리고 헌법을 정파적 주장의 준거로 삼는 장면이 자주 관찰되었으며, 이는 헌정의 위기를 넘어 헌법의 위기이기도 했다.

헌법학자들은 '헌법·행정법연구자 선언'과 같은 헌정에 관한 일회적 행동으로는 한계가 있다고 생각했다. 그래서 임시적이기는 하지만 헌법운동을 조직화하여 정치권 및 시민사회의 의견 형성에 기여하여야 한다는 데 뜻을 모았다. 헌정위기에 대한 대응은 헌정회복의 시금석이며, 우리 사회의 헌정 및 민주주의 회복능력을 시험하는 것이기도 했다. 이를 적극적으로 해결하는, 적어도 이에 필요한 설득력 있는 논리를 제공하는 헌법학자의 역량을 우리 사회가 요구할 것으로 보았다. 헌정의 퇴행은 일시적이었지만, 이를 회복하는 과정은 더디고 혼란스러울 수도 있기 때문에 헌법학자의 역할은 더욱 컸다. 고민은 있었다. 당시 나누어진 정치적 지형에서 객관적인 헌법 이해에 따른 의견이결과적으로 한쪽으로 분류될 수 있었고, 이는 정치적 운동으로 비춰질 수 있기 때문이다. 그러면 헌법학자의 집단지성이 정치적 진영논리로 폄하될 수 있었다. 그래서 우리 모임이 출범한 후 간간이 보다 적극적인 관여와 강한 의견 표명을 요구받았지만 정치적 편향이 될 수 있는 선을 넘지 않았다. 이 점은 우리 모임의 이름을 지을 때에도 고려하였다. 그래서 12·3 비상계엄이라는 헌정의 특수한 상황에서 헌법학자의 사회적 역할을 다하고자 했으며 정치적 운동의 오해를 피하고자 했다. 이렇게 뜻을 모아 2024년 12월 25일 상임실행위원회 제1차 회의에서 '헌정회복을 위한 헌법학자회의'의 이름을 확정했고, 줄여서 '헌법학자회의'로 부르기로 하였다.

2. 활동의 방향과 방식

(1) 활동의 방향

헌법학자회의는 현재 진행되고 있는 정치적 및 헌법적 사안에 대한 헌법적 준거를 우리 사회에 제공하여 공론화하고, 또 공론을 선도하고자 했다. 그 방법론을 다음과 같이 구상했다.

첫째, 비상계엄을 둘러싼 헌법의 큰 틀에 대한 의견을 모으기 위하여 학술대회를 개최했다. 2025년 1월 8일 '12·3 비상계엄사태와 헌정회복을 위한 과제'를 주제로 학술대회를 개최하였다. 창립의 취지와 계기, 목표를 처음으로 공개하였다(전광석 공동대표). 비상계엄과 관련된 헌법문제를 역사적 및 이론적으로 조명하였다(김선택 공동대표). 이미 발생한 헌정의 위기에 대한 규범적 평가(이종수 연세대 교수), 그리고 헌정의 회복 과정에서 제기될 수 있는 헌법문제를 펼치는 내용의 발표가 있었다(임지봉 서강대 교수).

둘째, 헌법학자회의는 현안 헌법문제, 그리고 정치적 현안을 헌법적으로 재구성하여 이에 대해서 신속하게 선도적 의견이 형성될 수 있도록 운영되어야 했다. 이에 필요에 따라 긴급좌담회를 열었다. 2024년 12월 26일 '대통령 권한대행의 헌법적 지위와 헌법재판관 임명 및 거부권 행사의 한계'를 주제로 첫 번째 긴급좌담회를 열었다. 이는 국회에서 대통령에 대한 탄핵이 의결된 후 권한대행의 헌법재판관 임명을 둘러싸고 치명적인 헌법왜곡이 발생했기 때문에 시급했다. 첫 번째 권한대행(한덕수 국무총리)은 헌법에 대한 이해가 부족했고, 또 일관성도 없었다. 두 번째 권한대행(최상목 부총리)도 이 문제에 있어서 헌정의 혼란을 가중시켰다. 대통령의 헌법재판관 임명권은 국가원수의 지위에서 나오는 권한이기 때문에 국무총리인 권행대행은 이를 할 수 없다든가, 부총리의 경우 권한대행의 권행대행이기 때문에 더욱 권한은 축소된다는 논리는 모두 헌법의 오독 혹은 헌법을 정파적 주장의 논거로 남용하는 예였다. 헌법해석에 따른 헌법적 기준이 정치현실의 벽에 막혀 무기력해지는 상태를 그대로 둘 수는 없었다. 헌법학자회의는 긴급좌담회를 열어 오류를 확인하고, 또 그것을 바로 잡고자 했다.

셋째, 당시 과도기의 역동적인 정치과정에서 생성되는 문제를 긴급좌담회를 열어 대응하는 데에도 한계가 있었다. 그래서 이에 대한 헌법학자회의의 의견을 상임실행위원을 중심으로 모으고, 이를 상임실행위원들의 동의를 받아 보도자료의 형태로 언론에 전달하여 공론을 선도하고자 했다. 실제 이는 언론의 주목을 받았고, 의도했던 이상의 성과가 있었다. 역동적으로 사건이 진행되면서 이에 대응하기 위해서는 적시(適時)에 자료가 제공되어야 했다. 윤정인 교수와 이세주 교수가 성가신 이 일을 충실하게 해 주었다. 보도자료의 작성과 전파는 이황희 교수가 매우 효율적으로 이끌어 주었다.

넷째, 12·3 비상계엄으로 촉발된 헌정의 위기는 잠정적으로는 헌법재판소의 탄핵심판 결정이 결정적 분수령이 될 것이었다. 물론 탄핵심판의 결정이 헌정 위기의 끝이 될지, 또 특히 탄핵심판이 기각되는 경우에는 또 다른 문제의 시작이 될지 당시에는 예측하기 어려웠다. 헌법학자회의는 탄핵결정은 헌정의 정상을 회복하는 디딤돌이 될 것으로 보았으며, 이에 관한 의견서를 작성하여 헌법재판소에 제출하기로 했다. 의견서 작성을 위하여 특별팀을 구성하였다. 정태호 교수(경희대)는 팀장을 맡고, 강일신 교수(연세대), 배정훈 교수(전남대), 이재희 교수(공주대), 허완중 교수(전남대)가 집필자로 참여하였다. 의견서는 상임실행위원회의 심의를 거쳐 최종적으로 완성되었다. 의견서는 기본적으로 헌법재판소를 수신인으로 하여 작성되었지만, 동시에 탄핵심판에 관한 헌법학자회의의 종합적인 관점을 우리 사회에 제공하여 공론의 준거가 되기를 바랐다. 헌법학자회의는 2025년 2월 28일 의견서를 공개하는 집담회를 가졌다. 의견서 제출의 경과, 취지 및 주요 내용이 발표되었다(전광석 공동대표). 이어 탄핵심판의 헌정사적 의의와 헌법재판소의 위상 및 역할을 발표하여 의견서의 논리를 측면에서 지원하였다(김선택 공동대표).

(2) 활동의 방식

헌법학자회의의 활동 방식은 기존의 학회와는 달라야 했다. 긴급좌담회는 헌법학자가 각자의 관점에 따라 주제에 접근하고 의견을 교환하면서 검증하여 연구자의 의견을 공고히 하는, 그래서 경우에 따라서는 다른 연구와 차별성을 강화하는 학술적 담론의 장(forum)은 아니었다. 그보다는 오히려 주제에 대한 헌법학자회의의 잠정적인 입장을 구성원의 의견을 들어 보충, 수정, 강화하고, 요즘 말로 하면 빌드 업(build-up)하여 설득력을 높여서, 한편으로는 그 자체가 정치적 현안에 대한 판단기준이 되고, 다른 한편으로는 시민사회의 공론을 헌법적 관점에서 보충하는 역할을 하여야 한다고 생각했다. 그래서 헌법학자회의의 구성원이 개별적인 의견표명과 활동을 자유롭게 할 수 있는 것은 물론이지만, 이는 헌법학자회의의 목적을 벗어나지 않도록 권고하였다. 이 점을 회칙에 명시하였다(제4조 제1항,

제2항).

당시 역동적인 헌법정치의 과정에서 빈번하게 회의를 개최하여야 했고, 효율적인 회의 진행과 효과적인 의견 전파가 필요했으며 이를 위하여 화상회의를 열고, 유튜브로 송출할 수 있도록 하였다. 이는 헌법학자들에게는 익숙하지 않은 활동 방식이었지만 간사진의 전문적이고 신속한, 그리고 헌신적인 의지와 노력에 의하여 가능해졌다. 이 모든 활동에 필요한 경비는 회원들이 납부하는 회비로 충당했다.

3. 구성과 운영

헌법학자회의는 헌법실천을 위한 조직이다. 일종의 지식인 운동이며 헌법시민운동이었다. 이 점에서 학술단체인 학회와는 구별이 되고, 한국공법학회, 한국헌법학회와 같은 기존의 학회를 모체(母體)로 하지 않은 이유도 여기에 있다. 그렇다고 헌법학자회의가 일반적인 시민운동의 범주에 속하는 것은 아니다. 헌법학자회의가 정치적 현안에 직접 의견을 표명하고 활동하는 것이 아니라, 이에 관련된 헌법지식과 헌법의 준거를 제공하고, 또 적어도 헌법의 틀을 벗어나서 공론의 장(場)이 소모되는 것을 막고자 했다. 그래도 헌법학자의 뜻을 모은다는 대표성과 이를 전달하는 효율성이 있어야 했기에 공동대표를 두고, 상임실행위원회를 중심으로 주요 의사를 결정하고 집행하였다. 상임실행위원은 지역단위로 분포되어 헌법학자회의가 전국적 대표성을 갖도록 하였다. 간사진이 이를 보좌한다. 헌법학 박사학위 혹은 석사학위를 취득하고 헌법학자회의의 취지와 목적에 동의하는 사람이 실행위원 혹은 준실행위원이 된다. 헌법학자회의의 구성원은 110명에 이르러 대부분의 헌법학자가 헌법학자회의와 뜻을 같이 하였다.

공동대표는 김선택 교수(고려대), 이헌환 교수(아주대), 전광석 교수(연세대)가 맡았다. 헌법학자회의는 상임실행위원회를 중심으로 운영되었다. 김종철 교수(연세대)가 대표상임실행위원을 맡았다. 상임실행위원회는 지역대표성을 갖도록 균형 있게 구성되었다. 상임실행위원은 전체 13명이다.

간사진을 두었고, 간사진은 헌법학자회의의 실무를 담당했다. 간사진은 겨울방학 기간 내내 귀한 시간을 헌법학자회의에 전념하며 보상도 없이 희생하였다.

제2장

주요 활동

I

기반 조성

1. 조직

헌정회복을 위한 헌법학자회의(이하 '헌법학자회의')를 조직하기로 뜻이 모아지자 우선, 김선택 명예교수(고려대), 전광석 명예교수(연세대), 이헌환 교수(아주대)가 공동대표를, 그리고 김종철 교수(연세대)가 대표상임실행위원을 맡기로 했다.

기본조직으로서 상임실행위원회는 각 권역을 대표하는 학자들을 위촉하였다. 수도권의 상임실행위원은 김종철 교수(연세대), 권건보 교수(아주대), 김하열 교수(고려대), 이상경 교수(서울시립대), 임지봉 교수(서강대), 전종익 교수(서울대), 정태호 교수(경희대)이다. 충청·강원권의 상임실행위원은 박경철 교수(강원대), 권형둔 교수(공주대)이다. 호남·제주권은 민병로 교수(전남대), 신옥주 교수(전북대)가 상임실행위원을 맡았다. 영남권의 상임실행위원은 이국운 교수(한동대), 이장희 교수(창원대)이다.

헌법학자회의의 실무는 5인의 간사진이 담당하였다. 총괄간사를 심우민 교수(경인교대)가 맡았고, 김연식 교수(성신여대)가 재정, 윤정인 교수(고려대)가 학술, 이세주 교수(가톨릭대)가 기획, 이황희 교수(성균관대)가 홍보를 담당하여 책임 있게 업무를 처리했다.

헌법학자회의는 상임실행위원 외에 실행위원과 준실행위원으로 구성하고 자격은 아래와 같이 정하였다.

〈실행위원과 준실행위원〉

- 헌법학자회의의 회원은 실행위원과 준실행위원으로 구성된다.
- 실행위원은 공법학 박사학위를 취득하였거나 또는 5년 이상 변호사 활동을 하고, 헌법학자회의의 취지와 목적에 동의하는 공법학자 또는 변호사로 한다.
- 준실행위원은 공법학 석사학위 또는 변호사 자격을 취득하고, 헌법학자회의의 취지와 목적에 동의하는 공법학자 또는 변호사로 한다.
- 실행위원과 준실행위원은 헌법학자회의의 모든 활동에 자유롭게 참여할 수 있다.
- 2024년 12월 25일 헌법학자회의를 공식 발족한 후, 12월 26일부터 공동대표단과 상임실행위원 및 간사단의 개별적 네트워크를 주로 활용하여 활동 취지에 동의하는 실행위원과 준실행위원을 모집하였다. 학회 등의 공식 네트워크는 학회 활동의 독립성이나 개인정보활용에 대한 불필요한 논란을 피하기 위해 활용하지 않았다. 또한 전체 회원 수가 80명을 넘어선 후에는 별도로 회원가입 독려 활동을 하지 않았다. 정치적 목적의 세력화를 추구하기보다 헌법적 담론을 통한 공론장의 활성화에 주력하기 위해서 회원의 양적 숫자보다는 활동의 전문성과 신속성이 더욱 필요하다고 보았다.

2. 플랫폼 및 재원

공동대표단, 상임실행위원단 및 실행위원은 각 단위별로 구축된 카카오톡 단체대화방을 통하여, 간사단은 텔레그램 대화방을 통하여 연락망을 구축하고, 공지사항과 활동상황을 공유하였다. 대표상임실행위원이 다층화된 연결망을 연계하여 의견을 공유하고 주요 사항의 의사결성을 조율하면서 간사단의 지원을 받아 집행하였다.

- 총괄간사는 헌법학자회의 공식 웹싸이트(https://sites.google.com/view/2024krcon)를 개설하였고, 단체연락과 행사공지 등을 위한 공식계정(2024krcon@gmail.com)을 마련하였다.
- 기획간사는 전체 구성원의 조직도와 회원명부를 관리하였다.
- 재무간사는 헌법학자회의 활동을 위하여 계좌를 개설하고, 회원들로부터 회비 및 후원금을 납부받아 재원을 관리하고 예산을 집행하였다.
- 홍보간사는 언론 등 홍보네트워크를 구축하여 보도자료의 작성과 배포를 담당하였다.
- 학술간사는 헌법학자회의에서 기획한 학술행사의 준비 업무를 담당하였다.

3. 활동과 원칙

〈헌법학자회의 활동〉

- 수시 좌담회, 세미나와 토론회를 개최하여 헌법적 쟁점을 토의하여 결과물 전파
- 헌법현안에 대한 담론과 의사소통이 가능한 플랫폼 구축
- 헌법현안에 대하여 개별적 혹은 집단적인 의견공표
- 헌법현안에 대한 자문과 언론활동 지원
- 헌법현안의 해결에 필요한 학술논문 등 자료, 입법, 판례, 해외사례, 칼럼 등 연계하는 네트워크 구축

〈헌법학자회의 활동 원칙〉

- 구성원의 개별활동은 자유로 하되, 헌법학자회의를 배경으로 하는 개별적, 집단적 활동은 임원단의 민주적 결정에 따르는 것을 원칙으

로 함

- 독립성과 설립의 목적에 어긋나지 아니하는 범위에서 정치권과 시민사회와 다양한 연대활동을 통해 설립 목적의 달성에 활용함
- 헌법현안에 대한 대응을 위한 임시조직으로 하되 활동기한은 상황전개를 고려하여 열어두고 향후 결정함
- 헌법학자회의의 운영은 회비와 후원금을 기반으로 하되, 외부연계활동이거나 별도의 후원이 있는 경우가 아닌 한 기본활동에 대한 인건비(발표비, 토론비 등)는 무보수를 원칙으로 함

II

활동

1. 좌담회 등 각종 회의

헌법학자회의는 비상계엄 사태로 인해 발생한 각종 헌법적 현안에 대한 의견을 공유하고 집단적 의견을 형성하여 공표하기 위한 준비를 위하여 수 차례 회의를 가졌다.

2024년 12월 25일 결성된 헌법학자회의는 2024년 12월 26일 오전 10시 30분부터 줌 회의 형태로 1차 긴급좌담회를 열었다. 첫 모임인 만큼, 공동대표 3인의 인사 말씀과 김종철 대표상임실행위원의 취지 설명이 있은 후, 당시 현안이었던 '대통령 권한대행의 헌법상 지위와 헌법재판관 임명 및 거부권 행사의 한계'를 주제로 하여 전체 참가자의 토론이 진행되었다. 구체적으로, ①내란사태에 따른 비상 상황에서 대통령 권한대행의 지위, ②국회선출 헌법재판관 임명의 성격과 권한대행의 재량권, ③권한대행의 법률안거부권 행사의 재량권과 한계에 대한 의견을 나누었다. 줌 회의 녹화본(전체 및 요약본)을 유튜브와 헌법학자회의 웹싸이트를 통해 공개하였고(https://youtu.be/tM4eWYmEPRg), 토론내용은 정리하여 보도자료 제1호로 배포하였다.

12월 26일, 국회는 한덕수 권한대행이 헌법재판관 임명을 거부하는 위헌적 행위를 이유로 탄핵을 의결하였으며, 12월 31일, 다음 순위 권한대행인 최상목 경제부총리가 국회선출 몫 헌법재판관 중 2인 만을 선별적으로 임명하였다. 이에 헌법학자회의는 2025년 1월 3일 오전 10시 30분부터 줌 회의 형태로 "국회선출 헌법재판관 부분임명의 헌법적 해결방안 모색"을 주제로 2차 긴급좌담회를 열었다. 김하열 교수(고려대)의 발제가 있은 후, 전상현 교수(서울대), 이황희 교수(성균관대), 정태호 교수(경희대), 김해원 교수(부산대), 김용훈 교수(상명대), 박찬권 교수(고려사이버대)의 토론이 이어졌고, 김선택 공동대표가 정리 발언하였다. 줌 회의 녹화본(전체)은 유튜브와 헌법학자회의 웹싸이트를 통해 공개하였고(https://youtu.be/VptzUoLeEKk), 토론내용을 정리하여 보도자료 제6호로 배포하였다.

2025년 2월 6일 대통령 탄핵심판사건에 대한 헌법학자회의 명의의 전문가의견서 초안에 대하여 전체 실행위원의 의견을 수렴하기 위해 3차 긴급좌담회를 열었다. 줌 회의로 열린 좌담회에서는, 의견서 준비팀에서 정태호 교수(팀장, 경희대)가 우선 의견서에 대한 개괄적 설명을 하였고, 영역별 개요를 허완중 교수(전남대), 강일신 교수(연세대), 이재희 교수(공주대), 배정훈 교수(전남대) 순으로 발표하였다. 전종익 교수(서울대), 승이도 교수(건국대)가 지정토론을 하였으며, 이후 참가자들의 자유토론이 이어졌다.

헌법재판소의 탄핵심판 선고가 지체됨에 따라 국론 분열이 심각해지고 헌정위기가 장기화될 우려가 있자, 헌법학자회의는 2025년 4월 1일 오전 10시 30분부터 줌 회의 형태로 4차 긴급좌담회를 개최하였다. "대통령 윤석열 탄핵 선고 지체 관련 대응방안 검토"라는 주제하에, ① 현 상황의 진단 및 긴급성명에 포함될 내용, ② 상황 전개에 따라 – 즉, 헌법재판관 중 2명(문형배, 이미선)의 임기가 만료되는 – 4월 18일 이전 탄핵심판 선고가 내려질 경우와 내려지지 않을 경우를 대비한 연구TF 구성 여부 등을 토의하였다.

마지막으로, 2025년 6월 30일 오전 11시부터, 헌법학자회의의 그간의 활동사항을 정리한 보고서를 발간하는 문제를 논의하기 위한 집행부의 회의가 열렸다. 김종철 대표상임실행위원, 심우민 간사, 이세주 간사, 김연식 간사, 이황희 간사, 윤정인 간사가 참여하여 활동보고서의 각 집필분을 정

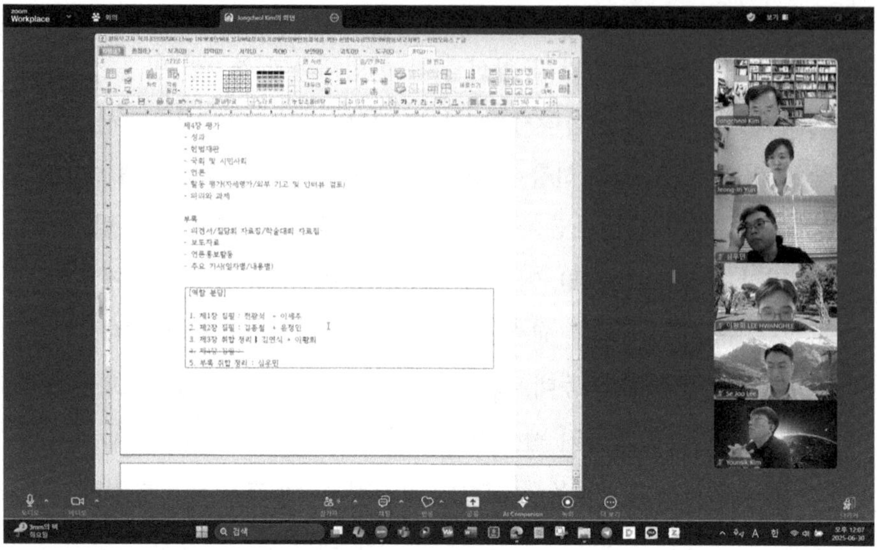

하고, 마무리 집담회 개최 계획을 상의하였다.

2. 토론회/집담회

(1) 학술토론회

헌법학자회의는 2025년 1월 8일 (수요일) 오후 2시, 광화문 변호사회관 조영래홀에서 '12·3 비상계엄사태와 헌정회복을 위한 과제'를 주제로 한 학술토론회를 개최하였다. 학술토론회는, 헌법학자회의의 창립을 기념하여 그 취지를 소개하고, 12·3 비상계엄사태에 대한 헌정사적 의미와 헌법적 평가, 헌정회복과 안정적인 국정관리를 위해 필요한 쟁점과 과제를 점검하기 위한 취지로 개최되었다. 실시간으로 온라인 중계되었고, 녹화본은 헌법학자회의 유튜브계정과 웹싸이트에 공개되어 있다(https://youtu.be/GVBIXoJ8siA).

당일 행사는 전광석 공동대표의 개회사와 "'헌정회복을 위한 헌법학자회의' 취지설명"으로 시작하였다. 제1주제는 박경철 교수(강원대)의 사회로,

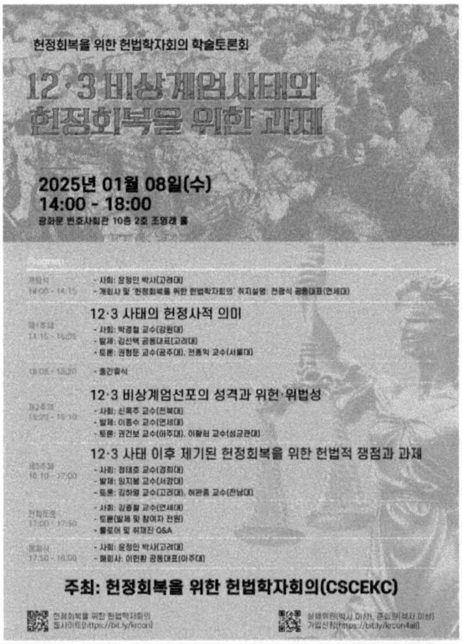

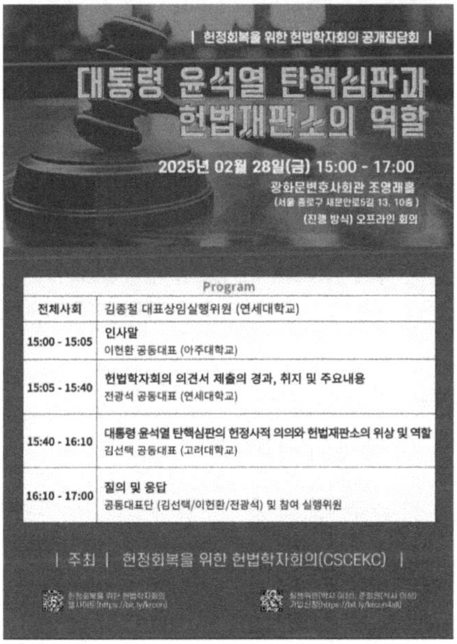

김선택 공동대표가 "12·3 사태의 헌정사적 의미"에 대해서 발제하였고, 전종익 교수(서울대), 권형둔 교수(공주대)가 토론을 하였다. 제2주제는 신옥주 교수(전북대)의 사회로, 이종수 교수(연세대)가 "12·3 비상계엄선포의 성격과 위헌·위법성"을 발제하였고, 권건보 교수(아주대), 이황희 교수(성균관대)가 토론을 하였다. 제3주제는 정태호 교수(경희대)의 사회로, 임지봉 교수(서강대)가 "12·3 사태 이후 제기된 헌정회복을 위한 헌법적 쟁점과 과제"에 대한 발제를 하였고, 김하열 교수(고려대), 허완중 교수(전남대)가 토론을 하였다. 이어진 전체토론은 김종철 대표상임실행위원의 사회로 취재진과 참석자들의 질문을 받아 질의응답으로 진행되었다. 이헌환 공동대표가 폐회사를 하면서 마무리하였다.

(2) 공개집담회

2025년 2월 28일 오전 헌법학자회의는 대통령 탄핵심판사건에 대한 전문가의견서를 헌법재판소에 제출하였다. 같은 날 오후 3시부터 광화문 변호사회관 조영래홀에서 '대통령 윤석열 탄핵심판과 헌법재판소의 역할'을 주제로 공개집담회를 하였다. 이 행사는 김종철 대표상임실행위원의 전체사회로, 이헌환 공동대표의 인사말로 시작하였다. 두 개의 발표가 있었다. 첫 번째 발표로, 전광석 공동대표가 "헌법학자회의 의견서 제출의 경과, 취지 및 주요 내용"을 설명하였고, 두 번째 발표로 김선택 공동대표가 "대통령 윤석열 탄핵심판의 헌정사적 의의와 헌법재판소의 위상 및 역할"에 관하여 발표하였다. 이후 전체 참석자들의 질의응답이 이어졌다.

이 집담회를 통하여 헌법학자회의는 헌법학자들의 전문적인 분석과 평가를 기초로 대통령 탄핵심판을 둘러싼 논쟁의 논리적 타당성을 검토하고, 이번 탄핵심판의 헌정사적 의의와 절차적·실체적 쟁점들을 살펴보았다. 이로써 국민들의 이해를 증진하고 조속한 헌정회복을 위한 공론을 형성하는 데 기여하고자 하였다.

(3) 마무리 집담회

헌법학자회의의 세 번째 오프라인 학술행사는 2025년 7월 28일 (월요일) 오후 2시부터 12·3계엄 후 6개월여간의 활동을 잠정적으로 정리하는 모임으로서, 광화문 변호사회관 조영래홀에서 '12·3 내란을 넘어, 헌정회복의 장정으로'를 주제로 한 마무리 집담회였다. 2024년 12·3 비상계엄으로부터 2025년 4월 4일 헌법재판소의 대통령 탄핵결정까지 약 4개월 동안 헌법학자회의 활동은 이제 한국헌정사의 일부가 되었으며 이를 가까이서 경험한 우리의 활동 기록을 남겨야 했다. 이는 이 시기 우리 역사, 우리 헌정사를 충실하게 서술하는 사료(史料)가 되기를 바랐다.

김선택 공동대표가 개회사를 하였으며, 크게 두 부분으로 진행되었다. 우선, 김종철 대표상임실행위원의 사회로, 전광석 공동대표의 기조발제, 헌법학자회의 간사단의 '헌정회복을 위한 헌법학자회의 활동보고서 2024-2025'의 내용 소개가 이어졌다. 다음으로, 신옥주 상임실행위원의 사회로, 전체 상임실행위원 및 실행위원들로부터 12·3 계엄/내란 사태 하에서의 활동 내역과 소감을 밝히고 듣는 시간을 가졌다. 이헌환 공동대표가 폐회사를 하면서 행사가 마무리되었다.

헌법학자회의는 마무리 집담회를 통해, 헌정질서의 긴박한 위기는 수습되었지만, 완전한 해체가 아닌 휴화산으로 남아, 헌정질서의 완전한 회복을 돕고 감시하는 역할을 이어갈 것을 다짐하였다.

3. 지역토론회

헌법학자회의는 전국적 조직으로서, 상임실행위원 13명은 지역을 거점으로 활동하면서 헌법학자회의의 활동을 지역에 연결할 수 있도록 권역을 나누어(수도권, 충청·강원권, 호남·제주권, 영남권) 대표하는 위원들로 구성되었다. 대통령 탄핵심판 결정이 지연됨에 따라, 각 지역 상임실행위원들이 주축이 되어 지역토론회를 추진하였고, 두 차례 지역토론회를 개최하였다.

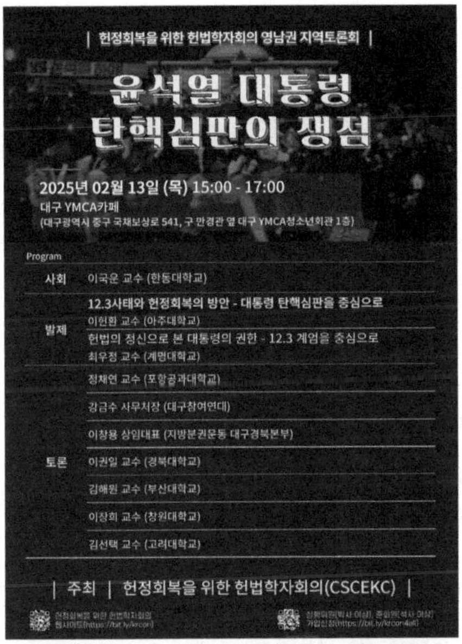

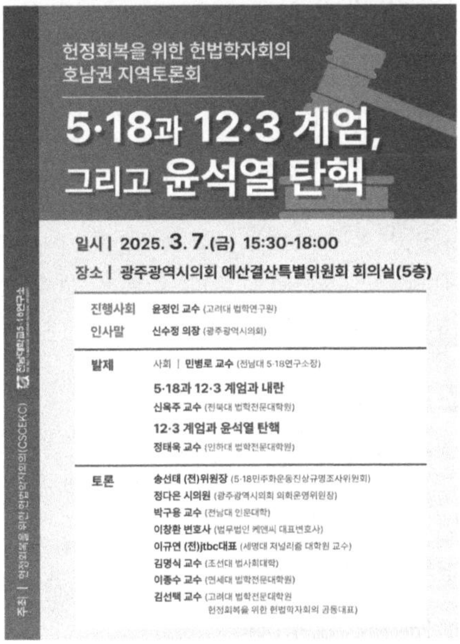

영남권 지역토론회가 2025년 2월 13일 (목요일) 대구 YMCA카페에서 '윤석열 대통령 탄핵심판의 쟁점'을 주제로 하여 개최되었다. 이국운 교수(한동대, 영남권 실행위원)의 사회로, 이헌환 공동대표와 최우정 교수(계명대)의 발제, 정채연 교수(포항공대), 강금수 사무처장(대구참여연대), 이창용 상임대표(지방분권운동 대구경북본부), 이권일 교수(경북대), 김해원 교수(부산대), 이장희 교수(창원대, 영남권 실행위원), 김선택 공동대표의 지정토론으로 진행되었다. 이헌환 공동대표는 "12.3 사태와 헌정회복의 방안 - 대통령 탄핵심판을 중심으로", 최우정 교수는 "헌법의 정신으로 본 대통령의 권한 - 12·3 계엄을 중심으로"라는 제목으로 발제하였고, 대구 MBC에 의한 현장취재와 인터뷰가 진행되었다.

호남권 지역토론회가 2025년 3월 7일 (금요일), 광주광역시의회 예산결산특별위원회 회의실에서 '5·18과 12·3 계엄, 그리고 윤석열 탄핵'을 주제로 하여 개최되었다. 신수정 의장(광주광역시의회)과 김종철 대표상임실행위원의 인사말이 있은 후, 민병로 교수(전남대, 호남·제주권 실행위원)의 사회로, 신옥주 교수(전북대, 호남·제주권 실행위원)와 정태욱 교수(인하대)의 발제, 송선태 (전)위원장(5·18민주화운동진상규명조사위원회), 정다은 시의원(광주광역시), 박구용 교수(전남대), 이창환 변호사, 이규현 (전)JTBC 대표, 김명식 교수(조선대), 이종수 교수(연세대), 김선택 공동대표의 지정토론이 이어졌다. 신옥주 교수는 "5·18과 12·3 계엄과 내란"을 주제로, 정태욱 교수는 "12·3 계엄과 윤석열 탄핵"을 주제로 발제하였고, 당일 행사는 유튜브를 통해 생중계되었다. (링크: https://youtu.be/-5UxeEk8P24)

4. 의견서

(1) 헌법재판소 대통령 탄핵심판사건 의견서

헌정회복을 위한 핵심 수순으로서 대통령 탄핵심판절차가 순조롭게 진행될 수 있도록, 헌법학자회의에서 의견서를 작성하여 헌법재판소에 제출하기로 합의하였다. 2025년 1월 20일, 정태호 교수(경희대)를 팀장으로 하고, 4명의 집필위원으로 구성된 의견서 준비팀이 꾸려졌다. 허완중 교수(전남대), 강일신 교수(연세대), 이재희 교수(공주대), 배정훈 교수(전남대)가 의견서의 각 부분의 집필을 담당하고 이를 정태호 교수가 총괄하도록 하였다.

1월 말까지 각 집필분을 취합하여 공동대표단과 숙의하여 첫 초안을 만든 후, 2월 초 좌담회를 통해 상임실행위원들의 의견을 수렴하여 의견서를 수정하고, 2월 7일경 최종 의견서를 완성한 후, 헌법학자회의 전체 회원들의 연서명을 받아 헌법재판소에 제출하는 계획을 수립하였다. 집필진이 1월 마지막 주 구정 연휴를 반납하고 초안 작성에 집중한 끝에, 2월 초 초안이 마련되었다.

2025년 2월 6일 오전, 의견서 초안이 헌법학자회의 내부에 공유되었고, 저녁 7시부터 의견서 초안에 대한 실행위원들의 의견을 수렴하기 위한 긴급좌담회가 줌 회의로 개최되었다. 김종철 대표상임실행위원의 긴급좌담회 취지 설명에 이어, 준비팀장 정태호 교수의 의견서에 대한 개괄적 설명, 허완중 교수, 강일신 교수, 이재희 교수, 배정훈 교수 차례로 각 집필분에 대한 설명이 이어졌다. 지정토론자 전종익 교수(서울대), 승이도 교수(건

국대) 외에도 사전에 토론요지를 제출하였거나 당일 회의에 참석한 실행위원들에 의해 활발한 의견 개진이 이루어졌다. 의견서는 좌담회에서 제시된 의견을 참고하여 준비팀에 의하여 수정·보충되었고, 마지막으로 전광석 공동대표와 김종철 대표상임실행위원이 김선택 공동대표와 이헌환 공동대표의 의견을 종합적으로 반영하고 준비팀의 최종 확인을 거쳐 2월 말 완성되었다.

<대통령 윤석열 탄핵사건(2024헌나8)에 대한 '헌정회복을 위한 헌법학자회의' 의견서>는 본문 79페이지(표지 포함 84페이지)의 분량으로, ① 탄핵심판과 관련한 소송법적 쟁점, ② 피청구인 행위의 위헌·위법성, ③ 위헌·위법의 중대성이라는 세 주제로 구성되어, 각 주제 하에서 세부 쟁점들을 검토하는 방식으로 작성되었다.

최종의견서는 2025년 2월 28일 오전, 김종철 대표상임실행위원과 김연식 간사에 의해 헌법재판소에 제출되었고, 당일 오후 3시부터 광화문 변호사회관에서 개최된 공개집담회 '대통령 윤석열 탄핵심판과 헌법재판소의 역할' 자료집에 의견서 전문과 요약문이 게재되어 언론과 일반에 공개되었다.

(2) 국가인권위원회 의견서

대통령 탄핵소추와 심판, 내란혐의 등에 대한 수사, 대통령권한대행에 대한 탄핵소추와 심판이 진행 중인 가운데, 국가인권위원회가 윤석열 대통령 등 내란죄 피의자들의 방어권 보장 권고를 골자로 한 <계엄 선포로 야기된 국가적 위기 극복 대책 권고의 건>(권고안)을 발의하여 2025년 1월 13일 개최 예정인 제1차 전원위원회에 공식 의결안건(의결 25-01)으로 상정할 것을 1월 9일 공시하였다.

권고안은 국회의 탄핵소추 규탄, 한덕수 총리에 대한 탄핵소추 철회 및 대통령 권한대행직으로의 신속한 복귀 필요성, 그리고 비상계엄선포 행위의 정당성과 대통령 윤석열의 방어권 보장을 주요 내용으로 하였다. 이 권고안이 공개되자 인권단체뿐만 아니라, 학계와 사회 내에서 비판 여론이 일었다. 헌법학자회의 역시, 이러한 권고안의 내용이 비상계엄 사태의 수습과 내란범죄 등에 대한 수사에 편향된 영향을 주고 그러한 것이 국가인권위원회의 본질에서 벗어난다고 판단하였다. 이에 전원위원회가 예정되어 있던 2025년 1월 13일, <국가인권위원회의 “계엄 선포로 야기된 국가적 위기 극복 대책 권고의 건” 전원위원회 상정에 대한 ‘헌정회복을 위한 헌법학자회의’의 의견서>를 발표하고 국가인권위원회에 제출하였다. 의견서 초안은 김종철 대표상임실행위원이 준비, 작성하고 공동대표단과 상임실행위원들의 검토를 거쳐 완성되어 제출하였다. 결국, 사회 각계의 비판과 특히 국가인권위원회 직원들의 거센 반발로, 국가인권위원회는 1월 13일로 예정되었던 전원위원회를 개최하지 못하였다.

5. 보도자료

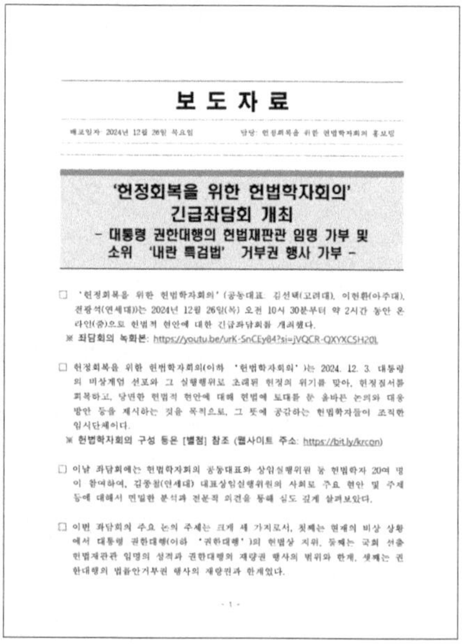

보 도 자 료

배포일자 2024년 12월 26일 목요일 담당: 헌정회복을 위한 헌법학자회의 홍보팀

‘헌정회복을 위한 헌법학자회의’ 긴급좌담회 개최
- 대통령 권한대행의 헌법재판관 임명 가부 및 소위 ‘내란 특검법’ 거부권 행사 가부 -

□ ‘헌정회복을 위한 헌법학자회의’ (공동대표: 김선택(고려대), 이헌환(아주대), 전광석(연세대))는 2024년 12월 26일(목) 오전 10시 30분부터 약 2시간 동안 온라인(줌)으로 헌법적 현안에 대한 긴급좌담회를 개최했다.
※ 좌담회의 녹화본: https://youtu.be/urK-SnCEy84?si=jVQCR-QXYXCSH20L

□ 헌정회복을 위한 헌법학자회의(이하 ‘헌법학자회의’)는 2024. 12. 3. 대통령의 비상계엄 선포와 그 실행행위로 초래된 헌정의 위기를 맞아, 헌정질서를 회복하고, 당면한 헌법적 현안에 대해 헌법에 토대를 둔 올바른 논의와 대응방안 등을 제시하는 것을 목적으로, 그 뜻에 공감하는 헌법학자들이 조직한 임시단체이다.
※ 헌법학자회의 구성 등은 [별첨] 참조 (웹사이트 주소: https://bit.ly/krcon)

□ 이날 좌담회에는 헌법학자회의 공동대표와 상임실행위원 등 헌법학자 20여 명이 참여하여, 김종철(연세대) 대표상임실행위원의 사회로 주요 현안 및 주제 등에 대해서 면밀한 분석과 전문적 의견을 통해 심도 깊게 살펴보았다.

□ 이번 좌담회의 주요 논의 주제는 크게 세 가지로서, 첫째는 현재의 비상 상황에서 대통령 권한대행(이하 ‘권한대행’)의 헌법상 지위, 둘째는 국회 선출 헌법재판관 임명의 성격과 권한대행의 재량권 행사의 범위와 한계, 셋째는 권한대행의 법률안거부권 행사의 재량권과 한계였다.

- 1 -

헌법학자회의는 비상계엄 사태의 수습과정에서 헌법적 쟁점이 문제 될 때마다 헌법학자회의의 의견을 효과적으로 전달하기 위하여, 헌법학자회의 홍보팀을 통해 총 19건의 보도자료와 1건의 긴급성명을 발표하였다. 보도자료의 초안 작성과 수정, 배포 등 실무는 이황희 교수(성균관대, 헌법학자회의 홍보간사)가 담당했고, 모든 보도자료는 공동대표단과 상임실행위원들의 토의 혹은 검토를 거치는 것을 원칙으로 하였다. 특히 논쟁의 여지가 많은 사항에 대한 보도자료는 좌담회나 다양한 층위의 집단적·개별적 협의과정을 통해 최대한 대표성을 확보하도록 하였다.

모든 보도자료는 헌법학자회의 웹싸이트에 게시되어 있으며(https://url.kr/kzax1n), 보도자료 원문은 본 활동보고서 부록에 수록되어 있다.

보도자료 제1호('헌정회복을 위한 헌법학자회의' 긴급 좌담회 개최 - 대통령 권한대행의 헌법재판관 임명 가부 및 소위 '내란 특검법' 거부권 행사 가부 -)는 2024년 12월 26일 배포되었다. 보도자료를 통해, 헌정회복을 위한 헌법학자회의가 조직되었음을 소개하고, 당일 오전 2시간 동안 개최된 제1회 긴급좌담회에서 논의된, 대통령 권한대행의 헌법상 지위, 국회 선출 헌법재판관 임명의 성격과 권한대행의 재량권 행사의 범위와 한계, 권한대행의 법률안거부권 행사의 재량권과 한계에 대한 내용을 요약·정리하여 제공하였다.

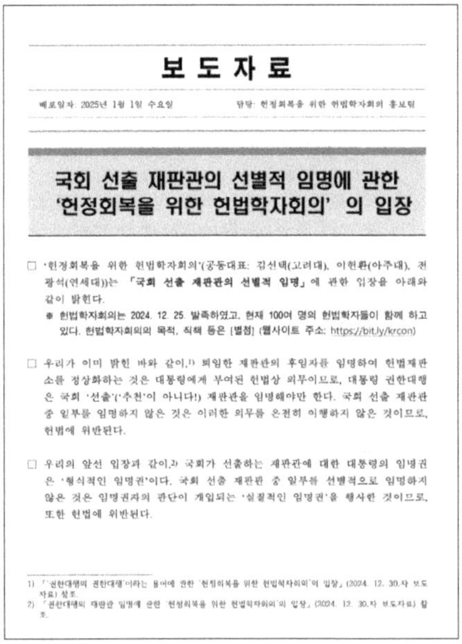

보 도 자 료

배포일자: 2025년 1월 1일 수요일　　담당: 헌정회복을 위한 헌법학자회의 홍보팀

국회 선출 재판관의 선별적 임명에 관한 '헌정회복을 위한 헌법학자회의' 의 입장

□ '헌정회복을 위한 헌법학자회의'(공동대표: 김선택(고려대), 이헌환(아주대), 전광석(연세대))는 「**국회 선출 재판관의 선별적 임명**」에 관한 입장을 아래와 같이 밝힌다.

※ 헌법학자회의는 2024. 12. 25. 발족하였고, 현재 100여 명의 헌법학자들이 함께 하고 있다. 헌법학자회의의 목적, 직책 등은 [별첨] (웹사이트 주소: https://bit.ly/krcon)

□ 우리가 이미 밝힌 바와 같이,[1] 퇴임한 재판관의 후임자를 임명하여 헌법재판소를 정상화하는 것은 대통령에게 부여된 헌법상 의무이므로, 대통령 권한대행은 국회 '선출'('추천'이 아니다!) 재판관을 임명해야만 한다. 국회 선출 재판관 중 일부를 임명하지 않은 것은 이러한 의무를 온전히 이행하지 않은 것이므로, 헌법에 위반된다.

□ 우리의 앞선 입장과 같이,[2] 국회가 선출하는 재판관에 대한 대통령의 임명권은 '형식적인 임명권'이다. 국회 선출 재판관 중 일부를 선별적으로 임명하지 않은 것은 임명권자의 판단이 개입되는 '실질적인 임명권'을 행사한 것이므로, 또한 헌법에 위반된다.

1) 「'권한대행의 권한대행'이라는 용어에 관한 '헌정회복을 위한 헌법학자회의'의 입장」(2024. 12. 30.자 보도자료) 참조.
2) 「권한대행의 재판관 임명에 관한 '헌정회복을 위한 헌법학자회의'의 입장」(2024. 12. 30.자 보도자료) 참조.

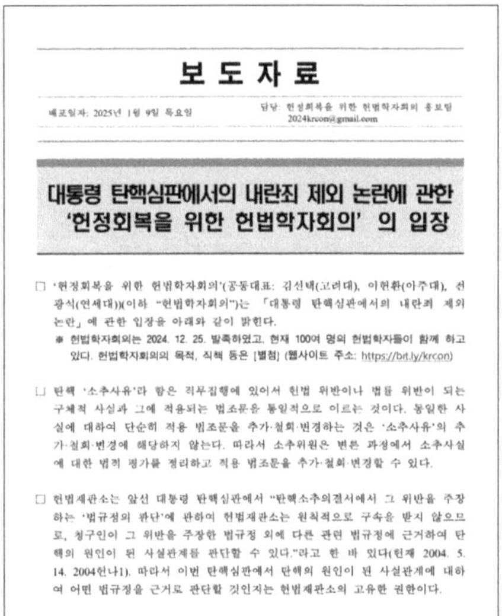

보 도 자 료

배포일자: 2025년 1월 9일 목요일　　담당: 헌정회복을 위한 헌법학자회의 홍보팀 2024krcon@gmail.com

대통령 탄핵심판에서의 내란죄 제외 논란에 관한 '헌정회복을 위한 헌법학자회의' 의 입장

□ '헌정회복을 위한 헌법학자회의'(공동대표: 김선택(고려대), 이헌환(아주대), 전광석(연세대))(이하 "헌법학자회의")는 「대통령 탄핵심판에서의 내란죄 제외 논란」에 관한 입장을 아래와 같이 밝힌다.

※ 헌법학자회의는 2024. 12. 25. 발족하였고, 현재 100여 명의 헌법학자들이 함께 하고 있다. 헌법학자회의의 목적, 직책 등은 [별첨] (웹사이트 주소: https://bit.ly/krcon)

□ 탄핵 '소추사유'라 함은 직무집행에 있어서 헌법 위반이나 법률 위반이 되는 구체적 사실과 그에 적용되는 법조문을 통일적으로 이르는 것이다. 동일한 사실에 대하여 단순히 적용 법조문을 추가·철회·변경하는 것은 '소추사유'의 추가·철회·변경에 해당하지 않는다. 따라서 소추위원은 변론 과정에서 소추사실에 대한 법적 평가를 정리하고 적용 법조문을 추가·철회·변경할 수 있다.

□ 헌법재판소는 앞선 대통령 탄핵심판에서 "탄핵소추의결서에서 그 위반을 주장하는 '법규정의 판단'에 관하여 헌법재판소는 원칙적으로 구속을 받지 않으므로, 청구인이 그 위반을 주장한 법규정 외에 다른 관련 법규정에 근거하여 탄핵의 원인이 된 사실관계를 판단할 수 있다."라고 한 바 있다(헌재 2004. 5. 14. 2004헌나1). 따라서 이번 탄핵심판에서 탄핵의 원인이 된 사실관계에 대하여 어떤 법규정을 근거로 판단할 것인지는 헌법재판소의 고유한 권한이다.

보도자료 제5호(국회 선출 재판관의 선별적 임명에 관한 '헌정회복을 위한 헌법학자회의'의 입장)는 2025년 1월 1일 배포되었다. 최상목 권한대행이 2024년 12월 31일 국회선출 재판관 중 일부에 대하여 선별적으로 임명하지 않은 행위에 대하여, 이는 '형식적인 임명권'을 넘어 '실질적 임명권'을 행사한 것으로서 위헌이며, 권력분립원칙에 위배되고, 자의적인 권한행사로서 임명되지 않은 후보자의 공무담임권과 평등권을 침해하여 위헌임을 밝혔다.

보도자료 제8호(대통령 탄핵심판에서의 내란죄 제외 논란에 관한 '헌정회복을 위한 헌법학자회의'의 입장)는 2025년 1월 9일 배포되었다. 대통령 탄핵심판 준비기일에 국회측 소추위원의 요청에 의하여 내란죄 위반 부분을 제외하기로 한 것에 대하여 이는 소추 사유의 중요한 내용 변경에 해당하여 탄핵소추가 유효하지 않다는 주장이 있었다. 보도자료는 이는 중요한 소추 사유의 변경에 해당하지 않고, 동일한 소추사실에 대한 법적 평가를 정리하여 헌법적 판단에 집중하고자 하는 것에 불과하므로, 국회의 재의결이 필요하지 않음을 밝혔다.

보도자료 제13호(마은혁 재판관 임명 부작위 위헌 확인 결정 및 신속한 임명 필요성에 관한 '헌정회복을 위한 헌법학자회의'의 입장)는 2025년 2월 27일 배포되었다. 헌법재판소는 2025년 2월 27일 국회의 최상목 권한대행에 대한 권한쟁의심판 인용결정을 통해 최상목 권한대행이 마은혁 재판관후보자를 임명하지 않는 부작위가 국회의 헌법재판소 재판관 선출을 통한 헌법재판소 구성권을 침해한다고 결정하였다. 이에 보도자료는 최상목 권한대행은 조속히 마은혁 후보자를 재판관으로 임명하여 손상된 헌정질서 회복을 위해 노력할 것을 촉구하였다.

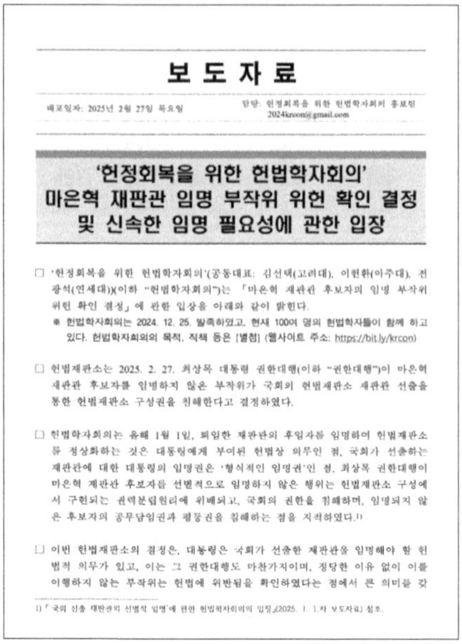

보 도 자 료

배포일자: 2025년 2월 27일 목요일

담당: 헌정회복을 위한 헌법학자회의 홍보팀 2024krcon@gmail.com

'헌정회복을 위한 헌법학자회의'
마은혁 재판관 임명 부작위 위헌 확인 결정
및 신속한 임명 필요성에 관한 입장

□ '헌정회복을 위한 헌법학자회의'(공동대표: 김선택(고려대), 이헌환(아주대), 전광석(연세대))(이하 "헌법학자회의")는 「마은혁 재판관 후보자의 임명 부작위 위헌 확인 결정」에 관한 입장을 아래와 같이 밝힌다.

※ 헌법학자회의는 2024. 12. 25. 발족하였고, 현재 100여 명의 헌법학자들이 함께 하고 있다. 헌법학자회의의 목적, 직책 등은 [별첨] (웹사이트 주소: https://bit.ly/krcon)

□ 헌법재판소는 2025. 2. 27. 최상목 대통령 권한대행(이하 "권한대행")이 마은혁 재판관 후보자를 임명하지 않은 부작위가 국회의 헌법재판소 재판관 선출을 통한 헌법재판소 구성권을 침해한다고 결정하였다.

□ 헌법학자회의는 올해 1월 1일, 퇴임한 재판관의 후임자를 임명하여 헌법재판소를 정상화하는 것은 대통령에게 부여된 헌법상 의무인 점, 국회가 선출하는 재판관에 대한 대통령의 임명권은 '형식적인 임명권'인 점, 최상목 권한대행이 마은혁 재판관 후보자를 선별적으로 임명하지 않은 행위는 헌법재판소 구성에서 구현되는 권력분립원리에 위배되고, 국회의 권한을 침해하며, 임명되지 않은 후보자의 공무담임권과 평등권을 침해하는 점을 지적하였다.[1]

□ 이번 헌법재판소의 결정은, 대통령은 국회가 선출한 재판관을 임명해야 할 헌법적 의무가 있고, 이는 그 권한대행도 마찬가지이며, 정당한 이유 없이 이를 이행하지 않는 부작위는 헌법에 위반됨을 확인하였다는 점에서 큰 의미를 갖

1) 「국회 선출 재판관의 선별적 임명」에 관한 헌법학자회의의 입장」(2025. 1. 1.자 보도자료) 참조.

보도자료 제17호(대통령 윤석열 탄핵심판 선고기일 지정과 조속한 헌정회복에 관한 '헌정회복을 위한 헌법학자회의'의 입장)는 2025년 4월 1일 배포되었다. 헌법재판소가 윤석열 탄핵심판 선고기일을 2025년 4월 4일로 지정한 점에 대하여 늦었지만 환영하면서, 헌법수호의무를 정면으로 위반하고 국민의 신임을 배신한 대통령 윤석열에 대해 파면 결정을 내릴 것을 다시 촉구하였다. 그와 별도로, 국회가 선출한 재판관의 임명을 오랫동안 지체하여 사실상 거부하고 법률안거부권을 남발하는 위헌상태를 초래하는 등 헌정의 불안정성을 가속시키고 있는 한덕수 국무총리와 최상목 부총리의 행태에 대하여 대통령 윤석열에 대한 파면과 준엄한 조치가 필요하다는 점을 확인하였다.

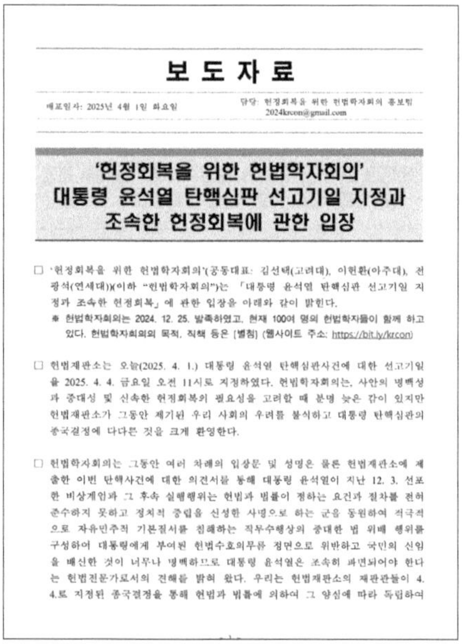

보 도 자 료

배포일자: 2025년 4월 1일 화요일

담당: 헌정회복을 위한 헌법학자회의 홍보팀 2024krcon@gmail.com

'헌정회복을 위한 헌법학자회의'
대통령 윤석열 탄핵심판 선고기일 지정과
조속한 헌정회복에 관한 입장

□ '헌정회복을 위한 헌법학자회의'(공동대표: 김선택(고려대), 이헌환(아주대), 전광석(연세대))(이하 "헌법학자회의")는 「대통령 윤석열 탄핵심판 선고기일 지정과 조속한 헌정회복」에 관한 입장을 아래와 같이 밝힌다.

※ 헌법학자회의는 2024. 12. 25. 발족하였고, 현재 100여 명의 헌법학자들이 함께 하고 있다. 헌법학자회의의 목적, 직책 등은 [별첨] (웹사이트 주소: https://bit.ly/krcon)

□ 헌법재판소는 오늘(2025. 4. 1.) 대통령 윤석열 탄핵심판사건에 대한 선고기일을 2025. 4. 4. 금요일 오전 11시로 지정하였다. 헌법학자회의는, 사안의 명백성과 중대성 및 신속한 헌정회복의 필요성을 고려할 때 분명 늦은 감이 있지만 헌법재판소가 그동안 제기된 우리 사회의 우려를 불식하고 대통령 탄핵심판의 종국결정에 다다른 것을 크게 환영한다.

□ 헌법학자회의는 그동안 여러 차례의 입장문 및 성명은 물론 헌법재판소에 제출한 이번 탄핵사건에 대한 의견서를 통해 대통령 윤석열이 지난 12. 3. 선포한 비상계엄과 그 후속 실행행위는 헌법과 법률이 정하는 요건과 절차를 전혀 준수하지 못하고 정치적 중립을 신성한 사명으로 하는 군을 동원하여 적극적으로 자유민주적 기본질서를 침해하는 직무수행상의 중대한 법 위배 행위를 구성하여 대통령에게 부여된 헌법수호의무를 정면으로 위반하고 국민의 신임을 배신한 것이 너무나 명백하므로 대통령 윤석열은 조속히 파면되어야 한다는 헌법전문가로서의 견해를 밝혀 왔다. 우리는 헌법재판소의 재판관들이 4. 4.로 지정된 종국결정을 통해 헌법과 법률에 의하여 그 양심에 따라 독립하여

보도자료 제18호(대통령 윤석열 탄핵선고에 대한 '헌정회복을 위한 헌법학자회의' 환영 입장)는 2025년 4월 4일 배포되었다. 헌법재판소가 대통령 윤석열에 대한 탄핵심판에서 재판관 전원일치로 파면을 결정한 데 대해 '헌정회복을 위한 헌법학자회의'는 국민과 함께 이를 환영한다고 밝혔다. 이들은 비상계엄 선포 및 후속 실행행위가 헌법원리를 침해하고 대의민주제 및

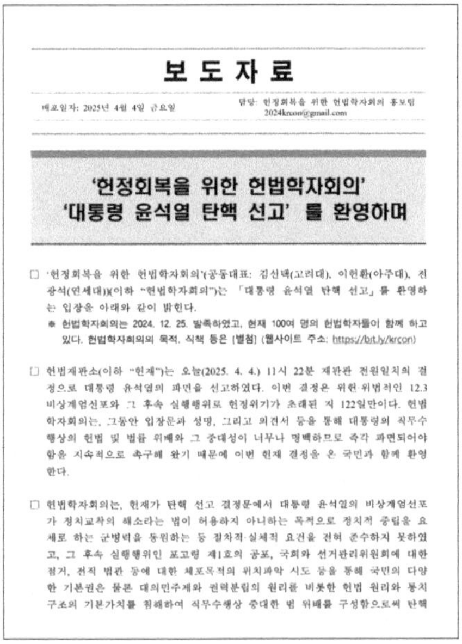

보 도 자 료

배포일자: 2025년 4월 4일 금요일

담당: 헌정회복을 위한 헌법학자회의 홍보팀
2024krcon@gmail.com

'헌정회복을 위한 헌법학자회의' '대통령 윤석열 탄핵 선고' 를 환영하며

□ '헌정회복을 위한 헌법학자회의'(공동대표: 김선택(고려대), 이헌환(아주대), 전광석(연세대))(이하 "헌법학자회의")는 「대통령 윤석열 탄핵 선고」를 환영하는 입장을 아래와 같이 밝힌다.

※ 헌법학자회의는 2024. 12. 25. 발족하였고, 현재 100여 명의 헌법학자들이 함께 하고 있다. 헌법학자회의의 목적, 직책 등은 [별첨] (웹사이트 주소: https://bit.ly/krcon)

□ 헌법재판소(이하 "헌재")는 오늘(2025. 4. 4.) 11시 22분 재판관 전원일치의 결정으로 대통령 윤석열의 파면을 선고하였다. 이번 결정은 위헌·위법적인 12.3 비상계엄선포와 그 후속 실행행위로 헌정위기가 초래된 지 122일만이다. 헌법학자회의는, 그동안 입장문과 성명, 그리고 의견서 등을 통해 대통령의 직무수행상의 헌법 및 법률 위배와 그 중대성이 너무나 명백하므로 즉각 파면되어야 함을 지속적으로 촉구해 왔기 때문에 이번 헌재 결정을 온 국민과 함께 환영한다.

□ 헌법학자회의는, 헌재가 탄핵 선고 결정문에서 대통령 윤석열의 비상계엄선포가 정치교착의 해소라는 법이 허용하지 아니하는 목적으로 정치적 중립을 요체로 하는 군병력을 동원하는 등 절차적·실체적 요건을 전혀 준수하지 못하였고, 그 후속 실행행위인 포고령 제1호의 공포, 국회와 선거관리위원회에 대한 점거, 전직 법관 등에 대한 체포목적의 위치파악 시도 등을 통해 국민의 다양한 기본권은 물론 대의민주제와 권력분립의 원리를 비롯한 헌법 원리와 통치구조의 기본가치를 침해하여 직무수행상 중대한 법 위배를 구성함으로써 탄핵

권력분립을 훼손한 중대한 법 위반에 해당한다는 헌법재판소 결정의 법리적 타당성을 인정하였다. 아울러 이번 탄핵 결정은 주권자인 국민, 국민의 대표기관인 국회, 그리고 최후의 헌법수호자인 헌법재판소가 협력하여 헌정 질서를 회복한 역사적 계기로, 앞으로 우리 사회가 화해와 상생의 민주적 법치문화를 구축하는 출발점이 되기를 희망하였다.

6. 긴급성명

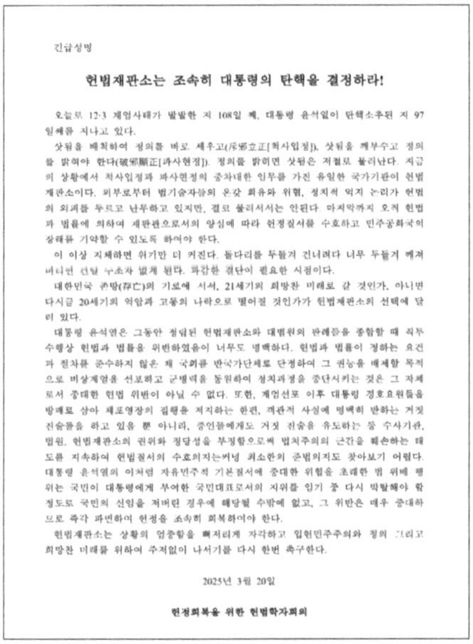

긴급성명

헌법재판소는 조속히 대통령의 탄핵을 결정하라!

오늘로 12·3 계엄사태가 발발한 지 108일 째, 대통령 윤석열이 탄핵소추된 지 97일째를 지나고 있다.

삿됨을 배척하여 정의를 바로 세우고(斥邪立正[척사입정]), 삿됨을 깨부수고 정의를 밝혀야 한다(破邪顯正[파사현정]). 정의를 밝히면 삿됨은 저절로 물러난다. 지금의 상황에서 척사입정과 파사현정의 중차대한 임무를 가진 유일한 국가기관이 헌법재판소이다. 외부로부터 법기술자들의 온갖 회유와 위협, 정치적 억지 논리가 헌법의 외피를 두르고 난무하고 있지만, 결코 물러서서는 안된다. 마지막까지 오직 헌법과 법률에 의하여 재판관으로서의 양심에 따라 헌정질서를 수호하고 민주공화국의 장래를 기약할 수 있도록 하여야 한다.

이 이상 지체하면 위기만 더 커진다. 돌다리를 두들겨 건너려다 너무 두들겨 깨져버리면 건널 수조차 없게 된다. 과감한 결단이 필요한 시점이다.

대한민국 존망(存亡)의 기로에 서서, 21세기의 희망찬 미래로 갈 것인가, 아니면 다시금 20세기의 억압과 고통의 나라으로 떨어질 것인가가 헌법재판소의 선택에 달려 있다.

대통령 윤석열은 그동안 정립된 헌법재판소와 대법원의 판례들을 종합할 때 직무수행상 헌법과 법률을 위반하였음이 너무도 명백하다. 헌법과 법률이 정하는 요건과 절차를 준수하지 않은 채 국회를 반국가단체로 단정하여 그 권능을 배제할 목적으로 비상계엄을 선포하고 군병력을 동원하여 정치과정을 중단시키는 것은 그 자체로서 중대한 헌법 위반이 아닐 수 없다. 또한, 계엄선포 이후 대통령 경호요원들을 방패로 삼아 체포영장의 집행을 저지하는 한편, 객관적 사실에 명백히 반하는 거짓 진술들을 하고 있을 뿐 아니라, 증인들에게도 거짓 진술을 유도하는 등 수사기관, 법원, 헌법재판소의 권위와 정당성을 부정함으로써 법치주의의 근간을 훼손하는 태도를 지속하여 헌법질서의 수호의지는커녕 최소한의 준법의지도 찾아보기 어렵다. 대통령 윤석열의 이처럼 자유민주적 기본질서에 중대한 위협을 초래한 법 위배 행위는 국민이 대통령에게 부여한 국민대표로서의 지위를 임기 중 다시 박탈해야 할 정도로 국민의 신임을 저버린 경우에 해당될 수밖에 없고, 그 위반은 매우 중대하므로 즉각 파면하여 헌정을 조속히 회복하여야 한다.

헌법재판소는 상황의 엄중함을 뼈저리게 자각하고 입헌민주주의와 정의 그리고 희망찬 미래를 위하여 주저없이 나서기를 다시 한번 촉구한다.

2025년 3월 20일

헌정회복을 위한 헌법학자회의

비상계엄의 선포 이후 3개월이 넘게 지나고, 대통령 탄핵심판절차의 최종변론이 종결된 후 한 달여가 다 되어가도록 선고가 기약없이 지연되고 있어 국민들의 불안과 사회적 불안정이 커져가는 시점인 2025년 3월 20일, 헌법학자회의는 "헌법재판소는 조속히 대통령의 탄핵을 결정하라!"는 제목의 긴급성명을 발표하였다. 긴급성명은 "외부로부터 법기술자들의 온갖 회유와 위협, 정치적 억지 논리가 헌법의 외피를 두르고 난무하고 있지만, 결코 물러서서는 안된다."고 경고하며, 헌법재판소가 조속히 대통령 탄핵심판에 대하여 선고할 것을 강력히 촉구하였다.

III

활동 일지

일자		주요 사건	헌법학자회의 활동
2024	12/3	윤석열 대통령 비상계엄 선포	
	12/4	비상계엄 해제	
		대통령 탄핵소추안 발의	
	12/5	검찰 및 국가수사본부 수사 개시	'12·3 비상계엄사태 관련 공법연구자모임'(가칭) 준비모임 결의
	12/7	윤석열 대통령 3차 대국민 담화	'윤석열 대통령의 탄핵소추를 촉구하는 헌법·행정법연구자 선언' 발표 주도
		대통령탄핵소추안 국회 투표불성립	
	12/9	윤석열 대통령 출국금지	
		헌법재판소 재판관 3인 선출안 국회 제출	
	12/10	위헌적 비상계엄 선포를 통한 내란 행위의 진상규명을 위한 특별검사의 수사요구안 (의안번호: 2206226) (발의: 2024년 12월 6일) (의결: 2024년 12월 10일)	
	12/12	윤석열 대통령 4차 대국민 담화	
		윤석열 비상계엄 내란행위 국정조사 결의안 발의	
		법무부장관(박성재) 탄핵소추안 가결	
		경찰청장(조지호) 탄핵소추안 가결	

일자		주요 사건	헌법학자회의 활동
2024	12/12	윤석열 정부의 위헌적 비상계엄 선포를 통한 내란 행위의 진상규명을 위한 특별검사 임명 등에 관한 법률안 (의안번호: 2206291) (발의: 2024년 12월 9일) (의결: 2024년 12월 12일)	
	12/14	대통령탄핵소추안 가결	
		한덕수 권한대행체제 출범	
	12/18		헌정회복을 위한 헌법학자회의(약칭: 헌법학자회의) 공동대표단 조직
	12/20		헌정회복을 위한 헌법학자회의 간사단 조직
	12/25		헌정회복을 위한 헌법학자회의 출범
			헌정회복을 위한 헌법학자회의 상임실행위원회 조직
	12/26	한덕수 권한대행 대국민담화 (헌재재판관 임명 관련 여야합의 촉구)	헌정회복을 위한 헌법학자회의(가칭) 제1차 긴급좌담회 '대통령 권한대행의 헌법상 지위와 헌법재판관 임명 및 거부권 행시의 힌계'
			보도자료 제1호('헌정회복을 위한 헌법학자회의' 긴급좌담회 개최 – 대통령 권한대행의 헌법재판관 임명 가부 및 소위 '내란 특검법' 거부권 행사 가부) 배포
		한덕수 국무총리 탄핵소추안 발의	
	12/27	한덕수 국무총리 탄핵소추안 가결	보도자료 제2호(권한대행에 대한 탄핵소추의결 정족수에 관한 '헌정회복을 위한 헌법학자회의'의 입장) 배포
		최상목 권한대행체제 출범	
	12/30	윤석열 체포영장 1차 청구	보도자료 제3호(권한대행의 재판관 임명에 관한 '헌정회복을 위한 헌법학자회의'의 입장) 배포
			보도자료 제4호('권한대행의 권한대행'이라는 용어에 관한 '헌정회복을 위한 헌법학자회의'의 입장) 배포
	12/31	윤석열 체포영장 발부	
		최상목 권한대행의 특검법 거부권 행사 및 헌법재판관 2인 임명	
2025	1/1		보도자료 제5호(국회 선출 재판관의 선별적 임명에 관한 '헌정회복을 위한 헌법학자회의'의 입장) 배포

일자		주요 사건	헌법학자회의 활동
2025	1/3	윤석열 체포영장 1차 집행시도	제2차 긴급좌담회 〈국회선출 헌법재판관 부분임명의 헌법적 해결방안 모색〉
			보도자료 제6호(‘헌정회복을 위한 헌법학자회의’ 제2차 긴급좌담회 개최 - 국회 선출 재판관 부분 임명의 헌법적 해결방안 모색) 배포
	1/6	윤석열 체포영장 2차 청구	보도자료 제7호(‘헌정회복을 위한 헌법학자회의’ 2025. 1. 8. 학술토론회 개최 - 12·3 비상계엄사태와 헌정회복을 위한 과제) 배포
	1/7	윤석열 체포영장 재발부	
	1/8		학술토론회 ‘12·3 비상계엄사태와 헌정회복을 위한 과제’
	1/9		보도자료 제8호(대통령 탄핵심판에서의 내란죄 제외 논란에 관한 ‘헌정회복을 위한 헌법학자회의’의 입장) 배포
	1/13		〈국가인권위원회의 “계엄 선포로 야기된 국가적 위기 극복 대책 권고의 건” 전원위원회 상정에 대한 ‘헌정회복을 위한 헌법학자회의’의 의견서〉 국가인권위원회에 제출
			보도자료 제9호(국가인권위원회의 권고 논란에 관한 ‘헌정회복을 위한 헌법학자회의’의 의견서) 배포
	1/14	윤석열 대통령 탄핵심판 1차 변론기일	
	1/15	윤석열 대통령 체포	
	1/16	윤석열 대통령 탄핵심판 2차 변론기일	
	1/19	윤석열 대통령 구속	
		서울서부지방법원 폭동·소요사태	
	1/20		탄핵심판의견서 준비팀 구성
	1/21	윤석열 대통령 탄핵심판 3차 변론기일	
	1/22	윤석열 정부의 비상계엄 선포를 통한 내란혐의 진상규명 국정조사특별위원회 - 제1차 국정조사 청문회	
	1/23	공수처, 윤석열 대통령 내란 혐의 사건 검찰에 이첩	
		윤석열 대통령 탄핵심판 4차 변론기일	

일자		주요 사건	헌법학자회의 활동
2025	1/26	윤석열 대통령 구속기소(서울중앙지방법원 2025고합 129 내란우두머리)	
	1/31	최상목 권한대행, 2차 내란특검법 재의요구권 행사	
	2/2		보도자료 제10호(마은혁 재판관 후보자의 임명 부작위 사건 선고에 관한 '헌정회복을 위한 헌법학자회의' 입장) 배포
	2/4	윤석열 대통령 탄핵심판 5차 변론기일	
		12·3 비상계엄 내란혐의 국정조사특별위원회 제2차 청문회	
	2/6	윤석열 대통령 탄핵심판 6차 변론기일	제3차 긴급좌담회 〈대통령 윤석열 탄핵심판 의견서 검토〉
		12·3 비상계엄 내란혐의 국정조사특별위원회 제3차 청문회	
	2/10	국가인권위원회, 대통령의 방어권보장 안건 의결	
	2/11	윤석열 대통령 탄핵심판 7차 변론기일	
	2/12		보도자료 제11호(윤 대통령 관련 국가인권위원회 의결에 관한 '헌정회복을 위한 헌법학자회의'의 입장) 배포
	2/13	윤석열 대통령 탄핵심판 8차 변론기일	영남권 지역토론회 〈윤석열 대통령 탄핵심판의 쟁점〉
	2/18	윤석열 대통령 탄핵심판 9차 변론기일	
	2/20	윤석열 대통령 내란우두머리혐의 재판 1차 공판준비기일	
		윤석열 대통령 탄핵심판 10차 변론기일	
	2/21	12·3 비상계엄 내란혐의 국정조사특별위원회 제4차 청문회	
	2/25	윤석열 대통령 탄핵심판 11차 변론기일	보도자료 제12호(2025. 2. 28. 대통령 탄핵심판 관련 공개집담회 개최 - 대통령 윤석열 탄핵심판과 헌법재판소의 역할) 배포
		12.3 비상계엄 내란혐의 국정조사특별위원회 제5차 청문회	
	2/27		보도자료 제13호(마은혁 재판관 임명 부작위 위헌 확인 결정 및 신속한 임명 필요성에 관한 '헌정회복을 위한 헌법학자회의' 입장) 배포

일자		주요 사건	헌법학자회의 활동
2025	2/28		〈대통령 윤석열 탄핵사건(2024헌나8)에 대한 '헌정회복을 위한 헌법학자회의'의견서〉 헌법재판소에 제출
			공개집담회 '대통령 윤석열 탄핵심판과 헌법재판소의 역할'
			보도자료 제14호('헌정회복을 위한 헌법학자회의' 대통령 탄핵심판에 대한 의견서 제출) 배포
	3/6		보도자료 제15호('헌정회복을 위한 헌법학자회의' 2025. 3. 7. 호남권 지역토론회 개최) 배포
	3/7	윤석열 대통령 구속취소청구 인용(2025초기619 구속취소)	호남권 지역토론회 '5·18과 12·3 계엄, 그리고 윤석열 탄핵'
	3/8	윤석열 대통령 석방	
	3/12	우원식 국회의장, 헌법질서 수호를 촉구하는 긴급 기자회견	
	3/20	민변, 헌법재판소의 탄핵선고 지연을 규탄하는 변호사대회 개최	긴급성명 '헌법재판소는 조속히 대통령의 탄핵을 결정하라' 발표
	3/21	최상목 경제부총리 탄핵소추안 발의	
	3/24	한덕수 국무총리 탄핵심판선고 – 기각	
		윤석열 대통령 내란우두머리 혐의 재판 2차 공판준비기일	
	3/25		보도자료 제16호('헌정회복을 위한 헌법학자회의' 국무총리에 대한 탄핵심판 결정에 관한 입장) 배포
	3/28	우원식 국회의장, 한덕수 권한대행 상대로 권한쟁의심판 청구	
	3/30		공동대표단 긴급회의 〈대통령 윤석열 탄핵 선고 지체 관련 대응방안 검토〉
	4/1	헌법재판소, 윤석열 대통령 탄핵심판선고일 통지	제4차 긴급좌담회 〈대통령 윤석열 탄핵 선고 지체 관련 대응방안 검토〉
			보도자료 제17호('헌정회복을 위한 헌법학자회의' 대통령 윤석열 탄핵심판 선고기일 지정과 조속한 헌정회복에 관한 입장) 배포
	4/3	국방부, 2차 비상계엄령 선포시 거부의사 표명	

일자		주요 사건	헌법학자회의 활동
2025	4/4	윤석열 대통령 탄핵심판선고 – 인용	보도자료 제18호(대통령 윤석열 탄핵 선고를 환영하며) 배포
	4/8	한덕수 권한대행, 마은혁 헌법재판관 임명 및 대통령몫 재판관후보자 2인 지명	보도자료 제19호(한덕수 권한대행의 위헌적 재판관 지명에 대한 입장문) 배포
		헌법재판소, 한덕수 권한대행의 헌법재판관후보자 지명 효력정지 가처분 신청 인용	
	4/14	윤석열 대통령 내란우두머리혐의 재판 1차 공판기일	
	4/17	내란 특검법 2차 재의결 부결	
	4/21	윤석열 대통령 내란우두머리혐의 재판 2차 공판기일	
	5/12	윤석열 대통령 내란우두머리혐의 재판 3차 공판기일	
	5/19	윤석열 대통령 내란우두머리혐의 재판 4차 공판기일	
	5/26	윤석열 대통령 내란우두머리혐의 재판 5차 공판기일	
	6/3	제21대 대통령선거	
	6/30		활동보고서 준비를 위한 집행부회의
	7/28		마무리 집담회 〈12·3 내란을 넘어, 헌정회복의 장정으로〉

제3장

회원활동

I

참여의 변과 소회

(가나다 順)

헌정회복을 위한 헌법학자회의를 상설화할 것을 제안합니다.

권영태(헌정회복을 위한 헌법학자회의 실행위원)

소장 학자들에게 맡겨주시면 선배원로님들 모시고 내란 정국에서 헌법학자회의가 한 역할을 지속적으로 전개하는 상설조직으로 건설해 보겠습니다.

장기적으로는 중앙정부 차원의 국가기구로 (가칭)헌정위원회(국가인권위원회급 위상)를 설립을 추진할 필요가 있습니다.

간략한 구상을 말씀 드립니다.

헌법학자회의를 현 단계에서 마무리하지 마시고, 지속적으로 이어가길 희망합니다.

권영태 드림

(가칭) 헌정위원회 구상
– 헌법질서 수호와 민주주의 공고화를 위한 상설기구 창설 제안 –

1. 설립 배경

12.3계엄 이후 내란 사태에 제대로 된 헌법 법리를 생산제공한 '헌정회복을 위한 헌법학자회의'의 활동을 모델로 하여 한국 사회의 민주주의 수호와 강화 방안을 지속적으로 모색할 필요가 있습니다.

위기 시에만 일시적으로 구성되는 비공식 기구가 아니라 헌법학자들의 목소리를 지속적인 제도 개혁과 정책 반영으로 연결하기 위한 창구가 필요합니다.

이에, 헌법질서 수호와 민주주의 공고화를 위한 국가적 과세로, 헌법학자회의를 상설화하여 민간시민단체로 활동을 지속하고, 중장기적으로는 제도화한 상설 국가기구로 (가칭) '헌정위원회'를 설립 추진을 제안합니다.

당면하여 개헌이 현실화할 가능성이 높아진 지금, 헌정 수호에 앞장섰던 헌법학자들의 중심적인 역할이 절실합니다.

2. 목적 및 기능

(1) 목적

- 헌정 질서의 수호 및 회복을 위한 상설적 지식공동체 구축
- 헌정 수호/강화를 위한 대안 마련과 공론화
- 헌법 개정, 제도 개혁 등 국가적 의제에 대한 독립적이고 학문적인 자문 제공
- 국민 주권과 입헌주의 원리에 기반한 헌법 교육 강화

(2) 핵심 기능

1. 위기 분석 및 권고: 헌정 위기 진단 및 관련 기관에 의견서 제출,

공청회 개최 등

2. 헌법 해석 및 자문: 국회, 정부, 헌재에 대한 독립적 헌법 자문
3. 헌법교육과 시민의식 강화: 시민 대상 헌법 교육, 민주주의·입헌주의 인식 제고
4. 제도개선 정책 제안: 헌법 개정안, 선거제도, 권력구조 등 제도개혁 연구 및 권고
5. 국제 연대와 교류 해외 헌법학자 및 제도와의 비교연구 및 연대활동

3. 운영 방식

- 분기별 정기회의 및 헌정 관련 이슈 수시 점검 및 대안 생산
- 주요 헌정 현안에 대한 분석 보고서 및 권고문 발간
- 국회·헌법재판소·감사원 등 헌법기관과의 정례 협의
- 시민참여형 헌법포럼 개최 및 온라인 플랫폼 운영
- 각급 학교와 결합, 헌법교육 실시

4. 기대 효과

- 헌정 위기 예방과 조기 경보 체계 구축 : 단발성 대응이 아닌 상시적 감시와 제안 가능
- 정치권으로부터 독립된 헌법 수호 장치 마련 : 헌재·국회 중심의 제한적 논의 구조 극복
- 입헌주의 회복과 국민주권 강화를 위한 학술 기반 마련 : 전문성과 공공성을 바탕으로 민주주의 발전 도모
- 국민 통합과 민주적 법치 문화의 기반 조성 : 갈등의 헌법적 해결을 통해 공존·공생의 길 제시

헌법은 단지 조항의 집합이 아니라 국민주권의 정신과 사회 통합의 기

초 질서입니다.

헌정 파괴가 실질적으로 현실화된 지금, 헌정질서를 방어하고 수호하는 전문기관의 상설화는 시대적 요청이라 할 수 있습니다.

(가칭) 헌정위원회는 바로 그 요청에 부응하는 지식공공기구로, 향후 한국 사회의 민주적 법치국가 체계를 지속가능하게 뒷받침하는 제도적 기둥이 될 것입니다.

'헌정회복을 위한 헌법학자회의' 활동에 관한 의견과 소회

권형둔(공주대학교)

1. 12.3 이후 침묵할 수 없었던

2024년 12월 3일, 이 땅위에 살아가는 모든 사람들이 그러했듯 비상계엄령이 선포되던 그날 밤은 충격 그 자체였다. 강의실에서, 그리고 논문에서 조차도 잘 다루어지지 않았던 생소한 주제인 비상계엄이 현실로 다가왔을 때 공포보다는 허탈함과 분노가 먼저 다가왔다.

조짐은 이전부터 있었다. 헌법재판소, 국가인권위원회, 방송통신위원회 등 민주주의와 국민의 기본적 인권보장을 위한 국가기관들의 기능이 정지되거나 왜곡되어 가고 있었다. 정치적 독립성을 유지해야 할 감사원은 정권에 굴종하는 행태를 보이고 있었고, 공정한 법집행을 해야 할 검찰은 정권 그 자체가 되어 있었다.

필자는 12월 4일 언론중재위원회에서 개최하는 토론회에서 '유튜브 저널리즘과 인격권 침해, 어떻게 대응할 것인가'를 주제로 발제가 예정되어 있었다. 인터넷의 특성과 결합한 다양한 매체가 진정한 표현의 자유를 보장하는 장으로서 올바른 민주적 여론형성을 위해 기여할 것이라는 기대와는 달리 혐오와 거짓정보가 만연하여 이들의 책임감도 아울러 요구하는 내용의 발표였다. 극우 유튜버 세력들이 주장하는 부정선거가 비상계엄의 한 가지 이유였고, 그들이 또한 서부지방법원을 습격하고 헌법재판소 방화와 재판관들에 대한 테러 위협을 공공연하게 암시하였듯이 유튜브가 공론장으로 들어옴으로써 발생한 폐해는 오래된 일이었다.

다행히 국회에서 계엄 해제가 의결되고 행사는 예정대로 진행되었지만, 참가자들이 토해내는 그날의 분노는 이루 헤아릴 길이 없었다. 여의도에 살고 있는 어느 교수님은 헬기와 군용차량 운행 소리(그분 표현으로는 탱크소리), 그리고 두려움으로 잠을 이룰 수 없었다고 한다.

이후 너무나 명백한 현직 대통령의 내란 행위에 대해 이루 말하기 어려운 궤변으로 이를 옹호하는 목소리가 커져가기 시작했다. 사실관계를 왜곡하고 법 상식을 배반하면서 대중을 현혹하는 이상한 법리논쟁이 도처에서 전파를 타고 지면을 장식하고 있었다. 이미 '바이든-날리면' 발언 논란과 카이스트 '입틀막 사건'에서부터 우리 사회의 작은 계엄은 시작되고 있었다. 급기야 군병력을 동원하여 국가기관을 침탈하는 시도가 일어나 자유민주적 기본질서를 해치는 사태가 일어났음에도 불구하고 그 자체가 정쟁거리가 되어 백주대낮에 스피커로 울려 퍼지고 있었다. 언론의 본질적 특성을 무시하고 기계적 균형성만 강조하는 공정성 심의가 오랫동안 저널리즘을 규율하고 억압하여 왔고, 급기야 내란을 내란이라 하지 못하고 진실을 객관적으로 보도할 수 없는 지경에 이르게 된 것이다.

80여년 질곡의 헌정사와 6.10. 민주화 항쟁의 결과 국민적 합의로 탄생한 헌법 정신이 대통령의 위헌적이고 불법적인 비상계엄으로 하루아침에 나락으로 떨어졌다. 유례없는 헌정위기를 맞아 헌정질서 회복을 목적으로 헌법에 토대를 둔 올바른 담론과 의사소통으로 입헌민주주의를 더욱 공고하게 만들기 위한 '헌법의 순간'에 훗날 함께 있었다는 사실이 자랑스러울 거라는 김종철 교수님의 연락을 받고 '헌정회복을 위한 헌법학자회의'에 참여를 망설일 이유는 없었다. 우리 모두의 존엄과 권리를 지키기 위해 그리고 이 땅에서 인권이 유린되고 독재 권력이 발호할 때 "그때 당신은 무엇을 했는가?"라는 부름에 헌법학자들이 주저하지 않고 답하여 행동한 일생일대의 사건이라고 본다.

2. 87년 헌법과 12·3 비상계엄

12·3 비상계엄은 현직 대통령에 의해 이루어진 내란 행위이다. 이러한 혐의로 탄핵안이 가결되고 윤석열은 헌정사상 최초로 현직을 유지하면서 구속된 첫 번째 대통령이 되었다. 기존의 통상적인 산정방식과 달리 구속기간을 '날'이 아닌 '시간'으로 계산한 법원의 말도 안 되는 논리로 구속이 취소되었고, 또한 검찰의 유례없는 즉시항고 포기로 거리를 활보하였지만 다시 구속되었다.

1987년 6월 민주화 항쟁의 성과로 현행 헌법체제가 성립되었고, 민주적 헌정질서가 면면히 이어져 민주공화국이 반석에 올라서 있다는데 어느 정도 믿음이 있었다. 여러 곡절에도 불구하고 민주화의 공고화와 입헌주의가 확대되면서 과거의 불행한 헌정을 뒤로하고 상호 선순환의 관계가 나타나기 시작한 것이다. 헌법규범과 헌법현실의 괴리가 좁혀지고 헌법의 규범력이 확대되어 가는 과정에 발생한 위헌적이고 불법적인 비상계엄은 87년 헌법체제에 대한 근본적인 의구심을 갖게 하였다.

대통령 개인의 일탈도 있지만 한국의 대통령제와 정부시스템에 문제가 있는 것은 아닌가라는 근본적인 의문도 있다. 헌법의 문제도 있지만, 법률과 그 집행에 관련된 행정, 법이 부여한 권한을 행사하지 않는 각 부분 구성원들의 의식이 민주주의 발전을 따라가지 못하고 있다. 제도의 기본 틀이 마련되었음에도 불구하고 그 깊이는 일천하며 우리의 잠재의식 속에는 여전히 청산되어야 할 권위주의의 잔재와 관료주의의 병폐가 남아 있다.

헌법과 모든 법제도는 정상적인 국가를 전제로 마련되어 있다. 비정상의 상태가 도래했을 때 이에 대한 대응은 결국 그 사회가 가지고 있는 민주적 역량을 보여준다. 12·3 비상계엄을 전후해서 보인 국가기관과 구성원들의 행태는 실망스럽기 그지없다. 현재 특검이 진행하는 수사는 책임 있는 국가기관이 눈감거나 소홀히 한 사건이다.

대통령이 사법부와 언론, 공공기관에 대한 인사권을 무기처럼 휘두르며 비판 세력을 배제하고 권력을 일원화해가는 과정은 민주적 통제와 견제가 무력화되어가는 과정이었다. 이태원에서 354명의 젊은이들이 사고로 사망 또는 부상을 당했지만 책임을 지는 국가기관과 대표자는 없었다. 감사원은 대통령실 이전 과정에 다수의 무자격 업체가 관저 공사에 참여하고, 이 업체가 불법 하도급을 준 사실이 드러났지만 구체적 감사 내용을 누락하였다. 채 해병 사망사고 관련 수사외압에 대해 책임감을 갖고 수사한 수사단장이 군사재판을 받으며 고초를 겪었다. 헌법적 요건에 부합하지 않는 비상계엄이 선포되고 위헌적인 포고령에도 불구하고 가담한 장성들이나 일부 정치인들은 아무런 문제제기도 하지 않았다. 적법한 국무회의는 열리지 않았고, 이후 대통령 권한대행은 헌법상의 의무를 쉽게 저버려 수사를 받고 있다.

결국은 법치주의 실현의 물적 기초가 되는 입법, 행정, 사법, 공공기관의 권능과 권한이 실질적으로 유지되고 행사될 수 있도록 제도가 바로 서야한다고 본다. 민주주의가 왜곡되는 국가영역에 대해서는 권한 행사시에 행위와 책임이 동시에 존재하는 원칙이 실현되어야 한다고 본다. 국가기관과 그 구성원이 행위 시에 책임을 의식하지 않아도 되는, 책임을 부과할 수 없는 행동이 가능한 그러한 권한만 부여되어 있는 부서 내, 부처 간, 국가기관 상호간의 구조가 우리사회의 민주주의를 왜곡하는 원인이라고 본다.

몸에 쌓인 적폐는 생존본능에 따라 몸 스스로 보내는 구조신호로 알 수 있다. 하지만, 시스템에 의한 제어가 없는 권력의 폐단은 그것이 쌓여가도 변화하지 않고 오히려 공고화된다.

국가의 간섭으로부터 자유로운 개인의 자율적인 영역을 위해 국가권력을 조직상 분할하여 국가기관을 상호 관계에서 견제하게 하여 개인의 자유영역을 확보해낸다. 국가권력의 집중과 남용의 위험을 방지하고, 궁극적으로 국민의 자유와 권리를 보호하고자 하는 권력분립의 사상은 국가기관 상호간의 억제와 균형을 통하여 구현된다.

비상계엄 사태는 대통령 개인의 일탈도 있지만 근본적으로는 행위와 책임의 불균형의 문제로 이는 사람의 문제이자 동시의 제도의 문제이기도 하다. 현행 헌법은 "견제(checks)"는 가능하나 "균형(balances)"의 원리를 달성하기에는 미흡하다고 본다. 비상계엄에 대해 국회가 견제는 했지만 국민주권에 따라 민주주의와 법치주의의 실질적 내용까지 대통령에게 요구하는 제도적 보장책은 없다. 최소한의 합법성과 적법성뿐만 아니라 적정성과 정당성에 이르는 것이 균형이다. 인사 청문제도, 국무위원에 대한 해임건의제도도 견제의 원리만 작동할 뿐이다.

균형의 원리는 국가과제의 효율적 이행을 위해 필요하지만, 실체적 내용을 채울 수 있는 균형을 이루기에 현행 헌법은 부족한 점이 있다. 균형은 국가기관 간, 국가기관 내에서도 견제와 균형이 이루어져야 한다. 국회⇔정부⇔대통령 등 헌법기관이나 검찰⇔경찰⇔감사원 등 권력기관 상호간은 물론이고 각 기관 내부관계에서도 견제를 넘어 균형이 자리 잡는 구조가 되어야 한다. 견제와 균형의 원리에 입각한 헌법 개정이 필요한 시점이라고 본다.

3. 헌법학자 회의에 참여한 소회에 부쳐

대한민국 민주주의와 그간의 성과들 송두리째 부정한 대통령의 내란행위를 목도했다. 헌정질서를 지켜야 할 대통령이 위헌·위법의 비상계엄을 선포하고, 군대를 보내 국회 무력화를 시도한 것이다. 가족의 범죄사실을 은폐하고 군사 충돌을 유발하여 장기집권을 획책한 정황도 서서히 드러나고 있다. 분노한 시민들이 민주주의를 지켜냈지만 아직 내란은 끝나지 않았다. 그 사태를 방조하거나 침묵으로 동조한 정치인들이 있었고, 그의 통치기간 동안 국가기관들은 그 역할을 하지 못하고 스스로 무너져 내렸다.

우리 헌정사는 비상계엄이 군사정변을 위한 도구로 활용되거나 권력을 항구화하는 수단으로 악용된 사례가 있기 때문에 계엄 요건을 엄격하게 정하고 있다. 이미 국가긴급권제도는 위헌·위법적인 행사에 대해 민주적 통제를 중요시하여 대통령의 전속적이고 배타적 권한이 아니라 국회의 협력과 통제를 예정하고 있는 제한된 권한으로 설계되었다. 이를 어기고 상대를 무력으로 제압하려는 시도를 함으로써 윤석열은 스스로 파멸의 길로 들어섰다.

인권수호기관으로서 신뢰를 잃어버리고 제 역할을 하지 못하는 국가인권위원회를 재생시키는 일은 이제 스스로의 힘으로 불가능하게 되었다. 권고의 법적 구속력이 없는 인권위원회는 도덕적 권위까지 잃어버려 쓸모없는 기관이 되어버렸다. 인권위의 조직과 기능을 재정립하는 환골탈퇴에 가까운 개혁이 필요하다.

검찰개혁은 시대적 사명이 되었다. 하지만 공동체의 형사사법의 근본을 바꾸는 일에 대해 갑론을박이 진행되고 있다. 검찰권 남용과 국가의 범죄억지기능을 강화하는 본연의 목적에 맞게 더 나은 방향의 검찰개혁을 위해 지혜를 모아야 한다고 본다.

야권 대통령 후보에 대한 대법원 파기환송 판결은 사건이 접수되자마

자 공판기일을 대통령 선거운동 기간에 잡아 법원이 선거에 개입한 전례가 없는 사태이다. 대법원장을 비롯한 일부 법관들이 정치적 중립의무를 저버리고 선거에 개입하여 국민주권을 중대하게 침해하였다. 민주주의와 법치주의의 최후의 보루로서 국민적 불신을 스스로 해소하거나 개혁의 대상이 되어버린 상황이다.

일부 언론은 헌정질서를 파괴한 행위에 대해 탄핵심판 기간 내내 찬반 양론이라는 기계적 중립성을 고집하여 사회적 혼란을 가중시켰다. 내란 이후 발생한 이념적 대립으로 인한 갈등은 저널리즘을 잃어버린 언론의 책임이 크다고 본다.

짧은 활동기간이었지만 사안의 심각성에도 불구하고 참여한 모든 분들의 학문적 열정과 그 성과에 대해 고스란히 배우고 감탄했던 행복한 시간이었다. 그저 시국선언에 이름을 올리거나 지역 신문에 기고하고 기자의 전화인터뷰에 응하면서 분노를 토로하는 것 외에는 크게 기여한 것이 없어 죄스러운 마음이었다. 보도 자료나 의견서, 그리고 헌법학자들의 기고문, 인터뷰 등에 감탄하면서 열심히 '좋아요'만 클릭하였다.

학계의 선후배가 열린 마음으로 논쟁이 된 모든 헌법적 사안에 대해 어느 특정 진영의 논리가 아니라 헌법의 시각에서 해석하고 토론하면서 결국 민주주의와 법치주의를 지켜낸 시간이었다고 생각한다. 그러한 열정을 바탕으로 헌법학자 회의에 참여했던 학자들은 무너져버린 사회 각 부분을 정상화하는데 그 역할을 수행할 수 있을 것이라고 본다. 모두에게 감사드린다.

헌정회복을 위한 헌법학자회의 활동에 대한 의견과 소회

이경주(인하대학교)

12·3 계엄과 관련 헌법적 문제에 대하여 기민하고 능동적으로 대처하여 주신 실행위원님들, 상임실행위원님들, 대표님들 모두 고생하셨습니다.

기성의 학회의 틀을 넘어 상황대응 연대체로서 큰 역할을 하셨습니다. 다양한 스펙트럼의 헌법연구자들이 이렇게 한 방향을 보고 각자의 위치에서 모든 지혜를 짜내는 모습에 많은 감동과 자극을 받았습니다.

한국사회에서 연구자 조직의 역사에 비추어 보더라도 특정전공자들(헌법연구자들)이 이렇게 모인 것은 매우 획기적인 일이었던 것 같습니다.

앞으로도 한국사회의 민주주의의 발전을 위해 큰 일을 하실 것을 기원합니다.

참여 소감

이장희(국립창원대학교 법학과 교수)

지난 2024년 윤석열의 12.3비상계엄은 대통령에 의한 친위쿠데타였고 국헌문란의 내란이었습니다. 이 내란사태는 87년 민주화 이후 민주주의의 시계를 다시 군부정권의 시절로 되돌리려는 것이었기에 그 자체로 모든 국민에게 충격을 안겨 주었습니다. 그것은 대한민국 헌법의 국민주권과 민주공화국의 정체성을 무너뜨리려는 시도였고 또한 민주주의 헌법을 공부하고 가르치는 저 같은 헌법학자에게는 헌법국가를 향한 개인적 신념을 침해하는 일이었습니다.

1980년 이후 45년 만에 헌법상 요건에도 맞지 않는 비상계엄을 선포하여 헌정을 파괴하려 한 윤석열의 내란 때문에 수많은 국민이 불안과 분노로 밤잠을 설치기도 하였습니다. 저 역시 12.3비상계엄 당일부터 며칠간 분노와 대한민국의 미래에 대한 걱정으로 잠을 설치는 나날이었습니다.

12.4 아침부터 매일 시시각각 쏟아지는 뉴스에 온 신경을 쏟을 수밖에 없었습니다. 하루가 멀다 하고 헌법적 쟁점들이 제기되고 있고 또 이른바 '애국 보수'를 참칭하며 대통령의 내란행위를 옹호하고 정당화하려는 시도가 끊임없이 계속되었습니다. 이러한 헌정위기의 상황에서 "과연 우리에게 헌법은 무엇인가", "민주공화국 대한민국은 지속될 수 있을까"라는 근본적 의문을 품지 않을 수 없었습니다. 헌법 시스템이 정상적으로 작동하고 또 헌법의 규범력이 살아 있다면 도대체 헌법에 따라 권한을 부여받았다는 대통령이란 자가 자기를 뽑아준 국민을 배신하고 국가긴급권을 남용하여 그 국민을 총칼로 위협하고 국헌문란의 내란을 저지르는 일이 일어날 수 있었을까? 우리 헌법에 사소한 문제가 없지 않다고 생각했으나 결국 쿠데타의 재발을 막지 못한 부분을 뼈저리게 느끼지 않을 수 없었습니다.

그렇다고 오랜 민주화의 역사를 거쳐 국민의 희생과 노력으로 지금까지 만들고 가꾸어 온 우리 대한민국 헌법이 이렇게 속절없이 무너지고 휴지조각이 되어서 되겠습니까?! 지금까지 헌법을 연구하고 가르치면서 애정을 쏟으며 일상을 함께 해 온 대한민국 민주헌법이 눈앞에서 침해되는 상황에서도 당장에 헌법을 위해 아무 것도 할 수 없고 무기력하게 사태를 지켜만 볼 수밖에 없다는 것이 너무나 안타깝고, 무엇보다 헌법에게 너무나 미안했습니다. 그래서 헌법학자로서 나는 무엇을 해야 하고 또 할 수 있는가를 매일매일 고민하였습니다.

헌정파괴의 위기 상황에 당하여 대한민국을 사랑하는 사람이라면 누구든 헌정파괴를 규탄하고 헌정회복을 염원하지 않을 수 없었을 것입니다. 그러나 윤석열의 비상계엄이 국헌을 문란케 하려는 내란이었음에도 불구하고 대한민국의 정치사회적 현실은 마치 국회를 반국가단체로 매도하는 것도 하나의 정치적 견해이라거나 비상계엄을 선포하여 국회를 파괴하려는 것이 무슨 보수적 진영의 정당한 국정수행인 것처럼 포장하면서 국민을 기만하는 말들이 쏟아져 나왔습니다.

이번에 윤석열의 공이 있다면 대한민국의 이른바 보수기득권의 썩은 모습, 내란세력의 부끄럼을 모르는 뻔뻔한 모습을 그대로 드러내 주었다는 것입니다. 또 대한민국의 보수기독교 등 종교세력이 매우 극우화되어 현실정치를 조종하고 헌법의 정교분리원칙을 조롱하듯 민주주의를 위협하는 수준에까지 이르고 있다는 사실도 알게 되었습니다.

그렇게 윤석열의 12.3비상계엄을 옹호하고 그것이 내란이 아니라는 온갖 극우적 주장이 난무하면서 헌정파괴세력들이 아스팔트 보수란 이름으로 강하게 집결하였습니다. 그들은 민주주의 헌정을 수호하는 것이 아니라 자신들의 기득권을 수호하려는 내란정권의 비호 세력들이었습니다. 그들은 아무런 근거 없이 부정선거 의혹을 계속 주장하고 미국의 성조기와 이스라엘 국기를 흔들어대며 작금의 헌정위기의 원인을 오히려 민주당 등 야당 탓으로 돌리기도 하였습니다. 그들의 기만적 언행으로 사회적 혼란이 가중되면서 자칫 헌정파괴세력에게 내란죄의 책임을 묻기는커녕 극우정권의 귀환과 장기집권의 길로 우리나라가 추락하는 것은 아닌지, 국민주권의 나라로서 민주공화국의 문을 닫고 실질적인 왕정국가로 퇴행하는 것은 아닌지 걱정을 하는 시민들도 많았습니다.

야당 국회의원들이 국회의 봉쇄상황을 뚫고 12.3비상계엄을 신속하게 해제한 이후에도, 대통령 탄핵소추 의결, 내란사태의 국정조사, 헌법재판소의 탄핵심판에서 피청구인 측의 위증과 궤변, 국회선출 헌법재판관에 대한 대통령 권한대행의 임명 거부 사태, 어느 보수 재판관의 몽니로 인한 헌법재판소 탄핵선고의 지연 상황, 대통령 권한대행에 대한 탄핵소추, 내란수괴의 체포 구속의 저항, 지귀연 판사의 내란수괴의 구속취소 결정 등 하루가 멀다하고 새로운 헌정위기상황이 연달아 이어지며 헌정위기조차 다이나믹하게 펼쳐지는 상황이었습니다.

매일 뉴스에서 헌법적 쟁점이 연달아 제기되는 상황에서 다수 국민들은 많은 혼란을 느끼며 헌정의 미래를 걱정하지 않을 수 없었습니다. 그래서 헌정수호를 위해 주권자인 국민이 헌정회복의 의지를 품고 헌정회복을 요구하려면 이러한 혼란을 헌법이론적으로 정리하고 정도를 밝히는 것이 필요하였습니다. 그래서 구체적인 사건에 관하여 무엇이 합헌적이고 또 무엇이 헌법파괴적(위헌적)인지를 분명히 하고 국민들과 정확한 정보를 공유하면서 국민에게 신뢰감과 안정감을 느끼게 할 수 있는 헌법전문가의 역할도 중요하였습니다. 그것은 당시 헌정위기의 상황에서 헌법학자이기에 꼭 행동해야 하는 학자적 양심이고 사명이었다고 생각합니다.

이러한 모든 활동이 비상계엄 직후 곧바로 '헌정회복을 위한 헌법학자회의'가 결성된 덕분에 시의적절하고 의미 있게 사태에 대응하며 공동행동을 할 수 있었습니다. 헌법학자회의의 구심점이 되어 전체 활동을 이끌어주신 김선택, 전광석, 이헌환 공동대표님들과 여러 실행위원 교수님, 함께 참여하신 여러 헌법학자분들께 다시 한번 깊이 감사드립니다.

헌법위기의 사태에서 헌법학자 개인의 힘으로 무엇을 할 수 있을까요? 아마도 누구든 많은 무력감과 좌절감을 느끼지 않을 수 없었을 것입니다. 저 역시 그러던 중에 '헌법학자회의'가 결성되면서 영남권 상임실행위원으로서 함께 활동할 수 있었고, 무엇보다 선뜻 참여 제안을 주신 김종철 대표상임실행위원님께 깊이 감사드립니다. 비록 서울에서 멀리 떨어져 살다보니 이 활동에 주도적으로 참여하지는 못하였지만, 헌법학자회의의 활동이 있음으로 인해, 그리고 이 활동의 일원으로 함께 할 수 있음으로 인해 저는 많은 위안과 희망과 용기를 얻을 수 있었습니다. 그리고 헌법에 대한 미안한 마음을 조금이나마 덜 수 있었습니다.

돌이켜 보면 지난 12.3비상계엄 이후로 헌정회복의 과정은 결코 쉽지 않았고 여러 번의 중요한 고비가 있었습니다. 그러한 고비는 근본적으로 민주헌법을 사랑하는 많은 민주시민 여러분, 대한민국 국민 여러분의 염려와 적극적인 참여 덕분에 무난히 극복할 수 있었다고 생각합니다. 이번 내란 사태로 우리 헌정에 부실한 부분이 많았다는 점을 새삼 알 수 있었지만, 다른 한편으로는 그럼에도 불구하고 지난날 민주화의 역사와 1987년 헌법체제 이후 우리의 시민사회와 민주주의의 내적 역량이 상당한 정도로 성장하고 있었음을 알 수 있었습니다. 그런 점에서 이번 내란 사태는 앞으로 저를 포함한 많은 헌법학자들에게 헌정의 개선과 발전을 위한 연구 과제를 많이 안겨줌과 동시에, 헌법이 단순히 문헌과 전문적 지식으로만 이해되는 것이 아니라 국민의 마음 속에 뿌리내린 헌법정신이 곧 헌법의 생명력이고 그것이 민주헌정이 지속할 수 있는 원동력임을 알게 해 주었습니다. 국민이 곧 헌법이고, 국민이 없으면 헌법도 없다는 것입니다.

이제 헌법학자회의는 내란수괴 윤석열의 파면과 21대 이재명 대통령의 당선이라는 그간의 헌정회복의 성과를 자축하며 헌정수호를 위한 활동을 마치지만, 앞으로도 헌법이 국민 속에 살아 있도록 헌법의 생명력을 일깨우는 헌법학자의 역할은 계속되어야 할 것입니다. 헌법학자회의의 활동 경험이 그러한 역할에 중요한 계기가 되기를 바랍니다. 저도 헌법학자의 한 사람으로서 또 학생들을 미래 시민으로 키우는 헌법교육자의 한 사람으로서 작은 노력이라도 계속하여 기울이도록 하겠습니다.

헌법의 위기, 그리고 위기의 헌법

이황희(성균관대학교)

연구자들은 대체로 자신이 공부하는 주제에 큰 의미를 부여하는 경향이 있습니다. 저 또한 마찬가지입니다. 그렇기 때문에, 12·3 비상계엄은 헌법을 연구하는 저에게 매우 큰 충격으로 다가왔습니다.

헌법은 추상적 규범이라 항상 해석의 여지가 있고, 충돌하는 논리가 양립 가능한 상황이 종종 벌어집니다. 혹자는 이처럼 명확하지 않은 특성을 두고 헌법은 법이 아니라고까지 말하기도 합니다만, 저는 오히려 이런 해석적 개방성과 다양성이야말로 헌법을 다른 법과 구별하는 근원적 특성이자, 헌법의 기능적 적합성을 보증하는 힘이라고 말하고 싶습니다.

헌법은, 각자가 그의 주관적 세계의 중심에 서 있는 개인들로 하여금, 자신의 자유로운 삶을 만인의 자유로운 삶과 양립 가능하게 만드는 공존의 조건입니다. 헌법을 다양한 해석에 개방해 두는 것은 따라서 이러한 공존을 가능하게 하는 기능적으로 타당한 전략입니다.

그러나 다양한 해석이 가능하다고 해서 모든 해석이 허용되는 것은 아닙니다. 2024년 12월 3일 밤에 있었던 대통령의 비상계엄 선포는 헌법의 해석적 다양성이라는 한계를 유월한 것임이 분명하였습니다.

처음에는 그 말로만 듣던 '비상계엄' 하에 살고 있다는 현실이 믿기지 않았고, 그 다음에는 덜컥 겁이 나기도 하였습니다. 다행히 "시민들의 저항과 군경의 소극적인 임무 수행 덕분"에(2024헌나8) 국회는 비상계엄해제요구를 할 수 있었고, 그렇게 비상계엄은 해제되었습니다. 그날 밤 다급하게 진행된 일련의, 초유의 사태를 지켜보면서, 저는 헌법연구자로서 (아무도 제게 부탁한 바 없는) 책임감을 (저도 모르게 스스로) 가지게 되었던 모양입니다.

헌법에는 고장이 발생하였지만, 다행스러운 것은 고장난 헌법을 수리하는 힘도 헌법에 내장되어 있다는 사실입니다. 헌법은 스스로를 위기에서 구해낼 수 있는 수단들을 보유하고 있습니다. 따라서 '만약'을 대비해 놓은 헌법의 계산에 의지해 이 곤경을 헤쳐나갈 수 있다면, 이러한 헌법의 계획을 정확하고 신속하게 실현하는 것이 중요하다고 생각하였습니다.

저는, 이처럼 주권자들이 '헌법의 위기'를 극복하기 위해 마련해 놓은, '위기의 헌법'이 원활히 작동할 수 있도록 돕고 싶었습니다. 헌법을 연구하는 사람으로서 제가 할 수 있는 일이었고, 또 해야 할 일이라고 생각하였습니다. 그리고 이 과정에서 '헌정회복을 위한 헌법학자회의'는 저 혼자서라면 할 수 없었던 많은 일들을 함께 할 수 있도록 해 주었습니다.

어떤 일을 기록한다는 것은, 기억을 조직하기 위한 노력이자 망각에 저항하기 위한 분투의 과정입니다. 헌정회복을 위한 헌법학자회의의 활동을 기록하는 것은, 앞으로 또 다시 이런 일이 발생하더라도 우리는 이와 똑같이 행동해야 한다는 교훈을 남기게 될 것입니다. 한 사람의 헌법연구자로서 이 교훈이 오래도록 지속되기를 희망합니다.

헌정회복을 위한 헌법학자회의 활동에 관한 소회

임지봉(서강대학교 법학전문대학원 교수, 헌법학)

윤석열 대통령에 대한 헌법재판소의 결정이 지난 3월 중순을 넘기면서 예상외로 지체되자, 3월 21일에 교황청 성직자부 장관 유흥식 추기경이 종교계 지도자로는 처음으로 윤 대통령에 대한 헌재의 조속한 파면결정을 촉구하는 담화문을 발표하면서 "정의에는 중립이 없다"고 선언하였다. 정의에 중립이 없듯이 대한민국 헌법의 해석에도 중립이 없고, 오직 '참된 해석'만이 있을 뿐이다. 헌정회복을 위한 헌법학자회의는 엄혹한 시기에 위헌·위법한 내란행위를 정당화하려는 윤 대통령 측에 의한 자의적인 헌법해석에 맞서 헌법정신에 입각한 참된 헌법해석을 여러 토론회나 기자회견 등을 통해 국민들에게 알리면서, 윤 대통령의 파면결정을 이끌어내는 데 적지않은 기여를 했다고 믿는다. 그리고 실행위원으로서 여기에 참여할 수 있었던 것에 대해 무한한 자부심을 느낀다.

그러나 진정으로 대한민국과 대한민국 헌법을 지켜낸 것은 위대한 주권자인 대한민국의 국민들이라고 생각한다. 비상계엄이 선포된 날 밤에 일말의 망설임도 없이 국회로 달려와 용감하게 계엄군과 경찰을 막아섰던 국민, 두 번의 시도 끝에 드디어 윤 대통령에 대한 탄핵소추안이 국회를 통과하던 그 추운 겨울날 여의도 국회의사당 주변의 모든 도로를 가득 메우고 '윤석열을 탄핵하라'고 아침부터 목청껏 구호를 외치던 국민, 살을 에는 추위 속에 은박 보온 담요를 뒤집어쓰고 대통령 관저가 있는 눈 내리는 차가운 한남동 아스팔트 바닥 위에서 밤을 지새우던 국민, 이 위대한 주권자 국민들께 고개 숙여 감사드린다. 이런 국민들이 있었기에 윤 대통령에 의해 유린된 헌법이 다시 지켜질 수 있었고, 헌법연구자들이 예전처럼 자유롭게 양심에 따라 헌법을 마음껏 연구할 수 있게 되었다고 믿는다. 고마운 존재, 대한민국 국민들께 다시 한번 고개 숙여 감사드린다.

의견과 소회

조동은(서울대학교)

저는 비록 2회에 걸쳐 긴급좌담회에 참여하는 것 외에 활발한 언론활동이나 발표활동을 하지는 못하였으나, 여러 위원님들의 활발한 활동을 보면서 그 열의와 노고에 경탄과 감사의 마음을 금할 수 없었습니다. 여러 차례의 어려운 고비가 있었음에도 탄핵심판에서 인용결정이 내려지고 이만큼 헌정질서가 회복된 데에는 여러 위원님들의 역할이 컸다는 생각입니다. 지난 6개월은 한국 입헌민주주의의 회복력을 확인하는 동시에 그 앞길이 멀고 험할 수 있겠다는 징후들을 목도한 시기이기도 하였고, 그만큼 앞으로도 헌법학자회의에 참여하셨던 분들께서 해 주실 역할이 있을 것이라 기대합니다. 감사합니다.

국무총리 한덕수에 대한 헌재 탄핵심판의 기각결정문을 읽고…

황치연(전 헌법재판소 헌법연구관, 홍익대학교 법과대학 교수)

1. 2025. 3. 24. 헌법재판소는 2024헌나9 국무총리(한덕수) 탄핵사건에서 재판관 5(기각):1(인용):2(각하)의 의견으로 기각결정을 하였다.

두승은 한덕수 국무총리 탄핵기각 결정문을 여러 번 반복해서 읽으며, 헌법재판소 구성원들의 절규를 듣고 있다. 혁명 전야의 폭발 직전이다.

헌법재판소 재판관이나 헌법연구관들은 서면심리이든 변론심리이든 기본적으로 듣는 것이 업무이다. 대외적으로 가타부타 말할 필요가 없다. 헌법연구관은 연구보고서로, 헌재 재판관은 결정문으로 말한다. 대외적으로 공식적으로 발표할 사항은 헌재 재판관이나 헌법연구관이 아닌 헌법재판소 공보관이 말할 뿐이다.

국무총리 한덕수에 대한 헌재 탄핵심판의 기각결정문에서 정형식, 조한창 두 재판관의 각하의견과 엉터리 논증의 다수의견의 기각의견은 헌법재판소의 절박한 호소를 드러내고 있다. 그 고통이 으스스하게 전달되어 온다.

헌법재판소에 잠시라도 몸담았던 구성원이라면, '대통령탄핵의 특수성'에 따라 대통령탄핵에서 전원일치의 결정이 아닐 때, 내전 야기가능성의 파멸적 결과를 체득하고 있다.

각하의 법적 논증이 전혀 불가능한 경우에도, 이른바 절차위반의 각하주장 반대의견을 1인 재판관이라도 막무가내로 집착한다면, 그것은 혁명의 폭발을 조장하는 역할을 할 뿐이다.

2. 헌법재판소는 법관의 자격을 가진 9인의 재판관으로 구성하며, 재판관은 대통령이 임명한다. 재판관 중 3인은 국회에서 선출하는 자를, 3인은 대법원장이 지명하는 자를 임명한다. 재판관은 국회의 인사 청문을 거쳐 임명·선출 또는 지명하여야 한다. 이 경우 대통령은 재판관(국회에서 선출하거나 대법원장이 지명하는 사람은 제외한다)을 임명하기 전에, 대법원장은 재

판관을 지명하기 전에 인사 청문을 요청한다. 재판관의 임기가 만료되거나 정년이 도래하는 경우에는 임기만료일 또는 정년 도래 일까지 후임자를 임명하여야 한다. 임기 중 재판관이 결원된 경우에는 결원된 날부터 30일 이내에 후임자를 임명하여야 한다.

국회에서 선출한 재판관이 국회의 폐회 또는 휴회 중에 그 임기가 만료되거나 정년이 도래한 경우 또는 결원된 경우에는 국회는 다음 집회가 개시된 후 30일 이내에 후임자를 선출하여야 한다.

3. 그런데 지금 현실은 어떠한가?

본래 9인의 재판관으로 구성되어야 할 헌법재판소가 3인 재판관(이종석, 이영진, 김기영)이 퇴임한 후, 6인 재판관 체제에서 헌법수호와 국민의 기본권보호의 사명을 이행할 수 없었다. 재판부는 재판관 7명 이상의 출석으로 사건을 심리해야 하기 때문이다. 따라서 지나칠 정도로 사명감에 철저한 헌법재판소는 7인의 심리정족수에 관한 헌법재판소법 제23조 제1항을 자해적이고 자학적인 가처분으로 효력 정지까지 시킨 후 활동하고 있었다. 3인 재판관의 국회선출이 이루지지 않았기 때문이다. 12·3 위헌적 비상계엄선포의 내란행위로 대통령 윤석열이 국회에서 헌법재판소에 탄핵소추되었다. 탄핵심판을 정상적으로 심리하기 위해서는 9인의 재판관으로 헌법재판소가 구성되어야 마땅했다. 결국 정치역학관계에서 요동치던 국회몫 3인 재판관(정계선, 조한창, 마은혁)이 2024. 12. 26. 국회에서 선출되었다. 그런데 국무총리 한덕수는 대통령 권한대행을 하면서 헌법상의 의무를 방기하고, 국회에서 합헌적·합법적으로 선출된 3인 재판관을 임명하지 않았으며, 따라서 국회가 헌법재판소에 국무총리 한덕수를 탄핵 소추하였다. 대통령 권한대행을 이어 받은 부총리 최상목은 헌법상의 의무를 방기할 뿐만 아니라, 자의적·선택적으로 임명권을 행사하여, 재판관 정계선과 재판관 조한창을 임명하면서, 재판관 마은혁을 임명하지 않았다. 따라서 헌법재판소는 재판관 8인체제가 가동하게 되었다.

국회가 대통령권한대행 부총리 최상목을 대상으로 하여 마은혁 재판관 임명부작위에 대한 권한쟁의심판을 청구하였다. 헌법재판소는 2025헌라

1 대통령 권한대행의 국회 선출 재판관 임명부작위 사건에서 2025. 2. 27. 피청구인 최상목이 대통령 권한대행으로서 국회가 2024. 12. 26. 헌법재판소 재판관으로 선출한 마은혁을 헌법재판소 재판관으로 임명하지 아니한 부작위는 헌법에 의하여 부여된 국회의 헌법재판소 재판관 선출을 통한 헌법재판소 구성권을 침해한 것이라고 판시하였다. 즉, 피청구인 최상목이 국회가 선출한 재판관 마은혁을 임명하여야 할 헌법상 구체적 작위의무를 부담하는데, 이러한 헌법상 구체적인 작위의무를 불이행한 것이 위헌이라는 것이다.

또한 2024헌나9 국무총리(한덕수) 탄핵사건에서 2025. 3. 24. 헌법재판소는 5인 재판관(문형배, 이미선, 김형두, 정정미, 김복형)의 기각의견과 1인 재판관(정계선)의 인용의견에서 공통적으로 피청구인 한덕수가 대통령 권한대행으로서 국회 선출 재판관을 임명할 헌법상 작위의무가 있다고 설시하고 있다.

4. 헌법재판소가 재판관을 임명할 헌법상의 작위의무가 있다고 결정을 하였는데도 불구하고, 왜 한덕수는 3인 재판관(마은혁 재판관 포함)을, 최상목은 마은혁 재판관을 임명하지 않았을까?

여야합의를 거치지 않았다는 그들의 정치적 궤변을 벗기고 말한다면, 한마디로 대통령 윤석열에 대한 탄핵심판을 방해하기 위한 것이라고 밖에 달리 설명될 수 없다.

대통령의 탄핵심판과 같은 중대한 헌법재판은 재판관 9인으로 구성된 완전체제에서 헌법재판소가 재판해야 마땅하다.

따라서 헌법재판소의 탄핵기각결정에 따라 대통령 권한대행으로 재등장한 국무총리 한덕수는 마은혁 재판관을 임명할 헌법상의 작위의무를 지고 있기 때문에 최우선적으로 마은혁 재판관을 임명해야 한다. 이러한 헌법상의 작위의무를 3개월이 지나도록 불이행하는 것은 헌법재판소의 기능장애라는 중대한 헌법장애상태를 야기하고 있다. 국회는 오늘 당장 국회의장의 성명서 또는 국회의원의 연명서로 또는 국회의 의결을 통하여 국회가 선출한 마은혁 재판관을 즉시 임명하도록 촉구성명을 내야하고, 그럼에도 불구하고 국무총리 한덕수가 임명하지 않는 경우, 탄핵소추의결과 권한쟁의심판 제기 및 재판관 지위 확인 가처분신청을 헌법재판소에 청구하여야 한다. 헌법재판소의 결정도, 이미 국회선출 재판관 임명 부작위에 관하여 피청구인 한덕수 및 최상목에 대한 결정을 내린 바가 있기 때문에, 신속하게 이루어질 것이다. 필자는 '더 칼럼니스트'에 이미 글을 발표하여 비상시국에서는 헌법재판소가 과도적 규율로서 독일연방헌법재판소의 낙태판결에서와 같이 비상입법기능까지 행할 수 있다고 설파한 바 있다. 즉, 피청구인 한덕수가 헌법재판소의 권한침해 내지 위헌확인 결정에도 불구하고, 마은혁 재판관을 임명하지 않을 때, 헌재결정문이 송달된 익일부터 임명된 것으로 본다는 결정을 하는 것이다.

5. 헌법재판소는 왜 대통령 윤석열 탄핵심판 사건(2024헌나8)을 가장 최우선하여 재판하겠다고 했으면서도, 국무총리 한덕수 탄핵심판 사건(2024헌나9)을 먼저 선고했을까?

국무총리 한덕수 탄핵심판 사건에서 먼저 5인 재판관의 탄핵기각 의견을 살피기로 한다.

4인 재판관(문형배, 이미선, 김형두, 정정미)의 기각의견은 헌법재판관 임명부작위와 관련하여 피청구인 한덕수가 국회선출 재판관을 임명할 헌법상 구체적인 작위의무를 부담한다고 확인하고, 헌법 제111조, 헌법 제66조, 국가공무원법 제56조를 위반한 것이라고 판시하였다. 나아가 헌법 및 법률의 위반 정도가 '가볍다고 보기 어렵다'고 설시하였다(정계선 재판관은 인용의견에서 '무겁다'고 설시하였다). 재판관 6인체제의 헌법재판소가 가동되고 있었는데, 2024. 12. 14. 현직 대통령에 대한 탄핵소추가 이루어져 대통령의 권한행사가 정지된 상태이고, 이로 인하여 피청구인 한덕수가 재판관 3인을 임명하지 아니하여 헌법재판소가 탄핵심판을 하지 못하기 때문이다. 그러면 국정 최고책임자의 공백상태가 언제 해소될 것인지 예측할 수 없는 불안정한 상태가 지속되고 이로 인한 정치적 혼란과 경제적 타격이 걷잡을 수 없이 극대화될 것이기 때문이다. 그러나 이 4인 기각의견에서 문제의 심각성은 그 다음에 이어지는 '법 위반의 중대성'과 '파면결정으로 인한 효과' 사이의 법익형량을 창설한 논증구조 자체에 있다. 이른바 '중대성' 요건 판단을 넘어 이러한 논증구조를 차용한다는 것은 '없는 관습헌법'을 동원하여 '서울이 수도이다'는 헌법사항이라고 우기는 것과 같다. 일단 선출직인 부통령의 대통령승계가 아니고, 임명직에 불과한 국무총리의 권한대행이나 부총리의 권한대행이나 차 순위 국무위원의 권한대행이나 모두 대통령 권한대행의 일시적인 잠정성 내지 현상유지적 성격에 차이가 있는 것이 아니다. 그런데 이 4인 기각의견은 아무런 근거도 없이 국무총리가 대통령 대행인 경우, 국무총리 파면결정은 국정공백과 정치적 혼란 등 국가적 손실을 초래할 기능성이 매우 크므로, 더욱 신중한 판단이 요구된다고 전제하고 있다. 도대체 헌법 어느 구석에서 법률 어느 구석에서 이러한 논증의 납득할 수 있는 근거를 찾을 수 있다는 것인가? 이것은 지귀연 판사가 내란 수괴죄 구속피고인 윤석열을 탈옥시키는 도주 원조 죄를 범하면서 행하는 법 창조행위와 별반 다를 게 없는, 낯부끄럽게도 그냥 봐주기 논증이다. 나아가 이 4인 기각의견은 피청구인 한덕수의 헌법재판관 임명거부가 현직대통령에 대한 탄핵심판을 진행하는 헌법재판소를 무력화시키기 위한 '목적' 또는 '의사'에 기인하였는지 여부, 대통령 권한대행의 역할과 범위에 대한 논란, 차후에 최상목 경제부총리가 대통령 권한대행으로서 2인 재판관(정계선, 조한창)을 임명하였다는 점을 형량요소로 들어 논증을 하고 있는 것이다. 한 번의 변론으로 끝낸 국무총리 한덕수에 대한 탄핵심판에서 현직대통령에 대한 탄핵심판을 진행하는 헌법재판소를 무력화시키기 위한 '목적' 또는 '의사' 즉, 어떻게 '고의'라는 주관적 불법요소까지를 발견·입증하겠다는 것인지, 분쟁 자체는 언제나 논란을 내포하는 것인데, 대통령 권한대행의 역할과 범위에 대한 논란이 있다는 자체가 어떻게 형량요소에 포섭될 수 있는 것인지, 사후적으로 한덕수 국무총리 자신이 행하지 않고, 최상목 경제부총리가 대통령 권한을 대행하면서 자의적·선별적으로 행한 2인 재판관 임명이 어떻게 국무총리 한덕수의 위헌 위법의 중대성을 감쇄할 수 있는 것인지 필자는 이러한 엉터리 논증을 인내하기 어렵다.

1인 재판관(김복형)의 기각의견은 한술을 더 떠, 피청구인 한덕수가 국회가 선출한 재판관을 임명할 헌법상의 의무를 긍정하면서도, 피청구인 한덕수의 임명 거부의사 등에 대한 독자적인 해석으로 헌법 제111조, 헌법 제66조, 국가공무원법 제56조를 위반한 것이 아니라고 설시하였다.

2인 재판관(정형식, 조한창)의 각하의견은 헌법 제65조 제1항 상에 또는 다른 법률에 의해서도 '대통령 권한대행자'에 대하여 명문의 탄핵소추대상에 열거되어 있지 않는데도 불구하고, 나아가 국민에 의해 직접 선출되지 않았는데도 불구하고, 헌법개정행위 내지 헌법창조행위를 기저로 하여, 대통령 권한대행자의 지위는 '대통령에 준하는 지위'에 있다고 보아, 대통령 탄핵소추의 의결정족수(국회재적의원 3분의 2이상의 찬성)를 요구한다고 설시하고 있다. 따라서 피청구인 한덕수에 대한 탄핵소추의 절차요건인 의결정족수를 충족하지 못하여 부적법 각하하여야 한다는 것이다.

필자의 관점에서 볼 때, 임의적으로 절차적 문제를 만들어 헌법재판소의 결정문에 반대의견으로서 억지의 각하의견이 개진된다는 것이 참으로 놀랍다는 것이다.

이상에서 살펴보았듯이 국무총리 한덕수에 대한 헌재 탄핵심판의 결정문에서 기각의견과 각하의견은 문제가 많다. 헌법재판소는 왜 대통령 윤석열 탄핵심판 사건(2024헌나8)을 가장 최우선하여 재판하겠다고 했으면서도, 또한 선입선출의 원칙에 어긋나게도, 국무총리 한덕수 탄핵심판 사건(2024헌나9)을 먼저 선고했을까? 터무니없이 개진된 1인 재판관(김복형)의 기각의견과 2인 재판관의 각하의견(정형식, 조한창)에 주목해야 한다. 이것은 대통령 윤석열 탄핵심판 사건(2024헌나8)의 선고가 계속 지체되고 있는 이유와 연관되어 있다.

100인 이상의 절대다수의 헌법학자와 침묵하는 절대다수의 전직 헌재 재판관과 헌법연구관과는 달리, 목하 대통령 윤석열 탄핵심판 사건(2024헌나8)과 관련하여, 주장내용의 타당성 여부는 별개로 하고(필자는 이들에 대해 이미 페이스북에 반대논증을 개진한 바가 있다), 박근혜 대통령 탄핵의 강일원

주심 재판관은 '절차문제'를, 노무현 대통령이 가장 칭송한 조대현 재판관은 피청구인 윤석열 측 대리인으로 '계몽령'을, 필자의 지도교수 허영 헌법학자를 비롯하여, 전직 기준으로 차진아 헌법연구위원, 이인호 헌법연구원, 신봉기 헌법연구관보, 황도수 헌법연구관, 이명웅 헌법연구관 등 극소수의 분들은 언론에 피청구인 윤석열 측 주장을 지지하는 견해를 발표하여, 기각의견과 각하의견을 피력하고 있다는 사실이다.

따라서 국무총리 한덕수 탄핵심판 사건(2024헌나9)에서 아주 특별한 '기각의견과 각하의견'을 피력한 위 3인 재판관은 대통령 윤석열 탄핵심판 사건(2024헌나8)에서도 위 극소수의 분들의 기각의견과 각하의견을 답습할 가능성이 농후하다는 것이다. 헌법재판소의 이번 국무총리 한덕수 탄핵심판 사건(2024헌나9)의 결정문은 행간에 잠겨진 의미에서, 대통령 윤석열 탄핵심판 사건(2024헌나8)의 평의에서 5(파면의견):3(기각의견 내지 각하의견)의 의견대립을 시사하고 있는 것이다. 즉, 국무총리 한덕수 탄핵심판 사건(2024헌나9)의 결정문은 대통령 윤석열 탄핵심판과 관련하여 재판관 <김복형, 정형식, 조한창>의 반대의견을 예상하는 헌재의 절박한 호소문[5(파면):1(기각): 2(각하) 또는 5(파면): 3(각하)]이라고 읽을 수 있다는 것이다. 이렇게 파악한다면, 대통령 윤석열 탄핵심판 사건(2024헌나8)이 지체되고 있는 이유가 정당하게 설명된다. 평의과정에서 5(인용의견):3(반대의견)의 의견대립이 있고, 재판관 1인이 임명을 기다리고 있는 경우, 보충되는 1인의 재판관의 의견에 따라 결론이 달라지기 때문에 결정의 선고를 유보하는 것이 헌법재판소의 내부 관례이다. 따라서 대통령 권한대행 한덕수 국무총리가 현직대통령에 대한 탄핵심판을 진행하는 헌법재판소를 무력화시키기 위한 '목적' 또는 '의사'가 없다는 것을 입증하기 위해서라도 마은혁 재판관을 즉각 임명하여야 한다. 그러나 대통령 권한대행 한덕수 국무총리가 마은혁 재판관을 임명하지 않은 상태에서 문형배 재판관과 이미선 재판관이 퇴임하는 4월 18일까지 delay시키면, 대통령 윤석열 탄핵심판 사건(2024헌나8)은 헌법재판소의 6인체제로 말미암아 심리정족수를 결여하여 재판불능상태에 빠진다. 다음과 같은 경우의 수는 사실상 발생하기 어렵겠지만, 극한적으로 마은혁 재판관의 임명을 반대하면서, 추가되는 2인 재판관까지 대통령 권한대행 한덕수 국무총리가 임명하지 않으면, 대통령 윤석열의 임기가 끝날 때까지 대통령 윤석열의 권한은 정지된 상태에서 한덕수 국무총리가 대통령 권한대행으로 군림하게 될 것이다.

6. 필자는 정상적인 리걸 마인드(legal mind)를 가진 법률가라면, 대통령 윤석열 탄핵심판 사건(2024헌나8)에서 재판관 전원일치의 파면결정이 내려질 것이라고 판단한다. 12·3 위헌적·위법적 비상계엄선포의 내란행위는 대통령 탄핵에 관한 헌법과 법률의 위배요건과, 헌법수호의지 결여 및 국민신임 상실의 중대성 요건을 충족할 뿐만 아니라, 병력에 의한 헌법기관(국회와 중앙선거관리위원회)의 침탈이 전 국민에게 TV로 중계방송 될 정도로 명백성까지 구유하고 있기 때문이다. 이러한 전원일치의 파면결정을 기대하는 것과 달리, 만약 헌법재판소의 대통령 윤석열 탄핵심판 사건(2024헌나8)에서 5:3으로 의견대립의 평의과정에 있다면, 마은혁 재판관이 임명되었을 때, 그 평결에 참여할 수 있을까? 언론에서 민사소송법 및 형사소송법 준용규정에 따라 변론갱신이 있어야 한다고 한다. 그렇지 않다. 헌법재판소법에는 준용규정에 앞서는 직접규정이 있다. 즉, 헌법재판소법 제23조 제2항은 "재판부는 종국심리(終局審理)에 관여한 재판관 과반수의 찬성으로 사건에 관한 결정을 한다"고 하고 있고, 제36조제1항은 "재판부가 심리를 마쳤을 때에는 종국결정을 한다"고 규정하고 있다. 여기서 종국심리란 서면심리나 변론심리를 지칭하는 것이 아니라 재판관의 "평의"를 말한다. 평의에 참여하지 못하는 경우는 마은혁 재판관 스스로 회피하는 경우나, 8인 재판관 과반수의 결정으로 참여를 허용하지 않는 경우일 뿐이다. 또한 평의종결 후에도 '평결' 전에 '재평의'를 열 수 있고, 관례적으로 5(인용):3(반대)의 경우, 추가 1인 재판관 임명 참여 때까지 결정을 보류하는 것이 헌법재판소의 내부 관례라는 것은 이미 설명한 바와 같다.

7. 헌법재판소의 대통령 윤석열 탄핵심판 사건(2024헌나8)에 관한 결정의 승복문제는 어떻게 될까? 대통령 권한대행 한덕수 국무총리는 헌법재판소가 결정한 바와 같이 헌법상 구체적인 작위의무로서 마은혁 헌재 재

판관을 임명할 의무를 불이행하고 있다. 헌법과 법률을 위배하면서까지 마은혁 재판관을 임명하지 않으면서 헌법재판소가 어떠한 결정을 내리더라도 승복하여야 한다고 말하고 있다. 지금까지 3개월에 이르도록 최상목 경제부총리나 한덕수 국무총리가 헌법과 법률 및 헌법재판소 결정까지 무시하면서, 마은혁 재판관을 임명하지 않은 것은 대통령 윤석열 탄핵심판 사건(2024헌나8)에 관한 방해공작에 다름 아니다. 필자는 대통령 권한대행들의 이러한 태도에 대해 심각한 우려와 경각심을 가지고 있다. 국가차원에서 법치질서가 파괴될 때, 민간차원에서라도 고위직 공무원의 준법감시와 법치를 고양시키기 위해 필자가 '한국법치진흥원'을 창립한 이유가 여기에 있다.

이미 언급한 바와 같이 헌법재판소 재판관 또는 헌법연구관을 역임했다면, '대통령탄핵의 특수성'에 따라 대통령탄핵에서 전원일치의 결정이 아닐 때, 내전 야기가능성의 파멸적 결과를 체득하고 있다. 탄핵대상 대통령의 국민지지율이 아무리 낮더라도 국민에 의해 직접 선출된 이상, 절대지지자의 골수분자가 수십만이 넘기 때문이다.

8. 국민에 의해 선출되지 않은 9인의 헌법재판소 재판관이 어떻게 국민에 의해 선출된 대통령을 파면할 수 있을까?

국가 차원에서 민주적 정당성의 양축은 국회와 대통령이다. 국민에 의해서 직접 선출되기 때문이다. 우리 헌법상 탄핵대상 중에서 선출직은 오로지 대통령뿐이다. 또한 탄핵소추기관은 민주적 정당성을 가진 국회뿐이다. 따라서 국회의원은 탄핵대상이 될 수 없게 되어 있는 것이다. 또한 국회에서 대통령을 탄핵 소추할 때 국회 재적의원 3분의 2 이상의 찬성을 요구하고 있는 것이다. 필자는 노무현 대통령 탄핵심판에서 헌법연구관으로서 헌법과 법률의 위배요건 이외에 중대성 요건을 판례로 정립하는데 일조하였다. 중대성 요건을 설정한 것은 임명직의 다른 탄핵대상들과 달리, 국민에 의해 직접 선출된 '대통령 탄핵의 특수성' 때문이다. 국민에 의해 직접 선출된 대통령을 9인의 헌재재판관들이 파면 결정할 수 있는 권원은 어디에서 비롯된 것일까? 민주적 정당성의 관점에서 국회나 대통령보다 더 큰 민주적 정당성을 가진 것은 헌법제정권력자이다. 민주적 정당성의 원천으로서 주권자인 국민이 헌법제정권력자로서 만든 헌법이 헌법재판소에 대통령을 파면할 헌법적 권한을 부여한 것이다. 따라서 헌법재판소는 대통령이 가지는 민주적 정당성에 못지않은 헌법적 정당성을 가진 헌법기관이다.

문제는 현행 헌법재판소 재판부가 헌법과 법률에 없는 중대성 탄핵심사요건을 남용하고 있다는 사실이다. 중대성의 탄핵심사요건은 '대통령 탄핵의 특수성'에 따라 대통령 탄핵심판에만 작동되어야 할 심사기준이다. 임명직인 여타의 탄핵대상들에 대해서는, 국민의 의사를 대변하며 민주적 정당성을 가장 크게 가진 헌법기관의 하나인 국회의 탄핵소추의결 자체가 가지는 정치적 중량을 우선적으로 고려해야 한다. 따라서 이러한 확립된 중대성의 심사기준을 몰각하고, 대통령이 아닌 국무총리, 국무위원, 법관, 검사, 감사원장 등의 탄핵심판에서 헌법과 법률의 위반을 확인하면서도 중대성 요건을 들이대며 탄핵심판에서 줄 기각하는 행태는 다음 재판부에서는 필히 교정되어야 할 것이다.

II

실행위원 일자별 개별활동

날짜	이름	제목	매체(명칭)	형식
2024-12-03	임지봉	헌법학자들 “계엄 요건 안 돼‥해제 거부하면 탄핵 사유”	방송(MBC)	인터뷰
2024-12-03	임지봉	[뉴스특보] 비상 계엄 선포 사유 정당한 건지?	방송(SBS)	인터뷰
2024-12-04	김선택	[MBC 뉴스데스크] “비상계엄 선포, 그 자체로 탄핵 사유” ‥ 중대한 위반이면 파면	방송(MBC)	인터뷰
2024-12-04	이헌환	[헤롤드경제] 계엄선포 합헌성여부	경제신문	인터뷰
2024-12-04	이헌환	[YTN] 탄핵 속도 내는 야당...헌재 ‘3명 공석’ 변수 되나	방송(YTN)	생방인터뷰
2024-12-04	이헌환	[MBC] 야 “탄핵소추안 발의”‥헌재 6인 체제 변수	방송(MBC)	인터뷰
2024-12-04	이헌환	[MBC]”비상계엄 선포, 그 자체로 탄핵 사유”‥중대한 위반이면 파면	방송(MBC)	인터뷰
2024-12-04	이헌환	[MBC] 생방출연	방송(MBC)	생방출연(2회)
2024-12-04	이헌환	[동아시론]헌법상 요건 갖추지 못한 위헌 계엄령	신문(동아일보)	기고
2024-12-04	이헌환	[MBC 뉴스데스크] 헌재 절차는? “6인 체제도 이론적으로 파면 심리·결정 모두 가능”	방송(MBC)	인터뷰
2024-12-04	이헌환	6시간 만에 끝난 비상계엄...탄핵 넘어 내란죄 적용될까? / YTN	방송(YTN)	생방인터뷰
2024-12-04	김현정	법리로 바라본 계엄 선포부터 해제까지 6시간	온라인 매체(딴지일보)	기사
2024-12-04	김선택	[조선비즈] 계엄 위반하면 ‘처단한다’는 포고령… “국민 겁주고 정부 실책 덮으려는 것”	인터넷 매체(조선 비즈)	인터뷰

날짜	이름	제목	매체(명칭)	형식
2024-12-04	김선택	[중앙일보] 국회 정치활동 금지까지…헌법·계엄법 다 어긴 '6시간 계엄'	신문(중앙일보)	인터뷰
2024-12-04	임지봉	[씬속뉴스] '김어준' 체포 시도한 계엄군…"'국회 진입'은 법위반" 지적도	방송(연합뉴스TV)	인터뷰
2024-12-04	김선택	[MBC 뉴스특보] "비상계엄 선포, 탄핵 사유 해당"	방송(MBC)	인터뷰
2024-12-04	김선택	[YTN라디오 — 뉴스FM 이슈&피플] 헌법학자가 본 尹 탄핵 '시나리오' 쟁점은? 김선택 고려대학교 법학전문대학원 교수	방송(YTN 라디오)	인터뷰
2024-12-04	임지봉	[뉴스특보] 국회 난입 '내란죄' 적용가능? ‥내란죄는 대통령 수사·기소·처벌 가능	방송(MBC)	인터뷰
2024-12-04	임지봉	[뉴스투데이] 막아세우고 '체포대' 보내고‥"이것이 내란죄"	방송(MBC)	인터뷰
2024-12-04	임지봉	[뉴스특보] '한밤중의 비상계엄령' 6시간 만에 해제...후폭풍은?	방송(YTN)	인터뷰
2024-12-04	김종철	쿠데타 시도한 대통령, 즉시 권한정지시켜야	인터넷 매체(더칼럼니스트)	언론기고
2024-12-05	임지봉	[뉴스특보]왜 수사 나섰나? 뚜렷해진 '내란' 혐의	방송(MBC)	인터뷰
2024-12-05	김선택	[MBC 뉴스특보] 헌법학자들 "탄핵 사유‥군 국회 난입은 내란죄"	방송(MBC)	인터뷰
2024-12-05	김선택	[조선일보] 계엄 선포는 헌법 위반이 다수설… 내란죄 성립 여부는 엇갈려 [비상계엄 파동] 법조계서 바라보는 '탄핵 쟁점'	신문(조선일보)	인터뷰
2024-12-05	김선택	[중앙일보] '국회 등 일체의 정치활동 금한다' 계엄사 포고령 1조부터 위헌	신문(중앙일보)	인터뷰
2024-12-05	김선택	[Financial Times] 'No one knows who is in charge': South Korea's president clings to office	신문(Financial Times)	인터뷰
2024-12-05	이헌환	[MBC] 헌법학자들 "탄핵 사유‥군 국회 난입은 내란죄"	방송(MBC)	인터뷰
2024-12-05	이헌환	[MBC] 2시 뉴스외전	방송(MBC)	생방출연
2024-12-05	이헌환	[시사인] 형법상 내란죄 여부	잡지(시사인)	인터뷰)
2024-12-05	이헌환	[MBC] 왜 수사 나섰나? 뚜렷해진 '내란' 혐의	방송(MBC)	인터뷰
2024-12-06	이헌환	[MBC] 헌재, 최장 180일간 탄핵 심리‥박근혜 때는 91일 걸려	방송(MBC)	인터뷰
2024-12-06	윤정인	2024 Martial Law in South Korea — The Crossroads Between Democratic Regression or Proof of Strong Democracy	학회(IACL-AIDC, 세계헌법학회)	학술 블로그 기고
2024-12-06	김선택	[조선일보] 헌법학자들 "野 견제 위한 계엄... 헌법 어디에도 그런 내용 없다"[비상계엄 파동] 대통령실 "국정 정상화 위해 했다"는데… 대통령실의 주장과 학자들의 반박	신문(조선일보)	인터뷰

날짜	이름	제목	매체(명칭)	형식
2024-12-06	김선택	[MBC 뉴스데스크] 헌재, 최장 180일간 탄핵 심리‥박근혜 때는 91일 걸려	방송(MBC)	인터뷰
2024-12-07	이헌환	[연합뉴스] 탄핵소추 관련	통신사(연합뉴스)	인터뷰
2024-12-07	김선택	[MBC 뉴스투데이] '오늘 탄핵표결' - 다가오는 '헌재'의 시간?‥박근혜 때 91일 걸렸다	방송(MBC)	인터뷰
2024-12-07	임지봉	[뉴스투데이] 탄핵 요건 성립의 결정적 사유는?	방송(MBC)	인터뷰
2024-12-07	임지봉	[MBC뉴스] 대통령 탄핵제도, 취지는?	방송(MBC)	인터뷰
2024-12-07	김선택	[조선일보] 尹 내란 혐의, 국회 무력화하려는 목적 있었나가 쟁점	신문(조선일보)	인터뷰
2024-12-07	김선택	[세계일보] "계엄아닌 '쿠데타'라고 불러야"… 법학자들이 본 비상계엄 사태 [뉴스+]	신문(세계일보)	인터뷰
2024-12-08	김선택	[경향신문] 윤석열 '일임' 발언 위헌성 없나?…헌법학자들에게 물어보니	신문(경향신문)	인터뷰
2024-12-08	이헌환	[MBC] 국가긴급권, 국정공동운영 의미 헌정중단, 내란가담 행위 등	방송(MBC)	인터뷰
2024-12-08	이헌환	[MBC] 뉴스데스크 윤상문기자 "탄핵이야말로 헌정 회복"‥"윤석열 비상계엄이 헌정 중단"	방송(MBC)	인터뷰
2024-12-08	이헌환	[MBC] 헌법·법률 어디에도 없는 '질서 있는 퇴진'‥"국민주권주의에 위배"	방송(MBC)	인터뷰
2024-12-08	김해원	탄핵 민심 팽개치고... 한동훈-한덕수 위임 체제 '위헌' 논란	신문(한국일보)	인터뷰
2024-12-08	임지봉	[뉴스특보] 조기 퇴진 법적으로 가능?	방송(MBC)	인터뷰
2024-12-08	임지봉	[뉴스특보] 헌법·법률 어디에도 없는 '질서 있는 퇴진'‥"국민주권주의에 위배"	방송(MBC)	인터뷰
2024-12-08	임지봉	[뉴스특보] "평생 헌법만 연구했는데 정말..", 생방송중 '폭발'한 헌법학자	방송(MBC)	인터뷰
2024-12-08	김해원	soft coup "It seems to resemble an unconstitutional soft coup,"	방송(AFP)	인터뷰
2024-12-08	김선택	[MBC 뉴스데스크] "탄핵이야말로 헌정 회복"‥"윤석열 비상계엄이 헌정 중단"	방송(MBC)	인터뷰
2024-12-08	김선택	[MBC 뉴스특보] 탄핵안 표결 불성립 — 김선택 고려대 법학전문대학원 교수 - 방송출연	방송(MBC)	인터뷰
2024-12-08	김선택	[MBC 탐사기획 스트레이트 277회] 12.3 계엄·내란 사태 — 누가 '반국가세력'인가	방송(MBC)	인터뷰

날짜	이름	제목	매체(명칭)	형식
2024-12-09	김선택	[MBC 뉴스투데이] 근거 없는 '권한대행'‥"국민 주권주의 위배"	방송(MBC)	인터뷰
2024-12-09	김정환	계엄사령부 포고령 제1호 위헌확인	헌법재판소	헌법소송
2024-12-09	이헌환	근거 없는 '권한대행'‥"국민 주권주의 위배"	방송(MBC)	인터뷰
2024-12-09	이헌환	[MBC 뉴스데스크] "제2의 국정농단‥탄핵 사유 추가될 분" 헌법학자들 일갈	방송(MBC)	인터뷰
2024-12-09	이헌환	변협 "尹 탄핵 마땅, 위헌적 계엄으로 국헌 문란"	신문(동아일보)	인터뷰
2024-12-10	김선택	[매일경제] "탄핵 때 멸망한 트라우마 있어서"…질서있는 퇴진이 갈수록 꼬이는 이유	신문(매일경제)	인터뷰
2024-12-10	임지봉	[뉴스특보] 윤 대통령 계엄정국	방송(JTBC)	인터뷰
2024-12-10	김종철	검찰주의자 대통령의 친위쿠데타와 사법정의 및 검찰개혁의 과제, 윤석열 내란죄 처벌과 검찰 개혁을 위한 전문가 토론회	시민단체(더불어민주당 사법정의·검찰독재대책위원회/인권연대)	토론회
2024-12-10	김선택	[KBS 1라디오 — 열린토론] 헌법으로 보는 계엄 후폭풍과 개헌(김선택 교수, 노동일 주필, 조해진 전 의원) -- 방송출연	방송(KBS라디오)	토론회
2024-12-10	김선택	[MBC 100분토론 1979회] 탄핵 재표결 D-4..'내란'의 끝은? -- 방송출연	방송(MBC)	토론회
2024-12-10	김선택	[조선일보] 현실로 다가오는 尹 구속… "직무 정지되고 총리가 대행"	신문(조선일보)	인터뷰
2024-12-10	권영태	혹시나 하는 경우 대비... 윤석열 대통령이 첫 케이스였다 - 상상도 못 한 대통령의 내란... 불안정·불확실한 계엄법 개정 필요	온라인 매체(오마이뉴스)	언론기고
2024-12-10	이헌환	[MBC 뉴스데스크] '내란 혐의' 대통령 구속되면 대혼란‥"하야나 탄핵만이 답"	방송(MBC)	인터뷰
2024-12-10	이헌환	尹 체포·구속시 '옥중결재'?…법조계 '궐위·사고' 해석 분분	방송(연합뉴스)	인터뷰
2024-12-11	윤정인	비상계엄 선포 이유와 향후 전망, 탄핵표결 실패 이유, 현재 한국의 민주주의에 대한 평가	신문(UC Berkeley Student Journalist)	인터뷰
2024-12-11	이헌환	[MBC 뉴스데스크] '김용현 구속'으로 '내란죄 수사권' 고비 넘겼나?‥논란은 여전	방송(MBC)	인터뷰
2024-12-11	이헌환	[YTN 법률분석] 경찰, 대통령실 압수수색...윤 대통령 겨냥 첫 강제수사	방송(YTN)	생방인터뷰
2024-12-11	임지봉	서울외신기자클럽 간담회	학회(한국법학교수회)	토론회
2024-12-11	임지봉	위헌위법한 계엄' 국민이 계속 목소리를 높여야 할 이유	신문(내일신문)	언론기고

날짜	이름	제목	매체(명칭)	형식
2024-12-11	김종철	"국민의힘 105명, 최소한의 헌법상 의무 유기해 내란 방조"- 헌법학자 3인이 본 내란 사태	신문(경향신문)	인터뷰
2024-12-12	김선택	[MBC 뉴스데스크] "통치행위는 사법심사 안 돼" ·· 내란 수괴 전두환식 논리	방송(MBC)	인터뷰
2024-12-12	김정환	유신시절보다 더 반헌법적인 윤석열 포고령	시사지(한겨레21)	인터뷰
2024-12-12	권영태	우파의 멸절정치	온라인 매체(시민언론 민들레)	언론기고
2024-12-12	김선택	[JTBC 뉴스특보] "법정서 할 얘기를, 왜"…담화 본 법학교수 '쓴소리' - 방송 출연	방송(JTBC)	인터뷰
2024-12-12	윤정인	Net closing in on South Korea's president as MPs get death threats over impeachment vote	방송(BBC)	인터뷰
2024-12-12	김수연	[열린광장] 비상계엄 후속 상황에 대한 헌법적 검토	신문(제민일보)	언론기고
2024-12-12	이헌환	"탄핵안 통과돼도 헌재 심리 중단 가능"…헌재법 51조 변수 될까	방송(MBN)	인터뷰
2024-12-13	이헌환	[정치1번지] 헌법 전문교수가 김어준 충격 증언에 순간 말 잇지 못한 이유	인터넷방송(정어리TV)	생방인터뷰
2024-12-13	임지봉	[뉴스특보] 윤 대통령 계엄정국	방송(JTBC)	인터뷰
2024-12-13	김종철	내란혐의자가 면책대상이라니!	인터넷 매체(더칼럼니스트)	언론기고
2024-12-13	김현정	South Korean president faces second impeachment vote	방송(AFP)	인터뷰
2024-12-13	김선택	[조선일보] 윤의 비상계엄, 내란인가 아닌가 [비상계엄 파동]	신문(조선일보)	인터뷰
2024-12-13	김선택	[세계일보] 헌법학자들 "국헌 문란 목적 땐 사법심사 대상" [尹 대국민 담화]	신문(세계일보)	인터뷰
2024-12-13	김선택	[JTBC 특집 뉴스룸] '현직 대통령 체포' 이뤄진다면…경호처와 무력충돌 가능성도	방송(JTBC)	인터뷰
2024-12-13	이장희	[마산3.15포럼(창원)] 12.3비상계엄이 국헌문란 목적의 내란임을 평가하여 발표	진실화해위원회	발표
2024-12-14	김선택	[JTBC 특집 뉴스룸] 탄핵안 가결로 '현직 대통령 체포' 현실화 가능성 커져 — 인터뷰	방송(JTBC)	인터뷰
2024-12-14	임지봉	[뉴스특보] 윤 대통령 국회 탄핵소추	방송(MBC)	인터뷰
2024-12-14	윤정인	Constitution World | Martial Law in South Korea -- A Discussion with Professor Jeong-In Yun	온라인 동영상 공유 플랫폼(Richard Albert 교수 유튜브채널)	인터뷰
2024-12-14	김선택	[아시아경제] [탄핵 Q&A] 尹 대통령 탄핵되면 헌재 결론 전 구속도 가능한가	신문(아시아경제)	인터뷰

날짜	이름	제목	매체(명칭)	형식
2024-12-15	김선택	[세계일보] 내란이냐 통치행위냐… 비상계엄 위헌·위법성 여부 쟁점 ['尹 탄핵' 가결 이후]	신문(세계일보)	인터뷰
2024-12-15	이헌환	[尹탄핵소추] 대한민국 향방 가를 헌재 결정…전문가 전망은	방송(연합뉴스)	인터뷰
2024-12-15	이헌환	8년 만에 다시 흐르는 '헌재의 시간'…로스쿨 교수 의견 들어 보니	방송(MBN)	인터뷰
2024-12-15	임지봉	[인터뷰] "내란, 모두가 생중계로 봤다"…'탄핵 선고 2달여' 확신하는 이유	방송(JTBC)	인터뷰
2024-12-15	김현정	South Korea's Yoon impeached: what happens next?	방송(AFP)	인터뷰
2024-12-15	권영태	'계엄 난동' 윤석열, 대통령 권한 축소 시급하다 - 대통령에 대한 민주적 통제, 국회의 권한강화 필요	온라인 매체(오마이뉴스)	언론기고
2024-12-16	이헌환	[MBC 뉴스데스크] 복잡할 것 없는 '쟁점'‥"위헌·위법 뚜렷"	방송(MBC)	인터뷰
2024-12-17	권영태	법원은 '사법리스크 사건' 재판을 유예해야 한다	온라인 매체(시민언론 민들레)	언론기고
2024-12-17	김선택	[KBS 1라디오 — 뉴스레터K] 윤 대통령 법적 대응 방식 평가는? + 탄핵심판 개시...절차와 변수는? 外 - 김선택 고려대 법학전문대학원 교수 I KBS 1라디오 — 방송출연	방송(KBS라디오)	인터뷰
2024-12-17	임지봉	[열린토론] 윤 대통령 탄핵심판	방송(KBS라디오)	토론회
2024-12-18	김종철	윤석열 탄핵 소추 이후: 쟁점과 과제	국회(국회 의회민주주의 포럼)	토론회
2024-12-18	윤정인	Martial Law Crisis: Implications for South Korea's Democracy	기타(King's Politics at Cambridge University, East Asia Young Scholars Association, and POLIS Society, The University of Cambridge's Politics and International Studies Society)	토론회
2024-12-18	김선택	[세계일보] 출석 요구·탄핵심판 절차 불응… "결국 尹 자충수 될 수도" ['尹 탄핵' 가결 이후]	신문(세계일보)	인터뷰
2024-12-18	김선택	[조선일보] "폭동 없어 내란죄 성립 안돼" vs "국회 軍 투입만으로도 인정"尹대통령 탄핵심판 3대 쟁점	신문(조선일보)	인터뷰
2024-12-19	김종철	헌법이 명령하는 '국정협의체제'	인터넷 매체(더칼럼니스트)	언론기고
2024-12-19	이헌환	[뉴스퀘어 2PM] 윤 대통령 측 "내란죄 아니다"...전방위 여론전 나서나?	방송(YTN)	생방인터뷰

날짜	이름	제목	매체(명칭)	형식
2024-12-20	김종철	탄핵 골든타임, 섣부른 개헌론을 경계함	신문(경향신문)	언론기고
2024-12-20	이장희	단죄 없는 역사 속 내란 재발, 내란 책임자 신속히 엄벌해야	MBC경남/뉴스데스크	인터뷰
2024-12-21	김해원	[긴급제안] 헌법학자 김해원 교수 "헌법재판소에 의존하는 탄핵심판은 민의를 '행운'에 맡기는 꼴이다. 국민투표로 윤석열을 끌어내릴 수 있다"	온라인 동영상 공유 플랫폼(스픽스)	인터뷰
2024-12-21	윤정인	12.3 사태가 한국민주주의에 갖는 함의	학회(헌법이론실무학회)	토론회
2024-12-23	임지봉	[뉴스하이킥] 임지봉 교수 "尹, 헌법재판관 9명 만장일치로 탄핵 인용될 것"	방송(MBC라디오)	인터뷰
2024-12-23	김해원	한덕수 권한대행 탄핵소추 의결 정족수 문제	온라인 동영상 공유 플랫폼(스픽스)	토론회
2024-12-25	김선택	[MBC 뉴스데스크] [권한대행의 헌법재판관 임명의 건] 헌재도, 후보자도, 학계도 모두 "문제 없어"	방송(MBC)	인터뷰
2024-12-25	김종철	헌법재판관 임명은 협상 대상이 아니다	인터넷 매체(더칼럼니스트)	언론기고
2024-12-26	김선택	헌정회복을 위한 헌법학자회의 1차 긴급좌담회 〈대통령 권한대행의 헌법상 지위와 헌법재판관 임명 및 거부권 행사의 한계〉 — 개최, 인사말	헌정회복을 위한 헌법학자 회의	토론회
2024-12-26	이황희	"12.3 비상계엄의 위헌성과 탄핵심판의 전망"〈내란죄의 법적 쟁점과 헌정질서 수호〉자료집	헌정회복을 위한 헌법학자 회의	기타
2024-12-26	윤정인	헌정회복을 위한 헌법학자회의 제1차 긴급좌담회	헌정회복을 위한 헌법학자 회의	기타
2024-12-26	김선택	[JTBC 뉴스] [팩트체크] 국회 비상조치가 대통령의 고유권한?	방송(JTBC)	인터뷰
2024-12-26	임지봉	대통령 권한대행의 권한행사의 범위	헌정회복을 위한 헌법학자 회의	토론회
2024-12-27	이헌환	뉴스외전[포커스] "국회의장 '한덕수 탄핵 정족수' 결정은 의회 재량권··판단은 헌재가"	방송(MBC)	생방인터뷰
2024-12-27	이헌환	尹 버티기 결국 포기…탄핵 심판 개문발차 [세상&]	신문(헤럴드경제)	인터뷰
2024-12-27	김선택	[중앙일보] 헌재재판관 임명 안하면 '6인체제'도 붕괴…尹탄핵절차 스톱	신문(중앙일보)	인터뷰
2024-12-27	승이도	공직자의 명예	신문(경향신문)	언론기고
2024-12-27	김현정	What's Next For South Korea's Political Crisis?	방송(AFP)	인터뷰
2024-12-27	윤정인	Constitutional Questions in South Korea (Updated)	인터넷 매체(The Volokh Conspiracy)	해외학자 기고문 자문
2024-12-27	이장희	12.3 내란사태의 헌법적 평가와 과제	한국정치사회연구소	발표
2024-12-28	이황희	"의결 정족수 "200석? 151석?"…최종 판단은 헌재로"	방송(KBS)	인터뷰

날짜	이름	제목	매체(명칭)	형식
2024-12-28	김종철	'대행의 대행'은 없다!	인터넷 매체(더칼럼니스트)	언론기고
2024-12-28	김정환	헌법재판소 재판관 임명권 불행사 부작위 위헌확인	헌법재판소	헌법소송
2024-12-30	권영태	'제왕적 대통령제' 바닥 보여준 윤석열 내란, 권한 확 줄여야 - 대통령의 국가원수 지위와 권한 검토가 필요하다	온라인 매체(오마이뉴스)	언론기고
2024-12-30	김선택	[중앙일보] 오피니언 리셋 코리아 -- 김선택 고려대 법학전문대학원 명예교수·리셋코리아 정치분과 위원, "헌재는 신속한 결정으로 혼란 수습해야"	신문(중앙일보)	언론기고
2024-12-30	김선택	[세계일보] 헌재 "한덕수 총리 탄핵소추 효력… 별도 결정 전까진 직무정지" [탄핵정국]	신문(세계일보)	인터뷰
2024-12-31	임지봉	[특집 외전] 尹 체포영장 발부‥"법원, '내란 수괴' 혐의 판단"	방송(MBC)	인터뷰
2024-12-31	김선택	[JTBC 뉴스특보] 관저 앞 '대치 상황' 펼쳐진다면…"경호처, '내란죄'라는 점 재고해야"	방송(JTBC)	인터뷰
2025-01-01	배정훈	대통령 윤석열 탄핵심판 의견서 준비팀 활동	헌법이론실무학회	기타
2025-01-02	임지봉	윤대통령 탄핵심판 미리보기	신문(내일신문)	언론기고
2025-01-02	김종철	개헌은 정치권의 불쏘시개가 아니다... 차분히 국민 참여 논의해야	신문(한국일보)	인터뷰
2025-01-03	김선택	헌정회복을 위한 헌법학자회의 2차 긴급좌담회 〈국회선출 헌법재판관 부분임명의 헌법적 해결방안 모색〉 — 토론	헌정회복을 위한 헌법학자회의	토론회
2025-01-03	김해원	[고수의전략] [단독] 헌법학자 김해원 교수가 찾았다. 마은혁 헌법재판관 후보 국회의장이 임명해도 된다. 헌법 제114조 2항을 보라고.	온라인 동영상 공유 플랫폼(스픽스)	인터뷰
2025-01-03	윤정인	헌정회복을 위한 헌법학자회의 제2차 긴급좌담회	헌정회복을 위한 헌법학자회의	기타
2025-01-04	이황희	"'미 트럼프 판결' 소환한 윤 측…헌법학자 "틀린 주장""	방송(JTBC)	인터뷰
2025-01-04	이헌환	뉴스외전"경찰에 윤 체포 일임‥공수처-경찰, 언제 다시 나서나?	방송(MBC)	생방인터뷰
2024-01-06	이헌환	[알고보니] '내란죄 철회'로 탄핵 사유가 달라졌다?	방송(MBC)	생방인터뷰
2025-01-06	임지봉	"허탈할 정도로 무능한 공수처" 헌법학자의 탄식, 수상한 영장 집행으로 본 오동운 공수처장의 시간 끌기	온라인 동영상 공유 플랫폼(백운기의 정어리TV)	인터뷰
2025-01-07	김선택	[MBC 뉴스데스크] 준비도, 의지도 없던 공수처‥2차 집행에 명운 걸어야	방송(MBC)	인터뷰
2025-01-07	임지봉	[100분토론]'법치' 뒤흔드는 대통령..체포는 언제?	방송(MBC)	토론회
2025-01-07	임지봉	[뉴스외전]"체포영장 집행, 공수처장이 직접 관저로 가라"	방송(MBC)	인터뷰

날짜	이름	제목	매체(명칭)	형식
2025-01-07	김종철	12.3 내란사태와 민주공화제의 과제: 민주화의 역설과 제2의 민주화운동, 민주주의 회복과 새로운 대한민국을 위한 전문가 토론회	사회단체(더불어민주당 내란극복국정안정특별위원회 및 사법정의·검찰독재 대책위원회/인권연대)	토론회
2025-01-07	김선택	[세계일보] 헌재 "헌법·법률따라 독립해 심판"… 여당이 제기한 '재판 공정성' 일축 [탄핵 정국]	신문(세계일보)	인터뷰
2025-01-08	권형둔	12.3 사태의 헌정사적 의미	헌정회복을 위한 헌법학자회의	토론회
2025-01-08	이황희	"12.3 비상계엄선포의 성격과 위헌.위법성"에 대한 토론, 12.3 비상계엄사태와 헌정회복을 위한 과제	헌정회복을 위한 헌법학자회의	토론회
2025-01-08	임지봉	12.3 비상계엄사태와 헌정회복을 위한 과제	헌정회복을 위한 헌법학자회의	토론회
2025-01-08	김선택	헌정회복을 위한 헌법학자회의 학술토론회 〈12·3 비상계엄사태와 헌정회복을 위한 과제〉 — 발제	헌정회복을 위한 헌법학자회의	토론회
2025-01-08	윤정인	헌정회복을 위한 헌법학자회의 제1회 학술토론회	헌정회복을 위한 헌법학자회의	기타
2025-01-09	이헌환	[뉴스퀘어 2PM] 윤 대통령 추정 인물 포착...의도된 노출?	방송(YTN)	생방인터뷰
2025-01-09	김해원	'탄핵정국의 방향과 과제'	시민단체(대구참여연대/민주시민교육공동체 모D)	토론회
2025-01-10	김종철	나라를 거덜 내는 뻔뻔한 헌법 모독	신문(경향신문)	언론기고
2025-01-10	김선택	한국일보 -- "전두환보다 못난 윤석열, 한 번이라도 대통령답게 행동하라" [조태성의 이슈메이커] '헌정회복을 위한 헌법학자회의' 공동대표 맡은 김선택 고려대 교수 "그래도 국민이 뽑은 대통령인데 국민이 더 이상 부끄럽지 않게 헌재에 스스로 파면을 요청하라"	신문(한국일보)	인터뷰
2025-01-10	이황희	""체포는 내란" 자필 편지…윤 측 논리 따져보니"	방송(KBS)	인터뷰
2025-01-11	전광석	한국사회교과교육학회 주최 '민주주의, 민주시민, 그리고 사회과교육' 연차학술대회기조강연, '비상계엄과 그 전후 한국헌정, 그리고 헌법교육'	학술단체(한국사회교과교육학회) 사회개혁대과제 학술대회	강연
2025-01-11	이헌환	[다시헌법③] 하나회와 충암파‥망가진 '군의 정치 중립'	방송(MBC)	인터뷰
2025-01-13	김선택	세계일보 -- 與野 '尹 외환죄 혐의' 수사 놓고 적절성 공방…법조계 "北 공격 유도 사실일 땐 일반이적죄" [軍으로 번진 외환죄 논란]	신문(세계일보)	인터뷰
2025-01-13	김해원	국회선출헌법재판관 선별임명의 위헌성 및 해결방안	학회(한국헌법학회)	토론회
2025-01-14	윤정인	계엄령에 대한 법적 평가, 윤석열 탄핵심판의 판단요소 및 결과 전망, 재발 방지를 위한 한국사회의 대책	신문(The Sydney Morning Herald)	인터뷰

날짜	이름	제목	매체(명칭)	형식
2025-01-14	김선택	MBC [100분토론 1082회] 체포'초읽기'..尹 의 운명은? -- 방송출연	방송(MBC)	토론회
2025-01-14	임지봉	[뉴스외전]경호처 직원 모두 '특사경'? "서부지검장 지명 필요‥정당한 체포 방해 교사"	방송(MBC)	인터뷰
2025-01-15	임지봉	[뉴스특보]경호처에 나타난 윤갑근‥"경찰 체포하라"	방송(MBC)	인터뷰
2025-01-15	김종철	What's Wrong with President Yoon's Self-coup on 3 December 2024 : A Constitutionalist Perspective and Prospect	기타(Special Lecture at EU Delegation to the Republic of Korea)	강연
2025-01-16	이황희	"韓国大統領の弾劾審判が本格開始 争点は? いつ結論? 法学者が解説"	신문(마이니치)	인터뷰
2025-01-16	김정환	탄핵심판에 헌재 위상 달려… 인용 안 하면 신뢰 잃을 것	신문(경향신문)	인터뷰
2025-01-16	이황희	"'내란죄 철회' 논란? 사실은 이렇습니다"	시사지(시사in)	인터뷰
2025-01-16	이헌환	헌법 준수 의무 위반, 대통령 자격 상실이 타당하다	인터넷방송(삼프로티비)	생방인터뷰
2025-01-17	김해원	위기시대 헌법학: 헌법의 중요성과 계엄, 성평등, 개헌을 중심으로	시민단체(대구여성의전화)	강연
2025-01-18	임지봉	[뉴스특보]구속영장 청구서에 "윤 대통령 확신범‥재범 위험"	방송(MBC)	인터뷰
2025-01-18	김종철	내란, 보수의 퇴행과 한국 정치의 재편성	인터넷 매체(더칼럼니스트)	언론기고
2025-01-20	윤정인	Constitutional Questions and Responses to Recent Martial Law Crisis in South Korea	기타(Oxford Programme in Asian Laws Series, Oxford University)	토론회
2025-01-21	임지봉	[특집뉴스외전] 윤 "부정선거 색출이 아니라 점검"‥이게 무슨 뜻?	방송(MBC)	인터뷰
2025-01-21	이황희	"초유의 법원 난동, '국민저항권'이라 처벌 안 받는다? [사실은]"	방송(SBS)	인터뷰
2025-01-21	김종철	12.3내란과 87년 헌정의 과제 - 개헌론을 중심으로, 어둠 속의 나침반 : 계엄령을 넘어 미래를 그리다	사회단체(사단법인 코리아 컨센서스(KCI) 연속 콜로키움)	토론회
2025-01-21	김현정	고려대 김현정 "12.3 계엄 두려웠다…헌재, 포고령 위헌 선언해달라"	시민단체(경실련)	시위
2025-01-21	김정환	김정환 변호사가 말하는 탄핵심판의 날 분석	인터넷 동영상 플랫폼 (한겨레뉴스룸)	인터뷰
2025-01-21	이황희	"정치에 쪼개진 나라… '尹 재판' 어떤 결론 나와도 불복 우려"	신문(국민일보)	인터뷰
2025-01-22	이황희	"1·19 서부지법 폭동, 어떻게 볼 것인가"에 대한 토론, 서부지법 폭동사태 관련 긴급 토론회 자료집	국회	토론회

날짜	이름	제목	매체(명칭)	형식
2025-01-23	김현정	민주법연 김현정 “윤석열 엉터리 비상계엄…파면이 헌정 수호”	시민단체(민변, 민주법학연구회)	시위
2025-01-23	임지봉	[뷰리핑] 임지봉 헌법학자 “변호인단 사실상 포기한 것”… 윤석열식 논리는 자백과 다름없다	인터넷 동영상 플랫폼 (한겨레TV)	인터뷰
2025—1-23	이헌환	尹, 눈 ‘질끈’ 감은 채 착석...”계엄 선포하며 비무장 강조” [Y녹취록]	방송(YTN)	생방인터뷰
2025-01-24	이헌환	탄핵재판의 원인과 예상	로이터통신	인터뷰
2025-01-25	이황희	“‘비상입법기구’ 유신헌법에도 없다…김용현 “실수로 쓴 것””	신문(중앙일보)	인터뷰
2025-01-26	이헌환	절반 갈라진 헌재 이진숙 탄핵심판…커지는 진영논리 공방	방송(연합뉴스)	인터뷰
2025-01-26	김선택	[MBC 탐사기획 스트레이트 283 회] 궤변과 선동 ‘책임진다’던 대통령의 본모습	방송(MBC)	인터뷰
2025-01-26	이황희	“궤변과 선동 ‘책임진다’던 대통령의 본모습”	방송(MBC)	인터뷰
2025-01-28	이황희	“비상계엄 이후, 헌법 구하러 나선 어떤 법률가들”	시사지(시사in)	인터뷰
2025-01-28	김정환	비상계엄 이후 헌법 구하러 나선 어떤 법률가들	시사지(시사in)	인터뷰
2025-01-28	권영태	오세훈이 보여준 우파 멸절정치의 사악한 ‘진화’	온라인 매체(시민언론 민들레)	언론기고
2025-01-28	윤정인	Unpacking President Yoon’s martial law attempt: A Q&A with Dr Jeong-In Yun on South Korea’s democracy	기타(International IDEA)	인터뷰
2025-01-29	김종철	한국 입헌민주주의는 진화중이다	인터넷 매체(더칼럼니스트)	언론기고
2025-02-01	이헌환	두개의 재판 윤석열, 탄핵심판 정지 요청할까…“인용 가능성 낮아”	신문(한겨레)	인터뷰
2025-02-02	김선택	MBC 뉴스데스크 -- “헌법 뜻에 따라 9인 체제 가동 우선”‥헌법학자 1백여 명 직격	방송(MBC)	인터뷰
2025-02-02	김선택	KBS [이슈 픽 쌤과 함께 217회] 대한민국 헌법의 수호자는 누구인가 - 김선택 교수 고려대 법학전문대학원	방송(KBS)	강연
2025-02-02	이헌환	윤 측 “헌법재판관 3명 회피 촉구”…탄핵 심판 영향은?	방송(KBS)	인터뷰
2025-02-03	김해원	[긴급편성] 헌재 왜 선고를 연기했는가?	온라인 동영상 공유 플랫폼(스픽스)	인터뷰
2025-02-03	김선택	[아주경제] [헌법학자에게 묻다] 김선택 “만장일치로 尹 탄핵인용결정 나올 것“	신문 (아주경제)	인터뷰
2025-02-03	김선택	[세계일보] ‘마은혁 불임명’ 위헌여부 3일 판단… 尹·與 “헌재, 각하하라”	신문(세계일보)	인터뷰

날짜	이름	제목	매체(명칭)	형식
2025-02-03	임지봉	[뉴스하이킥] 헌법학자 임지봉 "尹, 법기술자 아닌 '잡기술자'.. 최상목도 법대 나와놓고 법 다 잊어버린 듯"	방송(MBC라디오)	인터뷰
2025-02-03	권형둔	금도를 넘은 헌법재판관에 대한 공격은 입헌민주주의에 대한 부정이다!	신문 (굿모닝충청)	언론기고
2025-02-03	임지봉	최상목 권한대행의 헌법재판관 선별 임명의 문제점	온라인 동영상 공유 플랫폼(김어준의 뉴스공장)	인터뷰
2025-02-04	임지봉	뉴스외전 [탄핵심판 5차] 임지봉 "윤, 구속취소 청구? 100% 불가"	방송(MBC)	인터뷰
2025-02-04	김정환	김종배의 시선집중	방송(MBC라디오)	인터뷰
2025-02-04	임지봉	윤 대통령 탄핵변론 중간 관전평	신문(내일신문)	언론기고
2025-02-04	이헌환	[MBC] 스트레이트 헌법재판관공격	방송(MBC)	인터뷰
2025-02-04	윤정인	Failed Self-Coup Attempt in South Korea: Martial Law Crisis and Constitutional Response	기타(Diritti Comparati, 이태리 비교법학 학술블로그)	학술 블로그 기고
2025-02-04	김선택	[세계일보] 마은혁 재판관 임명 지연 현실화…헌재 '尹 탄핵심판' 신속 심리 제동	신문(세계일보)	인터뷰
2025-02-04	임지봉	[100분토론] '헌재 흔들기' 노골화..尹의 속셈은?	방송(MBC)	토론회
2025-02-04	이장희	[아침논단(창원)] 3.15부정선거에서 12.3비상계엄까지 반복되는 내란의 역사	마산YMCA	강연
2025-02-05	김선택	MBC 뉴스데스크 -- '부정선거' 음모론, 또 법정에서도‥"그래서 병력 보내"	방송(MBC)	인터뷰
2025-02-05	이헌환	MBC 뉴스데스크 -- '부정선거' 음모론, 또 법정에서도‥"그래서 병력 보내"	방송(MBC)	인터뷰
2025-02-05	김선택	MBC 뉴스데스크 -- [단독] "계엄은 고도의 통치행위"‥윤 대통령 주장 빼다박은 인권위	방송(MBC)	인터뷰
2025-02-05	이장희	지방의회의장의 극우집회 출근 도장, 의장 자격 있나	MBC경남/뉴스데스크	인터뷰
2025-02-06	승이도	헌법학자회의 제3차 긴급좌담회 탄핵심판 의견서에 관한 지정토론	헌정회복을 위한 헌법학자회의	토론회
2025-02-06	윤정인	헌정회복을 위한 헌법학자회의 제3차 긴급좌담회	헌정회복을 위한 헌법학자회의	기타
2025-02-06	김선택	헌정회복을 위한 헌법학자회의 3차 긴급좌담회 〈대통령 윤석열 탄핵심판 의견서 검토〉 — 토론	헌정회복을 위한 헌법학자회의	토론회
2025-02-07	김정환	마은혁 불임명 헌법소원 낸 변호사 "혐오는 권리가 아니다"	인터넷 동영상 플랫폼(한겨레TV)	인터뷰

날짜	이름	제목	매체(명칭)	형식
2025-02-07	김선택	[오마이뉴스] 최상목의 침묵에도... "윤석열 탄핵심판, 변수는 없다" [헌법학자들의 전망] 마은혁 임명은 시간 문제… 어떤 체제든 '만장일치 인용' 예상	인터넷 매체(오마이 뉴스)	인터뷰
2025-02-07	김종철	여야 합의가 헌법 위에 있나?	신문(경향신문)	언론기고
2025-02-09	이경주	민주주의와 헌법을 생각하는 집회 民主主義と憲法を考える集会	시민 단체(일본「평화포럼」, 동경, 日本 平和フォーラム、東京)	강연
2025-02-09	이경주	한일 헌법학자가 비상계엄에 대하여 日韓の憲法学者が非常戒厳をめぐり	신문(朝日新聞)	인터뷰
2025-02-10	김선택	[한겨레21 1549호] 제왕적 대통령제, 이번엔 바꿀 수 있을까?	시사지(한겨레21)	인터뷰
2025-02-11	임지봉	[뉴스외전] [탄핵심판 7차] "단전·단수 지시 없었다‥쪽지는 봤다" 대체 무슨 말?	방송(MBC)	인터뷰
2025-02-11	권영태	트럼프의 '의회 폭동' 사면, 민주주의에 대한 배신이다	신문(한겨레)	언론기고
2025-02-12	김선택	[MBC 뉴스데스크] [단독] 인권위 안건에 '도 넘은 헌재 흔들기'‥"헌재 재판 비상식적 요식행위"	방송(MBC)	인터뷰
2025-02-13	이헌환	지역토론회 발제 〈윤석열 대통령 탄핵심판의 쟁점〉	헌정회복을 위한 헌법학자회의	토론회
2025-02-13	김선택	헌정회복을 위한 헌법학자회의 영남권 지역토론회 〈윤석열 대통령 탄핵심판의 쟁점〉 — 지정토론	헌정회복을 위한 헌법학자회의	토론회
2025-02-13	김해원	윤석열 대통령 탄핵심판의 쟁점	헌정회복을 위한 헌법학자회의	토론회
2025-02-13	이경주	입헌주의의 근간을 파괴하는 계엄 立憲主義の根源を破壊する戒厳	시민 단체(일본국제법률가협회,오사카, 日本国際法律家協会、大阪)	강연
2025-02-16	이헌환	[스트레이트] '헌재를 공격하라!'‥그들이 노리는 것	[MBC 탐사보도]	인터뷰
2025-02-16	권영태	서훈, 정의용, 노영민, 김연철은 무죄다	온라인 매체(시민언론 민들레)	언론기고
2025-02-16	김선택	[MBC 탐사기획 스트레이트 285회] '헌재를 공격하라!'.. 그들이 노리는 것	방송(MBC)	인터뷰
2025-02-16	이황희	"전광훈, 극우 · 정치 · 종교의 삼위일체"	방송(MBC)	인터뷰
2025-02-17	이종수	12.3 비상계엄 이후의 헌정 상황 및 개헌 논의에 대한 관견	신문(고양신문)	강연
2025-02-17	승이도	공화정, 대통령, 헌법수호자	신문(경향신문)	언론기고
2025-02-17	김정환	권순표의 뉴스하이킥	방송(MBC라디오)	인터뷰
2025-02-17	이장희	[국회 간담회(서울)] 민사회에서 바라본 극우정치의 위험성	민생과 혁신을 위한 개혁행동포럼	발표

날짜	이름	제목	매체(명칭)	형식
2025-02-18	김선택	[KBS 1라디오 — 뉴스레터K] 헌재 9차 변론...탄핵심판 진행 평가는? - 김선택 고려대 법학전문대학원 교수] -- 방송 출연	방송(KBS라디오)	인터뷰
2025-02-18	권영태	반복되는 극우 폭력…인권위 난동자들을 처벌하라	온라인 매체(시민언론 민들레)	언론기고
2025-02-18	임지봉	뉴스외전[탄핵심판 9차] 임지봉 "탄핵심판, 오늘이 사실상 '결심' 해당"	방송(MBC)	인터뷰
2025-02-19	이헌환	사상 초유 법원 난입 한 달…'국민저항권' 선동 영향?	방송(KBS)	인터뷰
2025-02-19	김선택	[한겨레] 정치BAR: 이승준 기자, 윤석열·여당 아니라는데… '하야설' 모락모락 왜?	신문(한겨레)	인터뷰
2025-02-19	김종철	What's Wrong with President Yoon's Self-coup on 3 December 2024 : A Constitutionalist Perspective and Prospect	기타(Public Lecture at Hong Kong University Faculty of Law)	강연
2025-02-19	김선택	[조선일보] 선관위 軍투입·포고령 승인 확인… 국회 봉쇄·정치인 체포는 논란 尹 탄핵 심판의 '5가지 쟁점' 헌재서 어떻게 정리되고 있나	신문(조선일보)	인터뷰
2025-02-20	윤정인	Trump auf Koreanisch: Wie Präsident Yoon nachträglich vom Kriegsrecht profitiert	신문(Neue Zürcher Zeitung, NZZ)	인터뷰
2025-02-20	이헌환	사상 초유 법원 난입 한 달…'국민저항권' 선동 영향?	방송(KBS)	인터뷰
2025-02-22	김해원	새로운 세상의 문을 열자: 12.3 친위쿠데타 이후	시민단체(뉴스민, 윤석열 퇴진대구시국회의)	토론회
2025-02-23	이헌환	'내란죄 철회'부터 검찰조서 논란까지…尹탄핵심판 절차 쟁점	방송(연합뉴스)	인터뷰
2025-02-25	이헌환	윤석열 최종변론	CPBC 라디오	생방인터뷰
2025-02-25	김현정	What happens next in South Korea as Yoon's impeachment trial wraps up?	방송(AFP)	인터뷰
2025-02-25	김선택	[경향신문] 윤석열 탄핵심판 선고 '이르면 내달 6일, 늦어도 내달 13일'…"만장일치 탄핵" 전망도	신문(경향신문)	인터뷰
2025-02-27	권형둔	최상목의 침묵에도... "윤석열 탄핵심판, 변수는 없다"	온라인 매체(오마이뉴스)	인터뷰
2025-02-27	임지봉	뉴스외전[이슈+] 임지봉 "마은혁, 尹 탄핵심판에 참여못해"‥왜냐면?	방송(MBC)	인터뷰
2025-02-27	이헌환	헌법 전문가 '8 대 0' 파면 예상…"계엄 위법성·입증 충분"	신문(한겨레)	인터뷰
2025-02-28	전광석	헌정회복을 위한 헌법학자회의 공개집담회 〈대통령 윤석열 탄핵심판과 헌법재판소의 역할〉 '헌법학자회의 의견서 제출의 경과, 취지 및 주요 내용'	헌정회복을 위한 헌법학자회의	토론회

날짜	이름	제목	매체(명칭)	형식
2025-02-28	김선택	[오마이뉴스] 직접 팩트체크 나선 헌법학자 "도넘은 헌재 흔들기, 좌시 못해" - 김선택 교수의 '헌재를 위한 변호'… "법리, 실리 안 맞는 주장 난무, 가슴이 아프다"	인터넷 매체(오마이 뉴스)	인터뷰
2025-02-28	김선택	헌정회복을 위한 헌법학자회의 공개집담회 〈대통령 윤석열 탄핵심판과 헌법재판소의 역할〉 — 발제	헌정회복을 위한 헌법학자회의	토론회
2025-02-28	이황희	""감사원, 선관위 감찰은 위헌"…탄핵심판 영향?"	방송(SBS)	인터뷰
2025-02-28	윤정인	헌정회복을 위한 헌법학자회의 공개집담회 〈대통령 윤석열 탄핵심판과 헌법재판소의 역할〉	헌정회복을 위한 헌법학자회의	기타
2025-02-28	임지봉	12.3 사태 이후 제기된 헌정회복을 위한 헌법적 쟁점과 과제	학술지(아주법학)	논문
2025-02-28	권영태	이화여대 난동은 '민주주의에 대한 테러'…엄벌 마땅	온라인 매체(시민언론 민들레)	언론기고
2025-03-01	임지봉	현 시국과 민주공화국원리의 재조명	시민단체(반전 정치학교)	강연
2025-03-02	임지봉	[일요진단]파면 vs 기각…헌재의 선택은?	방송(KBS)	인터뷰
2025-03-02	김선택	[MBC 탐사기획 스트레이트 287회] 대통령 탄핵 심판, 선고만 남았다	방송(MBC)	인터뷰
2025-03-04	김선택	[방송 MBC — PD수첩] 〈광장의 음모론 2부 - 대통령과 부정선거〉	방송(MBC)	인터뷰
2025-03-04	김선택	[뉴스토마토] (인터뷰)김선택 "박근혜가 '소매치기'면 윤석열은 '살인범'"	인터넷 매체(뉴스 토마토)	인터뷰
2025-03-05	이황희	"헌법학자 다수 "尹 탄핵심판, 만장일치 인용될 것""	신문(세계일보)	인터뷰
2025-03-05	김선택	[세계일보] 헌법학자 다수 "尹 탄핵심판, 만장일치 인용될 것" [탄핵심판 전망①]	신문(세계일보)	인터뷰
2025-03-05	임지봉	윤 대통령이 만장일치로 파면돼야 하는 이유	신문(내일신문)	언론기고
2025-03-05	김선택	[세계일보] 헌법학자들, 국회 봉쇄 판단 엇갈려… 계엄 선포 절차 흠결엔 무게 [탄핵심판 전망②]	신문(세계일보)	인터뷰
2025-03-06	이장희	반복되는 내란의 역사	남해 노무현재단	강연
2025-03-07	이황희	"윤석열 구속취소, 탄핵심판 대세엔 지장 없다"	온라인 매체(오마이뉴스)	인터뷰
2025-03-07	김종철	헌법이 말하게 하라	신문(경향신문)	언론기고
2025-03-07	이헌환	법원의 尹대통령 구속 취소…헌재 탄핵심판에 영향 미칠까	신문(중앙일보)	인터뷰
2025-03-07	김정환	권순표의 뉴스하이킥	방송(MBC라디오)	인터뷰
2025-03-07	김선택	헌정회복을 위한 헌법학자회의 호남권 지역토론회 〈5·18과 12·3 계엄, 그리고 윤석열 탄핵〉 — 지정토론	헌정회복을 위한 헌법학자회의	토론회

날짜	이름	제목	매체(명칭)	형식
2025-03-07	윤정인	헌정회복을 위한 헌법학자회의 호남권 지역 토론회 〈5.18과 12.3 계엄, 그리고 윤석열 탄핵〉	헌정회복을 위한 헌법학자회의	기타
2025-03-08	이헌환	윤 대통령 구속 취소… 이에 대한 법조계 해석은?	방송(MBN)	인터뷰
2025-03-08	전광석	전광석 "마은혁 임명하되 심리 배제해야…탄핵심판 문제 없어"	신문(중앙일보)	인터뷰
2025-03-08	임지봉	[뉴스특보]'즉시항고 포기' 결정, 어떻게 봐야?	방송(MBC)	인터뷰
2025-03-09	김선택	[중앙일보] [검찰의 구속취소 수용의 건] 대검·수사팀 이견에, 총장이 직접 결단…긴박했던 檢 28시간	신문(중앙일보)	인터뷰
2025-03-10	이헌환	與 "탄핵심판 다시" "내란 제외 무효"주장… 선고 기일 영향은	신문(증앙일보)	인터뷰
2025-03-10	이헌환	尹탄핵심판 학계 전망은…"헌정질서 훼손"vs"국헌문란 아냐"	방송(연합뉴스)	인터뷰
2025-03-10	이헌환	김준일의 뉴스공감〈한마디만 더할게 클럽〉 윤석열 구속취소	CPBC라디오	생방인터뷰
2025-03-10	윤정인	Korean Parliament against Emergency Power Abuse	학회(Research Committee of Legislative Specialists of International Political Science Association, 세계정치학회)	토론회
2025-03-10	김선택	[중앙일보] 숨가빴던 28시간 … 대검·특수본 '윤 석방' 밤새 맞섰다	신문(중앙일보)	인터뷰
2025-03-10	김종철	사회 통합 위해 만장일치 나와야	신문(조선일보)	인터뷰
2025-03-10	이황희	"尹탄핵심판 학계 전망은…"헌정질서 훼손"vs"국헌문란 아냐""	방송(연합뉴스)	인터뷰
2025-03-11	이종수	찢겨진 법과 서법의 권위	신문(광주일보)	언론기고
2025-03-11	이헌환	윤 대통령 사건 선고는?…"이틀 연속 선고 드물어"	방송(KBS)	인터뷰
2025-03-11	이헌환	전문가에 물었다...윤 탄핵 선고 14일 가능할까?	인터넷신문(오마이뉴스)	인터뷰
2025-03-11	이장희	[3.15의거65주년기념학술행사(서울)] 12.3비상계엄 관련자의 엄정한 처벌	진실화해위원회	발표
2025-03-12	이종수	그래도 민주주의가 우리 희망이다	인터넷 매체(희망제작소)	기고
2025-03-12	임지봉	윤 대통령 구속취소와 탄핵심판 관련성은	방송(김어준의 뉴스공장)	인터뷰
2025-03-12	이종수	탄핵국면에 있어서 헌법과 사법제도의 이해	기타(한양문고)	강연
2025-03-12	이헌환	윤 대통령 사건 선고는?…"이틀 연속 선고 드물어"	방송(KBS)	인터뷰
2025-03-13	김선택	[세계일보] 헌재, 한덕수 먼저 선고 땐 尹 선고 1주 이상 지연 가능성 [尹 탄핵심판]	신문(세계일보)	인터뷰

날짜	이름	제목	매체(명칭)	형식
2025-03-14	이황희	"길어지는 '헌재의 시간'…전문가들 "그래도 결론은 탄핵 인용""	신문(한겨레)	인터뷰
2025-03-14	이헌환	감사원장·검사 탄핵 기각됐지만 "윤석열 탄핵심판 영향 없을 것"	신문(한겨레)	인터뷰
2025-03-14	이장희	MBC경남 라디오 인터뷰	MBC경남 라디오	인터뷰
2025-03-15	김선택	[한겨레] 박정희보다 못한 윤석열 계엄…"경고성? 위헌 자백한 것"	신문(한겨레)	인터뷰
2025-03-15	임지봉	[인터뷰] 임지봉 교수 "재판관들, 국민 수긍할 판결문 쓰고 있을 것"	방송(JTBC)	인터뷰
2025-03-16	김선택	[세계일보] 만장일치로 이견 조율 가능성… 헌재, '역대 최장 심리' 왜 [尹 탄핵심판]	신문(세계일보)	인터뷰
2025-03-17	이장희	창원KBS 라디오 인터뷰	창원KBS 라디오	인터뷰
2025-03-18	이헌환	[MBC 뉴스데스크] 갑자기 퍼진 '각하' 주장‥법적 근거 빈약	방송(MBC)	인터뷰
2025-03-18	이헌환	헌재 '尹탄핵심판 최장 평의'에 관측·소문만…침묵 속 숙의	방송(연합뉴스)	인터뷰
2025-03-18	김정환	임명권 불행사 가처분 신청	헌법재판소	헌법소송
2025-03-19	이헌환	[MBC 뉴스데스크] 최상목에 건넨 '비상입법기구' 문건‥' 전두환 독재' 꿈꿨나	방송(MBC)	인터뷰
2025-03-19	이헌환	'최장 시간' 숙의 거듭…선고 왜 늦어지나	방송(KBS)	인터뷰(2건)
2025-03-19	이헌환	이헌환 아주대학교 교수 "尹, 재판관 전원일치 의견으로 탄핵 인용될 것" 예상	인터넷방송(정경시사TV)	인터뷰
2025-03-19	김선택	[경향신문] '중대한 위법·헌법수호 의지 없음'…박근혜 파면 결정문 보면 윤석열의 운명 보인다	신문(경향신문)	인터뷰
2025-03-20	김선택	[논/쟁 | 파면이냐, 복귀냐] 방송출연	방송(JTBC)	토론회
2025-03-20	김선택	[중앙일보] "의견 합치 불발" 추측 난무…尹선고 길어지는 헌재 속사정	신문(중앙일보)	인터뷰
2025-03-20	이헌환	뉴스외전 [포커스] 헌법학자 "헌재, 사회 통합 위해 전원일치 노력 중"	방송(MBC)	생방인터뷰
2025-03-20	이헌환	김종배의 시선집중	방송(MBC)	생방인터뷰
2025-03-20	이헌환	역대 최장 돌파한 대통령 탄핵심판 선고는 언제?	방송(KBS)	인터뷰
2025-03-20	이헌환	다음주로 넘어간 尹 선고…들뜬 與·초조한 野	신문(서울경제신문)	인터뷰
2025-03-20	이종수	헌법은 죄가 없다	학술지(관훈저널)	논문
2025-03-21	이헌환	'충돌? 격론? 평행선?'…헌재에 무슨 일이	주간지(시사저널)	인터뷰
2025-03-21	김현정	광화문에서 사회단체와 함께 전국교수연구자 명의로 단식투쟁	시민단체(전국교수연구자)	시위

날짜	이름	제목	매체(명칭)	형식
2025-03-21	김현정	서울청사 앞 1인 시위(한덕수의 마은혁 재판관 임명 촉구)	시민단체	시위
2025-03-21	김선택	[아이뉴스24] 꼬이고 꼬이는 권한대행…한덕수 복귀해도 '지위' 논란[여의뷰] 김선택 고려대 교수 "대통령 대행, 부총리로 넘어가"	신문 (아이뉴스24)	인터뷰
2025-03-21	윤정인	South Korean Presidentialism: Challenges in Action	기타(Università di Padova, 파도바 대학, 이태리)	강연
2025-03-23	임지봉	[시사스페셜-정운갑의 집중분석] 금요일 탄핵선고 유력	방송(MBN)	인터뷰
2025-03-24	이헌환	답지 공개 안한 헌재?…학계 "韓탄핵기각, 尹사건 가늠 어려워"	방송(연합뉴스)	인터뷰
2025-03-24	김선택	[조선일보] 이번 주 일정 빡빡한 헌재, '尹 4월 선고 가능성' 나와	신문(조선일보)	인터뷰
2025-03-24	임지봉	[뉴스특보] 헌법학자 "헌재 참 애썼다"..칭찬인가 했더니 '대반전'	방송(MBC)	인터뷰
2025-03-24	김해원	(긴급 인터뷰) 한덕수 탄핵 선고 예상? 파면!	온라인 동영상 공유 플랫폼(스픽스)	인터뷰
2025-03-24	이헌환	한 총리 결과로 윤 대통령 사건 가늠할 수 있나?	방송(MBN)	인터뷰
2025-03-25	김선택	[경향신문] '떠오른 보수' 김복형 vs '확신의 인용' 정계선?…윤석열 파면 변수되나	신문(경향신문)	인터뷰
2025-03-25	이헌환	[장르만여의도] "윤석열 탄핵 사건 없었다면 한덕수 탄핵은 인용됐을 것"	인터넷매체	생방인터뷰
2025-03-25	이헌환	답지 공개 안한 헌재?…학계 "한 탄핵 기각, 윤 사건 가늠 어려워"	방송(SBS)	인터뷰
2025-03-25	권형둔	"尹 탄핵 윤곽 나올 줄 알았더니"...'비상계엄 위법성' 판단 없어 더 안갯속	신문(매일경제)	인터뷰
2025-03-26	이헌환	"尹 파면 힌트 있다"…'韓 결정문' 글자 하나하나 파헤치는 민주당	신문(중앙일보)	인터뷰
2025-03-26	이헌환	이재명 2심 무죄…헌재 尹대통령 탄핵심판에 영향 미칠까	방송(MBN)	인터뷰
2025-03-27	이헌환	李 2심 끝, 尹 선고일은 아직… "이젠 헌재가 혼란 끝내야"	신문(동아일보)	인터뷰
2025-03-27	김선택	[논/쟁 | 2차 토론 | 파면이냐, 복귀냐] -- 방송출연	방송(JTBC)	토론회
2025-03-27	권형둔	비상계엄이 상시적으로 선포되는 나라?	신문 (굿모닝충청)	언론기고
2025-03-28	김현정	'마은혁 미임명' 한덕수, 직무유기 혐의로 경찰 고발당해	시민단체(민변, 민주법학연구회)	시위
2025-03-28	이헌환	이재명 무죄 후폭풍…'헌재 5:3설'에 '6월 선고설'까지 돈다	신문(중앙일보)	인터뷰
2025-03-29	이헌환	변수 대부분 정리된 尹탄핵심판…헌재, 평결 앞 고심하는 듯	방송(연합뉴스)	인터뷰

날짜	이름	제목	매체(명칭)	형식
2025-03-30	권형둔	100일 넘긴 윤탄핵선고… 헌재 '5대3'교착상태 빠졌나	신문 (파이낸셜뉴스)	인터뷰
2025-03-30	김선택	[MBC 탐사기획 스트레이트 291회] '위헌적' 대행들, 지쳐가는 대한민국 -- 인터뷰	방송(MBC)	인터뷰
2025-03-30	이헌환	[MBC 탐사기획 스트레이트 291회] '위헌적' 대행들, 지쳐가는 대한민국 -- 인터뷰	방송(MBC)	인터뷰
2025-03-31	임지봉	헌재 윤 대통령 탄핵선고 지연	방송(김어준의 뉴스공장)	인터뷰
2025-03-31	김종철	12·3 비상계엄사태와 한국형 민주공화제의 진화	학술지(민주법학)	논문
2025-03-31	김선택	[오마이뉴스] "지금 헌재는 둘 중 하나...국회, 모든 수단 동원하라" [긴급인터뷰] 김선택 고대명예교수 "윤석열 파면 못하면 헌재는 없어져야 한다"	인터넷 매체(오마이 뉴스)	인터뷰
2025-03-31	김선택	[세계일보] 5대3? 4대4? 추정만 난무… 헌재 '9인 체제'로 선고 가능할까 [尹 탄핵심판]	신문(세계일보)	인터뷰
2025-03-31	김선택	[MBC 뉴스외전] [선고 지연에 대한 경고] 평의 한 달 넘긴 헌재‥선고 지연에 '혼란 가중'	방송(MBC)	인터뷰
2025-03-31	김선택	[MBC 뉴스데스크] "재판관 한 명 9분의 1 이상 의미" ‥ 헌재소장의 편지	방송(MBC)	인터뷰
2025-04-01	윤정인	헌정회복을 위한 헌법학자회의 제4차 긴급좌담회	헌정회복을 위한 헌법학자회의	기타
2025-04-01	김선택	[JTBC 뉴스룸] 하나라도 위반 땐 '파면'…"5:3이요?" 전문가 최종분석 — 방송출연	방송(JTBC)	인터뷰
2025-04-01	김선택	[세계일보] 馬 임명 쉽지 않을 듯… 재판 합류해도 졸속시비 '산 넘어 산' [尹 탄핵심판]	신문(세계일보)	인터뷰
2025-04-01	김선택	[중앙일보] 헌재 본관 창문 커튼 싹 내렸다…'尹 운명의날' 지정 후 철통 보안	신문(중앙일보)	인터뷰
2025-04-01	이경주	계엄령은 민주주의를 위한 것일까 戒厳令は民主主義のためになるのか	학술지(법과 민주주의, 法と民主主義)	논문
2025-04-01	이헌환	[이슈전파사] 선고기일 언제? 5대3 데드락설, 선고지연 시 예상상황	신문(한국일보)	생방인터뷰
2025-04-01	이헌환	"필요하면 언제든 추가 계엄"…'탄핵 기각·각하' 우려되는 이유	방송(jtbc)	인터뷰
2025-04-01	이헌환	[尹 탄핵심판 4일 선고] 인천·경기 법조계 반응 "인용 판정 나올 것" vs "기각 가능성도" 엇갈려	신문(인천일보)	인터뷰
2025-04-01	김선택	헌정회복을 위한 헌법학자회의 4차 긴급좌담회 〈대통령 윤석열 탄핵선고 지체 관련 대응방안 건토〉 — 토론	헌정회복을 위한 헌법학자회의	토론회

날짜	이름	제목	매체(명칭)	형식
2025-04-01	김해원	헌재 대통령탄핵심판사건 선고일 못잡고 있는 상황과 그 해결 방안	온라인 동영상 공유 플랫폼(뉴스공장)	인터뷰
2025-04-01	임지봉	[뉴스외전]임지봉 "선고일 공지 의미?‥탄핵인용 결정"	방송(MBC)	인터뷰
2025-04-02	이황희	"'형사재판' 이유로 묵묵부답…결론엔 어떻게 담길까?"	방송(KBS)	인터뷰
2025-04-02	이헌환	[뉴스공장] 선고기일지정 의미	온라인매체(뉴스공장)	생방출연
2025-04-02	김선택	[조선일보] "국회 침탈 시도, 위헌 명백" vs "입법독재 맞선 권한 행사" 헌법전문가 6명이 본 尹탄핵심판 전망은?	신문(조선일보)	인터뷰
2025-04-02	김선택	MBC 뉴스데스크 -- "기각은 곧 군사정권으로의 회귀"‥헌법학자들의 경고	방송(MBC)	인터뷰
2025-04-02	이황희	"[헌법학자 긴급설문] 尹탄핵 선고 결과…'인용' Vs '기각' 엇갈려"	신문 (이데일리)	인터뷰
2025-04-03	김선택	'헌법재판소, 윤석열 파면 촉구' 교수·연구자 1,650인 시국선언 — 제안자	시국선언	시국선언
2025-04-03	이헌환	헌재 尹탄핵심판…"전원일치 인용"·"4대4 기각" 관측 분분	방송(연합뉴스)	인터뷰
2025-04-03	이헌환	'8:0?' '4:4?' 예측 난무…헌법학자들 전망은?	방송(SBS)	인터뷰
2025-04-03	임지봉	대통령 윤석열을 국민의 이름으로 파면한다	방송(MBC)	언론기고
2025-04-03	임지봉	[열린토론] 윤 대통령 탄핵선고 전망	방송(KBS라디오)	토론회
2025-04-03	이헌환	[연합뉴스] 헌재 尹탄핵심판…"전원일치 인용"·"4대4 기각" 관측 분분	방송(연합뉴스)	인터뷰
2025-04-03	이황희	"'尹, 운명의 날' D-1…헌법학자 10인 '막판 예측'"	온라인 매체(아이뉴스24)	인터뷰
2025-04-04	이헌환	[이슈앤피플] 헌법학자가 본 尹 대통령 탄핵심판 선고	YTN라디오	전화인터뷰
2025-04-04	윤정인	[이슈전파사] "대통령 윤석열을 파면한다" 탄핵 심판 선고 실시간 분석 특별 생중계 250404(금)	온라인 동영상 플랫폼(한국일보)	뉴스 해설
2025-04-04	임지봉	[뉴스특보] 전원 일치 파면 선고‥어떻게 봤나?	방송(MBC)	인터뷰
2025-04-04	김종철	이제, 사회대개혁이다!	신문(경향신문)	언론기고
2025-04-04	임지봉	추측 난무' 역대 최장 심리 탄핵심판 선고…절차와 쟁점은	방송(JTBC)	인터뷰
2025-04-04	임지봉	[뉴스특보] 헌재 전원일치 '인용'‥총평은?	방송(MBC)	인터뷰
2025-04-04	김해원	헌재 윤석열 파면 선고…헌법 학자들은 어떻게 봤나	신문(경남도민일보)	인터뷰
2025-04-04	이황희	SBS 뉴스특보	방송(SBS)	뉴스 해설
2025-04-04	임지봉	[뉴스하이킥] 윤 대통령 탄핵결정의 의미	방송(MBC)	인터뷰

날짜	이름	제목	매체(명칭)	형식
2025-04-04	김선택	[JTBC 뉴스룸] 헌재의 '8 대 0 파면' 결정…"한국 민주주의가 얼마나 강한지 보여줘" -- 방송출연	방송(JTBC)	인터뷰
2025-04-05	이황희	SBS 8뉴스	방송(SBS)	인터뷰
2025-04-05	이헌환	재판관 8명 '전원일치'…불복 차단·통합 효과	방송(KBS)	인터뷰
2025-04-06	이헌환	내란죄 사실관계 상당수 인정…남은 재판 영향은?	방송(KBS 9시뉴스)	인터뷰
2025-04-06	김선택	[MBC 뉴스데스크] 김선택 교수 "자유민주 헌정체제 전복 기도 부각 안 돼 아쉬워" — 방송출연	방송(MBC)	인터뷰
2025-04-07	이헌환	'아집'에 갇혀 정치실종, 대통령 탄핵 불렀다	방송(동아일보)	인터뷰
2025-04-07	김선택	[KBS 1라디오 — 뉴스레터K] 파면 결론 '헌재의 시간'...평가는? - 김선택 고려대 법학전문대학원 교수 I -- 방송출연	방송(KBS라디오)	인터뷰
2025-04-07	이장희	MBC경남 라디오 인터뷰	MBC경남 라디오	인터뷰
2025-04-08	이헌환	[MBC 뉴스데스크] 헌법학자들 "임명 권한 없는데 월권‥위헌 넘어 헌법 모독"	방송(MBC)	인터뷰
2025-04-08	이헌환	권한대행은 '대통령 몫 재판관 지명' 해도 된다? 안 된다? [MBN 뉴스7]	방송(MBN)	인터뷰
2025-04-08	김수연	[이슈톡] 대통령 탄핵 선고 함의…지역 사회 대응은?	방송(KBS)	인터뷰
2025-04-09	김정환	헌법재판소 재판관 임명권 행사 위헌확인	헌법재판소	헌법소송
2025-04-09	김정환	임명권 행사 효력정지 가처분	헌법재판소	헌법소송
2025-04-09	임지봉	한덕수의 대통령 몫 헌법재판관 임명은 위헌	방송(김어준의 뉴스공장)	인터뷰
2025-04-09	이헌환	[박정호의 핫스팟] 한덕수 대행 헌법재판관 지명	인터넷방송	생방출연
2025-04-09	이헌환	"재판관 지명 가능" "월권"... 직무대행 권한 행사에 법조계 의견 갈려	신문(조선일보)	인터뷰
2025-04-10	이헌환	헌재 재판관, 獨선 후임 올때까지 직무… 예비재판관 두는 나라도	신문(동아일보)	인터뷰
2025-04-10	이헌환	[뉴스인사이드] 위헌 대잔치…타협 필요하다	방송(아시아경제)	인터뷰
2025-04-10	임지봉	[뉴스외전] 임지봉 "한덕수의 이완규 지명은 헌법 모독"	방송(MBC)	인터뷰
2025-04-11	이헌환	위헌 결정에도 마은혁 임명 미뤄…"기한 내 미임명시 자동 취임"[尹 파면 후④]뉴시스통신사	신문(파이낸셜뉴스)	인터뷰
2025-04-12	김정환	JTBC 뉴스룸	방송(JTBC)	인터뷰
2025-04-14	이헌환	"부정선거 의혹은 정치권 자해 행위, 제도 개편은 필요해"… 원로 10인에게 묻다 [끝나지 않은 논란 '부정 선거']	신문(세계일보)	인터뷰
2025-04-15	이종수	권한대행은 두달짜리 대통령이 아니다	신문(광주일보)	언론기고

날짜	이름	제목	매체(명칭)	형식
2025-04-16	이헌환	헌재 다시 7인 체제…"일부 사건에 영향 줄 수도"	방송(KBS)	인터뷰(2건)
2025-04-16	임지봉	[바로이뉴스] '지체 없이' 헌재 판결 딱 짚더니…"위법 지속" 최상목 직격	방송(SBS)	청문회 진술인
2025-04-16	김선택	국회 법제사법위원회 기획재정부장관(최상목) 탄핵소추사건 조사 청문회 출석	국회	국회 청문회
2025-04-17	권형둔	헌재 당분간 '7인 체제'…후임 지명은 차기 대통령 몫으로	신문 (파이낸셜뉴스)	인터뷰
2025-04-17	김정환	한덕수 알박기 막은 변호사	신문(한겨레)	인터뷰
2025-04-17	김정환	김종배의 시선집중	방송(MBC라디오)	인터뷰
2025-04-17	이헌환	헌재 당분간 7인 체제… 차기 대통령이 새 재판관 임명할 듯	신문(동아일보)	인터뷰
2025-04-17	이헌환	헌재 다시 7인 체제…"일부 사건에 영향 줄 수도"	방송(KBS)	dlsxjqb
2025-04-18	김정환	한대행 재판관임명 제동 건 변호사 "누굴 지명했어도 소송"	신문(중앙일보)	인터뷰
2025-04-18	김정환	내란 내내 헌재 문 두드린 김정환 변호사	신문(한겨레)	인터뷰
2025-04-18	김선택	[언론비상시국회의] 한덕수 대행은 정치적으로 오염된 공복이다! 핫인터뷰 김선택 교수	인터넷 매체(민들레 TV)	인터뷰
2025-04-18	윤정인	Introduction to South Korea's Constitutional System and Contemporary Constitutional Development	기타(Chulalongkorn University, 쭐랑롱컨대학, 태국)	강연
2025-04-19	이헌환	[뉴스데스크] 다시 '7인 체제'된 헌재··반복되는 '공백' 대안은 없나?	방송(MBC)	인터뷰
2025-04-19	이장희	대통령 탄핵결정 관련 헌법 특강	마산YMCA	강연
2025-04-21	이황희	"한덕수의 '대통령 놀이', 헌재가 일단 막아놨지만"	시사지(시사in)	인터뷰
2025-04-25	윤정인	탄핵심판의 심사기준으로서 '중대성'의 재검토	헌법이론실무학회	토론회
2025-04-25	김선택	헌법이론실무학회 〈대통령 탄핵결정(2024헌나8)의 분석과 평가〉 — 개최, 토론	헌법이론실무학회	토론회
2025-04-27	이헌환	[스트레이트] [헌법재판관의 무게] '선택적 월권'과 재판관 '알박기'	방송(MBC)	인터뷰
2025-04-27	김정환	헌재의 대통령 탄핵은 헌법적 비극	신문(한국일보)	인터뷰
2025-04-27	김정환	MBC 스트레이트	방송(MBC)	인터뷰
2025-04-28	이헌환	[MBC 뉴스데스크] 내란 실체 규명 막아선 검찰··'영장 독점' 언제까지	방송(MBC)	인터뷰
2025-05-01	이헌환	[MBC 뉴스데스크] 전례 없는 속도전··결과적으로 정치 참여 '논란'	방송(MBC)	인터뷰

날짜	이름	제목	매체(명칭)	형식
2025-05-02	김종철	헌법에 도전하는 대법원의 오판	신문(경향신문)	언론기고
2025-05-04	이헌환	[스트레이트] D-30 대선을 흔드는 손	방송(MBC)	인터뷰
2025-05-04	이헌환	대통령 형사재판 계속할지 최종 결정권 어디에…대법원? 헌재?	신문(머니투데이)	인터뷰
2025-05-04	김해원	"최악상황대비 절실하다" 부산대 법학전문대학원 김해원교수, 조희대 상고심 배당 과정의 위법 의혹 최초 제기!	온라인 동영상 공유 플랫폼(스픽스)	인터뷰
2025-05-05	김해원	[팩트체크 속보] 헌법학자 김해원 교수의 긴급정리	온라인 동영상 공유 플랫폼(스픽스)	인터뷰
2025-05-06	이헌환	[따져보니] 이재명 재판 출석이 참정권 침해?	방송(TV조선)	인터뷰
2025-05-06	이헌환	'희대의 선고' 충격파…시민사회·법조계 "검찰개혁 넘어 사법개혁으로"	인터넷뉴스(뉴스토마토)	인터뷰
2025-05-11	이헌환	[따져보니] '헌법 84조 논란' 법학자들 의견은…"진행해야"vs"정지해야" 팽팽	방송(TV조선)	인터뷰
2025—5-12	이헌환	국회세미나내란 이후 헌법과 사법, 국회에서 묻는다(김태년, 정동영의원)	발제	발제
2025-05-13	권영태	[단독] 한나라당 출신 권영태, 이재명 지지로…"국민의힘 해산 · 내란 청산" 외곽조직 띄운다	신문(시사오늘)	인터뷰
2025-05-14	이장희	민주주의와 인권에 관한 헌법 특강	마산YMCA	강연
2025-05-25	이경주	韓国の民主化と東アジアの平和	시민단체(자유법조단, 自由法曹団、沖縄)	강연
2025-05-26	김해원	12.3 계엄옹호를 비판한 공무원을 징계한 사건과 공무원 교사의 정치적 기본권 보장	시민단체(민주노총부산지역본부, 민주사회를 위한 변호사회 부산지부)	토론회
2025—5-28	이헌환	[MBC 뉴스데스크] [공약검증] '제왕적 대통령제 극복' 강조하는데‥실현 가능성은?	방송(MBC)	인터뷰
2025-05-30	이경주	군통수권에 대한 민주적 통제, 민주주의법학연구회 사회개혁대과제 학술대회	학술단체(민주주의법학연구회) 사회개혁대과제 학술대회	토론회
2025-05-30	김종철	그들만의 국가, 우리들의 민주공화국	신문(경향신문)	언론기고
2025-06-01	이헌환	[MBC 뉴스데스크][공약검증] 李 "대법관 증원" 金 "사법방해죄 신설"	방송(MBC)	인터뷰
2025-06-02	이경주	평화권의 렌즈로 계엄과 헌법읽기	시민단체(피스모모, 평화교육단체)	강연
2025-06-05	이헌환	[MBC 뉴스데스크]조희대 "공론장 마련 희망"‥대법관 증원 어떻게?	방송(MBC)	인터뷰

날짜	이름	제목	매체(명칭)	형식
2025-06-11	이헌환	이 대통령 재판 중단에 헌법소원 잇따라 제기	신문(법률신문)	인터뷰
2025-06-11	이장희	민주주의와 인권의 관계에서 본 경남지역 민주화운동의 헌법적 의미와 과제	경남인권포럼	발표
2025-06-30	윤정인	헌정회복을 위한 헌법학자회의 백서발간회의	헌정회복을 위한 헌법학자회의	기타
2025-06-30	윤정인	탄핵심판 인용기준으로서 중대성 법리의 재검토	학술지(헌법재판연구)	학술논문
2025-07-01	이종수	검찰개혁에 덧붙이는 참견	신문(광주일보)	언론기고
2025-07-01	이경주	한국의 비상계엄과 민주주의 韓国の非常戒厳と民主主義	학술지(법학세미나, 法学セミナー)	토론회
2025-07-01	윤정인	Challenges and Responses of the South Korean Parliament to the Presidential Coup	학술지(Zeitschrift für Parlamentsfragen, ZParl)	학술논문
2025-07-01	이경주	군통수권에 대한 민주적 통제	학술지(민주법학)	논문
2025-07-02	권영태	남북관계 정상화, 5년 통치행위 아닌 제도화 되어야 - 비가역적 남북관계 정상화를 위해 이재명 대통령에게 전하는 제언	온라인 매체(오마이뉴스)	언론기고
2025-07-04	이헌환	[9시 뉴스] 특검 수사로 윤곽 드러나는 '그날 밤 국무회의'	방송(KBS)	인터뷰
2025-07-15	윤정인	The Perils of Presidential Democracy: Democratic Backsliding and Reversal in South Korea	학회(2025 세계정치학회 한국총회, IPSA World Congress)	토론회
2025-07-17	전광석	헌법학자회의 4인 대담	신문(경향신문)	인터뷰

부록 1

헌정회복을 위한 헌법학자회의 보도자료

제1호 '헌정회복을 위한 헌법학자회의'긴급좌담회 개최 - 대통령 권한대행의 헌법재판관 임명 가부 및 소위 '내란 특검법' 거부권 행사 가부 2024년 12월 26일

제2호 권한대행에 대한 탄핵소추의결 정족수에 관한 '헌정회복을 위한 헌법학자회의'의 입장 2024년 12월 27일

제3호 권한대행의 재판관 임명에 관한 '헌정회복을 위한 헌법학자회의'의 입장 2024년 12월 30일

제4호 '권한대행의 권한대행'이라는 용어에 관한 '헌정회복을 위한 헌법학자회의'의 입장 2024년 12월 30일

제5호 국회 선출 재판관의 선별적 임명에 관한 '헌정회복을 위한 헌법학자회의'의 입장 2025년 1월 1일

제6호 '헌정회복을 위한 헌법학자회의' 제2차 긴급좌담회 개최 - 국회 선출 재판관 부분 임명의 헌법적 해결방안 모색 2025년 1월 3일

제7호 '헌정회복을 위한 헌법학자회의' 2025. 1. 8. 학술토론회 개최 - 12·3 비상계엄사태와 헌정회복을 위한 과제 2025년 1월 6일

제8호 대통령 탄핵심판에서의 내란죄 제외 논란에 관한 '헌정회복을 위한 헌법학자회의'의 입장 2025년 1월 9일

제9호 국가인권위원회의 권고 논란에 관한 '헌정회복을 위한 헌법학자회의'의 의견서 2025년 1월 13일

제10호 마은혁 재판관 후보자의 임명 부작위 사건 선고에 관한 '헌정회복을 위한 헌법학자회의'의 입장 2025년 2월 2일

제11호 윤 대통령 관련 국가인권위원회 의결에 관한 '헌정회복을 위한 헌법학자회의'의 입장 2025년 2월 12일

제12호 '헌정회복을 위한 헌법학자회의' 2025. 2. 28. 대통령 탄핵심판 관련 공개집담회 개최 - 대통령 윤석열 탄핵심판과 헌법재판소의 역할 2025년 2월 25일

제13호 '헌정회복을 위한 헌법학자회의' 마은혁 재판관 임명 부작위 위헌 확인 결정 및 신속한 임명 필요성에 관한 입장 2025년 2월 27일

제14호 '헌정회복을 위한 헌법학자회의' 대통령 탄핵심판에 대한 의견서 제출 2025년 2월 28일

제15호 '헌정회복을 위한 헌법학자회의' 2025. 3. 7. 호남권 지역토론회 개최 - 5·18과 12·3 계엄, 그리고 윤석열 탄핵 2025년 3월 6일

제16호 '헌정회복을 위한 헌법학자회의' 국무총리에 대한 탄핵심판 결정에 관한 입장 2025년 3월 25일

제17호 '헌정회복을 위한 헌법학자회의' 대통령 윤석열 탄핵심판 선고기일 지정과 조속한 헌정회복에 관한 입장 2025년 4월 1일

제18호 '헌정회복을 위한 헌법학자회의' '대통령 윤석열 탄핵 선고'를 환영하며 2025년 4월 4일

제19호 헌정회복을 위한 헌법학자회의 '한덕수 권한대행의 위헌적 재판관 지명'에 대한 입장문 2025년 4월 8일

보 도 자 료

배포일자: 2024년 12월 26일 목요일 담당: 헌정회복을 위한 헌법학자회의 홍보팀

'헌정회복을 위한 헌법학자회의' 긴급좌담회 개최
- 대통령 권한대행의 헌법재판관 임명 가부 및 소위 '내란 특검법' 거부권 행사 가부 -

☐ '헌정회복을 위하 헌법학자회의'(공동대표: 김선택(고려대), 이헌환(아주대), 전광석(연세대))는 2024년 12월 26일(목) 오전 10시 30분부터 약 2시간 동안 온라인(줌)으로 헌법적 현안에 대한 긴급좌담회를 개최했다.

※ 좌담회의 녹화본: https://youtu.be/urK-SnCEy84?si=jVQCR-QXYXCSH20L

☐ 헌정회복을 위한 헌법학자회의(이하 '헌법학자회의')는 2024. 12. 3. 대통령의 비상계엄 선포와 그 실행행위로 초래된 헌정의 위기를 맞아, 헌정질서를 회복하고, 당면한 헌법적 현안에 대해 헌법에 토대를 둔 올바른 논의와 대응방안 등을 제시하는 것을 목적으로, 그 뜻에 공감하는 헌법학자들이 조직한 임시단체이다.

※ 헌법학자회의 구성 등은 [별첨] 참조 (웹사이트 주소: https://bit.ly/krcon)

☐ 이날 좌담회에는 헌법학자회의 공동대표와 상임실행위원 등 헌법학자 20여 명이 참여하여, 김종철(연세대) 대표상임실행위원의 사회로 주요 현안 및 주제 등에 대해서 면밀한 분석과 전문적 의견을 통해 심도 깊게 살펴보았다.

☐ 이번 좌담회의 주요 논의 주제는 크게 세 가지로서, 첫째는 현재의 비상 상황에서 대통령 권한대행(이하 '권한대행')의 헌법상 지위, 둘째는 국회 선출 헌법재판관 임명의 성격과 권한대행의 재량권 행사의 범위와 한계, 셋째는 권한대행의 법률안거부권 행사의 재량권과 한계였다.

- 1 -

※ 이하의 내용은 이번 좌담회에서 논의된 주요 내용을 요약·정리한 것으로, 보다 세부적인 내용은 좌담회 녹화본 참조
(좌담회 참여 헌법학자의 직위, 경칭 등은 편의상 생략)

〈제1주제 : 권한대행의 헌법상 지위〉

□ 좌담회에 참여한 학자들은 대체로 권한대행이 현상유지 역할을 해야 한다는 의견이 많았으나, 권한대행의 권한 범위는 법적으로 대통령 권한 전반에 미치므로 헌정마비에 이르지 않도록 필요한 역할은 할 수 있다는 의견도 있었다.

□ 주요한 논리는 다음과 같다.

○ 임지봉(서강대), 이헌환(아주대), 권건보(아주대), 김선택(고려대), 신옥주(전북대), 이장희(창원대)

: 헌법 제71조에 따른 권한대행의 헌법상 지위와 권한은 대통령의 그것과 완전히 동일하다고 보기는 어렵고, 일정한 제한이 따르며, 권한대행의 헌법상 지위는 기본적으로 국무총리이다. 따라서 권한대행에 대한 탄핵소추의결 정족수는 국무총리에 대한 탄핵소추의결 정족수가 적용되어야 한다.

○ 정태호(경희대), 김하열(고려대)

: 권한대행은 임시적이기는 하지만 대통령직을 수행하는 자이므로, 기본적으로 대통령의 권한 전반을 행사할 수 있고, 다만 정치적·사실적 제한 등이 따른다.

○ 박경철(강원대)

: 대통령직 승계와 대통령직 권한대행은 구분해야 하고, 권한대행은 대통령의 모든 지위를 갖는 것이 아니다. 헌법은 탄핵소추의결 요건을 대통령과 국무총리에 대해 다르게 규정하고, 우리는 헌법과 법률에 대통령직 승계가 없다.

○ 김하열(고려대)

: 탄핵은 대통령직에서 배제의 역할과 효과이므로, 국회가 권한대행에 대한 탄핵소추의결을 위해서는 대통령에 대한 탄핵소추의결 정족수가 적용되어야 한다. 다만, 이는 권한대행으로서의 직무집행에 관한 사유에 한하며, 국무총리 시절 직무집행과 국무총리 권한 관련 사유는 여전히 국무총리에 대한 탄핵소추의결 정족수가 적용되는 것으로 상호 구분하여 이해해야 한다.

○ 김선택(고려대)

: 헌법상 권한대행과 정부조직법상 직무대행은 서로 다른 의미가 아니고, 대통령직이 수행하는 업무를 국무총리가 대행하는 것으로 보아야 하므로, 대통령 유고시 그 권한대행자가 필요한 것으로 이해해야 한다.

- 2 -

<제2주제 : 국회 선출 헌법재판관 임명의 성격과 권한대행의 재량권>

□ 좌담회에 참여한 학자들은 권한대행이 국회가 선출한 헌법재판관 3인을 임명할 수 있고, 오히려 임명해야 할 헌법적 의무가 있다는 데 의견이 일치했다.

□ 주요한 논리는 다음과 같다.

○ 임지봉(서강대), 전광석(연세대), 이헌환(아주대), 권건보(아주대), 전종익(서울대), 신옥주(전북대), 김선택(고려대)

: 권한대행은 현상을 유지하는 범위에서 권한을 행사할 수 있다(현상유지설). 헌법 제111조는 대통령이 헌법재판관 9인을 임명하도록 하면서, 권력분립원칙에 따라 그 중 3인은 국회가 선출하는 자를, 3인은 대법원장이 지명하는 자를 임명하도록 규정하고 있다. 국회가 선출한 헌법재판관에 대한 대통령의 임명권은 형식적 임명권으로서의 내용과 성격이므로, 권한대행이 행사할 수 있다. 국회 선출 헌법재판관의 임명은 단순한 자유와 권리가 아니라, 오히려 대통령 혹은 그 권한대행의 헌법상 의무로 보아야 하므로, 이를 해태하거나 거부할 경우 위헌이고 탄핵사유가 된다.

○ 정태호(경희대), 박경철(강원대), 김하열(고려대), 이황희(성균관대)

: 권한대행제도는 기본적으로 국정 공백을 방지하기 위해 마련된 제도이므로, 권한대행은 법적으로 대통령에게 인정된 모든 권한을 갖는다. 다만, 권한대행은 민주적 정당성이 상대적으로 취약하고 대통령의 복귀가능성 등도 존재하므로, 정치적·사실적으로 여러 제약을 받을 뿐이다. 국회 선출 헌법재판관의 임명은 대통령 혹은 그 권한대행의 헌법상 의무로 보아야 하므로, 이를 해태하거나 거부할 경우 위헌이고 탄핵사유가 된다.

○ 전광석(연세대)

: 국회 선출 헌법재판관 임명은 형식적 임명권이란 점은 타당하고, 형식적 임명권이 곧 무조건 임명으로 단정하기 보다는, 형식적 권한이란 점의 형식성을 정확히 이해할 필요가 있다. 정상적 탄핵소추절차를 거쳐 헌법위기를 극복해야 할 상황이므로, 권한대행의 소극적 대처는 바람직하지 않다. 헌법기관 정상화를 위한 헌법적 의무가 대통령에게 있고, 지금의 특수한 상황에서 권한대행 역할이 중요하므로, 헌법재판관 임명이 더욱 필요하다. 대통령도 거부할 수 없는 국회 선출 헌법재판관의 임명 거부는 대통령 권한을 넘는 것이고, 권한대행이 국회 선출 헌법재판관에 대한 실질적 심사권을 주장하는 것이라면, 이는 대통령도 갖지 않는 권한을 주장하는 것이므로 위헌이다.

○ 정태호(경희대), 권건보(아주대), 김선택(고려대), 신옥주(전북대)

: 탄핵소추기관인 국회가 탄핵심판기관인 헌법재판소의 구성원을 선출하는 것

이 이해충돌에 해당한다는 주장은 타당하지 않다. 헌법재판관 임명권자인 대통령과 관련해서는 탄핵심판을 진행할 수 없다는 점, 헌법재판관 임명은 헌법이 부여한 의무를 이행하는 것이므로 이해충돌과는 다른 문제인 점, 특정 심판사건이 아닌 헌법기관 구성 또는 사법부 구성에 관한 것인 점, 헌법재판관의 제척과 기피를 적용해야 한다는 의견은 헌법재판이 불가능하고 모순된다는 점, 헌법재판소가 본연의 임무를 수행할 수 있도록 헌법재판관을 선출한다는 점 등에서 이해충돌 관련 주장은 옳지 않다.

○ 이헌환(아주대)

: 대통령의 국가원수 지위와 행정부 수반 지위는 구분되지만, 헌법재판관 임명에 국가원수로서 지위가 필요하고 형식적 임명권의 행사 불가 등 의견은 타당하지 않다.

○ 권건보(아주대)

: 헌법재판관 6인 체제에서 헌법의 취지, 헌법재판의 정당성 등을 위해 9인의 헌법재판관이 대통령 탄핵사건을 수행하는 것이 타당하다. 대통령 탄핵과 관련하여 헌법재판관 공석은 긴급히 처리해야 할 사항이고, 헌법의 장애가 초래되지 않도록 권한대행은 헌법재판관을 임명하는 것이 타당하다.

○ 이장희(창원대)

: 의회민주주의 따라 국회 탄핵소추의결과 헌법재판관 선출은 당연한 권한과 과정이고, 권한대행이 이에 응하지 않는 것은 타당하지 않다.

〈제3주제 : 권한대행의 법률안거부권 행사의 재량권과 한계〉

□ 좌담회에 참여한 학자들은 권한대행이 법률안거부권을 행사할 수 있는가에 대해서는 의견이 나뉘었으나(부정설·긍정설), 소위 '내란 특검법'에 대한 거부권 행사는 부당하다는 데 의견이 일치했다.

□ 주요한 논리는 다음과 같다.

○ 임지봉(서강대), 신옥주(전북대)

: 권한대행은 법률안거부권을 행사할 수 없다. 입법권은 국회에게 있고, 법률의 위헌심사권은 헌법재판소에 있다. 국회의 정상적 입법절차를 거쳐 의결된 법률에 대해 대통령은 공포하는 것이 타당하고, 법률안거부권은 예외적 권한이므로, 이를 행사하는 것은 현상유지적 범위에 속하지 않는다. 소위 내란 특검법과 관련하여 권한대행 자신이 수사대상에 속하므로 거부권은 다분히 적극적인 권한행사로 볼 수 있다.

- 4 -

○ 정태호(경희대), 김하열(고려대)

: 권한대행의 법률안거부권 행사는 원칙적으로 가능하지만, 공직자가 자신의 문제와 관련한 사익 또는 사적이해관계에 따라 수사거부 등을 위한 거부권 행사는 타당하지 않고, 공직자의 공익실현의무에 위반되는 거부권 행사는 허용되지 않는다. 권한대행은 소위 내란 사건의 피의자인 만큼, 내란 특검법에 대한 거부권은 행사할 수 없다.

○ 전종익(서울대)

: 법률안거부권은 대통령의 단순한 권한이 아니라 타당하고 적합한 근거를 통해 신중하게 결정하고 행사하는데, 권한대행이 이를 단순한 권한으로 여겨 행사하는 것은 적절하지 않다. 소위 내란 특검법에 대한 거부권 행사는 법률안거부권의 내재적 한계를 벗어난 것이므로 허용되지 않는다.

○ 박경철(강원대)

: 대통령의 법률안거부권은 기본적으로 입법권에 대한 통제와 견제라는 시각에서 이해할 수 있고, 권한대행도 법률안거부권을 폭넓게 행사할 수 있다. 정치도의적으로 제약이 있을 수는 있으나, 이는 선거 등을 통해 국민에게 정치적으로 평가받을 일이다. 다만, 소위 내란 특김법에 대한 권한대행의 거부권은 헌법적으로 정당화되기 어려워 허용되지 않고, 빠른 공포가 필요하다.

○ 김선택(고려대)

: 긴급하고 중대한 상황 대처 등을 위해 권한대행의 폭넓은 권한 행사가 인정되더라도, 해당 구체적 사안의 본질을 통해 권한대행 가능 여부를 살필 필요가 있다. 소위 내란 특검법에 대한 권한대행의 거부권은 명백한 탄핵사유이고, 자기 관련 사건에 대한 거부권이므로 사법방해이며, 권한대행의 법률안거부권 행사는 불가능하다.

(끝).

[별첨]

'헌정회복을 위한 헌법학자회의' 상임실행위원회 구성 및 직책

- 공동대표(3): 김선택(고려대), 이헌환(아주대), 전광석(연세대)
- 상임실행위원(13)
  - ▷ 수도권(7): 김종철(대표상임실행위원, 연세대), 권건보(아주대), 김하열(고려대), 이상경(서울시립대), 임지봉(서강대), 전종익(서울대), 정태호(경희대)
  - ▷ 충청·강원권(2): 박경철(강원대), 권형둔(공주대)
  - ▷ 호남·제주권(2): 민병로(전남대), 신옥주(전북대)
  - ▷ 영남권(2): 이국운(한동대), 이장희(창원대)
- 간사(5): 심우민(총괄간사, 경인교대), 김연식(재무간사, 성신여대), 윤정인(학술간사, 고려대), 이세주(기획간사, 가톨릭대), 이황희(홍보간사, 성균관대)

- 6 -

보 도 자 료

배포일자: 2024년 12월 27일 목요일 담당: 헌정회복을 위한 헌법학자회의 홍보팀

권한대행에 대한 탄핵소추의결 정족수에 관한 '헌정회복을 위한 헌법학자회의'의 입장

□ '헌정회복을 위한 헌법학자회의' (공동대표: 김선택(고려대), 이헌환(아주대), 전광석(연세대))는 대통령 권한대행에 대한 탄핵소추의결 정족수에 관한 입장을 아래와 같이 밝힌다.

□ 대통령 권한대행과 대통령직 승계는 구분되는 개념이다. 우리 헌법(제71조)이 규정하는 권한대행은 별도의 공직이 아니며, 대통령을 대신하여 국무총리 또는 정부조직법에 정한 순서에 따른 국무위원이 그 권한을 행사하는 것을 가리키는 용어일 뿐이다.

□ 따라서 국무총리가 대통령의 권한을 대행한다고 하여 대통령이 되는 것은 아니다. 헌법에서 다른 명문규정으로 예외를 인정하지 않는 한, 대통령 권한대행이라고 해서 국무총리나 국무위원에 대한 탄핵소추안 의결정족수가 달라진다고 볼 수 없다. 그러므로 대통령 권한대행인 국무총리에 대한 탄핵소추안 의결정족수는 국무총리에 대한 의결정족수가 적용되어야 한다.

□ 탄핵소추안 의결정족수 조항의 해석은 최종적으로 헌법재판소의 권한이겠으나, 1차적으로는 국회가 행사하는 권한이며, 국회의 판단은 원칙적으로 존중되어야 한다.

- 1 -

□ 결론적으로, 대통령 권한대행인 국무총리에 대한 탄핵소추의결안은 국무총리에 대한 의결정족수가 적용되어야 한다. 경제부총리가 그 다음 순위로 권한대행을 맡게 된다면 헌법에 따라 대통령 권한대행의 직무를 성실히 수행해야 한다.

※ 헌정회복을 위한 헌법학자회의(이하 '헌법학자회의')는 2024. 12. 3. 대통령의 비상계엄 선포와 그 실행행위로 초래된 헌정의 위기를 맞아, 헌정질서를 회복하고, 당면한 헌법적 현안에 대해 헌법에 토대를 둔 올바른 논의와 대응방안 등을 제시하는 것을 목적으로, 그 뜻에 공감하는 헌법학자들이 조직한 임시단체이다.

※ 헌법학자회의 구성 등은 [별첨] 참조 (웹사이트 주소: https://bit.ly/krcon)

- 2 -

[별첨]

'헌정회복을 위한 헌법학자회의' 상임실행위원회 구성 및 직책

- 공동대표(3): 김선택(고려대), 이헌환(아주대), 전광석(연세대)
- 상임실행위원(13)
  - ▷ 수도권(7): 김종철(대표상임실행위원, 연세대), 권건보(아주대), 김하열(고려대), 이상경(서울시립대), 임지봉(서강대), 전종익(서울대), 정태호(경희대)
  - ▷ 충청·강원권(2): 박경철(강원대), 권형둔(공주대)
  - ▷ 호남·제주권(2): 민병로(전남대), 신옥주(전북대)
  - ▷ 영남권(2): 이국운(한동대), 이장희(창원대)
- 간사(5): 심우민(총괄간사, 경인교대), 김연식(재무간사, 성신여대), 윤정인(학술간사, 고려대), 이세주(기획간사, 가톨릭대), 이황희(홍보간사, 성균관대)

- 3 -

보 도 자 료

배포일자: 2024년 12월 30일 월요일　　　　담당: 헌정회복을 위한 헌법학자회의 홍보팀

권한대행의 재판관 임명에 관한 '헌정회복을 위한 헌법학자회의'의 입장

□ '헌정회복을 위한 헌법학자회의'(공동대표: 김선택(고려대), 이헌환(아주대), 전광석(연세대))는 **대통령 권한대행의 '헌법재판소 재판관'(이하 '재판관') 임명**에 관한 입장을 아래와 같이 밝힌다.

□ 헌법(제111조 제2항, 제3항)에 따르면, 9인의 "재판관은 대통령이 임명"하지만, 그중 "3인은 국회에서 선출하는 자를, 3인은 대법원장이 지명하는 자를 임명한다." 대통령이 실질적으로 임명하는 재판관과는 달리, 국회가 선출하는 재판관에 대한 대통령의 임명권은 형식적인 임명권이다. 따라서 국회가 선출하는 재판관은 대통령 권한대행이 충분히 임명할 수 있다.

□ 그와 동시에, 대통령은 국민의 기본권을 보장할 의무가 있고, 헌법을 수호할 책무가 있으며(헌법 제66조 제2항), 헌법의 준수를 국민 앞에 선서한 바(헌법 제69조), 퇴임한 재판관의 후임자를 임명하여 헌법재판소를 정상화하는 것은 대통령에게 부여된 헌법상 의무이다. 따라서 누가 맡든, 대통령 권한대행은 국회 선출 재판관을 임명해야만 한다.[1] 이를 해태하거나 거부하는 것은 위헌이다.

1) 부총리에 의한 대통령 권한대행은 국무총리에 의한 대통령 권한대행과 동일한 책임, 권한, 의무를 진다는 점에 관해서는, 「'권한대행의 권한대행'이라는 용어에 관한 '헌정회복을 위한 헌법학자회의'의 입장」(2024. 12. 30.자 보도자료) 참조.

- 1 -

□ 법률안 거부권을 행사하기 위해서는 법안의 내용에 대한 실질적인 판단이 필요하므로, 권한대행이 법률안 거부권을 행사하는 것에 대해서는 사안별로 논란의 여지가 있을 수밖에 없다. 그에 반해, 국회 선출 재판관의 임명은 앞서 본대로 형식적인 권한이다. 이 두 권한은 서로 성격이 다르고 비대칭적인 관계에 있으므로, 법률안 거부권 행사의 자제를 요청하면서도 국회 선출 재판관의 임명을 요청하는 것은 헌법적으로 모순되지 않는다.

□ 결론적으로, 대통령 권한대행의 국회 선출 재판관 임명은 헌법상 권한이자 그와 동시에 헌법상 의무이다.
법률안 거부권 행사의 자제를 요청하면서도 국회 선출 재판관의 임명을 요청하는 것은 헌법적으로 모순되지 않으며, 오히려 법리적으로 타당하다.

※ '헌정회복을 위한 헌법학자회의'는 2024. 12. 3. 대통령의 비상계엄 선포와 그 실행행위로 초래된 헌정의 위기를 맞아, 헌정질서를 회복하고, 당면한 헌법적 현안에 대해 헌법에 토대를 둔 올바른 논의와 대응방인 등을 제시하는 것을 목적으로, 그 뜻에 공감하는 헌법학자들이 조직한 임시단체이다.
※ 헌법학자회의 구성 등은 [별첨] 참조 (웹사이트 주소: https://bit.ly/krcon)

[별첨]

'헌정회복을 위한 헌법학자회의' 상임실행위원회 구성 및 직책

- 공동대표(3): 김선택(고려대), 이헌환(아주대), 전광석(연세대)
- 상임실행위원(13)
  - ▷ 수도권(7): 김종철(대표상임실행위원, 연세대), 권건보(아주대), 김하열(고려대), 이상경(서울시립대), 임지봉(서강대), 전종익(서울대), 정태호(경희대)
  - ▷ 충청·강원권(2): 박경철(강원대), 권형둔(공주대)
  - ▷ 호남·제주권(2): 민병로(전남대), 신옥주(전북대)
  - ▷ 영남권(2): 이국운(한동대), 이장희(창원대)
- 간사(5): 심우민(총괄간사, 경인교대), 김연식(재무간사, 성신여대), 윤정인(학술간사, 고려대), 이세주(기획간사, 가톨릭대), 이황희(홍보간사, 성균관대)

- 3 -

보 도 자 료

배포일자: 2024년 12월 30일 월요일　　　　담당: 헌정회복을 위한 헌법학자회의 홍보팀

‘권한대행의 권한대행’이라는 용어에 관한 ‘헌정회복을 위한 헌법학자회의’의 입장

□ ‘헌정회복을 위한 헌법학자회의’(공동대표: 김선택(고려대), 이헌환(아주대), 전광석(연세대))는 **“권한대행의 권한대행”이라는 용어**에 관한 입장을 아래와 같이 밝힌다.

□ 한덕수 ‘대통령 권한대행’에 대한 탄핵소추안 가결 이후, “권한대행의 권한대행”이라는 용어가 사용됨에 따라, 부총리에 의한 권한대행 체제에 관한 오해가 커지고 있다.

□ 헌법 제71조는 대통령의 궐위나 사고로 인해 직무를 수행할 수 없을 때 “국무총리, 법률이 정한 국무위원의 순서로 그 권한을 대행한다.”라고 규정한다. 헌법에 따르면, 현 상황에서 부총리는 ‘대통령 권한대행’일 뿐, ‘국무총리에 의한 대통령 권한대행의 권한대행’이 아니다.

□ 국무총리가 맡든, 그 차순위인 부총리가 맡든, 모두 엄연한 ‘대통령 권한대행’이므로, 권한대행인 부총리가 권한대행인 국무총리에 비하여 그 권한을 더 제한적으로 행사해야 하는 것은 아니다. 권한대행인 부총리는 권한대행인 국무총리와 동일하게 대통령의 권한을 헌법에 따라 상황에 맞게 행사할 수 있다.

□ 특히, 헌법기관의 정상화에 관한 한, 권한대행인 부총리는 대통령, 권한대행인 국무총리와 동일한 책임, 권한, 의무가 있다.

- 1 -

□ 결론적으로, “권한대행의 권한대행”이라는 표현은 법적으로 정확하지 않다. 현재 부총리는 ‘대통령 권한대행’이며, 국무총리가 맡았던 ‘대통령 권한대행’과 동일한 책임, 권한, 의무가 있다.

※ ‘헌정회복을 위한 헌법학자회의’는 2024. 12. 3. 대통령의 비상계엄 선포와 그 실행행위로 초래된 헌정의 위기를 맞아, 헌정질서를 회복하고, 당면한 헌법적 현안에 대해 헌법에 토대를 둔 올바른 논의와 대응방안 등을 제시하는 것을 목적으로, 그 뜻에 공감하는 헌법학자들이 조직한 임시단체이다.

※ 헌법학자회의 구성 등은 [별첨] 참조 (웹사이트 주소: https://bit.ly/krcon)

- 2 -

[별첨]

'헌정회복을 위한 헌법학자회의' 상임실행위원회 구성 및 직책

- 공동대표(3): 김선택(고려대), 이헌환(아주대), 전광석(연세대)
- 상임실행위원(13)
  - ▷ 수도권(7): 김종철(대표상임실행위원, 연세대), 권건보(아주대), 김하열(고려대), 이상경(서울시립대), 임지봉(서강대), 전종익(서울대), 정태호(경희대)
  - ▷ 충청·강원권(2): 박경철(강원대), 권형둔(공주대)
  - ▷ 호남·제주권(2): 민병로(전남대), 신옥주(전북대)
  - ▷ 영남권(2): 이국운(한동대), 이장희(창원대)
- 간사(5): 심우민(총괄간사, 경인교대), 김연식(재무간사, 성신여대), 윤정인(학술간사, 고려대), 이세주(기획간사, 가톨릭대), 이황희(홍보간사, 성균관대)

보 도 자 료

배포일자: 2025년 1월 1일 수요일 담당: 헌정회복을 위한 헌법학자회의 홍보팀

국회 선출 재판관의 선별적 임명에 관한 '헌정회복을 위한 헌법학자회의'의 입장

□ '헌정회복을 위한 헌법학자회의'(공동대표: 김선택(고려대), 이헌환(아주대), 전광석(연세대))는 **「국회 선출 재판관의 선별적 임명」**에 관한 입장을 아래와 같이 밝힌다.

※ 헌법학자회의는 2024. 12. 25. 발족하였고, 현재 100여 명의 헌법학자들이 함께 하고 있다. 헌법학자회의의 목적, 직책 등은 [별첨] (웹사이트 주소: https://bit.ly/krcon)

□ 우리가 이미 밝힌 바와 같이,[1)] 퇴임한 재판관의 후임자를 임명하여 헌법재판소를 정상화하는 것은 대통령에게 부여된 헌법상 의무이므로, 대통령 권한대행은 국회 '선출'('추천'이 아니다!) 재판관을 임명해야만 한다. 국회 선출 재판관 중 일부를 임명하지 않은 것은 이러한 의무를 온전히 이행하지 않은 것이므로, 헌법에 위반된다.

□ 우리의 앞선 입장과 같이,[2)] 국회가 선출하는 재판관에 대한 대통령의 임명권은 '형식적인 임명권'이다. 국회 선출 재판관 중 일부를 선별적으로 임명하지 않은 것은 임명권자의 판단이 개입되는 '실질적인 임명권'을 행사한 것이므로, 또한 헌법에 위반된다.

---

1) 「'권한대행의 권한대행'이라는 용어에 관한 '헌정회복을 위한 헌법학자회의'의 입장」(2024. 12. 30.자 보도자료) 참조.

2) 「권한대행의 재판관 임명에 관한 '헌정회복을 위한 헌법학자회의'의 입장」(2024. 12. 30.자 보도자료) 참조.

- 1 -

□ 헌법(제111조)은 대통령이 9인의 재판관을 임명하도록 하지만, 그중 3인은 국회가 선출하는 자, 3인은 대법원장이 지명하는 자를 임명하도록 한다. 이는 헌법재판소 구성에서 권력분립원리를 구현하기 위함이다. 그러나 대통령이 국회 선출 재판관과 대법원장 지명 재판관 중 일부를 자신의 뜻대로 선별적으로 임명하지 않는다면, 대통령은 헌법재판소 구성에서 헌법이 예정한 것보다 더 큰 권한을 가지게 된다. 이것은 권력분립원리에 위배되고, 국회와 대법원장의 권한을 침해한다.

□ 국회 선출 재판관 후보자 3인은 모두 동일한 절차를 통해 국회에서 '선출'되었다는 점에서 본질적으로 차이가 없다. 따라서 합리적인 이유 없이 그중 일부만 선별적으로 임명하지 않은 것은 자의적인 권한행사로서 임명되지 않은 후보자의 공무담임권과 평등권을 침해한다.

□ 결론적으로, 대통령 권한대행이 2024. 12. 31. 국회 선출 재판관 중 일부를 선별적으로 임명하지 않은 행위는 위헌이다.

2

[별첨]

'헌정회복을 위한 헌법학자회의' 상임실행위원회 구성 및 직책

※ '헌정회복을 위한 헌법학자회의'는 2024. 12. 3. 대통령의 비상계엄 선포와 그 실행행위로 초래된 헌정의 위기를 맞아, 헌정질서를 회복하고, 당면한 헌법적 현안에 대해 헌법에 토대를 둔 올바른 논의와 대응방안 등을 제시하는 것을 목적으로, 그 뜻에 공감하는 헌법학자들이 조직한 임시단체이다.
상임실행위원회 구성 및 직책은 아래와 같다.

- 공동대표(3): 김선택(고려대), 이헌환(아주대), 전광석(연세대)
- 상임실행위원(13)
  - ▷ 수도권(7): 김종철(대표상임실행위원, 연세대), 권건보(아주대), 김하열(고려대), 이상경(서울시립대), 임지봉(서강대), 전종익(서울대), 정태호(경희대)
  - ▷ 충청·강원권(2): 박경철(강원대), 권형둔(공주대)
  - ▷ 호남·제주권(2): 민병로(전남대), 신옥주(전북대)
  - ▷ 영남권(2): 이국운(한동대), 이장희(창원대)
- 간사(5): 심우민(총괄간사, 경인교대), 김연식(재무간사, 성신여대), 윤정인(학술간사, 고려대), 이세주(기획간사, 가톨릭대), 이황희(홍보간사, 성균관대)

- 3 -

보 도 자 료

배포일자: 2025년 1월 3일 금요일　　　　담당: 헌정회복을 위한 헌법학자회의 홍보팀

‘헌정회복을 위한 헌법학자회의’ 제2차 긴급좌담회 개최

- 국회 선출 재판관 부분 임명의 헌법적 해결방안 모색 -

□ ‘헌정회복을 위한 헌법학자회의’(공동대표: 김선택(고려대), 이헌환(아주대), 전광석(연세대))(이하 “헌법학자회의”)는 2025년 1월 3일(금) 오전 10:30부터 12:00까지 온라인(줌)으로 헌법적 현안에 대한 제2차 긴급좌담회를 개최했다.

※ 헌법학자회의는 2024. 12. 25. 발족하였고, 현재 100여 명의 헌법학자들이 함께 하고 있다. 헌법학자회의의 목적, 직책 등은 [별첨] (웹사이트 주소: https://bit.ly/krcon)

※ 좌담회의 녹화본은 위 웹사이트에 업로드 예정

□ 이날 좌담회에는 헌법학자회의 공동대표와 상임실행위원 등 헌법학자 42명이 참여하여, 김종철(연세대) 대표상임실행위원의 사회로 「국회 선출 재판관 부분 임명의 헌법적 해결방안」에 대해서 면밀한 분석과 전문적 의견을 통해 심도 깊게 살펴보았다.

<이날 발제는 김하열(고려대) 교수가 맡았다.>

□ 김 교수는 국회가 청구인이 되어 권한대행의 임명거부(혹은 임명부작위)로 청구인의 재판관 선출권(헌법재판소 구성권)이 침해되었다는 취지의 권한쟁의심판을 청구하는 방안을 소개했다. 김 교수는 “이 사안의 본질이 국회 권한의 침해”임을 강조하면서 국회에 의한 권한쟁의심판의 필요성과 중요성을 역설했고, 이 권한쟁의심판에서 임명거부된 피선출자를 즉시 재판관으로 임명할 것을 명하는 ‘임시의 지위를 정하는 가처분’이 가능할 것으로 평가했다.

<이 발제에 대해서는 6인의 토론이 있었다.>

□ 전상현(서울대) 교수와 이황희(성균관대) 교수는, 권한쟁의심판의 필요성과 중요성을 인정하면서도, 권한쟁의심판은 필요적 변론사건이므로 헌법소원심판보다 신속한 진행이 어려운 점, 현재 재판관 임명 부작위 위헌확인을 구하는 헌법소원 사건이 청구되어 전원재판부에 회부되어 있고, 참조할 수 있는 선례(2012헌마2)가 존재하는 점에서 이 헌법소원이 재판관 부분 임명 문제를 신속히 해결할 수 있는 수단이 될 수 있다는 의견을 피력했다. 또한, 가처분보다는 본안소송을 조속히 선고하는 방식이 논란을 줄일 것으로 평가했다.
한편, 전 교수는 위헌확인 주문 외에도 "즉시 재판관을 임명하여야 한다."는 이행명령 주문을 함께 선고할 필요성이 있다고 보았다.

□ 정태호(경희대) 교수는 대통령이 국회가 선출하거나 대법원장이 지명한 재판관 후보자의 임명을 거부하는 경우 헌법재판소가 직접 해당 후보자의 재판관 지위를 확인하는 방식을 적극적으로 모색해야 한다고 주장했다. 정 교수는, 헌법재판소법은 애초부터 완벽한 법전화를 지향한 것이 아니고, 헌법재판소에게 폭넓은 절차형성권을 부여하고 있는 점에 비추어 볼 때, 재판관 지위를 확인하는 방식은 충분히 가능하다는 의견을 제시했다.

□ 김해원(부산대) 교수는, 국회가 선출하는 재판관의 경우 국회의 선출행위가 있으면 피선출자는 재판관으로 확정되므로, 대통령의 임명행위가 없어도 당연히 재판관의 지위를 갖게 된다는 의견을 밝혔다. 또한, 국회가 선출하는 자를 대통령이 임명하지 않는 경우에는 헌법 제53조 제6항을 유추적용하여 국회의장이 이미 재판관으로 확정된 자의 지위가 효력을 가질 수 있는 조치(임명)를 할 수 있다고 주장했다.

□ 김용훈(상명대) 교수는, 미국 Marbury v. Madison 사건에서의 존 마샬 대법원장과 같이 그간 헌법재판소가 여러 권한쟁의심판 사건에서 소극적인 입장을 견지해 왔음을 지적했다. 그러나 김 교수는, 만일 국회 선출 재판관에 대한 대통령 임명의 작위의무를 적극적으로 인정할 수 있다면 권한쟁의 사건뿐만 아니라 헌법소원 사건에서도 헌법재판소는 보다 적극적인 입장을 취하여야 할 것이라는 의견을 펼쳤다.

□ 박찬권(고려사이버대) 교수는, 대통령의 임명권은 국회의 선출권을 보충하는

- 2 -

행위로서, 국회의 선출권 행사가 헌법과 법률의 요건에 부합한다면 그 적법성을 사후적으로 확인하여 효력을 부여함으로써 형식적 완결성을 확보하는 행위로 평가하면서, 기속적 성격이 있다고 보았다. 대통령이 재판관 임명을 거부하거나 해태한다면 헌법상 의무를 위반하여 국회의 선출권 행사의 효력을 발생하지 못하게 하는 것이 되므로 국회의 권한을 침해한다고 평가했다.

□ 아울러, 이날 좌담회의 정리 발언에서 김선택(고려대) 교수는 대통령 권한대행이 국회에서 선출이 끝난 헌법재판소 재판관 후보자 3명 중 임의적으로 2명만 임명하고 나머지 1명에 대해 임명을 거부한 행위(선별적 임명부작위)에 대해, 이는 후보자들 간에 헌법재판소 재판관 임기 개시 시기 등에 차등을 발생시켜 국회의 헌법재판소 재판관 선출 행위의 실질적 의미를 왜곡하며, 결국 국회의 선출권을 침해한 것으로 보아야 한다고 지적하였다. 김 교수는 헌법재판소가 권한쟁의심판이나 헌법소원심판을 통해 이러한 임명 부작위가 위헌임을 확인 선언할 뿐만 아니라, 주의적으로 해당 재판관 후보자를 이미 임명된 재판관들과 동일한 날짜로 소급하여 임명하라는 취지의 주문을 내려야 한다고 주장하였다.

□ 한편, 이번 좌담회에는 대통령 권한대행의 재판관 임명 부작위에 대한 위헌확인 헌법소원심판을 청구한 김정환 변호사(법무법인 도담)가 참여해, 자신이 제기한 헌법소원의 배경과 의도, 내용 등을 설명하고 이를 좌담회 참여자들과 공유했다.

끝.

[별첨]

‘헌정회복을 위한 헌법학자회의’ 상임실행위원회 구성 및 직책

※ ‘헌정회복을 위한 헌법학자회의’는 2024. 12. 3. 대통령의 비상계엄 선포와 그 실행행위로 초래된 헌정의 위기를 맞아, 헌정질서를 회복하고, 당면한 헌법적 현안에 대해 헌법에 토대를 둔 올바른 논의와 대응방안 등을 제시하는 것을 목적으로, 그 뜻에 공감하는 헌법학자들이 조직한 임시단체이다.
상임실행위원회 구성 및 직책은 아래와 같다.

- 공동대표(3): 김선택(고려대), 이헌환(아주대), 전광석(연세대)
- 상임실행위원(13)
  - ▷ 수도권(7): 김종철(대표상임실행위원, 연세대), 권건보(아주대), 김하열(고려대), 이상경(서울시립대), 임지봉(서강대), 전종익(서울대), 정태호(경희대)
  - ▷ 충청·강원권(2): 박경철(강원대), 권형둔(공주대)
  - ▷ 호남·제주권(2): 민병로(전남대), 신옥주(전북대)
  - ▷ 영남권(2): 이국운(한동대), 이장희(창원대)
- 간사(5): 심우민(총괄간사, 경인교대), 김연식(재무간사, 성신여대), 윤정인(학술간사, 고려대), 이세주(기획간사, 가톨릭대), 이황희(홍보간사, 성균관대)

- 4 -

보 도 자 료

배포일자: 2025년 1월 6일 월요일

담당: 헌정회복을 위한 헌법학자회의 홍보팀
2024krcon@gmail.com

'헌정회복을 위한 헌법학자회의' 2025. 1. 8. 학술토론회 개최

- 12 · 3 비상계엄사태와 헌정회복을 위한 과제 -

□ '헌정회복을 위한 헌법학자회의'(공동대표: 김선택(고려대), 이헌환(아주대), 전광석(연세대))(이하 "헌법학자회의")는 "12·3 비상계엄사태와 헌정회복을 위한 과제"라는 주제로 2025년 1월 8일(수) 오후 14:00부터 18:00까지 광화문 변호사회관 10층 2호 조영래홀에서 학술토론회를 개최한다.

※ 헌법학자회의는 2024. 12. 25. 발족하였고, 현재 100여 명의 헌법학자들이 함께 하고 있다. 헌법학자회의의 목적, 직책 등은 [별첨 1] (웹사이트 주소: https://bit.ly/krcon)

□ 이날 토론회는 헌법학자회의의 공동대표인 전광석 교수(연세대)의 개회사 및 헌법학자회의 취지설명으로 시작하여, 세 가지 세부주제에 관한 발제와 토론을 통해 12·3 비상계엄사태 및 그 후속과정에서 발생한 여러 헌법적 문제들을 짚어보고, 이어서 참석자 전원이 참여하는 종합토론을 진행한다. 종합토론에서는 취재진과의 Q&A 시간도 함께 가질 예정이다.

□ 제1주제인 "12·3 사태의 헌정사적 의미"에 대한 발제는 김선택 교수(고려대)가 맡는다. 사회자로는 박경철 교수(강원대), 토론자로는 권형둔 교수(공주대), 전종익 교수(서울대)가 참여한다.

□ 제2주제인 "12·3 비상계엄선포의 성격과 위헌·위법성"에 대해서는 이종수 교수(연세대)가 발제를, 신옥주 교수(전북대)가 사회를, 권건보 교수(아주대), 이황희 교수(성균관대)가 토론을 맡는다.

□ "12·3 사태 이후 제기된 헌정회복을 위한 헌법적 쟁점과 과제"를 다루는 제3주제는, 임지봉 교수(서강대)가 발제에 나선다. 정태호 교수(경희대)가 사회자로, 김하열 교수(고려대), 허완중 교수(전남대)가 토론자로 참여한다. 이날 행사는 공동대표인 이헌환 교수(아주대)의 폐회사로 막을 내릴 예정이다.

□ 이번 토론회는, 작년 12월 25일 출범한 헌법학자회의가 공식적으로 개최하는 첫 번째 학술행사이다. 헌법학자회의는 그간 내부 긴급좌담회 등을 통해 최근 현안에 관한 즉각적인 입장들을 여러 차례 밝혀왔다. 반면, 이번 토론회는 보다 심도 있는 학술적 논의의 장을 마련하기 위한 행사로서, 비상계엄사태를 둘러싼 헌법학자들의 전문적인 분석과 평가를 듣기 위해 기획되었다.

[별첨 2] 학술토론회 포스터

끝.

- 2 -

[별첨 1]

'헌정회복을 위한 헌법학자회의' 상임실행위원회 구성 및 직책

※ '헌정회복을 위한 헌법학자회의'는 2024. 12. 3. 대통령의 비상계엄 선포와 그 실행행위로 초래된 헌정의 위기를 맞아, 헌정질서를 회복하고, 당면한 헌법적 현안에 대해 헌법에 토대를 둔 올바른 논의와 대응방안 등을 제시하는 것을 목적으로, 그 뜻에 공감하는 헌법학자들이 조직한 임시단체이다.
상임실행위원회 구성 및 직책은 아래와 같다.

- 공동대표(3): 김선택(고려대), 이헌환(아주대), 전광석(연세대)
- 상임실행위원(13)
  - ▷ 수도권(7): 김종철(대표상임실행위원, 연세대), 권건보(아주대), 김하열(고려대), 이상경(서울시립대), 임지봉(서강대), 전종익(서울대), 정태호(경희대)
  - ▷ 충청·강원권(2): 박경철(강원대), 권형둔(공주대)
  - ▷ 호남·제주권(2): 민병로(전남대), 신옥주(전북대)
  - ▷ 영남권(2): 이국운(한동대), 이장희(창원대)
- 간사(5): 심우민(총괄간사, 경인교대), 김연식(재무간사, 성신여대), 윤정인(학술간사, 고려대), 이세주(기획간사, 가톨릭대), 이황희(홍보간사, 성균관대)

- 3 -

[별첨 2]

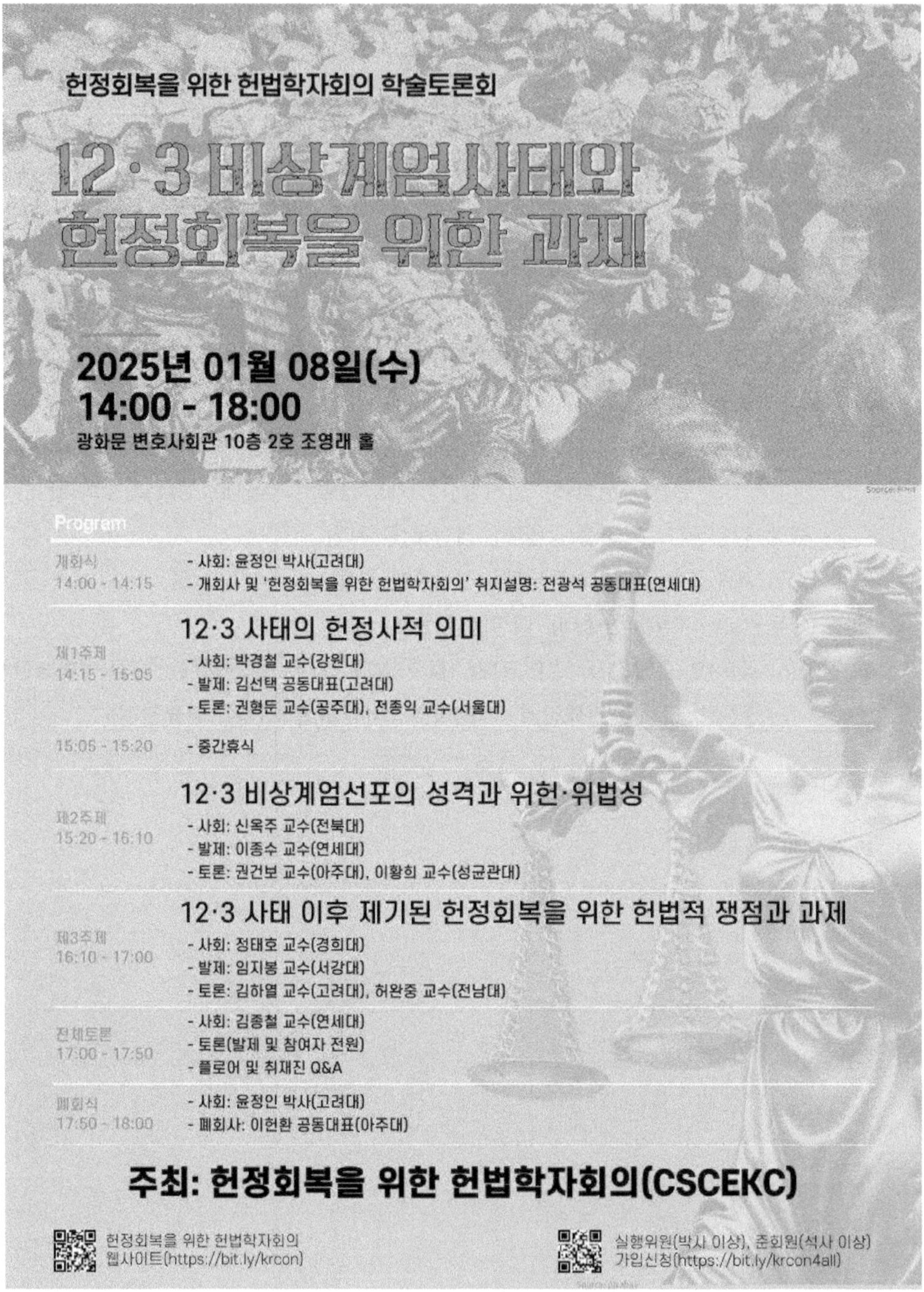

헌정회복을 위한 헌법학자회의 학술토론회
12·3 비상계엄사태와
헌정회복을 위한 과제
2025년 01월 08일(수)
14:00 - 18:00
광화문 변호사회관 10층 2호 조영래 홀
Program
개회식
14:00 - 14:15
- 사회: 윤정인 박사(고려대)
- 개회사 및 '헌정회복을 위한 헌법학자회의' 취지설명: 전광석 공동대표(연세대)
12·3 사태의 헌정사적 의미
제1주제
14:15 - 15:05
- 사회: 박경철 교수(강원대)
- 발제: 김선택 공동대표(고려대)
- 토론: 권형둔 교수(공주대), 전종익 교수(서울대)
15:05 - 15:20
- 중간휴식
12·3 비상계엄선포의 성격과 위헌·위법성
제2주제
15:20 - 16:10
- 사회: 신옥주 교수(전북대)
- 발제: 이종수 교수(연세대)
- 토론: 권건보 교수(아주대), 이황희 교수(성균관대)
12·3 사태 이후 제기된 헌정회복을 위한 헌법적 쟁점과 과제
제3주제
16:10 - 17:00
- 사회: 정태호 교수(경희대)
- 발제: 임지봉 교수(서강대)
- 토론: 김하열 교수(고려대), 허완중 교수(전남대)
전체토론
17:00 - 17:50
- 사회: 김종철 교수(연세대)
- 토론(발제 및 참여자 전원)
- 플로어 및 취재진 Q&A
폐회식
17:50 - 18:00
- 사회: 윤정인 박사(고려대)
- 폐회사: 이헌환 공동대표(아주대)
주최: 헌정회복을 위한 헌법학자회의(CSCEKC)
헌정회복을 위한 헌법학자회의
웹사이트(https://bit.ly/krcon)
실행위원(박사 이상), 준회원(석사 이상)
가입신청(https://bit.ly/krcon4all)

- 4 -

보 도 자 료

배포일자: 2025년 1월 9일 목요일

담당: 헌정회복을 위한 헌법학자회의 홍보팀
2024krcon@gmail.com

대통령 탄핵심판에서의 내란죄 제외 논란에 관한 '헌정회복을 위한 헌법학자회의'의 입장

□ '헌정회복을 위한 헌법학자회의'(공동대표: 김선택(고려대), 이헌환(아주대), 전광석(연세대))(이하 "헌법학자회의")는 「대통령 탄핵심판에서의 내란죄 제외 논란」에 관한 입장을 아래와 같이 밝힌다.

※ 헌법학자회의는 2024. 12. 25. 발족하였고, 현재 100여 명의 헌법학자들이 함께 하고 있다. 헌법학자회의의 목적, 직책 등은 [별첨] (웹사이트 주소: https://bit.ly/krcon)

□ 탄핵 '소추사유'라 함은 직무집행에 있어서 헌법 위반이나 법률 위반이 되는 구체적 사실과 그에 적용되는 법조문을 통일적으로 이르는 것이다. 동일한 사실에 대하여 단순히 적용 법조문을 추가·철회·변경하는 것은 '소추사유'의 추가·철회·변경에 해당하지 않는다. 따라서 소추위원은 변론 과정에서 소추사실에 대한 법적 평가를 정리하고 적용 법조문을 추가·철회·변경할 수 있다.

□ 헌법재판소는 앞선 대통령 탄핵심판에서 "탄핵소추의결서에서 그 위반을 주장하는 '법규정의 판단'에 관하여 헌법재판소는 원칙적으로 구속을 받지 않으므로, 청구인이 그 위반을 주장한 법규정 외에 다른 관련 법규정에 근거하여 탄핵의 원인이 된 사실관계를 판단할 수 있다."라고 한 바 있다(헌재 2004. 5. 14. 2004헌나1). 따라서 이번 탄핵심판에서 탄핵의 원인이 된 사실관계에 대하여 어떤 법규정을 근거로 판단할 것인지는 헌법재판소의 고유한 권한이다.

- 1 -

□ 탄핵심판과 형사재판은 서로 다른 목적과 효과를 지닌 별개의 절차이다. 동일한 위법사유에 대하여 탄핵심판과 형사재판이 서로 다른 결과가 나온다면 법질서의 통일성 측면에서 바람직하지 않다. 또한, 동일한 사실관계에 대하여 헌법 위반과 형법 위반이라는 평가가 동시에 가능할 때, 헌법 위반 여부는 그 전문가인 헌법재판소가, 형법 위반 여부는 그 전문가인 법원이 맡는 것이 각 기관의 특성에 따른 기능배분 측면에서도 바람직하다. 따라서 특정한 사실관계로 인정되는 헌법 위반이 중대하여 파면결정이 정당화된다면 동일한 사실관계의 형사법 위반 여부에 관한 심리나 판단이 반드시 필요한 것은 아니다.

□ 결론적으로, 대통령 탄핵심판에서 소추위원이 내란죄 위반 부분을 제외하고 헌법 위반에 집중하고자 하는 것은, 소추사유의 중요한 내용을 변경하는 것이 결코 아니며, 동일한 소추사실에 대한 법적 평가를 정리하고 탄핵심판이 헌법재판소 본연의 업무인 헌법 위반 여부 판단으로 진행될 것을 구하는 것으로서 정당한 소송행위이다. 따라서 이를 위한 국회의 재의결은 필요하지 않다.

끝.

- 2 -

[별첨]

‘헌정회복을 위한 헌법학자회의’ 상임실행위원회 구성 및 직책

※ ‘헌정회복을 위한 헌법학자회의’는 2024. 12. 3. 대통령의 비상계엄 선포와 그 실행행위로 초래된 헌정의 위기를 맞아, 헌정질서를 회복하고, 당면한 헌법적 현안에 대해 헌법에 토대를 둔 올바른 논의와 대응방안 등을 제시하는 것을 목적으로, 그 뜻에 공감하는 헌법학자들이 조직한 임시단체이다.
상임실행위원회 구성 및 직책은 아래와 같다.

- 공동대표(3): 김선택(고려대), 이헌환(아주대), 전광석(연세대)
- 상임실행위원(13)
  - ▷ 수도권(7): 김종철(대표상임실행위원, 연세대), 권건보(아주대), 김하열(고려대), 이상경(서울시립대), 임지봉(서강대), 전종익(서울대), 정태호(경희대)
  - ▷ 충청·강원권(2): 박경철(강원대), 권형둔(공주대)
  - ▷ 호남·제주권(2): 민병로(전남대), 신옥주(전북대)
  - ▷ 영남권(2): 이국운(한동대), 이장희(창원대)
- 간사(5): 심우민(총괄간사, 경인교대), 김연식(재무간사, 성신여대), 윤정인(학술간사, 고려대), 이세주(기획간사, 가톨릭대), 이황희(홍보간사, 성균관대)

- 3 -

보 도 자 료

배포일자: 2025년 1월 13일 월요일

담당: 헌정회복을 위한 헌법학자회의 홍보팀
2024krcon@gmail.com

국가인권위원회의 권고 논란에 관한 '헌정회복을 위한 헌법학자회의'의 의견서

□ '헌정회복을 위한 헌법학자회의'(공동대표: 김선택(고려대), 이헌환(아주대), 전광석(연세대))(이하 "헌법학자회의")는 2025. 1. 13. 「**국가인권위원회의 "계엄 선포로 야기된 국가적 위기 극복 대책 권고의 건"**(이하 '권고안') **의결**」에 관한 의견서를 제출하였다.

※ 헌법학자회의는 2024. 12. 25. 발족하였고, 현재 100여 명의 헌법학자들이 함께 하고 있다. 헌법학자회의의 목적, 직책 등은 [별첨 1] (웹사이트 주소: https://bit.ly/krcon)

※ 헌법학자회의는 지금까지 **'권한대행에 대한 탄핵소추의결 정족수'** (2024. 12. 27.자 보도자료), **'권한대행의 재판관 임명'** (2024. 12. 30.자 보도자료), **''권한대행의 권한대행' 이라는 용어'** (2024. 12. 30.자 보도자료), **'국회 선출 재판관의 선별적 임명'** (2025. 1. 1.자 보도자료) 등에 관하여 입장을 밝힌 바 있고, 이번 의견서는 이를 기초로 하였다.

1. 국회의 탄핵소추권에 대한 평가 관련

□ 권고안은 국회의장에게 한덕수 국무총리에 대한 탄핵소추를 철회하고 대통령 권한대행직에 복귀하도록 할 것과 탄핵소추를 남용하지 않도록 할 것을 권고하고 있다.

□ 그러나 이는 아래와 같은 문제가 있다.

○ 위 권고는 직접적인 인권관련성을 인정하기 어려울 뿐만 아니라 헌법상 국민대표기관의 민주적 정당성과 헌법적 권능을 고려할 때 부적절하다.

○ 국회의 탄핵소추를 특별한 논증도 없이 국회의 권한남용이라고 규정하고 피

소추자인 국가기관에 대한 강압이라고 단정하는 것은 관련 대법원 판례의 취지에도 부합하지 않을 뿐 아니라 탄핵소추권을 국회에 부여한 헌법 자체를 부정하는 것이다.

○ 국회가 한덕수 국무총리를 탄핵소추한 핵심 사유인 국회 선출 헌법재판관 임명 거부를 정당한 탄핵사유가 될 수 없는 것으로 단정하고 그 철회를 권고하는 것은 헌법적 타당성이 없다.[1)]

○ 최상목 권한대행이 국회가 선출한 3인의 헌법재판관 중 2인만을 선별적으로 임명한 것은 헌법에 위반되는 월권행위임에도 이를 정당한 것으로 평가하는 것은 심각한 법리왜곡이다.[2)]

2. 헌법재판소의 탄핵심판 관련

□ 헌법재판소의 탄핵심판과 관련하여 한덕수 국무총리에 대한 탄핵심판 사건을 최우선으로 심판할 것, 윤석열 대통령에 대한 탄핵심판에서 피청구인의 방어권을 철저히 보장하고 적법절차 원칙을 엄격히 준수하여 사실인정과 법리적용의 잘못이 없도록 충실하게 심리하는 한편 계엄선포 관련 다수 형사소송 진행을 고려하여 심판절차를 정지하고 훈시규정인 180일의 심판기간에 얽매이지 말 것 등을 권고하고 있다.

□ 그러나 이는 아래와 같은 문제가 있다.

○ 위 권고는 직접적인 인권관련성을 인정하기 어렵고, 집중심리를 통한 신속한 심판은 직무정지상태의 조속한 해소를 원하는 피청구인인 대통령의 이익에도 부합하는 측면이 있으며, 헌법재판소의 독립적 헌법기관으로서의 위상이나 절차진행에 관한 권한을 고려할 때 부당하다.

1) 기존 판례에 대한 평가

○ 탄핵소추에 의한 권한정지는 원칙적으로 헌법수호를 위한 헌법상의 권한이고 그 소추에 절차적, 실체적 위헌·위법사유가 있다고 볼만한 특단의 사정이 없는 한 존중되어야 한다. 탄핵소추에 의한 권한정지는 피소추인 개인에게만 해당되며 그 권한은 그 대행에 의해 행사되므로 당해 국가기관의 권능행사 불가능에 해당하지 않는다.

○ 대법원 5·18 비상계엄 사건에 따르면, 비상계엄의 선포나 확대가 국헌문란의

---

1) 「'권한대행의 재판관 임명'에 관한 헌법학자회의의 입장」(2024. 12. 30.자 보도자료) 참조.
2) 「'국회 선출 재판관의 선별적 임명'에 관한 헌법학자회의의 입장」(2025. 1. 1.자 보도자료) 참조.

목적을 달성하기 위하여 행하여진 경우 법원은 그 자체가 범죄행위에 해당하는지의 여부에 관하여 심사할 수 있으므로, 12·3 비상계엄의 내란죄 여부도 이 법리에 따라 사법심사의 대상이 된다.

○ 헌법재판소는 이른바 통치행위에 해당하는 국가작용의 요건에 대한 제1차적 판단은 그 권한자인 대통령의 재량에 속한다고 하더라도 "객관적으로 대통령의 판단을 정당화할 수 있을 정도의 위기상황이 존재하여야 한다"는 점을 분명히 하고 있다(93헌마186). 이번 비상계엄은 그와 같은 객관적 위기상황이 존재하지 않았다.

2) 탄핵심판절차의 신속한 진행 필요성

○ 국가원수이자 행정부의 수반이며 국민에 의하여 직접 선출되는 대통령의 권한이 정지된 것은 헌정의 비상상황에 해당한다. 이 비상상황은 최대한 신속히 해소하는 것이 헌법적 과제이다. 이러한 중차대한 헌법적 과제에도 불구하고 탄핵소추된 피의자의 권리 존중이라는 일반론만을 내세워 탄핵심판을 지연시킬 수도 있는 내용의 권고를 하는 것은 비상계엄선포로 인한 국정불안정 심화와 기본권 위축 등 헌정위기의 부작용이 심대함에 비추어 재고되어야 한다.

3) 대통령의 비상계엄선포의 성격과 내란죄 관련성

○ 계엄 선포가 대통령의 헌법상 고유권한이라는 주장이 있으나, 우리 헌법은 계엄선포법률주의와 계엄국회통제주의를 채택하고 있으므로 계엄선포를 대통령의 '전속적 고유권한'으로 볼 수 없다.

○ 대통령이 계엄선포와 관련한 재량권을 가진다 하더라도, 이는 헌법과 법률의 요건과 절차를 준수해야만 한다.

○ 계엄선포만으로 정부와 법원 외의 헌법기관을 대상으로 그 권한에 관하여 특별한 조치를 하거나, 전면적으로 기본권 상실의 상태를 초래할 수 없다.

3. 검찰 등 수사기관의 내란죄 수사 등 관련

□ 권고안은 검찰총장 등 수사기관의 장들에게는 계엄 선포와 관련된 범죄 수사에 있어서 무죄추정의 원칙에 기초한 불구속 수사를 할 것과 체포 또는 구속영장 청구를 남발하지 않도록 할 것을 권고하고 있다.

□ 그러나 이는 아래와 같은 문제가 있다.

- 3 -

1) 실패한 비상계엄을 이유로 비상계엄을 정당화하는 논리의 문제점

○ 실패한 비상계엄을 오히려 비상계엄의 정당성을 주장하는 논거로 둔갑하는 논리로 내란죄 수사의 정당성을 부정하고 피의자의 권리보장만을 일방적으로 주장하는 논리가 있으나, 이는 비상계엄과 내란행위가 자유민주적 기본질서의 중핵적 가치를 위협하는 실질과 의미를 간과한 것이다.

2) 계엄관련자 및 종사자의 법적 책임을 부정하는 주장의 문제점

○ 위헌·위법한 비상계엄선포와 그 실행에 관여한 공무원과 군인은 대통령의 고유권한에 따라 정당하게 공무를 수행한 것이라는 주장이 있으나, 모든 절차의 관여자들은 관계되는 요건과 절차에 대하여 준수 여부에 대하여 확인하고 주어지는 명령을 따라야 할 성실의무(국가공무원법 제56조)가 있는 점, 소속상관의 직무상 명령에 복종할 의무(국가공무원법 제57조)는 오로지 적법성과 타당성을 갖춘 정당한 명령에 국한되는 점에서 명령이 헌법과 법률의 요건과 절차에 어긋나는 경우 그 명령의 부당함과 불법성에 대하여 지적하고 개선을 요구할 권리와 의무를 가진다.

○ 헌법과 법률이 정한 요건과 절차를 지키지 아니한 이번 사태의 비상계엄선포에 따른 실행행위에 적극적이든 소극적이든 관여한 것에 법적 책임을 묻는 것은 법치주의 원리에 따라 정당한 일이다.

3) 무죄추정의 원칙과 불구속수사 원칙에 대한 법리 오해

○ 지금까지 드러난 사실로도, 12.3 비상계엄선포는 헌법과 법률이 규정하는 필수절차(국무회의 심의, 국무총리 등, 국회 통고 등)와 요건을 충실히 준수하지 않은 절차적 위헌·위법은 물론, 국회의 권능정지를 위한 포고령 공포, 국회와 중앙선거관리위원회의 권능정지를 위한 병력의 동원 등 실체적 위헌·위법의 합리적 의심이 충분히 제기된다.

○ 헌법 제84조에 따르더라도 대통령은 재직 중 내란죄에 대한 수사 및 기소가 가능하다. 법관이 영장을 발부한 경우라면 설령 무죄추정을 받더라도 체포 또는 구속될 수 있다.

○ 대통령은 헌법 제69조에 따라 헌법을 준수할 것을 선언하였고, 헌법을 수호할 책무를 특별히 헌법 명문으로 부여받고 있으므로, 법관이 발부한 영장의 집행을 무단하게 거부하는 것은 헌법수호의무를 저버리는 행태이다.

○ 법관이 발부한 영장의 집행은 형사사법상의 공권력 집행이므로 경호법상의 경호를 이유로 거부할 수 없다. 정당한 공권력의 발동을 경호법상 “경호 대

상자의 생명과 재산을 보호하기 위하여 신체에 가하여지는 위해(危害)”로 간주하는 해석이야말로 법치주의 원리에 배치된다.

4. 법원의 영장발부 등과 관련하여

□ 권고안은 서울중앙지방법원장과 중앙지역군사법원장을 대상으로 소속 법관들이 계엄 선포와 관련된 형사사건의 재판과 관련한 체포 또는 구속 영장 청구에 대하여 엄격한 심사를 할 것과 무죄추정의 원칙에 기초한 불구속재판을 실현할 수 있는 대책 마련을 권고하고 있다.

□ 그러나 이는 아래와 같은 문제가 있다.

○ 영장의 발부나 보석허가 등 구속여부에 대한 독립된 결정권을 가지는 것이 사법권 독립이 요청하는 것인데, 이와 관련하여 인권위가 특별한 근거나 충분한 논증도 없이 일반론을 비약시켜 관여하는 것은 매우 부적절하다.

○ 체포영장청구와 관련한 법원의 관할에 대한 법적 판단은 헌법상 독립성을 보장받는 법원의 고유 권한으로서 당사자가 아닌 다른 국가기관이 함부로 관여할 수 없다.

○ 법관에 의해 영장이 발부, 집행된 이상 무죄추정을 받는 피의자 혹은 피고인이라 하더라도 신체의 자유가 제한되는 것은 당연한 일이다(대법원 2001. 11. 30. 선고 2001도5225 판결 참조).

□ 결론적으로, 헌법상 독립기관으로서 12.3 비상계엄사태로 야기된 헌정질서의 위기를 조속히 극복해야 할 과제를 안고 있는 국회, 헌법재판소, 법원, 검찰 등 수사기관에 대하여 직접적인 인권관련성이 없거나, 설령 있다고 하더라도 그 기관들의 고유권한에 관한 사항을 충분한 기초사실의 제공이나 엄밀한 논증도 없이 일방적으로 권고하는 인권위의 의결은, 인권위의 위상과 정당한 역할에 대한 국민의 신뢰를 심각하게 훼손할 수 있으므로 채택되어서는 안 된다.

[별첨 2] 의견서 (별도 배포)

끝.

- 5 -

[별첨]

‘헌정회복을 위한 헌법학자회의’ 상임실행위원회 구성 및 직책

※ ‘헌정회복을 위한 헌법학자회의’는 2024. 12. 3. 대통령의 비상계엄 선포와 그 실행행위로 초래된 헌정의 위기를 맞아, 헌정질서를 회복하고, 당면한 헌법적 현안에 대해 헌법에 토대를 둔 올바른 논의와 대응방안 등을 제시하는 것을 목적으로, 그 뜻에 공감하는 헌법학자들이 조직한 임시단체이다.
상임실행위원회 구성 및 직책은 아래와 같다.

- 공동대표(3): 김선택(고려대), 이헌환(아주대), 전광석(연세대)
- 상임실행위원(13)
  - ▷ 수도권(7): 김종철(대표상임실행위원, 연세대), 권건보(아주대), 김하열(고려대), 이상경(서울시립대), 임지봉(서강대), 전종익(서울대), 정태호(경희대)
  - ▷ 중청·강원권(2): 박경철(강원대), 권형둔(공주대)
  - ▷ 호남·제주권(2): 민병로(전남대), 신옥주(전북대)
  - ▷ 영남권(2): 이국운(한동대), 이장희(창원대)
- 간사(5): 심우민(총괄간사, 경인교대), 김연식(재무간사, 성신여대), 윤정인(학술간사, 고려대), 이세주(기획간사, 가톨릭대), 이황희(홍보간사, 성균관대)
- 실행위원 및 준실행위원(약 80, 명단생략)

보 도 자 료

배포일자: 2025년 2월 2일 일요일

담당: 헌정회복을 위한 헌법학자회의 홍보팀
2024krcon@gmail.com

마은혁 재판관 후보자의 임명 부작위 사건 선고에 관한 '헌정회복을 위한 헌법학자회의'의 입장

□ '헌정회복을 위한 헌법학자회의'(공동대표: 김선택(고려대), 이헌환(아주대), 전광석(연세대))(이하 "헌법학자회의")는 「마은혁 재판관 후보자의 임명 부작위 사건 선고」에 관한 입장을 아래와 같이 밝힌다.

※ 헌법학자회의는 2024. 12. 25. 발족하였고, 현재 100여 명의 헌법학자들이 함께 하고 있다. 헌법학자회의의 목적, 직책 등은 [별첨] (웹사이트 주소: https://bit.ly/krcon)

□ 헌법재판소는 2025. 2. 3. 최상목 대통령 권한대행이 마은혁 재판관 후보자를 임명하지 않은 부작위가 위헌인지에 관한 권한쟁의심판과 헌법소원심판의 결정(이하 "이번 사건")을 선고한다고 밝혔다.
이와 관련하여 ① 이번 사건을 다른 사건보다 먼저 선고하는 것이 공정하지 않다는 주장, ② 재판관들의 개인적 성향을 문제삼는 주장이 제기되고 있다.

<이번 사건을 먼저 선고하는 것이 공정하지 않다는 주장에 대하여>

□ 헌법재판소는, 사건의 사회적 중요성, 신속한 구제 필요성, 성숙성 등을 고려해, 어떤 사건을 먼저 처리할지에 관한 고유한 판단권한을 가진다. 이에 관한 과도한 간섭은 헌법재판의 독립성을 침해할 수 있다.

□ 우리 헌법은 헌법재판소를 9인의 재판관으로 구성하고, 국회와 대통령, 대법원장이 각각 3인씩 선출하거나 지명하도록 하고 있다. 이는 헌법재판소 구성에서 권력분립원리를 실현하기 위한 것이다. 이렇게 임명된 9인으로 구성된 재

판부가 헌법재판을 진행하라는 것이 헌법의 뜻이고, 이 헌법을 만든 국민의 명령이다.

□ 우리 헌법은 위헌결정 혹은 인용결정을 위해 6인 이상의 찬성의견을 요구하고 있으므로,[1] 재판관의 공석은 그 자체로 합헌의견 혹은 기각의견으로 기능한다. 따라서 헌법재판소가 9인이 아닌 체제로 사건을 심리하여 선고하는 것은, 헌법재판소에 소송을 제기한 많은 국민들이나 기관들 같은 청구인 측에게 매우 불공정하고 부당한 조건이다.

□ 그러므로 재판부를 9인 체제로 만드는 것은 헌법의 취지에 따라 공정한 헌법재판을 진행하기 위해 가장 시급한 일이다. 대통령 탄핵심판이나 국무총리 탄핵심판 등 이번 사건보다 먼저 접수된 사건들 역시 9인 체제로 심리하여 결정을 선고하는 것이 헌법에 부합하고, 더 나아가 오히려 이는 헌법이 요청하고 있는 방향이라고 할 것이다. 따라서 이번 사건을 먼저 선고하는 것이 불공정하다거나 선택적이라고 비판하는 것은 헌법적으로 설득력이 없다.

<재판관들의 개인적 성향을 문제삼는 주장에 대하여>

□ 한편, 최근 재판관들의 개인적 성향을 문제삼는 주장들이 속출하고 있다. 과거 법원 내 특정한 연구회에서 활동했다는 주장, 재판관의 친동생이 피청구인에 대한 비판적인 사회활동을 하고 있다는 주장 등이 대표적이다.

□ 대통령 탄핵심판의 본질은, 대통령이 직무집행에 있어서 헌법이나 법률을 위배하였는지, 그 위배가 파면에 이르러야 할 정도로 중대한지를 "법적으로" 판단하는 데 있다. 이 판단은 재판관 개인의 성향에 따라 이루어지지 않는다. 국민들이 익히 알고 있듯이, 지난 박근혜 대통령 탄핵심판 사건은 재판관의 개인적 성향과 무관하게 엄밀한 "법적 판단"을 거쳐 재판관 전원일치로 파면결정이 선고되었다.

□ 재판관의 개인적 성향을 문제삼는 주장은, 결국 정당한 이유가 없음에도 특정 재판관들의 회피를 강요해 그들을 재판에서 배제하려는 의도와 무관하지 않다고 보인다. 그러나 이러한 배제 의도는, 앞서 설명한 바와 같이, 국회, 대통령,

---

1) 다만, 권한쟁의심판의 인용결정은 과반수로 정해지는데, 권한쟁의심판이라 해도 8인 체제는 9인 체제에 비해 사건을 청구한 측에게 불리한 조건이다.

대법원장이 각각 3인씩 선출 혹은 지명한 9인의 재판관들에 의해 헌법재판이 이루어지도록 한 우리 헌법의 취지를 거스르는 것으로서 헌법적으로 부당하다.

□ 헌법과 법률이 정한 절차에 따라 정당하게 임명된 재판관들을 부당한 사유로 근거 없이 공격하는 것은 헌법재판의 권위와 독립성을 흔드는 것이자, 우리 사회가 지금껏 쌓아온 민주헌정에 대한 신뢰와 합의를 훼손하는 것이다.

<결론>

□ 헌법재판소가 이번 사건을 다른 사건보다 먼저 심리하여 선고하는 것은 헌법재판소 재판부를 9인 체제로 규정한 헌법의 취지, 공정한 헌법재판의 이념에 비추어 타당한 일이며, 더 나아가 헌법적으로 요청되는 일이다.
재판관들의 개인적 성향을 문제삼는 주장은 법적 판단을 수행하는 탄핵심판의 본질을 왜곡하는 일이므로 멈추어야 한다.

끝.

- 3 -

[별첨]

'헌정회복을 위한 헌법학자회의' 상임실행위원회 구성 및 직책

※ '헌정회복을 위한 헌법학자회의'는 2024. 12. 3. 대통령의 비상계엄 선포와 그 실행행위로 초래된 헌정의 위기를 맞아, 헌정질서를 회복하고, 당면한 헌법적 현안에 대해 헌법에 토대를 둔 올바른 논의와 대응방안 등을 제시하는 것을 목적으로, 그 뜻에 공감하는 헌법학자들이 조직한 임시단체이다.
상임실행위원회 구성 및 직책은 아래와 같다.

- 공동대표(3): 김선택(고려대), 이헌환(아주대), 전광석(연세대)
- 상임실행위원(13)
  - ▷ 수도권(7): 김종철(대표상임실행위원, 연세대), 권건보(아주대), 김하열(고려대), 이상경(서울시립대), 임지봉(서강대), 전종익(서울대), 정태호(경희대)
  - ▷ 충청·강원권(2): 박경철(강원대), 권형둔(공주대)
  - ▷ 호남·제주권(2): 민병로(전남대), 신옥주(전북대)
  - ▷ 영남권(2): 이국운(한동대), 이장희(창원대)
- 간사(5): 심우민(총괄간사, 경인교대), 김연식(재무간사, 성신여대), 윤정인(학술간사, 고려대), 이세주(기획간사, 가톨릭대), 이황희(홍보간사, 성균관대)
- 실행위원 및 준실행위원(약 80, 명단생략)

보 도 자 료

배포일자: 2025년 2월 12일 수요일

담당: 헌정회복을 위한 헌법학자회의 홍보팀
2024krcon@gmail.com

윤 대통령 관련 국가인권위원회 의결에 관한 '헌정회복을 위한 헌법학자회의'의 입장

□ '헌정회복을 위한 헌법학자회의'(공동대표: 김선택(고려대), 이헌환(아주대), 전광석(연세대))(이하 "헌법학자회의")는 「**국가인권위원회의 "계엄 선포로 야기된 국가적 위기 극복 대책 권고의 건"**(이하 '권고안') **의결**」에 관한 입장을 아래와 같이 밝힌다.

※ 헌법학자회의는 2024. 12. 25. 발족하였고, 현재 100여 명의 헌법학자들이 함께 하고 있다. 헌법학자회의의 목적, 직책 등은 [별첨] (웹사이트 주소: https://bit.ly/krcon)

□ 국가인권위원회는 2025. 2. 10. 현재 탄핵심판과 관련하여 윤석열 대통령의 방어권을 보장하라는 취지의 안건을 의결하였다. 헌법학자회의는 2025. 1. 13. 위 권고안의 법리적 문제점들을 지적한 바 있는데,[1] 이번에 의결된 권고안은 기존 권고안의 수정안이나, 여전히 유사한 문제점들을 안고 있다.

□ 국가인권위원회는 개인의 기본적 인권을 보호하고 인간으로서의 존엄과 가치를 실현하는 기관이다. 그러나 국가인권위원회는 윤 대통령의 방어권 보장을 명분으로, 헌정질서를 유린한 내란우두머리 피고인을 옹호함으로써 자신의 존재 이유를 스스로 부정하였다. 윤 대통령의 탄핵심판은 헌법재판소가 기존 탄핵심판을 진행해 온 절차에 따라 진행하고 있고, 윤 대통령의 구속은 헌법이 예정한 절차에 따라 법원의 판단으로 이루어진 것이다. 이 절차에서 헌법재판소와 법원은 윤 대통령의 방어권을 보장해 왔다.

1) 「국가인권위원회의 권고 논란에 관한 '헌정회복을 위한 헌법학자회의'의 의견서」(2025. 1. 13.자 보도자료) 참조

- 1 -

□ 헌법재판소법 제40조는 탄핵심판에 대하여 "헌법재판의 성질에 반하지 아니하는 한도에서" 형사소송에 관한 법령을 준용하도록 하고 있을 뿐이고, 탄핵심판은 국가형벌권의 행사에 관한 사법적 판단인 형사재판과는 그 성격이 상이하므로, 헌법재판소는 탄핵심판의 성질을 고려해 그에 합당한 증거조사방법을 결정할 고유한 권한이 있다.

□ 오히려 지금 국가인권위원회는, 자신에게 주어진 본연의 역할에 따라, 윤 대통령이 아니라 위헌·위법한 비상계엄선포와 그 후속조치로 인해 국민들의 인권이 침해된 것은 아닌지를 살펴야 한다. 그러나 국가인권위원회는 위 권고안의 의결이 있었던 날, '12·3 비상계엄으로 인한 시민들의 인권 침해에 대한 직권조사' 안건을 기각함으로써 자신의 소임을 저버렸다.

□ 지금껏 윤 대통령의 비상계엄선포, 포고령 발령 등으로 인한 국민의 인권 침해에 침묵해 온 것만으로도 국가인권위원회는 본연의 책임을 방기하였다는 비판에서 벗어나기 힘들다. 그러나 거기서 더 나아가, 국민의 인권이 아닌 권력자의 안위만을 염려한 이번 의결은 국가인권위원회가 자신의 임무를 망각하고 스스로 존립 근거를 허물어뜨린 행위라고 해도 과언이 아니다.

□ 특히, 이번 의결은 통치행위와 내란죄에 대한 대법원의 판례를 왜곡하고 헌법재판소의 판례를 무시하는 등 공적 기관의 의견표명이 필히 갖추어야 할 최소한의 기준과 전문성마저 외면한 채로 이루어졌다. 이처럼 부실한 권고를 통해 최고헌법기관인 헌법재판소와 법원의 재판 진행에 개입하려는 시도는 정략적인 행태로서 비판받아 마땅하다.

□ 인권의 보루이어야 할 국가인권위원회가 권력자의 비호기관으로 전락하는 것은 우리 사회의 큰 불행이다. 국가인권위원회는 즉시 이번 의결을 철회하고, 이제라도 본연의 역할에 충실하기를 바란다.

끝.

- 2 -

[별첨]

'헌정회복을 위한 헌법학자회의' 상임실행위원회 구성 및 직책

※ '헌정회복을 위한 헌법학자회의'는 2024. 12. 3. 대통령의 비상계엄 선포와 그 실행행위로 초래된 헌정의 위기를 맞아, 헌정질서를 회복하고, 당면한 헌법적 현안에 대해 헌법에 토대를 둔 올바른 논의와 대응방안 등을 제시하는 것을 목적으로, 그 뜻에 공감하는 헌법학자들이 조직한 임시단체이다.
상임실행위원회 구성 및 직책은 아래와 같다.

● 공동대표(3): 김선택(고려대), 이헌환(아주대), 전광석(연세대)

● 상임실행위원(13)

▷ 수도권(7): 김종철(대표상임실행위원, 연세대), 권건보(아주대), 김하열(고려대), 이상경(서울시립대), 임지봉(서강대), 전종익(서울대), 정태호(경희대)

▷ 충청·강원권(2): 박경철(강원대), 권형둔(공주대)

▷ 호남·제주권(2): 민병로(전남대), 신옥주(전북대)

▷ 영남권(2): 이국운(한동대), 이장희(창원대)

● 간사(5): 심우민(총괄간사, 경인교대), 김연식(재무간사, 성신여대), 윤정인(학술간사, 고려대), 이세주(기획간사, 가톨릭대), 이황희(홍보간사, 성균관대)

● 실행위원 및 준실행위원(약 80, 명단생략)

- 3 -

보 도 자 료

배포일자: 2025년 2월 25일 화요일

담당: 헌정회복을 위한 헌법학자회의 홍보팀
2024krcon@gmail.com

'헌정회복을 위한 헌법학자회의' 2025. 2. 28. 대통령 탄핵심판 관련 공개집담회 개최

- 대통령 윤석열 탄핵심판과 헌법재판소의 역할 -

□ '헌정회복을 위한 헌법학자회의'(공동대표: 김선택(고려대), 이헌환(아주대), 전광석(연세대))(이하 "헌법학자회의")는 "대통령 윤석열 탄핵심판과 헌법재판소의 역할"이라는 주제로 2025년 2월 28일(금) 오후 3시부터 5시까지 광화문 변호사회관 10층 조영래홀에서 윤석열 대통령 탄핵심판 사건에 관한 공개집담회를 개최한다.

※ 헌법학자회의는 2024. 12. 25. 발족하였고, 현재 100여 명의 헌법학자들이 함께 하고 있다. 헌법학자회의의 목적, 직책 등은 [별첨 1] (웹사이트 주소: https://bit.ly/krcon)

□ 헌법학자회의의 공동대표인 이헌환 교수(아주대)의 인사말로 시작하는 이날 집담회는 크게 두 발표로 진행된다.

첫 번째 발표는 공동대표인 전광석 교수(연세대)가 맡았고, 발표주제는 이번 대통령 탄핵심판에 관하여 헌법학자회의가 제출한 의견서의 경과, 취지 및 주요 내용이다.

작년 12월 25일 출범한 헌법학자회의는 그간 내부 긴급좌담회 등을 통해 현안들에 관한 즉각적인 입장들을 여러 차례 밝혀왔고, 지난 1월 8일에는 12・3 비상계엄사태로 초래된 헌정위기에 관한 여러 쟁점들을 검토하는 학술행사를 개최한 바 있다. 이러한 논의의 연장선에서, 헌법학자회의는 내부 전담팀을 구성해 이번 윤 대통령 탄핵심판에 관한 의견서를 준비하였고, 전체 회의에서 여러 학자들의 토의를 거쳐 내용의 완성도를 높여 왔다. 이번 발표를 통해 이처럼 작성하여 헌법재판소에 제출한 의견서의 내용을 공개할 예정이다.

- 1 -

□ 이어서, 공동대표인 김선택 교수(고려대)가 두 번째 발표자로 나서며, 대통령 윤석열 탄핵심판의 헌정사적 의의와 헌법재판소의 위상 및 역할에 관하여 발표한다.

12・3 비상계엄사태로 초래된 헌정위기를 극복하는 과정에서 헌법재판소는 중차대한 역할을 맡고 있으나, 그와 동시에 헌법재판소는 현재 무분별한 공세들의 표적이 되고 있다. 헌법학자회의는 이번 집담회에서 헌법학자들의 전문적인 분석과 평가를 기초로 이러한 공세들의 논리적 타당성을 검토하고, 이번 탄핵심판의 헌정사적 의의와 절차적・실체적 쟁점들을 살펴봄으로써, 국민들의 이해를 증진하고 조속한 헌정회복을 위한 공론을 형성하는 데 기여하고자 한다.

□ 끝으로, 이상의 발표 내용에 관한 질의 및 응답 시간이 마련되어 있으며, 공동대표단(김선택・이헌환・전광석)과 여러 실행위원들이 참여할 예정이다.

끝.

[별첨 2] 공개집담회 포스터

- 2 -

[별첨 1]

'헌정회복을 위한 헌법학자회의' 상임실행위원회 구성 및 직책

※ '헌정회복을 위한 헌법학자회의'는 2024. 12. 3. 대통령의 비상계엄 선포와 그 실행행위로 초래된 헌정의 위기를 맞아, 헌정질서를 회복하고, 당면한 헌법적 현안에 대해 헌법에 토대를 둔 올바른 논의와 대응방안 등을 제시하는 것을 목적으로, 그 뜻에 공감하는 헌법학자들이 조직한 임시단체이다.
상임실행위원회 구성 및 직책은 아래와 같다.

- 공동대표(3): 김선택(고려대), 이헌환(아주대), 전광석(연세대)
- 상임실행위원(13)
  - ▷ 수도권(7): 김종철(대표상임실행위원, 연세대), 권건보(아주대), 김하열(고려대), 이상경(서울시립대), 임지봉(서강대), 전종익(서울대), 정태호(경희대)
  - ▷ 충청·강원권(2): 박경철(강원대), 권형둔(공주대)
  - ▷ 호남·제주권(2): 민병로(전남대), 신옥주(전북대)
  - ▷ 영남권(2): 이국운(한동대), 이장희(창원대)
- 간사(5): 심우민(총괄간사, 경인교대), 김연식(재무간사, 성신여대), 윤정인(학술간사, 고려대), 이세주(기획간사, 가톨릭대), 이황희(홍보간사, 성균관대)
- 실행위원 및 준실행위원(약 80, 명단생략)

[별첨 2]

Program	
전체사회	김종철 대표상임실행위원 (연세대학교)
15:00 - 15:05	**인사말** 이헌환 공동대표 (아주대학교)
15:05 - 15:40	**헌법학자회의 의견서 제출의 경과, 취지 및 주요내용** 전광석 공동대표 (연세대학교)
15:40 - 16:10	**대통령 윤석열 탄핵심판의 헌정사적 의의와 헌법재판소의 위상 및 역할** 김선택 공동대표 (고려대학교)
16:10 - 17:00	**질의 및 응답** 공동대표단 (김선택/이헌환/전광석) 및 참여 실행위원

| 주최 | 헌정회복을 위한 헌법학자회의(CSCEKC) |

헌정회복을 위한 헌법학자회의 웹사이트(https://bit.ly/krcon)

실행위원(박사 이상), 준회원(석사 이상) 가입신청(https://bit.ly/krcon4all)

- 4 -

보 도 자 료

배포일자: 2025년 2월 27일 목요일

담당: 헌정회복을 위한 헌법학자회의 홍보팀
2024krcon@gmail.com

'헌정회복을 위한 헌법학자회의' 마은혁 재판관 임명 부작위 위헌 확인 결정 및 신속한 임명 필요성에 관한 입장

□ '헌정회복을 위한 헌법학자회의'(공동대표: 김선택(고려대), 이헌환(아주대), 전광석(연세대))(이하 "헌법학자회의")는 「마은혁 재판관 후보자의 임명 부작위 위헌 확인 결정」에 관한 입장을 아래와 같이 밝힌다.

※ 헌법학자회의는 2024. 12. 25. 발족하였고, 현재 100여 명의 헌법학자들이 함께 하고 있다. 헌법학자회의의 목적, 직책 등은 [별첨] (웹사이트 주소: https://bit.ly/krcon)

□ 헌법재판소는 2025. 2. 27. 최상목 대통령 권한대행(이하 "권한대행")이 마은혁 재판관 후보자를 임명하지 않은 부작위가 국회의 헌법재판소 재판관 선출을 통한 헌법재판소 구성권을 침해한다고 결정하였다.

□ 헌법학자회의는 올해 1월 1일, 퇴임한 재판관의 후임자를 임명하여 헌법재판소를 정상화하는 것은 대통령에게 부여된 헌법상 의무인 점, 국회가 선출하는 재판관에 대한 대통령의 임명권은 '형식적인 임명권'인 점, 최상목 권한대행이 마은혁 재판관 후보자를 선별적으로 임명하지 않은 행위는 헌법재판소 구성에서 구현되는 권력분립원리에 위배되고, 국회의 권한을 침해하며, 임명되지 않은 후보자의 공무담임권과 평등권을 침해하는 점을 지적하였다.[1)]

□ 이번 헌법재판소의 결정은, 대통령은 국회가 선출한 재판관을 임명해야 할 헌법적 의무가 있고, 이는 그 권한대행도 마찬가지이며, 정당한 이유 없이 이를 이행하지 않는 부작위는 헌법에 위반됨을 확인하였다는 점에서 큰 의미를 갖

1) 「'국회 선출 재판관의 선별적 임명'에 관한 헌법학자회의의 입장」(2025. 1. 1.자 보도자료) 참조.

- 1 -

는다.

□ 헌법재판소법에 따르면, 권한쟁의심판의 인용결정은 모든 국가기관을 기속한다(제67조 제1항). 또한, 헌법재판소가 권한쟁의심판에서 "부작위에 대한 심판청구를 인용하는 결정을 한 때에는 피청구인은 결정 취지에 따른 처분을 하여야" 한다(제66조 제2항).

따라서 재판관 임명 부작위가 국회의 권한을 침해한다는 점을 확인한 헌법재판소의 결정은, 최상목 권한대행에게 마은혁 재판관 후보자를 재판관으로 임명해야 할 "법적 의무"를 부과하는 것이다. 최상목 권한대행은 이를 이행해야 할 의무가 있으며, 이를 거부하는 것은 그 자체로 또 다른 위헌적인 행위이자 헌법재판소의 존재 이유를 부정하는 것으로서, 우리가 성숙한 입헌민주주의 국가를 추구하는 한 결코 용납될 수 없는 일이다.

□ 결론적으로, 이번 위헌결정은 헌법재판소가 마땅히 선고해야 할 결정이며, 최상목 권한대행은 조속히 마은혁 후보자를 재판관으로 임명함으로써 자신의 의무를 다 해야 한다.

이미 위헌적인 부작위로 헌정질서를 훼손한 바 있는 최상목 권한대행은, 이번 헌법재판소 결정을 신속히 이행함으로써 자신이 훼손한 헌정질서의 회복을 위해 노력해야 할 것이다.

끝.

- 2 -

[별첨]

‘헌정회복을 위한 헌법학자회의’ 상임실행위원회 구성 및 직책

※ ‘헌정회복을 위한 헌법학자회의’는 2024. 12. 3. 대통령의 비상계엄 선포와 그 실행행위로 초래된 헌정의 위기를 맞아, 헌정질서를 회복하고, 당면한 헌법적 현안에 대해 헌법에 토대를 둔 올바른 논의와 대응방안 등을 제시하는 것을 목적으로, 그 뜻에 공감하는 헌법학자들이 조직한 임시단체이다.
상임실행위원회 구성 및 직책은 아래와 같다.

● 공동대표(3): 김선택(고려대), 이헌환(아주대), 전광석(연세대)

● 상임실행위원(13)

▷ 수도권(7): 김종철(대표상임실행위원, 연세대), 권건보(아주대), 김하열(고려대), 이상경(서울시립대), 임지봉(서강대), 전종익(서울대), 정태호(경희대)

▷ 충청·강원권(2): 박경철(강원대), 권형둔(공주대)

▷ 호남·제주권(2): 민병로(전남대), 신옥주(전북대)

▷ 영남권(2): 이국운(한동대), 이장희(창원대)

● 간사(5): 심우민(총괄간사, 경인교대), 김연식(재무간사, 성신여대), 윤정인(학술간사, 고려대), 이세주(기획간사, 가톨릭대), 이황희(홍보간사, 성균관대)

● 실행위원 및 준실행위원(약 80, 명단생략)

보 도 자 료

배포일자: 2025년 2월 28일 금요일

담당: 헌정회복을 위한 헌법학자회의 홍보팀
2024krcon@gmail.com

'헌정회복을 위한 헌법학자회의' 대통령 탄핵심판에 대한 의견서 제출

□ '헌정회복을 위한 헌법학자회의'(공동대표: 김선택(고려대), 이헌환(아주대), 전광석(연세대))(이하 "헌법학자회의")는 2025. 2. 28. 오전 대통령 윤석열 탄핵심판에 대한 의견서를 헌법재판소에 제출했다.

※ 헌법학자회의는 2024. 12. 25. 발족하였고, 현재 100여 명의 헌법학자들이 함께 하고 있다. 헌법학자회의의 목적, 직책 등은 [별첨 1] (웹사이트 주소: https://bit.ly/krcon)

□ 이 의견서는 ①탄핵심판과 관련한 소송법적 쟁점, ②피청구인 행위의 위헌·위법성, ③위헌·위법의 중대성이라는 세 가지 큰 주제로 구성되고, 각 주제 하에서 여러 세부 쟁점들을 검토하는 방식으로 작성되었다. 이 의견서의 요약문은 [별첨 2]와 같다.

□ 한편, 헌법학자회의는 "대통령 윤석열 탄핵심판과 헌법재판소의 역할"이라는 주제로 2025년 2월 28일(금) 오후 3시부터 5시까지 광화문 변호사회관 10층 조영래홀에서 윤석열 대통령 탄핵심판 사건에 관한 공개집담회를 개최한다.

□ 헌법학자회의의 공동대표인 이헌환 교수(아주대)의 인사말로 시작하는 이날 집담회는 크게 두 발표로 진행된다.
첫 번째 발표는 공동대표인 전광석 교수(연세대)가 맡았고, 발표주제는 이번 대통령 탄핵심판에 관하여 헌법학자회의가 제출한 위 의견서의 경과, 취지 및 주요 내용이다.

□ 이어서, 공동대표인 김선택 교수(고려대)가 두 번째 발표자로 나서며, 대통령

- 1 -

윤석열 탄핵심판의 헌정사적 의의와 헌법재판소의 위상 및 역할에 관하여 발표한다.

12·3 비상계엄사태로 초래된 헌정위기를 극복하는 과정에서 헌법재판소는 중차대한 역할을 맡고 있으나, 그와 동시에 헌법재판소는 현재 무분별한 공세들의 표적이 되고 있다. 헌법학자회의는 이번 집담회에서 헌법학자들의 전문적인 분석과 평가를 기초로 이러한 공세들의 논리적 타당성을 검토하고, 이번 탄핵심판의 헌정사적 의의와 절차적·실체적 쟁점들을 살펴봄으로써, 국민들의 이해를 증진하고 조속한 헌정회복을 위한 공론을 형성하는 데 기여하고자 한다.

□ 끝으로, 이상의 발표 내용에 관한 질의 및 응답 시간이 마련되어 있으며, 공동대표단(김선택·이헌환·전광석)과 여러 실행위원들이 참여할 예정이다.

끝.

- 2 -

[별첨 1]

'헌정회복을 위한 헌법학자회의' 상임실행위원회 구성 및 직책

※ '헌정회복을 위한 헌법학자회의'는 2024. 12. 3. 대통령의 비상계엄 선포와 그 실행행위로 초래된 헌정의 위기를 맞아, 헌정질서를 회복하고, 당면한 헌법적 현안에 대해 헌법에 토대를 둔 올바른 논의와 대응방안 등을 제시하는 것을 목적으로, 그 뜻에 공감하는 헌법학자들이 조직한 임시단체이다.
상임실행위원회 구성 및 직책은 아래와 같다.

- 공동대표(3): 김선택(고려대), 이헌환(아주대), 전광석(연세대)
- 상임실행위원(13)
  - ▷ 수도권(7): 김종철(대표상임실행위원, 연세대), 권건보(아주대), 김하열(고려대), 이상경(서울시립대), 임지봉(서강대), 전종익(서울대), 정태호(경희대)
  - ▷ 충청·강원권(2): 박경철(강원대), 권형둔(공주대)
  - ▷ 호남·제주권(2): 민병로(전남대), 신옥주(전북대)
  - ▷ 영남권(2): 이국운(한동대), 이장희(창원대)
- 간사(5): 심우민(총괄간사, 경인교대), 김연식(재무간사, 성신여대), 윤정인(학술간사, 고려대), 이세주(기획간사, 가톨릭대), 이황희(홍보간사, 성균관대)
- 실행위원 및 준실행위원(약 80, 명단생략)

- 3 -

대통령 윤석열 탄핵사건(2024헌나8)에 대한 '헌정회복을 위한 헌법학자회의' 의견서

- 요약문 -

2025. 2. 28.

Ⅰ. 사건 개요[생략]

Ⅱ. 피청구인에 대한 탄핵심판과 관련한 소송법적 쟁점

1. 법제사법위원회 회부가 필수절차인지 여부

(1) 피청구인에 대한 탄핵소추안은 본회의에 보고된 후 법제사법위원회(법사위) 회부 없이 가결되었습니다. 피청구인은 국회가 법사위에 회부하여 조사절차를 거치지 않고 의결한 것이 국회법을 위반하였다고 합니다. 여기에는 법사위에서 소추사유 존재 여부에 관하여 사실관계 등을 조사하여 확인하는 절차가 있어야 했다는 의미가 내포되어 있습니다.

(2) 국회법은 탄핵소추 발의가 있을 때 그 사유 등에 관한 조사 여부는 국회의 재량판단에 따르며, 탄핵소추안의 법사위 회부 여부는 국회 의결로 결정됩니다. 헌법과 법률에 이에 관한 특별한 심사기준이 있지는 않습니다. 그렇다면 국회가 피청구인에 대한 탄핵소추안을 의결한 것에는 탄핵소추안을 법사위에 회부하지 않는다는 내용이 포함되어 있는 것입니다. 따라서 국회가 피청구인에 대한 탄핵소추사유에 관하여 별도의 조사를 하지 않고 탄핵소추안을 의결하였다고 하여 그 의결이 헌법이나 법률을 위반한 것은 아니라고 할 것입니다.

(3) 법사위 회부와 조사는 필수절차가 아니기 때문에 이를 생략하는 것이 적법절차원칙을 위반한 것은 아닙니다. 또 헌법재판소 판례에 따르면, 국가기관이 국민에 대해서 공권력을 행사할 때 적용되는 적법절차원칙은 국가기관의 위헌·위법 여부를 심사하는 탄핵소추절차에는 직접 적용되지 않습니다.

2. 헌법재판소법 제40조에 따른 형사소송에 관한 법령 준용의 의미

(1) 헌재법 규정을 근거로 피청구인은 탄핵심판절차를 형사소송에 관한 법령에 따라 진행하여야 한다고 주장합니다. 특히 탄핵소추 사유를 특정하는

- 1 -

정도, 증거능력 및 증명력의 인정 정도가 문제가 됩니다.

(2) 탄핵심판은 범죄를 인정하고 형벌을 과하며, 또 죄형법정주의라는 엄격한 원칙이 적용되는 형사소송과는 다릅니다. 탄핵심판에는 형사소송과 똑같이 엄격한 절차가 적용되지 않으며. 탄핵심판의 본질에 비추어 제한적으로, 또는 변형되어 적용됩니다. 이 점을 헌법재판소법은 헌법재판에 다른 소송에 관한 법령을 준용하도록 하면서도 “헌법재판의 성질에 반하지 아니하는 한도”라는 단서를 두어 명확히 하고 있습니다.

(3) 탄핵소추의 사유는 ‘공무원이 그 직무집행에 있어서 헌법이나 법률을 위배한’ 사실입니다. 그런데 헌법은 물론 형사법이 아닌 다른 법률은 형사법과 같은 구체성과 명확성이 없을 수 있으며, 탄핵소추사유를 형사소송법상 공소사실과 같은 수준으로 특정하기 어렵습니다. 이러한 점에 비추어 소추의결서에는 피청구인이 방어권을 행사할 수 있고, 대상 사실을 다른 사실과 명백하게 구분할 수 있을 정도의 구체적 사정이 기재되어 있어서 헌법재판소가 심판대상을 확정할 수 있다면 충분하다는 것이 헌법재판소의 확립된 입장입니다.

(4) 탄핵사유에 관한 중요한 증거가 헌법재판소에 제출되어야 하지만, 증거조사의 방법은 헌법재판소가 재량에 따라 결정합니다. 공적 문서나 재판의 증거로 채택된 것과 같이 특히 신빙할 수 있는 상태에서 작성된 것이고, 위・변조가 아님이 확인된 것이라면 그대로 증거능력과 증명력을 인정할 수 있습니다.

3. 종국결정 선고기간

(1) 헌재법이 심판기간을 180일 이내로 한 것은 신속한 재판을 위한 것입니다. 재판의 신속성은 탄핵소추가 의결되면 피청구인의 권한 행사가 정지되어 헌정에 혼란과 불안을 가져올 수 있으며, 이를 최소화하기 위하여 필요합니다.

(2) 헌법재판소는 종국결정을 내릴 만큼 심리가 성숙했다면 180일 이전이

- 2 -

라도 종국결정을 하여야 합니다. 특히 대통령의 헌법상 지위와 탄핵소추에 따른 권한행사의 정지로 인한 국정공백의 중대성에 비추어 심판기간을 180일로 고정하는 것은 바람직하지 않습니다. 심판기간은 심리가 진행되는 과정에서 심리의 성숙 정도에 따라 헌법재판소가 판단하여야 하며 이를 미리 확정할 수는 없습니다. 헌법재판소는 이전 대통령 탄핵심판에서 63일 만에, 또 92일 만에 종국결정을 선고한 바 있습니다.

4. 형사소송의 진행과 탄핵심판절차

(1) 헌법재판소법 제51조는 "피청구인에 대한 탄핵심판 청구와 동일한 사유로 형사소송이 진행되고 있는 경우에는 재판부는 심판절차를 정지할 수 있다." 고 규정하고 있습니다. 이를 근거로 피청구인은 형사사건으로 기소되면 탄핵심판은 정지해야 한다고 주장합니다.

(2) 탄핵심판절차가 형사절차와 대상자가 같고 동일한 사유에 기초하더라도, 그 목적과 효과에 있어서 별개의 절차이며, 서로 독립적으로 진행되어 독자적인 결론에 이를 수 있습니다.

(3) 다만 동일한 위법사유를 기초로 탄핵심판과 형사소송이 병립하고 이에 관하여 각기 다른 결과가 나온다면 법질서의 통일성이 상실되고 당사자의 신뢰에 반할 수 있습니다. 헌법재판소법 제51조는 이 점을 고려한 규정입니다.

(4) 대통령의 헌법상 지위의 중요성과 탄핵소추에 따른 권한 행사의 정지로 말미암아 초래될 국정 공백의 혼란을 고려하면 3심제인 형사소송이 진행되는 기간에 계속 탄핵심판절차를 정지시킬 수는 없습니다. 오히려 박근혜 대통령에 대한 탄핵심판과 마찬가지로 집중적인 심리를 통하여 피청구인에 대한 탄핵심판절차를 신속하게 진행하여야 합니다.

5. 탄핵소추사유의 동일성

(1) 청구인인 국회는 탄핵심판이 형법 위반 여부에 매몰되지 않기 위해서

- 3 -

사건 쟁점으로 내란죄를 다루는 것을 철회하였습니다. 이에 대해서 피청구인은 탄핵소추 사유에서 내란죄를 제외하려면 반드시 국회 의결을 거쳐야 한다고 주장합니다.

(2) 헌법재판소는 국회의 소추의결서에 기재된 소추사유에 구속을 받지만 그 위반을 주장하는 '법규정의 판단'에 구속을 받지는 않습니다. 즉 헌법재판소는 청구인이 그 위반을 주장한 법규정 외에 다른 관련 법규정에 근거하여 탄핵 원인이 된 사실관계를 판단할 수 있습니다. 이때 헌법재판소는 소추의결서에서 분류된 소추사유 체계에 구속되지 않으며, 소추사유를 어떤 연관관계에서 법적으로 고려할 것인지는 직권으로 판단합니다.

(3) 따라서 소추사유의 동일성을 유지하는 상태에서 이에 적용되는 법조문을 단순히 추가·철회 또는 변경하는 것은 소추사유의 추가·철회·변경에 해당하지 않습니다.

(4) 헌법재판소는 국회가 제시한 탄핵사유를 비상계엄 선포 행위, 계엄포고령 1호 발표 행위 등 다섯 가지로 정리하였습니다. 이러한 행위만 인정된다면 내란죄 성립 여부와 상관없이 헌법과 법률 위반은 인정될 수 있습니다. 내란죄의 성립 여부를 뺀 것은 사실관계를 바꾸지 않고 같은 사실관계에 적용되는 법조문을 빼는 것에 불과하여 소추사유 철회에 해당하지 않습니다. 따라서 소추사유에서 내란죄 성립 여부를 빼는 것에는 국회 의결이 필요하지 않습니다.

6. 수사기록의 송부

(1) 헌법재판소는 경찰 등 수사기관의 수사기록을 확보해 달라는 청구인의 요청을 받아들였습니다. 이에 피청구인은 "재판·소추 또는 범죄수사가 진행 중인 사건의 기록에 대하여는 송부를 요구할 수 없다."는 헌법재판소법 제32조 단서를 근거로 들어 이의를 제기하였습니다.

(2) 헌법재판에서 직권탐지주의가 인정되며, 따라서 필요한 경우 헌법재판소는 직접 증거자료를 수집할 수 있습니다. 헌법재판소법 제32조가 "재판·

소추 또는 범죄수사가 진행 중인 사건의 기록에 대하여는 송부를 요구할 수 없다." 고 규정한 것은 재판·소추나 범죄수사에 지장을 초래하거나 영향을 끼치는 것을 차단하기 위한 것입니다.

(3) 헌법재판소는 제32조 단서의 의미는 재판·소추 또는 범죄수사가 진행 중인 사건의 기록 '원본'에 대한 송부를 요구할 수 없다는 것으로 보고 있습니다. 기록 원본에 대한 송부를 요구하면 재판·소추 또는 범죄수사가 지연되는 등의 지장을 초래하기 때문입니다. 이러한 해석을 구체화하여 헌법재판소 심판규칙은 이 경우에는 진행 중인 재판·소추나 범죄수사 기록의 인증등본은 요구할 수 있도록 하고 있습니다. 헌법재판소가 기록 송부를 요구하는 이유는 범죄사실을 확인하려는 것이 아니라 탄핵심판과 관련된 사실관계를 확정하려는 것에 불과합니다.

(4) 이러한 점에서 헌법재판소가 경찰 등 수사기관이 보유하는 수사기록의 인증등본을 요구하는 것은 헌법재판소법 제32조 단서에 반하지 않는다고 할 것입니다.

Ⅲ. 피청구인 행위의 위헌·위법성

1. 국가긴급권·계엄선포권의 본질과 한계 및 사법심사 가능성

(1) 피청구인은 계엄선포권은 대통령의 고유한 권한에 해당하기 때문에 이른바 통치행위로서 그에 대한 사법심사는 허용되지 않는다고 주장합니다. 비상계엄선포권은 헌법이 대통령에게 부여한 권한이고 이를 행사했을 뿐이라는 또 다른 표현을 하기도 합니다. 그러나 헌법재판소와 대법원은 통치행위 관념을 인정하면서도 국가긴급권의 요건과 조치 내용을 헌법 문언과 과잉금지의 원칙에 따라 사법적으로 심사할 수 있음을 명확히 밝혔습니다.

(2) 헌법재판소는 대통령의 긴급재정경제명령은 고도의 정치적 결단이며 되도록 그 결단이 존중되어야 하지만, 국가작용의 기본권 구속성과 헌법재판

소의 헌법수호의무를 근거로 그것이 국민의 기본권 침해와 직접 관련되는 경우에는 헌법심사의 대상이 될 수 있다고 보았습니다. 같은 결정에서 헌법재판소는 긴급재정경제명령을 발할 수 있는 중대한 위기상황의 유무에 관한 제1차적 판단은 대통령의 재량에 속하지만, 그것이 자유재량이라거나 객관적으로 긴급한 상황이 아닌 경우라도 주관적 확신만으로 좋다는 의미는 아니므로 객관적으로 대통령의 판단을 정당화할 수 있을 정도의 위기 상황이 존재하여야 한다고 보았습니다.

(3) 헌법재판소와 대법원의 확립된 심사례에 비추어 보면 탄핵심판에서 비상계엄권 발동의 위헌·위법 여부에 대한 판단은 헌법재판소의 당연한 권한인 동시에 책무이기도 합니다.

2. 비상계엄 선포의 위헌·위법성

(1) 절차적 하자

1) 계엄선포절차 미준수

국방부장관은 국무총리를 거쳐 대통령에게 계엄 선포를 건의할 수 있습니다. 국무총리는 2024년 12월 3일 오후 9시경 대통령으로부터 비상계엄 선포 계획을 직접 듣기 전까지 관련한 어떤 보고도 받은 사실이 없다고 한 바 있습니다. 국방부장관의 계엄선포 건의가 국무총리를 거치지 않았다면 이는 계엄선포의 절차적 하자에 해당합니다.

2) 국무회의 심의 흠결

a) 계엄선포는 국무회의의 심의 사항입니다. 계엄선포행위가 국무회의의 심의를 거치지 않았거나, 실질적으로 심의를 거치지 않았다고 볼 수 있을 정도로 형식적이었다면 이는 헌법에 위반됩니다. 국무회의의 심의를 거치지 않은 대통령의 계엄선포행위의 효력에 대해서는 논란이 있겠지만, 그로 인해 국무회의 심의의 부재(不在)라는 절차상 흠결이 치유되는 것은 아닙니다.

b) 국무회의의 심의는 대통령의 권한 행사를 견제하거나 혹은 신중하게 하려는데 제도적 취지가 있습니다. 또 계엄선포는 헌정에 중대한 영향을

주기 때문에 발동 자체에 대한 사전적 심의가 있어야 하며, 이를 사후에 심의하는 것은 심의제도의 본질에 반합니다. 사후에 국무회의가 이를 견제하는 방법이 없으며, 이제는 국회의 통제만이 남기 때문입니다.

c) 헌법재판소 변론과 언론보도에 따르면, 계엄선포 당시 약 5분간 국무위원이 대통령실 접견실에서 모였고, 피청구인이 2-3분 남짓 참석했다가 별도의 종료선언 없이 접견실을 나간 후 계엄을 선포했다고 한다. 이는 해당 안건에 대한 국무위원 사이의 실질적인 심의라고 할 수 없으며, 헌법 제89조 제5호를 위반한 것입니다.

d) 대통령이 계엄사령관을 임명할 때에는 국무회의의 심의를 거쳐야 합니다. 언론보도에 따르면 국무총리 등 당시 참석자들은 국무회의에서 계엄사령관 임명이 논의되지 않았다고 합니다. 사실관계에 다툼이 있기는 하지만 적어도 누가 계엄사령관으로 적합한지에 관한 국무위원 사이에 구체적인 심사나 토의는 없었다면 이는 계엄법 조항을 위반한 것입니다.

e) 행정안전부 의정관은 국무회의의 간사가 되어 국무회의록을 작성하여야 합니다. 그런데 비상계엄 선포 당시 행정안전부 의정관은 사전 공지를 받지 못해 참석하지도 못했고, 행정안전부는 회의록이 작성되지 못하여 없다고 밝혔습니다. 이는 회의록 작성 의무에 관한 법률 규정을 위반한 것입니다.

f) 국무회의 심의 사항은 의안으로 제출되어야 합니다. 피청구인과 국방부장관은 비상계엄 선포 안건을 국무회의에 의안으로 제출하지 않았습니다. 또 당시 국무회의의 모임이 개회 및 종료 선언을 거치는 정상적인 형태가 아니었으며, 회의 참석자들의 발언요지 기록 또한 남아 있지 않습니다. 결국 국무회의가 절차를 준수하여 진행되었다고 보기 어렵습니다.

3) 부서 부재

대통령이 계엄을 선포할 때에는 그 이유, 종류, 시행 일시, 시행 지역 및 계엄사령관을 공고하여야 합니다. 그리고 이는 관계 국무위원이 부서한 문서의 형식으로 하여야 합니다. 그런데 국무위원들은 해당 문건의 존재를 부인하였고, 이를 긍정하는 진술에 의하더라도 부서가 없었던 것은 명확합니다.

- 7 -

이는 헌법이 정하는 부서에 관한 규정을 위반한 것입니다.

4) 계엄공고문 공고 부재

계엄 공고문이 존재하지도 않았지만 적어도 그 내용이 공식적으로 공고되지는 않았으며, 이는 절차적 하자에 해당합니다.

5) 국회 통고 부재

대통령이 계엄을 선포할 때에는 지체없이 국회에 통고하여야 합니다. 피청구인은 계엄을 선포하고 약 30분이 지나서 포고령 제1호를 발령하였습니다. 피청구인은 이로부터 약 2시간이 경과하여 국회에서 비상계엄해제요구 결의안이 상정된 시점까지도 국회에 문서로 된 형태의 통고를 하지 않았습니다. 전자 시스템 등을 통해 신속한 처리가 충분히 가능한 계엄선포 통고 절차를 이행하지 않은 것은, 헌법 및 계엄법이 정한 '지체없는' 국회 통고 의무를 위반한 것입니다.

(2) 실체적 하자

1) 계업선포의 요건인 '전시'는 국가 상호 간 또는 국가와 외교단체 간의 무력충돌 상태로서 외적으로부터의 침입으로 인한 위기를, '사변'은 국토를 참절하거나 국헌을 문란하게 할 목적으로 한 무장반란 집단의 폭동 행위를, '이에 준하는 국가비상사태'란 전시나 사변은 아니지만 외적의 침입 혹은 국토를 참절하거나 국헌을 문란하게 할 목적이 있는 무장 또는 비무장의 집단 또는 군중에 의한 사회질서 교란행위를 말합니다. 이는 엄격하게 해석되어야 하며, 모든 반(反)정부적 활동을 '비상사태'로 볼 수는 없습니다.

2) '이에 준하는 국가비상사태'는 국가의 존립 자체 또는 입헌체제에 직접적 위해를 가져오는 정도여야 합니다. 위해는 이미 구체적으로 발생하였어야 하며, 단지 발생할 가능성이 있는 것으로는 충분하지 않습니다. 그리고 이러한 사태가 '병력을 동원하지 않으면 극복할 수 없는 경우'이어야 합니다. 비상적인 모든 경우를 헌법 제77조 제1항의 비상사태에 해당하는 것은

- 8 -

아닙니다.

3) 비상계엄을 선포할 당시 대한민국이 '전시' 또는 '사변' 상태가 아니었음은 명확합니다. 피청구인 측에서는 비상계엄 선포 당시의 상황이 '이에 준하는 국가비상사태'에 해당하며, 구체적인 사유로 입법부의 권한 남용과 부정선거 실시 의혹을 들고 있습니다.

4) 다수의 야당을 중심으로 한 국회의 권한 행사는 적어도 헌법과 법률이 정한 바에 위반되는 것은 아니며, "국토를 참절하거나 국헌을 문란하게 할 목적"이 있다고 할 수 없습니다. 설령 정치적으로 정부와 대립하는 권한 행사였다고 할지라도 이는 정치과정에서 발생한 정치문제이므로, 헌법이 예정하는 정치적 협상과 타협을 통해 그 해법이 모색되어야 하며, 군병력을 동원하여 해결해야 할 비상한 사안이 될 수 없습니다. 이른바 부정선거 의혹은 그 실체가 명확하지 않은 단순한 '의혹'에 불과하므로 이미 구체적으로 발생한 비상사태라고 할 수 없습니다.

5) 피청구인은 거대 야당이 예산을 대폭 삭감하여 정부를 운영할 수 없는 상황이었다고 합니다. 그러나 실제 삭감한 예산액은 예산 총액의 0.6%에 불과하고, 삭감된 주요 부분은 예비비라든지 주요 기관 특활비에 해당하여 국가의 본질적 기능과 직접적인 관련성이 적습니다. 또 헌법에 규정된 추가경정예산안(헌법 제56조) 제도를 통해 이른바 '셧다운'을 방지한다거나 예산 부족분을 보완하는 여지가 충분히 있습니다. 이와 관련하여 "조금 삭감된 수준이라 집행에는 전혀 문제가 없다"라는 정부관계자의 발언이 보도된 바도 있습니다. 그렇다면 이 쟁점 역시 비상계엄의 선포 요건과 관련성이 있지는 않습니다.

3. 포고령 제1호의 위헌·위법성

(1) 비상계엄이 선포된 때에 취할 수 있는 특별한 조치의 대상은 사항적으로 영장제도, 언론·출판·집회·결사의 자유, 정부나 법원의 권한에 대한 것에 한정되어 있습니다. 그리고 긴급권의 본질상 특별한 조치는 필요최소한

의 범위에서 그 상황 요건에 비례하여 취해져야 합니다. 비상계엄의 조치가 일반적인 기본권 제한의 한계와 관련하여 문제되는 경우에, 기본권을 제한하는 목적의 정당성과 군사상 필요의 상황 요건들, 공익적 중대성 등이 심사에서 고려되어야 합니다.

(2) 비상계엄이 선포되면 정부나 법원의 '권한에 대한' 조치는 할 수 있으나 국회의 권한에 대한 조치는 헌법상 및 법률상 인정되지 않습니다. 따라서 포고령 제1호 1.은 특별한 조치의 사항적 범위를 넘어서 발령된 것입니다. 더욱이 헌법은 국회의 계엄해제요구 의결권을 보장하고 있는데, 포고령은 국회 활동을 금지함으로써 국회의 이러한 권한을 침해하였습니다.

(3) 지방의회는 국가조직에서 행정기관의 성격을 가지나, 지방자치단체에서는 자치입법권을 갖는 입법기관의 성격을 갖습니다. 지방의회는 헌법상 지방자치제도 보장의 본질적 기관에 해당하는 것으로서 헌법 제118조에 따라 보장되고 있으며, 사실상 지방차원에서의 정치적 활동 공간에 해당합니다. 따라서 지방의회의 정치적 활동을 금지하는 것은 지방정부에서 정치적 활동을 전면적으로 금지하는 결과가 되고, 나아가 지방자치의 헌법적 보장 내용인 지방의회의 활동을 금지하는 것으로 과잉조치에 해당합니다.

(4) 포고령 제1호 1.은 정당활동, 정치적 결사·집회·시위 등 일체의 정치활동을 금지합니다. 비상계엄 선포시 집회·결사에 대한 특별한 조치를 취할 수 있으나, 이로써 기본권 제한의 헌법적 한계가 배제되는 것은 아닙니다. 정치적 결사·집회·시위에 대하여는 헌법 및 계엄법에 근거가 있다고 볼 수 있지만, 그 외에 모든 정치활동을 금지할 수는 없습니다. 또한 포고령 제1호 1.은 정치활동이 금지되는 기간이나 해제 조건에 대해서 규정하고 있지도 않습니다. 이는 과잉금지원칙에 위배되어 헌법 제8조 정당의 자유, 헌법 제21조 제1항 정치적 결사·집회·시위의 자유 등을 침해합니다.

(5) 포고령 제1호 2.는 가짜뉴스, 여론조작, 허위선동을 금지하고 있고 3.은 모든 언론·출판에 대한 계엄사 통제를 규정하고 있습니다. 가짜뉴스, 여론조작, 허위선동을 금지하는 것은 표현의 자유를 제한합니다. 그런데 가짜

뉴스, 여론조작, 허위선동에 해당 여부에 대한 판단기준 또는 해석기준이 없이 불명확하기 때문에 수범자와 법집행자에게 자의적 법해석과 집행을 가능하게 하며, 이는 명확성 원칙에 위배됩니다.

(6) 헌법은 언론·출판에 대한 허가나 검열을 금지하고 있습니다. 포고령 3. 언론·출판에 대한 계엄사 통제가 무엇인지는 명확하지 않습니다. 계엄사의 제한 없는 검열을 말한다면 그 자체로서 헌법에 위반되며, 계엄사에 의한 전면적인 제한을 의미하는 것이라면 과잉금지원칙과 기본권의 본질적인 내용 침해 금지에 위배됩니다.

(7) 포고령 제1호 4.는 사회혼란을 조장하는 파업·태업·집회행위를 금지하고 있습니다. 이는 계엄법에서 단체행동에 대한 특별한 조치를 취할 수 있다고 했기 때문에 이에 따른 것으로 볼 수도 있습니다. 그러나 계엄법 제9조는 군사상 필요할 때 특별한 조치를 할 수 있다고 규정하고 있기 때문에 군사상 필요한 경우가 아닌 상황에서 발령된 포고령 제1호 4.는 계엄법에 근거가 있다고 볼 수 없습니다. 또한 '사회혼란을 조장하는'이라는 문언은 명확하지 않은 표현으로서 사실상 파업·태업·집회행위의 자의적 금지 또는 전면적 금지로 해석될 여지가 있어 명확성 원칙에 위배되고, 또 헌법 제33조 제1항을 과잉 제한합니다.

(8) 포고령 제1호 5.는 전공의를 비롯하여 파업 중이거나 의료현장을 이탈한 의료인에 대하여 48시간 내 복귀명령 및 위반시 계엄법에 의한 처단을 규정하고 있습니다. 이러한 조치명령은 헌법 및 계엄법상 근거가 없는 기본권 제한이며 이에 따라 전공의 등 의료인의 직업의 자유를 침해합니다. 또 복귀명령 위반시 계엄법에 의해 처단한다는 부분은 적법절차원칙, 과잉금지원칙에 위배되어 신체의 자유를 침해합니다.

(9) 포고령 위반자에 대한 영장없는 체포·구금·압수·수색 부분은 영장주의를 전면적으로 배제하고 있다는 점에서 헌법 제12조에 위반됩니다. 또 헌법 제77조 제3항 특별한 조치는 영장주의를 전면적으로 배제하는 것까지를 허용하는 것은 아닙니다.

- 11 -

(10) 계엄법은 계엄사령관의 지시를 따르지 않거나 위반한 자는 3년 이하의 징역에 처한다고 규정하고 있습니다. 그런데 계엄사령관의 특별조치권은 군사상 필요에 응하기 위하여 발동되는 것인데 군사상 필요성과 무관한 포고령 제1호 각 항의 위반에 대하여, 그리고 특히 전공의 등 의료인에 대한 복귀명령 위반에 벌칙 규정을 적용하는 것은 모두 계엄법에 위배되며, 나아가 헌법 제12조의 적법절차원칙, 신체의 자유, 죄형법정주의을 침해하는 것입니다.

4. 비상계엄 선포 이후 조치의 위헌·위법성

(1) 군대와 경찰을 동원해 국회를 봉쇄하고 진입해 국회 활동을 방해하도록 지휘한 행위

1) 비상계엄이 선포된 때에도 대통령의 비상계엄선포 행위를 통제하는 국회의 권한 행사를 방해할 수는 없습니다. 계엄법에서 계엄 시행 중에는 국회의 회기 중이 아니더라도 국회의원이 불체포특권을 가진다고 규정하여 헌법이 정한 국회의원의 회기 중 불체포특권의 적용 범위를 확장한 취지 또한 여기에 있습니다. 그렇다면 비상계엄 선포 이후 피청구인이 병력과 경찰력을 동원해 국회를 봉쇄하고 국회 내부로 진입해 국회의 활동을 방해하도록 지휘했다면, 이는 헌법에 위반한 것임이 명백합니다.

2) 피청구인이 계엄군과 경찰을 동원하여 국회 활동을 방해하도록 하는 지휘는 헌법 제7조 제2항 공무원의 정치적 중립성, 그리고 헌법 제5조 제2항 국군의 정치적 중립성에 위반됩니다. 피청구인의 행위는 특히 국군의 사명과 정치적 중립성을 규정한 헌법 제5조 제2항에 위반됩니다. 국군은 "국가의 안전보장과 국토방위의 신성한 의무를 수행함을" 사명으로 합니다. 나아가서 국군의 정치적 중립성이 보장되어야 합니다. 이는 국군의 정치에 대한 개입뿐 아니라 특정 정치세력이 자신의 목적을 달성하기 위하여 국군을 이용하는 것을 금지합니다. 피청구인은 국회를 정치적 반대파라고 간주하고 국회

- 12 -

의 활동을 방해하기 위하여 계엄군을 동원하도록 지휘하였기 때문에 특히 과거의 헌정사에서 군의 정치개입이 반복되었던 경험을 되풀이하지 않기 위해 헌법 제5조 제2항에 규정한 국군의 정치적 중립성을 정면으로 침해하는 것입니다.

(2) 군대를 동원해 영장 없이 중앙선거관리위원회를 압수·수색한 행위

1) 피청구인은 비상계엄을 선포한 후 영장 없이 중앙선거관리위원회 직원들의 휴대전화를 제출하게 하고, 유선전화를 사용하지 못하게 하였고 합리적 근거 없이 중앙선거관리위원회의 전산자료를 영장 없이 압수하여 증거를 확보하고자 하는 등의 여러 형태로 중앙선거관리위원회에 대한 조치를 취하였습니다.

2) 선거관리위원회는 선거와 국민투표의 공정한 관리 및 정당에 관한 사무를 처리하기 위해 설치된 독립헌법기관입니다. 따라서 선거관리위원회는 정부와는 구별되는 헌법기관이며, 비상계엄 선포시 취해지는 특별조치의 대상으로서 정부에는 포함되지 않습니다. 그리고 비상계엄시 정부나 법원의 권한에 대한 특별조치는 그 기관의 권한에 대한 특별한 조치인 것이지 군병력을 동원하여 기습 점거하여 그 기능을 중단시키는 것까지를 포함하지는 않습니다. 따라서 군병력을 통하여 중앙선거관리위원회를 기습 점거하는 것은 헌법 제77조 제3항에 따른 비상계엄하의 특별한 조치가 될 수 없습니다.

IV. 위헌 · 위법의 중대성

1. 법위반의 중대성의 의미

법위반의 중대성은 대통령의 직을 유지하는 것이 더이상 헌법수호의 관점에서 용납될 수 없거나, 대통령이 국민의 신임을 배신하여 국정을 담당할 자격을 상실한 경우를 말하며, 이러한 경우에 한하여 대통령을 파면하는 결정

- 13 -

을 합니다.

2. 헌법수호의 관점에서 용납될 수 없는 정도의 중대한 법위반

헌법수호의 관점에서 용납될 수 없는 정도의 중대한 법위반은 자유민주적 기본질서를 위협하는 행위로서 민주주의원리와 법치국가원리를 구성하는 핵심 요소들에 대한 적극적 위반행위를 말합니다. 국민의 신임을 배반한 행위는 헌법수호의 관점에서 중대한 법위반에 해당하지 않는 그 외의 행위유형을 모두 포괄하는 것으로서 예컨대, 뇌물수수, 부정부패, 국가의 이익을 명백히 해하는 활동 등을 들 수 있습니다.

3. 피청구인의 법위반 사실의 개요 및 평가

피청구인은 직무수행에 있어 헌법과 법률을 위배한 것이 명백합니다.

(1) 자유민주적 기본질서에서 상이한 정치적 견해에 대해 상대적 진리성과 합리성을 인정하는 다원적 세계관에 입각하여 모든 폭력적·자의적 지배를 배제하고 오로지 정치적 대화와 타협을 통해 해소해야 할 정치적 교착상태의 일소를 목적으로 무모하게 군병력을 동원하는 비상계엄을 선포하고 국가비상입법기구를 통한 국회 대체 계획을 실행하려 하였습니다.

(2) 헌법과 계엄법이 정한 요건과 절차를 따르지 아니하고 포고령 제1호를 발령하여 민주적 기본질서의 중추적 요소를 이루는 국회의 권능을 배제하려 함으로써 헌법 제77조 제3항을 위배하였고, 헌법 제8조 제1항과 제4항에서 특별히 보호하는 정당의 자유와 복수정당제는 물론 언론·출판의 자유 등 국민의 기본권을 과도하게 침해하였습니다.

(3) 이와 같은 비상계엄의 선포와 포고령의 발령은 그 구체적인 실행 여부와 성과에 관계없이 그 자체로 중대한 위헌·위법에 해당합니다.

(4) 위헌·위법적인 비상계엄 선포와 포고령 제1호의 실행을 위하여 군대

- 14 -

와 경찰을 동원하여 국회를 봉쇄하고 진입하여 정상적인 활동을 방해하여 헌법 제77조 제3항은 물론 제5조 제2항 군의 정치적 중립성과 헌법 제7조 제2항이 보장하는 공무원의 정치적 중립성을 위배하였습니다.

(5) 군대를 동원하여 영장 없이 독립헌법기관인 중앙선거관리위원회를 압수·수색하여 헌법 제77조 제3항과 제114조 제1항을 위배하였습니다.

(6) 마지막으로 다음과 같은 관점이 중요합니다. 군병력을 동원하는 비상계엄을 선포하는 권한은 국가위기상황에서 헌법을 보호하기 위하여 대통령에 부여된 권한이지만, 이때 취해지는 비상조치가 헌정을 파괴하는 결과가 될 수도 있다는 이중성이 있습니다. 바로 이러한 중대한 위험성 때문에 이를 헌법에 도입하면서도 그 행사 요건과 절차에 대한 민주적 통제의 장치를 둔 것이고, 이러한 입헌취지에 따라 국가긴급권의 발동은 그 요건과 절차를 충실히 준수하여야 하며, 그에 따른 조치에 대한 국회와 사법기관에 의한 심사 또한 엄격하게 이루어져야 합니다. 이 사건 비상계엄선포와 같이 헌법과 법률이 정하는 요건과 절차를 준수하지 않은 채 비상계엄을 선포하고 군병력을 동원하여 정치과정을 중단시키는 것은 그 자체로서 중대한 헌법 위반이라는 의미가 내포되어 있습니다.

(7) 계엄선포 이후 피청구인이 보여준 일련의 행위들이 피청구인에게 헌법수호의지를 더 이상 기대하기 어렵다는 것을 확인시켜준다는 점도 피청구인을 파면결정에서 고려되어야 합니다. 피청구인은 정당한 이유 없이 수사기관의 소환에 응하지 않고, 대통령 경호요원들을 방패로 삼아 구속영장의 집행을 저지하고, 수사기관, 법원, 헌법재판소의 권위와 정당성을 부정함으로써 법치주의의 근간을 훼손하는 태도를 보였으며, 탄핵심판절차에서도 객관적 사실에 명백히 반하는 거짓 진술들을 하고 있을 뿐 아니라, 증인들에게도 거짓 진술을 유도하는 등 헌법질서의 수호의지는 커녕 최소한의 준법의지도 찾아보기 어렵습니다. 따라서 피청구인의 이러한 계엄선포 이후 행적들이 헌정질서에 미치는 해악을 고려하였을 때 피청구인의 파면을 정당화할 수 있는 직무상 위헌·위법행위의 중대성을 충분히 인정할 수 있습니다.

- 15 -

(8) 피청구인의 이처럼 자유민주적 기본질서에 중대한 위협을 초래한 법위배 행위는 국민이 대통령에게 부여한 국민대표로서의 지위를 임기 중 다시 박탈해야 할 정도로 국민의 신임을 저버린 경우에 해당됩니다. 피청구인은 군통수권자인 현직 대통령으로서 국가와 헌법을 수호할 막중한 책무를 지고 있습니다. 그럼에도 불구하고, 오히려 이러한 헌법적 위상과 지위를 망각하고 헌법이 명령하고 있는 국회와의 협치를 통한 민주공화적 국정 수행의 책임을 방기하며, 헌법이 예외상황을 전제로 부여한 국가긴급권인 비상계엄선포권을 오남용하여 국민대표기관인 국회를 반국가세력으로 단정하여 지목하고 모든 폭력적 방법을 지양하여 헌법과 법률이 정한 절차에 따라 해결해야 할 정치적 문제를 빌미로 무모하게 군을 동원함으로써 국가원수이자 정부의 수반의 지위를 국민으로부터 위임받은 대통령 스스로가 국헌문란을 기도한 것으로, 그 해악과 위험성은 국민의 신임을 배신한 것으로 보지 않을 수 없을 정도로 매우 중대하다고 하지 않을 수 없습니다.

Ⅴ. 결 론

1. 피청구인이 직무상 범한 중대한 위헌·위법행위들은 헌법수호의 관점에서는 물론 국민의 신임을 배반했다는 관점에서도 대통령으로서 국정을 담당할 자격을 상실하였음을 논란의 여지 없을 정도로 명확합니다.

2. 헌법재판소는 전원일치의 의견으로 피청구인을 대통령직에서 파면함으로써 헌정의 비극이 반복되지 않도록 확실한 교훈을 우리 헌정사에 각인함과 동시에 피청구인에 대한 탄핵소추 이후 더욱 심각한 분열상을 보이는 우리 정치공동체를 통합하는 토대를 마련할 것으로 기대합니다.

보 도 자 료

배포일자: 2025년 3월 6일 목요일

담당: 헌정회복을 위한 헌법학자회의 홍보팀
2024krcon@gmail.com

'헌정회복을 위한 헌법학자회의' 2025. 3. 7. 호남권 지역토론회 개최

- 5 · 18과 12 · 3 계엄, 그리고 윤석열 탄핵 -

□ '헌정회복을 위한 헌법학자회의'(공동대표: 김선택(고려대), 이헌환(아주대), 전광석(연세대))(이하 "헌법학자회의")는 "5·18과 12 · 3 계엄, 그리고 윤석열 탄핵"이라는 주제로 2025년 3월 7일(금) 오후 15:30부터 18:00까지 광주광역시의회 예산결산특별위원회 회의실에서 호남권 지역토론회를 개최한다.

※ 헌법학자회의는 2024. 12. 25. 발족하였고, 현재 100여 명의 헌법학자들이 함께 하고 있다. 헌법학자회의의 목적, 직책 등은 [별첨 1] (웹사이트 주소: https://bit.ly/krcon)

□ 신수정 의장(광주광역시의회)의 인사말로 시작하는 이날 토론회는, 민병로 교수(전남대)의 사회로 진행되며, 두 주제에 관한 발제와 그에 관한 토론을 통해, 12·3 비상계엄사태를 5 · 18에 비추어 평가하고, 이번 비상계엄과 탄핵심판을 토대로 87년 체제를 검토하며 그 보완을 모색한다.

□ 제1발표는 "5 · 18과 12 · 3 계엄과 내란"을 주제로 한 발제로 신옥주 교수(전북대)가 맡았고, 제2발표는 "12 · 3 계엄과 윤석열 탄핵"을 주제로 하며 정태욱 교수(인하대)가 발제에 나선다.

□ 한편, 두 발표가 끝난 후에는, 송선태 (전)위원장(5 · 18민주화운동진상규명조사위원회), 정다은 시의원(광주광역시의회 의회운영위원장), 박구용 교수(전남대), 이창환 변호사(법무법인 케앤씨), 이규연 (전)jtbc대표(세명대 저널리즘 대학원 교수), 김명식 교수(조선대), 이종수 교수(연세대), 김선택 교수(고려대, 헌법학자회의 공동대표)의 토론이 예정되어 있다.

- 1 -

□ 작년 12월 25일 출범한 헌법학자회의는 그간 내부 긴급좌담회, 학술대회를 개최하여 12·3 비상계엄사태에 관한 헌법적 문제들을 검토하고 논의하여 우리 사회에 전달해 왔다. 이와 함께, 헌법학자회의는 지역토론회를 열고 있는데, 2월 13일에는 대구에서 영남권 지역토론회를 개최한 바 있다. 그의 연장선에서, 이번 호남권 지역토론회는 비상계엄사태를 둘러싼 호남권 전문가들의 논의를 듣기 위해 기획되었다.

[별첨 2] 2025. 3. 7. 지역토론회 포스터

끝.

- 2 -

[별첨 1]

'헌정회복을 위한 헌법학자회의' 상임실행위원회 구성 및 직책

※ '헌정회복을 위한 헌법학자회의'는 2024. 12. 3. 대통령의 비상계엄 선포와 그 실행행위로 초래된 헌정의 위기를 맞아, 헌정질서를 회복하고, 당면한 헌법적 현안에 대해 헌법에 토대를 둔 올바른 논의와 대응방안 등을 제시하는 것을 목적으로, 그 뜻에 공감하는 헌법학자들이 조직한 임시단체이다.
상임실행위원회 구성 및 직책은 아래와 같다.

- 공동대표(3): 김선택(고려대), 이헌환(아주대), 전광석(연세대)
- 상임실행위원(13)
  - ▷ 수도권(7): 김종철(대표상임실행위원, 연세대), 권건보(아주대), 김하열(고려대), 이상경(서울시립대), 임지봉(서강대), 전종익(서울대), 정태호(경희대)
  - ▷ 충청·강원권(2): 박경철(강원대), 권형둔(공주대)
  - ▷ 호남·제주권(2): 민병로(전남대), 신옥주(전북대)
  - ▷ 영남권(2): 이국운(한동대), 이장희(창원대)
- 간사(5): 심우민(총괄간사, 경인교대), 김연식(재무간사, 성신여대), 윤정인(학술간사, 고려대), 이세주(기획간사, 가톨릭대), 이황희(홍보간사, 성균관대)

- 3 -

[별첨 2]

헌정회복을 위한 헌법학자회의
호남권 지역토론회

5·18과 12·3 계엄, 그리고 윤석열 탄핵

일시 | 2025. 3. 7.(금) 15:30-18:00

장소 | 광주광역시의회 예산결산특별위원회 회의실(5층)

진행사회 **윤정인 교수** (고려대 법학연구원)

인사말 **신수정 의장** (광주광역시의회)

발제 사회 | **민병로 교수** (전남대 5·18연구소장)

5·18과 12·3 계엄과 내란
신옥주 교수 (전북대 법학전문대학원)

12·3 계엄과 윤석열 탄핵
정태욱 교수 (인하대 법학전문대학원)

토론
송선태 (전)위원장 (5·18민주화운동진상규명조사위원회)
정다은 시의원 (광주광역시의회 의회운영위원장)
박구용 교수 (전남대 인문대학)
이창환 변호사 (법무법인 케앤씨 대표변호사)
이규연 (전)jtbc대표 (세명대 저널리즘 대학원 교수)
김명식 교수 (조선대 법사회대학)
이종수 교수 (연세대 법학전문대학원)
김선택 교수 (고려대 법학전문대학원
헌정회복을 위한 헌법학자회의 공동대표)

주최 | 헌정회복을 위한 헌법학자회의(CSCEKC) 전남대학교5·18연구소

보 도 자 료

배포일자: 2025년 3월 25일 화요일

담당: 헌정회복을 위한 헌법학자회의 홍보팀
2024krcon@gmail.com

'헌정회복을 위한 헌법학자회의' 국무총리에 대한 탄핵심판 결정에 관한 입장

□ '헌정회복을 위한 헌법학자회의'(공동대표: 김선택(고려대), 이헌환(아주대), 전광석(연세대))(이하 "헌법학자회의")는 「국무총리에 대한 탄핵심판 결정」에 관한 입장을 아래와 같이 밝힌다.

※ 헌법학자회의는 2024. 12. 25. 발족하였고, 현재 100여 명의 헌법학자들이 함께 하고 있다. 헌법학자회의의 목적, 직책 등은 [별첨] (웹사이트 주소: https://bit.ly/krcon)

□ 헌법재판소는 2025. 3. 24. 한덕수 국무총리에 대한 탄핵심판 청구를 기각한다는 결정을 선고하였다. 이로써 한덕수 총리는 총리직에 복귀하였고, 그와 동시에 대통령 권한대행의 직을 다시 수행하게 되었다.

□ 헌법재판소의 결론은 기각이지만, 한덕수 총리는 이 결정에 담긴 의미를 무겁게 받아들여야 한다. 재판관 8인 중 5인이 한덕수 총리가 국회 선출 재판관을 임명하지 않은 부작위를 위헌·위법으로 인정하였다. 비록 재판관 1인은 이러한 부작위가 위헌·위법에 이르지 않았다고 하였으나, 이는 한덕수 총리가 국회로부터 재판관 선출 통지를 받은 후 '상당한 기간'이 경과하지 않았다는 이유 때문이지, 이러한 부작위가 그 자체로 문제가 없다는 뜻은 결코 아니다.

□ 지금은 국회가 재판관 선출을 통지한 2024. 12. 26.로부터 세 달이 경과한 시점이므로, 이미 상당한 기간이 경과하였다고 볼 수 있고, 설령 총리직 복귀시점부터 기산하더라도 이 기간은 곧 경과할 것이다. 그렇다면, 한덕수 총리가 마은혁 재판관 후보자를 임명하지 않고 있는 부작위는 재판관 다수에 의해 이미

- 1 -

위헌임이 확인되었거나, 또는 이제 곧 위헌이 될 것으로 선언된 것이다.

□ 한덕수 총리는 복귀 후 "대통령 권한대행으로서 헌법과 법률에 따라 안정된 국정운영에 전력을 다하"겠다는 입장을 국민 앞에 밝혔다. 이미 헌법재판소는 지난 달 권한쟁의심판에서 마은혁 재판관 후보자의 미임명 상태가 위헌이라는 결정을 선고하였고, 이러한 입장은 어제 선고된 국무총리에 대한 탄핵심판 사건에서도 확인되었다. 그렇다면, 헌법수호의무가 있는 대통령의 권한대행직을 수행하는 한덕수 총리는 조속히 마은혁 재판관 후보자를 임명함으로써, 스스로가 국민 앞에서 밝힌 "헌법과 법률에 따라 안정된 국정운영에 전력을 다하"겠다는 약속을 지켜야 할 것이다.

□ 대통령 탄핵심판은 헌법이 예정한 9인 재판부 체제로 선고되어야 한다. 이것이 9인 재판부 체제를 규정한 헌법의 뜻이자 국민의 명이다.
덧붙여, 대통령 탄핵심판은 우리 헌정질서의 회복을 위한 방향으로 이루어져야 하므로, 반드시 실체적인 내용에 관한 본안 판단이 있어야 함을 강조하고자 한다.

끝.

- 2 -

[별첨]

‘헌정회복을 위한 헌법학자회의’ 상임실행위원회 구성 및 직책

※ ‘헌정회복을 위한 헌법학자회의’는 2024. 12. 3. 대통령의 비상계엄 선포와 그 실행행위로 초래된 헌정의 위기를 맞아, 헌정질서를 회복하고, 당면한 헌법적 현안에 대해 헌법에 토대를 둔 올바른 논의와 대응방안 등을 제시하는 것을 목적으로, 그 뜻에 공감하는 헌법학자들이 조직한 임시단체이다.
상임실행위원회 구성 및 직책은 아래와 같다.

● 공동대표(3): 김선택(고려대), 이헌환(아주대), 전광석(연세대)

● 상임실행위원(13)

▷ 수도권(7): 김종철(대표상임실행위원, 연세대), 권건보(아주대), 김하열(고려대), 이상경(서울시립대), 임지봉(서강대), 전종익(서울대), 정태호(경희대)

▷ 충청·강원권(2): 박경철(강원대), 권형둔(공주대)

▷ 호남·제주권(2): 민병로(전남대), 신옥주(전북대)

▷ 영남권(2): 이국운(한동대), 이장희(창원대)

● 간사(5): 심우민(총괄간사, 경인교대), 김연식(재무간사, 성신여대), 윤정인(학술간사, 고려대), 이세주(기획간사, 가톨릭대), 이황희(홍보간사, 성균관대)

● 실행위원 및 준실행위원(약 80, 명단생략)

- 3 -

보 도 자 료

배포일자: 2025년 4월 1일 화요일

담당: 헌정회복을 위한 헌법학자회의 홍보팀
2024krcon@gmail.com

'헌정회복을 위한 헌법학자회의' 대통령 윤석열 탄핵심판 선고기일 지정과 조속한 헌정회복에 관한 입장

□ '헌정회복을 위한 헌법학자회의'(공동대표: 김선택(고려대), 이헌환(아주대), 전광석(연세대))(이하 "헌법학자회의")는 「대통령 윤석열 단핵심판 선고기일 지정과 조속한 헌정회복」에 관한 입장을 아래와 같이 밝힌다.

※ 헌법학자회의는 2024. 12. 25. 발족하였고, 현재 100여 명의 헌법학자들이 함께 하고 있다. 헌법학자회의의 목적, 직책 등은 [별첨] (웹사이트 주소: https://bit.ly/krcon)

□ 헌법재판소는 오늘(2025. 4. 1.) 대통령 윤석열 탄핵심판사건에 대한 선고기일을 2025. 4. 4. 금요일 오전 11시로 지정하였다. 헌법학자회의는, 사안의 명백성과 중대성 및 신속한 헌정회복의 필요성을 고려할 때 분명 늦은 감이 있지만 헌법재판소가 그동안 제기된 우리 사회의 우려를 불식하고 대통령 탄핵심판의 종국결정에 다다른 것을 크게 환영한다.

□ 헌법학자회의는 그동안 여러 차례의 입장문 및 성명은 물론 헌법재판소에 제출한 이번 탄핵사건에 대한 의견서를 통해 대통령 윤석열이 지난 12. 3. 선포한 비상계엄과 그 후속 실행행위는 헌법과 법률이 정하는 요건과 절차를 전혀 준수하지 못하고 정치적 중립을 신성한 사명으로 하는 군을 동원하여 적극적으로 자유민주적 기본질서를 침해하는 직무수행상의 중대한 법 위배 행위를 구성하여 대통령에게 부여된 헌법수호의무를 정면으로 위반하고 국민의 신임을 배신한 것이 너무나 명백하므로 대통령 윤석열은 조속히 파면되어야 한다는 헌법전문가로서의 견해를 밝혀 왔다. 우리는 헌법재판소의 재판관들이 4. 4.로 지정된 종국결정을 통해 헌법과 법률에 의하여 그 양심에 따라 독립하여

심판하여야 할 헌법적 지위에 입각하여 전원일치의 결정으로 대통령 윤석열을 파면할 것으로 믿어 의심치 않는다.

□ 이번 헌법재판소의 결정은 유구한 역사와 전통에 빛나는 우리 대한국민의 자랑스런 민주화의 결실인 현행 1987년 헌법체제가 뜬금없는 친위쿠데타를 통한 내란의 망령을 뿌리치고 민주주의의 회복력을 더욱 공고히 하는 중요한 분수령이 될 것이다. 나아가 위헌·위법적인 비상계엄사태를 온몸으로 막아낸 국민과 그 대표기관인 국회와 더불어 헌법재판소가 헌법수호의 중요한 역할을 충실히 수행함으로써 전세계적으로 퇴행위기에 처한 민주주의를 새로운 차원에서 선도할 모범사례로 우리 대한민국을 주목할 수 있는 발판을 구축하게 될 것이다.

□ 만일, 헌법재판소가 이러한 중차대한 시대적 소명을 거역하고 헌정수호자의 책무를 포기하는 결론에 도달한다면 주권자 국민의 준엄한 심판의 대상으로 전락할 수 있음을 명심하여야 할 것이다. 특히 위헌적인 재판관 임명거부를 통해 초래된 재판관 1명의 공석이 이러한 헌법수호 책무를 포기하는 결론의 결정적 원인이 된다면 위헌상태를 조장하여 헌법수호의 사명에 오히려 역행하는데 헌법재판소가 참여하는 것과 마찬가지이므로 헌법재판소의 존재의의 그 자체를 상실하는 결과를 초래할 수 있음을 경고한다.

□ 또한, 헌법학자회의는 대통령 윤석열이 초래한 비상계엄사태를 처리하는 과정에서 입헌민주주의의 이념과 기본원리를 몰각하고 헌법재판소의 결정마저 무시하면서 국회가 선출한 재판관의 임명을 오랫동안 지체하여 사실상 거부하고 법률안거부권을 남발하는 위헌상태를 초래하는 등 헌정의 불안정성을 가속시키고 있는 한덕수 국무총리와 최상목 부총리의 행태에 대하여 대통령 윤석열에 대한 파면과 별도로 헌법의 이름으로 준엄한 조치가 필요하다는 점을 분명히 확인한다.

□ 헌법학자회의는, 이번 헌법재판소의 윤석열 대통령에 대한 탄핵결정을 통해, 주권자 국민의 직접행동과 헌법이 설계한 제도에 의해 대한민국의 입헌민주주의를 다시 한번 더욱 공고하게 만드는 자랑스런 역사의 또 다른 한 장을 기록하게 되기를 국민과 더불어 고대하면서, 여야의 모든 정치인들과 공직자들이 모두 헌법정신에 입각하여 헌정질서를 하루 속히 회복하는 위대한 대열에 동참하여 국민통합의 대장정에 나설 것을 촉구한다. .끝.

- 2 -

[별첨]

‘헌정회복을 위한 헌법학자회의’ 상임실행위원회 구성 및 직책

※ ‘헌정회복을 위한 헌법학자회의’는 2024. 12. 3. 대통령의 비상계엄 선포와 그 실행행위로 초래된 헌정의 위기를 맞아, 헌정질서를 회복하고, 당면한 헌법적 현안에 대해 헌법에 토대를 둔 올바른 논의와 대응방안 등을 제시하는 것을 목적으로, 그 뜻에 공감하는 헌법학자들이 조직한 임시단체이다.
상임실행위원회 구성 및 직책은 아래와 같다.

- 공동대표(3): 김선택(고려대), 이헌환(아주대), 전광석(연세대)
- 상임실행위원(13)
  - ▷ 수도권(7): 김종철(대표상임실행위원, 연세대), 권건보(아주대), 김하열(고려대), 이상경(서울시립대), 임지봉(서강대), 전종익(서울대), 정태호(경희대)
  - ▷ 충청·강원권(2): 박경철(강원대), 권형둔(공주대)
  - ▷ 호남·제주권(2): 민병로(전남대), 신옥주(전북대)
  - ▷ 영남권(2): 이국운(한동대), 이장희(창원대)
- 간사(5): 심우민(총괄간사, 경인교대), 김연식(재무간사, 성신여대), 윤정인(학술간사, 고려대), 이세주(기획간사, 가톨릭대), 이황희(홍보간사, 성균관대)
- 실행위원 및 준실행위원(약 80, 명단생략)

- 3 -

보 도 자 료

배포일자: 2025년 4월 4일 금요일

담당: 헌정회복을 위한 헌법학자회의 홍보팀
2024krcon@gmail.com

'헌정회복을 위한 헌법학자회의' '대통령 윤석열 탄핵 선고'를 환영하며

□ '헌정회복을 위한 헌법학자회의'(공동대표: 김선택(고려대), 이헌환(아주대), 전광석(연세대))(이하 "헌법학자회의")는 「대통령 윤석열 탄핵 선고」를 환영하는 입장을 아래와 같이 밝힌다.

※ 헌법학자회의는 2024. 12. 25. 발족하였고, 현재 100여 명의 헌법학자들이 함께 하고 있다. 헌법학자회의의 목적, 직책 등은 [별첨] (웹사이트 주소: https://bit.ly/krcon)

□ 헌법재판소(이하 "헌재")는 오늘(2025. 4. 4.) 11시 22분 재판관 전원일치의 결정으로 대통령 윤석열의 파면을 선고하였다. 이번 결정은 위헌·위법적인 12.3 비상계엄선포와 그 후속 실행행위로 헌정위기가 초래된 지 122일만이다. 헌법학자회의는, 그동안 입장문과 성명, 그리고 의견서 등을 통해 대통령의 직무수행상의 헌법 및 법률 위배와 그 중대성이 너무나 명백하므로 즉각 파면되어야 함을 지속적으로 촉구해 왔기 때문에 이번 헌재 결정을 온 국민과 함께 환영한다.

□ 헌법학자회의는, 헌재가 탄핵 선고 결정문에서 대통령 윤석열의 비상계엄선포가 정치교착의 해소라는 법이 허용하지 아니하는 목적으로 정치적 중립을 요체로 하는 군병력을 동원하는 등 절차적·실체적 요건을 전혀 준수하지 못하였고, 그 후속 실행행위인 포고령 제1호의 공포, 국회와 선거관리위원회에 대한 점거, 전직 법관 등에 대한 체포목적의 위치파악 시도 등을 통해 국민의 다양한 기본권은 물론 대의민주제와 권력분립의 원리를 비롯한 헌법 원리와 통치구조의 기본가치를 침해하여 직무수행상 중대한 법 위배를 구성함으로써 탄핵

- 1 -

사유를 충족한다고 명쾌하게 선언하고, 그러한 중대한 법 위배가 헌법수호의무는 물론 선거를 통해 확인된 국민의 신임을 배반하였음을 인정하여 파면을 충분히 정당화함을 논증하였다. 이로써 탄핵 관련 헌법과 법률에 대하여 그동안 확립된 해석이나 법리를 근본적으로 도외시하는 궤변과 억지주장으로 헌정위기의 책임을 반성하기는커녕 오히려 국론을 분열시키고 헌정회복의 소중한 기회를 지연시켜 온 피청구인 윤석열과 그 추종자들에게 헌법의 준엄한 심판을 내렸다는 점을 높이 평가한다.

□ 헌법학자회의는, 특히 이번 대통령 윤석열에 대한 헌재의 탄핵결정이 재판관 전원일치로 이루어진 점에 주목하고자 한다. 그동안 재판관들의 출신이나 선출배경 등을 둘러싼 인신공격과 대통령 권한대행들에 의해 저질러진 위헌적인 국회 선출 재판관 임명거부를 통해 재판관 1명의 공석이라는 불완전한 상태에서 탄핵심리가 진행되면서 헌재의 권위에 도전하려는 숱한 선동이 자행되었음에도 오로지 헌법과 법률에 의하여 양심에 따라 독립하여 탄핵심판에 임하고 헌법분쟁을 헌법과 민주공화국 주권자의 뜻에 따라 해결하려 혼연일체된 헌재의 결연한 모습을 보여줌으로써 분열된 국론을 모두의 공존·공생·공영을 지향하는 국민통합의 대장정으로 이끄는 계기가 될 것으로 믿는다.

□ 또한, 헌법학자회의는, 헌정사상 두 번째 이루어진 이번 대통령 탄핵결정을 통해 헌법을 무시하고 도전하는 권력자는 헌법과 주권자 대한국민의 이름으로 어떤 경우에도 용납되지 않음을 다시 한번 명확히 확인함으로써 '결함민주국'으로 전락했던 우리나라를 '완전민주국'으로 복원하는 중요한 시금석을 마련하게 되었음을 다행이라 생각한다.

□ 헌법학자회의는, 이번 탄핵결정을 통해, 주권자 국민의 직접행동과 국민대표기관인 국회, 그리고 입헌민주주의의 최후 보루인 헌재가 모두 협력하여 헌법수호자로서의 사명을 다한 것을 발판으로 '국민의, 국민에 의한, 국민을 위한 민주공화국'을 더욱 굳건히 하고, 정치권은 물론 우리 사회가 화해와 상생의 민주적 법치문화를 구축하기 위해 더욱 매진할 수 있기를 고대한다. .끝.

- 2 -

[별첨]

'헌정회복을 위한 헌법학자회의' 상임실행위원회 구성 및 직책

※ '헌정회복을 위한 헌법학자회의'는 2024. 12. 3. 대통령의 비상계엄 선포와 그 실행행위로 초래된 헌정의 위기를 맞아, 헌정질서를 회복하고, 당면한 헌법적 현안에 대해 헌법에 토대를 둔 올바른 논의와 대응방안 등을 제시하는 것을 목적으로, 그 뜻에 공감하는 헌법학자들이 조직한 임시단체이다.
상임실행위원회 구성 및 직책은 아래와 같다.

● 공동대표(3): 김선택(고려대), 이헌환(아주대), 전광석(연세대)

● 상임실행위원(13)

▷ 수도권(7): 김종철(대표상임실행위원, 연세대), 권건보(아주대), 김하열(고려대), 이상경(서울시립대), 임지봉(서강대), 전종익(서울대), 정태호(경희대)

▷ 충청·강원권(2): 박경철(강원대), 권형둔(공주대)

▷ 호남·제주권(2): 민병로(전남대), 신옥주(전북대)

▷ 영남권(2): 이국운(한동대), 이장희(창원대)

● 간사(5): 심우민(총괄간사, 경인교대), 김연식(재무간사, 성신여대), 윤정인(학술간사, 고려대), 이세주(기획간사, 가톨릭대), 이황희(홍보간사, 성균관대)

● 실행위원 및 준실행위원(약 80, 명단생략)

- 3 -

보 도 자 료

배포일자: 2025년 4월 8일 화요일

담당: 헌정회복을 위한 헌법학자회의 홍보팀
2024krcon@gmail.com

헌정회복을 위한 헌법학자회의 '한덕수 권한대행의 위헌적 재판관 지명'에 대한 입장문

□ '헌정회복을 위한 헌법학자회의'(공동대표: 김선택(고려대), 이헌환(아주대), 전광석(연세대))(이하 "헌법학자회의")는 「한덕수 권한대행의 위헌적 재판관 지명」에 대한 입장을 아래와 같이 밝힌다.

※ 헌법학자회의는 2024. 12. 25. 발족하였고, 현재 100여 명의 헌법학자들이 함께 하고 있다. 헌법학자회의의 목적, 직책 등은 [별첨] (웹사이트 주소: https://bit.ly/krcon)

□ 한덕수 국무총리 겸 대통령 권한대행(이하 "권한대행")은 오늘(2025. 4. 8.) 마용주 대법관 후보자와 마은혁 헌법재판관 후보자를 각각 임명하는 한편, 4. 18. 퇴임하는 문형배, 이미선 헌법재판관 후임자로 이완규 법제처장과 함상훈 서울고등법원 부장판사를 지명하였다. 헌법학자회의는 한덕수 권한대행의 이번 마용주 대법관과 마은혁 헌법재판관 임명은 지극히 당연한 헌법상 의무의 이행으로 만시지탄이지만 환영한다.

□ 한편, 헌법학자회의는, 곧 선출될 새로운 대통령 몫 헌법재판관 후보자 지명을 한덕수 권한대행이 전격적으로 단행한 것은 권한대행으로서의 원칙적 한계를 명백히 일탈한 것임을 지적하지 않을 수 없다. 대통령 몫 헌법재판관 후보자 지명 및 헌법재판관 임명은 선거를 통해 민주적 정당성을 직접 부여받은 대통령이 갖는 헌법상 고유권한인 헌법재판관 지명권과 국가기관 구성권(헌법재판소 구성권)으로서, 이는 권한대행자가 행사할 수 있는 권한이 아니다. 한덕수 권한대행이 단행한 대통령 몫 헌법재판관 후보자 지명은 권한대행이 할 수 없는 월권적·위헌적 행위이고, 새로운 대통령의 권한을 선제적으로 잠탈하는 월

- 1 -

권적·위헌적 행위이다.

□ 헌법학자회의는, 한덕수 권한대행이 국회 선출 재판관 임명 지체라는 헌법 위반 사항과 더불어 또다시 추가적으로 헌법 위배 행위를 적극적으로 감행함으로써 대통령 윤석열 파면 결정 이후 가까스로 회복의 실마리를 마련한 민주공화국 헌정을 또 한 번 위기에 빠뜨리는 것이므로 그 지명을 즉시 철회할 것을 강력히 촉구한다.

□ 헌법학자회의는, 그동안 여러 입장문을 통하여 대통령 권한대행은 대통령의 지위를 '승계'하는 것이 아니라, 헌법이 정한 대통령의 궐위나 사고의 경우 국무총리나 국무위원의 신분에 따라 법률이 정하는 순서에 따라 대통령의 권한을 '대행'하는 것에 불과하여 대통령이 가지는 민주적 정당성과 헌법적 권위를 온전히 가질 수 없으므로, 현상유지적 권한의 행사에 집중하고 새로운 질서를 창설하는 권한은 원칙적으로 행사할 수 없다는 점을 수차례 밝힌 바 있다.

□ 헌법학자회의는, 특히 이번 권한대행의 재판관 지명이 대통령 선거 절차가 개시된 이후 내려졌다는 점에 주목하고자 한다. 헌법 제68조 제2항은 대통령이 궐위된 때 60일 이내에 후임자를 선거하도록 규정하고 있으므로 헌법분쟁에 관한 최종적 결정권을 가진 헌법재판소 재판관 임명과 같이 헌정질서에 중차대한 효과를 초래하는 창설적 결정권은 국민의 신임을 받은 새로운 대통령이 임명하는 것이 헌법정신에 부합한다. 그럼에도 불구하고, 국민의 공론도 거치지 않고 느닷없이 재판관을 지명한 것은 권한대행의 권한을 일탈하여 남용한 것이라고 하지 않을 수 없다. 결국 이런 권한대행의 월권적·위헌적 재판관 지명은 주권자 국민이 새로운 대통령을 선출하여 행사하려는 간접적 헌법재판소 구성권과 새로이 선출될 대통령의 직접적 재판관 지명권을 침해하는 것이 아닐 수 없다.

□ 더구나 한덕수 권한대행은 앞서 형식적 임명권에 불과하여 권한대행으로서 당연히 임명하여야 할 국회 선출 재판관의 임명을 지체하여 탄핵소추의 대상까지 되었던 전력을 가졌다는 점에서 볼 때, 전격적인 이번 재판관 임명은 자의적인 권한 행사의 합리적 의심을 받기에 충분하여 한덕수 국무총리가 권한대행의 역할을 헌법정신을 준수하여 계속 맡을 수 있을지 의구심을 가지지 않을 수 없는 탄핵소추사유에 해당하는 행위다.

- 2 -

□ 헌법학자회의는 이번 한덕수 권한대행의 위헌적인 재판관 지명이 대통령 윤석열의 위헌·위법적인 비상계엄선포와 그 후속 실행행위의 헌법 및 법률 위배가 헌법재판소 재판관 전원일치의 결정으로 확인되어 결국 정부의 수반이 파면됨으로써 입헌민주주의의 회복력이 국내외의 승인을 받고 있는 시점에서 이루어진 점이 못내 안타깝다. 국정의 안정적 이양을 최고의 책무로 삼아야 할 대통령 권한대행이 위헌적 행위를 자행하여 또 다른 국론분열과 정국불안정의 불씨를 제공하였다는 점에서 주권자 국민과 함께 규탄하지 않을 수 없다.

□ 종합하건대, 헌법학자회의는, 민주공화국 헌법과 주권자 국민의 뜻에 따라 한덕수 권한대행이 위헌적인 재판관 지명을 즉시 철회할 것을 강력히 촉구하며, 국회는 한덕수 권한대행이 중대한 헌법 위배 상태를 지속하는 경우 그 조속한 해소를 위하여 탄핵소추 등 가능한 모든 헌법적·법률적 조치를 강구함으로써 국민대표기관으로서 헌법수호의 소임을 다해야 할 것이다. 끝.

- 3 -

[별첨]

'헌정회복을 위한 헌법학자회의' 상임실행위원회 구성 및 직책

※ '헌정회복을 위한 헌법학자회의'는 2024. 12. 3. 대통령의 비상계엄 선포와 그 실행행위로 초래된 헌정의 위기를 맞아, 헌정질서를 회복하고, 당면한 헌법적 현안에 대해 헌법에 토대를 둔 올바른 논의와 대응방안 등을 제시하는 것을 목적으로, 그 뜻에 공감하는 헌법학자들이 조직한 임시단체이다.
상임실행위원회 구성 및 직책은 아래와 같다.

● 공동대표(3): 김선택(고려대), 이헌환(아주대), 전광석(연세대)

● 상임실행위원(13)

▷ 수도권(7): 김종철(대표상임실행위원, 연세대), 권건보(아주대), 김하열(고려대), 이상경(서울시립대), 임지봉(서강대), 전종익(서울대), 정태호(경희대)

▷ 충청·강원권(2): 박경철(강원대), 권형둔(공주대)

▷ 호남·제주권(2): 민병로(전남대), 신옥주(전북대)

▷ 영남권(2): 이국운(한동대), 이장희(창원대)

● 간사(5): 심우민(총괄간사, 경인교대), 김연식(재무간사, 성신여대), 윤정인(학술간사, 고려대), 이세주(기획간사, 가톨릭대), 이황희(홍보간사, 성균관대)

● 실행위원 및 준실행위원(약 80, 명단생략)

- 4 -

부록 2

헌정회복을 위한 헌법학자회의 보도자료(영문)

CSC Press Release 1 Special Roundtable on Acting President's Appointment of the Constitutional Court Justices and Presidential Veto on Special Counsel Probe Bill, held by the Constitutional Scholars Council for Enhancement of Korean Constitutionalism (CSCEKC) Dec. 26, 2024

CSC Press Release 2 Official Position of the Constitutional Scholars Council for Enhancement of Korean Constitutionalism (CSCEKC) on the Quorum for Impeachment of the Acting President Dec. 27, 2024

CSC Press Release 3 Statement of the Constitutional Scholars Council for Enhancement of Korean Constitutionalism (CSCEKC) on Appointment of Constitutional Court Justices by the Acting President Dec. 29, 2024

CSC Press Release 4 Statement of the Constitutional Scholars Council for Enhancement of Korean Constitutionalism (CSCEKC) on the Term "Acting authority for the Acting President" Dec. 29, 2024

CSC Press Release 5 Statement of the Constitutional Scholars Council for Enhancement of Korean Constitutionalism (CSCEKC) on Selective Appointment of the Constitutional Court Justice elected by the National Assembly Jan. 1, 2025

CSC Press Release 6 Special Roundtable on Constitutional Responses to Selective Appointment of Constitutional Court Justices, held by the Constitutional Scholars Council for Enhancement of Korean Constitutionalism (CSCEKC) Jan. 3, 2025

CSC Press Release 8 Statement of the Constitutional Scholars Council for Enhancement of Korean Constitutionalism (CSCEKC) on Controversy over Judicial Handling of Insurrection Charges in the Presidential Impeachment Trial Jan. 9, 2025

PRESS RELEASE

Released: Dec 26, 2024

Constitutional Scholars Council for Enhancement of Korean Constitutionalism (CSCEKC)

Special Roundtable on Acting President's Appointment of the Constitutional Court Justices and Presidential Veto on Special Counsel Probe Bill, held by the Constitutional Scholars Council for Enhancement of Korean Constitutionalism (CSCEKC)

☐ The *Constitutional Scholars Council for Enhancement of Korean Constitutionalism* (co-chairs: Seon-Taek Kim (Korea University), Heon Hwan Lee (Ajou University) and Kwang-seok Cheon (Yonsei University) held an special roundtable on constitutional issues online (Zoom) on Thursday, December 26, 2024, starting at 10:30 am for about two hours.

※ Recording: https://youtu.be/urK-SnCEy84?si=jVQCR-QXYXCSH20L

☐ The **Constitutional Scholars Council for Enhancement of Korean Constitutionalism** (hereinafter, CSCEKC) is an interim body of concerned constitutional scholars with the purpose of restoring constitutional order in responding to the constitutional crisis caused by the President Yoon Suk Yeol's declaration of emergency martial law on December 3, 2024, and its implementation, by providing constitutionally based discussions and responses to the constitutional issues at hand. (Website: https://bit.ly/krcon)

☐ More than 20 constitutional scholars, including the co-chairs and executive committee members of the CSCEKC, participated in the roundtable discussion, which was moderated by Jongcheol Kim (Yonsei University), a representative of the executive committee, and thoroughly discussed major issues and topics through close analysis and expertise.

☐ Three main topics were discussed: the constitutional status of the Acting President in the current time of crisis; the nature of the appointment of Constitutional Court Justices elected by the National Assembly and the scope and limits of the Acting President's discretion; and the discretion and limits of the Acting President's power to veto legislation. For a detailed discussion, please see the full video (in Korean) on our website. Below is a summary of the discussion:

Topic 1: Constitutional Status of the Acting President

▷ Scholars at the roundtable were generally of the opinion that the Acting President should play a status quo role. However, some argue that the scope of the Acting President's powers legally extends to the full range of presidential powers, so the Acting President can play a necessary role to avoid constitutional paralysis.

Topic 2: The nature of the appointment of Constitutional Court Justices elected by the National Assembly and the scope and limits of the Acting President's discretion

▷ Scholars at the roundtable agreed that the Acting President can, and indeed is constitutionally obliged to, appoint the three Constitutional Court Justices elected by the National Assembly.

Topic 3: The discretion and limits of the Acting President's power to veto legislation

▷ While the scholars at the roundtable were divided on whether the Acting President may veto legislation, they agreed that the veto of the bill on special counsel probe into President Yoon's insurrection charges would be unjustified.

2

PRESS RELEASE

Released: Dec 27, 2024

Constitutional Scholars Council for Enhancement of Korean Constitutionalism (CSCEKC)

Official Position of the Constitutional Scholars Council for Enhancement of Korean Constitutionalism (CSCEKC) on the Quorum for Impeachment of the Acting President

The *Constitutional Scholars Council for Enhancement of Korean Constitutionalism* (co-chairs: Seon-Taek Kim (Korea University), Heon Hwan Lee (Ajou University) and Kwang-seok Cheon (Yonsei University) hereby issues an official statement regarding the quorum for impeachment against the Acting President, as below:

□ Acting presidency and presidential succession are different concepts. Acting presidency under the Korean Constitution (Article 71) does not transfer the office, but merely refers to the duties or functions performed by the Prime Minister or a member of the Council of Ministers when the sitting President is removed from office or is unable to perform his duties due to an accident.

□ Thus, the fact that the Prime Minister is acting in the capacity of the President does not make him or her the President. Unless the Constitution specifically provides an exception, the quorum for impeachment against the Prime Minister or a member of the State Council may not be considered differently even when they are acting presidents. It is obvious, therefore, that the quorum for impeachment against the Acting President shall be the same as that for the Prime Minister.

□ The quorum required to pass an impeachment motion is, in principle, left to the discretion of the National Assembly. It is an established position of the Constitutional Court of Korea that other state institutions must respect the decisions of the National Assembly, when it lies within the scope of its discretion, and that the Constitutional Court itself is no exception (Constitutional Court of Korea, 98Hun-Ra3 etc., decided on July 14, 1998).

☐ Consequently, an impeachment motion against the Prime Minister in the capacity of Acting President must be subject to the same quorum as the Prime Minister. When the Deputy Prime Minister, the Minister of Economy and Finance, assumes the duties of the Acting President in the following order, he is required by the Constitution to faithfully perform the duties of the Acting President.

※ The **Constitutional Scholars Council for Enhancement of Korean Constitutionalism** is an interim body of concerned constitutional scholars with the purpose of restoring constitutional order in responding to the constitutional crisis caused by the President's declaration of emergency martial law on December 3, 2024, and its implementation, by providing constitutionally based discussions and responses to the constitutional issues at hand. (Website: https://bit.ly/krcon)

PRESS RELEASE

Released: Dec 29, 2024	*Constitutional Scholars Council for Enhancement of Korean Constitutionalism (CSCEKC)*

Statement of the Constitutional Scholars Council for Enhancement of Korean Constitutionalism (CSCEKC) on Appointment of Constitutional Court Justices by the Acting President

The *Constitutional Scholars Council for Enhancement of Korean Constitutionalism* (co-chairs: Seon-Taek Kim (Korea University), Heon Hwan Lee (Ajou University) and Kwang-seok Cheon (Yonsei University)) hereby issues a statement regarding the **Appointment of Constitutional Court Justices by the Acting President**, as below:

☐ According to the Korean Constitution (Article 111, paragraphs 2 and 3), nine Justices shall be appointed by the President, but three shall be elected by the National Assembly and three shall be nominated by the Chief Justice of the Supreme Court. Whereas the rest three Justices are appointed by the President by virtue of his substantive authority, the President's appointment over the Justices elected by the National Assembly is merely an official act of formality without any substantive review. Therefore, the Acting President is fully capable of appointing the Justices elected by the National Assembly.

☐ In addition, given that the President is obliged to guarantee the fundamental rights of the people, is responsible for upholding the Constitution (Article 66 paragraph 2), and has sworn an oath before the people to uphold the Constitution (Article 69), it is his constitutional duty to bring the Constitutional Court back into order by appointing successors to retired Justices. Therefore, the Acting President must appoint Justices elected by the National Assembly. It is unconstitutional to disregard or refuse to do so.

1

☐ Since the exercise of the veto power to legislation requires a substantive judgement on the content of the bill, it might be debatable on a case-by-case basis whether the Acting President may veto a bill. In comparison, the appointment of Constitutional Court Justices elected by the National Assembly is, as noted above, a mere formality. Given these two powers are of different nature and asymmetrical, it is not constitutionally inconsistent to request the appointment of a National Assembly-elected Constitutional Court Justices, while also requesting that the Acting President refrain from exercising the veto power.

☐ In sum, the appointment of National Assembly-elected Constitutional Court Justices by the Acting President is both constitutional authority as well as constitutional mandate. It is not constitutionally inconsistent to request that the Acting President refrain from exercising the veto power to legislation and at the same time request the appointment of Constitutional Court Justices elected by the National Assembly.

※ The **Constitutional Scholars Council for Enhancement of Korean Constitutionalism** is an interim body of concerned constitutional scholars with the purpose of restoring constitutional order in responding to the constitutional crisis caused by the President's declaration of emergency martial law on December 3, 2024, and its implementation, by providing constitutionally based discussions and responses to the constitutional issues at hand. (Website: https://bit.ly/krcon)

2

PRESS RELEASE

Released: Dec 29, 2024	*Constitutional Scholars Council for Enhancement of Korean Constitutionalism (CSCEKC)*

Statement of the Constitutional Scholars Council for Enhancement of Korean Constitutionalism (CSCEKC) on the Term "Acting authority for the Acting President"

The *Constitutional Scholars Council for Enhancement of Korean Constitutionalism* (co-chairs: Seon-Taek Kim (Korea University), Heon Hwan Lee (Ajou University) and Kwang-seok Cheon (Yonsei University)) hereby issues a statement regarding the term, "**Acting authority for the Acting President**", as below:

☐ Since the impeachment of the 'Acting President' Han Duck-soo, on Dec. 27, 2024, the use of term 'Acting authority for the Acting President' has caused a growing confusion about the system of acting presidency by the Deputy Prime Minister.

☐ Article 71 of the Korean Constitution provides that if the office of the presidency is vacant or the President is unable to perform his/her duties, "the Prime Minister or the members of the State Council in the order of priority as determined by Act, shall act for him/her." According to the Constitution, thus, in the current situation, the Deputy Prime Minister shall be acting for the 'President', not acting for the 'Acting President' previously assumed by the Prime Minister.

☐ Since whether the Prime Minister or the Deputy Prime Minister, who is the next in line, is strictly an 'Acting President', it does not mean that the Deputy Prime Minister has more limited powers than the Prime Minister when he assumes the role of the Acting President. The Deputy Prime Minister as Acting President may exercise the same powers of the sitting President as the Prime Minister as Acting President, appropriately in accordance with the Constitution.

☐ In particular, as far as the resumption of constitutional institutions is concerned, the Deputy Prime Minister as Acting President has the same responsibilities, authorities and duties as the President.

☐ In sum, the term "Acting authority for the Acting President" is legally incorrect. At present, the Deputy Prime Minister is the 'Acting President' and has the same responsibilities, authorities and duties as the 'Acting President' which was assumed by the Prime Minister before his impeachment.

※ The **Constitutional Scholars Council for Enhancement of Korean Constitutionalism** is an interim body of concerned constitutional scholars with the purpose of restoring constitutional order in responding to the constitutional crisis caused by the President's declaration of emergency martial law on December 3, 2024, and its implementation, by providing constitutionally based discussions and responses to the constitutional issues at hand. (Website: https://bit.ly/krcon)

2

PRESS RELEASE

Released: Jan. 1, 2025

Constitutional Scholars Council for Enhancement of Korean Constitutionalism (CSCEKC)

Statement of the Constitutional Scholars Council for Enhancement of Korean Constitutionalism (CSCEKC) on Selective Appointment of the Constitutional Court Justice elected by the National Assembly

※ The Constitutional Scholars Council for Enhancement of Korean Constitutionalism (CSCEKC) was launched on December 25, 2024, and is currently comprised of more than 100 constitutional scholars. For more information on the purpose, composition, activities of the CSCEKC, please refer to its website: https://bit.ly/krcon.

The *Constitutional Scholars Council for Enhancement of Korean Constitutionalism* (co-chairs: Seon-Taek Kim (Korea University), Heon Hwan Lee (Ajou University) and Kwang-seok Cheon (Yonsei University)) hereby issues a statement regarding the **｢Selective Appointment of the Constitutional Court Justices elected by the National Assembly｣**, as below:

□ As announced in our earlier statement,[1] since it is the constitutional duty of the President to normalize the function of the Constitutional Court by appointing the successors of retired Justices, the Acting President must appoint Justices 'elected'(instead of 'recommended') by the National Assembly. Not appointing some of the National Assembly-elected Justices is a failure to perform this duty properly in accordance with the Constitution.

1) See the Press Release No. 4 ｢Statement of the Constitutional Scholars Council for Enhancement of Korean Constitutionalism (CSCEKC) on the Term "Acting authority for the Acting President"｣ (Published on Dec. 30, 2024), https://bit.ly/4h0Ufgx

☐ As with our previous statement,[2] the President's power to appoint Constitutional Court Justices elected by the National Assembly is merely an official act of formality. The refusal to appoint some of the National Assembly-elected Justices on a selective basis is an exercise of the appointment power based on the substantive review which is not constitutionally endowed with the President.

☐ The Korean Constitution (Article 111) provides that the President shall appoint nine Justices to the Constitutional Court, but three of them shall be elected by the National Assembly and three shall be nominated by the Chief Justice of the Supreme Court. This is aimed at embodying the principle of separation of powers in the composition of the Constitutional Court. Given that, if the President refuses to appoint some of the Justices elected by the National Assembly and some of the Justices nominated by the Chief Justice of the Supreme Court, on a selective basis, the President would have greater power in the composition of the Constitutional Court than the Constitution intends. This would violate the principle of separation of powers and infringe on the powers of the National Assembly and the Chief Justice of the Supreme Court.

☐ There is no fundamental difference between the three nominees in that they were all 'elected' by the National Assembly through the same process. Therefore, the selective appointment of them, without any reasonable grounds, would be an arbitrary exercise of power and would violate the unappointed nominee's right to hold office and equal protection before the law.

☐ In sum, it is unconstitutional that the Acting President, on December 31, 2024, selectively avoided appointing some of the Constitutional Court Justices elected by the National Assembly.

---

2) See the Press Release No. 3 「Statement of the Constitutional Scholars Council for Enhancement of Korean Constitutionalism (CSCEKC) on Appointment of Constitutional Court Justices by the Acting President」, http://bit.ly/4iYnHFC

2

PRESS RELEASE

Released: Jan. 3, 2025

Constitutional Scholars Council for Enhancement of Korean Constitutionalism (CSCEKC)

Special Roundtable on Constitutional Responses to Selective Appointment of Constitutional Court Justices, held by the Constitutional Scholars Council for Enhancement of Korean Constitutionalism (CSCEKC)

※ The Constitutional Scholars Council for Enhancement of Korean Constitutionalism (CSCEKC) was launched on December 25, 2024, and is currently comprised of more than 100 constitutional scholars. For more information on the purpose, composition, activities of the CSCEKC, please refer to its website: https://bit.ly/krcon.

☐ The *Constitutional Scholars Council for Enhancement of Korean Constitutionalism* (co-chairs: Seon-Taek Kim (Korea University), Heon Hwan Lee (Ajou University) and Kwang-seok Cheon (Yonsei University)) held the second special online roundtable on constitutional issues on Friday, January 3, 2025, from 10:30 am to 12:00. Recording: https://youtu.be/VptzUoLeEKk?feature=shared

☐ 42 constitutional scholars, including co-chairs and executive committee members of the CSCEKC, participated in the roundtable discussion, which was moderated by Jongcheol Kim (Yonsei University), a representative of the executive committee, thoroughly explored the constitutional responses to the selective appointment of the Constitutional Court Justices elected by the National Assembly, through close analysis and expertise.

<Professor Ha-Yurl Kim (Korea University) gave a presentation.>

☐ Professor Kim explained how the National Assembly, as the claimant, can request

1

a competence dispute on the grounds that the Acting President's refusal to appoint (or inaction to appoint) a Justice violated the claimant's power to select Justices, in other words, the power to compose the Constitutional Court. Professor Kim emphasized the need for and importance of a competence dispute requested by the National Assembly, stating that the essence of the matter is an infringement of the National Assembly's competence, and noted that the competence dispute could result in a 'injunction to grant provisional status' that orders the rejected candidate to be appointed as a judge immediately.

<There were six discussants for this presentation.>

☐ Professor Sang-Hyeon Jeon (Seoul National University) and Professor Hwang-Hee Lee (Sungkyunkwan University), while acknowledging the need for and importance of the competence dispute review, expressed that the competence dispute requires oral pleading sessions and therefore cannot be processed as quickly as the constitutional complaint proceedings; that a constitutional complaint case seeking a declaration of the unconstitutionality of the refusal to appoint some of Justices is currently pending before the En Banc and that there is also a precedent (2012Hun-Ma2) that can be referred to; and that the constitutional complaint could be a means of quickly resolving the issue of selective appointment of Constitutional Court Justices by the Acting President. They assessed that the prompt decision on the merits rather than the injunction would reduce controversy. Moreover, in addition to declaring the unconstitutionality, Professor Jeon viewed it necessary to issue an order for implementation, stating that "Justices should be appointed immediately."

☐ Professor Tae-Ho Chung (Kyunghee University) argued that if the President refuses to appoint the candidates elected by the National Assembly or recommended by the Chief Justice of the Supreme Court, the Constitutional Court should actively explore ways to confirm the candidate's status as Justices on its own. Professor Chung argued that the Constitutional Court Act was not set as an exhaustive legal text from the outset, and given that the Constitutional Court is granted broad discretion to set its own procedures, the Constitutional Court should feasibly confirm the status of Justices of the Constitutional Court itself.

☐ Professor Hae Won Kim (Pusan National University) argued that, in the case of Constitutional Court Justices elected by the National Assembly, the act of election by the National Assembly would confirm the electee as a Justice, and therefore, even without an act of appointment by the President, the electee naturally could have the status of a Justice. Furthermore, if the President does not appoint the person elected by the National Assembly, Professor Kim argued that the Speaker of the National Assembly may take measures (appointment) to give effect to the status of a person already confirmed as a Justice by analogical interpretation of Article 53 paragraph 6 of the Korean Constitution.

☐ Professor Yong-Hoon Kim (Sangmyung University) pointed out that the Constitutional Court of Korea has usually taken a reserved stance in competence disputes cases, as Chief Justice John Marshall did in Marbury v. Madison. Nevertheless, Professor Kim argued that if the presidential duty of appointment of Justices elected by the National Assembly could be actively understood, thc Constitutional Court would have to take a more active stance not only in cases of competence disputes but also in cases of constitutional complaints.

☐ Professor Chankwon Park (The Cyber University of Korea) in this case considered the President's appointment power to be supplementing the election of the Justices by the National Assembly; thus, if the National Assembly elected the Justices in accordance with the requirements of the Constitution and the law, the President's appointment is an act of ensuring its formal completeness, by ex post facto confirmation of the legality of the election and giving it effect. Professor Park emphasized if the President refuses to appoint or neglects the appointment of a Justice, he/she would violate his/her constitutional duties and prevent the election by the National Assembly from taking effect, which could constitute a violation of the National Assembly's power.

☐ In his concluding remarks, Professor Seon-Taek Kim (Korea University) pointed out that the Acting President arbitrarily appointed only two of the three candidates for Justices of the Constitutional Court who had been elected by the National Assembly and refused to appoint one person (selective avoidance of appointment), which distorted the substantive meaning of the National Assembly's act of electing Justices of the Constitutional Court by discriminating the date of commencement of term of office among the candidates, and thus violated the National Assembly's power of election. Professor Kim argued that the Constitutional Court should not only declare such a selective avoidance of appointment unconstitutional through either a competence dispute or a constitutional complaint judgement, but should also issue an order to retroactively appoint the candidates to the same date as the judges already appointed.

☐ In addition, attorney Jung Hwan Kim (Dodam Lawfirm), who had filed a constitutional complaint for the unconstitutionality of the Acting President's failure to appoint Constitutional Court Justices, participated in the roundtable and explained the background, intention, and content of his case.

4

PRESS RELEASE

Released: Jan. 9, 2025

Constitutional Scholars Council for Enhancement of Korean Constitutionalism (CSCEKC)
2024krcon@gmail.com

Statement of the Constitutional Scholars Council for Enhancement of Korean Constitutionalism (CSCEKC) on Controversy over Judicial Handling of Insurrection Charges in the Presidential Impeachment Trial

※ The Constitutional Scholars Council for Enhancement of Korean Constitutionalism (CSCEKC) was launched on December 25, 2024, and is currently comprised of more than 100 constitutional scholars. For more information on the purpose, composition, activities of the CSCEKC, please refer to its website: https://bit.ly/krcon.

□ The *Constitutional Scholars Council for Enhancement of Korean Constitutionalism* (co-chairs: Seon-Taek Kim (Korea University), Heon Hwan Lee (Ajou University) and Kwang-seok Cheon (Yonsei University)), hereby issues a statement regarding the **「Controversy over Judicial Handling of Insurrection Charges in the Presidential Impeachment Trial」.**

□ 'Cause of impeachment' refers to the specific facts that constitute a violation of the Constitution or the law in the performance of duties and the provisions of the law that apply to them. Simply adding, withdrawing, or changing the applicable legal provisions for the same facts does not constitute an addition, withdrawal, or change in the 'cause of action.' Therefore, during the course of the pleadings, the the impeachment commissioner may summarize the legal assessment of the facts of the case and add, withdraw or change the applicable legal provisions.

☐ The Constitutional Court has previously held that "the Constitutional Court is in principle not bound by specified provisions alleged to have been violated in the impeachment bill, and may therefore determine the facts giving rise to the impeachment on the basis of relevant provisions other than those alleged to have been violated by the claimants." (Constitutional Court of Korea, 2004Hun-Na1, decided on May 14, 2004) Accordingly, the Constitutional Court has the exclusive authority to decide what law applies to the facts giving rise to the impeachment.

☐ Impeachment and criminal trials are distinct procedures with different purposes and effects. In a unified legal order, different outcomes in an impeachment trial and a criminal trial for the same offense are undesirable. When the same set of facts can be evaluated for both constitutional and criminal violations, it is appropriate to assign the Constitutional Court to review the constitutional violation, while the criminal violation is assigned to the ordinary court, in accordance with the characteristics of each institution. Therefore, if the constitutional violation found in a particular case is serious enough to justify dismissal from office, it is not necessary to precondition a review or judgment on whether a criminal law has been violated in the same case.

☐ In conclusion, a presidential impeachment trial in which the impeachment commissioner seeks to exclude the insurrection offense and focus on the constitutional offense is not a change in the substance of the charges; it is a legitimate course of action to summarize the legal assessment of the same charges and to request that the impeachment trial proceeds to the constitutional offense, which is the Constitutional Court's principal task. Therefore, a new vote of the National Assembly is not required.

End.

2

부록 3

토론회 및 집담회 자료집

헌정회복을 위한 헌법학자회의 제1회 학술토론회 2025년 1월 8일

12·3 비상계엄사태와 헌정회복을 위한 과제

헌정회복을 위한 헌법학자회의 영남권 지역토론회 2025년 2월 13일

윤석열 대통령 탄핵심판의 쟁점

헌정회복을 위한 헌법학자회의 공개집담회 2025년 2월 28일

대통령 윤석열 탄핵심판과 헌법재판소의 역할

헌정회복을 위한 헌법학자회의 호남권 지역토론회 2025년 3월 7일

5·18과 12·3 계엄, 그리고 윤석열 탄핵

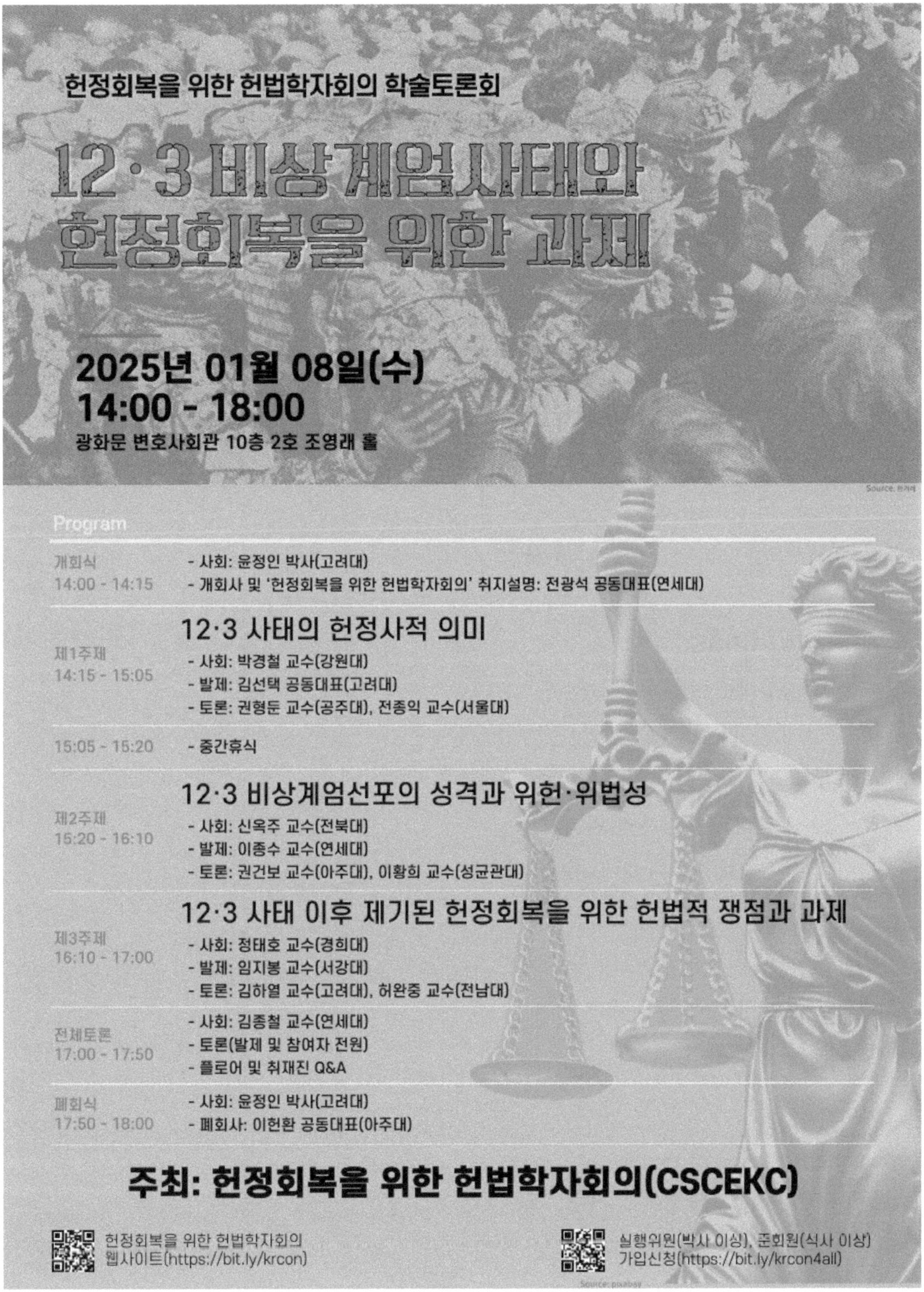
헌정회복을 위한 헌법학자회의 학술토론회
12·3 비상계엄사태와
헌정회복을 위한 과제
2025년 01월 08일(수)
14:00 - 18:00
광화문 변호사회관 10층 2호 조영래 홀
Program
개회식
14:00 - 14:15
- 사회: 윤정인 박사(고려대)
- 개회사 및 '헌정회복을 위한 헌법학자회의' 취지설명: 전광석 공동대표(연세대)
제1주제
14:15 - 15:05
12·3 사태의 헌정사적 의미
- 사회: 박경철 교수(강원대)
- 발제: 김선택 공동대표(고려대)
- 토론: 권형둔 교수(공주대), 전종익 교수(서울대)
15:05 - 15:20
- 중간휴식
제2주제
15:20 - 16:10
12·3 비상계엄선포의 성격과 위헌·위법성
- 사회: 신옥주 교수(전북대)
- 발제: 이종수 교수(연세대)
- 토론: 권건보 교수(아주대), 이황희 교수(성균관대)
제3주제
16:10 - 17:00
12·3 사태 이후 제기된 헌정회복을 위한 헌법적 쟁점과 과제
- 사회: 정태호 교수(경희대)
- 발제: 임지봉 교수(서강대)
- 토론: 김하열 교수(고려대), 허완중 교수(전남대)
전체토론
17:00 - 17:50
- 사회: 김종철 교수(연세대)
- 토론(발제 및 참여자 전원)
- 플로어 및 취재진 Q&A
폐회식
17:50 - 18:00
- 사회: 윤정인 박사(고려대)
- 폐회사: 이헌환 공동대표(아주대)
주최: 헌정회복을 위한 헌법학자회의(CSCEKC)
헌정회복을 위한 헌법학자회의
웹사이트(https://bit.ly/krcon)
실행위원(박사 이상), 준회원(석사 이상)
가입신청(https://bit.ly/krcon4all)

헌정회복을 위한 헌법학자회의

제1회 학술토론회

12·3 비상계엄사태와 헌정회복을 위한 과제

2025.1.8. (수) 14:00-18:00

광화문변호사회관 조영래홀

목 차

개회사 및 창립취지설명

전광석 (공동대표·연세대 명예교수)

제1주제

발제 12·3 사태의 헌정사적 의미

김선택 (공동대표·고려대 명예교수)

토론

권형둔 (공주대 교수)

전종익 (서울대 교수)

제2주제

발제 12·3 비상계엄선포의 성격과 위헌·위법성

이종수 (연세대 교수)

토론

권건보 (아주대 교수)

이황희 (성균관대 교수)

제3주제

발제 12·3 사태 이후 제기된 헌정회복을 위한 헌법적 쟁점과 과제

임지봉 (서강대 교수)

토론

김하열 (고려대 법전원)

허완중 (전남대학교 법학전문대학원 교수)

헌정회복을 위한 헌법학자회의 설립 취지 및 경과, 제1회 학술대회 개회사

공동대표 전광석(연세대학교 법학전문대학원 교수)

I. 12월 3일, 그 이전과 그 이후

1. 12월 3일

(1) 실시간 보도를 보지는 못했다. 비상계엄이 선포되었다는 말을 전해 듣고 '그럴 리가'하는 것이 필자의 반응이었다. TV를 켰더니 대통령이 "피를 토하는 심정으로 비상계엄을 선포한다"는 장면이 계속 전해져 왔다. 1980년 5월 광주의 장면이 되풀이될 것 같았다. 계엄당국은 도심 한가운데에서, 그리고 국회 및 법원을 둘러싸고 화력을 과시하고 병력으로 행정 및 사법을 장악하겠지만, 시민의식은 1980년대에 비할 바가 아니니 그 대립은 우리 현대사의 또 하나의 비극을 낳을 것이 뻔했다. 이어서 접한 계엄포고령은 이와 같은 필자의 의구심을 더욱 깊게 했다. 국회 등의, 그리고 일체의 정치활동을 금하고, 언론과 출판은 계엄사의 통제를 받으며, 포고령을 위반한 자는 영장없이 체포·구금할 수 있고, 이를 위반한 자는 계엄법에 의하여 처단한다. 이탈 전공의를 처단한다는 엉뚱한 내용도 있었다. 반국가세력 등 체제전복세력이라는 표현은 더 거슬러서 1970년대를 연상시켰다.

(2) 그러나 다음 두 장면이 이어졌다. 먼저, 이에 대한 헌법에 따른 대응은 신속했다. 즉 다음 날 오전 1시경 국회는 계엄의 해제를 의결하고 비상계엄은 약 6시간 만에 해제되었다. 다음, 시민의 의식과 언동은 1987년 이후 민주화와 민주주의는 불가역적이라는 자칫 꺼져버릴 수 있는 신념을 확인시켜 주었다. 무엇이라고 표현할까, 비극 같기도 희극 같기도 했다. 그 순간 민주화와 산업화 및 선진화를 동시에 이룬 유일한 국가라는 우리의 자존감은 무너졌다. 헌정의 역사를 45년 전으로 되돌리는 난(亂)은 그 자체로 자괴감을 일으켰으며, 비상계엄을 전후하여 대통령, 국무회의, 계엄지휘부가 허둥대는 장면은 희화적이었다.

(3) 곧바로 헌법보호장치인 탄핵이 의제가 되었다. 우리는 이미 2차례에 걸쳐 대통령에 대한 국회의 탄핵소추와 헌법재판소의 탄핵심판을 겪은 바 있다. 한번은 기각되었고, 또 한번은 인용되었다. 그런데 이번 정치적 상황은 이전과는 크게 달랐다. 비상계엄선포와 포고령, (이후 밝혀진 사실이지만) 비상계엄 중의, 그리고 이어지는 계엄당국의 구상과 조치는 모두가, 그리고 직접적으로 헌법문제들이었다. 이러한 특수한 상황이 헌법학자에게 짐이 되었고, 할 일을 찾게 하였다. 이는 시급했다. 비상계엄이 남긴 문제가 계속 헌정의 정상화에 걸림돌이 되었으며, 헌정은 한 순간에 무너졌지만 이를 다시 회복하는 과정은 더디고 혼란스러울 수도 있었다. 정치권의 행보는 바르지 않았고, 우리 사회에 이에 관한 헌법지식을 충실히 전달하는 것이 우선 필요했다.

2. 12월 3일 이전

(1) 87년 헌법에서 대통령을 선출하는 국민적 정당성과 국회를 구성하는 정당적 정당성이 간극을 보여 오랫동안 국회에서 여소야대의 정당구도가 나타났고, 때로는 국회와 정부가 극한적으로 대립하기도 했다. 그러나 그때마다 (많은 헌법적 및 정치적 비판을 받기는 했지만) 정치적 기지가 발휘되어 헌정이 궤도를 유지할 수 있었다. 사실 대통령중심제에서 여소야대의

구도는 얼마든지 나타날 수 있으며, 그 정도를 벗어났다고 이는 어디까지나 정치의 과제이다. 이를 헌법의 치명적 결함, 정부의 위기 혹은 비상사태라고 할 수는 없다.

(2) 2022년 출범한 이번 정부에 와서 상황은 크게 달라졌다. 정부와 국회의 협력은 회피되었고, 우리 헌법사에서 이례적으로 빈번하게 대통령의 법률안 거부권이 행사되었다. 국회는 예외적인 헌법보호제도인 탄핵소추를 계속 의결하였다.

(3) 야당의 대표가 선거법 등의 위반을 이유로 기소되었다는 사실은 헌법의 기능에 관한 문제가 아니라 법원의 재판에 맡겨진 과제였다. 이 점이 헌정을 기능 부전으로 이끄는 요소였다고 할 수는 없었다. 2022년 이후 헌정이 극단적인 대립으로 인하여 기능하기 어려운 것이 사실이었지만 이는 어디까지나 정치문제이고, 그래서 정치적 위기이고 정치과정에서 해결되어야 했다. 우리 사회가 그러한 능력이 없다면 어떠한 정부형태, 어떠한 제도로도 헌정의 정상은 유지될 수 없다는 것이다.

(4) 2023년 10월 17일 3명의 헌법재판관이 임기가 만료되어 퇴임하였다. 헌법재판소법에 의하면 심리를 위하여 7명 이상의 재판관이 참여하여야 한다. 헌법소원심판에서 가처분신청과 결정에 의하여 이러한 장애는 극복되었지만 여전히 6명의 재판관이 참여하여 심판을 결정할 수는 없었다. 당시에는 헌법재판소 구성의 이러한 문제가 12.3 비상계엄선포 이후의 헌정에 어떠한 영향을 줄지, 어떠한 헌법문제로 발전할지를 미리 내다볼 수는 없었다.

3. 12월 3일 이후

(1) 12.3 비상계엄이 헌법에 정한 발동요건을 갖추지 못하였다는 점은 뚜렷했다.

- 12.3 비상계엄은 이를 발동하기 위한 헌법상의 실질적인 요건을 갖추지 못했다.
- 포고령에 나타난 계엄조치, 특히 국회의 기능을 정지시키고 중앙선거관리위원회를 수색하는 조치는 헌법 및 계엄법이 허용하지 않는 내용이었고, 또 과잉된 것이었다.
- 비상계엄은 위기상황을 정상으로 회복시키기 위한 목적을 가져야 한다. 그런데 12.3 비상계엄은 헌정을 정상으로 회복하는 것이 아니라 새로운 권위주의체제를 수립하는 목적을 가졌다.
- 비상계엄의 선포를 위하여 거쳐야 하는 헌법상의 절차가 지켜지지 않았다.
- 비상계엄을 대통령의 통치행위로서 포괄적으로 정당화할 수는 없다. 사법심사의 대상에서 제외되는 통치행위는 헌법해석론과 헌법이론적으로 인정되지 않으며, 판례 역시 다르지 않다.

(2) 헌법 및 법률, 특히 계엄법, 그리고 논란의 여지가 있지만 형법의 내란죄에 위반하여 발동된 비상계엄은 탄핵의 사유에 해당했다. 실제 국회는 비상계엄의 해제를 의결한 후 12월 4일 곧바로 탄핵소추를 발의하였다.

(3) 12월 5일 일부 헌법교수들의 모임에서 국민과 국민의 대표 간에 의견의 간극이 너무 크고 헌정에 국민적 정당성이 연계되지 못하는 비정상을 회복하는데 헌법학자들의 역할이 크다는데 생각이 모아졌다. 이에 우선 개별적으로 의견을 모아 12월 7일 대통령의 탄핵을 촉구하는 '헌법학자·행정법연구자 선언'을 작성하고 발표하였다. 그러나 12월 7일 국회의 탄핵소추를 위한 표결에 있어서 여당의원이 집단적으로 불참하여 의결정족수가 부족하였고 이에 탄핵은 의결될 수 없었다. 12월 14일 국회에서 탄핵소추안은 다시 상정되어 재적의원 3분의 2 이상의 찬성으로 가결되었다. 이로써 대통령의 권한행사는 정지되고, 국무총리가 대통령의 권한을 대행하게 되었다.

II. 헌정회복을 위한 헌법학자회의

1. 설립의 취지와 계기

(1) 대통령이 탄핵소추되었으며 이제 권한대행이 헌정회복을 위한 행보를 단계적으로 밟아야 했다. 권한대행은 우선 헌법재판소가 탄핵심판에 대한 심리와 결정을 할 수 있도록 국회에서 이미 여야 합의에 의하여 선출된 재판관 후보자를 임명하여야 했다. 그런데 권한대행은 재판관 임명이 국가원수의 권한에 해당한다는 불분명한 명분, 따라서 권한대행의 권한 범위를 넘는다는 이유로 이를 미루었다. 이러면 헌정회복의 일정은 더디고 불명확해진다. 그리고 이는 헌법의 문제이며, 이제 헌법투쟁의 장(場)이 되었다. 또 이 시기에 자주 관찰되었던 헌법의 오독, 그리고 헌법을 정파적 주장의 준거로 삼는 것은 헌정의 위기를 넘어 헌법의 위기이기도 했다.

(2) 헌법학자들은 헌정에 관한 일회적 선언으로는 역할을 하기에 한계가 있으며, 임시적이기는 하지만 어느 정도 조직을 갖추어 헌법투쟁에 선도적으로 참여하고 정치권 및 시민사회의 의견형성에 기여하여야 한다는 데 뜻을 모았다. 그 이름을 '헌정회복을 위한 헌법학자회의'로 하였고, 줄여서 '헌법학자회의'로 부르기로 하였다.

(3) 헌법학자회의는 헌법실천을 위한 조직이다. 일종의 지식인 운동이라고 볼 수 있다. 이 점에서 학술단체인 학회와는 구별이 되고 한국공법학회, 한국헌법학회와 같은 기존의 학회를 모체로 하지 않은 이유도 여기에 있다. 그래도 헌법학자의 뜻을 모은다는 대표성과 이를 전달하는 효율성이 있어야 했기에 공동대표를 두고, 상임실행위원을 중심으로 주요 의사를 결정하고 집행하며, 상임실행위원은 지역단위로 분포되어 헌법학자회의가 전국적 대표성을 갖도록 하였다. 간사진이 이를 보좌한다.

2. 활동의 방향과 방식

(1) 헌법학자회의는 현재 진행되고 있는 정치적 및 헌법적 사안에 적용될 헌법적 기준에 따라 평가하는 의견을 사회에 제시하여 공론화하고, 또 공론을 선도하고자 한다.

(2) 현안에 대한 신속한 대응을 위하여 긴급좌담회가 필요했고, 헌정의 큰 틀에 대한 의견을 모으기 위하여 학술대회를 개최하고자 했다. 효율적인 회의 진행과 효과적인 의견의 전파를 위하여 화상회의를 열고, 이를 유튜브로 송출할 수 있도록 하였다. 회의 결과뿐 아니라 현안의 중요한 문제에 대한 헌법학자회의의 의견을 보도자료의 형식으로 전달하였다. 실제 이는 언론의 주목을 받았고, 의도한 바와 같은 성과가 있었다(헌법학자회의 홈페이지 참조).

(3) 긴급좌담회와 학술대회는 헌법학자회의의 의견을 형성하기 위한 매체이다. 이에 긴급간담회와 학술대회는 주제에 대한 각자의 관점에 따라 접근하고 의견을 교환하면서 검증하면서 연구자의 의견을 공고히 하는 학술적 담론의 장(forum)이 되기를 자제하였다. 그보다는 오히려 주제에 대한 헌법학자회의의 잠정적인 입장을 구성원의 의견을 들어 보충, 수정, 강화하고, 요즘 말로 하면 빌드업하여 설득력을 높임으로써 한편으로는 그 자체가 정치적 사안에 대한 판단기준이 되어야 하며, 다른 한편 시민사회의 공론을 헌법적 관점에서 보충하는 역할을 하여야 한다.

(4) 제1회 긴급좌담회 "대통령 권한대행의 헌법상 지위와 헌법재판관 임명 및 거부권 행사의 한계"를 작년 12월 26일 화상회의로 개최하였다. 비상계엄의 위헌성과 위법성을 명확히 하였다. 그 시점에 현안이었던 권한대행의 권한행사 범위, 보다 구체적으로는 권한대행의 헌법재판관 임명의 권한과 의무를 다루었다. 헌법상 국회에서 선출된 재판관 후보자에 대한 대통령의 임명권은 형식적인 권한이라는 전제에서 출발하였다. 이는 권행

대행의 경우에도 다르지 않다. 권한대행의 직무 범위에 관한 추상적인 지침, 즉 권한대행이 현상 유지에 주력하여야 하며 소극적인 권한행사에 그치고, 적극적인 권한행사를 자제하여야 한다는 명제가 구체적인 상황에서는 현상유지를 위하여 오히려 적극적인 행위의무가 있으며, 이를 이행하지 않을 때 헌법위반에 이른다는 결론을 얻을 수 있었다. 그럼에도 권한대행이 국회에서 선출된 재판관 후보자를 임명하지 않는 것은 대통령도 갖지 않는 실질적인 심사권을 행사하는 것이어서 권한대행의 권한 범위를 넘는다. 이는 권행대행인 국무총리가 국회에서 탄핵의결로 인하여 권한이 정지된 후 권한대행을 맡게 된 부총리에게도 마찬가지로 적용되는 헌법상 권한과 의무이며, 책임이다. 국무총리인 권행대행에 대한 국회에서 탄핵의결의 정족수, 부총리의 경우 권한대행의 권행대행이기 때문에 더욱 권한은 축소된다는 논리는 모두 헌법의 오독 혹은 헌법을 정파적 주장의 논거로 남용하는 예였다.

(5) 국무총리에 이어 대통령 권한대행을 맡은 부총리는 작년 12월 31일 국회에서 선출한 3명의 재판관 후보자 중 2명만을 임명하였다. 이 지점까지 국회에서 여야 간에 합의가 있었다는 논리였다. 이에 대한 근본적인 헌법적 평가는 이미 제1차 긴급간담회에서 모아진 바 있다. 제2차 간담회 '국회선출 헌법재판관 부분임명의 헌법적 해결방안 모색'은 목적을 보다 적극화하였다. 헌법해석에 의하여 제시된 헌법적 기준이 정치현실의 벽에 막혀 헌법규범이 무기력해지는 상태를 그대로 둘 수는 없었다. 권한대행이 임명을 거부 혹은 유예하고 있는 재판관 후보자의 임명을 명하는 처분을 구하는 국회의장의 권한대행에 대한 권한쟁의심판, 그리고 가처분 신청의 가능성을 살펴보았다. 기존에 일반적인 권한쟁의심판의 결정에서 보는 권한의 존부의 확인을 넘어서 임명을 적극적으로 명하는 주문이 가능할 것으로 보았다. 부분적으로는 헌법의 해석에 의하여 혹은 헌법재판의 특수성에 비추어 국회의 재판관 선출에 의하여 이미 재판관으로 임명된 것으로 볼 수 있다는 의견도 있었다.

III. 개회사

헌정회복을 위한 헌법학자회의 제1회 학술대회 ”12.3 비상계엄사태와 헌정회복을 위한 과제“를 개최합니다. 사실 지금에 와서 작년 12.3 비상계엄사태를 되돌아 보면 한참 이전의 사건인 듯합니다. 아마도 해가 바뀌었고, 무엇보다도 이후에 많은 쟁점, 그리고 이에 관한 정치적 공론이 진행되었기 때문이겠지요. 자연의 시간보다 긴 경험의 시간이었고, 이는 아직 진행 중입니다. 그럼에도 12.3 비상계엄을 학술대회의 전면에 내세운 것은 현재 진행 중인 사건이지만 헌정사에서 사건이 발생한 시점에 이를 경험한 학자들의 관점을 남겨두어야 한다는 생각이 있었기 때문입니다. 제2주제에서 이 문제가 상세히 다루어집니다.

12.3 비상계엄은 멀리는 긴급조치가 빈번했던 권위주의시대의 헌법 및 헌정과 비교하는 작업을 통하여 헌법적 평가에 가까워질 수 있습니다. 또 가깝게는 87년 이후 헌정의 굴곡, 그리고 더 가까이는 2022년 이후 이번 정부의 헌정에 대한 태도에 비추어 우리 헌법의 생명력을 확인하거나 혹은 지속가능성에 의구심을 갖는 계기가 되기도 합니다. 물론 미래를 지향하여 보면 헌법이 지속성을 갖도록 헌법운영에 영향을 미치는 제도의 개선, 헌법 자체의 변형 혹은 대안적 헌법의 모색 등의 사고와 공론이 필요하기도 합니다. 제1주제에서 이 점이 상세히 다루어질 것으로 기대합니다.

12.3 비상계엄이 남긴 문제는 여전히 우리 사회에서 일상의 쟁점이 되어 있습니다. 이에 대한 헌법에 따른 대응은 헌정회복의 시금석이 되고 있고, 우리 사회의 회복능력을 시험하고 있습니다. 그리고 이를 적극적으로 해결하는, 적어도 이에 필요한 설득력 있는 논리를 제공하는 헌법학자의 역량을 우리 사회는 필요로 하고 있습니다. 제3주제가 이러한 시도를 할 것입니다.

헌법학자회의는 조직과 재정이 갖추어지지 않은 상태에서 의지만으로 출범하였으며, 상임실행위원, 실행위원, 그리고 간사진의 헌법에의 의지와 노력, 희생이 있었기에 가졌던 의지를 실행에 옮기고 있습니다. 주제 발표자는 짧은 기간에 발표문을 작성하여야 했기에 보통의 경우에는 당연히 거절했을 요청을 흔쾌히 들어주었습니다. 추운 날씨에도 불구하고 학술대회에 참가하여 발표와 토론을 보충할 것으로 기대되는 일반 참가자의 활발한 의견 개진을 기대합니다. 모든 분들에게 감사의 말씀을 드립니다.

제1주제

발제

12·3 사태의 헌정사적 의미

김선택 공동대표·고려대 명예교수

토론

권형둔 공주대 교수

전종익 서울대 교수

제1주제 발제

12·3 사태의 헌정사적 의미

공동대표 김선택 (고려대학교 법학전문대학원)

I. 서: '1987년 이후'와 '12·3 사태'

한국의 헌정사는 크게 보아 '1987년 이전'과 '1987년 이후'로 나눌 수 있다. 1919년부터 1948년까지는 근대적 입헌주의 헌법을 처음 도입하여 헌정을 준비한 시기였다고 할 수 있고, 1948년부터 1961년까지는 광복 후 정부를 수립하여 헌정을 실험해본 시기였다고 할 수 있으나 제대로 뿌리를 내리지 못한 채 실패했다고 할 수 있을 것이다. 1961년 5·16 군사쿠데타로 헌정이 정지되고 군사독재가 시작되어 1979년 12.12 군사반란, 1980년 5.17 내란으로 군사독재가 연장되며 국민들은 큰 고통을 겪었다. 이 기간, 즉 1961년부터 1987년까지는 헌정의 암흑기였다. 1987년 6·10 민주항쟁을 계기로 현행 헌법이 성립하였고 그때부터 비로소 민주적 헌정질서가 운영되었으므로 이 시기를 헌정실행기라고 부를 수 있을 것이다.

우리 국토 위에서 우리 정부가 헌정을 책임진 시기만 보면, 1948년부터 1987년까지 39년간 헌정이 제대로 정착되지 못한 시기였고, 그 후 즉 1987년부터 2024년까지 37년간은 최소한의 기준 이상은 충족시킨 민주적 입헌주의를 운영해 왔다고 볼 수 있다. 기간만 보면 대략 40년 정도씩 된다. 그래서 우리 헌정사를 1987년 이전과 이후로 나눌 수 있다고 한 것이다.

특히 1987년 이후 한국은 민주화에 성공한 나라로 전 세계적인 평가를 받아왔다. 국제적인 여러 평가기관에서도 한국을 full democracy로 인정하고 있었다. 최근에는 포퓰리즘과 극우파의 세력 확대로 위협받고 있는 오래된 민주주의국가들보다도 더 높은 평가를 받게 되었다. 심지어 유럽에서는 독일이, 아시아에서는 한국이 민주주의의 등대 역할을 수행하고 있다고 상찬하는 경우까지 있었다.

이러한 상황에서 2024년 12월 3일 10시 20분에서 30분 사이에 현직 대통령이 무장 군인들을 동원하여 국회와 중앙선거관리위원회를 기습하는 실로 충격적인 사건이 벌어졌다. 한국의 민주주의는 순식간에 풍전등화와 같은 상태에 빠졌다. 한국의 헌정질서가 1987년 이전으로 돌아갈 뻔한 아찔한 순간이었다. 소위 '계엄'의 이름으로 행해진 대통령의 헌정질서 파괴행위는 1987년 민주화 이후 한국민주주의와 한국헌정에 대한 최초의 근본적인 공격이었다. 2016~7년의 대통령탄핵사건이 부패스캔들에 가까운 것이었고 헌정체제와는 무관하다고 할 수 있었던 데 비하여 이번 사태는 한국의 자유민주주의체제 자체를 부정하는 체제공격이라는 점에서 근본적이라고 할 수 있는 것이다.

12·3 사태는 2개의 행위로 구성된다. 첫째는 12월 3일의 비상계엄 선포 대통령담화와 포고령 발령이고, 둘째는 그 실행행위로서 국회와 중앙선거관리위원회를 무장 군인들이 기습 점거하여 의사 방해를 시도하거나 서버 반출을 시도한 행위이다. 물론 국회의 계엄해제요구결의의 압박을 받아서겠지만 비교적 짧은 시간인 6시간 만에 대통령이 계엄을 해제했다든가 즉시 군인들을 철수시켰다든가 하는 사실은 결정적인 것이 아니다. 그러한 사실은 대통령의 헌정질서 공격행위가 실패로 끝났다는 것을 의미하는 것일 뿐 그가 헌정질서를 파괴하려고 기도했다는 사실에는 아무런 영향도 미치지 아니한다.

12·3 사태의 전모는 아직 다 드러나지 않았고, 앞으로 수사와 재판을 통하여 더 구체적으로 밝혀질 것이다. 현재로서는 대통령 담화와 포고령, 국회와 중앙선거관리위원회 공격이라는 실행행위만 가지고도 판단 가능한 내용을 중심으로 논의할 수밖에 없으므로, 우리들의 오늘의 논의는 잠정적·과도적 성격을 가질 수밖에 없다.

12·3 사태를 판단함에 있어서 주의할 것이 있다: 첫째, 대통령 본인이 비상계엄을 선포할 수밖에 없었던 이유라고 내놓고 주장한 것들에 현혹되어서는 안된다. 담화나 포고령, 실행행위를 종합하여 실제의 의도, 실제의 목적을 추론하여야 한다. 둘째, 이 사태의 원인을 윤석열 개인의 심리상태, 예컨대 피해망상 같은 것에 돌려서는 안된다. 물론 그의 멘탈이 일부 영향을 미치긴 하였을 것으로 짐작되지만 그것은 그의 인식능력, 판단능력에 관계되는 것일 뿐 그가 이 사태를 통하여 추구하고자 했던 현실적 목표에는 별로 영향을 주지 않았을 것으로 보이기 때문이다. 이 사건에 대하여 우리는 구조적, 비판적으로 접근하여야 할 것이다.

12·3 사태의 의미는 장차 여러 학문분야의 연구대상이 될 것으로 보이는데, 우리 헌법학 분야에서는 헌법적·법률적으로 사태를 정밀하게 분석하는 것을 주로 하게 되겠지만 그에 앞서서 12·3 사태가 우리 헌정사에서 어떻게 자리매김되고 어떠한 맥락에서 어떠한 의미를 가지는 것인지, 그 본질 내지 성격은 어떻게 규정될 수 있는지를 전제로서 먼저 살펴보아야 할 것이다.

II. 12·3사태의 본질: 실패한 자기쿠데타(Self-Coup)

1. 계엄 vs. 쿠데타

12·3 사태는 대통령의 비상계엄 선포 및 그 실행행위라는 외피를 쓰고

있으나 실제로는 헌법과 계엄법에 정한 비상계엄의 요건들, 절차적, 형식적, 실체적 요건 어느 하나도 제대로 충족하지 못하여 비상계엄으로서 성립할 수 없는 것이었다(자세한 내용은 두 번째 발제 '비상계엄선포의 위헌·위법성'에서 다루어질 것이다). 소위 12·3 비상계엄은 성립조차 하지 않은 것, 즉 법률적으로는 부존재하는 것으로 보아야 한다.

혹자는 계엄이란 헌법과 법률이 대통령에게 부여한 권한이고 이번 사태에서 대통령이 취한 행동도 단지 그러한 권한을 행사한 것일 뿐이어서 문제될 것이 없다고 한다. 또한 그러한 권한행사에 관하여 헌법과 법률에 정하여진 요건의 충족 여부는 권한을 가진 대통령의 판단에 맡겨져 있는 것이어서, 설사 국민의 눈높이에 맞지 않는다 하더라고 문제되지 않는다고도 한다.

과연 그러한가? 대통령의 모든 권한은 대통령이 된 사람에게 백지수표로 주어지는 것이 아니다. 권한 하나하나마다 헌법과 법률에 요건을 구체적으로 규정해 놓은 것은 당해 권한을 가진 자의 오남용을 막기 위한 것이다. 만약 요건의 충족 여부를 권한을 가진 자의 주관적·임의적 판단에 맡긴다면 요건이 존재할 이유 자체가 없을 것이다. 요건의 충족 여부는 객관적으로 결정되는 것이다. 따라서 계엄권도 요건에 맞게 행사될 때만이 권한행사로 정당화되는 것이지, 권한을 가진 대통령이 행사하기만 하면 자동으로 정당화되는 것이 아니다.

그런데 12·3 사태의 경우, 담화와 포고령, 그 실행행위를 살펴보면 계엄을 실시할 목적이라기보다는 자유민주주의체제의 전복을 꾀한 것임이 명백하다. 따라서 계엄권한의 행사인지 여부, 그 요건의 충족 여부를 따지는 것 자체가 무의미해 보인다. 오히려 계엄으로 위장한 쿠데타로 보는 것이 정확할 것이다.

혹자는 이미 정권을 장악하고 있는 집권자 입장에서 정권찬탈을 목적으로 하는 쿠데타를 행할 동기가 없지 않으냐, 따라서 내란이나 쿠데타는 성립할 수 없다고 한다. 쿠데타는 두 경우가 있는데, 첫째는 정권에 참여하지 못한 자가 정권을 찬탈할 목적으로 행하는 경우이고, 둘째는 이미 정권을 잡고 있는 자가 자신의 권력을 강화하거나 영구적인 집권을 목적으로 행하는 경우이다. 후자의 경우를 세계 학계에서는 집권자의 자기쿠데타(Self-Coup), 친위쿠데타, 궁정쿠데타라고 부른다. 이번 12·3 사태는 집권자의 자기쿠데타의 가장 최신의 사례로 이미 세계 학계에서 언급되기 시작하였다.[1]

2. 헌법적 차원 vs. 형법적 차원

쿠데타는 성공하면 혁명이라는 이름으로 역사에 기록되고, 실패하면, 반역 즉 내란범죄로 처벌받는다는 말이 있다. 즉 성공하면 헌법적 사건이 되고 실패하면 형법적 사건이 된다는 것이다. 그래서 "성공한 쿠데타는 처벌하지 못한다."는 말까지 나온 것이다. 그러나 그렇지 않다. 그것은 그들 쿠데타를 저지른 자들이 지어낸 말에 불과하다. 쿠데타는 성공해도 내란이고, 실패해도 내란이다. 그 본질이 내란행위라는 사실은 어떤 경우에도 변하지 않는다.

비록 쿠데타가 성공하여 헌법질서가 재편되어 더 이상 쿠데타주역들의 내란범죄를 형사사법절차에 의하여 다툴 수 없게 된다 하더라도, 쿠데타가 합법적인 행위로 그 성질이 변화하는 것은 아니다. 불법적인 사실이 힘에 의하여 더 이상 바꿀 수 없는 상태에 이른 것일 뿐 법적으로 정당화되는 것으로 그 성질을 변화하는 것은 아니다. 한국에서 12·12 군사반란과 5·17 내란으로 집권하였던 전두환·노태우가 나중에 수립된 문민정부에서 군사

1 John J. Chin & Joe Wright, 'What is a self-coup? South Korea president's attempt ended in failure — a notable exception in a growing global trend', The Conversation (December 5, 2024), 〈https://theconversation.com/what-is-a-self-coup-south-korea-presidents-attempt-ended-in-failure-a-notable-exception-in-a-growing-global-trend-235738〉

반란과 내란으로 처벌받은 것은 그들의 집권 여하, 그들에 의한 헌법질서의 재편이 일시적인 효력을 가진 것일 뿐, 그들의 군사반란과 내란 자체가 불법이라는 성질이 여전히 변화하지 않는 것임을 보여주는 예이다.

3. 자유민주적 기본질서를 파괴한 국헌문란범죄

이번 12·3 사태의 행동대 역할을 맡은 무장 군인들이 국회를 심야시간에 기습하여 계엄 중에는 현행범이 아닌 한 체포할 수 없는 국회의원들을 자기들 마음대로 23:00부로 발효시킨 포고령 위반 현행범으로 체포하여 수방사 B1 벙커에 구금하려고 하였다. 국회의 비상계엄 해제 결의를 막기 위한 조치였음을 쿠데타를 저지른 자들이 스스로 실토하였다. 주지하다시피 계엄선포권한은 대통령에게 있지만 계엄의 효력을 유지할지 여부를 결정할 권한은 국회에 있다. 따라서 계엄을 선포한 대통령은 지체없이 국회에 통고하여야 하고, 국회가 열려있지 않을 때에는 국회를 소집하도록 요구하여야 한다. 그런데 거꾸로 국회의원을 체포·구금하여 국회가 열리지 못하도록, 즉 국회의 권능행사를 불가능하게 만들려고 하였다.

포고령을 보면 국회 뿐만 아니라 지방의회와, 정당, 일반 국민들의 정치적 집회·결사 등 정치적 활동 일체를 금지하려고 했다. 모든 언론·출판을 계엄사 통제 하에 두어 자신들에게 불리한 일체의 정보 유통을 차단하고자 했다. 노동자의 파업 뿐만 아니라 노동자들의 집회 자체를 금지시켜 노조활동을 원천봉쇄하려고 했다. 막고자 했던 대상들은 그들의 정치적 반대파들이었다. 정치적 반대파를 전부 반국가세력으로 몰아서 제거하고 자신이 전횡하고자 했던 것이다. 바로 독재를 꿈꾼 것이다. 독재는 자유민주주의 체제에 정반대되는 것이다.

자유민주적 기본질서(Die freiheitliche demokratische Grundordnung)라는 용어는 독일 기본법상의 개념으로 출발한 것이고, 이 개념의 핵심적 요소 가운데 하나가 복수정당제 하에서 야당을 보호하는 것이다.[2] 즉 정치적 반대파를 존중하고 보호하는 것이 자유민주적 기본질서를 형성하는 핵심내용 중 하나라고 할 수 있다. 12·3 사태의 목표는 정치적 반대파를 타겟으로 하여 완전히 뿌리뽑겠다는 것이어서 자유민주적 기본질서를 폐지하겠다는 선언을 한 것이다.

한국의 헌정질서는 자유민주적 기본질서를 핵심으로 하는 것이어서, 결국 12·3 사태는 헌정질서 파괴를 기도한 것으로 볼 수밖에 없다. 따라서 12·3 사태는 대통령이 담화에서 일방적으로 내세웠듯이 자유민주적 헌정질서를 지키기 위한 것이 아니라 오히려 거꾸로 자유민주적 헌정질서를 파괴하는 것이었다. 대통령이 계엄권을 행사해서 자유민주적 헌정질서를 지킨다고 했지만, 실제로는 그 반대, 즉 불법적인 폭력을 사용하여 자유민주적 헌정질서를 파괴하는 국헌문란범죄를 저지른 것이다.

Ⅲ. 한국헌정사 속의 쿠데타와 12·3 사태

위에서 보았듯이 두 종류의 쿠데타가 있는데 하나는 집권하고자 하는 자에 의한 쿠데타로 정권찬탈이 목적인 경우이고, 다른 하나는 집권하고 있는 자에 의한 쿠데타로 종신집권이 목적인 경우이다. 후자의 경우, 국민이 정권을 가진 자, 즉 정부를 선택하는 것이 주권이므로, 결국 주권찬탈을 목적으로 하는 것이다.

한국 헌정사에 나타난 쿠데타는 다음과 같다: 1961년 5·16 군사쿠데타, 1972년 10·17 유신쿠데타, 1979년 12·12 군사반란과 1980년 5·17 내란이 그것이다.

5·16 군사쿠데타와 12·12/5·17은 정권찬탈을 목적으로 한 쿠데타로

2 BVerfGE 2, 1 (LS. 2, 12f.).

볼 수 있고, 10·17 유신쿠데타는 전형적인 자기쿠데타였다. 유신쿠데타 이후 성립한 유신헌법은 주권을 빼앗아 소위 주권수임기관이라는 통일주체국민회의에 넘기고, 주권행사의 거의 유일한 방법인 대통령선거 및 국회의원선거를 비결정적인 것으로 만들어 버렸다. 대통령선거는 정치인이 아닌 지역유지들로 구성된 5,000명이 넘는 통일주체국민회의 대의원들이 유일한 후보인 박정희의 신임을 묻는 투표로 전락하였고, 한두 표 그것도 무효표를 제외하곤 전원 찬성이나 마찬가지로 진행되었다. 박정희의 종신집권이 제도적으로 보장되었다. 국민은 주권을 찬탈당하였다. 국회의원선거는 재적의원 3분의 1을 대통령이 일괄 추천한 명부를 놓고 통일주체국민회의에서 후보자 전체에 대하여 찬반표결함으로써 실질적으로 대통령이 임명하는 것이었고, 나머지 3분의 2도 중선거구제를 채택하여 그중 반은 항상 여당이 차지하는 구조여서 재적의원 3분의 2 이상을 대통령측이 확보하는 방식이었다. 국회의원선거를 통한 주권행사도 형해화되어 국민은 주권을 찬탈당하였다.

이번 12·3 사태가 윤석열의 뜻대로 진행되었더라면, 현재의 국회와 지방의회, 심지어 모든 정당들이 정치무대에서 사라졌을 것이다. 그가 대국민 담화에서 노골적으로 밝혔듯이 정치적 반대파를 "일거에 척결하고", 자기 마음대로 정당도 만들고 국회도 만들어[3] 자기 권력을 공고화하고 결국에는 개헌을 통하여 종신집권의 길로 내달렸을 것이다. 1972년 박정희가 유신쿠데타를 통하여 달성했던 독재정권이 세워졌을 것이다.

12·3 사태는 유신쿠데타만 참고한 것으로 보이지 않는다. 군대를 동원하는 측면에서는 5·16 군사쿠데타, 12·12 군사반란, 나아가 2017년 박근혜 탄핵정국에서 만들어진 계엄실행계획까지 참조된 것으로 밝혀졌다. 우리 헌정사에 등장했던 거의 모든 쿠데타가 12·3 쿠데타의 참고서가 되었다는 사실은 우리에게 어떤 교훈을 주는 것일까?

3 국회를 대신하는 비상입법기구를 만들어 운영하려고 했음이 이미 밝혀졌다. 5.17 내란 당시 전두환이 만들었던 국가보위입법회의를 모방하려 했던 것으로 보인다.

군대동원은 수단이었을 뿐 쿠데타의 목표까지 말해주지는 않는다. 12·3 사태가 본격적인 계엄상황으로까지 발전하지 못하고 실패했기 때문에 그 후의 진전을 실제로 목격하지 못했다고 해서, 그것이 궁극의 목적으로 한 것이 은폐될 수는 없다. 정치적 반대파를 모조리 제거하고 남는 정치의 진공영역에 자신이 원하는 왕국을 세우려 했을 것이라는 점은 우리 헌정사를 참고하면 충분히 도출될 수 있는 결론이다.

Ⅳ. 헌정사적 평가와 교훈

위에서 한국의 헌정사를 1. 헌정준비기(1919~1948), 2. 헌정실험기(1948~1961), 3. 헌정암흑기(1961~1987), 4. 헌정실행기(1987~)로 나누어 보았다.

12·3 사태는 1987년 민주화가 성공한 후 지난 37년 동안 계속되어온 헌정실행기에 최초로 발생한 근본적인 역주행 '기도' 사건이다. 헌정암흑기의 청산되지 않은 악령이 부활한 사건이다. 가깝게는 군에 대한 문민통제(Civilian Control)가 미완성이었음을 시사하는 사건이고, 엘리트들이 아직도 독재가 가능하다는 망상을 버리지 못하고 있음을 증명한 사건이고, 군경을 비롯하여 관련된 사람들이 불법적인 명령에 맹목적으로 복종하는 후진적인 문화가 여전함을 보여주는 사건이다. 다행히 독재를 경험한 정치인들의 책임있는 행동과 반대로 독재를 어이없게 생각하는 젊은 세대 국민들의 용기있는 저항이 함께 헌정사의 후진을 막는 데 성공하였다.

그러나 12·3 사태는 우리에게 한국의 대통령제가 어쩌면 라틴 아메리카 대통령제국가의 코스를 밟게 되는 것이 아닌지 심각한 고민을 던져주기도 한다. 노무현대통령 탄핵소추 및 기각—박근혜대통령탄핵소추 및 인용에 이어 윤석열대통령 탄핵소추 사건이 의미하는 바가 무엇일까?

12·3 사태를 윤석열의 심리상태(망상에 기초한 피해의식)이든 권력에 대한 집착(종신집권욕)이든 개인의 문제로 돌릴 수 있을까? 아니면 1987년 이후 운영되어 온 한국대통령제의 시스템 에러일까? 명령에 복종할 의무가 있는 집단(군, 경찰)을 제외하면 거의 동조하는 세력이 없었던 것에 비추어 윤석열 본인과 그 주변 측근들의 일탈이라고 보면 될까? 아니면 한국대통령제 내지 정부시스템에 근본적인 문제가 있는 것 아닐까? 양자택일적으로 접근할 문제가 아니고 두 경우 다 대책이 마련되지 않으면 안 될 것이다.

민주화 이후 등장한 대통령들 중 초기에 민주화운동으로 잔뼈가 굵었던 몇 사람을 제외하면 대체로 무능하였다는 점, 임기 5년도 버거운 사람들이 대부분이었다는 점, 따라서 현재 한국의 대통령제에서의 대통령직을 제대로 감당할 만한 사람이 거의 없다시피 했다는 점, 그렇다면 특히 무능한 대통령을 물러나게 할 만한 제도적 장치가 긴요함에도 결여되어 있다는 점, 반면에 '강한 대통령, 약한 의회'의 시스템이 유지되어 대통령 통제가 부실했다는 점, 이번처럼 여소야대국회가 될 경우 대통령에 대한 통제는 어느 정도 작동하는 데 반해서 대통령과 의회의 갈등이 심각해져서 국정운영을 둘러싼 갈등이 첨예화되었다는 점을 함께 고려해야 할 것이다,

이번 사태가 어느 정도 진정 국면으로 들어가면 무언가 시스템상의 근본적인 수선이 필요할 것으로 보인다. 이것이 헌법의 문제가 되어야 하는 것인지 아니면 법률의 문제로 해결하면 족할 것인지는 검토해 보아야 할 것이다. 나아가 헌법개정 또는 법률개정이 요구된다면 그에 따르는 시간의 문제, 방식의 문제도 함께 고민해 보아야 할 것이다.

어떠한 경우이든 이번 사태의 전개과정에서 우리 국민들이 보여준 입헌민주주의와 법치주의에 대한 사랑과 열정, 그리고 언론, 시민단체, 노조, 학자들까지 자유민주주의 헌법을 구하기 위하여 총궐기하는 것을 보면서 한국의 헌정이 더욱 공고한 기반 위에서 발전해 나갈 것이라는 희망을 가져본다.

제1주제 토론

「12.3 사태의 헌정사적 의미」 토론문

권형둔 (공주대학교 법학과 교수)

짧은 시간에 12.3. 사태의 헌정사적 의미에 대해 훌륭한 발제문을 작성해주신 김선택 교수님께 경의를 표한다. 87년 이래로 운영되어온 한국의 민주적 헌정질서가 12.3. 비상계엄으로 풍전등화의 위기에 빠졌고, 비상계엄의 본질은 집권자의 자기쿠데타로 자유민주주의체제 자체를 부정하는 체제공격이라고 논증하고 있다. 37년 동안 지속되어 온 민주적 헌정 실행기에 발생한 역주행으로 대통령 개인의 일탈도 있지만, 보다 근본적인 원인으로 대통령제 내지 정부시스템에 문제가 있는 것은 아닌가라는 기본 인식을 하고 계신데 대해 깊이 공감하면서 토론을 진행하고자 한다.

I. 12.3 사태의 원인은 무엇인가?

1987년 6월 항쟁으로 권위주의 정권이 퇴진하고 현행 헌법체제가 성립되었고, 그 새로운 질서 내의 정치를 이끌어가는 정당체제는 1988년 총선을 통해 시작되었다. 87년 헌법의 성립 당시 한국사회는 실질적 민주주의를 실현하는데 필요한 시민적 권리 의식이 생성되는 시기였지만, 절차적 민주주의가 제도적으로 세밀하게 구현되지 못한 현행 헌법의 한계가 명백히 드러난 사건이 12.3. 계엄 사태라고 볼 수 있다.

시민권의 발전은 단순히 권리의 문제가 아닌 공동체의 구성원과 시민으로서의 덕목과 행동, 공동체에 대한 소속감 등 그 전체를 대상으로 판단한다. 이러한 맥락에서 볼 때 대통령 탄핵에서 드러난 시민들의 성숙한 시위문화는 우리사회의 시민의식이 87년 헌정체제의 성과와 한계를 극복하고 실질적 민주주의를 실현해 나가는데 부족함이 없음을 보여주고 있다.

발제자께서는 12.3. 비상계엄이 실패한 자기쿠데타임과 동시에 자유민주적 기본질서를 파괴한 국헌문란범죄로 규정하면서, 이에 대해서는 대통령 개인의 일탈도 있지만 한국의 대통령제와 정부시스템에 문제가 있는 것은 아닌가라는 근본적인 의문을 제기하고 있다.

토론자는 이에 깊이 공감하면서도 우리의 의식 속에 실질적 민주주의에 대한 관념이 아직 깊숙이 자리 잡지 못한 것도 그 원인의 하나라는 생각이 있다. 우리 사회가 당면한 문제는 헌법의 문제도 있지만, 법률과 그 집행에 관련된 행정, 이에 대한 감시를 소홀히 하면서 갈등을 초래하고 있는 정치영역 전반에 있는 구성원들의 의식이 민주주의 발전을 따라가지 못하고 있다고 본다. 선거를 치루고 권위주의를 탈피하고 주권자의 의사가 반영되는 제도적 틀이 마련되었음에도 불구하고 그 깊이는 일천하며 우리의 잠재의식 속에는 여전히 청산되어야 할 권위주의의 잔재와 관료주의의 병폐가 남아 있다고 본다.

12.3. 비상계엄을 전후해서 보인 국가기관과 구성원들의 행태는 실망스럽기 그지없다. 이태원에서 354명의 젊은이들이 사고로 사망 또는 부상을 당했지만 책임을 지는 국가기관과 대표자는 없었다. 감사원은 대통령실 이전 과정에서 다수의 무자격 업체가 관저 공사에 참여하고, 이 업체가 불법 하도급을 준 사실이 드러났지만 구체적 감사 내용을 누락함으로써 비판을 받고 있다. 채 해병 사망사고 관련 수사외압은 여전히 밝혀지지 않고 책임감을 갖고 수사한 수사단장은 군사재판을 받으며 고초를 겪고 있다. 비상계엄의 선포가 헌법적 요건에 부합하지 않고 포고령이 위헌적임에도 불구하고 이에 가담한 고위 장성들은 그 누구도 문제를 제기하지 않았다. 적법한 국무회의는 열리지 않았고, 대통령 권한대행은 국회에서 선출한 헌법

재판관을 온전히 임명하지 않고 있어 헌법상의 의무를 저버리고 있다.

그 원인은 무엇일까? 근본적으로는 행위와 책임의 불균형의 문제에서 찾을 수 있는데, 이는 사람의 문제이자 동시의 제도의 문제이기도 하다. 결국은 법치주의 실현의 물적 기초가 되는 입법, 행정, 사법, 공공기관의 권능과 권한이 실질적으로 유지되고 행사될 수 있도록 제도가 올바로 서야한다고 본다. 민주주의가 왜곡되는 국가영역에 대해서는 권한 행사시에 행위와 책임이 동시에 존재하는 원칙이 실현되어야 한다. 국가기관과 그 구성원이 행위 시에 책임을 의식하지 않아도 되는, 책임을 부과할 수 없는 행동이 가능한 그러한 권한만 부여되어 있는 부서 내, 부처 간, 국가기관 상호간의 구조가 우리사회의 민주주의를 왜곡하는 원인이라고 본다.

몸에 쌓인 적폐는 생존본능에 따라 몸 스스로 보내는 구조신호로 알 수 있다. 하지만, 시스템에 의한 제어가 없는 권력의 폐단은 그것이 쌓여가도 변화하지 않고 오히려 공고화된다.

강화도 소재 외규장각에 보관되어 있었던 조선왕실의 의궤는 병인양요 당시 프랑스군에 340여 도서와 함께 약탈되어 파리국립도서관에 1세기 가량 방치되어 있었다. 이후 그 행적이 밝혀지고, 1993년 프랑스의 미테랑 대통령이 TGV의 고속철도 수주를 위해 방한하면서『휘경원원소도감의궤』상 1권을 반환하고 프랑스 외규장각 도서 전체의 반환을 약속했다. 하지만, 양국이 합의점을 찾지 못하면서 2010년 11월에 개최된 서울 G20 정상회담에서 프랑스와의 정상 회담 이후 외규장각을 5년마다 갱신 대여하는 것으로 합의하였다. 5년마다 갱신해야 하는 대여 방식으로 돌아온 미완의 환수 배경에는 사서의 직업윤리에 반하는 행위를 강요받았다는 성명과 함께 사표를 내며 대통령과 맞섰던 프랑스 사서가 있다. 자클린 상송이라는 사서는 이후 사서부문 총국장의 지위까지 이르렀다.

12.3. 비상계엄을 전후하여 대통령과 행정부에 필요했던 사람은 자클린 상송의 역할을 하는 국가기관과 그 구성원이다.

비상계엄을 막아선 이름 없는 시민들이 희망을 갖게 한다. 민주주의가 왜곡되고 있는 상황을 막아선 방첩사의 법무장교들, 법무부법무실장, 국정원 제1차장, 불법계엄에 대해 소극적으로 저항한 군인에게서 희망을 갖는다. 그간에는 이들을 배척했던 조직문화를 개선해가는 제도에 대해 사회 구성원들이 좀 더 관심을 갖고 진지한 고민을 할 때라고 본다.

II. 결국은 제도개선의 문제로 귀결된다.

우리사회의 다층적이고 복합적인 이념갈등, 노사갈등과 지역갈등으로 비롯된 분열의 원인은 다양하다. 분단모순에서 비롯된 것도 상당하다. 87년 헌정체제의 극복을 위해서는 현재의 탄핵국면에 제한되는 것이 아니라 중장기적인 방향성을 갖고 진행되어야 한다는 발제자의 인식에 공감한다.

현행 헌법의 구성을 보면 민주주의, 법치주의, 사회국가의 원리를 기본으로 하면서 이를 위해 적절한 조문 간의 순서, 조문의 배치, 조문 개수를 가지고 있다. 민주주의 원리의 구체화는 국민이 국가권력을 어떠한 방식으로 행사하는지에 대한 규율이다. 이에 대해 법치주의는 공동체의 질서와 개인의 자유 보장을 위한 질문에 대한 대답이다. 국가의 간섭으로부터 자유로운 개인의 자율적인 영역을 위해 국가권력을 조직상 분할하여 국가기관을 상호 관계에서 견제하게 하여 개인의 자유 영역을 확보해낸다. 국가권력의 집중과 남용의 위험을 방지하고, 궁극적으로 국민의 자유와 권리를 보호하고자 하는 권력분립의 사상은 국가기관 상호간의 억제와 균형을 통하여 구현된다.

하지만 현행 헌법은 "견제(checks)"는 가능하나 "균형(balances)"의 원리를 달성하기에는 미흡하다. 12.3. 비상계엄에 대해 국회가 견제는 했지만 국민주권에 따라 민주주의와 법치주의의 실질적 내용까지 대통령에게 요구하는 제도적 보장책은 없다. 대통령 탄핵으로 이어질 수밖에 없는 헌법구조를 갖고 있는 것이다.

최소한의 합법성과 적법성뿐만 아니라 적정성과 정당성에 이르는 것이 균형이다. 인사 청문제도, 국무위원에 대한 해임건의 등도 견제의 원리만 작동할 뿐이다. 균형의 원리는 국가과제의 효율적 이행을 위해 필요하지만, 실체적 내용을 채울 수 있는 균형을 이루기에 부족하다. 균형은 국가기관

간, 국가기관 내에서도 견제와 균형이 이루어져야 한다. 국회⇔정부⇔대통령 등 헌법기관이나 검찰⇔경찰⇔감사원 등 권력기관 상호간은 물론이고 각 기관 내부관계에서도 견제를 넘어 균형이 자리 잡는 구조가 되어야 한다. 대통령 탄핵소추 이후에 나타나고 있는 국가기관의 내란 옹호 행위는 절망감을 자아내게 한다.

발제자께서 언급한 바와 같이 헌법개정 시 견제뿐만 아니라 균형의 관점이 헌법 조문에 반영될 필요가 있다. 현재의 정치체제가 대통령제와 양당제 하에서 정치안정과 효율성을 추구하고 있지만, 5년 단임의 대통령 임기제 또한 균형의 원리에 입각하여 개선이 필요하다. 12.3. 사태는 헌정사에 씻을 수 없는 오욕을 남겼지만, 동시에 이를 극복하고 새로운 헌정 발전에 대한 희망도 품게 해준다. 12.3 사태의 헌정사적 의미를 명쾌하게 정리해 주신 발제자의 노고에 감사드린다.

제1주제 토론

지정토론문

전종익 (서울대 법학전문대학원)

김선택 교수님의 발표를 잘 들었습니다. 이번 12·3 사태의 헌정사적 의미를 다각도로 정리해주신 김교수님의 발표를 통해 역사적, 법적 맥락에서 이 사건을 이해할 수 있는 기준들을 명확히 알 수 있었습니다. 특히 말미에서 제시해주신 시스템상의 근본적인 수선이 필요하다는 말씀을 통하여 앞으로 해결해야할 많은 과제를 알 수 있었습니다. 발표내용에 전적으로 공감하면서 발표문에 몇 가지 생각을 덧붙이는 것으로 지정토론을 갈음하려 합니다.

1. 헌정체제의 위기와 재발의 가능성

발표문에 나와 있는 바와 같이 12월 3일 대통령의 비상계엄 선포와 포고령 발령, 무장군인들에 의한 국회와 중앙선거관리위원회 점거행위로 구성된 12·3 사태는 비록 6시간 만에 계엄이 해제되고 군인들이 철수하여 일단 진정이 되었다 하더라도 그 자체로 헌법과 계엄법상의 요건들을 충족하지 못하는 위헌, 위법한 행위이며, 이후 알려진 전후상황들에 비추어 보면, 현재의 헌정체제를 전복하고 자신의 권력을 강화하기 위한 자기쿠데타 혹은 친위쿠데타에 해당하는 것으로 평가할 수 있다.

우리 헌정사를 돌이켜보면 쿠데타에 해당하는 것으로서 정권찬탈을 목적으로 군에 의하여 실행된 1961년 5·16, 1979년 12·12 군사반란과 1980년 5·17이 있었고, 대통령 자신이 계엄 혹은 초헌법적 비상사태 등을 이용하여 권력의 강화 또는 종신집권을 도모한 것으로서 1952년 부산정치파동과 1972년 유신쿠데타가 있었다. 시간적으로 5·17 이후 44년이 경과되었고, 유신쿠데타 이후 무려 52년이 경과되어 이제는 다시 한번 '계엄'과 같은 이름으로 헌정질서의 파괴행위가 있으리라고 생각하기는 쉽지 않았다. 더구나 1987년 이후 성공적으로 정착되었다고 생각한 입헌민주주의 체제 자체가 내부에서 위협을 받으리라고 예상한 사람들은 거의 없었다. 이에 따라 다시 이와 같은 사태가 발생하지 않도록 하려면 어떻게 해야할 것인지, 이와 같은 상황에 대비한 법적, 제도적 장치는 무엇인지에 대한 구체적인 고민없이 1987년에 채택된 제도와 규정들이 그대로 존재하고 있었다.

예를 들면 헌법 제77조가 비상계엄에 대한 절차적, 실체적 요건들을 규정하고, 선포 이후 지체없이 국회에 의한 계엄해제요구가 가능하도록 규정하고 있다 하더라도 여전히 대통령에게 비상계엄을 선포하고 실행할 수 있는 권한은 존재한다. 또한 현행 헌법상의 대통령제하에서 무능하면서도 권력강화에 대한 야심이 큰 인물이 다시 대통령에 선출될 가능성 역시 여전히 존재한다. 대통령과 의회의 갈등이 심각해지는 등 국정운영을 둘러싼 갈등이 첨예화되는 상황이 발생하였을 때 다시 12·3 사태와 같은 일이 발생하지 않으리라고 확신할 수는 없다. 이전까지는 상상할 수 없었던 상황에 직면하여 이제는 재발 방지를 위한 대비책을 고민해야 할 때라 생각된다.

2. 재발방지를 위한 대책

발표자에 의하면 12·3 사태의 원인으로 윤석열 대통령 개인의 문제와 함께 한국대통령제 내지 정부시스템의 근본적인 문제를 생각해볼 수 있다. 이 중 어느 하나로 양자택일적으로 접근할 수는 없고 두 경우 다 대책이 마련되어야 한다. 이에 따르면 재발방지를 위한 근본적인 대책은 현행 체제의 문제를 점검하고 이를 해결하기 위한 대안을 제시하는 것이다. 1987년 헌정체제에 결함과 문제가 있다면 이는 애초 헌법개정시부터 있었던 결함이 잠복하여 있다가 일정한 상황에서 발생한 것으로 볼 수도 있다. 다른 한편 처음부터 존재하였던 결함은 아니나 1987년 이후 정치적, 경제적, 사회적으로 변화된 상황과 미처 이를 예상하지 못하고 대처하지 못한 법제도가 충돌하여 발생한 것일 수도 있다. 어느 경우이거나 사태가 진정된 이후 광범위한 연구와 고민이 필요한 것으로서 장기적인 계획에 따라 이루어져야 할 과제에 해당한다.

이러한 근본적인 대책과는 별도로 단기적으로 사태의 수습국면에서 어떠한 점이 재발방지를 위해 필요한 것인가 하는 점 역시 생각해 보아야 한다. 이를 위해서는 이번 12·3 비상계엄이 결국 국회의 해제요구에 의하여 종결되었다는 점에 주목할 필요가 있다. 대통령의 위헌, 위법적인 친위쿠데타를 군부를 비롯한 행정부 내부에서 제어하고 방지하는 시스템은 작동하지 않았다. 내부적으로 위헌, 위법이 명확한 비상계엄에 대하여 명시적으로 만류하고 반대하는 목소리는 찾아보기 어려웠다. 이를 정부를 구성하는 인물들의 문화와 성격의 문제로 본다면, 이에 대한 대책은 향후 정부와 군부 구성원들의 충원 문제, 교육과 선발제도의 개정이 될 수 있다.

그러나 이와 같은 제도적 접근도 필요하지만 향후 문화와 성격을 변경하기 위해서는 이번 사태에 대한 철저한 진상규명과 법적 평가에 따른 광범위한 처벌과 책임추궁이 반드시 필요하다. 조금이라도 가담했던 사람은 물론이고, 책임있는 자리에 있는 사람이 이를 사전에 인지하였음에도 불구하고 위헌, 위법적인 행위를 사전에 방지하지 위한 노력을 다하지 않았다면 그에 따라 확실한 법적 책임을 추궁해야 한다. 그렇게 할 때에야 비로소 이후 비슷한 상황이 발생하였을 때 행정부와 군부 내부의 시스템이 작동하여 사전에 12·3 사태와 같은 친위쿠데타가 방지될 수 있을 것이다.

제2주제

발 제

12·3 비상계엄선포의 성격과 위헌·위법성

이종수 연세대 교수

토 론

권건보 아주대 교수

이황희 성균관대 교수

제2주제 발제

12.3 비상계엄선포의 성격과 위헌·위법성

이종수 (연세대 법학전문대학원 교수)

■ 국가긴급권 일반론

현행헌법은 국가비상사태에 당면하여 헌정질서를 조속히 회복시키기 위한 수단으로 이른바 '국가긴급권'을 국정의 최고책임자인 대통령에게 부여하고 있다. 이 같은 국가긴급권도 국가비상사태의 유형을 구별하여 제76조에서 긴급재정·경제명령 및 처분과 긴급명령 그리고 제77조에서는 계엄선포권으로 따로 규정하고 있다.

이와 더불어서 권력분립원리상 국가긴급권의 오·남용에 대비하여 제76조의 긴급재정·경제명령 및 처분 및 긴급명령에 대해서는 지체없이 국회에 보고하여 그 승인을 얻도록 하고, 승인을 얻지 못한 때에는 해당 처분 또는 명령이 그때부터 효력을 상실하도록 정하고 있다.

또한 계엄 선포의 경우에도 지체없이 국회에 통고하고, 국회가 재적의원 과반수의 찬성으로 계엄의 해제를 요구한 때에는 계엄을 해제하도록 정하고 있다.

즉, 대통령이 행사하는 국가긴급권에 대해서 국회의 사후적인 통제권한을 함께 정해두고 있다.

헌법은 특히 위 국가긴급권의 행사와 관련해서는 해당 헌법조항에서 각각 상황요건, 목적요건, 절차요건 및 준법요건 등이 함께 규정되고 있다고 강학상으로 이해된다. 즉 법률행위는 법이 정하는 해당 요건을 충족해야만 비로소 소기하는 법률효과가 발생하는 것이 법 전반을 관통하는 일반적인 원칙이다.

중대한 법적인 효과와 결과를 수반하는 대통령의 국정행위도 여기서 예외가 아니며, 특히 국가긴급권의 행사에 있어서는 더욱 위 요건들이 충족되어야만 비로소 적법하고, 소기하는 법적 효과를 발생시킨다고 이해된다.

헌법재판소 또한 국민의 기본권에 대한 침해 가능성 등 때문에 이 같은 발동요건이 엄격하게 해석되어야 한다고 밝히고 있다.

계엄의 법적 성격과 그 효과에 대해서는 이를 정하고 있는 나라들마다 다소 상이하기 때문에 일률적으로 말하기가 어렵다.[1] "계엄령"을 영어로는 Martial Law, 독일에서는 Kriegsrecht(전쟁법)으로 부르는 데서 확인되듯이, "한시적인 군정통치"가 그것의 공통적인 본질로 파악된다. 즉 현행헌법은 정상적인 헌정 상황을 중단시키고서 군정통치가 행해지는 계엄의 중대성과 그것의 오·남용 위험성을 고려하여 여느 국가긴급권과는 달리 발동요건에 추가해서 따로 "법률이 정하는 바에 의하게"함으로써 이른바 "준법요건"을 추가하고 있다. 이로써 따로 계엄법이 마련되어 있다.

국가긴급권에 내재하는 본질적인 위험성에 대해서는 일찍이 Ekkehart Stein 교수가 지적한 아래의 내용이 이번 12.3 비상계엄에 딱 들어맞는 경고(警告)라고 생각된다.

1 사전적인 의미로는 계엄(戒嚴)이 "일정한 곳을 병력으로 경계함"으로 풀이되는데, 월탄(月灘) 박종화 선생이 1942년에 펴낸 역사소설 《다정불심》에 "송도는 말할 것도 없고, 온 고려는 계엄 속에 놓였다. 군교와 기찰은 거미줄 늘인 듯 하고 …"라는 문구가 등장한다. 네이버 국어사전 참조.

"이 헌법상의 국가긴급권 규정이 전시(戰時)의 경우에는 확실히 지나친 것은 아니니다. 그러나 이 규정들의 대부분이 전시에만 적용되는 것이 아닌 게 문제다. 이 규정들은 특히 우리의 자유롭고 민주적인 기본질서에 대한 위협을 방어하는 데에도 기여한다. 이 같은 목적을 위해서 국가권력은 다양한 특별한 전권위임을 허용하고 있다.

이에 대한 가장 심각한 우려가 특별한 전권위임의 내용이 아니라, 이 전권위임에 놓여있는 전제들과의 관계성에 놓여있다. 즉 자유와 민주주의를 위협하는 위험이 대게는 국가기구의 바깥에 놓여있는 세력들로부터 비롯하고, 국가기구가 이에 맞서서 투쟁하는 게 최선일 수 있다는 전제가 바로 그러하다. 그러나 이 같은 전제는 모든 역사적인 경험칙에 반한다. 그간의 세계사를 통틀어서 자유 또는 민주주의에 대항하는 아래로부터 혁명은 그 사례가 거의 없었던 반면에, 위로부터, 즉 국가권력의 담지자에 의해서 자유와 민주주의를 제거하기 위해 행해져온 무수한 전례들이 존재한다."

〈*Ekkehart Stein*, Staatsrecht(14. Aufl., 1993), §23 Ⅲ 참조〉

※ 참고로 제2차 세계대전이 끝나고서 독일에서는 지난 바이마르 공화국이 몰락하게 된 주된 원인의 하나가 바이마르 헌법 제48조에서 규정된 제국대통령의 국가긴급권 남용에 있었다는 데에 공감대가 폭넓게 형성되었다. 이런 까닭에 전후 1949년에 제정된 기본법에는 국가긴급권에 관한 규정이 아예 없었다. 이후 국가긴급권 규정을 기본법 안에다 두려는 시도가 줄곧 계속되다가, 사민당(SPD)이 마침내 동의하는 가운데 1968년 기본법 개정을 통해서 <방위사태에 관한 절(節)>이 새로이 삽입되었다. 그리고 이와 동시에 그것의 통제장치로 저항권의 명문화 그리고 연방헌법재판소법상의 법률상 권리수단이던 헌법소원제도를 기본법 안에다 함께 옮겨두었다.

그러나 국가 내부적인 위기상황이라는 게 여전히 분명하게 정의되어있지 않으며, 그 시작과 종료에 대해서도 명확한 규정이 존재하지 않는다는 우려가 제기되었다. 또한 과거에 그래왔듯이 이 국가긴급권이 한번 발동되면, 앞으로도 그리 될 거라는 반대의 목소리가 있었다.

이와 관련하여 Michael Stolleis 교수도 아래와 같이 서술한다.

"그러자 국가가 잠재적인 비상사태로 위축되었다. 하지만 이 상태 역시 1968년에 헌법의 울타리 안에서 잘 처리되었다. 시민들에게도, 역시 마찬가지로 헌법적 차원에서 저항권이 주어졌다(기본법 제20조 제4항). 즉 헌법 외적인 공간에 놓여 있던 비상사태와 저항사태가 살짝 그 모습을 드러내고는 바로 헌법 안으로 옮겨진 셈이다. 지금껏 다행스럽게도 비상사태와 저항사태라는 두 가지 위기극복의 방식이 시험대에 오르는 일이 없었다."

〈*Michael Stolleis* (이종수 옮김), 《독일 공법의 역사》(푸른역사), 245쪽 이하 참조〉

■ 계엄선포의 실체적, 절차적 요건

◎ 상황요건 - 전시, 사변 또는 이에 준하는 국가비상사태의 발생

◎ 필요성요건 - 병력으로써 군사상의 필요에 응하거나 공공의 안녕질서를 유지할 필요

◎ 질차요건 - 국무회의의 심의 (헌법 제89조 제5호상 국무회의의 필수적 심의사항임)

◎ 준법요건 - 법률(계엄법)이 정하는 바에 의하여함

계엄법 제2조

② 비상계엄은 대통령이 전시·사변 또는 이에 준하는 국가비상사태 시 적과 교전(交戰) 상태에 있거나 사회질서가 극도로 교란(攪亂)되어 행정 및 사법(司法) 기능의 수행이 현저히 곤란한 경우에 군사상 필요에 따르거나 공공의 안녕질서를 유지하기 위하여 선포한다.

⑤ 대통령이 계엄을 선포하거나 변경하고자 할 때에는 국무회의의 심의를 거쳐야 한다.

⑥ 국방부장관 또는 행정안전부장관은 제2항 또는 제3항에 해당하는 사유가 발생한 경우에는 국무총리를 거쳐 대통령에게 계엄의 선포를 건의할 수 있다.

특히 계엄 선포의 실체적 요건으로서 헌법 제77조에는 없는데도, 계엄법 제2조 제2항에서 추가해서 적시되고 있는 "사회질서가 극도로 교란(攪亂)되어 행정 및 사법(司法) 기능의 수행이 현저히 곤란한 경우"가 한편으로

는 문제적이라고 판단된다.

비상계엄 선포가 대통령의 고유한 권한이고, 병력이 동원되는 계엄 선포를 정당화하는 상황 여하에 관한 판단 역시 일응 대통령의 재량사항에 속한다고 보이는데, 그렇지만 여기서의 재량은 단순한 자유재량이 아니라, 사전에 국무회의의 심의가 필수적으로 요구되듯이(헌법 제89조 제5호) "의무에 합당한 재량"인 것으로 평가된다.

이에 대해서는 헌법재판소도 아래와 같이 확인하고 있다.

> 긴급재정경제명령을 발할 수 있는 중대한 재정. 경제상의 위기 상황의 유무에 관한 제1차적 판단은 대통령의 재량에 속한다. 그러나 그렇다고 하더라도 그것이 자유재량이라거나 객관적으로 긴급한 상황이 아닌 경우라도 주관적 확신만으로 좋다는 의미는 아니므로 객관적으로 대통령의 판단을 정당화할 수 있을 정도의 위기상황이 존재하여야 한다. (헌재 1996. 2. 29. 93헌마186(긴급재정명령 등 위헌확인))

그러나 계엄선포와 관련해서는 다소 작위적으로 구성된 위 여러 발동요건이 각각 따로 평가되기보다는, "국가비상사태에 당면하여 그 대응수단으로써 병력의 동원"이라는 개념 하에서 상황요건과 필요성요건이 불가분적으로 결합되어있다고 판단된다. 그리고 여기에다 그것의 오·남용 가능성에 대비해서 절차요건과 준법요건의 준수 그리고 해제 요구를 통한 국회통제가 덧붙여져 있다고 이해된다.

■ 12.3 비상계엄 선포에 대한 평가

12.3 계엄선포 대국민 담화에서 윤석열 대통령이 밝히고 있는 거대야당의 예산 폭거와 입법 폭주, 탄핵 남발에 따른 행정기능의 마비가 헌법

제77조가 예정하고 있는 비상적인 상황인지에 대한 평가가 논란될 수 있겠다.

- 먼저 정부가 제출한 예산안에 대한 심의권은 국회의 고유한 권한이다. 미국의 헌정에서 대통령과 하원 다수당이 불일치하는, 즉 여소야대(與小野大)의 이른바 "분점(분리)정부"(divided government)상황에서 당해 연도 9월 말까지[2] 예산안이 통과되지 못하여 연방정부의 기능이 마비되는 이른바 "셧다운"(Shutdown)이 때로 발생해왔다. 1976~2024년까지 이 같은 셧다운이 22차례 발생한 것으로 확인된다. 최근에 미국의 학자들은 대체로 이 같은 분점정부를 정상적인 헌정 상황으로 이해해오고 있다.[3] 반면에 미국과는 달리 준예산제도를 취하는 우리의 경우에 미국에서와 같은 셧다운은 발생하지 않기 때문에 야당의 예산 폭거에 따른 행정기능의 마비를 주장하는 것은 설득력이 떨어진다.

- 그리고 일련의 특검법 제정과 탄핵 남발로 인한 행정기능의 마비 주장 부분을 판단해 보면, 그간 역대 정부에서 대통령의 친인척 내지 측근 비리로 인한 특검법 제정이 있어 왔으며, 야당이 추천하는 특검이 임명되어 왔음이 확인되기에, 이것이 삼권분립원칙에 위배된다는 주장 또한 설득력이 떨어진다. 현행 헌법과 헌법재판소법상 고위공직자에 대한 탄핵제도가 규정되고 있으며, 해당 고위공직자가 설령 탄핵소추되어서 직무가 정지되더라도, 헌법과 정부조직법, 대통령령인 직무대리규정이 정하는 바대로 대행체제가 행해지기 때문에, 이로써 행정기능이 마비된다는 주장 역시 별로 설득력이 없다고 판단된다.

2 미국 정부의 회계연도는 10월 1일부터 시작한다.

3 제2차 세계대전 이후로 분점정부는 대통령과 하원간의 지배적인 권력배분의 표본이 되어왔는데, 지난 1945년부터 2002년까지 약 2/3에 해당하는 시기 동안에 분점정부가 성립되었다. G. K. Romoser, Politische Opposition zwischen Konsens und Instabilität: Das amerikanische Präsidialsystem, in: H. Oberreuter(Hrsg.), Parlamentarische Opposition – Ein internationaler Vergleich, Hoffmann und Campe Verlag, 1975, S. 63.

- 게다가 실제로 그간 서해교전(1999년), 연평해전(2002년) 및 북측의 연평도 포격(2010년) 등 수차례 국지전 내지 군사적인 대치국면이 벌어진 바가 있었고, 이로써 군 내부의 경계 태세가 강화되기는 했지만, 비상계엄이 선포되지는 않았다.

- 윤석열 대통령이 계엄 해제 전후 시점에서 밝힌 야당에 대한 경고용이라거나 부정선거 조사를 위한 부득이한 조치였다는 주장 역시 위 비상계엄의 발동요건에 전혀 맞지 않음은 물론이다.

> 김용현 전 국방장관에 대한 검찰 공소장의 일부 내용
>
> 대통령, 피고인 등의 행위는 헌법에 의하여 설치된 국가기관인 국회, 국회의원, 선관위를 강압하여 그 권능행사를 불가능하게 한 행위, 즉 국헌문란에 해당함.
>
> 헌법상의 국민주권제도, 의회제도, 정당제도 등 자유민주적 기본질서를 파괴하려는 국헌문란의 목적이 있었다고 확인됨.
>
> 위헌·위법한 비상계엄과 포고령에 근거하여 다수의 무장 계엄군과 경찰을 동원하여 여의도(국회, 민주당사), 과천(선관위), 수원(선관위), 관악구(선관위), 서대문구(여론조사꽃) 일대의 평온을 해하여, "폭동을 일으킨 것"에 해당함

■ 위헌적인 계엄선포가 사법적으로 면책되는 통치행위인가?

- "예외상태(위기상황)에서 결단을 내리는 자가 바로 주권자다."(Carl Schmitt, 1922)
  카를 슈미트의 위 언명은 결국 독일에서 히틀러의 권력 장악과 전체주의를 옹호 내지 정당화했고, 이로써 제2차 세계대전과 홀로코스트의 참상을 가져왔다. 따라서 국민주권주의에 입각한 오늘날의 헌법국가에서 그대로는 통용되기가 어려운 주장이다.

- 오늘날의 법치주의는 모든 국가작용이 거의 예외 없이 사법적 심사

하에 놓인다는 것을 뜻한다. 계엄선포가 고도의 정치(통치)행위라 하더라도, 이로써 국가의 기능에 중요한 변화를 초래하고, 또한 개인의 기본권과 권리관계에도 크게 영향을 미치는 까닭에 헌법상의 과잉금지원칙이 존중되는 가운데, 계엄선포의 실체적, 절차적 요건의 구비 여부 내지 그 당부에 대해서 국회 및 법원의 통제가 가능하고, 또한 필요하다는 게 학계의 일반적인 견해이다.[4]

아래 헌법재판소 선례를 통해서도 위 내용이 확인된다.

> 헌재 1996. 2. 29. 93헌마186(긴급재정명령 등 위헌확인)
>
> 그러나 이른바 통치행위를 포함하여 모든 국가작용은 국민의 기본권적 가치를 실현하기 위한 수단이라는 한계를 반드시 지켜야 하는 것이고, 헌법재판소는 헌법의 수호와 국민의 기본권 보장을 사명으로 하는 국가기관이므로 비록 고도의 정치적 결단에 의하여 행해지는 국가작용이라고 할지라도 그것이 국민의 기본권 침해와 직접 관련되는 경우에는 당연히 헌법재판소의 심판대상이 될 수 있는 것일 뿐만 아니라, 긴급재정경제명령은 법률의 효력을 갖는 것이므로 마땅히 헌법에 기속되어야 할 것이다.
>
> 또한 헌법은 긴급재정경제명령의 발령절차에 관하여 국무회의의 심의를 거쳐야 하고(제89조 제5호), 그 발령은 문서의 형식으로 하여야 하며, 그 문서에는 국무총리와 관계국무위원의 부서가 있어야 하고(제82조), 지체없이 국회에 보고하여 그 승인을 얻어야 하며, 국회의 승인 여부를 즉시 공포하여야 한다(제76조 제3항, 제5항)는 규정을 두고 있다.
>
> 그리고 긴급재정경제명령은 평상시의 헌법 질서에 따른 권력행사방법으로서는 대처할 수 없는 중대한 위기상황에 대비하여 헌법이 인정한 비상수단으로서 의회주의 및 권력분립의 원칙에 대한 중대한 침해가 되므로 위 요건은 엄격히 해석되어야 할 것이다.
>
> 긴급재정경제명령을 발할 수 있는 중대한 재정. 경제상의 위기 상황의 유무에 관한 제1차적 판단은 대통령의 재량에 속한다. 그러나 그렇다고 하더라도 그

4 대표적으로 전광석, 《한국헌법론》(집현재), 2019, 728쪽 이하; 김하열, 《헌법강의》(박영사), 2023, 881쪽 이하 참조.

것이 자유재량이라거나 객관적으로 긴급한 상황이 아닌 경우라도 주관적 확신만으로 좋다는 의미는 아니므로 객관적으로 대통령의 판단을 정당화할 수 있을 정도의 위기상황이 존재하여야 한다.

헌재 2013. 3. 21. 2010헌바132등 (구 헌법 제53조 등 위헌소원 사건)

그러나, 비록 고도의 정치적 결단에 의하여 행해지는 국가긴급권의 행사라고 할지라도 그것이 국민의 기본권 침해와 직접 관련되는 경우에는 헌법재판소의 심판대상이 될 수 있고, 이러한 사법심사 배제조항은 근대입헌주의에 대한 중대한 예외로 기본권보장 규정이나 위헌법률심판제도에 관한 규정 등 다른 헌법조항들과 정면으로 모순·충돌되며, 현행헌법이 반성적 견지에서 긴급재정경제명령·긴급명령에 관한 규정(제76조)에서 사법심사 배제 규정을 삭제하여 제소금지조항을 승계하지 아니하였으므로, 이 사건에서 유신헌법 제53조 제4항의 적용은 배제되고, 현행헌법에 따라 이 사건 긴급조치들의 위헌성을 다툴 수 있다.

■ 餘論 및 주어진 과제들

- 형법에서는 내란죄 및 외환죄와 관련해서는 모든 자를 예정하고 있는데, 헌법 제84조는 헌법전 전체를 통틀어서 특정인을 범죄의 실행주체로 정하고 있는 유일무이(唯一無二)한 조항, 즉 대통령을 특정해서 내란 및 외환의 죄를 범할 수 있는 실행주체로 명시적으로 밝히고 있다. 따라서 대통령이 어떻게 내란죄를 범하느냐는 주장은 타당하지 않다.

헌법 제84조 - "대통령은 내란 또는 외환의 죄를 범한 경우를 제외하고는 재직 중 형사상의 소추를 받지 아니한다."

형법 제87조(내란) - "대한민국 영토의 전부 또는 일부에서 국가권력을 배제하거나 국헌을 문란하게 할 목적으로 폭동을 일으킨 자는 다음 각 호의 구분에 따라 처벌한다."
제91조(국헌문란의 정의) 본장에서 국헌을 문란할 목적이라 함은 다음 각 호의 1에 해당함을 말한다.
1. 헌법 또는 법률에 정한 절차에 의하지 아니하고 헌법 또는 법률의 기능을 소멸시키는 것
2. 헌법에 의하여 설치된 국가기관을 강압에 의하여 전복 또는 그 권능행사를 불가능하게 하는 것

- 결론적으로, 이번 12.3 계엄선포는 그 발동요건, 즉 실체적, 절차적 요건의 어느 하나도 제대로 갖추지 못하고 있는 까닭에 위헌·위법한 행위, 즉 "헌법적 불법"으로서 탄핵사유에 해당하며, 그 자체만으로 탄핵심판에서 대통령의 파면을 정당화하는 중대한 헌법위반에 해당한다고 판단된다.

- 대통령 측에서 "(비상대권인) 계엄선포가 어찌 내란이냐?"고 항변하지만, 그간 드러난 여러 사실관계(국회와 선관위 공격 및 기능마비, 주요 정치인 등의 체포 등)에 비추어 볼 때에, 이번 사태의 본질은 비상계엄 선포의 당부(當否) 판단이라기보다는, "계엄을 빙자한 내란" 또는 "내란의 도구로 오용(誤用)된 계엄", 즉 "친위쿠데타"로 평가되며, 비상계엄 선포가 자신의 안위(安危)나 여소야대(與小野大) 국면에서 야당 탄압을 위한 히든카드나 비장의 무기 또는 꽃놀이패로 대통령에게 주어진 것이 아니라는 규범적 언명이 다시금 확인되어야할 중차대하고 유감스러운 계기라고 생각된다.

마지막으로, 이번 12.3 비상계엄사태를 교훈삼아서 아래의 추가적인 논의와 개선책이 필요해 보인다.

- 계엄법 제2조 제2항에서 추가되고 있는 문구인"사회질서가 극도로 교란(攪亂)되어 행정 및 사법(司法) 기능의 수행이 현저히 곤란한 경

우"의 적실성 검토. 즉, 발동요건에 있어서 전시, 사변 이외의 다른 상황적 사유를 삭제하는 방안의 검토

- 현행과 같은 국회의 사후적인 계엄 해제요구가 아니라, 국회 통제를 강화하는 측면에서 계엄선포에 있어서 미리 국회의 동의를 득하도록 하는 방안의 검토
- 계엄 선포에 따른 국회 통고가 따로 없어도, 국회가 이를 인지한 즉시 해제 의결과 요구가 가능함을 규범적으로 확인하고, 국회의 계엄 해제 요구 시에 따로 불필요한 국무회의 심의절차를 삭제함

두서없이 작성된 부족한 글을 읽어주셔서 감사합니다.

제2주제 토론

“12.3 비상계엄선포의 성격과 위헌·위법성”에 대한 토론문

권건보 (아주대 법학전문대학원 교수)

오늘 헌정질서회복을 위한 헌법학자회의가 개최하는 학술토론회에 토론자로서 참여할 수 있어서 영광입니다.

우선 12.3 비상계엄 선포의 헌법적 문제점에 대해 통찰력 있는 분석을 해주신 이종수 교수님께 감사드립니다. 발제문에서 비상계엄의 제도적 성격, 계엄의 발동 요건, 제도적 개선의 방향 등에 대해 핵심적 사항들을 잘 짚어주셔서, 12.3 비상계엄 선포의 헌법적 쟁점들을 냉철하게 살펴볼 수 있는 계기가 되었습니다. 발제문의 전반적인 내용에 대해서도 공감하며, 12.3 비상계엄 선포가 실제적 요건과 절차적 요건을 갖추지 못한 위헌·위법적 행위라는 결론에도 전적으로 동의합니다. 따라서 질문보다는 저의 소견을 몇 가지 보태는 방식으로 토론자의 소임을 다하고자 합니다.

1. 계엄의 제도적 성격

계엄은 병력을 사용하여 국가비상사태를 극복할 수 있도록 하는 예외적인 통치수단입니다. 특히 비상계엄은 사실상 군에 의한 통치를 가능하게 하고 헌법의 일부조항을 배제할 수 있다는 점에서 국가긴급권 중에서 가장 강력한 수단이라 할 수 있습니다. 그런데 발제문에서 잘 지적하고 있듯이 국가긴급권은 본질적으로 위험성을 안고 있습니다. 실제로 우리 헌정사에서 총 17회의 계엄 선포가 있었는데, 이 가운데 대통령이 정치적 위기를 돌파하는 수단으로 계엄을 악용한 사례들이 적지 않습니다.

1962년 12월 26일 헌법개정 이후 우리 헌법은 계엄의 선포 요건을 매우 상세하게 규정하는 한편, 국회의 계엄해제요구권을 통한 통제장치도 마련하고 있습니다. 이처럼 계엄의 선포와 해제에 관한 사항을 헌법에 구체적으로 명시한 데에는 계엄이 오·남용된 사례가 많았다는 반성적 고려가 크게 작용하였다고 생각합니다.

2. 계엄 선포의 요건 관련

(1) 발제문은 비상계엄의 선포가 대통령이 주관적 판단으로 마음껏 행사할 수 있는 자유재량의 사항이 아니라는 점, 계엄의 각 요건들은 불가분적으로 결합되어 있다는 점 등을 잘 지적하고 있습니다. 계엄이 당면한 국가비상사태를 극복하기 위해 불가피하게 인정되는 예외적 수단이라는 점에서 상황요건, 필요성요건, 절차요건, 준법요건이 모두 엄격하게 준수되어야 할 것입니다.

그리고 계엄은 그 명칭에서부터 "군정통치"로서의 속성을 내포하고 있습니다. 이는 병력을 동원하지 않으면 극복할 수 없는 비상적 상황에서만 계엄이 선포될 수 있다는 내재적 한계를 보여준다고 생각됩니다. 이러한 점에서도 비상사태에 관한 상황적 요건은 병력 동원의 필요성과 결부되어 엄격히 해석될 필요가 있다는 점을 충분히 수긍할 수 있을 것입니다.

(2) 대통령은 비상계엄을 선포하면서 거대야당의 예산 폭거와 입법 폭주, 탄핵 남발에 따른 국정 마비와 사회질서 교란을 거론한 바 있습니다. 하지만 이러한 상황은 병력을 동원해야만 극복할 수 있는 국가비상사태에 해당할 수 없습니다. 국회의 예산심의권, 입법권, 탄핵소추권은 헌법상 국회

에게 부여된 권한이고, 그러한 권한의 행사로 인해 행정과 사법의 정상적인 수행이 불가능한 상황에 이르렀다고 볼 근거는 없습니다. 또한 야당에 대한 경고용이라는 명분도 결코 헌법 제77조가 예정한 계엄 선포의 목적이 될 수 없는 것입니다.

한편 거대 야당에 의해 국회의 운영이 주도되는 상황은 지난 국회의원 총선거에서 국민이 정부와 여당의 거듭된 실정과 잘못에 대해 준엄한 심판을 내린 결과라 할 것입니다. 앞으로 국회가 정부를 좀 더 강력히 견제해줄 것을 요구하는 주권자의 뜻이 담겨 있는 것입니다. 그런데도 국회와 야당을 "반국가세력"으로 단정짓고 "범죄자 집단의 소굴", "패악질을 일삼은 망국의 원흉"이라는 식으로 강한 적대감을 드러내며 비상계엄 선포의 구실로 삼은 것은 헌법상 권력분립원리와 대의제민주주의에도 반할 수 있다고 봅니다.

설령 거대 야당 주도의 국회 활동으로 국정운영에 있어서 심각한 난맥상이 야기된다고 하더라도, 이러한 문제를 해소하기 위해 국회의 활동을 금지하는 비상계엄령의 선포는 결코 정당화될 수 없습니다. 헌법상 대통령의 계엄선포권은 극단적인 정치적 대립의 상황을 해소하기 위해 마련된 것이 아닌 까닭입니다.

1972년 개정 헌법과 1980년 개정 헌법 하에서라면, 앞서 내세운 사정들을 국회해산권 행사의 구실로 삼을 수 있었을지도 모르겠습니다. 그 당시 대통령의 국회해산권은 사실상 아무런 제약 없이 대통령이 임의로 행사할 수 있는 것이었기에[5] 정치적 악용의 가능성이 매우 컸던 제도였습니다. 1987년 6월 민주항쟁을 거쳐 개정된 현행헌법에서는 국회의 대정부통제권을 실질적으로 보장하기 위해 대통령의 국회해산권을 폐지하였던 것입니다. 이러한 헌정사적 맥락을 고려할 때, 설령 국회의 권한 남용을 이유로 하더라도 국회의 활동을 정지시키는 것은 현행헌법상 불가능한 것이고, 아

5 1972년 헌법에서는 "대통령은 국회를 해산할 수 있다."라는 규정을 두었고(제59조 제1항), 1980년 헌법에서는 "대통령은 국가의 안정 또는 국민전체의 이익을 위하여 필요하다고 판단할 상당한 이유가 있을 때에는 국회의장의 자문 및 국무회의의 심의를 거친 후 그 사유를 명시하여 국회를 해산할 수 있다. 다만, 국회가 구성된 후 1년 이내에는 해산할 수 없다."라는 규정을 두었다(제57조 제1항).

무리 비상계엄의 형식을 취하더라도 사실상 국회해산의 효과를 가져오는 비상적 조치는 용납될 수 없다고 하겠습니다.

(3) 국무회의의 심의가 있었다고 하더라도 실질적 토의의 과정 없이 요식적으로만 이루어졌다면, 이는 헌법 제89조 제5호의 절차를 거친 것이라고 보기는 어려울 것입니다. 또한 계엄법상 계엄사령관의 임명에 대한 국무회의의 심의가 없었다면, 이 또한 계엄법 제5조 제1항 위반이라고 할 것입니다. 그리고 계엄 선포 후 국회에 통고를 하지 않은 점도 헌법 제77조 제4항을 위반한 것입니다. 이러한 절차적 흠결은 계엄을 예외적 수단으로만 허용하려는 헌법적 결단에 반하는 것으로, 매우 중대하고 명백한 하자에 해당한다고 할 것입니다.

(4) 부서제도는 대통령의 전제를 방지하고 부서권자의 대통령 보좌에 대한 책임의 소재를 명확히 하는 의미를 가진다고 이해됩니다. 이는 행정부 내부에서 통제적 기능을 수행한다는 점에서, 오늘날 수직적 권력분립의 요소로서 그 의미가 새롭게 부각되고 있습니다. 이렇게 볼 때 대통령이 계엄을 선포할 경우 헌법 제82조에 따라 국무총리와 관계 국무위원의 부서가 있어야 합니다.

부서가 결여된 대통령의 행위에 대해 그 효력을 인정할 것인가와 관련하여 우리 학계에서는 상이한 견해가 존재합니다. 즉 부서는 헌법에 명시된 의무를 불이행한 것이므로 이를 누락하면 무효라고 보아야 한다는 견해[6]와 법적 안정성의 측면에서 효력을 부정하기는 어렵고 단지 위법적 직무집행으로 탄핵사유가 될 수 있다는 견해[7]로 갈리고 있습니다. 하지만 어느 입장에 의하더라도, 부서를 결여한 대통령의 국법상 행위는 위법한 것으로 탄핵소추의 사유가 된다는 점에 대해서는 이견이 없습니다.

12.3 비상계엄의 선포 과정에서 국무총리와 관계 국무위원의 부서가

6 성낙인, 헌법학, 법문사, 2024, 617면, 629면; 허영, 한국헌법론, 박영사, 2020, 1070면; 김하열, 헌법강의, 박영사, 2018, 879면; 이효원, 대한민국 헌법강의, 박영사, 2024, 718면 등.

7 권영성, 헌법학원론, 법문사, 2010, 1023면; 한수웅, 헌법학, 법문사, 2020, 1284면 등.

이루어지지 않은 것으로 알려지고 있습니다. 그렇다면 이와 관련한 절차적 하자는 대통령에 대한 탄핵심판에서 중대한 헌법위반의 사유로 다루어질 가능성이 높다고 판단됩니다.

3. 사법적 통제의 가능성 관련

(1) 대법원과 헌법재판소는 고도의 정치적 행위에 해당한다고 하더라고 그것이 헌법을 파괴하거나 국민의 기본권을 침해할 가능성이 있는 경우 사법적 통제의 대상이 된다는 입장을 확립하고 있습니다. 그런데도 아직도 통치행위이론에 기대어 비상계엄 선포에 대한 사법심사를 차단하려는 시도는 시대착오적이라 하지 않을 수 없을 것입니다.

(2) 판례는 헌재 1996. 2. 29. 93헌마186(긴급재정명령 등 위헌확인) 등에서 "국민의 기본권 침해와 직접 관련되는 경우에" 헌법재판의 대상이 될 수 있다고 합니다. 그런데 모든 헌법재판에 있어서 기본권 침해와의 직접 관련성이 있어야만 하는 것은 아닐 것입니다.

헌재 2004. 4. 29. 2003헌마814(일반사병이라크파병 위헌확인)에서 "헌법과 법률이 정한 절차를 지켜 이루어진 것임이 명백"하다는 점을 전제로 하여 사법적 자제의 필요성을 인정한 사실에도 주목할 필요가 있습니다. 이는 헌법과 법률이 정한 절차를 위반한 경우에는 그것이 아무리 고도의 정치적 행위라고 하더라도 헌법소원의 대상이 될 수 있음을 보여주고 있는 것입니다.

한편 권리구제형 헌법소원이 아닌 경우, 객관적 헌법질서의 수호 차원에서도 헌법재판소에 의한 통제가 가능하다고 보아야 할 것입니다. 가령 탄핵심판에 있어서는 헌법상 기본원리에 대한 위배, 헌법상 기본제도의 본질적 침해, 헌법기관의 권능과 기능의 중대한 훼손, 헌법상 명시된 절차의 위반 등의 가능성이 있는 때에도 헌법재판소가 본안판단을 할 수 있다고 할 것입니다.

(3) 최근 대통령 측에서 국회의 요구에 따라 비상계엄을 곧바로 해제하였기에, 계엄으로 인해 생명, 신체 등 국민의 기본권 침해가 전혀 없으며, 비상계엄 선포 이전으로 모든 것이 회복되어 헌법재판소의 심판 필요성이 없다는 주장을 내놓은 바 있습니다.

하지만 12.3 비상계엄 시 국회의 침탈 과정에서 국회 앞에 모인 시민들을 총기로 위협하고 국회 내에 있던 직원들을 물리적으로 제압하려고 했던 정황들에 비추어 본다면 국민들의 기본권 침해가 없었다고 하기는 어려울 것입니다. 또한 12.3 비상계엄은 국회와 선거관리위원회를 침탈하고 그 과정에서 유리창과 각종 기물을 파손하였으며 계엄법상 불체포특권을 가진 국회의원까지 체포를 시도함으로써 헌법기관의 권능행사를 불가능하게 하였다는 점에서 헌법질서의 수호와 헌법적 해명을 위한 탄핵심판의 필요성이 인정된다고 할 것입니다.

4. 추가적 논의사항 관련

(1) 발제문에서 비상계엄의 요건으로 "사회질서가 극도로 교란(攪亂)되어 행정 및 사법(司法) 기능의 수행이 현저히 곤란한 경우"를 추가하고 있는 계엄법 제2조 제2항의 문제점을 날카롭게 지적하고 있습니다. 이는 헌법 제77조 제1항에서 규정한 것보다 계엄의 선포가 가능한 상황을 더 폭넓게 인정하는 것이어서, 계엄의 요건을 엄격히 제한하고자 한 헌법의 취지에 반한다는 지적에 공감합니다. 더욱이 비상계엄의 경우 비상적 조치의 범위가 매우 광범위하여 그 발동 요건을 더욱 엄격히 하는 것은 몰라도, 헌법상 계엄의 요건보다 더욱 확대하는 것은 위헌의 소지가 크다고 할 것입니다. 이러한 계엄법상의 추가적 요건을 삭제하는 방안에 대해 동의합니다.

(2) 계엄 선포에 대한 국회의 통제권을 강화하는 차원에서 계엄 선포 전에 국회의 동의를 얻도록 하는 방안에 대해서는 신중한 검토가 필요할 것으로 봅니다. 가령 전시나 사변의 비상사태에서는 폭격 등으로 국회의 소집이 쉽지 않은 상황도 배제할 수 없을 것이기 때문입니다. 대안으로 계

엄 선포 후 지체없이 국회에 보고하여 그 승인을 얻도록 하고, 승인을 얻지 못한 때에는 그때부터 효력을 상실하도록 하는 방안도 고려해볼 수 있을 것입니다(헌법 제76조 제3항과 제4항 준용).

(3) 국회가 계엄 선포 사실을 인지한 경우 그 즉시 그 해제를 요구할 수 있다는 것을 명문화하는 방안과 관련하여서는, 헌법개정 없이 계엄법의 개정만으로 이것이 가능한지에 대해 논란이 예상됩니다. 하지만 계엄령에 의한 군사적 통치를 엄격히 제한하려는 헌법의 취지를 고려할 때, 계엄법에서 국회가 가급적 신속히 해제요구를 할 수 있도록 하는 규정을 두는 것은 허용될 여지가 있다고 봅니다.

(4) 국회의 계엄 해제 요구 시 국무회의 심의를 거치도록 하는 조항의 삭제 방안에 대해서는 그 필요성에 공감합니다. 계엄법 제11조는 계엄 상황이 평상상태로 회복되거나 국회가 계엄의 해제를 요구한 경우에는 "지체없이" 계엄을 해제하도록 하는 한편(제1항), 그에 따라 계엄을 해제하려는 경우에는 "국무회의의 심의"를 거치도록 하고 있습니다(제2항). 국무회의의 심의를 반드시 거치도록 할 경우 오히려 계엄을 지체없이 해제하기 어렵게 만들 수 있으므로, 위 규정들은 입법체계상 모순적인 측면을 내포한다고 생각됩니다. 물론 계엄 상황이 평상상태로 회복되어 계엄의 해제가 필요한 경우에는 신중을 기하는 차원에서 국무회의의 심의가 필요할 수도 있을 것입니다. 하지만 국회의 계엄해제의 요구가 있는 경우에는 국무회의의 심의가 그저 요식적인 절차에 지나지 않으므로, 별도로 국무회의 심의를 거치도록 할 실익은 없다고 판단됩니다. 다만 헌법 제89조 제5호에서 "계엄과 그 해제"를 국무회의의 심의사항으로 명시하고 있어서 "해제" 부분의 삭제에는 헌법개정이 필요할 것으로 보입니다.

이상으로 두서없는 토론을 마치겠습니다. 감사합니다.

1

제2주제에 대한 토론문

이 황 희
(성균관대학교 법학전문대학원)

2

Ⅰ. 12/3 비상계엄의 위헌성

◆ **비상계엄 선포 이후(1): 포고령**

- 자유대한민국 내부에 암약하고 있는 반국가세력의 대한민국 체제전복 위협으로부터 자유민주주의를 수호하고, 국민의 안전을 지키기 위해 2024년 12월 3일 23:00부로 대한민국 전역에 다음 사항을 포고합니다.
  1. 국회와 지방의회, 정당의 활동과 정치적 결사, 집회, 시위 등 일체의 정치활동을 금한다.
- 이상의 포고령 위반자에 대해서는 대한민국 계엄법 제9조(계엄사령관 특별조치권)에 의하여 영장없이 체포, 구금, 압수수색을 할 수 있으며, 계엄법 제14조(벌칙)에 의하여 처단한다.

※ **헌법 제77조 ①대통령은 전시·사변 또는 이에 준하는 국가비상사태에 있어서 병력으로써 군사상의 필요에 응하거나 공공의 안녕질서를 유지할 필요가 있을 때에는 법률이 정하는 바에 의하여 계엄을 선포할 수 있다.**
②계엄은 비상계엄과 경비계엄으로 한다.
③비상계엄이 선포된 때에는 법률이 정하는 바에 의하여 영장제도, 언론·출판·집회·결사의 자유, 정부나 법원의 권한에 관하여 특별한 조치를 할 수 있다.

Ⅰ. 12/3 비상계엄의 위헌성

◆ 비상계엄 선포 이후(2): 국회의 의사 저지를 위한 계엄군 투입

©mbc

©노컷뉴스

3

Ⅰ. 12/3 비상계엄의 위헌성

◆ 반론의 검토(1): 위기상황에 대한 주관적 정당화

- 〈반론〉
  야당의 잦은 탄핵과 예산 삭감으로 이미 "국가비상사태"가 되었다?
- "긴급재정경제명령을 발할 수 있는 중대한 재정/경제상의 위기 상황의 유무에 관한 제1차적 판단은 대통령의 재량에 속한다. 그러나 그렇다고 하더라도 그것이 자유재량이라거나 객관적으로 긴급한 상황이 아닌 경우라도 주관적 확신만으로 좋다는 의미는 아니므로 객관적으로 대통령의 판단을 정당화할 수 있을 정도의 위기상황이 존재하여야 한다." 헌재 1996. 2. 29. 93헌마186
- [잦은 탄핵, 예산 삭감]
  - 헌정질서는 안정적으로 유지되고 있었음 → 국가비상사태 아님
  - 정부안에서 약 4조 감액 → 전체 약 673조 3천억 원
  - 제도적 해법(ex. 추가경정예산), 정치적 해법(ex. 영수회담) 등 정상적인 헌정질서 내에서 해결 가능

4

Ⅰ. 12/3 비상계엄의 위헌성

◆ **반론의 검토(2): 국회 권한에 대한 조치 가능성**

- 〈반론〉
  비상계엄이 선포된 때에는 언론 · 출판 · 집회 · 결사의 자유에 관하여 특별한 조치를 할 수 있으므로, 국회의 활동을 금지할 수 있다?
- 헌법 제77조 제3항은 "비상계엄이 선포된 때에는 법률이 정하는 바에 의하여 영장제도, 언론 · 출판 · 집회 · 결사의 자유, 정부나 법원의 권한에 관하여 특별한 조치를 할 수 있다." 고 규정함
- 정부나 법원의 권한에 관해서만 특별한 조치를 할 수 있다고 규정함
  → 「국회에 대해서는 특별한 조치를 할 수 없다.」
- 「언론 · 출판 · 집회 · 결사의 자유에 대해서 특별한 조치를 할 수 있다.」 부분과 「국회에 대해서는 특별한 조치를 할 수 없다.」 부분은 일반-특별 관계
  ☞ 일반 규정과 특별 규정이 상충될 때에는 특별 규정이 우선함

5

Ⅱ. 위헌의 중대성

◆ **탄핵사유: 요건과 법리**

- 그 직무집행에 있어서 헌법이나 법률을 위배한 때(헌법 제65조 제1항) & 공직자의 파면을 정당화할 정도로 '중대한' 법위반(2004헌나1)
- "탄핵심판절차가 궁극적으로 헌법의 수호에 기여하는 절차라는 관점에서 본다면, 파면결정을 통하여 헌법을 수호하고 손상된 헌법질서를 다시 회복하는 것이 요청될 정도로 대통령의 법위반행위가 헌법수호의 관점에서 중대한 의미를 가지는 경우에 비로소 파면결정이 정당화되며, … 대통령의 파면을 요청할 정도로 '헌법수호의 관점에서 중대한 법위반'이란, 자유민주적 기본질서를 위협하는 행위로서 법치국가원리와 민주국가원리를 구성하는 기본원칙에 대한 적극적인 위반행위를 뜻하는 것이[다]." 2004헌나1
- "피청구인은 자신의 헌법과 법률 위배행위에 대하여 국민의 신뢰를 회복하고자 하는 노력을 하는 대신 국민을 상대로 진실성 없는 사과를 하고 국민에게 한 약속(발표자 註: 수사 수용)도 지키지 않았다. 이 사건 소추사유와 관련하여 피청구인의 이러한 언행을 보면 피청구인의 헌법수호의지가 분명하게 드러나지 않는다." 2016헌나1

6

Ⅱ. 위헌의 중대성

◆ **법위반의 중대성(1): 법치국가원리에 대한 적극적 위반**

- 계엄은 헌정과 국가를 보호하기 위해 필요하지만, 남용되면 위험한 제도임
- 헌법(제77조 제5항)은 비상계엄에 대한 유력한 견제수단으로 국회의 해제 요구권을 보장함
- 국회의 계엄해제요구권을 보장하기 위해 국회의원의 불체포특권을 더욱 엄격히 보장함
  - 계엄법 제13조(국회의원의 불체포특권) 계엄 시행 중 국회의원은 현행범인인 경우를 제외하고는 체포 또는 구금되지 아니한다.
  - 헌법(제44조 제1항)은 '회기 중'에만 보장하나, 계엄법은 이를 확대함

7

- 포고령 제1조, 국회 의사를 저지하기 위한 계엄군 투입은 계엄을 견제하기 위해 헌법이 예정해 놓은 질서를 적극적으로 위반함
- 포고령 제1조는 ①그 내용 자체로도 위헌적이지만, ②국회의원의 현행범 체포를 위해 필요한 법적 근거를 만들기 위한 **'합법성의 남용'** (※ 근대 헌법이 가장 경계하는 해악!)이라는 점에서 법치주의 위반의 적극성이 인정됨

Ⅱ. 위헌의 중대성

◆ **법위반의 중대성(2): 민주국가원리에 대한 적극적 위반**

- "민주주의원리는 … 다양하고 복수적인 진리관을 인정하는 상대적 세계관을 받아들인다. 이 원리에서는 사회가 본질적으로 복수의 인간 '들'로 구성되고 각 개인들의 생각은 서로 상이할 수밖에 없다고 보므로, 결국 정견의 다양성은 민주주의의 당연한 전제가 된다. … 이러한 견해들 사이에 대립이 발생하기도 하지만, 이는 본질적으로 자연스러운 현상이다. 민주주의원리는 억압적이지 않고 자율적인 정치적 절차를 통해 일견 난립하고 서로 충돌하기까지 하는 정견들로부터 하나의 국가공동체적 다수의견을 형성해 가는 과정으로 실현된다는 점에서 비민주적인 이념들과 근본적으로 구분된다." 2013헌다1

8

- 야당의 행정부 견제권한(탄핵, 예산안 감액) 행사를 "자유대한민국의 헌정질서를 짓밟고, 헌법과 법에 의해 세워진 정당한 국가기관을 교란시키는 것으로써, 내란을 획책하는 명백한 반국가 행위"로 규정함
- 국회에 대해 "범죄자 집단의 소굴", "자유민주주의 체제의 전복을 기도", "자유민주주의 체제를 붕괴시키는 괴물"로 비난함

II. 위헌의 중대성

◆ **법위반의 중대성(3): 헌정질서의 심각한 훼손**

- 포고령 제1조와 계엄군의 국회 투입으로, 국회 의사(계엄해제요구)를 저지하고, 국회의원 다수를 (현행범으로) 체포해 향후 국회의 권능행사를 상당기간 불가능하게 만들고자 함
- 이는 헌정질서의 심각한 훼손이자, 형법이 규정한 "국헌문란", 즉 "헌법에 의하여 설치된 국가기관을 강압에 의하여 그 권능행사를 불가능하게 하는 것" (형법 제91조)에 해당할 수 있음
  - ※ [판례] "그 기관을 제도적으로 영구히 폐지하는 경우만을 가리키는 것은 아니고 사실상 상당기간 기능을 제대로 할 수 없게 만드는 것을 포함한다." 라고 해석 → 비상계엄의 전국확대, 국회의사당 점거·폐쇄 등을 통해 국회의원 등의 권능행사를 불가능하게 하는 것이 국헌문란에 해당한다고 판단함(96도3376)
- 헌정질서를 보호하기 위해 예외적으로 행사되어야 할 국가긴급권을 정치적 반대자를 억압하기 위한 용도로 남용 → 헌정질서를 심각한 위험에 빠뜨림

9

II. 위헌의 중대성

◆ **법위반의 중대성(4): 헌법수호의지 미흡**

- "피청구인은 최○원의 국정 개입 등이 문제로 대두되자 2016. 10. 25. 제1차 대국민 담화를 발표하면서 국민에게 사과하였으나, 그 내용 중 최○원이 국정에 개입한 기간과 내용 등은 객관적 사실과 일치하지 않는 것으로 진정성이 부족하였다. 이어진 제2차 대국민 담화에서 피청구인은 제기된 의혹과 관련하여 진상 규명에 최대한 협조하겠다고 하고 검찰 조사나 특별검사에 의한 수사도 수용하겠다고 발표하였다. 그러나 검찰이나 특별검사의 조사에 응하지 않았고 청와대에 대한 압수수색도 거부하여 피청구인에 대한 조사는 이루어지지 않았다. 위와 같이 피청구인은 자신의 헌법과 법률 위배행위에 대하여 국민의 신뢰를 회복하고자 하는 노력을 하는 대신 국민을 상대로 진실성 없는 사과를 하고 국민에게 한 약속도 지키지 않았다. 이 사건 소추사유와 관련하여 피청구인의 이러한 언행을 보면 피청구인의 헌법수호의지가 분명하게 드러나지 않는다." 2016헌나1
- 대통령은 12/7 담화에서 "법적, 정치적 책임을 회피하지 않겠다" 고 밝혔으나, 수사에 연이어 불응하고 있으며, 헌법재판소가 송달한 서류의 수령을 계속 거부함

10

Ⅱ. 위헌의 중대성

◆ **법위반의 중대성(5): 장래의 헌정보호를 위한 지침의 필요성**

- "어제의 범죄를 벌하지 않는 것은 내일의 범죄에 용기를 주는 것과 똑같이 어리석은 짓이다." (알베르 까뮈?)
- 이번 비상계엄 선포 사태에 관한 탄핵심판에서 어떤 결론이 나오는가에 따라, 앞으로 대통령이 이러한 행위를 다시 해도 되는지에 관한 헌법적 가이드라인이 형성됨
- 이번 탄핵심판의 결론은, 단순히 이번 비상계엄에 관한 회고적인 평가에 그치지 않으며, 장래 헌정질서의 보호를 위한 전망적인 지침이 될 것
- 헌법재판소는 '파면이 필요한 정도로 중대한 법위반인가'에 관한 이번 판단이 장래 대통령의 결정을 지도하는 헌법적 지침이 됨을 인식해야 함

11

12

감 사 합 니 다

제3주제

발제

12·3 사태 이후 제기된 헌정회복을 위한 헌법적 쟁점과 과제

임지봉 서강대 교수

토론

김하열 고려대 교수
허완중 전남대 교수

제3주제 발제

12.3 사태 이후 제기된 헌정회복을 위한 헌법적 쟁점과 과제

임지봉 (서강대 법학전문대학원 교수)

I. 서론

윤석열 대통령의 12.3 위헌·위법한 계엄선포 행위로 인해 우리나라의 헌법질서가 훼손되고 윤 대통령에 대한 탄핵소추안 가결 이후에도 공수처의 체포영장 집행에 윤 대통령이 불응하는 등 헌법질서의 훼손은 계속해서 이어지고 있다. 앞으로의 12.3 정국은 검찰, 경찰 및 공수처 혹은 국회가 추천한 특검에 의한 내란죄 수사로 이어지는 한 경로와 윤대통령에 대한 헌법재판소의 탄핵심리로 이어지는 또 다른 경로가 병행해서 숨 가쁘게 이루어질 것이다.

12.3 사태에서의 위헌·위법한 비상계엄 선포뿐만 아니라 그 이후에도 헌정회복을 위한 많은 헌법적 쟁점들이 제기되고 논란이 되었다. 이에 이 글은 '헌정회복'의 목표로 나아가기 위해, 12.3 사태로 인한 헌법질서의 훼손뿐만 아니라 그 이후에 제기된 다양한 헌법적 쟁점들에 대해 바람직한 헌법해석 등의 해결방안을 제시하는 것을 목적으로 삼는다.

II. 위헌적 계엄선포 행위와 국회·중앙선거관리위원회에 계엄군 투입의 문제점

비상계엄이 선포되면 헌법 제77조 제3항에 따라 국민의 신체의 자유에 관한 "영장제도, 언론·출판·집회·결사의 자유"에 관하여 특별한 조치를 할 수 있다. 예를 들어, 2인 이상만 길거리에 모여 있어도 "집회"로 간주하고 체포영장 없이 체포할 수 있는 것이다. 따라서 비상계엄이 선포되면 헌법이 보장하는 가장 기본적 권리인 표현의 자유와 신체의 자유에 중대한 제한이 가해지는 것이다. 또한 같은 헌법 제77조 제3항은 비상계엄이 선포된 때에는 3부 중 국회를 제외한 "정부나 법원의 권한에 관하여 특별한 조치를 할 수 있다"고 규정하며 이를 구체화한 하위법인 계엄법은 제7조 제1항에서 "비상계엄의 선포와 동시에 계엄사령관은 계엄지역의 모든 행정사무와 사법사무를 관장한다"고 규정하고 있다. 계엄사령부는 입법부를 제외한 행정부와 사법부의 업무에 대한 특별한 조치를 통해 이를 관장하게 되는 것이어서 우리나라의 헌정질서에 매우 엄중한 영향을 끼친다. 따라서 비상계엄 선포의 요건과 질차는 매우 엄격하게 준수되어야 하는 것이다.

(1) 실체적 쟁점

비상계엄 선포 후 국회에 경찰력이 투입돼 국회 출입문에서 국회의원들의 등원을 막고, 헬기를 타고 나타난 계엄군들이 유리창을 깨고 국회에 난입하여 총 등으로 무장한 채로 국회 본청을 누비면서 본회의장 진입까지 시도한 것은, 비상계엄 하에서 그 권한에 관하여 특별한 조치를 할 수 있는 "정부나 법원"에 속하지 않으면서 계엄해제요구권을 가지는 국회에 계엄군을 투입한 것으로 헌법적으로는 헌법 제77조 제3항 위반이고, 법률적으로는 형법 제87조의 내란죄 위반에 해당한다. '국회'라는 헌법에 의해 설치된 국가기관에 의한 계엄해제요구안 가결이라는 권능행사를 불가능하게 할 목적으로 계엄군을 국회 본관에 투입하고 심지어 국회의장과 여야 대표를 포함한 14명의 체포까지 시도한 것은 분명히 "국헌을 문란할 목적"으로 일으킨 "폭동"에 해당하기 때문이다. 이것은 전두환 씨 등 신군부 세력이 1980년 5월 17일에 비상계엄을 전국적으로 확대하면서 일으킨 내란보다 사안이 더 심각하다. 국회뿐만이 아니라 헌법 제77조 제3항의 "정부나 법원"에 속하지 않는 독립된 헌법기관인 선거관리위원회에도 그 권능행사를 불가능하게 할 목적으로 무장한 계엄군을 투입하고 간부들을 체포하려 했으며 선관위 서버에 손을 대려고 한 것이므로 이것도 헌법적으로는 제77조 제3항 위반이고, 법률적으로는 형법 제87조의 내란죄 위반이기 때문이다.

(2) 절차적 쟁점

절차적 쟁점들은 크게 '헌법상의 절차 위반'과 '법률상의 절차 위반'으로 나누어 볼 수 있다. 여기서는 계엄법 등 '법률상의 절차 위반'은 생략하고 '헌법상의 절차 위반'에 주목해 본다.

'헌법상의 절차 위반'으로는 첫째, 헌법 제89조 제5호가 "계엄과 그 해제"에 대해 국무회의의 사전 심의를 거치도록 하고 있는데, 합법적인 국무회의의 사전 심의가 없었다. 국무회의에서는 안건 상정, 심의, 의결의 절차들이 준수되어야 하는데 계엄 선포 직전에 5분만에 종료된 국무회의가 이런 합법적인 절차들을 거쳤다고 보기는 힘들기 때문이다.

둘째, 헌법 제82조의 문서주의 및 부서제도도 위반하였다. 헌법 제82조는 "대통령의 국법상 행위는 문서로써 하며, 이 문서에는 국무총리와 관계 국무위원이 부서한다"라고 규정하고 있다. 그러나 한덕수 국무총리는 12.3 사태 이후에 국회에서 자신은 부서를 계엄 선포 직전의 국무회의가 문서화된 것을 확인한 적이 없으며, 더욱이 부서를 한 적도 없다고 했기 때문이다.

셋째, 국회 통고에 관한 헌법 제77조 제4항도 위반하였다. 헌법 제77조 제4항은 "계엄을 선포한 때에는 대통령은 지체없이 국회에 통고하여야 한다"고 규정한다. 국회가 대통령의 계엄 선포가 헌법과 계엄법이 정한 요건과 절차를 준수했는지 즉시 검토해 보고, 요건과 절차를 준수하지 않은 점이 있으면 헌법 제77조 제5항이 규정한 계엄해제요구권을 가결시켜 대통령이 의무적으로 계엄을 해제할 수 있게 하기 위한 '국회 통고'이다. 그러나 계엄군을 국회에 투입해 본회의장에 들어가 있는 국회의원들 마저도 "문을 부수고 들어가 끌어내라"고 한 윤 대통령이기에 12월 3일 밤의 기습적인 계엄 선포 이후에 전혀 국회에 계엄 선포사실을 통고하지 않았다. 국회의 계엄해제요구를 막기 위한 의도로 행해진 중요한 헌법상의 절차 위반인 것이다.

실체적 쟁점들을 차치하더라도, '절차적 민주주의'가 강조되는 현대 헌법학의 관점에서 볼 때 이러한 계엄선포의 헌법상 절차적 요건 위반만 하더라도 윤 대통령이 대통령직을 유지하게 하는 것이 '헌법수호의 관점에서 용납될 수 없는 것'이기에 탄핵을 인용할 사유로는 충분하다고 생각한다.

III. 한덕수 권한대행의 탄핵문제

헌법 제71조는 "대통령이 궐위되거나 사고로 인하여 직무를 수행할 수 없을 때에는 국무총리, 법률이 정한 국무위원의 순서로 그 권한을 대행한다"고 규정한다. 그런데 헌법과 법률 어디에도 이 대통령 권한대행의 헌법상 지위나 권한행사의 범위에 관한 명문규정이 없다. 따라서 헌법학계는 대통령 권한대행의 헌법상 지위나 권한행사의 범위에 대해 학설로서 해결해왔다.

첫째, 헌법 제71조에 따른 권한대행의 헌법상 지위는 대통령의 그것과 완전히 동일하다고 보기는 어려워서 일정한 제한이 따를 수밖에 없다. 우선 대통령 권한대행의 헌법상 지위는 기본적으로 '국무총리'이다. '국무총리'로서 헌법 제71조에 따라 1순위 권한대행자가 되어 일시적으로 대통령의 권한을 대행하고 있을 뿐이다. 따라서 권한대행에 대한 탄핵소추의결 정족수는 '대통령'이 아니라 '국무총리'에 대한 탄핵소추의결 정족수가 적용되어야 한다. '국무총리'가 '대통령'의 권한을 일시적으로 대행한다고 해서 '대통령'이 되는 것은 아니기 때문이다. 또한 탄핵대상자를 규정하고 있는 헌법 제65조 제1항은 탄핵대상자로서 “대통령·국무총리·국무위원·행정각부의 장·헌법재판소 재판관·법관·중앙선거관리위원회 위원·감사원장·감사위원 기타 법률이 정한 공무원”을 제한적으로 열거하고 있다. 탄핵대상자를 예시로 든 것이 아니다. 만약 ‘국무총리’와 별개로 ‘대통령 권한대행’을 탄핵대상자로 열거하고자 했다면 헌법 제65조 제1항에서 “대통령”과 “국무총리” 사이에 “대통령 권한대행”을 규정했어야 한다. 즉, 한덕수 대통령 권한대행은 헌법 제65조 제1항에 의해 “국무총리”로서 탄핵된 것이지, 헌법 제65조 제1항에 열거되지도 않은 “대통령 권한대행”으로 탄핵된 것이 아니다. 따라서 헌법 제65조 제2항에 의해 대통령에 대한 탄핵소추 의결정족수인 “국회재적의원 3분의2 이상의 찬성”이 아니라 “국회재적의원 과반수의 찬성”으로 탄핵될 수 있는 것이다. 특히 대통령에 대한 탄핵소추의결정족수를 국무총리 등과 달리 “국회재적의원 3분의2 이상의 찬성”으로 상향한 것은 1969년의 제6차 개정헌법부터인데, 그 취지가 국무총리 등 다른 탄핵대상자들은 임명직 공무원이지만 대통령은 국민의 직접선거로 뽑힌 선출직 공무원으로서 ‘민주적 정당성’을 가지기 때문에 탄핵소추의결의 정족수를 상향한 것이라는 점을 고려할 때, 국민의 직접선거를 거치지 않고 윤 대통령에 의해 국무총리로 임명되어 민주적 정당성이 결여된 한덕수 권한대행에게 대통령과 같은 탄핵의결정족수를 적용한다는 것은 법리적으로 전혀 맞지 않다. 탄핵소추안 의결정족수 조항의 해석은 최종적으로 헌법재판소의 권한이겠으나, 제1차적으로는 국회가 행사하는 권한이며, 따라서 국회의 판단은 원칙적으로 존중되어야 함을 덧붙인다.

둘째, 헌법 제71조에 따른 권한대행의 권한행사의 범위도 ‘권한대행’이라는 성격상, 대통령의 그것과 완전히 동일하다고 보기는 어려워서 일정한 제한이 따를 수밖에 없다. 따라서 헌법학계의 다수설은 권한대행이 현상을 유지하는 범위에서 그 권한을 행사할 수 있다는 ‘현상유지설’을 취하고 있다. 헌법 제111조는 대통령이 헌법재판관 9인을 임명하도록 하면서, 권력분립원리에 따라 그 중 3인은 국회가 선출하는 자를, 3인은 대법원장이 지명하는 자를 임명하도록 규정하고 있다. 따라서 국회가 선출할 때 그 분은 사실상 헌법재판관이 된 것이며, 국회 선출 헌법재판관에 대한 대통령의 임명권은 대통령 명의의 임명장만 주는 '형식적 임명권'으로서의 내용과 성격을 가진다. 따라서 현상유지적 권한을 행사할 수 있는 대통령 권한대행의 권한행사의 범위 안에 국회 선출 헌법재판관에 대한 임명장 수여가 포함된다. 또한 헌법 제111조 제3항이 "재판관중 3인은 국회에서 선출하는 자를" 대통령이 "임명한다"라고 규정하고 있기 때문에 국회 선출 헌법재판관 3인의 대통령 임명은 단순한 권리나 권한이 아니라, 오히려 대통령 혹은 그 권한대행의 '헌법상 의무'로 보아야 하므로 이를 해태하거나 거부할 경우 헌법상의 의무 위반이고 국무총리가 "그 직무집행에 있어서 헌법을 위반"했으므로 헌법 제65조 제1항의 탄핵사유를 충족한다.

셋째, 권한대행은 법률안거부권을 행사할 수 없다. 입법권은 국회에게 있고, 법률의 위헌심사권은 헌법재판소에 있다. 국회의 정상적 입법절차를 거쳐 국회 본회의를 통과한 법률에 대해 대통령은 공포하는 것이 타당하고, 법률안거부권은 예외적 권한이므로 법률안거부권을 행사하는 것은 현상유지적 범위에 속한다고 볼 수 없다. 특히 '내란 특검법'과 관련하여서는 한덕수 권한대행 자신이 위헌·위법한 윤 대통령의 계엄선포 직전의 국무회의에 참석해 수사기관의 내란죄 수사대상에 속하므로 거부권은 더더욱 현상유지적인 권한행사가 아니라 '적극적인 권한행사'로 볼 수 있다.

IV. 최상목 권한대행이 국회가 선출한 헌법재판관 3명 중 2명만 임명한 문제

첫째, '권한대행의 권한대행'이라는 용어 사용의 문제점에 대해 짚어보자. 한덕수 '대통령 권한대행'에 대한 탄핵소추안이 가결된 이후, "권한대행의 권한대행"이라는 용어가 사용되어 최상목 부총리에 의한 권한대행 체제에 관한 오해가 커졌었다. 헌법 제71조는 대통령이 궐위나 사고로 인해 직무를 수행할 수 없을 때 "국무총리, 법률이 정한 국무위원의 순서로 그 권한을 대행한다"고 규정하고 있으므로 이러한 헌법 제71조에 따르면, 현 상황에서 부총리는 '대통령 권한대행'일 뿐, '국무총리에 의한 대통령 권한대행의 권한대행'이 아니다. 권한대행을 국무총리가 맡든 정부조직법 제22조에 따라 그 차순위자인 경제부총리가 맡든, 모두 엄연한 '대통령 권한대행'이므로 권한대행인 최 부총리가 권한대행인 국무총리에 비해 그 권한을 더 제한적으로 행사해야 하는 것은 더더욱 아니다. 권한대행인 최 부총리는 권한대행인 국무총리와 동일하게 대통령의 권한을 대행할 수 있는 것이다. 특히, 국회에서 이미 선출한 헌법재판관에 대한 형식적 임명권을 행사하여 임명장을 수여하는 것은, 위에서 이미 자세히 살펴본 바와 같이 대통령 권한대행인 최 부총리의 권한행사의 범위에 포함되며, 오히려 국회에서 똑같이 인사청문 절차와 본회의 의결을 거쳐 선출된 3인의 국회 선출 헌법재판관 전원에게 임명장을 수여하는 것은 헌법 제111조 제3항에서 파생하는 '헌법적 의무'이다.

그러나 대통령이나 대통령 권한대행이 국회 선출 재판관 중 일부를 자신의 뜻대로 선별적으로 임명하지 않는다면, 그 대통령이나 대통령 권한대행은 헌법재판소 구성에서 헌법이 규정한 것보다 더 큰 권한(즉 '형식적 임명권'이 아니라 '실질적 임명권')을 가지게 된다. 이것은 헌법 제111조 제3항이 취하고 있는 권력분립원리에 위배되고, 국회의 헌법재판관 '선출권'(추천권이 아님)이라는 국회의 권한을 침해하여 위헌이다. 그래서 국회가 최 권한대행을 상대로 국회에서 선출한 마은혁 헌법재판관 후보에게 최 권한대행이 임명장을 수여하지 않은 '행정부작위'에 대해 권한쟁의심판을 청구하였고, 모든 요건들을 갖추어서 헌법재판소에 의해 인용될 것으로 본다. 이 권한쟁의심판이 인용결정을 받으면, 최상목 권한대행은 "헌법재판소가 부작위에 대한 심판청구를 인용하는 결정을 한 때에는 피청구인은 결정 취지에 따른 처분을 하여야 한다"고 규정한 헌법재판소법 제66조 제2항에 따라 헌법재판소의 인용결정의 취지에 맞추어 국회에서 헌법재판관으로 선출된 마은혁 헌법재판관 후보에게도 임명장을 수여하는 "결정 취지에 따른 처분"을 하여야 한다. 또한 헌법재판소법 제68조 제1항은 "공권력의 행사"뿐만 아니라 "불행사"로 인해 기본권을 침해받은 국민은 헌법소원심판을 제기할 수 있다고 규정하고 있다. 윤 대통령의 계엄 선포 직후에 계엄포고령 제1호가 위헌이라고 주장하며 계엄포고령 제1호에 대해 김정환 변호사가 헌법소원심판을 제기하였다. 그 후 국회에서 선출한 헌법재판관들이 대통령 권한대행에 대해 임명장을 받지 못해 헌법재판관으로 취임할 없게 되자, 김정환 변호사는 대통령 권한대행이 국회 선출 헌법재판관에게 임명장을 수여하지 않는 "공권력의 불행사" 즉 '행정부작위'가, 자신이 국회 선출 재판관들이 대통령 권한대행의 임명장을 받아 공석이 채워진 9인의 헌법재판소 전원재판부의 재판에 의해 보장받을 수 있는 '공정한 재판을 받을 권리'를 침해했다고 주장하면서 헌법소원심판을 제기했고, 이것이 신속하게 지정재판부를 통과해 헌법재판소 전원재판부에 회부되어 심리 중인 것으로 안다. 김정환 변호사가 제기한 이 헌법소원도 모든 요건들을 갖추어서 헌법재판소에 의해 인용될 것으로 보인다. 이 헌법소원이 인용결정을 받으면, 최상목 권한대행은 이번에는 "헌법재판소가 공권력의 불행사에 대한 헌법소원을 인용하는 결정을 한 때에는 피청구인은 결정취지에 따라 새로운 처분을 하여야 한다"고 규정한 헌법재판소법 제75조 제4항에 따라 헌법재판소의 인용결정의 결정취지에 맞추어 국회에서 헌법재판관으로 선출된 마은혁 헌법재판관 후보에게도 임명장을 수여하는 "결정취지에 따른 새로운 처분"을 하여야 한다. 국회가 제기한 권한쟁의심판이나 김정환 변호사가 제기한 헌법소원심판 중 어느 것이 먼저 인용결정을 받을지는 모르겠으나, 여하튼 둘 중 하나라도 인용결정을 먼저 받으면 헌법재판소법 규정에 따라 최 권한대행은 마은혁 헌법재판관 후보에게 임명장을 교부하여야 한다. 그것이 헌법재판소법이기 때문이다. 헌법재판소 결정에 의해 타율적으로 마은혁 헌법재판관 후보에 대한 임명장 교부를 강제당하는 것보다는, 최 권한대행 스스로가 먼저 임명장을 교부하는 것이 더 나은 선택이 아닐까?

더욱이 국회 선출 재판관 후보자 3인은 국회 인사청문회와 국회 본회의 의결 등 동일한 절차를 통해 국회에서 '선출'되었다는 점에서 본질적으로 차이가 없다. 따라서 합리적인 이유도 없이 그중 한 명인 마은혁 헌법재판관 후보에게만 선별적으로 임명장을 수여하지 않는 것은 자의적인 권한행사로서 마은혁 헌법재판관 후보자의 평등권을 침해하고 헌법재판관으로 취임할 공무담임권을 침해해 더더욱 위헌이다.

V. 헌재의 탄핵심판과 형사재판의 구별문제

(1) 탄핵심판과 형사재판

지난 첫 준비기일에서 주심인 정형식 재판관은 "탄핵심판은 헌법질서를 유지하고자 하는 게 제일 큰 목표"이기 때문에 "형사소송처럼 엄밀히 증거를 따지거나, 피고인 개인 권리보호를 형사소송만큼 보장해주기 어렵다"고 선언한 바 있다. 필자는 이 말에 주목한다. 앞으로 형사재판과 달리 징계절차에 가까운 탄핵심판에서 신속한 결정을 내리기 위해 매진하겠다는 헌재의 공개적 입장 표명이기 때문이다.

이렇듯 헌재에서는 "고위공직자에 대한 징계절차인 탄핵심판을 엄격한 증거주의가 요구되는 형사재판과 동일시할 수 없다"는 지적이 줄을 잇는다. 박 전 대통령 탄핵심판에서도 헌재는 "탄핵심판은 형사절차와는 성격을 달리한다"고 수 차례 강조한 바 있다. 박근혜 대통령 탄핵심판사건에서 당시 주심이던 강일원 재판관은 "이 재판은 대통령의 범죄혐의를 찾아내 처벌하는 형사재판이 아니고, 대통령으로서 탄핵사유를 다투는 것"이라고 주장하기도 했다.

(2) 윤대통령측 탄핵심판 지연전략의 실패

검사 출신으로 형사재판에 능한 윤 대통령이나 그 변호인들이 공개변론 과정에서 여러 탄핵심판 지연전략들을 쓸 것으로 예상된다. 그 지연전략으로 첫째, 형사재판에서나 활용될 수 있는 '무더기 증인신청'이 있다. 윤 대통령의 오랜 지인인 석동현 변호사는 국회에서의 계엄군 지휘관 등의 여러 진술들과 달리 계엄선포 당시 국회의원을 '체포하라'는 말을 윤 대통령이 쓴 적이 없다고 주장했다. 공개변론이 열리면 국회에서 진술을 하거나 진술과 연관된 관련자들을 무더기로 증인신청할 것이다. 그러면서 수사기록이 있더라도 진술자를 헌재 대법정에 불러 확인해야 그 진술의 증거능력이 있다는 식의 주장을 펼칠 것이다. 그러나 헌재는 윤 대통령측이 신청한 증인들 중 꼭 증언을 들을 필요성이 큰 일부만 골라서 소환할 것이다. 고도의 입증책임으로 피고인의 유죄를 증명해야 하는 형사재판과 달리, 헌법 위반 여부만을 가려도 되는 탄핵심판에서는 증인 채택이나 증거 채택에서 재판부의 재량이 폭넓게 인정되기 때문이다. 실제로 박근혜 대통령 탄핵심판에서도 90명이 증인신청 됐지만 헌재는 그 중에 36명의 증인만 채택한 바 있다.

둘째, 탄핵심리 중에 윤 대통령이 내란죄 혐의 등으로 기소되어 형사재판을 받게 되면, 탄핵심판과 동일한 사유로 형사재판이 진행될 때 헌재가 탄핵심판절차를 정지할 수 있게 한 헌법재판소법 제51조를[1] 근거로 윤대통령측은 탄핵심판 정지를 신청할 것이다. 그러나 이 경우도 "정지할 수 있다"고 헌재에 재량권을 준 것일 뿐이므로, 헌재는 이러한 신청을 물리치고 신속한 결정을 위해 탄핵심판을 정지하지 않을 것이다. 박 대통령 탄핵심판에서도 국정농단 사건의 공범에 대한 형사재판이 열리게 되자 박대통령측이 탄핵심판 정지 신청을 냈지만, 당시 헌재는 신속한 탄핵결정을 위해 이런 신청을 받아들이지 않았다.

VI. 내란죄를 탄핵심판 쟁점에서 빼면 국회 재의결이 필요한지 여부

헌법재판소에서 탄핵심판의 쟁점을 정리하면서, 내란죄 위반 여부를 탄핵심판 쟁점에서 뺄 수 있다는 이야기가 있자, 여당 원내대표인 권성동 의원은 그러면 탄핵소추안을 다시 작성해야 하고 국회의 변경된 탄핵소추안에 대한 재의결이 필요하다며 반발하고 나섰다. 이러한 주장은 법리적으로 타당하지 않다.

그 이유는 헌법재판소가 이미 박근혜 대통령 탄핵결정문에서 "헌법재

1 헌법재판소법 제51조는 "피청구인에 대한 탄핵심판 청구와 동일한 사유로 형사소송이 진행되고 있는 경우에는 재판부는 심판절차를 정지할 수 있다"고 규정하고 있다.

판소는 소추사유를 판단할 때, 국회의 소추의결서에서 분류된 소추사유의 체계에 구속되지 않고 소추사유를 어떤 연관관계에서 법적으로 고려할 것인가 하는 것은 전적으로 헌법재판소의 판단에 달려있다"고[2] 판시한 바 있기 때문이다. 박근혜 대통령 탄핵사건 결정문을 보면 헌법재판소는 "변론준비기일에 양 당사자의 동의 아래 소추사유를 사실관계를 중심으로 ① 비선조직에 따른 인치주의로 국민주권주의와 법치국가원칙 등 위배, ② 대통령의 권한 남용, ③ 언론의 자유 침해, ④ 생명권 보호 의무 위반, ⑤ 뇌물수수 등 각종 형사법 위반의 5가지 유형으로 정리"하였다.[3] 변론준비기일에 이 사건 쟁점을 최서원의 국정개입 및 대통령의 권한 남용 행위, 언론의 자유 침해 행위, 생명권 보호 의무 위반 행위, 뇌물수수 등 각종 형사법 위반 행위의 5가지로 유형화한 것이다. 그리고 그 뒤의 변론절차에서는 이와 같이 5가지로 정리된 유형에 따라서 청구인과 피청구인의 주장과 증거제출이 이루어졌다. 그러다가 "청구인은 2017년 2월 1일의 제10차 변론기일에 다른 유형과 사실관계가 중복되는 각종 형사법 위반 유형을 제외하고 ① 최서원 등 비선조직에 의한 국정농단에 따른 국민주권주의와 법치주의 위반, ② 대통령의 권한 남용, ③ 언론의 자유 침해, ④ 생명권 보호의무와 직책성실수행의무 위반 등 4가지 유형으로 소추사유를 다시 정리"하였다. 당시 탄핵심판에서 소추 사유 중 하나였던 형법 위반 부분이 빠지고 ① 사인의 국정개입 허용 ② 박 대통령 권한 남용 ③ 언론의 자유 침해 여부 ④ 생명권 보호의무 등으로 쟁점이 정리된 것이다. 당시 청구인측을 대표하는 국회측 소추위원은 현재 여당의 원내대표인 권성동 의원이었는데, 청구인은 2017년 2월 1일에 제출한 준비서면을 통하여 소추사유를 사실관계를 중심으로 유형별로 구체화하면서, 뇌물수수 등 각종 형사법 위반 행위 부분은 최서원의 국정개입 및 대통령의 권한 남용행위에 포함시켜 쟁점을 단순화하자고 주장하였다.

우여곡절 끝에 지난 12월 27일에 열린 윤 대통령 탄핵심판사건에 대한

2 헌재 2017. 3. 10. 2016헌나1, 판례집 29-1, 16면-17면

3 헌재 2017. 3. 10. 2016헌나1, 판례집 29-1, 15면

첫 변론준비절차에서 헌법재판소는 국회가 제시한 5가지 탄핵사유를 ① 12·3 비상계엄 선포 행위 ② 계엄포고령 1호 발포 행위 ③ 군·경찰 동원 국회 방해 행위 ④ 영장 없는 중앙선거관리위원회 압수수색 등 4가지로 정리하였다. 이 가운데 '③ 군·경찰 동원 국회 방해 행위'와 '④ 영장 없는 중앙선거관리위원회 압수수색'은 헌법적으로는 헌법 제77조 제3항 위반이고, 법률적으로는 형법 제87조의 '내란죄' 위반에 해당한다.

윤 대통령측은 탄핵심판에서 형법상의 내란죄가 성립하지 않는다는 데에 화력을 집중하려는 계획이었을 것이다. 그러나 헌법재판소는 윤 대통령측의 이런 바램과 달리 내란죄 성립 여부가 아니라 헌법 제77조 위반을 중심으로 한 비상계엄 선포행위의 위헌성 판단에 집중할 것이다. 비상계엄 선포행위의 위헌성만으로도 탄핵 파면의 사유는 차고 넘치기 때문이다. 헌법재판소가 형법상의 내란죄 위반 여부에 집중하면 집중할수록 윤 대통령측은 형사재판에나 적용되는 엄격한 증거주의나 고도의 입증책임 법리를 적용해야 한다고 주장하면서 탄핵심판을 최대한 지연시키려 할 것임은 불을 보듯 뻔하다. 위에서 본 바와 같이 박근혜 대통령 탄핵사건에서도 초기에 헌법재판소는 '제3자 뇌물죄' 등 형법 위반 여부를 5가지 쟁점 중 하나로 포함시켰다가 나중에는 이 부분에 대한 본격적 판단은 형사재판에 미루고 쟁점에서 제외한 바 있다. 이 사건의 가장 중요한 탄핵소추 사유는 비상계엄 선포 행위의 실체적·절차적 위헌성이다. 헌법재판소도 이 부분에 집중해 적극적으로 소송 지휘권을 행사하고 신속하게 심리할 것으로 본다.

VII. 결론

윤석열 대통령은 지난 12월 12일에 있었던 대국민 담화에서 "법적·정치적 책임을 회피하지 않겠다"고 하면서 "저를 탄핵하든, 수사하든 저는 이에 당당히 맞설 것"이라고 말했다. 그러나 탄핵소추안이 국회를 통과한 이후로 윤 대통령이 보여준 모습은 이와 정반대이다. 헌법재판소가 보낸 서류의 수취를 거부하고 공수처 등 수사기관의 소환에 불응했으며 심지어 법관이 발부한 적법한 영장의 집행에도 경호처 직원들을 방패막이 삼아 불응했다. 또한 헌법과 법률의 해석을 의도적으로 왜곡하여 불필요한 시간끌기용 법적 논란을 불러 일으키면서 자신에 대한 공수처의 체포·구속을 막고 헌법재판소의 탄핵심판에서도 신속한 탄핵심판 시작을 위한 적법한 '간주송달'을 변호인을 통해 법적으로 문제 삼겠다고 으름장을 놓는 등, 온갖 탄핵심판 지연전략을 사용해오고 있다. 법적 논란이 헌법재판소나 많은 법학자들의 집단적 의견 표명으로 해결되면 또 다른 법적 논란거리를 내놓음으로써, 오직 자신의 체포·구속을 막아 수사와 기소를 최대한 늦추고 그 사이에 지지층 결집을 통한 반전을 노리는 것으로 보인다. 만약 자신의 체포·구속이 현실화하면, 구치소 안에서 방어권 행사도 어려워질 것이고 강제수사와 함께 많은 위헌·위법사항들이 밝혀질 것이며, 수사 및 기소와 함께 진행될 헌법재판소의 탄핵심판에 대한 대응에도 문제가 생길 수 있다고 판단한 것으로 보인다.

그러나 장기적인 관점에서 보면, 윤 대통령에 대한 탄핵심판이나 수사 및 체포·구속, 그리고 기소와 몇 년이 걸릴 수도 있는 지리한 형사재판의 과정은 윤 대통령측의 시간끌기용 법적 소란행위로 잠시 지체될 뿐이며, 그 방향을 잘 잡고 차근차근 잘 진행되고 있는 것으로 평가할 수 있다. 헌법재판소는 노무현·박근혜 대통령에 대한 탄핵사건을 거치면서 대통령 탄핵에 대한 확고한 기준을 제시하고 적용해 왔다. 즉 헌법 제65조 제1항은 탄핵사유로 대통령 등이 "직무집행에 있어서 헌법이나 법률을 위배한 때"라고 규정하고 있지만, 국민의 직접선거로 뽑힌 대통령을 임기가 끝나기 전에 파면하는 탄핵결정을 내리기 위해서는 '중대하게' 헌법이나 법률을 위배해야 한다고 보았고, 그 위헌·위법행위의 중대성이 충족되기 위해서는, 대통령의 직을 유지하게 하는 것이 더 이상 헌법수호의 관점에서 용납될 수 없거나, 대통령이 국민의 신임을 배신한 경우에 해당해야 한다고 판시해 왔다.

이렇듯 확고히 확립된 헌법재판소의 대통령 탄핵 판단기준을 윤 대통령의 경우에 적용해 보면, 헌법 제77조 제1항의 계엄 선포를 위한 상황적 요건 규정을 위반하고, 경찰과 무장한 계엄군을 국회에 투입해 헌법 제77조 제3항을 위반했으며, 그 이외에도 계엄법 등 법률 위반행위들이 여럿 있다. 또한 이러한 위헌·위법행위로 윤 대통령이 국민이 선거를 통해 부여해 준 신임을 배신했다고 볼 수 있으므로 위헌·위법행위의 중대성이 인정되어 헌법재판소의 결론은 당연히 탄핵인용으로 인한 윤 대통령 파면결정이 될 것으로 예상한다. 특히 이번에 법관에 의해 정당하게 발부된 수색 및 체포영장의 집행을 피하기 위해 경호처 직원들을 앞장 세우는 모습을 헌법재판관들도 온 국민들과 함께 다 봤기 때문에 윤 대통령의 대통령직을 유지시키는 것은 헌법수호의 관점에서도 용납될 수 없는 일임을 윤 대통령 스스로가 증명해보였다. 국민의 직접선거로 뽑힌 대통령을 파면에 이르게 할 정도의 위헌·위법행위의 중대성의 요건이 모두 충족된 것이다. 그리고 헌법재판소의 결정이 다수의견과 소수의견으로 나누어졌을 때 예상되는 국론 분열과 사회 혼란을 방지하기 위해 앞의 노무현, 박근혜 대통령 탄핵결정에서 그랬듯이 헌법재판소는 만장일치의 탄핵 인용결정을 내릴 것으로 믿는다.

헌법재판소법 제38조는 탄핵심판을 포함한 헌법재판소의 5가지 모든 심판유형에서, 사건 접수일로부터 180일 이내에 결론을 내라고 규정하고 있지만 헌법재판소는 이미 이 규정을 판례를 통해 훈시규정화 했으며, 대통령의 권한 행사가 정지되고 권한대행이 대통령 권한을 임시적으로 대행하는 비정상적 상황을 하루라도 빨리 종식시키고 헌법질서를 회복하기 위해 헌법재판소는 대통령 탄핵사건 전담팀을 구성해 주 2회 공개변론, 주 1회 평의의 집중심리를 행하고 있다. 노무현 대통령 사건이 63일, 박근혜 대통령 사건이 91일이 걸린 데에서 알 수 있듯이, 사안의 복잡성을 고려했을 때 두 달 혹은 길어도 두 달 반 정도 내에 윤 대통령에 대한 탄핵 여부가 결론이 날 것으로 예상한다. 문형배 헌법재판소장 권한대행도 윤 대통령 탄핵소추안이 가결되어 헌법재판소로 넘어오자, '신속하고 공정한 재판'이 이뤄질 수 있도록 헌재의 모든 역량을 투입하겠다고 밝힌 바 있다.

윤 대통령 파면결정 이후 헌법 제68조 제2항에[4] 따라 60일 이내에 치

4 헌법 제68조 제2항은 "대통령이 궐위된 때 또는 대통령 당선자가 사망하거나 판결 기타의 사유로 그 자격을 상실한 때에는 60일이내에 후임자를 선거한다"고 규정하고 있다. 윤 대통령이 헌법재판소에 의해 탄핵인용결정을 받으면 대통령직을 상실하게 되어 "대통령이 궐위된 때"에 해당하게 된다.

뤄질 대선을 통해 새 대통령이 선출될 것이고, 2025년 새해 봄부터 위헌·위법한 계엄 선포로 훼손됐던 헌법질서가 회복되면서, 대한민국은 다시 새로운 발전의 길로 전진할 것을 믿어 의심치 않는다.

제3주제 토론

지정토론

김하열 (고려대 법전원)

1. 비법(非法)과 헌법, 헌법전(典)

2024. 12. 3. 명부전(冥府殿)에 갇혀 있다고 여긴 비상계엄이 살아 돌아왔다. 그 선포 순간부터 비법(非法)과 법(法)의 투쟁이 이어지고 있다. 계엄선포는 비법의 지배를 개시하겠다는 노골적인 선언이었고, 다행히 헌정파괴의 시도는 일단 저지되었지만, 헌정회복은 아직 진행중이다.

일단이나마 헌정을 수호할 수 있었던 것은 무엇 때문인가, 헌정 수호에 '헌법'과 헌법전은 어떤 역할을 하였던가?

일단 여기서 '헌법'은 '살아 숨쉬는 헌법'으로 보기로 하자. 이번에 헌정파괴의 시도로부터 헌정을 일단 수호한 것은 이 '헌법'의 힘이자, 공(功)이다. 계엄선포 즉시 비법의 지배를 저지하려고 나선 시민들의 마음, 의지, 말, 몸, 행동, 이것이 '살아 숨쉬는 헌법'이 아니고 무엇이겠는가. 그것은 '헌법과 시민의 체화(體化)'였다. '시민헌법'이라고 해도 좋을 것이다. 군인들도 시민헌법의 예외가 아니었다. 항명(抗命)의 위험을 무릅쓰고 저항함으로써 '제복입은 시민'의 모습을 보여주었다.

그렇다면 헌법전은 어떤 역할을 하였는가? 헌법전은 '헌법'에 의한 보호대상일 뿐이었나? 그렇지는 않았다고 생각한다. 헌법전은 '헌법'이 작동하는데 유용한 프레임을 제공하였다. 계엄선포의 비법을 극복하려는 '헌법'의 물결은 국회의 '계엄해제 요구'(헌법 제77조)라는 항로를, 비법의 수괴를 내쫓으려는 '헌법'은 탄핵소추(헌법 제65조)라는 항로를, 비법의 수괴에게 응분의 처벌을 가하려는 '헌법'은 대통령 형사특권의 예외(헌법 제84조)라는 항로를 따라 넘실거렸다. 만약 이런 항로가 없었다면 '헌법'은 항로 없는 배와 같이 이리저리 헤매었을지도, 그 와중에 의지와 힘이 분산되었을지 모르며, 비법의 힘은 이를 자양분으로 더 커졌을지 모른다.[5] 헌법전은 비법의 폭풍우에 불 밝힌 등대가 되어 '헌법'이 자신을 구원하도록 자조(自助)하였다.

그럼에도 불구하고 이번 사태를 계기로 헌법전에 보완이 필요하다는 점도 분명해졌다. 앞으로 '헌법'에 빛을 덜 지려는 '헌법전'의 자성과 노력이 절실하다.

2. 비상계엄 관련

현행법은 수권(授權)규범으로서의 측면은 강한 반면, 한계(限界)규범으로서의 측면은 약하므로(특히 계엄법) 이를 보강할 필요가 있다.

(1) 계엄해제 요구의 실효성 강화

국회가 계엄해제 요구안을 가결하면 비상계엄 선포의 효력이 확정적으로 상실되도록 명시하는 것이 필요하지 않을까. 대통령이 '해제하여야 한다.'(헌법 제77조 제5항)고 규정하고 있지만, 비상계엄 선포로 인한 정상 헌정 중단의 회복은 촌각을 다투는 시급한 일인데, 대통령이 이를 거부하거나 지체할 우려는 언제라도 현실화될 수 있다. 헌법에 명시하는 것이 바람

5 계엄에 관한 제헌헌법과 현행헌법의 규정을 비교해 보자. 제헌헌법 제64조: 대통령은 법률의 정하는 바에 의하여 계엄을 선포한다.

직하겠으나(법률안 재의 가결 시 법률 확정을 규정한 헌법 제53조 제4항 참조), 계엄법에 규정하는 것도 가능할 것이다.

같은 맥락에서, 국무회의 심의사항에서 '계엄 해제'(헌법 제89조 제5호)는 삭제하는 것이 바람직하다. 국회가 해제 요구함에 따라 대통령이 해제하거나(현행 방식) 자동으로 계엄 효력이 상실되는데(위 제안) 그에 관한 국무회의의 심의는 불필요하다. 물론 대통령은 국회의 해제 요구가 없더라도 자발적으로 계엄을 해제할 수 있고 이 경우에는 국무회의의 심의가 필요하다고 할 것이나 이는 계엄법의 규정으로도 충분하다(입법사항).

(2) 계엄 하의 국회 기능 보호

계엄에 대한 1차적인 통제는 국회의 역할이고, 특히 계엄 해제 요구에 관한 국회의 소집, 심의, 의결 절차는 철저히 보호되어야 한다. 계엄해제 요구 여부를 심의하려는 국회의 기능을 방해하는 행위(예: 국회 봉쇄, 단수·단전·전자파 방해, 국회의원 연행, 구금 등)를 금지하고 그 위반행위 자체(추후 내란죄의 형사책임을 지지 않더라도)를 엄벌하는 것이 필요하다. 국회법 제166조는 국회회의 방해죄를 규정하고 있지만, 강화된 특별조항이 필요하다.

(3) '특별한 조치'의 한계 설정

헌법 제77조 제3항은 '특별한 조치'에 관하여 법률에 의한 구체화를 예정하고 있는데, 계엄법은 이에 관하여 '특별한 조치'를 동어반복하고 있을 뿐이고(계엄법 제9조), 그에 따라 이번과 같은 극한의 포고령이 발해질 수 있다. 계엄사령관의 영장제도, 언론의 자유 등에 대한 '특별한 조치'에 일정한 한계를 설정하는 것도 필요해 보인다. 아무리 비상계엄이라 해도 시민의 모든 범죄에 대해 아무런 영장 절차 없이 체포·구속 등의 강제수사를 무한정 할 수 있다거나, 시민의 모든 표현을 검열한다거나 하는 건 최소한의 비례원칙에도 맞지 않다.

3. 헌법재판소 구성 관련

(1) 임기만료 시 직무수행의 연장

재판관의 임기만료, 정년도래에도 불구하고 후임자가 임명되지 않음으로 인한 업무의 공백을 방지할 필요가 있으므로, 후임자가 임명될 때까지 계속하여 직무를 수행하도록 하는 입법적 보완을 고려해 볼 수 있다.

임기만료 후에도 직무를 계속 수행토록 하는 법률은 헌법의 임기조항 위반이 아닌지, 해당 재판관의 기본권을 침해하는 것은 아닌지(의사에 반하여 직무수행의 의무를 부과하는 것이므로)의 문제가 헌법이론적으로는 제기될 수 있을 것이다. 그러나 비상적 상황 하의 잠정적 조치이고, 헌법재판소 직무의 공백 없는 수행이라는 공익이 중대하므로 헌법위반이라는 결론에 이르기는 어려울 것이다. 참고로 독일 연방헌법재판소법 제4조 제4항도 유사한 조항을 두고 있다.

(2) 대통령 임명 관련

국회, 대통령, 대법원장의 3분 관여권을 현행과 같이 둔다고 하더라도, 국회 선출, 대법원장 지명에 대한 대통령의 형식적 임명절차가 필요한가? 중앙선관위처럼 선출과 지명으로 곧바로 '구성'되는 것으로(헌법 제114조 제2항) 규정할 수 없는가? 헌재소장 또한 중앙선관위처럼 호선(互選)하도록 할 수 있지 않을까?(2018년의 정부개헌안 참조).

현행 규정 하에서 국회 선출, 대법원장 지명에 대한 대통령의 임명은 형식적인 것에 그치므로 대통령은 임명을 거부할 수 없고, 임명 의무가 있다.

4. 탄핵 관련

(1) 탄핵심판에서 소추사유의 정리

탄핵 '소추사유'라 함은 직무집행에 있어서의 헌법·법률 위배가 되는 구체적 사실과 그에 적용되는 법조문을 통일적으로 이르는 것이라 할 것이므로, 동일사실에 대하여 단순히 적용 법조문을 추가·철회 또는 변경하는 것은 '소추사유'의 추가·철회·변경에 해당하지 않는다. 따라서 소추위원은 변론 과정에서 소추사실에 대한 법적 평가를 정리하고 이를 유형화, 단순화할 수 있다. 같은 맥락에서, 헌법재판소는 "탄핵소추의결서에서 그 위반을 주장하는 '법규정의 판단'에 관하여 헌법재판소는 원칙적으로 구속을 받지 않으므로 청구인이 그 위반을 주장한 법규정 외에 다른 관련 법규정에 근거하여 탄핵의 원인이 된 사실관계를 판단할 수 있다"고 하고 있다(헌재 2004. 5. 14. 2004헌나1).

탄핵심판과 형사재판은 별개의 목적, 효과를 지닌 별개의 절차이다. 동일한 위법사유를 기초로 형사재판과 탄핵심판이 병립하고 이에 관하여 각기 다른 결과가 나온다면 법질서의 통일성과 당사자의 신뢰성이라는 점에서 바람직하지 않다. 헌재법 제51조[6]는 형사재판과 탄핵심판 간의 병행이 바람직하지 않음을 간접적으로 시사하고 있다. 인정되는 헌법 위반이 중대하여 파면결정이 정당화된다면 형사법 위반의 소추사유에 관한 심리나 판단은 필요하지 않다.

탄핵사유는 '직무집행에 있어서 헌법 또는 법률 위배'인데, 동일한 사실에 관하여 헌법 위반과 형법 위반이라는 평가가 동시에 가능할 때 헌법 문제 전문가인 헌재로서는, 형법 위반 문제는 그 전문가인 법원의 재판에 맡기고 헌법 위배에 심리를 집중함이 사법기관 간의 권한배분의 측면에서도

6 "탄핵심판청구와 동일한 사유로 형사소송이 진행되고 있는 경우에는 재판부는 심판절차를 정지할 수 있다"

바람직하다.

헌법재판소는 박근혜 대통령 탄핵사건에서도, 소추사유에서 주장된 여러 형사법 위반 주장의 기초를 이루는 사실들 중의 일부를 인정하였지만 이를 형사법 위배 여부의 관점에서 평가하지 않고, 오로지 헌법 및 비(非)형사법률 위반의 관점에서 평가하였을 뿐이고, 이것만으로 파면결정에 이르렀다.

제3주제 토론

'12.3 사태 이후 제기된 헌정회복을 위한 헌법적 쟁점과 과제'에 관한 토론문

허완중 (전남대학교 법학전문대학원 교수)

1980년 5·18 광주민주화운동 이후 민주주의를 파괴하고 국민의 기본권을 침해하는 비상계엄을 다시 볼 거라고 상상할 수 없었다. 하지만 2024년 12월 3일 윤석열 대통령은 이러한 비상계엄을 뜬금없이 선포하였다. 인공 지능 조작 영상(deepfake)이 아닐까 의심할 정도로 어이 없는 상황이었다. 이것은 대한민국에 아직 헌법과 민주주의가 제대로 자리잡지 못하였음을 보여준다. 그리고 이것은 헌법학자에게 너무나 많은 숙제를 던져주었다. 지금 이 자리는 그러한 숙제를 해나가는 과정이라고 생각한다. 이러한 자리에 토론자로서 참여할 수 있게 된 것을 영광이라고 믿는다. 임지봉 교수님의 발제문을 읽으면서 이번 사태에 관한 다양한 고민을 차분하게 하게 되었다. 교수님께서 제시한 쟁점을 중심으로 개인적인 의견을 밝히는 것으로 토론을 갈음하고자 한다.

I. 비상계엄 선포와 국회·중앙선거관리위원회 계엄군 투입

대통령은 전시·사변 또는 이에 준하는 국가비상사태에서 병력으로써 군사상 필요에 응하거나 공공의 안녕질서를 유지할 필요가 있으면 법률이 정하는 바에 의하여 계엄을 선포할 수 있다(헌법 제77조 제1항). 대통령이 선포할 때는 그 이유, 종류, 시행일시, 시행지역 및 계엄사령관을 공고하여야 하고(계엄법 제3조), 지체 없이 국회에 통고하여야 한다(계엄법 제4조 제1항). 먼저 계엄을 선포할 수 있는 국가비상사태가 있었다고 인정하기는 어렵다. 특히 윤석열 대통령 스스로 국회의 입법 독재가 계엄선포사유임을 명확하게 밝히는데,[7] 이것은 국회가 헌법과 법률에 따른 권한을 행사한 것으로 헌법질서를 훼손하는 것으로 볼 수 없다. 하지만 더 큰 문제는 형식적 문제이다. 실질적 정의보다 법적 안정성을 우선하는 법치국가원리는 내용보다는 형식을 우선한다. 따라서 형식을 지키고 절차를 따르지 않으면 민주적 정당성을 얻지 못한다. 헌법 제82조는 대통령의 국법상 행위는 문서로서 하며, 이 문서에는 국무총리와 관계 국무위원이 부서한다고 규정한다. 따라서 계엄을 선포하고 이를 국회에 통고하는 행위는 모두 문서로 하여야 한다. 그런데 현재까지 계엄에 관한 문서는 확인되지 않았고, 계엄에 관한 부서도 당연히 확인되지 않았다. 그리고 계엄에 관해서 부서하였다는 것을 확인해 주는 국무총리와 국무위원도 없다. 게다가 계엄 선포를 위해서는 헌법 제89조 제5호에 따라서 국무회의 심의를 거쳐야 하는데, 이러한 국무회의는 개최조차 되지 않은 것으로 보인다. 이러한 점에서 12월 3일 비상계엄은 선포요건을 충족한 것은 별론으로 하더라도 형식과 절차를 흠결하여 부존재한 것으로 보아야 한다. 즉 비상계엄 선포는 없는 것이라서 이후 비상계엄을 전제로 이루어진 모든 행위는 헌법과 법률에 근거하지 않는 것으로 위헌·위법하다.

그리고 헌법 제77조 제3항은 비상계엄이 선포되면 정부나 법원의 권한에 관하여 특별한 조치를 할 수 있다고 규정하므로, 국회에 계엄군을 투입한 것은 당연히 위헌이다. 특히 국회는 헌법 제77조 제5항에 따라 계엄 해제를 요구할 수 있는 유일한 기관이므로 비상계엄이 선포되어도 그 권한은

7 조선일보 2024. 12. 3. (https://www.chosun.com/politics/politics_general/2024/12/03/NLNQVKNNJZA4VOZSFB3H5OWGB4/).

유지되어야 한다. 그리고 여기서 정부는 대통령을 수반으로 하는 정부로서(헌법 제66조 제4항) 헌법 제4장의 정부를 가리킨다. 따라서 정부에는 제7장에서 규율하는 중앙선거관리위원회가 포함되지 않는다. 계엄법 제8조도 계엄지역의 행정기관과 사법기관은 지체 없이 계엄사령관의 지휘·감독을 받아야 한다고 하는데, 행정기관에는 정보 및 보안 업무를 관장하는 기관을 포함하면서도 선거 관리에 관한 언급은 없다. 이러한 점에 비추어 비상계엄이 선포되어도 중앙선거관리위원회에 특별한 조치를 할 수 없어서 중앙선거관리위원회에 계엄군을 투입한 것도 위헌이다.

II. 대통령 권한 대행의 헌법재판소 재판관 임명

권한대행은 새로운 공직 창설도 겸직도 아니고, 헌법과 법률상 해당 직에 미리 예정된 예비적이고 보충적인 기능 수행이다.[8] 대통령이 궐위되거나 사고로 말미암아 직무를 수행할 수 없으면 국무총리, 법률이 정하는 국무위원의 순서로 그 권한을 대행한다(헌법 제71조, 정부조직법 제22조). 궐위는 대통령이 재직하지 아니한 때로서 사망, 헌법재판소 탄핵결정에 따른 파면, 대통령 취임 후 선거무효나 당선무효로 말미암은 자격 상실, 사임 등을 포함한다. 헌법 제68조 제2항에 비추어 본래 의미를 벗어나 대통령 당선자가 사망하거나 판결 그 밖의 사유로 자격을 상실한 때도 궐위에 포함된다.[9] 사고는 대통령이 재직하면서도 직무 수행이 불가능한 때로서 재임 중 실종, 질병, 요양, 의식불명, 탄핵소추로 권한 행사가 정지된 때, 범죄 혐의로 말미암은 체포나 구속 등을 포함한다.

1979년 박정희 대통령이 서거하였을 때(궐위) 최규하 권한 대행은 전국에 비상계엄을 선포한 바 있고, 2004년 노무현 대통령이 탄핵소추되었

8 이종수, 「직무대행의 기원, 대행자의 지위 및 권한 범위에 관한 소고 - 대통령직을 중심을 중심으로 -」, 『일감법학』 제48호, 건국대학교 법학연구소, 2021, 756쪽.

9 성낙인, 『헌법학(제24판)』, 법문사, 2024, 556쪽; 이부하, 「대통령 권한대행에 대한 법정책적 고찰」, 『법학연구』 제20권 제3호, 경상대학교 법학연구소, 2012, 240쪽.

을 때(사고) 고건 권한대행은 사면법 및 '거창사건 등 관련자 명예회복특별조치법'에 대해서 법률안거부권을 행사하였다. 여기서 중요한 것은 비록 단기간이라도 국민이 선출하지 않은, 곧 민주적 정당성을 결여한 국무총리나 국무위원이 그 권한을 대행한다는 점이다. 따라서 대통령 권한대행자는 잠정적인 관리자에 불과하고, 그러한 한에서 그 직무범위는 현상유지적인 것에 한정되어야 한다.[10] 이때 현상유지적인지를 가르는 기준은 이후 대통령이 권한을 회복하거나 새로운 대통령이 선출되었을 때 변경할 수 있는지이다. 절대 대통령이 될 수 없는 대통령 권한대행자가 대통령의 모든 권한을 옹글게(완벽하게) 행사할 수는 없기 때문이다.[11] 다만, 상황에 따라 긴급한 사안이나 권한 대행 상황이 끝나기를 기다려 결정하기 어려운 사안에 관해서는 현상 유지를 넘어선 권한을 행사할 수도 있다. 그리고 권한대행은 헌법기관구성권이나 국무위원과 임기가 정해진 직에 대한 임명권을 행사할 수 없지만, 다른 국가기관이 추천하거나 선출하거나 지명한 사람을 형식적으로 임명하는 것은 권한대행도 할 수 있다. 2016년 박근혜 대통령이 탄핵소추되었을 때(사고) 황교안 권한대행은 대법원장 지명 몫으로 추천된 이선애 재판관을 임명한 바 있다. 하지만 황교안 권한대행이 임기 3년이 보장된 방송통신위원회 위원을 임명한 것은 위헌 소지가 있다. 다만, 임기가 정해졌더라도 국립대학교 총장처럼 구성원이 선거로 뽑은 사람을 특별한 사정이 없으면 그대로 임명하는 거라면 권한 대행도 임명할 수 있다.

대통령은 헌법재판소 재판관을 임명하고, 헌법재판소의 장을 국회 동의를 얻어 재판관 중에서 임명한다. 다만, 재판관 중 3명은 국회가 선출한 사람을, 3명은 대법원장이 지명한 사람을 형식적으로 임명하고, 3명만을 대통령이 직접(실질적으로) 임명한다(헌법 제111조 제2항, 제3항, 제4항). 이때 국회가 선출하거나 대법원장이 지명한 사람을 재판관으로 임명하는 것은 형식적 임명권에 불과하다. 따라서 헌법과 법률이 정한 요건을 갖추고 절차를 지켜 국회가 선출하거나 대법원장이 지명한 사람에 대해서 대통령

10 홍성방, 『헌법학(하)(제3판)』, 박영사, 2014, 202쪽.

11 이종수, 「직무대행의 기원, 대행자의 지위 및 권한 범위에 관한 소고 - 대통령직을 중심을 중심으로 -」, 『일감법학』 제48호, 건국대학교 법학연구소, 2021, 760쪽; 허영, 『한국헌법론(전정20판)』, 박영사, 2024, 1076쪽 참조.

은 임명을 거부할 수 없고 즉시 임명하여야 한다. 대통령은 요건을 갖추고 절차를 지킨 것인지를 확인하는 형식적 심사권만 있다. 이러한 점에서 대통령은 헌법과 법률이 요구하지 않는 여당과 야당의 합의를 이유로 국회가 선출한 사람들 전부를 재판관으로 임명하지 않거나 선별하여 그 일부만 재판관으로 임명할 수는 없다.

대통령도 국회가 선출한 사람이 아닌 다른 사람을 헌법재판소 재판관으로 임명할 수 없다. 오히려 대통령은 국회가 선출한 사람을 헌법재판소 재판관으로 임명할 의무가 있다. 권한은 국민에게서 위임받은 것으로서 대통령도 헌법과 법률에 따라서 권한을 행사하여야 하기 때문이다. 따라서 대통령 권한 대행도 국회가 선출한 사람을 헌법재판소 재판관으로 임명할 의무가 있고, 오히려 대통령 권한 대항이 국회가 선출한 사람을 헌법재판소 재판관으로 임명하지 않거나 선별하여 임명하는 것은 헌법기관충실원칙 위반으로 위헌이다.

헌법기관충실원칙은 모든 헌법기관이 서로 존중하고 배려하고 협조하는 방식으로 행위를 하여야 한다는 헌법원칙이다.[12][13] 먼저 ① 헌법기관충실원칙은 헌법기관 사이에 적용되는 원칙이다. 다음으로 ② 헌법기관충실원칙은 헌법기관의 합헌적 권한 사이의 충돌과 관련하여 문제 된다. 즉 헌법이 부여한 헌법기관의 권한이 헌법이 부여한 다른 헌법기관의 권한과 충돌할 때 이러한 문제를 해결하는 기준이 헌법기관충실원칙이다. ③ 충실은 헌법기관이 권한을 행사할 때 다른 헌법기관을 서로 고려하여야 한다는 것을 말한다.[14] 즉 헌법기관이 자기 임무를 수행할 때 모든 헌법기관이 서로 간에 존중하고 배려하고 협조하는 것을 충실이라고 한다.[15] 헌법기관충실

12 Helmuth Schulze-Fielitz, Das Bundesverfassungsgericht in der Krise des Zeitgeists, in: AöR 122 (1997), S. 27 f. 참조.

13 헌법재판소의 소수의견에서 '국가기관 상호존중의 원칙'이라는 용어를 사용한 적이 있다(헌재 2010. 11. 25. 2009헌라12, 판례집 22-2하, 320, 338 재판관 이강국의 인용의견; 헌재 2011. 8. 30. 2009헌라7, 판례집 23-2상, 220, 238 재판관 이강국의 무효확인 청구 부분에 대한 별개의견). 그러나 소수의견은 그 내용이 무엇인지는 밝히지 않았다.

14 BVerfGE 90, 286 (337). 나아가 BVerfGE 12, 205 (254); 35, 193 (199); 36, 1 (15); 45, 1 (39); 89, 155 (191).

15 Norbert Achterberg/Martin Schulte, In: Hermann von Mangoldt/Friedrich Klein/ Christian Starck (Hrsg.), Kommentar zum Grundgesetz, Bd. 2, 7. Aufl., München 2018, Art. 44 Rdnr. 52.

원칙은 통합을 통해서 국가통일을 달성하려는 국가통합사고[16]에 기초한다. 즉 헌법기관충실원칙은 민주적 헌법국가의 기본원칙인 국가통합명령과 서로 저지하거나 방해하는 국가권력중심체의 다수 형성 방지에 근거한다.[17] 따라서 다양한 국가 영역이 고립되어 서로 나란히 있는 것이 아니라 함께 통일된 국가를 형성한다는 일반적 사고에서 헌법기관충실원칙이 도출된다.[18]

대통령은 국가원수로서 국회 동의를 얻어 대법원장을 임명하고, 대법원장 제청으로 국회 동의를 얻어 대법관을 임명한다(헌법 제104조 제1항과 제2항). 그리고 대통령은 헌법재판소 재판관을 임명하고, 헌법재판소장을 국회 동의를 얻어 재판관 중에서 임명한다. 다만, 재판관 중 3명은 국회가 선출한 사람을, 3명은 대법원장이 지명한 사람을 형식적으로 임명하고, 3명만 대통령이 직접(실질적으로) 임명한다(헌법 제111조 제2항, 제3항, 제4항). 또한, 대통령은 중앙선거관리위원회 9명의 위원 중 3명을 임명함으로써 중앙선거관리위원회 구성에 참여한다. 나머지 위원 중 3명은 국회가 선출하고, 다른 3명은 대법원장이 지명한다. 위원장은 위원 중에서 호선한다(헌법 제114조 제2항). 그 밖에 대통령은 국회 동의를 얻어 감사원장을 임명하고, 감사원장 제청으로 감사위원을 임명한다(헌법 제98조 제2항과 제3항). 이러한 국가기관 구성과 관련하여 대통령은 관련 국가기관이 장애 없이 활동할 수 있도록 권한을 행사하여야 한다. 즉 해당 국가기관이 기능 장애에 빠지지 않도록 대통령은 해당 직의 임기 개시 전에 임명권을 행사하여야 한다. 그리고 대통령이 임명과 관련하여 국회 동의를 얻어야 할 때는 국회가 동

16 국가통합사고는 루돌프 스멘트(Rudolf Smend)와 헤르만 헬러(Hermann Heller)에서 비롯하였다. 루돌프 스멘트의 통합론에 관해서는 Rudolf Smend, Verfassung und Verfassungsrecht, in: Staatsrechtliche Abhandlungen, 2. Aufl., Berlin 1968, S. 119 ff. (루돌프 스멘트, 김승조 옮김, 『국가와 헌법』, 교육과학사, 1994) 그리고 헤르만 헬러의 조직된 결정통일체이자 작용통일체인 국가에 관해서는 Hermann Heller, Staatslehre, 6. Aufl., Tübingen 1983, S. 259 ff. (헤르만 헬러, 홍성방 옮김, 『국가론』, 민음사, 1997, 324~337쪽) 참조.

17 Rupert Scholz, Parlamenterischer Untersuchungsausschuss und Steuergeheimnis, in: AöR 105 (1980), S. 600.

18 Richard Häußler, Der Konflikt zwischen Bundesverfassungsgericht und politischer Führung, Berlin 1994, S. 225.

의하지 않을 것이 명백한 사람을 후보자로 임명하여서는 아니 된다.[19] 따라서 후보자가 해당 직에 적합하지 않음이 확인되면 즉시 후보자 지명을 철회하고 신속하게 다른 후보자를 지명하여야 한다. 또한, 실질적인 임명권이 다른 헌법기관에 있으면, 대통령은 해당 헌법기관이 선출하거나 지명한 사람을 해당 직에 즉시 임명하여야 한다.

Ⅲ. 후보자의 공무담임권 침해 여부

공무담임권은 선출직 공무원을 비롯한 모든 국가기관에 취임하여 공직을 수행할 수 있는 권리이다(헌법 제25조).[20] 공무담임권은 각종 선거에 입후보하여 당선될 수 있는 피선거권(선출직 공무원)과 공직에 임명될 수 있는 공직취임권(선출직 공무원 이외의 공무원)을 포괄하는 개념[21]으로서 국민 누구나가 국정 담당자가 될 수 있는 길을 열어 놓은 참정권이다.[22] 공무담임권은 현실적 권리가 아니다. 즉 모든 국민에게 공무담임권을 보장한다고 하여 모든 국민이 곧바로 공무를 담당할 수 있는 것은 아니다. 공무담임권은 공무담임 기회를 보장할 뿐이다.[23] 즉 공무담임권은 법적 지위를 보장하는 것에 그친다. 공무담임권이 공직에 평등하게 접근할 기회를 부여한다는 점에서 평등권의 특별한 형태로 볼 수 있다.[24] 따라서 국민은 법률이 정하

19 Erich Kaufmannn, Die Grenzen der Verfassungsgerichtsbarkeit, in: VVDStRL 9, Berlin 1952, S. 14 f. 참조.

20 헌재 2002. 8. 29. 2001헌마788등, 판례집 14-2, 219, 224: "공무담임권이란 입법부, 집행부, 사법부는 물론 지방자치단체 등 국가, 공공단체의 구성원으로서 그 직무를 담당할 수 있는 권리를 말한다."

21 헌재 1996. 6. 26. 96헌마200, 판례집 8-1, 550, 557; 헌재 2006. 3. 30. 2005헌마598, 판례집 18-1상, 439, 450.

22 헌재 1996. 6. 26. 96헌마200, 판례집 8-1, 550, 557.

23 헌재 2021. 4. 29. 2020헌마999, 판례집 33-1, 509, 513: "여기서 직무를 담당한다는 것은 모든 국민이 현실적으로 그 직무를 담당할 수 있다는 의미가 아니라, 국민이 공무담임에 관해서 자의적이지 않고 평등한 기회를 보장받음을 의미한다."

24 김하열, 『헌법강의(제6판)』, 박영사, 2024, 626쪽; 방승주, 『헌법강의 Ⅱ』, 박영사, 2024, 587쪽; 이종수/장철준, 「헌법 제25조」, 『헌법주석[Ⅰ]』, 박영사, 2013, 927쪽; 전광석, 『한국헌법론(제17판)』, 집현재, 2023, 443쪽; 한수웅, 『헌법학(제13판)』, 법문사, 2024, 910쪽.
헌재 2009. 7. 30. 2007헌마991, 판례집 21-2상, 364, 369-370: "청구인은 경찰대학의 응시제한 연령이 5급 이상 공무원이 되기 위한 응시 연령 제한보다 낮아 합리적인 이유 없는 차별을 하고 있어 청구인의 평등권을

는 바에 따라 선거에서 당선되거나 임명에 필요한 자격을 갖추거나 선발시험 등에 합격하고 나서 공무를 담임할 수 있다. 공무담임권은 선거에 후보자로 출마할 수 있는 자격인 피선거권과 선출직 이외의 공직에 취임할 수 있는 공직취임권을 아우른다. 그러나 공직에서 하는 활동(공무수행)은 공권력 행사와 관련되는 것으로서 공무담임권 보호영역에 포함되지 않는다. 헌법재판소도 공무담임권은 피선거권과 공직 취임의 균등한 기회만을 보장할 뿐이지, 일단 당선이나 임명된 공직에서 그 활동이나 수행의 자유를 보장하는 것은 아니라고 한다.[25] 다만, 기왕 공직에 있는 사람이 공직에서 배제되면 공무 담임에는 공직에 대한 진입(취임)뿐 아니라 공직에 계속 있을 권리와 공직에서 벗어날 권리도 포함된다.[26] 따라서 공무담임권의 보호영역에는 공직 취임 기회의 자의적 배제뿐 아니라 공무원 신분의 부당한 박탈이나 권한(직무)의 부당한 정지도 포함된다. 선거에서 당선되거나 필요한 자격을 갖추거나 선발시험 등에 합격하여 공무를 담임할 수 있음이 확정되었는데도 공무원 임명이 거부되거나 지연되는 것도 공무담임권의 보호영역 안에 있다. 이때 공무 담임의 기회가 실현되어 공무 담임이 확정되었기 때문이다. 더하여 공직 유지가 보호된다면 공직 진입도 당연히 보호되어야

침해한다고 주장하고 있으나, 청구인이 주장하고 있는 5급 이상의 공무원 임용 자격과 특수교육 대학인 경찰대학의 입학 요건은 비교의 대상이 된다고 보기 힘들 뿐만 아니라, 공무담임권과 평등권의 심사는 중첩적으로 이루어지는 면이 있어 우리 재판소는 이를 같이 판단해야 함이 상당하다고 판시 해온 바 있으므로(헌재 2003. 9. 25. 2003헌마30, 판례집 15-2, 501, 511 참조), 이 사건에서 평등권 침해 여부를 따로 판단할 필요는 없을 것이다." 같은 취지로는 헌재 2020. 9. 24. 2018헌마444, 판례집 32-2, 33, 340.

25 헌재 1999. 5. 27. 98헌마214, 판례집 11-1, 675, 710.

26 헌재 2002. 8. 29. 2001헌마788등, 판례집 14-2, 219, 224-225: "여기서 직무를 담당한다는 것은 모든 국민이 현실적으로 그 직무를 담당할 수 있다고 하는 의미가 아니라, 국민이 공무담임에 관한 자의적이지 않고 평등한 기회를 보장받음을 의미하는바, 공무담임권의 보호영역에는 공직취임의 기회의 자의적인 배제 뿐 아니라, 공무원 신분의 부당한 박탈까지 포함되는 것이라고 할 것이다. 왜냐하면, 후자는 전자보다 당해 국민의 법적 지위에 미치는 영향이 더욱 크다고 할 것이므로, 이를 보호영역에서 배제한다면, 기본권 보호체계에 발생하는 공백을 막기 어려울 것이며, 공무담임권을 규정하고 있는 위 헌법 제25조의 문언으로 보아도 현재 공무를 담임하고 있는 자를 그 공무로부터 배제하는 경우에는 적용되지 않는다고 해석할 수 없기 때문이다(헌재 2000. 12. 14. 99헌마112등, 판례집 12-2, 399, 409-414; 헌재 1997. 3. 27. 96헌바86, 판례집 9-1, 325, 332-333 참조)." 동지의 판례로는 헌재 2005. 5. 26. 2002헌마699등, 판례집 17-1, 734, 743; 헌재 2008. 6. 26. 2005헌마1275, 판례집 20-1하, 427, 436; 헌재 2010. 3. 25. 2009헌마538, 판례집 22-1상, 561, 571; 헌재 2010. 9. 2. 2010헌마418, 판례집 22-2상, 526, 541.
그러나 공무원으로서 신분을 계속 유지할 권리, 즉 공직유지권은 헌법 제25조 공무담임권에 포함되는 것이 아니라 헌법 제7조 제2항의 직업공무원제도를 통해서 보호되는 것이라고 한 판례도 있다(헌재 2004. 11. 25. 2002헌바8, 판례집 16-2하, 282).

하기 때문이다.

국회에서 헌법재판소 재판관 후보자로 선출되면 대통령은 형식적 임명권만 있어서 대통령의 임명이라는 요식행위만 거치만 해당 후보자는 헌법재판관이 된다. 따라서 대통령이나 대통령 권한 대항이 이러한 후보자를 임명하지 못하는 것은 후보자가 헌법재판관 재판관이라는 공무를 수행할 수 없게 하는 것으로서 공무담임권 침해가 된다.

Ⅳ. 탄핵심판과 형사재판의 구별과 소추사유 철회

탄핵심판과 형사재판은 목적과 심판 대상, 심판 내용이 달라서 다른 심판유형이다. 특히 탄핵제도는 일반 사법절차를 따라 책임을 추궁하거나 행정상 징계절차를 따라 징계하기 곤란한 고위공직자나 헌법상 독립한 기관의 신분이 보장된 공직자가 직무 집행에서 헌법과 법률을 위반하면, 의회가 이들을 소추하여 법적 추궁을 하는 제도로서 해당 공직자를 파면을 하는 데 그쳐서 형사처벌도 아니고 직무수행상 무능이나 정치적 실패 혹은 정치적 이유에 따른 책임을 지우는 것이 아니다.[27] 탄핵심판도 징계적 처벌(징계처분)의 성질이 있는 것으로서 형사재판이 아니다(헌법 제65조 제4항, 헌법재판소법 제54조 제1항).[28] 특히 탄핵심판은 헌법재판으로서 본질적 측면에서 객관소송이다. 따라서 탄핵심판에서 당사자가 형사재판적 논점을 주장하더라도 헌법재판소는 이를 심사하지 않을 수 있다.

탄핵심판이 청구되고 나서도 국회는 탄핵심판 변론종결 전에는 원래의 탄핵소추 발의·의결과 같은 절차와 방식을 거쳐서 탄핵소추사유를 추가·철회 및 변경할 수 있다. 다만, 헌법재판소법 제40조 제1항 제2문에 따라 탄햇심판에는 형사소송에 관한 법령이 준용되므로, 기존 소추사유와 기본적 사실관계의 동일성이 인정되는 범위에서 형사소송법 제298조를 준용하

27 김하열, 『헌법소송법(제5판)』, 박영사, 2023, 711쪽; 한수웅/정태호/김하열/정문식(김하열 집필), 『주석 헌법재판소법』, 헌법재판소 헌법재판연구원, 2015, 641쪽.

28 헌재 2017. 3. 10. 2016헌나1, 판례집 29-1, 1, 15.

여 소추위원은 별도의 국회절차 없이 소추사유를 추가할 수 있다.[29] 소추위원은 소추사유의 추가·철회 및 변경을 서면으로 신청하여야 한다(헌법재판소법 제40조, 형사소송법 제298조, 형사소송규칙 제142조). 소추사유는 직무 집행에서 헌법·법률 위배가 되는 구체적 사실과 그에 적용되는 법조문을 통일적으로 가리킨다. 동일사실에 적용되는 법조문을 단순히 추가·철회 또는 변경하는 것은 소추사유의 추가·철회·변경에 해당하지 않는다. 소추사유 추가는 기존 소추사유에 새로운 헌법이나 법률 위반 사실을 소추사유로 덧붙이는 것을 말한다. 소추사유 철회는 단일의 소추사실에서 그 부분사실에 대한 소추의사를 거두는 것을 말한다. 여러 소추사실의 전부나 일부를 철회하거나 부분사실 없는 단일의 소추사실을 온전히 철회하여 탄핵심판 계속을 전부나 일부 종료시키는 것은 소추사유 철회가 아닌 소추의 전부나 일부 취하에 해당한다. 소추사유 변경은 소추사실의 추가와 철회를 함께 하는 것이다.[30]

헌법재판소는 국회가 제시한 5가지 탄핵사유를 ① 12·3 비상계엄 선포 행위 ② 계엄포고령 1호 발표 행위 ③ 군·경찰 동원 국회 방해 행위 ④ 영장 없이 중앙선거관리위원회 압수수색 등 4가지로 정리하였는데, 쟁점을 정리하는 것은 헌법재판소 권한에 해당한다. 내란은 비상계엄 선포 행위로 시작되었으므로, 탄핵소추서에 기재된 사실관계에 아무런 변화 없이 단지 형법상 내란죄 적용만 철회하는 것은 형사소송법 제298조를 준용하여 소추위원이 별도의 국회절차 없이 할 수 있다.

29 헌재 2004. 5. 14. 2004헌나1, 판례집 16-1, 609, 634: "소추의결서에 기재되지 아니한 새로운 사실을 탄핵심판절차에서 소추위원이 임의로 추가하는 것은 허용되지 아니한다."

30 한수웅/정태호/김하열/정문식(김하열 집필), 『주석 헌법재판소법』, 헌법재판소 헌법재판연구원, 2015, 674~676쪽.

헌정회복을 위한 헌법학자회의 학술토론회
12 · 3 비상계엄사태와 헌정회복을 위한 과제
일시: 2025.1.8.(수) 14:00-18:00 장소: 광화문 변호사회관 조영래홀

헌정회복을 위한 헌법학자회의 학술토론회

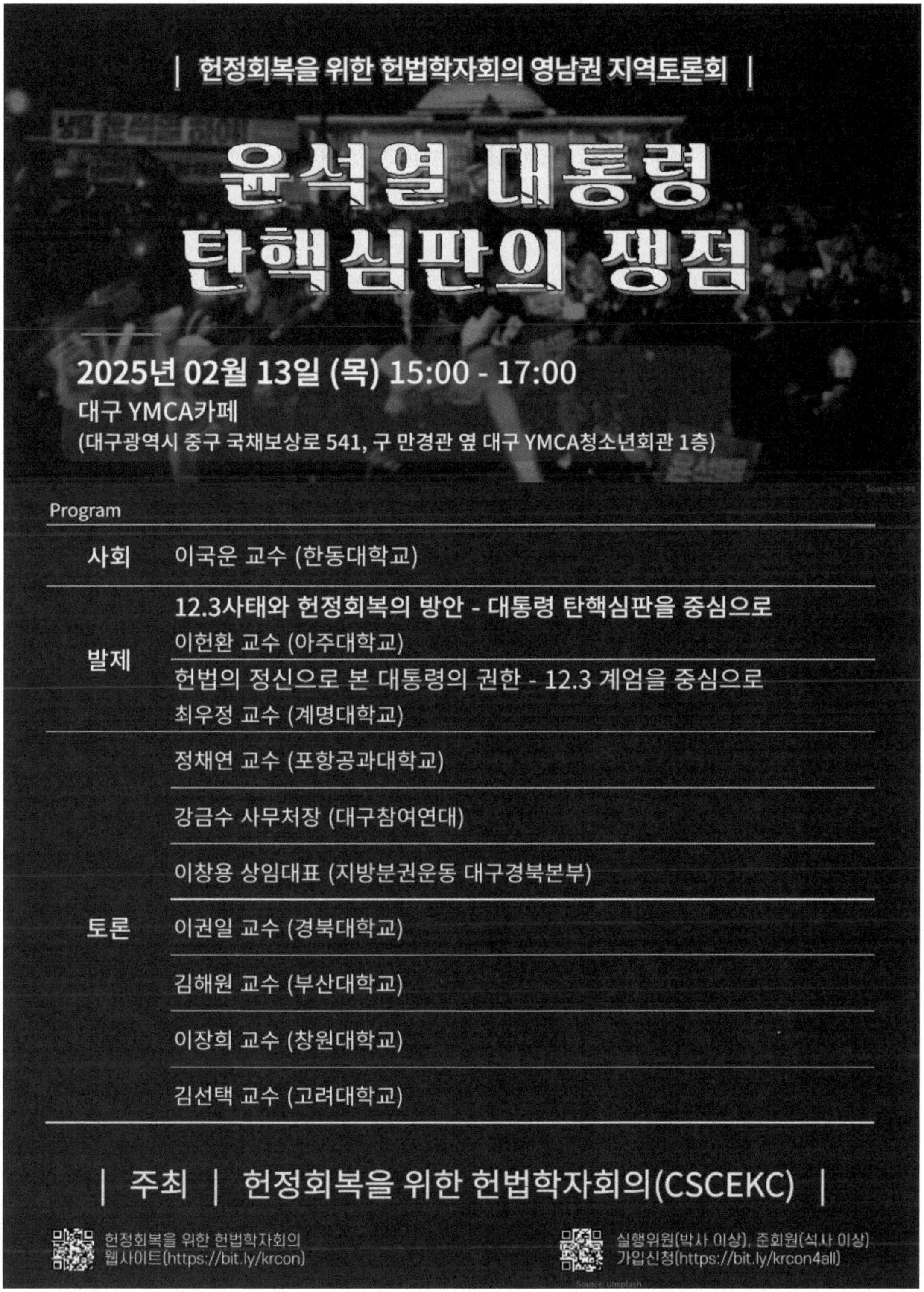
| 헌정회복을 위한 헌법학자회의 영남권 지역토론회 |
윤석열 대통령
탄핵심판의 쟁점
2025년 02월 13일 (목) 15:00 - 17:00
대구 YMCA카페
(대구광역시 중구 국채보상로 541, 구 만경관 옆 대구 YMCA청소년회관 1층)
Program
사회
이국운 교수 (한동대학교)
발제
12.3사태와 헌정회복의 방안 - 대통령 탄핵심판을 중심으로
이헌환 교수 (아주대학교)
헌법의 정신으로 본 대통령의 권한 - 12.3 계엄을 중심으로
최우정 교수 (계명대학교)
토론
정채연 교수 (포항공과대학교)
강금수 사무처장 (대구참여연대)
이창용 상임대표 (지방분권운동 대구경북본부)
이권일 교수 (경북대학교)
김해원 교수 (부산대학교)
이장희 교수 (창원대학교)
김선택 교수 (고려대학교)
| 주최 | 헌정회복을 위한 헌법학자회의(CSCEKC) |
헌정회복을 위한 헌법학자회의
웹사이트(https://bit.ly/krcon)
실행위원(박사 이상), 준회원(석사 이상)
가입신청(https://bit.ly/krcon4all)

헌정회복을 위한 헌법학자회의

영남권 지역토론회

윤석열 대통령 탄핵심판의 쟁점

2025.2.13. (목) 15:00-17:00

대구 YMCA카페

(대구광역시 중구 국채보상로 541, 구 만경관 옆 대구 YMCA청소년회관 1층)

목 차

사회

이국운 (한동대 교수)

발제

12·3 사태와 헌정회복의 방안 - 대통령 탄핵심판을 중심으로

이헌환 (아주대 교수)

헌법의 정신으로 본 대통령의 권한 - 12·3 계엄을 중심으로

최우정 (계명대 교수)

토론

정채연 (포항공과대 교수) 강금수 (대구참여연대 사무처장)

이창용 (지방분권운동 대구경북본부 상임대표)

이권일 (경북대 교수) 김해원 (부산대 교수)

이장희 (창원대 교수) 김선택 (고려대 교수)

12·3 사태에 대응한 헌정회복의 방향 - 대통령탄핵에 집중하여

공동대표 이헌환 (아주대학교 법학전문대학원)

I. 45년 전의 처참했던 기억

1979년 10월 27일 아침 7시 경, 전 날 친구들과 막걸리 회동을 하고 잠들어 아직 정신을 차리기도 전에, 1층에서 크게 틀어 놓은 TV 소리에 놀라 아랫층으로 후다닥 뛰어 내려가는 도중, TV에서는 '박대통령이 돌아 가셨다'는 친척어른의 당황한 목소리와 '박대통령의 유고'와 '27일 오전 4시부로 제주도 제외 전국 비상계엄선포'를 울먹이며 발표하는 문공부 장관의 기자회견 장면이 중계되고 있었다. 세상이 한 순간에 멈춘 듯 잠시 멍 하여 아무런 생각이 들지 않았다. 아니, 태어나서 철들기까지 대통령은 박정희 한 사람뿐이라고 여겼었는데, 그 사람이 죽었다고? 후다닥 옷을 갖춰 입고 학교 앞으로 달려 갔다. 정문 옆에 탱크가 두 대 서 있었고, 소총을 든 수명의 군인이 그 옆을 지키고 있었다. 감히 정문 쪽으로 갈 엄두를 내지 못한 채 먼 발치서 발만 동동 구르고 있었다.

박대통령 국장, 합동수사본부의 수사결과 발표, 최규하 권한대행의 개헌 후 차기 대통령 선출 표명, 여야 개헌특위 구성 결의, 민주인사 석방, YWCA 위장결혼식 사건, 통일주체국민회의에 의한 최규하 대통령 선출, 긴급조치 해제, 제적학생 및 해직교수 복귀, 12·12 군사쿠데타 등, 숨돌릴

틈 없이 정국이 전개되고, 엄혹했던 암흑과 동토의 시대를 넘어 새로운 민주주의가 꽃 필 것을 기대하면서, 긴 겨울의 불안과 두려움을 안고 새 봄을 맞이하였다.

1980년의 봄은 민주화를 요구하는 세력과 쿠데타 후 집권한 신군부 세력 간의 치열한 정치투쟁의 과정이었다. 비록 3김씨들 사이에 정치적 헤게모니를 잡기 위한 암중모색은 있었으나, 큰 틀에서 민주화를 향한 열정은 다르지 않았다. 반민주적, 억압적 유신시대를 청산하고 민주국가를 건설하여야 한다는 거센 물결은 전 국민의 절절한 요구이었다.

1980년 5월 17일, 전전날 5·15 서울역 회군으로 지친 몸으로 하숙집에서 하루를 보낸 다음날이었다. 아침에 하숙집 학생들이 시끌시끌하여 눈을 떠보니, 비상계엄이 제주도까지 확대되었고, 학교가 폐쇄되었으며, 중요 정치인들과 학생회조직이 체포구금되었다고 긴박하게 상황전파를 하고 있었다. 자리를 박차고 일어나 친구들과 함께 학교로 달려갔으나 작년과 마찬가지로 정문 앞에 탱크가 떡 하니 버티고 있고, 무장군인들이 출입문을 지키고 있었다.

아무 것도 할 수 없는 무력감에 빠져 쓸쓸히 친구들과 하숙집으로 되돌아와서 두려움과 절망 속에서 하루하루를 보내던 중, 18일 오후부터 기괴한 소문이 들리기 시작하였다. 광주로부터 전해진 충격적이고 공포스러운 소문들은 며칠 동안 이어졌고, 광주 출신의 친구들이 분노와 고통, 그리고 어찌할 수 없는 절망으로 형형한 눈빛을 보여주고 있었다. 특히 대구 출신의 친구들과는 가급적 눈을 마주치지 않으려 한다는 것을 금방 알아차릴 수 있었다. 무슨 말이 있을 수 있었을까...

위의 서술은 필자의 개인적 경험을 나타낸 것이지만, 주관적 경험을 넘어 우리 국민 전체에게 깊은 상처로 남은 것이었다. 이후 전개된 우리 헌정사는 국민 전체의 저항과 피땀어린 노력으로 87년에야 입헌민주적 법치국가로 바로 설 수 있게 되었다. 아울러 12·12 쿠데타 이후 5·17 내란 등은 1995년의 특별법 등을 거쳐 1997년에야 법적으로 최종 단죄되었다(대법원 1997.4.17. 96도3376 판결).

II. 12·3 사태의 발발과 탄핵소추과정

비상계엄이라는 말만 들어도 치를 떠는 쓰라린 상처가 아물어 한 세대를 넘어서서, 이제는 더 이상 상상할 수도 없는 시대라 여겨지던 2014년 12월 3일, 대통령 윤석열은 대통령실에서 오후 10시 23분부터 TV로 생중계된 '긴급 대국민 특별 담화'를 통해, 정부구성원들에 대한 탄핵을 남발하고 무분별한 예산삭감으로 국정기능을 마비시키는 야당 등 반국가적 세력에 의한 자유민주체제 전복시도로부터 대한민국을 수호하기 위해 불가피하다는 이유로 같은 날 오후 10시 28분 전국 일원에 비상계엄을 선포하였다.

대통령은 경찰을 동원하여 국회를 봉쇄하고 무장한 계엄군을 국회 경내로 진입시킴으로써 국회의 계엄해제 요구안 의결을 저지하려고 시도함과 동시에, 부정선거 수사를 이유로 경찰과 무장한 계엄군으로 하여금 중앙선거관리위원회 청사 및 관련 시설들을 위법하게 침입·점거하도록 하는 한편, 국회의장 우원식, 국회부의장 이학영, 이재명 더불어민주당대표, 한동훈 국민의 힘 대표, 조국 조국혁신당 대표, 김명수 전 대법원장 등 국회의원과 정치인, 언론인 등을 체포하도록 지시하였다.

대통령은 이어 국무총리 등에게 비상계엄 상황에서의 대응 및 조치사항을 지시하였는데, 특히 최상목 경제부총리에게는 "예비비를 조속한 시일내 충분히 확보해 보고할 것", "국회 관련 각종 자금 완전 차단", "국가비상입법기구 관련 예산 편성" 등이 기재되어 있는 문건을 건네주었다.

같은 날 오후 11시부로 '국회와 지방의회, 정당의 정당활동 등 일체의 정치활동을 금지하고 모든 언론·출판을 계엄사의 통제하에 두는 등 총 6개항으로 구성되고 그 위반자에 대하여는 계엄법에 따라 영장 없이 체포, 구금, 압수수색하고 처단한다'는 내용의 계엄사령관 명의의 계엄사령부 포고령 제1호가 배포되었다.

대통령의 비상계엄 선포 소식을 들은 국회와 국민은 이에 대항하기 위하여 신속히 대처하였다. 국회의원들은 비상계엄해제 요구 결의를 하기 위하여 국회의사당으로 향하였고, 시민들은 국회 주변에 집결하였다. 시민들과 국회 직원들이 결사적으로 군과 경찰을 저지하는 동안 우원식 국회의장을 포함하여 190명의 국회의원들은 국회 담장을 넘는 등 봉쇄를 뚫고 국회 경내로 진입하였다. 국회 본회의장으로 들어올 수 있었던 국회의원들은 2024년 12월 4일 01:00경 재석 190명 전원의 찬성으로 비상계엄 해제요구 결의안을 가결하였다. 대통령은 국회의 결의에 따라 지체없이 해야 할 비상계엄 해제를 지연하다가 2024년 12월 4일 05:40경 계엄 해제를 발표하였다.

더불어민주당 등 야 6당 소속 국회의원 191명은 2024년 12월 4일 헌법 제65조 및 국회법 제130조에 의하여 대통령에 대한 탄핵소추안(의안번호: 2206205)을 발의하였으나 2024년 12월 7일 투표수가 의결정족수에 미달하여 표결불성립으로 피청구인에 대한 탄핵소추안은 폐기되었다. 2024년 12월 12일 더불어민주당 등 야 6당 소속 국회의원 190명에 의해 다시 발의된 대통령에 대한 탄핵소추안(의안번호: 2206448)은 2024년 12월 14일 오후 4시에 실시된 표결에서 재적의원 300명 중 재석 300명, 찬성 204표, 반대 85표, 기권 3표, 무효 8표로 가결되었다. 국회 법제사법위원회위원장은 소추위원장으로서 같은 날 오후 6시 15분 헌법재판소에 탄핵소추의결서 정본을 제출하여 대통령에 대한 탄핵심판을 청구하였다. 한편, 국회의 탄핵소추의결서 사본이 피청구인에게 전달된 같은 날 오후 7시 24분부터 피청구인의 대통령으로서의 직무가 정지되었다. 이후 국무총리 한덕수가 대통령 권한대행이 되었으나, 2024년 12월 26일에 탄핵소추안이 발의되고 27일에 의결되어 최상목 부총리 겸 기획재정부 장관이 대통령 권한대행으로 대통령직을 대행하게 되었다.

한편, 12·3 사태가 형법상 내란죄에 해당하는가의 여부에 관한 수사는 12월 5일 구성된 검찰 특수수사본부에서 시작되었고, 경찰·공수처·국방부조사본부 등이 공조하는 공조수사본부가 출범하였으며, 국회에서는 상설특검법의 발동을 촉구하고, 내란특검법을 2회 발의하여 의결되었으나, 권한대행의 재의요구에 따라 재의에 부친 결과 부결되었다. 공조수사본부에서 수사한 결과가 서울중앙지검으로 이송되었고, 서울중앙지법의 두 차례의 구속기간연장불허를 거쳐 2025년 1월 26일 대통령 윤석열에 대한 구속기소가 있었고, 형사재판이 예정되어 있다. 이 외에 대통령에 대한 구속영장 발부와 관련하여 서부지법이 침탈되어 극도의 혼란에 빠지는 등 상상할 수 없는 일들이 지속되고 있다.

III. 탄핵재판의 헌법적 쟁점

12·3 비상계엄선포가 국회의 해제요구결의안 통과로 6여 시간 만에 해제되자, 곧 이어 언론과 여론에서는 비상계엄선포의 헌법적 및 법률적 취급을 두고 논란이 시작되었다. 혹자는 비상계엄이 통치행위이기 때문에 헌법재판소 및 법원의 사법심사의 대상이 될 수 없다고 주장하기도 하였고, 형법상 내란죄로 의율하는 것도 적절치 않다고 언론에 표명하기도 하였다. 뿐만 아니라 국회의 탄핵소추 과정에서도 여러 가지 찬반의 주장들이 언론에서 회자되기 시작하였다.

헌법재판소는 2024헌나8로 사건을 접수하고, 국회가 소추사유로 가. 위헌·무효인 비상계엄 발령 나. 위헌적 비상계엄령 발령으로 인한 국민주권주의(헌법 제1조)와 헌법수호책무(헌법 제66조) 위반 다. 위헌적 계엄령 및 계엄 포고령 발령으로 인한 정당제와 정당 활동의 자유(헌법 제8조), 거주·이전의 자유(헌법 제14조), 직업선택의 자유(헌법 제15조), 언론·출판과 집회·결사 등 표현의 자유(헌법 제21조), 근로자의 단체행동권(헌법 제33조), 대의민주주의(헌법 제41조), 불체포특권(헌법 제44조), 국회의원의 표결권(헌법 제49조) 침해 또는 위반 라. 불법 군경 동원에 따른 공무원의 정치적 중립성(헌법 제5조 제2항, 제7조 제2항)과 국회의원의 표결권(헌법 제49조) 및 법률에 의한 국군 통수의무(헌법 제74조) 위반 마. 대통령직의 성실한 수행의무(헌법 제69조, 국가공무원법 제56조) 위반 바. 계엄법위반(계엄법 제2조 제2항, 제5항, 제11조 제1항) 사. 형법상 내란미수(형법 제87조, 제91조) 등, 7 항목을 적시하였으나, 헌법재판소는 4 가지로 분류하여, 가. 계엄선포의 위헌·위법성 여부 나. 계엄포고령 제1호의 위헌·위법성 여부 다. 계엄해제 등 국회활동 방해 여부 라. 중앙선관위 침탈 행위의 위헌·위법 여부 등으로 정리하였다. 국회 측은 법조인 체포지시행위를 소추사유로 추가해 달라고 헌재에 요청하였다.

헌법재판소는 2024년 12월 27일 1차 변론준비기일, 2025년 1월 3일 2차 준비기일을 거쳐 1월 14, 16, 21, 23 각 일 및 2월 4일로 5 회의 변론기일을 지정하였으나, 피청구인 측의 요청에 따라 2월 6, 11, 13 각 일에 변론기일을 3 회 추가하여 8 회의 변론기일을 정하였다.

이러한 와중에 최상목 권한대행이 국회선출 3인 중 2인만 임명하여 헌재를 8인 체제로 만들었다. 헌법재판소 재판관 임명에 관한 권한쟁의심판, 한덕수 국무총리 탄핵심판, 기타 국무위원에 대한 탄핵심판 등의 사건들이 동시에 진행되고 있고 각각의 심판사건에서 중요한 헌법적 쟁점들이 다투어지고 있다.

본 발제에서는 형법상 내란죄 여부와 기타 국무위원에 대한 탄핵 및 권한쟁의심판 등에 대해서는 간략히 언급하기로 하고, 대통령 탄핵과 관련된 쟁점을 중심으로 검토한다.

1. 비상계엄선포가 통치행위이므로 사법심사의 대상이 될 수 없다는 주장에 대하여

12·3 사태 발생 후 가장 먼저 언급된 주장이 통치행위론이다. 비상계엄선포가 통치행위이기 때문에 헌법재판소나 법원에 의한 사법심사의 대상이 되지 않는다는 주장이다.

그러나 이 주장은 전혀 타당하지 않다. 통치행위 개념 자체가 18-19세기에 전제군주의 행위에 대한 법치주의의 예외를 인정하기 위하여 도입된 개념으로, 영국의 대권행위론과 미국의 정치문제 법리도 그 맥락에 속하는 이론이다. 하지만 20세기 후반 이래 그 개념이 크게 변화되었고, 오늘날에는 매우 제한적으로만 인정되는 개념이다. 우리 대법원은 특히 비상계엄선포행위와 관련하여, 「대통령의 비상계엄의 선포나 확대 행위는 고도의 정치적·군사적 성격을 지니고 있는 행위라 할 것이므로, 그것이 누구에게도 일견하여 헌법이나 법률에 위반되는 것으로서 명백하게 인정될 수 있는 등 특별한 사정이 있는 경우라면 몰라도, 그러하지 아니한 이상 그 계엄선포의 요건 구비 여부나 선포의 당·부당을 판단할 권한이 사법부에는 없다고 할 것이나, 비상계엄의 선포나 확대가 국헌문란의 목적을 달성하기 위하여 행하여진 경우에는 법원은 그 자체가 범죄행위에 해당하는지의 여부에 관하여 심사할 수 있다.」고 하고(대법원 1997.4.17. 96도3376), 통치행위에 대해서도 「고도의 정치성을 띤 국가행위에 대하여는 이른바 통치행위라 하여 법원 스스로 사법심사권의 행사를 억제하여 그 심사대상에서 제외하는 영역이 있으나, 이와 같이 통치행위의 개념을 인정한다고 하더라도 과도한 사법심사의 자제가 기본권을 보장하고 법치주의 이념을 구현하여야 할 법원의 책무를 태만히 하거나 포기하는 것이 되지 않도록 그 인정을 지극히 신중하게 하여야 하며, 그 판단은 오로지 사법부만에 의하여 이루어져야 한다.」고 하여(대법원 2004.03.26. 2003도7878 ; 대법원 2010.12.16. 2010도5986도 같은 뜻), 통치행위론을 매우 신중하게 인정하되 기본권보장과 법치주의 이념의 구현을 위하여 사법심사가 가능함을 밝히고 있다. 헌법재판소도 「고도의 정치적 결단에 의하여 행해지는 국가작용이라고 할지라도 그것이 국민의 기본권 침해와 직접 관련되는 경우에는 당연히 헌법재판소의 심판대상이 된다.」고 하고 있다(헌재 1996.2.29. 93헌마186). 물론 이라크파병 결정 등 위헌확인에서는 매우 제한적으로 사법심사가 배제되는 통치행위를 인정한 예도 있다(헌재 2004.4.29. 2003헌마814). 비상계엄선포가 통치행위 개념에 포함된다 하더라도, 12·3 비상계엄선포는 국민의 기본권침해와 당연히 직접 관련된다고 보아 사법심사의 대상이 되는 통치행위라고 하여야 한다.

최근 미국의 Trump 대통령의 면책권을 인정한 미국연방대법원 판례를 원용하여 대통령의 면책을 주장하는 견해도 있다. 그러나 미국 연방대법원 판례는 전직대통령의 재임중 범죄에 대한 형사소추면제 판결이며, 재임 중 대통령의 범죄행위는 당연히 탄핵심판의 대상이 될 수 있다는 점, 미국 헌법에는 대통령의 형사소추면제조항이 없다는 점, 우리 헌법과 미국헌법은 전혀 다르기 때문에 미국의 해석론이 우리 헌법 해석론에 그대로 적용될 수 없다는 점 등에서 타당하지 않은 주장이다.

2. 비상계엄으로 실제 피해가 발생하지 않았다는 주장에 대하여

이 주장은 비상계엄을 대통령이 의도적으로 해제하였기 때문에 경고성의 계몽령이었다는 주장과 맥이 닿는 주장이다. 그러나 명확한 것은 비상계엄이 국회에 의하여 해제당했지 대통령 스스로 해제한 것이 아니라는 것이다. 스스로 해제할 것을 예정하고 계엄령을 선포하였다면 헌법상의 계엄선포요건에 전혀 맞지 않게 되는 자기모순의 주장일 뿐이다. 나아가 경고를 위하여 비상계엄선포라는 어마어마한 권한을 행사하였다는 것으로 이는 대통령권한의 남용에 해당한다. 경고를 위하여 군을 동원하고 국회를 침탈하였다니 도무지 이해되지 않는 주장이다.

3. 탄핵소추사유에서 내란죄를 제외하기 위하여는 탄핵소추를 재의결하여야 한다는 주장에 대하여

이 주장은 탄핵제도에 관한 기본적인 이해를 결한 주장이다. 헌법 제65조 제4항은 「탄핵결정은 공직으로부터 파면함에 그친다. 그러나, 이에 의하여 민사상이나 형사상의 책임이 면제되지는 아니한다.」고 규정하여, 징계절차로서 탄핵심판과 형사상 책임을 묻는 형사절차를 명확히 구별하고 있다.

통상 일반공무원에 대한 징계는 국가공무원법 제10장과 이를 구체화하는 공무원징계령에 따라 행해진다. 그러나 대통령, 국무총리 국무위원 기타 법률로 정하는 고위직 공무원에 대해서는 특별히 탄핵심판이라는 제도를 통하여 징계하도록 하고 있다. 따라서 탄핵인용에 따른 징계는 당해 직으로부터 파면함에 그치고 다른 징계를 할 수 없다고 하고 있는 것이다.

따라서 탄핵절차와 형사절차는 명백히 구별되는 것이며, 형사절차에서 범죄의 성립 여부와는 상관없이 탄핵소추사유가 헌법 및 법률에 위반되는지의 여부 그리고 그것이 중대한지의 여부에 따라 탄핵인용 여부가 결정된다. 그러므로 탄핵소추의결서에 형법상 내란죄를 주장하고 있더라도 헌법재판소는 그에 구애되지 아니하고 탄핵심판을 행한다. 말하자면 형법상 내란죄 성립 여부는 형사법정에서 가리면 되지 탄핵절차에서는 판단할 필요가 없다는 것이다. 다만, 탄핵심판을 위하여 필요한 사실관계를 확정하기 위하여 형사법정에서 제출된 소송기록을 송부촉탁하여 참고할 수 있다.

4. 형사재판이 종결되어야 탄핵심판을 할 수 있다는 주장

이 주장은 헌법재판소법 제51조(심판절차의 정지) 「피청구인에 대한 탄핵심판 청구와 동일한 사유로 형사소송이 진행되고 있는 경우에는 재판부는 심판절차를 정지할 수 있다.」는 규정에 근거한 것이다. 즉 형사재판에서의 유죄 여부가 확정되어야만 탄핵인용 여부를 결정할 수 있다는 것이다. 그러나 동조는 탄핵소추사유에서 근거가 된 사실관계가 명확하지 않은 경우에 형사재판의 결과를 참조할 필요가 있는 경우에 한하여 헌법재판소의 재량으로 심판절차를 정지할 수 있다는 규정이지, 객관적으로 사실관계가 확정될 수 있는 경우에는 심판절차를 정지할 필요가 없다. 또한 탄핵심판 절차에서의 사실관계의 확정은 형사재판에서 요구되는 엄격한 증명을 요구하지는 않는다. 말하자면, 형사재판에서의 유죄판결의 근거로 할 수 있는 엄격한 증명에 이르지 않더라도 재판관들의 자유심증에 따라 사실관계를 확정할 수 있다는 것이다.

5. 절차적 측면에서의 위헌·위법성

1) 국무회의 심의의 부재

헌법 제89조 제5호에 따르면 계엄선포는 국무회의의 심의 사항에 해당한다. 현재가지 알려진 바로는 12월 3일 계엄선포 전에 도무지 국무회의라 할 수 있는 실체가 없다고 알려져 있다. 비록 국무회의가 그 의결에 구속력이 인정되지 않지만, 형식적으로 헌법규정에 명시되어 있기 때문에 계엄선포 전 국무회의가 없었다면 엄연히 위헌이다.

또한 계엄법 제5조 제1항은 대통령이 계엄사령관을 임명할 때에는 국무회의의 심의를 거쳐야 함을 규정하고 있는데, 국무회의가 없었다면 계엄사령관 임명을 위한 국무회의도 당연히 존재하지 않았기 때문에 위법하다고 할 것이다.

2) 계엄선포문의 부서 부재

헌법 제82조는 「대통령의 국법상 행위는 문서로써 하며, 이 문서에는 국무총리와 관계 국무위원이 부서한다. 군사에 관한 것도 또한 같다.」고 규정하고 있는 바, 비상계엄 선포문에는 국무총리와 국무위원들의 부서가 없다. 국무회의가 없었다면 더 말할 필요가 없다. 따라서 명백한 위헌적 행위이다.

3) 계엄선포 후 국회 통고의무 불이행

헌법 제77조 제4항은 「대통령이 계엄을 선포할 때에는 지체없이 국회에 통고하여야 한다.」고 명시하고 있고, 계엄법 제4조 제1항 또한 동일한 취지의 규정을 두고 있다. 대통령이 계엄을 선포한 후, 2시간여 만에 계엄해제요구결의안이 통과될 때까지 국회에 통고하지 않았다. 역시 위헌인 행위이다.

6. 실체적 측면에서의 위헌·위법성

1) 상황요건과 필요성 요건

헌법 제77조는 「① 대통령은 전시·사변 또는 이에 준하는 국가비상사태에 있어서 병력으로써 군사상의 필요에 응하거나 공공의 안녕질서를 유지할 필요가 있을 때에는 법률이 정하는 바에 의하여 계엄을 선포할 수 있다. ② 계엄은 비상계엄과 경비계엄으로 한다. ③ 비상계엄이 선포된 때에는 법률이 정하는 바에 의하여 영장제도, 언론·출판·집회·결사의 자유, 정부나 법원의 권한에 관하여 특별한 조치를 할 수 있다. ④ 계엄을 선포한 때에는 대통령은 지체없이 국회에 통고하여야 한다. ⑤ 국회가 재적의원 과반수의 찬성으로 계엄의 해제를 요구한 때에는 대통령은 이를 해제하여야 한다.」고 규정하고 있다. 이 규정은 계엄선포의 상황요건(전시·사변 또는 이에 준하는 국가비상사태)과 필요성요건(병력으로써 군사상의 필요에 응하거나 공공의 안녕질서를 유지할 필요가 있을 때)을 실체적 요건으로 요구하고 있다. 계엄법 제2조 제2항은 비상계엄의 경우에는 “전시·사변 또는 이에 준하는 국가비상사태 시 적과 교전 상태에 있거나 사회질서가 극도로 교란되어 행정 및 사법 기능의 수행이 현저히 곤란한 경우”에 선포할 것을 규정하여 특히 상황요건에 관한 내용을 보다 구체화하고 있다.

비상계엄을 선포하기 위해서는 실체적 요건이 충족되어야 함에는 다른 견해가 없지만, 그 충족 여부에 관한 판단이 통치행위이기 때문에 사법심사의 대상이 되지 않는다거나, 앞서 언급한 미국연방대법원의 판례를 원용하여 대통령이 면책된다는 주장이 있으나, 이는 타당하지 않음을 앞서 언급하였다.

2) 실체적 요건에 대한 엄격해석의 필요성

상황요건과 필요성 요건은 엄격하게 해석하여야 한다. 즉, 계엄이 필요한 「전시·사변 또는 이에 준하는 국가비상사태」의 의미와 「병력으로써 군사상의 필요에 응하거나 공공의 안녕질서를 유지할 필요」는 엄격히 해석하여, 쉽게 비상계엄을 선포하지 못하게 하여야 한다. 그런 점에서 12·3 비상계엄선포는 그 실체적 요건을 충족하였다고 보기 어렵다.

대통령은 탄핵남발과 예산삭감 횡포 등의 입법독주를 계엄선포의 이유로 들고 있지만, 이러한 이유가 「전시·사변 또는 이에 준하는 국가비상사태」에 해당한다고 보기는 어렵다. 또한 허무맹랑한 「부정선거 의혹」도 계엄선포의 한 사유로 들고 있지만, 이는 더더욱 상황요건에 해당한다고 보기 어렵다.

7. 포고령 제1호의 위헌·위법성

대통령의 계엄선포 후 계엄사령부는 12월 3일 다음과 같은 내용의 포고령 제1호를 발표하였다.

자유대한민국 내부에 암약하고 있는 반국가세력의 대한민국 체제전복 위협으로부터 자유민주주의를 수호하고, 국민의 안전을 지키기 위해 2024년 12월 3일 23:00부로 대한민국 전역에 다음 사항을 포고합니다.

1. 국회와 지방의회, 정당의 활동과 정치적 결사, 집회, 시위 등 일체의 정치활동을 금한다.
2. 자유민주주의 체제를 부정하거나, 전복을 기도하는 일체의 행위를 금하고, 가짜뉴스, 여론조작, 허위선동을 금한다.
3. 모든 언론과 출판은 계엄사의 통제를 받는다.
4 . 사회혼란을 조장하는 파업, 태업, 집회행위를 금한다.
5. 전공의를 비롯하여 파업 중이거나 의료현장을 이탈한 모든 의료인은 48시간 내 본업에 복귀하여 충실히 근무하고 위반시는 계엄법에 의해 처단한다.
6. 반국가세력 등 체제전복세력을 제외한 선량한 일반 국민들은 일상생활에 불편을 최소화할 수 있도록 조치한다.

이상의 포고령 위반자에 대해서는 대한민국 계엄법 제 9조(계엄사령관 특별조치권)에 의하여 영장없이 체포, 구금, 압수수색을 할 수 있으며, 계엄법 제 14조(벌칙)에 의하여 처단한다.

2024.12.3.(화) 계엄사령관 육군대장 박안수.

우선, 포고령은 「반국가세력」이라는 무시무시한 표현을 쓰고 있으나, 그 의미에 관하여 아무런 설명이 없다. 오히려 대통령 자신이 반헌법적인 반국가세력으로서 대한민국 체제전복을 도모하는 것이 아닌지 의심스럽다고 하지 않을 수 없다. 과거 유신시대와 5공 시대가 그랬듯이, 자유민주주의를 가장 반자유민주적 방법으로 지키겠다고?

위 제1항은, 비상계엄이 선포된 때에는 「정부나 법원의 권한에 관하여 특별한 조치를 할 수 있다는 헌법 제77조 제3항과 국회통고 및 폐회 시 국회소집요구를 규정한 계엄법 제4조를 위반하였다. 또한 지방의회, 정당의 활동과 정치활동 일체를 금지하는 것은 명문의 근거가 없고 헌법상 대의민주주의를 위반하며, 지방자치제도의 본질적인 내용을 침해하는 것으로 헌법과 계엄법 문언 자체에 정면으로 위반하는 것이다.

위 제2·3항은 마치 과거 유신시대의 긴급조치 제1호와 가장 악명높았던 제9호를 오늘날의 말로 바꾸어 놓은 듯이 보인다.[1] 헌법재판소는 긴급조치 제1호와 제9호에 대하여 자의적인 국가형벌권 행사, 죄형법정주의의 명확성 원칙 위배, 참정권, 국민투표권, 영장주의 및 신체의 자유, 법관에 의한 재판을 받을 권리, 학문의 자유 등을 침해한다고 결정하였는데(헌재 2013.3.21. 2010헌바132등), 위 제2항도 이와 유사하게 헌법에 위반된다고 할 수 있다. 대법원도 1972.10.17.자 비상계엄포고상의 "'유언비어를 날

1 긴급조치 제1호 ① 대한민국 헌법을 부정, 반대, 왜곡 또는 비방하는 일체의 행위를 금한다. ② 대한민국 헌법의 개정 또는 폐지를 주장, 발의, 청원하는 일체의 행위를 금한다. ③ 유언비어를 날조, 유포하는 일체의 행위를 금힌다. ④ 진 1, 2, 3호에서 금한 행위를 권유, 선동, 선전하거나 방송, 보도, 출판, 기타 방법으로 이를 타인에게 알리는 일체의 언동을 금한다. ⑤ 이 조치에 위반한 자와 이 조치를 비방한 자는 법관의 영장 없이 체포, 구속, 압수, 수색하며 15년 이하의 징역에 처한다. 이 경우에는 15년 이하의 자격정지를 병과할 수 있다. ⑥ 이 조치에 위반한 자와 이 조치를 비방한 자는 비상군법회의에서 심판, 처단한다. ⑦ 이 조치는 1974년 1월 8일 17시부터 시행한다.
제9호 ① 다음 각 호의 행위를 금한다. 가. 유언비어를 날조, 유포하거나 사실을 왜곡하여 전파하는 행위 나. 집회·시위 또는 신문, 방송, 통신 등 공중전파 수단이나 문서, 도화, 음반 등 표현물에 의하여 대한민국 헌법을 부정·반대·왜곡 또는 비방하거나 그 개정 또는 폐지를 주장·청원·선동 또는 선전하는 행위 다. 학교 당국의 지도, 감독 하에 행하는 수업, 연구 또는 학교장의 사전 허가를 받았거나 기타 예외적 비정치적 활동을 제외한 학생의 집회·시위 또는 정치 관여 행위 라. 이 조치를 공연히 비방하는 행위 ② 제1에 위반한 내용을 방송·보도 기타의 방법으로 공연히 전파하거나, 그 내용의 표현물을 제작·배포·판매·소지 또는 전시하는 행위를 금한다. ③ 재산을 도피시킬 목적으로 대한민국 또는 대한민국 국민의 재산을 국외에 이동하거나 국내에 반입될 재산을 국외에 은닉 또는 처분하는 행위를 금한다. ④ 관계 서류의 허위 기재 기타 부정한 방법으로 해외 이주의 허가를 받거나 국외에 도피하는 행위를 금한다. ⑤ 주무부장관은 이 조치 위반자·범행 당시의 그 소속 학교·단체나 사업체 또는 그 대표자나 장에 대하여 다음 각 호의 명령이나 조치를 할 수 있다. 가. 대표자나 장에 대한, 소속 임직원·교직원 또는 학생의 해임이나 제적의 명령 나. 대표자나 장·소속 임직원·교직원이나 학생의 해임 또는 제적의 조치 다. 방송·보도·제작·판매 또는 배포의 금지 조치 라. 휴업·휴교·정간·폐간·해산 또는 폐쇄의 조치 마. 승인·등록·인가·허가 또는 면허의 취소 조치 ⑥ 국회의원이 국회에서 직무상 행한 발언은 이 조치에 저촉되더라도 처벌되지 아니한다. 다만 그 발언을 방송·보도·기타의 방법으로 공연히 전파한 자는 그러하지 아니한다. ⑦ 이 조치 또는 이에 의한 주무부장관의 조치에 위반한 자는 1년 이상의 유기징역에 처한다. 이 경우에는 10년 이하의 자격정지를 병과한다. 미수에 그치거나 예비 또는 음모한 자도 또한 같다. ⑧ 이 조치 또는 이에 의한 주무부장관의 조치에 위반한 자는 법관의 영장 없이 체포·구속·압수 또는 수색할 수 있다. ⑨ 이 조치 시행 후, 특정범죄 가중처벌 등에 관한 법률 제2조(뇌물죄의 가중처벌)의 죄를 범한 공무원이나 정부관리·기업체의 간부직원 또는 동법 제5조(국고손실)의 죄를 범한 회계관계직원 등에 대하여는, 동법 각조에 정한 형에, 수뢰액 또는 국고손실액의 10배에 해당하는 벌금을 병과한다. ⑩ 이 조치 위반의 죄는 일반법원에서 심판한다. ⑪ 이 조치의 시행을 위하여 필요한 사항은 주무부장관이 정한다. ⑫ 국방부 장관은 서울특별시장, 부산시장 또는 도지사로부터 치안질서유지를 위한 병력출동의 요청을 받은 때에는 이에 응하여 지원할 수 있다. ⑬ 이 조치에 의한 수부부장관의 명령이나 조치는 사법적 심사의 대상이 되지 아니한다. ⑭ 이 조치는 1975년 5월 13일 15시부터 시행한다.

조·유포하는 행위 등'에 대해 범죄의 구성요건이 추상적이고 모호할 뿐만 아니라, 그 적용 범위가 너무 광범위하고 포괄적이어서 통상의 판단 능력을 가진 국민이 법률에 의하여 금지되는 행위가 무엇인지를 예견하기 어려우므로 죄형법정주의의 '명확성의 원칙'에도 위배 된다"고 판단한 바 있다 (2018.12.13. 2016도1397).

위 제4항도 죄형법정주의와 명확성 원칙과 단체행동권을 침해하는 것으로 위헌이다.

위 제5항은 포고령 내용 중 가장 뜬금없는 내용이다. 전공의의 복귀가 군사상 필요와 어떤 관련이 있는지 의문이며, 복귀명령과 근무명령은 헌법상 적법절차와 강제노역금지 위반이라 할 수 있다.

8. 선관위 침탈의 위헌·위법성

비상계엄이 선포된 때에도 법률이 정하는 바에 의해서만 영장제도에 특별한 조치를 할 수 있고(헌법 제77조 제3항), 계엄법 제9조 제1항에 따라 계엄사령관은 체포·구금·압수·수색 조치내용을 미리 공고할 의무가 있다. 무장계엄군의 중앙선거관리위원회 점령 및 서버 강제 확보 행위, 직원 휴대전화 탈취, 전산실 촬영 및 폐쇄, 직원 체포·이송 등은 모두 헌법 제77조 제3항과 계엄법 제9조 제1항을 위반하였다.

9. 여야 정치인 및 전현직 법관 체포 지시의 위헌·위법성

계엄선포 후 대통령은 군과 경찰을 동원하여 국회와 선관위, 여론조사기관 등을 장악하고, 포고령에 근거하여 정치인과 법관 등을 체포·구금하려 했음이 명확히 드러나고 있다. 단순히 체포·구금 뿐만 아니라 사살까지 기도했다는 증거까지 밝혀지고 있다는 점은 모골이 송연하지 않을 수 없는 엄청난 것이었다. 이러한 계획들은 단순히 법위반의 문제만이 아니라 규모는 작더라도 과거 2차 대전에서 있었던 학살과 참상을 떠올리게 하는 반인륜적인 조치라 아니할 수 없다. 이러한 행위들은 헌법상 영장주의, 불체포특권, 권력분립원칙, 법치주의, 사법권 독립, 법관의 신분보장 등을 위반한 것이다. 아니, 이들은 입헌민주적 법치국가로서의 대한민국을 전복하려는 말 그대로의 '반국가세력'이라 아니할 수 없다.

10. 계엄선포 후 지시사항 문건: 특히 '국가비상입법기구' 대비 예산마련 지시

비상계엄을 선포한 후 대통령이 국무총리 및 국무위원들에게 이후 비상계엄 상황에서의 대응 및 조치사항을 지시하였는데, 특히, 당시 경제부총리 겸 기획재정부장관 최상목에게는 미리 준비해 두었던 비상계엄 선포시 조치사항에 관한 문건도 함께 건네주었고, 그 문건에는 '예비비를 조속한 시일내 충분히 확보하여 보고할 것, 국회 관련 각종 보조금, 지원금, 각종 임금 등 현재 운용 중인 자금 포함 완전 차단할 것, 국가비상입법기구 관련 예산을 편성할 것' 등이 기재되어 있었던 것으로 확인되었다. 이는 재정을 완전차단하여 국회기능을 마비시키고 새로운 비상입법기구를 창설하겠다는 명확한 의도이었다고 아니할 수 없다. 과거 5·16 쿠데타 후의 국가재건최고회의나 5·17 쿠데타 후 국가보위입법회의를 연상케 하는 계획이었다. 아니, 소위 '성공한 쿠데타'로 평가되는 5·16 및 5·17 쿠데타를 고스란히 답습하여 권력장악과 장기집권을 도모한 것이었다. 그 자체 헌정질서를 파괴하고 민주주의와 입헌주의 및 법치주의를 전면부정하는 국가반역이라 아니할 수 없다.

11. 위헌·위법의 중대성

탄핵이 인용되기 위해서는 위헌·위법인 사실이 명확하여야 할 뿐만 아니라, 그 위헌·위법이 중대한 것이어야 한다(헌재 2004.5.14. 2004헌나1). 빨간 불에 길 건넜다고 헌법상 법준수의무와 도로교통법을 위반한 위헌·위법이 있다고 탄핵할 수는 없다는 말이다. '법위반이 중대한지' 또는 '파면이 정당화되는지'의 여부는 '법위반이 어느 정도로 헌법질서에 부정적 영향이나 해악을 미치는지의 관점'과 '피청구인을 파면하는 경우 초래되는 효과'를 서로 형량하여 탄핵심판청구가 이유 있는지의 여부 즉, 파면여부를 결정해야 한다(위 결정).

12·3 비상계엄선포는 규범적으로 헌법과 법률에 명백히 위반했을 뿐만 아니라 그 위반의 정도가 심대하여 도저히 용납할 수 없는 행위이었으며, 그 구체적 집행 내용인 포고령과 행위계획의 내용은 형법상 내란죄에 해당할 정도의 중대한 위반행위이었다고 아니할 수 없다.

IV. 탄핵인용의 당위성

지난 해 12월 3일의 비상계엄선포와 직후의 사태는 전세계에 생중계되었다고 해도 좋을 만큼 명확관화한 사실이었다. 뿐만 아니라 사태 직후부터 즉각 착수된 수사기관들의 수사결과는 계엄과 그 집행과정의 위헌·위법성을 너무도 선명하게 확인해주고 있다. 아울러 국회의 탄핵소추와 헌법재판소의 변론과정에서 드러난 증인들의 증언은 이번 비상계엄선포가 얼마나 어이없고 위헌·위법적이며 부당하였는지를 만천하에 드러내고 있다.

입헌민주적 법치국가의 기본적인 헌정질서를 일거에 무너뜨리려 한 시도는 너무나 중대한 헌법 및 국가파괴 시도라 할 것이므로, 탄핵인용요건으로서 '중대성'을 충족함에 부족함이 없다. 논리필연적으로 탄핵이 인용되는 것은 자명한 일이다.

만약 탄핵이 인용되지 않아 대통령이 그 직에 복귀한다면, 우리나라는 45년 전의 상황으로 되돌아가게 된다. 12·3 계엄선포가 정당화될 것이며, 내란죄의 형사재판은 무산될 것이고, 수단과 방법을 가리지 않고 야당 정치인과 민주인사들을 체포·구금하여 고문과 조작으로 법정에 세워, 과거 10·26에 대한 재판과 5·17 이후의 야당 정치인에 대한 재판이 그랬듯이 강압적이고 서슬퍼런 분위기에서 엄한 처벌을 하게 될 것이다. 또다른 계엄이나 다른 정치적 수단들이 동원될지도 모른다. 10·26 이후 12·12 쿠데타를 거쳐 5·17, 5·18, 그리고 제5공화국의 출범에 이르기까지의 역사적 경험이 다시금 반복될 수도 있다.

작금의 현실은 탄핵인용과 기각의 각 입장이 극단적으로 대립하는 양상을 보여주고 있다. 정치권에서는 탄핵인용 이후의 정치적 상황에 대응하여 정치인 개인 혹은 집단의 이해관계와 처신방법에 골몰하는 양상을 보여주고 있다. 여야 간의 대립이나 현실인식의 차이는 국가공동체의 기본틀이 유지되는 상황이어야만 있을 수 있는 것이다. 헌법이 규정한 국가공동체의 기본틀을 자신의 주관적 의도에 맞게 재구성하려는 시도는 결코 용납되어서는 안된다.

입헌민주적 법치국가를 수호하는 중차대한 역사적 과제를 안고 있는 헌법재판관들의 현명한 판단과 용기를 절절한 마음으로 기대한다.

V. 탄핵인용의 역사적 의미

12·3 사태와 그에 대한 탄핵심판인용이 갖는 역사적 의미는 분야와 관점에 따라 다양하게 접근할 수 있다.

먼저, 헌법재판소가 탄핵을 인용한다면, 이는 내란행위에 대하여 헌법규범을 근거로 단죄함을 의미한다. 이전에는 사실적인 물리력을 수단으로 한 내란행위가 있고, 그에 따라 현실의 정치적 및 헌법적 영역이 내란행위자들의 의도에 따라 재구성되었었다. 현실-규범-의지라는 3원구조 속에서 강력한 세력을 구축한 의지주체들이 현실과 규범을 제압하여 자신들의 의지대로 현실을 재구성하는 것이다. 12·3 사태에 대하여 탄핵이 인용되고, 형법상 내란죄로 처벌한다면, 이는 헌법규범이 현실의 의지주체이자 행위주체인 내란행위자를 압도하고 헌법 자신의 의사를 관철하는 것이 된다. 물론 이를 위해서는 현실에서의 또다른 의지주체인 헌정수호세력의 현실적인 의지가 뒷받침되어야 하는 것이다.

헌법학적 관점에서 볼 때, 12·3 사태에 대한 법적 처리는 우리나라에서 입헌민주적 법치국가의 핵심요소인 국민주권원리의 구체적 실현과정에서 이론과 현실 사이의 괴리가 어떻게 극복되고 있는가를 선명히 보여주는 사례로 평가될 수 있다.

우리나라는 오랜 역사와 전통에서 공동체의 구성 및 유지·존속의 원리로서, 과거 선도국가(고조선, 삼국시대 초기), 불교국가(삼국시대후기, 통일신라, 고려), 유교국가(조선)을 경험하였고, 19세기 말과 20세기 초에 서구의 입헌주의와 민주주의 그리고 법치주의의 사상과 이념을 받아들여, 입헌민주적 법치국가를 국가공동체의 기본이념이자 구성원리로 채택하였다. 3·1 공화혁명에서 표명한 「민주공화제」도 이에 다름아니다.

그러나 핵심적인 전제로서의 국민주권원리를 구체적 현실에서 구현하는 것은 단지 이론적 문제와는 전혀 다른 것이다. 정의가 무엇인가를 이론과 관념으로 규명하는 것과 그것을 현실에서 실천하는 것은 전혀 다른 것과 마찬가지이다.

1948년 정부수립 후 우리나라는 국민주권원리를 실천하는 과정에서, 그때그때의 조직화된 부분적인 사회세력에 의하여 국가영역이 장악되는 경험을 갖고 있다. 즉, 이승만정부는 일제강점기에 양성된 친일경찰세력이 이승만을 앞세워 국민주권을 빙자하여 권력을 장악하고, 전 사회를 경찰권력의 방식으로 지배하였다. 4·19 혁명을 거쳐 민주화를 추구하였으나, 일제강점기의 잔존세력이자 부분적인 사회세력으로서의 군부세력이 또다시 국민주권을 앞세우면서 권력을 장악하였다. 군부세력은 사회를 병영화하고 군의 방식으로 통치하였다. 제5공 정부는 이전의 군부정권의 아류권력이었다.

6·10 민주항쟁을 거쳐 탄생한 제6공화국은 조직화된 부분적 사회세력이 아니라 전체국민의 의사에 따라 성립된 진정한 입헌민주적 법치국가로 평가될 수 있다. 정부수립 후 1987년 이전까지 약 40년 간 9 차례 헌법이 개정된 것은 집권세력의 자의적·주관적 권력의지가 발동된 결과물이었다. 조직화된 부분적 사회세력이 집권하는 경우, 그 권력의 유지를 위하여 자신들의 의도에 맞는 방식으로 국가권력을 재조직하려는 요구는 어쩌면 인간사회의 당연한 욕구이다. 필연적으로 자신들을 국가와 동일시하고 사회영역보다 그들 자신의 우위를 강요하게 된다. 현행헌법이 87년 이후 38년간 바뀌지 않은 것은 비록 조직화된 부분세력이 국민주권원리를 등에 업고

집권하더라도 감히 헌법을 개정하여 자신들의 집권을 유지하려는 시도를 할 수 없었기 때문이다. 박정희정부에 의해 양성된 경제권력으로서의 재벌세력(이명박 정부), 박정희의 카리스마를 등에 업고 집권한 세력(박근혜 정부)이 국민주권원리를 내세우며 집권했지만, 조직화된 부분적인 사회세력으로서의 한계를 넘어서지는 못하였다.

그동안 20세기에 양성된 조직화된 부분세력으로서 남아 있었던 세력이 검찰세력이었고, 윤석열 정부로 집권하였으나, 12·3 사태로 그 종막을 고할 것으로 예상된다. 이후에 등장할 또다른 조직화된 부분적 사회세력은 또 있을까?

진정한 입헌민주적 법치국가는 조직화된 부분세력이 아니라 전체 국민의 정치적 의사를 반영하는 국가이어야 한다. 국민주권원리를 실현하는 것은 국민의 자발적 정치결사나 중개적 권력체인 정당에 의하여 구체화되며, 헌법상 국민대표기관인 국회의 합리적 구성을 통하여 실현된다.

노벨상 작가인 한 강 작가는 12·3 사태에 대하여 「과거가 현재를 구한 것」이라 평가하였다. 그에 덧붙여 필자는 「미래가 현재를 구한 것」이라는 평가를 더하고 싶다. 과거가 현재를 구한것이라는 평가는, 20세기의 고난과 역경 속에서 축적된 우리 국민들의 경험으로부터 용납해서는 안되는 국가폭력을 거부하는 것이었고, 이는 당일에 위험을 무릅쓰고 국회에 집결한 평범한 국민들의 면면에서 읽을 수 있는 것이었다. 나아가 광화문과 관저, 헌재 앞에서 응원봉을 흔들고 은박담요를 덮어쓰고 강추위를 견디면서 저항한 젊은 시위대들은 현재의 상황이 자신의 미래에 영향을 미쳐서는 안된다는 절박한 믿음에서 선택한 몸짓이었다.

12·3 사태에 대한 대응으로서 탄핵심판은 우리 역사가 45년 전으로 후퇴할 것인지 아니면 21세기의 새로운 발전과 비약으로 나아갈지를 결정하는 중차대한 기로이다. 다시 한번 헌법재판소 재판관들의 현명한 판단과 용기를 기대한다.

헌법의 정신으로 본 대통령의 권한 행사
- 12.3 계엄을 중심으로 -

최우정 (계명대학교)

I. 12.3 계엄선포의 배경

1. 형식적 배경

- 정부 구성원에 대한 탄핵 남발 (국회의 권한 일탈? 남용? 위법성?)
- 무분별한 예산삭감 (모든 정부 예산? 국정감사 때 문제 되었던 부처의 일부 예산)[1 2]

1 헌법 제54조
① 국회는 국가의 예산안을 심의·확정한다.
② 정부는 회계연도마다 예산안을 편성하여 회계연도 개시 90일 전까지 국회에 제출하고, 국회는 회계연도 개시 30일 전까지 이를 의결하여야 한다.
③ 새로운 회계연도가 개시될 때까지 예산안이 의결되지 못한 때에는 정부는 국회에서 예산안이 의결될 때까지 다음의 목적을 위한 경비는 전년도 예산에 준하여 집행할 수 있다.
1. 헌법이나 법률에 의하여 설치된 기관 또는 시설의 유지·운영
2. 법률상 지출의무의 이행
3. 이미 예산으로 승인된 사업의 계속

2 국회법 제84조(예산안·결산의 회부 및 심사)
① 예산안과 결산은 소관 상임위원회에 회부하고, 소관 상임위원회는 예비심사를 하여 그 결과를 의장에게 보고한다. 이 경우 예산안에 대해서는 본회의에서 정부의 시정연설을 듣는다.
② 의장은 예산안과 결산에 제1항의 보고서를 첨부하여 이를 예산결산특별위원회에 회부하고 그 심사가 끝난 후 본회의에 부의한다. 결산의 심사 결과 위법하거나 부당한 사항이 있는 경우에 국회는 본회의 의결 후 정부 또는 해당 기관에 변상 및 징계조치 등 그 시정을 요구하고, 정부 또는 해당 기관은 시정 요구를 받은 사항을 지

- 부정선거 의혹 (선거관리의 주체는 대통령?)

2. 실질적 배경

- 여소야대 상황
- 김건희 여사와 관련된 여러 사건(디올 가방, 명태균씨 사건, 극우적 성향 인사 임명)
- 저조한 지지율 회복 추구
- 개인적 성향
- 기타 사항

II. 헌법의 정신

1. 현행 헌법의 정신

1) 정신

- Geist vs. Seele

체 없이 처리하여 그 결과를 국회에 보고하여야 한다.

③ 예산결산특별위원회의 예산안 및 결산 심사는 제안설명과 전문위원의 검토보고를 듣고 종합정책질의, 부별 심사 또는 분과위원회 심사 및 찬반토론을 거쳐 표결한다. 이 경우 위원장은 종합정책질의를 할 때 간사와 협의하여 각 교섭단체별 대표질의 또는 교섭단체별 질의시간 할당 등의 방법으로 그 기간을 정한다.

④ 정보위원회는 제1항과 제2항에도 불구하고 국가정보원 소관 예산안과 결산, 「국가정보원법」 제4조제1항제5호에 따른 정보 및 보안 업무의 기획·조정 대상 부처 소관의 정보 예산안과 결산에 대한 심사를 하여 그 결과를 해당 부처별 총액으로 하여 의장에게 보고하고, 의장은 정보위원회에서 심사한 예산안과 결산에 대하여 총액으로 예산결산특별위원회에 통보한다. 이 경우 정보위원회의 심사는 예산결산특별위원회의 심사로 본다. 〈개정 2020. 12. 15.〉

⑤ 예산결산특별위원회는 소관 상임위원회의 예비심사 내용을 존중하여야 하며, 소관 상임위원회에서 삭감한 세출예산 각 항의 금액을 증가하게 하거나 새 비목(費目)을 설치할 경우에는 소관 상임위원회의 동의를 받아야 한다. 다만, 새 비목의 설치에 대한 동의 요청이 소관 상임위원회에 회부되어 회부된 때부터 72시간 이내에 동의 여부가 예산결산특별위원회에 통지되지 아니한 경우에는 소관 상임위원회의 동의가 있는 것으로 본다.

⑥ 의장은 예산안과 결산을 소관 상임위원회에 회부할 때에는 심사기간을 정할 수 있으며, 상임위원회가 이유 없이 그 기간 내에 심사를 마치지 아니한 때에는 이를 바로 예산결산특별위원회에 회부할 수 있다.

⑦ 위원회는 세목 또는 세율과 관계있는 법률의 제정 또는 개정을 전제로 하여 미리 제출된 세입예산안은 이를 심사할 수 없다.

2) 1987년 헌법(현행 헌법)개정의 배경

- 12.12 군사 쿠데타에 의한 신군부의 정권 연장 반대
- 제왕적 대통령제에 대한 견제 (임기, 국회해산권, 선출 방식 등)
- 권력분립에 입각한 권력 통제 (헌법재판소의 등장 - 탄핵, 위헌정당해산심판, 헌법소원 등)

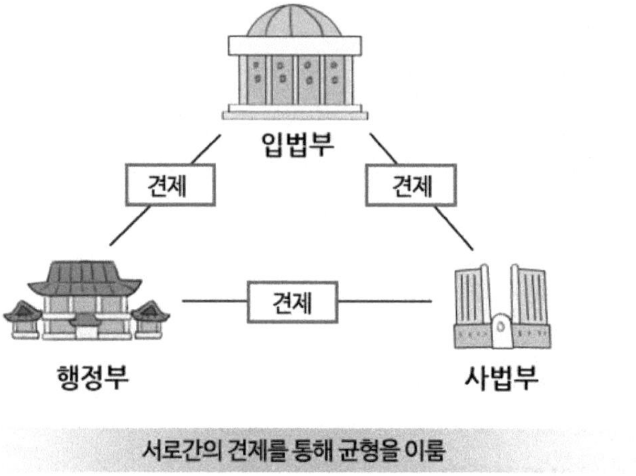

▲ 삼권분립(출처: 에듀넷)

2. 헌법의 기본정신

1) 우리 헌법의 체계

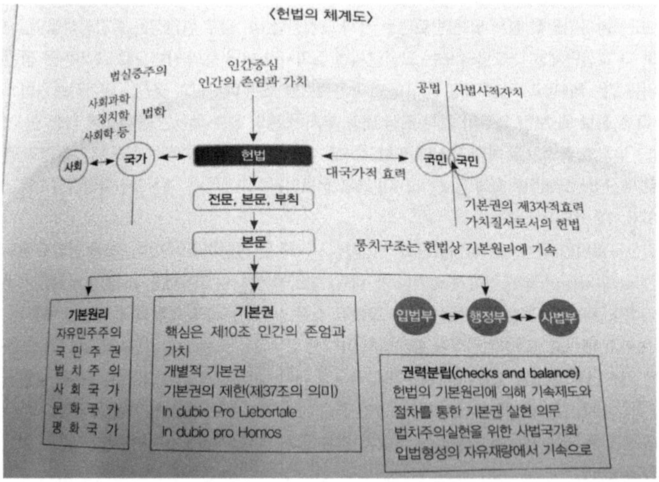

2) 권력 통제의 필요성

- 프란치스코 교황

"엘리트들은 대중과 섞여 사는 것이 무엇을 뜻하는지 모른다. 그리고 내가 '엘리트'라는 말을 쓸 때 이것은 사회계급을 말하는 것이 아니다. 영혼의 태도에 대해 말하는 것이다."

"어떤 이가 엘리트의 교회에 속할 수 있다. 하지만 제2차 바티칸공의회가 '인류의 빛'(Lumen Gentium, 교회 헌장)에서 말했듯, 교회는 성스럽고 신실한 하느님의 백성을 이른다. 교회는 백성(people), 하느님의 백성이다. 그리고 악마는 엘리트를 사랑한다."[3]

- 존 에머리치 에드워드 달버그 액튼 경

Power corrupts. Absolute power corrupts absolutely. (권력은 부패한다. 절대권력은 절대적으로 부패한다.)

- 15%의 규정 - 하나의 조직에 대한 지배적 영향력 행사 가능

Ⅲ. 12.3 계엄에 대한 법적 쟁점 검토

1. 대통령의 임무

헌법 제69조 대통령은 취임에 즈음하여 다음의 선서를 한다.

"나는 헌법을 준수하고 국가를 보위하며 조국의 평화적 통일과 국민의 자유와 복리의 증진 및 민족문화의 창달에 노력하여 대통령으로서의 직책을 성실히 수행할 것을 국민 앞에 엄숙히 선서합니다."

3 https://www.catholicnews.co.kr/news/articleView.html?idxno=20559, 2025.2.12. 검색

2. 계엄선포의 위헌·위법성

1) 계엄선포의 위헌성

- 상황 요건과 실체적 요건을 위반한 위헌적 계엄
- 통치행위 해당성 여부 - 전근대적 생산물인 통치행위, 사법부(대법원, 헌법재판소의 사법심사 대상성 인정) - 이헌환 교수 의견 찬성
- 계엄으로 인한 실제 피해 발생하지 않음 - 국민의 정신적인 충격 - 찬성하는 자의 환호와 반대하는 자의 정신적 무력감 및 박탈감

2) 계엄선포의 위법성

(1) 국무회의 심의

- 이헌환 교수님 견해에 찬성

(2) 계엄 선포문과 국무위원 부서

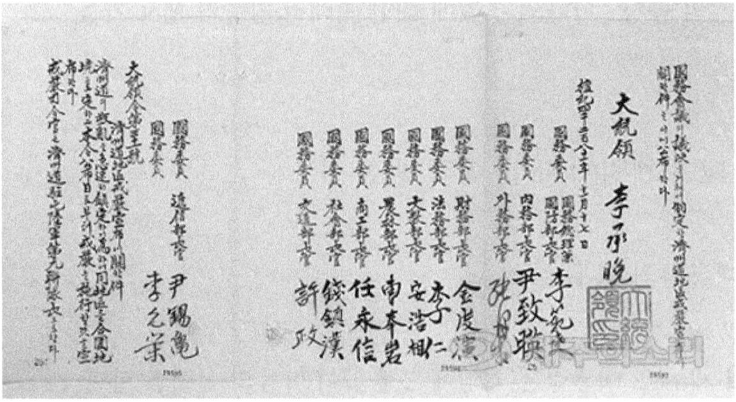

(3) 국무위원의 계엄 가담의 위법성

- 국무위원의 행위 - 한나 아렌트 "악의 평범성" - 무엇이 올바른가에 대한 생각을 하지 않은 것이 책임의 원인

3. 권한대행의 직무 범위의 문제

- 현상 유지 vs. 발전
- 권한대행의 등장 시기 - 정상상태 vs. 위기 상황
- 위기 상황에서의 권한 행사 - 헌법상 헌법기관의 정상적 운영을 위한 권한 행사
- 법률안 재의요구권(법률안 거부권), 헌법재판관 임명, 방송통신위원 임명
- 입법, 사법부의 지명에 의한 헌법기관 구성 - 대통령(권한대행)의 형식적 임명권(기속행위)

4. 국회의 입법에 대한 대통령의 통제

- 국회법에 따른 국회의 권한 행사에 대한 통제 - 대통령 vs. 국민 - 민주적 정당성을 가진 두 기관의 적법절차에 의한 권한 행사는 견제 불가능 - 단순 사실적 상황에 대해 법적 분쟁 해결이 아니라 정치적 방법으로 해결 - 법률기술자의 이분법적인 사고에 의한 폐해
- 주권자인 국민의 의사에 기초한 선거를 통한 견제가 유일한 방법
- 비상계엄을 통한 국회 통제 - 위헌적 권한 행사

5. 대통령 탄핵소추와 국회의원의 임무

- 사문이었던 탄핵제도에서 살아있는 탄핵제도(노무현 전대통령,[4] 박근혜 전대통령,[5] 윤석열 대통령) - 탄핵의 부메랑
- 국회법 제24조(선서) 의원은 임기 초에 국회에서 다음의 선서를 한다. “나는 헌법을 준수하고 국민의 자유와 복리의 증진 및 조국의 평화적 통일을 위하여 노력하며, 국가이익을 우선으로 하여 국회의원의 직무

4 헌재 2004. 5. 14. 2004헌나1.

5 헌재 2017. 3. 10. 2016헌나1.

를 양심에 따라 성실히 수행할 것을 국민 앞에 엄숙히 선서합니다."

- 국회의원의 대표성 - 정당 귀속 vs. 국민의 대표(국회의원 선서)
- 정당의 하수인
- 국회의원에 대한 견제 - 선거
- 헌법기관의 권한 행사에 대한 적극·소극적 거부행위 - 소요를 통해 헌법적 가치인 민주적 기본질서를 침해하는 경우 위헌정당심판의 대상으로 전락

6. 탄핵 심판 vs. 형사재판

- 목적에서 상이
- 병행 가능

IV. 결론

1. 대통령의 비상계엄 선포

- 상황적 요건과 실체적 요건에 대한 중대한 위헌, 위법성 존재 - 탄핵 사유 부합

2. 국무위원의 행위

- 악의 평범성, 사유하지 않은 잘못으로 책임 인정 - 대한민국의 공무를 수행하는 최고 책임자 지위에 있으므로 적극·소극적 행위 모두 인정 - 권한에 따르는 책임

3. 계엄과 관련한 정당의 행위

- 당리당략에 의한 결정이 아니라 국민과 국가를 위한 결정
- 헌법기관의 권한 행사를 부정하고 소요 사태를 지지(적극 및 소극) - 위헌정당심판(통진당 사건)[6]

4. 여론(餘論)

- E.H.Carr

  "특정한 시간과 공간에 있었던 사건을 파악하는 것이 아니라 그 사건이 현재와 미래에 어떠한 길을 제시해 줄 수 있는가를 찾는 것이 역사학"

- 법학은 단순히 밥학(Brotwissenschaft)을 위한 법 기술자의 전유물이 아니다. 법치주의를 송두리째 흔들어 놓는 법 기술자의 법학에서 헌법 정신에 충실한 법학으로 재탄생해야 한다.

- 생쥐스트[7]

  "국왕을 '시민'으로서 단죄하다니, 후대의 사람들은 놀랄 겁니다. 그러나 단죄한다는 건 법을 적용한다는 것이고, 법이란 공공이 공유하는 정의에 기반해 있는 것입니다. 그리고 나머지 인류와 군주란 자들이 공유하는 정의가 도대체 어디 있습니까? 도대체 프랑스 인민이 그가 배신을 저지른 다음에도 그를 좋게 대해주어야 할 루이와 공유하는 정의가 무엇이란 말입니까?

  후대에 위대한 정신들은 이렇게 말할 것입니다: 왕은 그의 정부가 실정을 저질러서가 아니라 결코 정당화될 수 없는 찬탈인 왕이라는 사실 그 자체란 죄목으로 고소당해야 한다고. 왕정이란 체제가 무슨 환

6 헌재 2014. 12. 19. 2013헌다1.

7 https://namu.wiki/w/%EB%A3%A8%EC%9D%B4%2016%EC%84%B8?uuid=0b0de77c-ad79-4b5f-bf7d-4ee57043eb35, 2025.2.12. 검색.

상, 인습으로 그 모습을 숨기든 간에, 그 기관 자체가 만민이 무기를 들고 자신을 지켜 마땅한 영원한 범죄란 말입니다. 인민 모두가 눈이 멀었어도 왕정이란 기관은 용서 못 할 범죄적 기관이고, 자연 앞에서 죄악이며, 따라서 모든 인민은 자연으로부터 이 기관이 어디에 있던 간에 이를 찾아 파괴할 의무를 지고 있습니다.

무고한 군주란 결코 존재할 수 없습니다. 모든 군주는 역도이자 찬탈자입니다."

헌정회복을 위한 헌법학자회의 영남권 지역토론회
윤석열 대통령 탄핵심판의 쟁점

윤석열 대통령 탄핵심판의 쟁점

| 헌정회복을 위한 헌법학자회의 공개집담회 |

대통령 윤석열 탄핵심판과 헌법재판소의 역할

2025년 02월 28일(금) 15:00 - 17:00

광화문변호사회관 조영래홀

(서울 종로구 새문안로5길 13, 10층)

(진행 방식) 오프라인 회의

Program	
전체사회	김종철 대표상임실행위원 (연세대학교)
15:00 - 15:05	**인사말** 이헌환 공동대표 (아주대학교)
15:05 - 15:40	**헌법학자회의 의견서 제출의 경과, 취지 및 주요내용** 전광석 공동대표 (연세대학교)
15:40 - 16:10	**대통령 윤석열 탄핵심판의 헌정사적 의의와 헌법재판소의 위상 및 역할** 김선택 공동대표 (고려대학교)
16:10 - 17:00	**질의 및 응답** 공동대표단 (김선택/이헌환/전광석) 및 참여 실행위원

| 주최 | 헌정회복을 위한 헌법학자회의(CSCEKC) |

헌정회복을 위한 헌법학자회의 웹사이트(https://bit.ly/krcon)

실행위원(박사 이상), 준회원(석사 이상) 가입신청(https://bit.ly/krcon4all)

헌정회복을 위한 헌법학자회의

공개집담회

대통령 윤석열 탄핵심판과 헌법재판소의 역할

2025.2.28. (금) 15:00-17:00

광화문변호사회관 조영래홀

목 차

첨부

대통령 윤석열 탄핵사건(2024헌나8)에 대한 '헌정회복을 위한 헌법학자회의' 의견서

인사말

공동대표 이헌환 (아주대학교 법학전문대학원)

안녕하십니까? 아주대 법전원에서 헌법을 강의하고 있는 이헌환입니다.

먼저 오늘의 집담회에 참석해주신 헌법학자회의의 참여자 여러분과 언론인 여러분들께 감사의 말씀을 드리겠습니다.

2025년 2월 28일 현재 우리나라는 절체절명의 위기를 맞고 있습니다. 진실과 거짓, 희망과 절망, 이성과 망상, 가치와 반가치, 포용과 배제, 합리성과 억지, 소통과 독단, 민주와 반민주, 법치와 반법치 등 공동체 내에서의 모든 행위기준과 방식에 관하여 강하게 대립하는 양상을 보여주고 있습니다.

아슬아슬한 담장위에서 어느 쪽으로 떨어지느냐에 따라 공존과 번영의 공동체로 갈 것인지, 아니면 망국과 노예의 길로 갈 것인지가 극명하게 갈리는 상황을 맞고 있습니다.

오늘의 집담회는 이 모든 위기의 원인이 된 윤석열대통령에 대한 탄핵인용의 당위성을 명징하게 밝히는 자리가 될 것으로 확신합니다.

오늘의 헌법재판소는 입헌민주적 법치국가로서의 대한민국의 위상을 결정하는 중차대한 책무를 안고 있습니다. 이제 대한민국 스스로의 규범국가적 위상을 넘어 세계의 모든 나라들에 모범이 되는 선도적 국가로서 자리매김할 수 있는가가 헌법재판소에 의하여 결정되는 것입니다. 동방예의지국(東方禮儀之國)의 전통을 이어받아 동방법치지국(東方法治之國)으로 우뚝

설 수 있을지의 갈림길에서 헌법재판소가 선택해야 하는 기로에 서 있는 것입니다.

과거 5·16 쿠데타 후 제3공화국헌법, 1972년 유신헌법, 1981년의 5공헌법 등에서 최고사법기관들의 구성원들은, 입헌주의와 법치주의를 옹호했던 직전 체제의 최고사법기관 구성원들을 철저히 배제하면서, 권력순응적인 사람들로 채워졌고 사법권은 철저히 정치권력에 굴종하였습니다. 혹여 탄핵이 기각되어 윤석열대통령이 복귀하고 계엄면허증을 갖게 된다면, 그가 최종진술에서 말한 것처럼, 또다른 비상적인 수단으로 헌법을 강압적으로 개정하고 최고사법기관의 구성원들을 전면 재구성하려 할 것입니다. 말하자면, 이번 탄핵결정의 향방은 헌법재판소 스스로의 운명과도 직결되어 있는 것입니다.

20세기 100년을 지나오면서 우리 대한사람들은 처절하고 힘든 고난과 역경을 거쳐 왔고, 이제 21세기의 전반기에 과거의 유산들을 극복하는 과정에 있습니다. 20세기의 구제도(ancient regime)들을 철저히 타파하고 새로운 21세기적 질서를 향한 힘찬 걸음을 내딛는 이 시점의 중요성을 다시 한번 철저히 인식하면서, 실무적으로 의견서를 작성하는 데에 참여해 주신 허완중, 강일신, 배정훈, 이재희 각 교수님들과 각 의견을 통합·정리해 주신 정태호 교수님께 깊이 감사드립니다.

오늘의 집담회에 참석해주신 헌법학자회의의 참여자들과 관심을 표해주신 언론인 기타 참석자 여러분들께 다시 한번 감사의 말씀을 전하면서 인사말씀에 갈음하겠습니다.

감사합니다.

2025년 2월 28일

이헌환 拜

발제

헌법학자회의 의견서 제출의 경과, 취지 및 주요내용

공동대표 전광석 (연세대학교 법학전문대학원)

I. 취지

1980년 민주화의 국민적 희원을 뒤로 하고 신군부가 집권하면서 군부에 대해서 가졌던 불신(不信)의 시선은 40년에 가까운 시간이 지나면서 상당 부분 거두어졌다. 그동안 헌법재판소를 비롯한 헌법기관, 그리고 무엇보다도 생활과 마음에 헌법 의식을 담은 성숙한 시민에 의하여 헌정을 가꾸어 왔다. 이제 민주주의는 불가역적으로 자리잡았다는 자존감을 가졌고, 국제사회에서 그렇게 평가되기도 하였다.

지난해 12·3 비상계엄은 이러한 국민적 자존감은 느닷없이 훼손하였다. 다행히 그동안 쌓아온 헌법시민에 힘입어 비상계엄은 에피소드와 같이 해제되었다. 그렇다고 헌정이 정상화된 것은 아니었다. 헌정의 위기는 계속되고 있다. 당연히 탄핵이 사회의 의제가 되었다. 정치적 목적을 위하여 혹은 정치적 상대를 제거하고 정치적 편의를 도모하고자 군병력을 동원하는 것은 헌법을 직접 침해하며, 또 막 치유되고 있는 45년 전의 상흔을 소환시키는 반역사적인 것이었다. 그러나 국회는 첫 번째 발의를 표결조차 하지 못했다. 국회가 헌법적 가치를 공유하는가를 의심케 하였다. 이 사건은 처음부터, 그리고 포괄적으로 헌법문제였다. 이에 헌법학자들은 우리가 쌓아온 지식에 기초하여 헌법의 역할을 정확히 제시하는 일종의 지식인 운동이 필요하다는 데 의견을 모았다. 헌법시민에게 헌법적 문제를 확인시키고 쟁점화하여 공론의 장을 넓히고, 쟁점에 대한 우리가 공유하는 의견을 제시하여 공론을 선도하는 역할이 중요했다.

이를 위하여 첫 번째 긴급좌담회에서 비상계엄에 대한 헌법적 관점을 포괄하여 소개하고, 또 평가하였다. 이어 비상계엄에 관한 공적 행위를 헌법적 쟁점으로 구성하여 의견을 모으고 발표하는 활동을 하였다. 이러한 활동은 해당 시점마다 독자적으로 의미 있는 활동이었지만 최종적으로는 탄핵심판에 관한 우리의 의견을 모으는 과정이기도 했다.

헌정의 회복을 위한 우리의 역할은 지금 생각해 보면 불행하게도 처음에 비해서 훨씬 커졌다. 비교적 헌법적 기준에 집중하여 사건을 바라보았던 초기와는 달리 정치적 목적에 따라서 헌법적 기준을 무시하거나 왜곡하는 움직임이 있으며, 특히 정치적 책임을 가져야 할 공직자 혹은 정당의 지도부의 이러한 행태는 너무 우려가 된다. 이러한 상황에서는 자칫 헌법재판소의 결정이 문제의 해결이 아니라 새로운 문제의 진원이 될 수도 있다.

우리는 의견서를 헌법재판소에 전달하고, 시민들이 읽을 수 있도록 공개할 것이다. 의견서에 담겨진 우리의 헌법지식이 공론의 장에서 독자적인 가치기준으로 받아들여지고, 그래서 그 자리가 동시에 헌법의 가치를 존중하고 이에 따른 국민통합의 장이 될 수 있도록, 적어도 공론이 소모적인 정쟁으로 흐르지 않도록 하는 바람이다.

II. 경과

헌법학자회의는 12월 말 이후 수시로 긴급좌담회와 학술대회를 열었다. 그러한 논의의 성과, 그리고 그때그때의 현안 쟁점에 대한 의견을 우리 사회에 전달해 왔다. 헌정의 위기 상황에서 우리가 모으고 발표한 것은 이번 의견서를 작성하는데 밑거름이 되었다. 그래도 이를 체계적으로 정리하는 것은 또 다른 작업이고, 이에 올해 1월 중순 태스크포스를 구성하였다. 1명의 책임위원과 4명으로 집필위원으로 구성하였다. 의견서를 크게 네 부분이다. 비상계엄선포의 위헌·위법성, 포고령 제1호의 위헌·위법성, 비상계엄선포 이후 군과 경찰의 투입 등 조치의 위헌·위법성, 그리고 직무행위의 위헌·위법의 중대성이다. 태스크포스가 작성한 의견서 초안은 헌법학자회의의 좌담회에서 제시된 의견을 존중하여 수정·보충하였다. 마지막으로 공동대표의 의견을 반영하여 완성하였다. 의견서는 헌법학자회의 구성원 모두의 공동의 작품인 셈이다.

대통령 윤석열 탄핵사건(2024헌나8)에 대한 ‘헌정회복을 위한 헌법학자회의’ 의견서 - 요약문 -

2025. 2. 28.

I. 사건 개요[생략]

II. 피청구인에 대한 탄핵심판과 관련한 소송법적 쟁점

1. 법제사법위원회 회부가 필수절차인지 여부

(1) 피청구인에 대한 탄핵소추안은 본회의에 보고된 후 법제사법위원회(법사위) 회부 없이 가결되었습니다. 피청구인은 국회가 법사위에 회부하여 조사절차를 거치지 않고 의결한 것이 국회법을 위반하였다고 합니다. 여기에는 법사위에서 소추사유 존재 여부에 관하여 사실관계 등을 조사하여 확인하는 절차가 있어야 했다는 의미가 내포되어 있습니다.

(2) 국회법은 탄핵소추 발의가 있을 때 그 사유 등에 관한 조사 여부는 국회의 재량판단에 따르며, 탄핵소추안의 법사위 회부 여부는 국회 의결로 결정됩니다. 헌법과 법률에 이에 관한 특별한 심사기준이 있지는 않습니다. 그렇다면 국회가 피청구인에 대한 탄핵소추안을 의결한 것에는 탄핵소추안을 법사위에 회부하지 않는다는 내용이 포함되어 있는 것입니다. 따라서 국회가 피청구인에 대한 탄핵소추사유에 관하여 별도의 조사를 하지 않고 탄핵소추안을 의결하였다고 하여 그 의결이 헌법이나 법률을 위반한 것은 아니라고 할 것입니다.

(3) 법사위 회부와 조사는 필수절차가 아니기 때문에 이를 생략하는 것이 적법절차원칙을 위반한 것은 아닙니다. 또 헌법재판소 판례에 따르면, 국가기관이 국민에 대해서 공권력을 행사할 때 적용되는 적법절차원칙은 국가기관의 위헌·위법 여부를 심사하는 탄핵소추절차에는 직접 적용되지 않습니다.

2. 헌법재판소법 제40조에 따른 형사소송에 관한 법령 준용의 의미

(1) 헌재법 규정을 근거로 피청구인은 탄핵심판절차를 형사소송에 관

한 법령에 따라 진행하여야 한다고 주장합니다. 특히 탄핵소추 사유를 특정하는 정도, 증거능력 및 증명력의 인정 정도가 문제가 됩니다.

(2) 탄핵심판은 범죄를 인정하고 형벌을 과하며, 또 죄형법정주의라는 엄격한 원칙이 적용되는 형사소송과는 다릅니다. 탄핵심판에는 형사소송과 똑같이 엄격한 절차가 적용되지 않으며. 탄핵심판의 본질에 비추어 제한적으로, 또는 변형되어 적용됩니다. 이 점을 헌법재판소법은 헌법재판에 다른 소송에 관한 법령을 준용하도록 하면서도 “헌법재판의 성질에 반하지 아니하는 한도”라는 단서를 두어 명확히 하고 있습니다.

(3) 탄핵소추의 사유는 ‘공무원이 그 직무집행에 있어서 헌법이나 법률을 위배한’사실입니다. 그런데 헌법은 물론 형사법이 아닌 다른 법률은 형사법과 같은 구체성과 명확성이 없을 수 있으며, 탄핵소추사유를 형사소송법상 공소사실과 같은 수준으로 특정하기 어렵습니다. 이러한 점에 비추어 소추의결서에는 피청구인이 방어권을 행사할 수 있고, 대상 사실을 다른 사실과 명백하게 구분할 수 있을 정도의 구체적 사정이 기재되어 있어서 헌법재판소가 심판대상을 확정할 수 있다면 충분하다는 것이 헌법재판소의 확립된 입장입니다.

(4) 탄핵사유에 관한 중요한 증거가 헌법재판소에 제출되어야 하지만, 증거조사의 방법은 헌법재판소가 재량에 따라 결정합니다. 공적 문서나 재판의 증거로 채택된 것과 같이 특히 신빙할 수 있는 상태에서 작성된 것이고, 위·변조가 아님이 확인된 것이라면 그대로 증거능력과 증명력을 인정할 수 있습니다.

3. 종국결정 선고기간

(1) 헌재법이 심판기간을 180일 이내로 한 것은 신속한 재판을 위한 것입니다. 재판의 신속성은 탄핵소추가 의결되면 피청구인의 권한 행사가 정지되어 헌정에 혼란과 불안을 가져올 수 있으며, 이를 최소화하기 위하여 필요합니다.

(2) 헌법재판소는 종국결정을 내릴 만큼 심리가 성숙했다면 180일 이

전이라도 종국결정을 하여야 합니다. 특히 대통령의 헌법상 지위와 탄핵소추에 따른 권한행사의 정지로 인한 국정공백의 중대성에 비추어 심판기간을 180일로 고정하는 것은 바람직하지 않습니다. 심판기간은 심리가 진행되는 과정에서 심리의 성숙 정도에 따라 헌법재판소가 판단하여야 하며 이를 미리 확정할 수는 없습니다. 헌법재판소는 이전 대통령 탄핵심판에서 63일 만에, 또 92일 만에 종국결정을 선고한 바 있습니다.

4. 형사소송의 진행과 탄핵심판절차

(1) 헌법재판소법 제51조는 "피청구인에 대한 탄핵심판 청구와 동일한 사유로 형사소송이 진행되고 있는 경우에는 재판부는 심판절차를 정지할 수 있다."고 규정하고 있습니다. 이를 근거로 피청구인은 형사사건으로 기소되면 탄핵심판은 정지해야 한다고 주장합니다.

(2) 탄핵심판절차가 형사절차와 대상자가 같고 동일한 사유에 기초하더라도, 그 목적과 효과에 있어서 별개의 절차이며, 서로 독립적으로 진행되어 독자적인 결론에 이를 수 있습니다.

(3) 다만 동일한 위법사유를 기초로 탄핵심판과 형사소송이 병립하고 이에 관하여 각기 다른 결과가 나온다면 법질서의 통일성이 상실되고 당사자의 신뢰에 반할 수 있습니다. 헌법재판소법 제51조는 이 점을 고려한 규정입니다.

(4) 대통령의 헌법상 지위의 중요성과 탄핵소추에 따른 권한 행사의 정지로 말미암아 초래될 국정 공백의 혼란을 고려하면 3심제인 형사소송이 진행되는 기간에 계속 탄핵심판절차를 정지시킬 수는 없습니다. 오히려 박근혜 대통령에 대한 탄핵심판과 마찬가지로 집중적인 심리를 통하여 피청구인에 대한 탄핵심판절차를 신속하게 진행하여야 합니다.

5. 탄핵소추사유의 동일성

(1) 청구인인 국회는 탄핵심판이 형법 위반 여부에 매몰되지 않기 위해

서 사건 쟁점으로 내란죄를 다루는 것을 철회하였습니다. 이에 대해서 피청구인은 탄핵소추 사유에서 내란죄를 제외하려면 반드시 국회 의결을 거쳐야 한다고 주장합니다.

(2) 헌법재판소는 국회의 소추의결서에 기재된 소추사유에 구속을 받지만 그 위반을 주장하는 '법규정의 판단'에 구속을 받지는 않습니다. 즉 헌법재판소는 청구인이 그 위반을 주장한 법규정 외에 다른 관련 법규정에 근거하여 탄핵 원인이 된 사실관계를 판단할 수 있습니다. 이때 헌법재판소는 소추의결서에서 분류된 소추사유 체계에 구속되지 않으며, 소추사유를 어떤 연관관계에서 법적으로 고려할 것인지는 직권으로 판단합니다.

(3) 따라서 소추사유의 동일성을 유지하는 상태에서 이에 적용되는 법조문을 단순히 추가·철회 또는 변경하는 것은 소추사유의 추가·철회·변경에 해당하지 않습니다.

(4) 헌법재판소는 국회가 제시한 탄핵사유를 비상계엄 선포 행위, 계엄포고령 1호 발표 행위 등 다섯 가지로 정리하였습니다. 이러한 행위만 인정된다면 내란죄 성립 여부와 상관없이 헌법과 법률 위반은 인정될 수 있습니다. 내란죄의 성립 여부를 뺀 것은 사실관계를 바꾸지 않고 같은 사실관계에 적용되는 법조문을 빼는 것에 불과하여 소추사유 철회에 해당하지 않습니다. 따라서 소추사유에서 내란죄 성립 여부를 빼는 것에는 국회 의결이 필요하지 않습니다.

6. 수사기록의 송부

(1) 헌법재판소는 경찰 등 수사기관의 수사기록을 확보해 달라는 청구인의 요청을 받아들였습니다. 이에 피청구인은 "재판·소추 또는 범죄수사가 진행 중인 사건의 기록에 대하여는 송부를 요구할 수 없다."는 헌법재판소법 제32조 단서를 근거로 들어 이의를 제기하였습니다.

(2) 헌법재판에서 직권탐지주의가 인정되며, 따라서 필요한 경우 헌법재판소는 직접 증거자료를 수집할 수 있습니다. 헌법재판소법 제32조가 "재판·소추 또는 범죄수사가 진행 중인 사건의 기록에 대하여는 송부를 요

구할 수 없다."고 규정한 것은 재판·소추나 범죄수사에 지장을 초래하거나 영향을 끼치는 것을 차단하기 위한 것입니다.

(3) 헌법재판소는 제32조 단서의 의미는 재판·소추 또는 범죄수사가 진행 중인 사건의 기록 '원본'에 대한 송부를 요구할 수 없다는 것으로 보고 있습니다. 기록 원본에 대한 송부를 요구하면 재판·소추 또는 범죄수사가 지연되는 등의 지장을 초래하기 때문입니다. 이러한 해석을 구체화하여 헌법재판소 심판규칙은 이 경우에는 진행 중인 재판·소추나 범죄수사 기록의 인증등본은 요구할 수 있도록 하고 있습니다. 헌법재판소가 기록 송부를 요구하는 이유는 범죄사실을 확인하려는 것이 아니라 탄핵심판과 관련된 사실관계를 확정하려는 것에 불과합니다.

(4) 이러한 점에서 헌법재판소가 경찰 등 수사기관이 보유하는 수사기록의 인증등본을 요구하는 것은 헌법재판소법 제32조 단서에 반하지 않는다고 할 것입니다.

Ⅲ. 피청구인 행위의 위헌·위법성

1. 국가긴급권·계엄선포권의 본질과 한계 및 사법심사 가능성

(1) 피청구인은 계엄선포권은 대통령의 고유한 권한에 해당하기 때문에 이른바 통치행위로서 그에 대한 사법심사는 허용되지 않는다고 주장합니다. 비상계엄선포권은 헌법이 대통령에게 부여한 권한이고 이를 행사했을 뿐이라는 또 다른 표현을 하기도 합니다. 그러나 헌법재판소와 대법원은 통치행위 관념을 인정하면서도 국가긴급권의 요건과 조치 내용을 헌법문언과 과잉금지의 원칙에 따라 사법적으로 심사할 수 있음을 명확히 밝혔습니다.

(2) 헌법재판소는 대통령의 긴급재정경제명령은 고도의 정치적 결단이며 되도록 그 결단이 존중되어야 하지만, 국가작용의 기본권 구속성과 헌법재판소의 헌법수호의무를 근거로 그것이 국민의 기본권 침해와 직접 관

련되는 경우에는 헌법심사의 대상이 될 수 있다고 보았습니다. 같은 결정에서 헌법재판소는 긴급재정경제명령을 발할 수 있는 중대한 위기상황의 유무에 관한 제1차적 판단은 대통령의 재량에 속하지만, 그것이 자유재량이라거나 객관적으로 긴급한 상황이 아닌 경우라도 주관적 확신만으로 좋다는 의미는 아니므로 객관적으로 대통령의 판단을 정당화할 수 있을 정도의 위기 상황이 존재하여야 한다고 보았습니다.

(3) 헌법재판소와 대법원의 확립된 심사례에 비추어 보면 탄핵심판에서 비상계엄권 발동의 위헌·위법 여부에 대한 판단은 헌법재판소의 당연한 권한인 동시에 책무이기도 합니다.

2. 비상계엄 선포의 위헌·위법성

(1) 절차적 하자

1) 계엄선포절차 미준수

국방부장관은 국무총리를 거쳐 대통령에게 계엄 선포를 건의할 수 있습니다. 국무총리는 2024년 12월 3일 오후 9시경 대통령으로부터 비상계엄 선포 계획을 직접 듣기 전까지 관련한 어떤 보고도 받은 사실이 없다고 한 바 있습니다. 국방부장관의 계엄선포 건의가 국무총리를 거치지 않았다면 이는 계엄선포의 절차적 하자에 해당합니다.

2) 국무회의 심의 흠결

a) 계엄선포는 국무회의의 심의 사항입니다. 계엄선포행위가 국무회의의 심의를 거치지 않았거나, 실질적으로 심의를 거치지 않았다고 볼 수 있을 정도로 형식적이었다면 이는 헌법에 위반됩니다. 국무회의의 심의를 거치지 않은 대통령의 계엄선포행위의 효력에 대해서는 논란이 있겠지만, 그로 인해 국무회의 심의의 부재(不在)라는 절차상 흠결이 치유되는 것은 아닙니다.

b) 국무회의의 심의는 대통령의 권한 행사를 견제하거나 혹은 신중하게 하려는데 제도적 취지가 있습니다. 또 계엄선포는 헌정에 중대한 영

향을 주기 때문에 발동 자체에 대한 사전적 심의가 있어야 하며, 이를 사후에 심의하는 것은 심의제도의 본질에 반합니다. 사후에 국무회의가 이를 견제하는 방법이 없으며, 이제는 국회의 통제만이 남기 때문입니다.

c) 헌법재판소 변론과 언론보도에 따르면, 계엄선포 당시 약 5분간 국무위원이 대통령실 접견실에서 모였고, 피청구인이 2-3분 남짓 참석했다가 별도의 종료선언 없이 접견실을 나간 후 계엄을 선포했다고 한다. 이는 해당 안건에 대한 국무위원 사이의 실질적인 심의라고 할 수 없으며, 헌법 제89조 제5호를 위반한 것입니다.

d) 대통령이 계엄사령관을 임명할 때에는 국무회의의 심의를 거쳐야 합니다. 언론보도에 따르면 국무총리 등 당시 참석자들은 국무회의에서 계엄사령관 임명이 논의되지 않았다고 합니다. 사실관계에 다툼이 있기는 하지만 적어도 누가 계엄사령관으로 적합한지에 관한 국무위원 사이에 구체적인 심사나 토의는 없었다면 이는 계엄법 조항을 위반한 것입니다.

e) 행정안전부 의정관은 국무회의의 간사가 되어 국무회의록을 작성하여야 합니다. 그런데 비상계엄 선포 당시 행정안전부 의정관은 사전 공지를 받지 못해 참석하지도 못했고, 행정안전부는 회의록이 작성되지 못하여 없다고 밝혔습니다. 이는 회의록 작성 의무에 관한 법률 규정을 위반한 것입니다.

f) 국무회의 심의 사항은 의안으로 제출되어야 합니다. 피청구인과 국방부장관은 비상계엄 선포 안건을 국무회의에 의안으로 제출하지 않았습니다. 또 당시 국무회의의 모임이 개회 및 종료 선언을 거치는 정상적인 형태가 아니었으며, 회의 참석자들의 발언요지 기록 또한 남아 있지 않습니다. 결국 국무회의가 절차를 준수하여 진행되었다고 보기 어렵습니다.

3) 부서 부재

대통령이 계엄을 선포할 때에는 그 이유, 종류, 시행 일시, 시행 지역 및 계엄사령관을 공고하여야 합니다. 그리고 이는 관계 국무위원이 부서한 문서의 형식으로 하여야 합니다. 그런데 국무위원들은 해당 문건의 존재를 부인하였고, 이를 긍정하는 진술에 의하더라도 부서가 없었던 것은 명확합니다. 이는 헌법이 정하는 부서에 관한 규정을 위반한 것입니다.

4) 계엄공고문 공고 부재

계엄 공고문이 존재하지도 않았지만 적어도 그 내용이 공식적으로 공고되지는 않았으며, 이는 절차적 하자에 해당합니다.

5) 국회 통고 부재

대통령이 계엄을 선포할 때에는 지체없이 국회에 통고하여야 합니다. 피청구인은 계엄을 선포하고 약 30분이 지나서 포고령 제1호를 발령하였습니다. 피청구인은 이로부터 약 2시간이 경과하여 국회에서 비상계엄해제요구 결의안이 상정된 시점까지도 국회에 문서로 된 형태의 통고를 하지 않았습니다. 전자 시스템 등을 통해 신속한 처리가 충분히 가능한 계엄선포 통고 절차를 이행하지 않은 것은, 헌법 및 계엄법이 정한 '지체없는'국회 통고 의무를 위반한 것입니다.

(2) 실체적 하자

1) 계엄선포의 요건인 '전시'는 국가 상호 간 또는 국가와 외교단체 간의 무력충돌 상태로서 외적으로부터의 침입으로 인한 위기를, '사변'은 국토를 참절하거나 국헌을 문란하게 할 목적으로 한 무장반란 집단의 폭동행위를, '이에 준하는 국가비상사태'란 전시나 사변은 아니지만 외적의 침입 혹은 국토를 참절하거나 국헌을 문란하게 할 목적이 있는 무장 또는 비무장의 집단 또는 군중에 의한 사회질서 교란행위를 말합니다. 이는 엄격하게 해석되어야 하며, 모든 반(反)정부적 활동을 '비상사태'로 볼 수는 없습니다.

2) '이에 준하는 국가비상사태'는 국가의 존립 자체 또는 입헌체제에 직접적 위해를 가져오는 정도여야 합니다. 위해는 이미 구체적으로 발생하였어야 하며, 단지 발생할 가능성이 있는 것으로는 충분하지 않습니다. 그리고 이러한 사태가 '병력을 동원하지 않으면 극복할 수 없는 경우'이어야 합니다. 비상적인 모든 경우를 헌법 제77조 제1항의 비상사태에 해당하는

것은 아닙니다.

3) 비상계엄을 선포할 당시 대한민국이 '전시' 또는 '사변' 상태가 아니었음은 명확합니다. 피청구인 측에서는 비상계엄 선포 당시의 상황이 '이에 준하는 국가비상사태'에 해당하며, 구체적인 사유로 입법부의 권한 남용과 부정선거 실시 의혹을 들고 있습니다.

4) 다수의 야당을 중심으로 한 국회의 권한 행사는 적어도 헌법과 법률이 정한 바에 위반되는 것은 아니며, "국토를 참절하거나 국헌을 문란하게 할 목적"이 있다고 할 수 없습니다. 설령 정치적으로 정부와 대립하는 권한 행사였다고 할지라도 이는 정치과정에서 발생한 정치문제이므로, 헌법이 예정하는 정치적 협상과 타협을 통해 그 해법이 모색되어야 하며, 군병력을 동원하여 해결해야 할 비상한 사안이 될 수 없습니다. 이른바 부정선거 의혹은 그 실체가 명확하지 않은 단순한 '의혹'에 불과하므로 이미 구체적으로 발생한 비상사태라고 할 수 없습니다.

5) 피청구인은 거대 야당이 예산을 대폭 삭감하여 정부를 운영할 수 없는 상황이었다고 합니다. 그러나 실제 삭감한 예산액은 예산 총액의 0.6%에 불과하고, 삭감된 주요 부분은 예비비라든지 주요 기관 특활비에 해당하여 국가의 본질적 기능과 직접적인 관련성이 적습니다. 또 헌법에 규정된 추가경정예산안(헌법 제56조) 제도를 통해 이른바 '셧다운'을 방지한다거나 예산 부족분을 보완하는 여지가 충분히 있습니다. 이와 관련하여 "조금 삭감된 수준이라 집행에는 전혀 문제가 없다"라는 정부관계자의 발언이 보도된 바도 있습니다. 그렇다면 이 쟁점 역시 비상계엄의 선포 요건과 관련성이 있지는 않습니다.

3. 포고령 제1호의 위헌·위법성

(1) 비상계엄이 선포된 때에 취할 수 있는 특별한 조치의 대상은 사항적으로 영장제도, 언론·출판·집회·결사의 자유, 정부나 법원의 권한에 대한 것에 한정되어 있습니다. 그리고 긴급권의 본질상 특별한 조치는 필요 최소한의 범위에서 그 상황 요건에 비례하여 취해져야 합니다. 비상계엄의

조치가 일반적인 기본권 제한의 한계와 관련하여 문제되는 경우에, 기본권을 제한하는 목적의 정당성과 군사상 필요의 상황 요건들, 공익적 중대성 등이 심사에서 고려되어야 합니다.

(2) 비상계엄이 선포되면 정부나 법원의 '권한에 대한' 조치는 할 수 있으나 국회의 권한에 대한 조치는 헌법상 및 법률상 인정되지 않습니다. 따라서 포고령 제1호 1.은 특별한 조치의 사항적 범위를 넘어서 발령된 것입니다. 더욱이 헌법은 국회의 계엄해제요구 의결권을 보장하고 있는데, 포고령은 국회 활동을 금지함으로써 국회의 이러한 권한을 침해하였습니다.

(3) 지방의회는 국가조직에서 행정기관의 성격을 가지나, 지방자치단체에서는 자치입법권을 갖는 입법기관의 성격을 갖습니다. 지방의회는 헌법상 지방자치제도 보장의 본질적 기관에 해당하는 것으로서 헌법 제118조에 따라 보장되고 있으며, 사실상 지방차원에서의 정치적 활동 공간에 해당합니다. 따라서 지방의회의 정치적 활동을 금지하는 지방정부에서 정치적 활동을 전면적으로 금지하는 결과가 되고, 나아가 지방자치의 헌법적 보장 내용인 지방의회의 활동을 금지하는 것으로 과잉조치에 해당합니다.

(4) 포고령 제1호 1.은 정당활동, 정치적 결사·집회·시위 등 일체의 정치활동을 금지합니다. 비상계엄 선포시 집회·결사에 대한 특별한 조치를 취할 수 있으나, 이로써 기본권 제한의 헌법적 한계가 배제되는 것은 아닙니다. 정치적 결사·집회·시위에 대하여는 헌법 및 계엄법에 근거가 있다고 볼 수 있지만, 그 외에 모든 정치활동을 금지할 수는 없습니다. 또한 포고령 제1호 1.은 정치활동이 금지되는 기간이나 해제 조건에 대해서 규정하고 있지도 않습니다. 이는 과잉금지원칙에 위배되어 헌법 제8조 정당의 자유, 헌법 제21조 제1항 정치적 결사·집회·시위의 자유 등을 침해합니다.

(5) 포고령 제1호 2.는 가짜뉴스, 여론조작, 허위선동을 금지하고 있고 3.은 모든 언론·출판에 대한 계엄사 통제를 규정하고 있습니다. 가짜뉴스, 여론조작, 허위선동을 금지하는 것은 표현의 자유를 제한합니다. 그런데 가짜뉴스, 여론조작, 허위선동에 해당 여부에 대한 판단기준 또는 해석기준이 없이 불명확하기 때문에 수범자와 법집행자에게 자의적 법해석과 집행을 가능하게 하며, 이는 명확성 원칙에 위배됩니다.

(6) 헌법은 언론·출판에 대한 허가나 검열을 금지하고 있습니다. 포고령 3. 언론·출판에 대한 계엄사 통제가 무엇인지는 명확하지 않다. 계엄사의 제한 없는 검열을 말한다면 그 자체로서 헌법에 위반되며, 계엄사에 의한 전면적인 제한을 의미하는 것이라면 과잉금지원칙과 기본권의 본질적인 내용 침해 금지에 위배됩니다.

(7) 포고령 제1호 4.는 사회혼란을 조장하는 파업·태업·집회행위를 금지하고 있습니다. 이는 계엄법에서 단체행동에 대한 특별한 조치를 취할 수 있다고 했기 때문에 이에 따른 것으로 볼 수도 있습니다. 그러나 계엄법 제9조는 군사상 필요할 때 특별한 조치를 할 수 있다고 규정하고 있기 때문에 군사상 필요한 경우가 아닌 상황에서 발령된 포고령 제1호 4.는 계엄법에 근거가 있다고 볼 수 없습니다. 또한 '사회혼란을 조장하는'이라는 문언은 명확하지 않은 표현으로서 사실상 파업·태업·집회행위의 자의적 금지 또는 전면적 금지로 해석될 여지가 있어 명확성 원칙에 위배되고, 또 헌법 제33조 제1항을 과잉 제한합니다.

(8) 포고령 제1호 5.는 전공의를 비롯하여 파업 중이거나 의료현장을 이탈한 의료인에 대하여 48시간 내 복귀명령 및 위반시 계엄법에 의한 처단을 규정하고 있습니다. 이러한 조치명령은 헌법 및 계엄법상 근거가 없는 기본권 제한이며 이에 따라 전공의 등 의료인의 직업의 자유를 침해합니다. 또 복귀명령 위반시 계엄법에 의해 처단한다는 부분은 적법절차원칙, 과잉금지원칙에 위배되어 신체의 자유를 침해합니다.

(9) 포고령 위반자에 대한 영장없는 체포·구금·압수·수색 부분은 영장주의를 전면적으로 배제하고 있다는 점에서 헌법 제12조에 위반됩니다. 또 헌법 제77조 제3항 특별한 조치는 영장주의를 전면적으로 배제하는 것까지를 허용하는 것은 아닙니다.

(10) 계엄법은 계엄사령관의 지시를 따르지 않거나 위반한 자는 3년 이하의 징역에 처한다고 규정하고 있습니다. 그런데 계엄사령관의 특별조치권은 군사상 필요에 응하기 위하여 발동되는 것인데 군사상 필요성과 무관한 포고령 제1호 각 항의 위반에 대하여, 그리고 특히 전공의 등 의료인에 대한 복귀명령 위반에 벌칙 규정을 적용하는 것은 모두 계엄법에 위배되

며, 나아가 헌법 제12조의 적법절차원칙, 신체의 자유, 죄형법정주의를 침해하는 것입니다.

4. 비상계엄 선포 이후 조치의 위헌·위법성

(1) 군대와 경찰을 동원해 국회를 봉쇄하고 진입해 국회 활동을 방해하도록 지휘한 행위

1) 비상계엄이 선포된 때에도 대통령의 비상계엄선포 행위를 통제하는 국회의 권한 행사를 방해할 수는 없습니다. 계엄법에서 계엄 시행 중에는 국회의 회기 중이 아니더라도 국회의원이 불체포특권을 가진다고 규정하여 헌법이 정한 국회의원의 회기 중 불체포특권의 적용 범위를 확장한 취지 또한 여기에 있습니다. 그렇다면 비상계엄 선포 이후 피청구인이 병력과 경찰력을 동원해 국회를 봉쇄하고 국회 내부로 진입해 국회의 활동을 방해하도록 지휘했다면, 이는 헌법에 위반한 것임이 명백합니다.

2) 피청구인이 계엄군과 경찰을 동원하여 국회 활동을 방해하도록 하는 지휘는 헌법 제7조 제2항 공무원의 정치적 중립성, 그리고 헌법 제5조 제2항 국군의 정치적 중립성에 위반됩니다. 피청구인의 행위는 특히 국군의 사명과 정치적 중립성을 규정한 헌법 제5조 제2항에 위반됩니다. 국군은 "국가의 안전보장과 국토방위의 신성한 의무를 수행함을" 사명으로 합니다. 나아가서 국군의 정치적 중립성이 보장되어야 합니다. 이는 국군의 정치에 대한 개입뿐 아니라 특정 정치세력이 자신의 목적을 달성하기 위하여 국군을 이용하는 것을 금지합니다. 피청구인은 국회를 정치적 반대파라고 간주하고 국회의 활동을 방해하기 위하여 계엄군을 동원하도록 지휘하였기 때문에 특히 과거의 헌정사에서 군의 정치개입이 반복되었던 경험을 되풀이하지 않기 위해 헌법 제5조 제2항에 규정한 국군의 정치적 중립성을 정면으로 침해하는 것입니다.

(2) 군대를 동원해 영장 없이 중앙선거관리위원회를 압수·수색한 행위

1) 피청구인은 비상계엄을 선포한 후 영장 없이 중앙선거관리위원

회 직원들의 휴대전화를 제출하게 하고, 유선전화를 사용하지 못하게 하였고 합리적 근거 없이 중앙선거관리위원회의 전산자료를 영장 없이 압수하여 증거를 확보하고자 하는 등의 여러 형태로 중앙선거관리위원회에 대한 조치를 취하였습니다.

2) 선거관리위원회는 선거와 국민투표의 공정한 관리 및 정당에 관한 사무를 처리하기 위해 설치된 독립헌법기관입니다. 따라서 선거관리위원회는 정부와는 구별되는 헌법기관이며, 비상계엄 선포시 취해지는 특별조치의 대상으로서 정부에는 포함되지 않습니다. 그리고 비상계엄시 정부나 법원의 권한에 대한 특별조치는 그 기관의 권한에 대한 특별한 조치인 것이지 군병력을 동원하여 기습 점거하여 그 기능을 중단시키는 것까지를 포함하지는 않습니다. 따라서 군병력을 통하여 중앙선거관리위원회를 기습 점거하는 것은 헌법 제77조 제3항에 따른 비상계엄하의 특별한 조치가 될 수 없습니다.

IV. 위헌·위법의 중대성

1. 법위반의 중대성의 의미

법위반의 중대성은 대통령의 직을 유지하는 것이 더이상 헌법수호의 관점에서 용납될 수 없거나, 대통령이 국민의 신임을 배신하여 국정을 담당할 자격을 상실한 경우를 말하며, 이러한 경우에 한하여 대통령을 파면하는 결정을 합니다.

2. 헌법수호의 관점에서 용납될 수 없는 정도의 중대한 법위반

헌법수호의 관점에서 용납될 수 없는 정도의 중대한 법위반은 자유민주적 기본질서를 위협하는 행위로서 민주주의원리와 법치국가원리를 구성하는 핵심 요소들에 대한 적극적 위반행위를 말합니다. 국민의 신임을 배반한 행위는 헌법수호의 관점에서 중대한 법위반에 해당하지 않는 그 외의 행위유형을 모두 포괄하는 것으로서 예컨대, 뇌물수수, 부정부패, 국가의 이익을 명백히 해하는 활동 등을 들 수 있습니다.

3. 피청구인의 법위반 사실의 개요 및 평가

피청구인은 직무수행에 있어 헌법과 법률을 위배한 것이 명백합니다.

(1) 자유민주적 기본질서에서 상이한 정치적 견해에 대해 상대적 진리성과 합리성을 인정하는 다원적 세계관에 입각하여 모든 폭력적·자의적 지배를 배제하고 오로지 정치적 대화와 타협을 통해 해소해야 할 정치적 교착 상태의 일소를 목적으로 무모하게 군병력을 동원하는 비상계엄을 선포하고 국가비상입법기구를 통한 국회 대체 계획을 실행하려 하였습니다.

(2) 헌법과 계엄법이 정한 요건과 절차를 따르지 아니하고 포고령 제1호를 발령하여 민주적 기본질서의 중추적 요소를 이루는 국회의 권능을 배제하려 함으로써 헌법 제77조 제3항을 위배하였고, 헌법 제8조 제1항과 제4항에서 특별히 보호하는 정당의 자유와 복수정당제는 물론 언론·출판의 자유 등 국민의 기본권을 과도하게 침해하였습니다.

(3) 이와 같은 비상계엄의 선포와 포고령의 발령은 그 구체적인 실행 여부와 성과에 관계없이 그 자체로 중대한 위헌·위법에 해당합니다.

(4) 위헌·위법적인 비상계엄 선포와 포고령 제1호의 실행을 위하여 군대와 경찰을 동원하여 국회를 봉쇄하고 진입하여 정상적인 활동을 방해하여 헌법 제77조 제3항은 물론 제5조 제2항 군의 정치적 중립성과 헌법 제7조 제2항이 보장하는 공무원의 정치적 중립성을 위배하였습니다.

(5) 군대를 동원하여 영장 없이 독립헌법기관인 중앙선거관리위원회를 압수·수색하여 헌법 제77조 제3항과 제114조 제1항을 위배하였습니다.

(6) 마지막으로 다음과 같은 관점이 중요합니다. 군병력을 동원하는 비상계엄을 선포하는 권한은 국가위기상황에서 헌법을 보호하기 위하여 대통령에 부여된 권한이지만, 이때 취해지는 비상조치가 헌정을 파괴하는 결과가 될 수도 있다는 이중성이 있습니다. 바로 이러한 중대한 위험성 때문

에 이를 헌법에 도입하면서도 그 행사 요건과 절차에 대한 민주적 통제의 장치를 둔 것이고, 이러한 헌법의 취지에 따라 국가긴급권의 발동은 그 요건과 절차를 충실히 준수하여야 하며, 그에 따른 조치에 대한 국회와 사법기관에 의한 심사 또한 엄격하게 이루어져야 합니다. 이 사건 비상계엄선포와 같이 헌법과 법률이 정하는 요건과 절차를 준수하지 않은 채 비상계엄을 선포하고 군병력을 동원하여 정치과정을 중단시키는 것은 그 자체로서 중대한 헌법 위반이라는 의미가 내포되어 있습니다.

(7) 계엄선포 이후 피청구인이 보여준 일련의 행위들이 피청구인에게 헌법수호의지를 더 이상 기대하기 어렵다는 것을 확인시켜준다는 점도 피청구인을 파면결정에서 고려되어야 합니다. 피청구인은 정당한 이유 없이 수사기관의 소환에 응하지 않고, 대통령 경호요원들을 방패로 삼아 구속영장의 집행을 저지하고, 수사기관, 법원, 헌법재판소의 권위와 정당성을 부정함으로써 법치주의의 근간을 훼손하는 태도를 보였으며, 탄핵심판절차에서도 객관적 사실에 명백히 반하는 거짓 진술들을 하고 있을 뿐 아니라, 증인들에게도 거짓 진술을 유도하는 등 헌법질서의 수호의지는 커녕 최소한의 준법의지도 찾아보기 어렵습니다. 따라서 피청구인의 이러한 계엄선포 이후 행적들이 헌정질서에 미치는 해악을 고려하였을 때 피청구인의 파면을 정당화할 수 있는 직무상 위헌·위법행위의 중대성을 충분히 인정할 수 있습니다.

(8) 피청구인의 이처럼 자유민주적 기본질서에 중대한 위협을 초래한 법 위배 행위는 국민이 대통령에게 부여한 국민대표로서의 지위를 임기 중 다시 박탈해야 할 정도로 국민의 신임을 저버린 경우에 해당됩니다. 피청구인은 군통수권자인 현직 대통령으로서 국가와 헌법을 수호할 막중한 책무를 지고 있습니다. 그럼에도 불구하고, 오히려 이러한 헌법적 위상과 지위를 망각하고 헌법이 명령하고 있는 국회와의 협치를 통한 민주공화적 국정 수행의 책임을 방기하며, 헌법이 예외상황을 전제로 부여한 국가긴급권인 비상계엄선포권을 오남용하여 국민대표기관인 국회를 반국가세력으로 단정하여 지목하고 모든 폭력적 방법을 지양하여 헌법과 법률이 정한 절차에 따라 해결해야 할 정치적 문제를 빌미로 무모하게 군을 동원함으로써

국가원수이자 정부의 수반의 지위를 국민으로부터 위임받은 대통령 스스로가 국헌문란을 기도한 것으로, 그 해악과 위험성은 국민의 신임을 배신한 것으로 보지 않을 수 없을 정도로 매우 중대하다고 하지 않을 수 없습니다.

V. 결 론

1. 피청구인이 직무상 범한 중대한 위헌·위법행위들은 헌법수호의 관점에서는 물론 국민의 신임을 배반했다는 관점에서도 대통령으로서 국정을 담당할 자격을 상실하였음은 논란의 여지 없을 정도로 명확합니다.

2. 헌법재판소는 전원일치의 의견으로 피청구인을 대통령직에서 파면함으로써 헌정의 비극이 반복되지 않도록 확실한 교훈을 우리 헌정사에 각인함과 동시에 피청구인에 대한 탄핵소추 이후 더욱 심각한 분열상을 보이는 우리 정치공동체를 통합하는 토대를 마련할 것으로 기대합니다.

발제

대통령 윤석열 탄핵심판과 헌법재판소

공동대표 김선택 (고려대학교 법학전문대학원)

I. 서: 후지모리를 꿈꾸었으나 카스티요가 된 윤석열

장면 1: 1992년 페루 대통령 알베르토 후지모리의 친위쿠데타

1990년 페루 대통령에 당선된 Alberto Fujimori는 1992년 4월 5일 밤 TV에 나타나 국회를 해산하고 사법부를 재조직하겠다고 선언하였다. 그는 군대에 탱크를 가지고 가서 국회를 봉쇄하라고 명령하였다. 의원들 일부가 의회에서 회의를 열려고 하였으나 최루가스가 살포되었다. 당일 밤 군대는 야당 주요 인사들을 체포 감금하였다(2009년 Fujimori는, 1992년 4월 5일 밤 군에 의해 체포·구금되었던 저널리스트 Gustavo Gorriti와 사업가 Samuel Dyer를 납치한 혐의로 유죄판결을 받았다). Fujimori는 자신의 정치적 라이벌로 잠재적인 대통령 후보자였던 Alan Garcia의원을 체포하려고 시도하였으나 Garcia는 가까스로 체포를 피하여 콜롬비아로 망명하였다.

Fujimori는 헌법의 효력을 정지시킨 후, 1992년 11월 새로운 헌법을 제정하기 위한 제헌회의를 구성하였다. 1993년 10월 국민투표로 새로운 헌법을 확정하고, 그 헌법에 따라 그는 1995년 대통령으로 다시 선출되었다. Fujimori는 자신의 의도가 민주주의를 파괴하기 위한 것이 아니라 오히려 민주주의를 발전시키기 위한 것이었다고 강변하였으나, 실제로는 1992년 4월 이후 모든 권력이 대통령, 군대, 국가정보원에 집중되었고, 이 세 권력은 법 위에 군림하게 되었다.

원래 숨어서 정보를 제공하는 역할을 하던 Vladimiro Montesinos는 Fujimori가 대통령이 되자 그에 의하여 국가정보원을 맡게 된 자인데, 그는 1992년 친위쿠데타의 주모자가 되었고, 특히 1991년부터 1993년까지 국가정보원과 군정보기관 요원들로 구성된 암살부대(a death squad, the Colina Group으로 불림)를 운영하였다. 그 부대가 저지른 납치·암살 등 만행 중에서 최악의 사건은 1991년 11월 3일 일어난 Barrios Altos학살인데, 15명을 사살하였다. Fujimori는 테러와의 전쟁과 국가·경제를 재건하기 위하여 긴급조치가 필요하다고 주장했고, 사법부를 개혁하기 위하여 그리고 야당 때문에 교착상태에 빠진 국회를 정상화하기 위해서 비상의 조치가 필요하다고 주장했다. 그러나 그의 이러한 모든 주장은 과장된 것으로 밝혀졌다. 친위쿠데타를 하게 된 실제 이유는 활발하게 활동하는 의회와 독립된 의회가 대통령과 군, 국가정보원 세력을 견제하였기 때문이었다.[1]

2007년 11월 26일 페루 대법원은 10명의 전직 각료들을 친위쿠데타에 가담한 혐의로 유죄판결하였다. 그 중 Fujimori의 행정안전부장관 Juan Briones Davila는 10년 징역형에 처해졌다.

장면 2: 2022년 페루 대통령 페드로 카스티요의 친위쿠데타

2021년 페루 대통령에 당선된 Pedro Castillo는 국회에서 자신에 대한 3번째 탄핵시도가 있자 2022년 12월 7일 오전 11시 41분 대국민연설을 통해 국회를 해산하고 22:00~04:00 통행금지령과 함께, 비상정부를 수립, 제헌의회를 구성하여 헌법을 개정하겠다고 선언하였다. 20분 후 그는

1 Maxwell A. Cameron, Self-coups: Peru, Guatemala, and Russia, Journal of Democracy Vol. 9 No. 1 (1998), pp. 126~127 참조.

경찰청장에게 국회를 봉쇄하고 아무도 들어가지 못하게 하라고 지시하였다. 그러나 그의 정부각료들 중 일부가 사임하였고, 페루 군대도 그를 지지하기를 거부하였다. 여당의원들 일부도 동조하지 않았다. 부통령이었던 Dina Boluarte는 대통령의 행위를 쿠데타라고 비난하였다. 페루 의회는 당일 오후 1시 10분에 개회하여 오후 1시 49분 130명 중 102명의 찬성(6명 반대, 10명 기권, 12명 불참)으로 탄핵안을 가결, 대통령을 파면하였다. 친위쿠데타 시작부터 2시간 8분 만이었다. 부통령 Boluarte가 대통령직을 승계하였다. Castillo는 망명을 위하여 멕시코대사관으로 도주하였으나, 오후 1시 42분 현직 대통령 신분으로 페루 경찰에 체포되었다.

페루 검찰은 구속 상태의 Castillo에 대하여 반란과 직권남용 혐의로 징역 34년형을 구형하였다. 그밖에도 당시 각료 일부와 고위급 경찰간부 등에 대해서도 징역 15~25년형을 구형하였다.

장면 3: 2024년 한국 대통령 윤석열의 친위쿠데타

2022년 한국 대통령에 당선된 윤석열은 2024년 12월 3일 밤 10시 23분 예정에 없이 갑자기 TV에 나타나 대국민긴급담화를 하면서 10시 27분 비상계엄을 선포하였다. 그는 미리 경찰청장에게 국회를 봉쇄하여 아무도 들어가지 못하도록 하라고 지시하였고, 나아가 공수부대병력으로 하여금 국회와 중앙선관위를 기습·점거하도록 명령하였다. 계엄선포 즉시 국회의사당 주변에 운집한 시민들의 도움으로 경찰의 봉쇄를 뚫고 국회로 모인 국회의원들은 12월 4일 0시 49분 국회를 개회하여 1시 1분 계엄해제결의안을 가결하였고, 윤대통령은 헌법과 계엄법에 따라 계엄을 해제할 수밖에 없게 되었다. 그러자 4시 27분 윤대통령이 TV에 나와 계엄해제를 하겠다고 선언하였고, 4시 30분 계엄이 해제됨으로써 6시간 만에 친위쿠데타가 종료되었다. 동원된 강제력은 군병력과 경찰력을 합하여 거의 5,000명에 육박하였고 탄약고에서 불출된 실탄이 18만여 발에 달하였던 것으로 알려졌다. 국회에 전투용 헬기인 블랙호크를 타고 난입한 특수부대병력은 국회의원들의 계엄해제 결의를 막기 위하여 투입되었던 것으로, 중앙선관위를 점거한 특수부대병력은 선관위 서버를 탈취할 목적이었던 것으로 밝혀졌다. 특히 경제부총리에게 계엄실행계획의 일환으로 건네준 문건에 비상입법기구를 신설·운용하는데 필요한 예산을 확보하도록 지시한 것은 기존 국회를 사실상 없애고 1980년에 전두환 신군부가 운영했던 국가보위입법회의와 유사한 어용입법기구를 만들려 했던 것으로 추정할 수 있는 유력한 근거로 인정되고 있다.

또한 윤대통령은 자신과 정치적 의사가 다르다는 이유로 반대파를 모두 제거하려고 하였다. 국회의장과 여당대표, 야당대표를 비롯한 주요 야당인사 등 입법부 인사들, 전 대법원장과 전 대법관 뿐만 아니라 현직 대법관과 현직 판사 등 사법부 인사들, 카톨릭·개신교·불교계 등 종교계 인사들, 주요 노조를 비롯한 노동계 인사들, 주요 언론을 망라한 언론계 인사들, 심지어 연예계와 체육계 인사들까지 포괄한 무려 500명의 사람들을 차례차례 체포하여 군대 지하 벙커 등에 감금하려고 계획했음이 드러났다. 나아가 그들을 인적이 뜸한 도서나 접경지역에 군 주도의 수용소를 설치하여 구금한다거나 심지어 그들 중 일부에 대해서는 암살할 계획까지 세웠던 것으로 드러나 큰 충격을 주었다. 아직 전모가 다 드러나지는 않았으나 이러한 계획이 사실이라면 윤대통령의 친위쿠데타 기도는 세계 쿠데타 역사상 가장 잔인무도한 사례 중 하나로 기록될 것이다. 체포조의 운용, 구금장소의 선택, 피구금자에 대한 고문, 일부 피체포자에 대한 암살 등을 계획한 자가 친위쿠데타의 숨은 기획자이자 체포·구금된 사람들에 대한 신문을 담당하도록 설치예정이던 수사단의 실질적 책임자를 맡을 예정이었다고 하니, 12·3 계엄이 그대로 진행되었다면 아마도 저 계획들이 대부분 현실이 되었을 것이다.

윤대통령은 2024년 12월 14일 국회에서 재적의원 300명 중 204명의 찬성으로 탄핵소추가 가결되어 직무정지되었고, 이후 헌법재판소에서 현재까지 탄핵심판이 진행 중이다. 또한 윤대통령은 2025년 1월 15일 현직 대통령 신분으로 체포되었고, 1월 26일 내란우두머리 혐의로 구속·기소되어 현재 형사재판이 진행 중이다.

II. 12·3사태의 본질: 계엄으로 위장한 친위쿠데타

친위쿠데타(self-cup, 스페인어로 autogolpe)란 대통령 등 이미 권력을 가지고 있는 자가 다른 권력 부서를 침탈하는 방식으로 자신의 권력을 강화하거나 영구집권을 위한 의도를 가지고 일으키는, 불법적 수단을 사용한 사실적 행위를 일컫는다. ① 주된 행위자가 현직 대통령(행정부수장)이고, ② 질서유지 등 중대한 공적 이익이 아니라 자신의 권력욕 등 사적 이익을 목적으로 하고, ③ 불법적인 수단을 사용하고, ④ 수평적으로 다른 국가권력 부서의 권력을 침탈하는 것을 특징으로 한다. 위에서 본 1992년 페루 대통령 후지모리의 불법행동이 친위쿠데타의 교과서적 케이스에 해당한다. 즉, 군대를 불법적으로 동원하여 국회를 침탈하고 법원을 공격하며 국회를 대체할 제헌의회 등 비상입법기구를 신설하여 자신에게 유리한 내용의 각종 법률과 더불어 궁극적으로 헌법을 개정하여 자신에게 권력을 집중시키는 것이 전형적인 친위쿠데타의 패턴이라고 할 수 있다.

2024년 12·3 사태의 경우, 국민담화의 형식을 빌어 비상계엄을 선포하는 외관을 연출함으로써 마치 헌법과 계엄법에 정한 대통령의 계엄선포권한을 행사하는 것처럼 위장하였다. 그러나, 이제는 국민 누구나 다 알고 있듯이, 헌법과 계엄법에 정한 비상계엄선포권한 행사에 요구되는 상황요건을 비롯하여 절차적·실질적 요건 그 어느 것 하나도 지키지 않았다(자세한 내용은 의견서 참조). 계엄선포권은 국가긴급권의 한 종류인데, 국가긴급권은 그 목적이 헌정질서의 보전·수호·회복 등 공적 이익에 봉사하여야 하는 것인데, 12·3 계엄은 사적 동기로 헌정질서 자체의 파괴를 기도한 것으로서 국가긴급권으로 정당화될 수 있는 것이 아니었다. 결국 대통령이 국군통수권을 오남용하여 무력을 불법적으로 동원하여 자신의 절대권력을 향한 야욕을 실현하고자 한 것에 불과하였다. 국군통수권도 헌법과 법률에 정한 바에 따라 행사되어야 하는 헌법적 한계를 가지고 있으므로 헌법과 법률을 다 위반한 군지휘권 행사도 위헌·위법적인 것이었다. 12·3 사태는 ① 현직 대통령이 주동자로서, ② 불법적으로 병력을 동원하여, ③ 다른 국가기관인 국회와 중앙선거관리위원회를 침탈하여, ④ 자신의 권력을 확장 내지 영구화하려고 획책하였다는 점에서 전형적인 친위쿠데타에 해당한다고 하겠다. 이미 쿠데타를 연구하는 세계의 학자들은 윤석열의 12·3 사태를 친위쿠데타의 새로운 교과서적인 케이스로 명명하고 있고, 저명한 쿠데타 데이터베이스에도 그렇게 등재되고 있는 상황이다.

12·3 사태는 대통령이 헌법이 자신에게 부여한 권한의 하나로서의 계엄선포권한을 행사한 케이스라거나 그 권한의 행사에 있어서 과도한 부분이 있었느냐를 따져 볼 문제를 훨씬 뛰어넘는 사건이었다. 즉 계엄이 아니라 계엄으로 위장하여 국가체제의 전복을 꾀한 사건으로서 헌법상 반역(treason) 내지 내란(insurrection)에 해당한다. 이것이 다시 형법상으로 내란죄라는 형사범죄를 구성하는 것은 물론이다. 우리가 형법상의 내란죄의 구성요건을 참고하여 그 행위가 개념상 내란행위에 해당하는지 여부를 헌법상 따져보는 것과 그것이 바로 형법상의 내란범죄의 구성요건을 개별 구체적으로 충족하여 형사범죄의 하나인 내란죄를 성립시키는 것인지 여부를 형법상 따져보는 것은 일응 구별되어야 한다. 보통의 경우 두 가지 범주, 즉 헌법상 내란행위와 형법상 내란범죄가 동시에 인정·성립될 것이라는 점은 물론이다.

Ⅲ. 12·3 사태의 헌정사적 평가

대한민국 헌법이 1948년 제정되었으니 2025년 현재를 기준으로 77년이 되었다. 이 77년 가운데, 1948년부터 1987년까지 39년간은 독재의 연속이었다. 1948년부터 1960년까지 12년간은 이승만정부의 독재가 계속되었다. 그 독재를 청산한 1960년 4·19혁명 직후 수립된 민주정부는 제대로 설 기회도 갖지 못한 채 1961년 5·16 군사쿠데타에 의해 무너졌다. 1961년부터 1987년까지는 군인들에 의한 독재가 계속되었고 한국헌정은 말 그대로 암흑기였다. 특히 1972년 박정희의 유신 친위쿠데타는 국민의 주권을 찬탈하였고, 국민의 자유도, 사법권의 독립도 법치주의도 말뿐인 상태로 만들었다. 1979년 박정희가 측근에 의해 암살된 후 민주주의가 회복되기를 염원했던 '서울의 봄'은 다시 같은 해 12·12 군사반란과 이듬해 5·17내란으로 무참히 짓밟혔다. 군사독재가 연장되었다.

1987년 6·10민주항쟁은 1980년 '서울의 봄'과 5·18민주화운동의 연장선상에서 민주주의를 회복하기 위한 국민의 저항이었다. 전두환정권의 굴복으로 1987년 새로운 헌법이 만들어지고 민주화가 이루어졌다. 1987년부터 2025년 현재까지 38년간은 민주헌정이 이루어져 온 시기라고 볼 수 있다. 군사독재시대 헌법이 '장식적 헌법'에 불과하였다면 1987년 민주화 이후 우리 헌법은 실제로 권력을 통제하는 '규범적 헌법'이 되었다.

이렇게 보면 1948~1987년간의 39년의 독재국가시대, 1987~2025년간의 38년의 민주국가시대로 대략 지난 77년간의 대한민국헌정사가 반분되고 있는 것을 알 수 있다. 특히 후반부 즉 1987년 민주화 이후 민주주의는 2024년에 이르러 전 세계의 부러움을 살 만큼 크게 발전하여, 2005년 이후 전 세계를 휩쓸고 있는 민주주의 후퇴(democratic backsliding) 현상 속에서도, 대한민국을 아시아 민주주의를 지키는 등대로 부를 만큼 자랑스러운 수준에 도달하여 있었다.

그러나 2024년 12월 3일 밤, 대통령 윤석열의 느닷없는 비상계엄선포와 포고령 제1호 발령, 무장병력에 의한 국회와 중앙선관위 침탈행위는 순식간에 한국민주주의에 깊은 먹구름을 몰고 왔다. 다행히도 6시간 만에 내란사태가 진정되었지만, 만약 윤석열의 친위쿠데타가 성공했다면, 1987년 이후 대한민국이 거둬온 민주주의 성취는 물거품이 되고, 1987년 이전의 독재국가로 후퇴할 수밖에 없었을 것이다. 그러나 반면에 그동안 민주주의의 품 속에서 성장한 국민들이 독재를 순순히 수용할 수 없었을 것은 명약관화하고 따라서 대규모의 저항이 발생했을 것도 명약관화하다. 가정이지만 이러한 상황에서 대규모의 유혈사태가 발생했을 가능성도 배제할 수 없고, 또 과연 어느 방향으로 사태가 흘러갔을지 예측하기도 쉽지 않지만, 분명한 것은 한국사의 큰 비극으로 그리고 한국인들의 의식 속에 지울 수 없는 영구적인 트라우마로 각인되었을 것이다. 어떤 식으로든 독재가 관철되었다면, 단 한 사람의 자의를 위하여 모든 사람들이 자유를 잃고 노예상태에 빠졌을 것이다. 지금 거리에서 윤석열을 위하여 구호를 외치고 있는 사람들이라고 하여 예외일 수는 없고, 그들 역시도 자유를 잃고 노예상태의 참담함을 맛볼 수밖에 없었을 것이다. 우리가 1987년 이전 겪었던 그 비통한 기억을 우리 후손들이 또 다시 겪는 것을 보면서, 우리들 모두 자책하며 죽고 싶어졌을 것이다.

역사의 신은 다행히 국민들의 편이었다. 자유와 민주주의의 확대를 희구해 온 우리 국민들의 염원을 역사는 저버리지 않았다. 12·3사태는 독재로 귀결되지 않았고, 소위 '혁명'이라는 거짓 휘장으로 가려지지도 않았다. 12·3사태는 '자유와 민주주의의 적'에 의한 자유와 민주주의에 대한 공격으로 기록될 수 있게 되었고, 나아가 자유와 민주주의가 자신을 방어한 사건으로 기억될 수 있게 되었다. 1987년 이후 민주헌정의 역사에 생채기는 남을지언정 여전히 그 역사를 이어갈 수 있게 되었다.

12·3 사태는 1987년 민주화 이후 이어져 온 한국의 민주헌정사에서 발생한 가장 큰 도전이었다. 이 도전은 그동안 성장한 민주주의자본(democratic capital)을 바탕으로 한 국민들의 용기있는 응전으로 극복되었다. 민주헌정사는 단절되지 않았고 1987년을 기점으로 계속 카운트할 수 있게 되었다. 따라서, 한국민주주의는 1987년부터 40년, 1987년부터 50년, 이런 식으로 계속 역사를 써 내려갈 수 있을 것이다.

IV. 헌법재판소: 헌법의 수호자로서의 위상과 역할

1987년 6·10 민주항쟁은 유혈사태 없이 민주화에 성공하여 일종의 명예혁명(glorious revolution)으로 불리울 자격이 있다.

6·10 민주항쟁과 그 결과 성립한 현행 1987년 헌법은 제도적으로 두 개의 큰 성과를 내었다.

첫째, 1972년 유신쿠데타로 잃어버린 국민주권을 회복한 것인데, 대통령국민직선제를 통해 국민의 정부선택권을 회복한 것이 그것이다.

둘째, 1960년 헌법에 도입되었고 설치법률까지 제정하고서도 1961년 5·16군사쿠데타로 설치하지 못한 헌법재판소를 다시 1987년 헌법에 도입하고 실제로 설치하여 운영하게 된 것이다. 이로써 한국은 헌법수호와 국민기본권 보장을 위한 든든한 가디언을 확보하게 되었던 것이다: 헌법수호자로서의 헌법재판소, 기본권보장자로서의 헌법재판소.

1987년 헌법은 비록 비교적 짧은 시간에 국민의 참여없이 정치인들만의 타협으로 만들어진 협약헌법(pact constitution)인 관계로 내용이 부실한 점이 한두 가지가 아니지만, 헌법이 해야 할 기능의 관점에서 보면 비교적 성공한 헌법이라고 평가할 수 있다. 1948년부터 1987년까지 무려 10개의 헌법이 명멸하였고 그리하여 헌법 당 평균수명이 4년도 안되는 데 비하여 1987년부터 현재까지 하나의 헌법으로 국정이 운영되어 온 것만 보아도 1987년 헌법이 비교적 헌법으로서의 기능을 하고 있다고 볼 수 있을 것이다. 특히 1987년 이전까지 단 한 번도 평화적 정권교체를 경험하지 못한 한국에서 8번의 대통령교체와 4번의 여·야간 평화적 정권교체까지 이뤄진 것을 보면 1987년 헌법은 오히려 성공한 헌법으로 보아야 할 것이다.

1987년 헌법의 성공에 가장 중요한 역할을 한 두 축이 있다.

첫째, 대통령단임제의 성공인데, 국민직선제와 더불어 평화적 정권교체에 크게 기여하여 왔다.

둘째, 헌법재판소의 성공인데, 국가적·사회적 갈등으로서 정치적 해법을 찾는 국회도 해결 못하는 것을 헌재에서 적법한 절차에 따라 평화적으로 해결함으로써 국가와 사회의 안정 그리고 국가사법에 대한 신뢰에 크게 기여하여 왔다. 특히 거대정치적 현안(mega politics에 해당하는) 문제의 평화적 해결에 헌법재판소는 기여해왔는데, - 정치의 사법화라는 비판에도 불구하고 - 헌법재판소가 없었더라면 이들 문제가 가지는 폭발성과 휘발성으로 말미암아 국가가 큰 위기에 빠질 수도 있었다는 점에서 헌법재판소의 기여를 크게 평가하지 않을 수 없다. 그 결과 헌법재판소는 설립 이후 지금까지 매년 실시된 '국가기관에 대한 국민신뢰도 조사'에서 한 해도 빠짐없이 항상 1위의 자리를 차지하여 왔다.

1987년 민주화로부터 거의 40년이 흐른 지금 한국에서는 과거 보지 못했던 국민의 신뢰와 사랑, 존경을 받는 헌법기관을 가지게 되었다. 이것은 민주주의에도 법치주의에도 미숙하기만 한 한국인들에게 매우 소중한 자산이다. 한국 헌법의 핵심인 자유민주적 기본질서는 민주주의의 기본적 요소와 법치주의의 기본적 요소가 결합한 질서를 말하는 것이고, 이 질서의 내용을 확정하고 그 내용에 대한 각종 침해를 방어하는 역할이 헌법재판소에 부여되어 있다. 한마디로 헌법재판소는 헌법의 의미와 내용을 유권적으로 최종 확정함으로써 헌법을 수호하는 기관이다. 12·3 불법계엄사태와 그 책임을 묻는 탄핵심판에서 헌법재판소에게 국민들이 기대하는 것도 다르지 않다. 우리 헌법의 핵심가치를 유권적으로 최종 확정하여 헌법을 지켜내는 것이다.

더불어 헌법재판소의 심판절차와 심판결과에 대한 국민의 신뢰야말로 헌법재판소 자체뿐만 아니라 헌법을 수호하기 위해 없어서는 안 될 헌재의 기본자산이다. 헌재가 국민의 신뢰를 잃게 되면 지난 40년 동안 애써 만들어온 헌법적 갈등의 너무나 소중한 해결장치 하나를 잃게 되고, 국가사회적인 큰 불안정이 초래될 것이다. 헌재는 헌법을 기준으로 갈등을 해결함으로써 헌법을 수호하는 기관이고, 국민을 헌재를 신뢰함으로써 결과적으로 헌법을 수호하는데 기여할 수 있는 것이다.

V. 결론

2024년 12월 3일에서 4일로 넘어가는 밤, 한국은 1987년 이후 40년 가까이 이어져 온 민주헌정의 시대를 계속 이어가느냐 아니면 1987년 이전 독재의 암흑시대로 돌아가느냐의 갈림길에 서 있었다. 지금도 어느 길로 가게 될 지 분명히 정해지지 않았다. 만의 하나 헌재가 오판하여 탄핵을 기각할 경우 윤대통령은 직무에 복귀할 것이다. 대통령이 구금상태에서는 국정수행이 어려우므로 석방될 것이다. 내란혐의의 형사재판의 경우 법적으로는 속행되어야 맞지만 현실적으로는 막강한 대통령의 영향력으로 인하여 제대로 진행되지 못할 것이다. 반면에 대통령의 임기가 끝나는 순간 사형·무기 선고가 불가피한 내란죄 재판이 재개될 것인데 대통령이 그렇게 되도록 방치할 리 만무하다. 탄핵 기각 시 그것에 항의하는 국민집회를 빌미로 다시 비상계엄을 선포하려 할 것이다. 그날로 한국의 민주주의는 끝날 것이다. 민주주의가 붕괴되면 헌법재판소도 독재정권의 입맛에 맞게 변형·왜곡당하고 결국 국민을 배신하는 대열로 추락하고 말 것이다. 즉 헌법재판소도 끝나는 것이다. 삼척동자라도 능히 짐작할 수 있을 이런 시나리오를 헌재가 모를 리 없을 것이다.

그러나 이러한 불쾌한 시나리오를 이야기할 필요도 없이 그것보다는 - 오늘 설명해드린 우리 헌법학자회의의 의견서에서 명백히 알 수 있는 것처럼 - 그동안 확인된 사실관계와 법리에 비추어 헌법재판소가 탄핵인용 결정을 할 것이라는 점은 분명하다고 하겠다.

결국, "대통령 윤석열을 파면한다."는 주문을 선고함으로써, 우리가 현재 마주하고 있는 독재자(가 되고 싶었던 자) 뿐만 아니라 독재를 꿈꿀지도 모르는 미래의 독재자(가 되고 싶은 자)들까지 방지함으로써, 헌법재판소는 한국의 민주주의와 한국의 헌법, 그리고 자기 자신을 지켜낼 것이라고 믿는다.

附: 헌법재판소를 위한 변호
- 대통령 탄핵심판에 관한 일부 주장에 대한 팩트체크

*이하의 '주장' 내용은, 신동아 2025년 2월 13일자에 게재된 <"'위법' '불공정' 투성이…헌재의 尹 탄핵심판을 탄핵해야" [인터뷰] 헌법학자 허영 경희대 석좌교수 "헌법재판소가 어쩌다…">(https://shindonga.donga.com/politics/article/all/13/5446993/1)의 본문을 발췌한 것임.

	위법하다는 주장*	팩트체크
1. "형소법 보장 7일 답변 기한 보장 않고 '수신 간주'" 주장에 대하여	"국회에서 (탄핵을) 의결하면 소추 서류를 피소추인인 대통령 변호인단에 보내야 한다. 그걸 '송달'이라고 하는데, 헌법재판소법 29조하고, 형사소송법 266조 2에 의하면 7일간 답변 기일을 보장하도록 돼 있다. 그런데 헌재법과 형소법이 보장한 7일의 답변 기한을 보장하지 않고 바로 '수신 간주한다'면서 공판 기일을 정해 버렸다. 이런 법은 없다. 헌재 스스로가 법을 어긴 것이다. 송달 후 일주일 동안 답변 기일을 줘야 하는데 주지 않은 것도 위법하지만, 대개의 경우 답변 기일에 답변서를 받은 후 공판기일을 정하는 게 원칙이다. 그런데 송달 후 바로 '수신 간주한다'면서 공판기일을 일방적으로 정해 버렸다. 이것 자체도 잘못된 것이다."	피청구인이 탄핵심판 청구서 수령을 고의로 거부함에 따라 헌법재판소는 헌법재판소법 제40조 제1항, 형사소송법 제65조, 민사소송법 제187조에 따라 2024. 12.19. 우편송달을 실시하였고, 이 경우 민사소송법 제189조에 따라 탄핵심판 청구서를 발송한 때 송달된 것으로 간주되므로, 송달의 효력은 2024.12.19. 발생하였다. 따라서 피청구인은 형사소송법 제266조의2 제1항에 따라 2024.12.26.까지 답변서를 제출해야 했고, 헌법재판소는 2024.12.27. 변론준비기일을 진행하였으므로, 헌법재판소가 피청구인에게 답변서 제출 기일 7일을 보장하지 않고 '수신 간주'하고 변론준비기일을 일방적으로 지정하였다는 주장은 타당하지 않다.
2. "피소추인 측과 협의 없이 8차까지 변론 기일 지정" 주장에 대하여	"두 번째 위법한 것은, 변론 기일을 정할 때 피소추인 변호인단과 협의해서 정하게 돼 있다. 그런데 그런 협의 없이 일방적으로 일주일에 두 번, 8차까지 일방적으로 정했다. 일방적으로 한꺼번에 정하는 그런 법은 없다. 이것도 불공정하다. 또 법을 어긴 거다. 변론 기일을 정할 때는 반드시 피소추인 측 변호인단과 협의하게 돼 있다. 최소한 의견을 들어봐야 한다. 그런 절차 없이 마음대로 8차까지 일주일에 두 번씩 일방적으로 정한 것이다. 세 번째는 청구인 측 (국회) 법사위원장이 요청한 '수사 서류 송부 촉탁'을 헌재가 받아들였는데, 그것도 헌재 32조 단서에 어긋난다."	헌법재판소법 제30조 제3항은 "재판부가 변론을 열 때에는 기일을 정하여 당사자와 관계인을 소환하여야 한다."고 규정하고 있고, 형사소송법 제267조 제1항은 — 검사, 피고인 또는 변호인의 의견을 들어 공판준비기일을 지정할 수 있도록 규정한 제266조의7과 달리 — "재판장은 공판기일을 정하여야 한다."고 규정하고 있으며, 같은 조 제2항은 "공판기일에는 피고인, 대표자 또는 대리인을 소환하여야 한다."고 규정하고 있다. 헌법재판소법이나 형사소송법 어디에도 피청구인 대리인과 협의하여 기일을 정하도록 규정하고 있지 않다. 따라서 "변론 기일을 정할 때는 반드시 피소추인측 변호인단과 협의하게 돼 있다."는 주장은 그 법적 근거를 찾을 수 없는 일방적 주장이다.
3. "수사 또는 재판 중인 사건 서류 송부 촉탁 금지한 헌재법 32조 위반" 주장에 대하여	"헌재법 32조 단서에 뭐라고 돼 있느냐면 수사 또는 재판 중인 사건의 서류는 송부 촉탁을 허용하지 않도록 돼 있다. 그것은 헌재 심판의 중립성 때문에 그렇게 해 놓은 거다. 증인들 심문하기 전에 그것(수사 서류)부터 받아오면 증인들이 수사기관에서 뭐라고 진술했는지 예단이 생길 거 아닌가. 그렇기 때문에 헌재 32조 단서	헌법재판소법 제32조 단서가 "재판·소추 또는 범죄수사가 진행 중인 사건의 기록에 대하여는 송부를 요구할 수 없다."고 규정하고 있지만, 이는 재판부가 그렇게 할 수 없다는 것일 뿐이다. 청구인의 신청에 의해 실시하는 기록인증등본 송부촉탁은 헌법재판소법 제10조 제1항, 헌법재판소 심판 규

	위법하다는 주장*	팩트체크
	조항에서 수사 서류 송부 촉탁을 금지하고 있는 거다. 그런데도 이 단서 조항을 무시하고 수사 중인 내란죄 사건의 수사 기록의 송부 촉탁을 (헌재가) 수용한 거다. 그것도 위법한 것이다."	칙 제39조 제1항과 제40조 제1항, 제2항에 근거한 것이므로, 헌법재판소 제32조 단서 조항을 위반하는 문제는 발생하지 않는다. 또한 이 사건이 개인의 비위를 다루는 특수한 유형의 징계절차의 성격을 가지고 있어, 강제수사권이 없는 헌재로서는 수사서류를 참고할 필요가 있으므로, 수사를 방해할 우려가 있는 수사서류 원본이 아니라 인정등본을 요구할 수 있도록 헌재심판 규칙이 개정된 것이다.
4. "탄핵 핵심 '내란죄' 철회 수용으로 '사기 탄핵' 용인" 주장에 대하여	"국회 측에서 탄핵소추안의 핵심 내용인 내란죄를 헌재 공판 과정에 '철회하겠다'고 한 거다. 그런데 그것을 헌재가 그냥 받아줬다. 이것은 헌재법은 물론 형사소송법을 명백히 어긴 것이다. 형사소송법 298조 제1항에 보면 '소추서의 동일성을 해치지 않는 범위 내에서 소추 사유를 철회할 수 있다'고 돼 있다. 탄핵소추의 핵심 내용인 내란죄를 제외한다는 것은 소추서의 동일성을 명백하게 해치는 거다. 그럼에도 (헌재가) 그것을 수용한 것은 명백히 형소법 298조 제1항을 어긴 거다. 헌재가 탄핵심판에 내란죄를 철회한다고 하니 안철수 국민의힘 의원을 비롯해 여러 사람이 '사기 탄핵'이라고 반발하지 않았나. 탄핵소추 처음부터 '내란죄'가 포함되지 않았다면 국민의힘 의원들이 (대통령 탄핵에) 찬성할 리가 없었다. 처음에 내란죄를 국회 탄핵소추 때 뺐다면 탄핵소추 자체가 성립되지 않았을 거다. 그래서 '사기 탄핵'이라고 안철수 의원이 강력하게 항의하는 거다." "내란죄를 빼려면 헌재가 국회에 탄핵소추안을 다시 돌려보내서 '내란죄 빼고 다시 의결해 와라' 그래야 정상이다. 내란죄 빼고 나머지 사유만 갖고 국회 의견을 물어서 그때도 재적의원 3분의 2가 넘으면 헌재가 받아들이겠다고 했어야 옳다. 그러니까 탄핵소추 핵심 내용인 '내란죄'를 빼는 것은 기각 사유도 될 수 있지만, 탄핵이 성립하지 않는다고 각하할 수 있는 사유도 될 수 있다."	동일한 사실관계에 대해 법적 평가를 정리하고 적용 법조문을 바꾼 것에 불과한 것은 탄핵소추 사유의 철회나 변경이라고 보기 어렵다. 피청구인의 행위가 내란죄에 해당하는지 여부는 형사재판에서 가려질 사항이고, 특수한 유형의 징계절차인 탄핵심판에서는 형사상 내란죄 성립여부까지 확정할 필요가 없다. 따라서 설사 사후의 형사재판에서 그 행위가 무죄로 확정되더라도 동일한 행위를 이유로 탄핵인용이 가능하다는 것은 형사재판과 탄핵심판의 이질적 성격 때문에 확립되어 있다. 따라서 헌재에서는 형사법상 내란죄로서의 법적 평가 대신에, 피청구인의 행위가 탄핵심판의 인용기각여부 판단에 필요한 수준에 이르는 것인지만 판단하면 되므로, 내란죄 평가만을 뺀 것이지 피청구인이 저지른 행위 자체가 소추사실로서 그대로 동일하게 남아 있으므로 문제될 것이 없다고 할 것이다.
5. "증인신문 때 피소추인 참여 권리 보장 안해 방어권 침해" 주장에 대하여	"그다음에 (헌재의) 증인신문 때 피소추인(대통령)이 참여할 권리를 지금 보장하지 않고 있다. 형사소송법 163조를 보면 피고인에게 증인신문 참여권을 보장하고 있다. 형소법 피고인은 지금 윤 대통령 측이라고 할 수 있다. 증인신문에 참여할 권리를 형소법이 보장하고 있는데도 헌재는 5차 때부터 '나중에 발언할 이유가 있으면 발언하게 해주겠다'면서 '신문하지 말라'고 하고 있다. 이는 명백히 형사소송법을 어기고 방어권을 침해한 것이다."	헌법재판소법 제35조 제1항은 재판장이 변론의 지휘를 담당한다고 규정하고 있고, 형사소송법 제279조는 "공판기일의 소송지휘는 재판장이 한다."고 규정하고 있다. 증인에게 영향력을 행사할 수 있는 피청구인의 증인신문을 제한하는 것은 소송지휘권 내지 변론지휘권에 속하는 것이므로, 그 신문의 제한이 현저하게 부당하거나 부적절한 경우가 아닌 한 신문을 제한한 재판장의 조치가 위법하다고 할 수 없다.

	위법하다는 주장*	팩트체크
6. "원본 없앴다는 홍장원 메모, 필적 감정으로 진정성 확인해야" 주장에 대하여	"헌법재판소에 이진우 수방사령관, 여인형 방첩사령관, 곽종근 특전사령관, 김현태 707특임단장, 홍장원 국정원 1차장 이런 사람들이 나와서 증언하지 않았나. 그중에 이진우와 여인형, 김현태는 수사기관에서 한 진술을 헌재 증인신문 과정에서 번복했다. 홍장원은 수사기관에 제출했다는 (체포 대상자 명단이 담긴) 메모 내용이 친필인지 가필인지 메모의 진정성이 의문이 되고 있다. 원본을 찢어서 버렸다면서 보좌관이 베껴 썼다고 하는데, 어떻게 국정원에 있던 사람이 '원본'을 버린단 말인가. 원본의 중요성을 누구보다 잘 알 사람이. 이런 경우에는 필적 감정을 해서 그 메모의 진정성 여부를 밝혀야 한다. 그런데도 (헌재는) 그런 절차를 다 생략하고 진술만 갖고 증거로 채택하겠다는 식이다. 또 곽종근이라는 사람은 계엄 직후에 민주당 의원들과 유튜브에서 나눈 대화를 수사기관에서도 진술했다고 하지 않았나. 그 사람도 헌법재판관 질문에는 '요원인지, 인원인지, 의원인지' 진술이 일관되지 않았다. 이렇게 다툼의 여지가 있는 경우 증거로 채택해서는 안 된다. 특히 홍장원 메모는 필적 감정을 필수적으로 해야 한다. 그런데도 그 과정을 모두 생략하고 (헌재가) 그냥 증거로 채택하겠다는 것은 명백한 위법이다."	헌법재판소법 제31조 제1항 제3호에 의하면 재판부는 사건의 심리를 위하여 필요하다고 인정하는 경우에 특별한 학식과 경험을 가진 자에게 감정을 명할 수 있다. 따라서 홍장원 메모에 대한 필적 감정 필요성 여부는 재판부가 판단할 문제이지, "필수적"으로 해야 하는 것은 아니다.
7. "이진우, 김현태의 수사기관 진술을 증거로 채택하는 것이 개정 형소법 위반" 주장에 대하여	"2020년에 형사소송법 제312조 제1항을 '수사기관에서 진술한 내용을 공판정에서 부인하면 증거로 채택할 수 없다'고 바꿨다"며 "형소법 개정이 박근혜 탄핵 때와 다른 점"이라고 지적했다. 이어 그는 "박근혜 탄핵 때는 수사기관에서 한 진술을 그대로 (헌재에서) 채택했지만, 지금은 형소법이 개정돼 공판정에서 수사기관에서 한 진술을 부인하면 증거로 채택할 수 없다." "오늘(2월 10일) 헌재공보관이 '형소법 312조 제1항에도 불구하고 박근혜 탄핵 때 전례가 있기 때문에 수사기관에서 한 진술도 증거로 채택하겠다'고 얘기하던데, 참 기상천외한 얘기"라고 개탄했다. 그는 "(헌재는) 헌법재판의 성질에 반하지 않는 한 형소법을 준용하도록 돼 있다"며 "그런데도 바뀐 형소법을 적용하지 않겠다는 것은 헌재 스스로가 위법을 저지르겠다고 자인한 것과 다를 바 없는 얘기" "헌법재판소가 바뀐 형소법을 무시하겠다는 것은 법 위에 군림하겠다는 얘기와 다를 바 없다." "(헌재가) 탄핵심판 때 형사소송법을 준용하게 된 이유는 우리 헌법이 규정한 '무죄추정의 원칙'을 적용하기 위함" "우리 헌법은 분명히 무죄추정의 원칙을 모든 국민의 권리로 보장하고 있다 ... 형사법의 대원칙도 '의심스러우면 피고인에게 유리하게 적용하라'고 돼 있다."	탄핵심판은 고위공직자가 권한을 남용하여 헌법이나 법률을 위반하는 경우 그 권한을 박탈함으로써 헌법질서를 지키는 헌법재판이고(헌재 2004.5.14. 선고 2004헌나1 결정), 탄핵결정은 대상자를 공직으로부터 파면함에 그치고 형사상 책임을 면제하지 아니한다는 점에서 탄핵심판절차는 형사절차나 일반 징계절차와는 성격을 달리 한다(헌재 2017.3.10. 선고 2016헌나1 결정). 그리고 헌법재판소법 제40조 준용규정은 탄핵심판의 경우 헌법재판소법에 특별한 규정이 있는 경우를 제외하고는 "헌법재판의 성질에 반하지 아니하는 한도"에서 민사소송에 관한 법령과 형사소송에 관한 법령을 함께 준용하도록 규정하고 있다. 여기서 "헌법재판의 성질에 반하지 아니하는" 경우란, 다른 절차법의 준용이 헌법재판의 고유한 성질을 훼손하지 않는 경우로 해석할 수 있고, 이는 헌법재판소가 당해 헌법재판이 갖는 고유의 성질, 헌법재판과 일반재판의 목적 및 성격의 차이, 준용 절차와 대상의 성격 등을 종합적으로 고려하여 구체적·개별적으로 판단할 수 있다(헌재 2014.2.27. 선고 2014헌마7 결정). 따라서 이진우, 김현태의 수사기관 진술을 증거로 채택할 것인지 여부는 헌법재판소가 "헌법재판의 성질"을 고려하여 판단·결정할 사항이므로, 그 채택 자체가 개정 형사소송법 위반이라는 주장은 타당하지 않다.

	위법하다는 주장*	팩트체크
8. "논란 많은 마은혁 후보자 임명 위해 서둘러서야" 주장에 대하여	"일곱 번째 위법은 마은혁 헌법재판관 후보자를 임명하기 위해 (헌재가) 서두르고 있는 것이다. 여러 논란을 무릅쓰고 마 후보를 임명하려는 것은 그가 '우리법연구회' 소속이어서 문형배 헌법재판소장 권한대행이 생각하는 목적을 달성하기 위함으로 보인다."	헌법재판소가 "마은혁 후보자를 임명하기 위하여 서두르고 있다"거나 "여러 논란을 무릅쓰고 마은혁 후보를 임명하려는 것은 그가 우리법연구회 소속이어서 문형배 헌법재판소장 권한대행이 생각하는 목적을 달성하기 위함으로 보인다"는 주장은 객관적으로 논증되지 않은, 막연한 추측성 주장에 불과하다. 모름지기 법학자 또는 법률가라면 철저한 논증에 근거한 주장을 펼치는 것이 기본 중에 기본이라고 할 수 있다.
9. "헌재 주석서대로 한덕수 탄핵안 '각하'하지 않은 것이 위법" 주장에 대하여	"헌법재판소가 발간한 주석서에도 분명히 '대통령 권한대행의 경우에는 재적의원 3분의 2인 200석 이상 찬성으로 탄핵해야 된다'고 돼 있다. 자기들이 쓴 주석서를 어기고 지금 한없이 한덕수 탄핵심판을 미루면서 마은혁 임명만 밀어붙이고 있는 거다. 이런 헌재 행태가 불공정하다는 거다."	헌법재판소 헌법재판연구원이 2015년에 발간한 『주석 헌법재판소법』의 머리말 말미에 '주석 헌법재판소법'은 공동연구자들의 학문적 능력과 주관성의 한계를 그대로 담고 있다고 명시하고 있다시피 이는 헌법재판소의 공식적인 견해를 피력한 것이 결코 아니다. 또한 해당 부분의 내용을 보면, "권한대행자의 탄핵소추 발의 및 의결의 정족수는 대행되는 공직자의 그것을 기준으로 한다. 또한 대행자로서의 직무집행 중의 위법행위만 탄핵사유로 된다."는 것으로서(653쪽), 그 주장의 논거가 명확하게 제시되지 않은 점과 권한대행자의 위법행위가 대행자로서의 직무집행 중이냐에 따라 탄핵소추 발의 및 의결 정족수를 달리 보는 것이 다소 기교적인 해석인 점은 차치하고, 대통령의 권한을 대행하는 국무총리의 헌법상 지위는 기본적으로 국무총리이므로, 국무총리에 대한 탄핵소추 발의 및 의결 정족수가 적용되어야 하므로, 이 부분 주장 역시 타당하지 않다.
10. "우리법연구회 출신 헌법재판관들의 부적절한 언행" 주장에 대하여	허 교수는 이어 문형배 헌재소장 대행이 과거 "자신은 우리법연구회에서도 가장 좌측에 있다"고 언급한 사실과 이미선·정계선 두 헌법재판관 가족이 윤석열 대통령 탄핵 운동의 선봉에 서서 활동한 것도 헌재 공정성 논란에 기름을 붓고 있다고 개탄했다. "지금 국민은 '저런 사람들이 과연 탄핵심판을 제대로 하겠느냐' 이렇게 의심하고 있다. 그럴수록 헌재는 헌법과 법률을 하나하나 따져가면서 탄핵심판 과정에 흠결이 없도록 신중하고 공정하게 탄핵심판을 진행해야 한다. 그런데 지금 헌재 모습은 무엇에 쫓기듯 위법행위를 저지르면서 서둘러 결론을 내려는 듯 속도를 내고 있다. 그렇게 되면 헌재가 어떤 결론을 내리더라도 국민은 받아들이지 않을 공산이 크다. 불공정하고 흠결 많은 헌재 결정이 오히려 내란을 촉발하는 계기가 될 수도 있다."	문형배 헌법재판소장 권한대행의 트위터 글 전문은 〈굳이 분류하자면 우리법연구회 내부에서 제가 제일 왼쪽에 자리잡고 있을 것입니다. 그런데 친구들과 이야기 해보면 제가 참 보수적이거든요. 문제는 좌, 우를 나누는 잣대조차 불분명하다는 것입니다.〉라는 내용으로 알려져 있다. 이러한 내용이 현재 진행 중인 탄핵심판의 공정성에 논란을 일으킬 만큼 부적절한 언행이라고 보기는 어렵다. 또한 이미선 재판관의 동생이나 정계선 재판관의 남편이 피청구인 탄핵 운동의 선봉에 서서 활동했다는 근거가 박약할 뿐만 아니라 탄핵심판의 변론이나 재판에 관여하지 않는 그들의 정치적 성향을 탄핵심판의 공정성과 직접적으로 연계시킬 만한 근거 또한 없다.

	위범하다는 주장*	팩트체크
11. "박근혜 탄핵 때 17차례 변론, 尹 8차 변론으로 마무리는 안 될 말" 주장에 대하여	허 교수는 헌재 탄핵심판의 열 번째 문제는 박근혜 대통령 탄핵 때 17차까지 진행했던 변론을 8차 변론으로 서둘러 끝내려는 것이라고 지적했다. "지금 헌재의 탄핵심판이 얼마나 졸속으로 진행됐나. 앞서 말씀드린 것처럼 홍장원 메모의 필적 감정이라든지, 피소추인 측에서 신청한 증인들을 다 불러서 내란 혐의가 있었는지 국헌문란 행위가 있었는지 하나하나 따져봐야 되지 않겠나. 그런 것을 다 무시하고 그냥 8차에서 변론을 끝내려 한다면 이거야말로 졸속 재판이고, 대단히 불공정한 재판이다. 결과를 받아들이지 못하겠다는 비난을 받을 수밖에 없다. 비난으로 끝날 문제가 아니라 헌재 결정을 수용하지 못하는 국민이 다수일 경우 우리나라는 더 큰 혼란에 빠질 가능성이 있다."	8차에서 변론을 끝내려 한다면 졸속 재판이고, 대단히 불공정한 재판이라고 주장한다. 그러나 헌법재판소는 2025.2.25. 오후 2시 제11차 변론기일을 진행한 뒤 당일 변론을 종결하였다. 헌법재판소법 제36조 제1항은 "재판부가 심리를 마쳤을 때에는 종국결정을 한다."고 규정하고 있다. 재판부가 11차에 걸친 변론을 통해 필요한 심리를 마쳤다고 판단하면 변론을 종결하고 종국결정을 하는 것이 법에 맞는 절차이다. 무엇보다, 변론의 실질적 내용을 따지지 않고 변론의 횟수만을 형식적·기계적으로 비교하여 졸속, 불공정 운운하는 것 자체가 타당하지 않다. 이번 사건에서 헌재는 다수의 변론기일을 하루 종일 진행하는 듯 집중심리함으로써, 실질적으로는 훨씬 더 많은 횟수의 변론 기일을 진행한 것이나 마찬가지로 보아야 할 것이다.
12. "탄핵심판이 내란을 부추길 수 있다"는 주장에 대하여	"내가 밝힌 10가지 이유로 헌법재판소가 지금 이대로 탄핵심판을 종결하려 했다가는 헌재 탄핵심판 결정이 오히려 국민 폭동을 촉발할 것 같다. 10가지가 넘는 이런 불공정하고 졸속으로 진행된 탄핵심판을 우리 국민이 용납하겠는가." "지금 전국에 모인 탄핵 반대 집회 인원 규모를 보라. 서울뿐 아니라 부산, 대구는 물론 2030 젊은이들까지 가세하고 있다. 대학가에서도 탄핵 반대, 헌재 졸속 재판에 대한 비판 움직임이 생기고 있다. 이런 상황에 헌재가 충분한 변론 기회도 주지 않고 만약 대통령을 파면한다고 하면 어떤 상황이 생기겠나. 헌법재판소가 완전히 가루가 돼서 없어질 수도 있는 상황이다."	탄핵심판과 그 결과로서 인용 내지 기각결정에 대하여 찬반의 의견을 밝히는 것은 표현의 자유로 보호될 수 있다. 같은 이유로, 집회·시위를 하는 경우에도 법을 위반하지 않는 한 기본권으로 보호되는 것이 당연하다. 이러한 법적 판단과 무관하게 법을 공부한 사람들이 국민폭동이 촉발될 수 있다느니, 헌재가 완전히 가루가 돼서 없어질 수도 있다는 식으로, 사법권독립의 최후보루인 최고 사법기관을 겁박하고 일부 과격한 국민들을 선동하는 것은 법치주의를 정면으로 부인하는 발언으로서, 도덕적으로 비난받아 마땅하다. 모름지기 법률가 또는 법학자는 일반에게 미치는 영향을 고려하여 언행을 신중하게 해야 할 것이다.

**이하의 '주장' 내용은, 조선일보 2025년 2월 24일자에 게재된 <"실체적 진실 규명 없이 선고? 헌재, 헌법 위에 군림하려 한다" [김윤덕이 만난 사람] 헌법재판소 직격한 헌법학 석학, 허영 경희대 석좌교수>(https://www.chosun.com/opinion/2025/02/24/VTEX6UN7TRCS7GM36DDMEMIHIU/)의 본문을 발췌한 것임.

	주장**	팩트체크
13. 내란죄 철회요구를 헌재가 수용한 것이 위법이라는 주장	"국회 측 김진한 변호사가 '(소송 기간이 길어질 것을 우려해) 탄핵소추 사유에서 내란죄를 빼겠다'고 신청하면서 '그것이 재판부가 저희에게 권유하신 바라고 생각한다'고 말했다. 이는 재판부가 탄핵 사유의 가장 핵심적인 내용을 빼라고 권유했다는 것 아닌가? 내란죄를	위 4. 팩트체크 참조. 탄핵사유에서 내란죄라는 법적 평가를 빼도록 재판부에서 권유한 사실이 없는 것으로 밝혀졌고, 내란죄라는 형사법상의 평가와 무관하게, 헌법상 12.3사태는 쿠데타, 곧 내란에 해당하는 행위이므로 본질에 있어서 달

	주장**	팩트체크
	빼면 안철수 의원 말대로 '사기 탄핵'이다. 내란죄 없이 내란 행위를 어떻게 심판하나?"	라지는 것은 없다. 소추사실의 동일성은 그대로 유지되고 있으므로, 그 행위에 대한 법적 평가를 달리하는 것은 탄핵사유의 변경이 아니다.
14. 헌재가 재판을 졸속으로 진행하였다는 주장	"탄핵심판의 본질은 신속성이 아니다. 헌법이 추구하는 통치권의 기본 원리는 민주적 정당성, 절차적 정당성, 기본권 기속성이다. 특히 국민이 선출한 대통령은 민주적 정당성이 가장 막강한데, 그 파면 여부를 결정하는 재판에서 '임명직' 재판관 8명이 진실을 밝히려는 노력은 하지 않고 졸속으로 진행한 건 지탄받아야 마땅하다. 나라의 안위를 그렇게 걱정한다면 왜 한덕수 권한대행의 탄핵심판을 서둘러 진행하지 않았나?"	국민이 직선한 대통령의 민주적 정당성은 높게 평가되므로, 대통령의 직무가 정지되어 임명직 공무원이 국정을 운영하는 상황은 대의제 민주주의를 운영하는 한국에서는 헌정의 위기일 수밖에 없다. 이 상황을 가능한 한 빨리 종료시켜야 하는 것은 헌법적 요청이다. 헌재 재판관이 탄핵심판을 담당하는 것은 헌법에 의하여 국민이 부여한 권한이다. 한덕수 국무총리도 임명직 공무원이므로, 대통령의 민주적 정당성을 대체할 수 없다.
15. 한덕수 총리 탄핵이 기각되어야 한다는 주장	–한 총리 탄핵은 기각돼야 한다고 보시나? "물론이다. '주석 헌법재판소법'에 따르면 '권한대행자의 탄핵소추 발의 및 의결정족수는 대행되는 공직자의 그것을 기준으로 한다'고 돼 있다. 대통령 권한대행은 대통령에 준하는 정족수, 즉 재적 의원 3분의 2 이상이 찬성해야 탄핵소추할 수 있다는 뜻이다." –민주당은 '저자의 사견'이라는 입장인데. "집필자가 헌법재판소 재판연구관이고, 주석서를 발간한 곳이 헌재 산하 헌법재판연구원이다. 이를 부인하려면 그에 대한 강력한 반론을 제시해야 한다. (의결정족수를 마음대로 결정한) 국회의장에게 의안을 정리할 권한은 있는지 몰라도 헌법을 해석할 권한은 없다."	위 9. 팩트체크 참조. '주석 헌법재판소법'의 내용은 헌법재판소의 유권적인 헌법해석이 아니고, 집필자로 참여한 저자들의 주관적 견해이다. 국회의결에 있어서 정족수 문제는 헌법 또는 법률에 특별한 규정이 없는 한, 일반의결정족수는 헌법 제49조에 따라 재적의원 과반수의 출석과 출석의원 과반수의 찬성에 의한다. 권한대행에 관한 의결정족수 규정은 헌법과 법률 어디에도 없다. 권한대행은 직무를 대리하는 데 불과하고 지위를 대체하는 것이 아니므로, 권한대행에 대한 의결에 있어 정족수는 그의 원 지위에 관한 규정을 따르는 것이 옳다. 따라서 총리의 지위에서 대통령의 권한을 대행하더라도 총리에 해당하는 의결정족수가 적용되는 것이다.
16. '수사 또는 재판 중인 사건의 서류는 송부·촉탁을 금지'한 헌재법 위반이라는 주장	"수사·재판 중인 사건의 서류를 송부·촉탁하지 않도록 하는 건 헌재 심판의 중립성 때문이다. 증인들이 수사기관에서 뭐라고 진술했는지 알게 되면 예단이 생길 것 아닌가. 그런데도 헌재는 수사 기록의 송부·촉탁을 수용했고, 이를 증거로 채택했다." –헌재는 박근혜 대통령 탄핵심판때 선례가 있다고 주장한다. "박근혜 대통령 탄핵심판은 2017년에 있었고, 2020년에 형사소송법이 개정됐다. 개정안의 핵심은 수사기관에서 한 증인의 진술을 피고인이 법정에서 부인하면 이를 증거로 삼을 수 없다는 것이다. 헌법의 대원칙인 무죄 추정의 원칙, 공판 중심주의 때문이다. 더구나 곽종근, 홍장원 등 진술에 의심이 가는 상황이 발생했다. 내란죄 여부를 좌우할 홍장원 메모의 진실, 곽종근 가스라이팅의 진실을 규명하는 대신 재판의 신속성을 위해 수사 기록을 증거로 채택하겠다는 건 언어도단 아닌가."	수사서류의 송부촉탁에 관하여는 위 3. 팩트체크 참조. 2020년 검·경 수사권 조정으로 검찰피의자신문조서의 증거능력이 경찰피의자신문조서와 마찬가지로 법정에서의 동의여부에 따르게 변경되었다. 직접주의 내지 공판중심주의의 원칙이 검찰신문조서에도 적용되게 된 것이다. 그러나 이 전문법칙은 형사소송에서 엄격하게 적용되는데 비하여, 탄핵심판에서는 어느 정도 완화시켜 적용할 수밖에 없다. 따라서 헌재는 진정성립과 특신상태 등을 엄밀하게 추궁하여 해당 조서의 증거채택 여부를 결정하였다. 홍장원 메모, 곽종근 진술 등에 대하여도 헌재는 이러한 태도를 일관성있게 견지하였다.

	주장**	팩트체크
17. 대통령 방어권 보장을 의결한 인권위를 비판한 헌법학자회의의 입장에 대한 비판	"나는 그들이 누구인지 모른다. 헌법학회장이 내 제자인데 그에게 물어보니 금시초문이라고 하더라. 비상계엄 직후 급조된 단체로 보인다." -대통령은 사회적 약자가 아니고 변호인단이 충분히 방어권을 행사하고 있다는 것이 [헌법학자회의]의 주장이다. "그 방어권을 충분히 행사해 체포와 구속을 면한 사람이 이재명 대표 아닌가? 그런데 국민이 뽑은 대통령이 3분의 발언 기회를 달라고 하는데도 헌재가 거부했다. 오죽하면 현직 지검장(이영림 춘천지방검찰청 검사장)이 일제 재판관에 빗대 헌법재판관을 비판했겠나. 나는 그 비유가 결코 과하지 않다고 생각한다."	'헌정회복을 위한 헌법학자회의'는 명칭에서 명백한 것처럼 12.3사태로 발생한 헌정위기를 극복하는데 헌법학자들이 자신들의 전문성을 가지고 기여하고자 자발적으로 모인 단체이다. 12.3사태가 없었다면 헌법학자회의도 없었을 것이다. 피청구인의 직접신문권을 일부제한한 것은 그가 최고위 행정권자일뿐만 아니라 국군통수권자여서 그의 명령을 받아온 증인들이 심리적으로 위축되어 진술을 제대로 하기 어려워하는 정황이 있어 피청구인이 심문하고 싶은 동일한 내용을 적어서 대리인에게 전달하여 대리인이 대신 신문하도록 한 것이어서 소송지휘권 내에서 가능한 합리적 제한이었다. 독립지사 안중근의 재판에서 최후진술의 시간이 90분 정도 부여된 것을 빗대어 비난을 하는 것은, 피청구인에 대하여 최후진술의 시간을 무한대로 부여한 것과 비교하면, 어불성설이 아닐 수 없다. 일제의 탄압으로 전 민족이 피해를 보았음에도 일제의 재판관을 두둔하는 듯한 인상을 주는 발언을 하는 것은 현직 공무원으로서 극히 부적절한 언행이 아닐 수 없다.
18. 내란죄가 성립하지 않는다는 주장	-계엄 직후 한 일간지에 쓴 칼럼에선 '비상계엄 선포는 헌법이 정한 발동 요건을 충족했다고 보기 어렵다'고 하셨다. "그렇다고 해서 내란죄가 성립되는 것은 아니다." -왜 그런가? "비상계엄 선포권은 헌법이 대통령에게 부여한 국가긴급권 중 하나다. 또한 지금이 국가 비상사태에 준하는 상황인지 판단하는 것은 대통령 고유의 권한이다. 대신 국회는 해제 요구권으로 대통령을 견제할 수 있다. 비록 국민 눈높이에 맞지 않는 계엄을 선포했지만 국회의 해제 요구를 대통령이 받아들였으면 그것으로 일단락된 것이다." -국회에 군대를 투입한 것은 치명적이었다는 의견이 많다. "형법상 내란죄는 '고의로 국가 권력을 배제하고, 국헌을 문란하게 할 목적으로 폭동을 일으킨 것'을 구성 요건으로 한다. 그런데 현직 대통령이 국가 권력을 찬탈한다는 게 말이 되나? '국헌 문란'으로 따지면 29번 줄탄핵에 4조가 넘는 예산을 삭감해 국정을 마비시킨 민주당 책임이 더 크다. 폭동의 요소를 갖췄다고도 볼 수 없다. 고작 200명 군인이 무장도 하지 않은 채 동원됐다. 내가 볼 땐 국가긴급권의 과잉 행사인데, 이를 내란죄로 처벌한 사례는 세계 헌정사에 없다."	비상계엄선포 요건은 헌법과 계엄법에 명시된 요건이다. 만약 대통령이 주관적·자의적으로 요건의 충족여부를 판단하는 것으로 충분하다면, 헌법과 법률의 조항은 무의미해질 것이다. 헌법에 규정을 두지 아니하고, 오로지 필요성의 원칙에 입각하여 초헌법적 국가긴급권을 인정하는 나라들과 달리, 한국은 헌법에 반드시 준수해야 될 요건을 규정하는 합헌적 긴급권제도를 두고 있는 것이다. 국민 눈높이는 아무 상관이 없으며, 대통령은 법적 요건을 객관적으로 위반한 데 대한 책임을 져야 한다. 국회의 해제요구가 있으면, 헌법과 계엄법상 대통령은 반드시 지체없이 계엄을 해제하여야 할 의무가 있으므로 대통령의 수용여부는 문제가 되지 않는다. 계엄이 해제되었다 하더라도, 계엄으로 인하여 발생한 모든 법적 책임은 대통령이 져야만 한다. 12.3사태는 현직 대통령의 국가권력 찬탈사건이 아니고, 현직 대통령이 국민주권을 찬탈하려고 시도한 사건이다. 세계 각지에서 발생하고 있는 친위쿠데타의 기본적인 패턴은, 군대를 동원하여 정치적 반대파를 제거하고, 특히 국회를 해산하거나 침탈하여 무력화시킨 후, 국회를 대체하는 입법기구를 만들어 헌법을 자의적으로 개정한 후, 영구집권을 꾀하는 것이다. 12.3사태는 이러한 친위쿠데타의 패턴에 딱 들어맞는 전형적인 사례로 이미 세계학계에서 평가되고 있다. 1992년 페루의 후지모리 대통령의 친위쿠데타가 가지고 있었던

	주장**	팩트체크
		textbook case라는 오명이 한국의 12.3사태에도 그대로 적용되고 있다. 대법원 판례에 따르면, 불법적인 전국비상계엄선포 자체가 이미 폭동이라고 보고 있다. 12.3사태에 동원된 군인과 경찰은 5천 명에 육박하며, 탄약고에서 불출된 실탄만 18만 발에 달한다. 뿐만 아니라, 주동자들의 계획에 따르면 500명에 가까운 정치계, 언론계, 종교계 인사는 물론이고, 사법부의 현직 대법관과 현직 판사들까지도 납치할 예정이었다. 이것은 국가긴급권의 과잉행사가 아니라, 국가긴급권과 전혀 무관하게 국군통수권과 계엄선포권을 오남용하여 헌정질서를 파괴한 내란행위로 볼 수밖에 없다. 계엄을 선포한 쿠데타로 처벌받은 사례는, 전세계적으로 얼마든지 있다. 최근의 사례로, 2022년 계엄을 선포하여 쿠데타를 일으킨 페루의 카스티요 대통령은 계엄 당일 체포되었고, 탄핵의결되어 대통령직에서 쫓겨난 바 있다.
19. 헌재 재판관 임명 절차에 대하여	–헌법재판관을 대통령, 국회, 대법원장이 3:3:3으로 임명하는 현행 제도는 합리적인가? "박정희 시대의 유산이다. 겉으론 공평해 보이지만 독재를 감추려는 명분이었다. 헌재 재판관은 국회 재적의원 3분의 2 이상 찬성을 얻어 중립적인 사람으로 선출해야 한다."	소위 박정희 시대에는, 제3공화국 기간에는 헌법재판권이 대법원에, 1972년 유신쿠데타 이후 제4공화국에서는 헌법위원회에 있었다. 헌법재판소라는 사법형 헌법재판기관이 존재하지 않았으므로, 동일한 평면에서 비교할 수 없다. 헌재 재판관을 의회 3분의 2 의원의 찬성을 얻어서 임명하는 제도는, 독일의 연방헌법재판소 제도이다. 독일의 연방헌법재판소 재판관 임명제도에 대하여도 최근 극우파 정당의 득세로 인하여 그들이 의회 3분의 1 이상을 차지할 경우 헌법재판소 구성이 불가능해질 우려가 있어, 개혁 논의가 최근에 이루어진 바 있다. 헌법재판관의 자격과 선출방식은 개헌사항이고, 차분하게 심사숙고할 문제이다.
20. 국회해산권 도입 등 개헌 필요성에 대한 견해	–개헌 목소리도 높다. "87년 체제의 수명은 다했다. 대통령 결선제, 4년 중임제를 도입해 민주적 정당성을 강화해야 한다. 국회의원의 불체포 특권을 폐지하고, 면책 특권도 제한해야 한다." –일각에선 국회해산권도 주장하던데. "조건부로 도입할 수 있다. 대통령·국무위원 탄핵소추가 헌재에서 기각됐을 경우 대통령이 국회를 해산할 수 있게 하는 것도 한 방법이다."	대통령 결선제, 대통령 4년 중임제, 국회의원의 불체포특권 및 면책특권 등과 관련한 문제는 모든 개혁방안이 장단점이 있으므로, 일도양단적으로 말할 것이 아니고 다양한 가능성을 두고 진지하게 논의하여 합의해야 할 사항이다. 대통령에게 국회해산권을 부여하는 것은 대통령제의 제도본질에 어긋난다. 국회의 수상불신임권 행사에 대하여 수상이 국회해산권을 행사하는 것은 의원내각제를 작동시키는 메커니즘이다. 의원내각제를 하는 영국 같은 경우 탄핵제도가 의미가 없는 것은 불신임제도가 있기 때문이다. 반대로 고정적 연한의 임기가 보장되는 대통령제하에서는 임기 중 무능·무도한 대통령을 직에서 물러나게 할 방법이 없어 탄핵제도가 도입된 것이다.

	주장**	팩트체크
		국회의 탄핵소추에 대하여는 헌재라는 중립적 기관이 최종 판결을 하는 데 비하여, 대통령은 자기 결단으로 국회를 해산할 수 있게 되므로 권력의 균형이 파괴된다. 이는 대통령과 국회간의 권력분립을 핵심으로 하는 대통령제하에서는 채택할 수 없는 것이다.
	-왜 헌법을 연구하게 되셨나? "4·19혁명과 5·16군사쿠데타를 목격하면서 헌법에 눈을 떴다."	4·19혁명으로 탄생한 민주국가를 군화발로 짓밟은 것이 5·16군사쿠데타였다면, 6·10민주항쟁으로 탄생한 민주국가를 군화발로 짓밟은 것이 12.3계엄사태였다.

대통령 윤석열 탄핵사건(2024헌나8)에 대한 '헌정회복을 위한 헌법학자회의' 의견서

2025. 2. 28.

목 차

Ⅰ. 사건의 개요[1)]

피청구인 대통령 윤석열(이하 '피청구인'이라 한다)은 대통령실에서 2024년 12월 3일 22시 23분부터 TV로 생중계된 '긴급 대국민 특별 담화'를 통해 정부의 구성원들에 대한 탄핵을 남발하고 무분별한 예산삭감으로 국정 기능을 마비시키는 야당 등 반국가적 세력에 의한 자유민주체제 전복 시도로부터 대한민국을 수호하기 위해 불가피하다는 이유로 같은 날 22시 28분 전국 일원에 비상계엄을 선포하였습니다.

피청구인은 경찰을 동원하여 국회를 봉쇄하고 무장한 계엄군을 국회 경내로 진입시킴으로써 국회의 계엄해제 요구안 의결을 저지하려고 시도함과 동시에 부정선거 수사를 이유로 경찰과 무장한 계엄군으로 하여금 중앙선거관리위원회 청사 및 관련 시설들을 침입·점거하도록 하는 한편, 우원식 국회의장, 이재명 더불어민주당 대표, 한동훈 국민의 힘 대표, 김명수 전 대법원장 등 국회의원과 정치인, 언론인, 전·현직 법관 등을 체포하도록 지시하였습니다.

피청구인은 이어 국무총리 등에게 비상계엄 상황에서의 대응 및 조치사항을 지시하였습니다. 특히 최상목 경제부총리에게는 "예비비를 조속한 시일 내 충분히 확보해 보고할 것", "국회 관련 각종 자금 완전 차단", "국가비상입법기구 관련 예산 편성" 등이 기재되어 있는 문건을 건네주었습니다.

같은 날 23시부로 '국회와 지방의회, 정당의 정당활동 등 일체의 정치활동을 금지하고 모든 언론·출판을 계엄사의 통제하에 두는 등 총 6개 항으로 구성되고 그 위반자에 대하여는 계엄법에 따라 영장 없이 체포, 구금, 압수수색하고 처단한다는 내용을 담은 계엄사령관 명의의 계엄사령부 포고령 제1호가 배포되었습니다.

---

1) 본 의견서는 국회의 탄핵소추의결서, 피청구인의 의견서, 피청구인에 대한 탄핵심판절차에서 진행된 변론내용에 관한 언론보도, 피청구인을 비롯한 12·3 내란사건의 중요임무종사자들인 김용현 등에 대한 공소장 등을 종합하여 일반평균인의 관점에서 합리적 의심 없이 확인할 수 있는 구체적인 사실관계를 토대로 작성하였음을 밝혀둡니다.

- 1 -

피청구인의 비상계엄 선포 소식을 들은 국회와 국민은 이에 대항하기 위하여 신속히 대처하였습니다. 국회의원들은 비상계엄을 해제하는 요구를 결의하기 위하여 국회의사당으로 향하였고, 시민들은 국회 주변에 집결하였습니다. 시민들과 국회 직원들이 결사적으로 군과 경찰을 저지하는 동안 우원식 국회의장을 포함하여 국회의원들은 국회 담장을 넘는 등 봉쇄를 뚫고 국회 경내로 진입하였습니다. 국회 본회의장으로 들어온 국회의원들은 2024년 12월 4일 01시경 재석 190명 전원의 찬성으로 비상계엄 해제 요구 결의안을 가결하였습니다. 피청구인은 국무회의 의결에 필요한 정족수 충족 필요성을 이유로 비상계엄 해제를 지연하다가 같은 날 05시 40분경 계엄 해제를 발표하였습니다.

더불어민주당 등 야 6당 소속 국회의원 전원을 비롯한 국회의원 191명은 2024년 12월 4일 헌법 제65조 및 국회법 제130조에 의하여 피청구인에 대한 탄핵소추안(의안번호: 2206205)을 발의하였으나 2024년 12월 7일 투표수가 의결정족수에 미달하여 표결불성립으로 피청구인에 대한 탄핵소추안은 폐기되었습니다(제418회 국회 정기회). 2024년 12월 12일 더불어민주당 등 야 6당 소속 국회의원 전원을 비롯한 국회의원 190명에 의해 다시 발의된 피청구인에 대한 탄핵소추안(의안번호: 2206448)은 2024년 12월 14일 16시부터 실시된 표결에서 재적의원 300명 중 재석 300명, 찬성 204표, 반대 85표, 기권 3표, 무효 8표로 가결되었습니다(제419회 국회 임시회).

국회 법제사법위원회 위원장은 소추위원장으로서 같은 날 18시 15분 헌법재판소에 탄핵소추의결서 정본을 제출하여 피청구인에 대한 탄핵심판을 청구하였습니다. 한편, 국회의 탄핵소추의결서 사본이 피청구인에게 전달된 같은 날 19시 24분부터 피청구인의 대통령으로서의 직무가 정지되었습니다.

- 2 -

Ⅱ. 피청구인에 대한 탄핵심판과 관련한 소송법적 쟁점

1. 법제사법위원회 회부가 필수절차인지 여부

가. 쟁점

피청구인에 대한 탄핵소추안은 2024년 12월 12일 발의되어 2024년 12월 13일 본회의에 보고되고 나서 법제사법위원회 회부 없이 2024년 12월 14일에 가결되었습니다. 국회법 제130조 제1항은 "탄핵소추가 발의되었을 때에는 의장은 발의된 후 처음 개의하는 본회의에 보고하고, 본회의는 의결로 법제사법위원회에 회부하여 조사하게 할 수 있다."라고 규정하고, 같은 조 제2항은 "본회의가 제1항에 따라 탄핵소추안을 법제사법위원회에 회부하기로 의결하지 아니한 경우에는 본회의에 보고된 때부터 24시간 이후 72시간 이내에 탄핵소추 여부를 무기명투표로 표결한다. 이 기간 내에 표결하지 아니한 탄핵소추안은 폐기된 것으로 본다."라고 규정합니다.

이를 근거로 피청구인은, 국회가 피청구인에 대한 탄핵소추안을 본회의에 보고만 하고 법제사법위원회에 회부하여 조사절차를 거치지 아니하고 의결한 것이 국회법 제130조 제1항과 제2항을 위반하여 소추절차상 하자가 있다고 합니다. 즉 탄핵소추가 발의되어 본회의에 보고되면 원칙적으로 법제사법위원회에 회부하여 발의된 소추사유 존재 여부에 관하여 사실관계 등을 조사하여 확인하고 그 소추사유의 삭제·추가 등 수정 여부를 결정한 다음, 본회의에 회부하여 의결하도록 하고, 다만 발의된 소추사유를 뒷받침하는 사실관계 등에 관하여 다른 국가기관 등의 결정·판결 등을 확인할 수 있고 소추 대상자에 대하여 신속히 소추하여야 할 특별한 사정이 있으면 예외적으로 법제사법위원회 조사절차를 생략하고 본회의 보고만으로 의결할 수 있다고 합니다. 따라서 피청구인에 대한 탄핵소추절차에서 법제사법위원회에 회부하여 조사하지 않은 것이 위법인지가 문제 됩니다.

- 3 -

나. 법제사법위원회 회부의 임의성

국회가 탄핵소추를 하기 전에 소추사유에 관하여 충분한 조사를 하는 것이 바람직합니다. 그러나 국회의 의사절차에 헌법이나 법률을 명백히 위반한 흠이 없다면 국회의 자율권은 존중되어야 합니다. 국회법 제130조 제1항은 탄핵소추 발의가 있을 때 그 사유 등에 관한 조사 여부를 국회 재량으로 규정합니다. 이것은 탄핵소추안의 법제사법위원회 회부 여부를 국회 의결로 결정하도록 한 것에서 명확하게 드러납니다. 따라서 탄핵소추안의 법제사법위원회 회부 여부는 국회가 자율적으로 결정하며, 이에 관한 심사기준을 헌법과 법률에서 도출할 수 없어서 사법심사를 할 수 없습니다. 국회가 피청구인에 대한 탄핵소추안을 의결한 것에는 탄핵소추안을 법제사법위원회에 회부하지 않는다는 내용이 포함되어 있는 것입니다. 그러므로 국회가 피청구인에 대한 탄핵소추사유에 관하여 별도의 조사를 하지 않고 탄핵소추안을 의결하였다고 하여 그 의결이 헌법이나 법률을 위반한 것은 아닙니다.[2)]

법제사법위원회에의 회부 여부를 국회가 재량으로 결정하는 한 법제사법위원회 조사절차는 필수절차가 아니라서 이를 생략한다고 하여 적법절차원칙 위반이라고 볼 수도 없습니다. 게다가 헌법재판소 판례에 따르면, 국가기관이 국민에 대해서 공권력을 행사할 때 준수하여야 하는 법원칙으로 형성된 적법절차원칙은 국가기관의 위헌·위법 여부를 심사하는 탄핵소추절차에는 직접 적용되지 않습니다.[3)] 국회가 법제사법위원회에 회부하여 조사를 하지 않음으로써 피청구인에 대한 탄핵소추사유를 명확하게 확정하지 못하였다면, 이는 탄핵심판절차에서 심사되어야 할 사항입니다.

---

2) 헌재 2004. 5. 14. 2004헌나1, 판례집 16-1, 609, 629; 헌재 2017. 3. 10. 2016헌나1, 판례집 29-1, 1, 17.
3) 헌재 2017. 3. 10. 2016헌나1, 판례집 29-1, 1, 18-19.

2. 헌법재판소법 제40조에 따른 형사소송에 관한 법령 준용의 의미

가. 쟁점

헌법재판소법 제40조는, 헌법재판소 심판절차에 관하여는 헌법재판소법에 특별한 규정이 있을 때를 제외하고는 헌법재판의 성질에 반하지 아니하는 한도에서 민사소송에 관한 법령을 준용하도록 하면서도, 탄핵심판에서는 형사소송에 관한 법령을 준용하도록 함으로써 형사소송에 관한 법령이 민사소송에 관한 법령에 저촉되면 민사소송에 관한 법령은 준용하지 않는다고 규정합니다. 이를 근거로 피청구인은 탄핵심판절차를 형사소송에 관한 법령에 따라 진행하여야 한다고 주장합니다. 이에 탄핵심판절차에서 형사소송법을 그대로 적용하여, 특히 탄핵소추사유를 특정하는 정도, 그리고 증거능력 및 증명력의 인정 정도의 문제가 검토되어야 합니다.

나. 형사재판이 아닌 탄핵심판

탄핵제도는 일반 사법절차를 따라 책임을 추궁하거나 행정상 징계절차를 따라 징계하기 곤란한 고위공직자나 헌법상 독립한 기관의 신분이 보장된 공직자가 직무집행에서 헌법과 법률을 위반하면, 국회가 소추하여 법적 책임을 묻는 제도입니다. 헌법상 탄핵제도는 탄핵소추와 탄핵심판의 두 절차로 구성되어, 탄핵소추는 국회의 권한이고(헌법 제65조), 탄핵심판은 헌법재판소가 관장합니다(헌법 제111조 제1항). 탄핵심판은 해당 공직자를 파면하는 데 그쳐서 형사처벌도 아니고 직무수행상 무능이나 정치적 실패 혹은 정치적 이유에 따른 책임을 지우는 것도 아닙니다.[4] 이와 같이 탄핵심판은 범죄를

---

4) 김하열, 헌법소송법(제5판), 박영사, 2023, 711쪽; 한수웅/정태호/김하열/정문식, 주석 헌법재판소법, 헌법재판소 헌법재판연구원, 2015, 641쪽(김하열 집필 부분); 허완중, 헌법소송법, 박영사, 2019, 567쪽.

인정하고 형벌을 과하는 절차인 형사소송이 아닙니다(헌법 제65조 제4항, 헌법재판소법 제54조 제1항). 특히 형사소송에는 죄형법정주의라는 엄격한 원칙이 적용되지만, 탄핵심판에는 죄형법정주의가 본래 내용대로 엄격하게 적용되지 않습니다. 이러한 점에서 탄핵심판은 형사소송과 똑같이 엄격한 절차를 따를 수는 없습니다.

다. 형사소송에 관한 법령의 제한적·변형적 적용

헌법재판소법 제40조가 탄핵심판에 형사소송에 관한 법령을 먼저 준용하도록 하는 취지는 ① 피청구인이 공직에서 파면되는 중대한 결과가 초래되고, ② 형사소송절차를 통하여 소추사실을 밝히는 것이 피청구인의 절차적 기본권을 충실히 보장할 수 있다는 점을 고려한 것으로 이해될 수 있습니다.

그러나 이러한 취지는 전면적이고 엄격하게 관철될 수 없고 탄핵심판의 본질에 비추어 제한적·변형적 적용이 불가피합니다. 준용은 어떠한 사항에 대해 해당 법률이나 법률조항이 같은 내용을 중복적으로 규율하게 되면, 이는 불필요하고 번잡하므로 이를 해소하고 법률을 간결하게 할 목적으로 비슷한 다른 사항에 관한 규율을 '의미에 맞게' 적용하도록 하는 입법기술입니다.[5] 따라서 준용은 특정 조항을 그와 성질이 비슷한 규율 대상에 대해서 '그 성질에 따라 다소 수정하여' 적용하도록 하는 것입니다. 즉 준용은 본래 그 의미상 특정 조항을 그대로 적용하도록 하는 것이 아니라 수정·변형하여 적용하라는 것입니다. 그리고 탄핵심판절차는 형사소송절차가 아니므로 탄핵심판절차에 형사소송에 관한 법령을 예외 없이 모두 준용할 수는 없습니다. 그래서 헌법재판소법 제40조는 "헌법재판의 성질에 반하지 아니하는 한도"에서만 형사소송에 관한 법령을 탄핵심판절차에 준용하게 함으로써 준용에 한계를 설정합니다.

---

5) 김현철/남복현/손인혁/허완중, 헌법소송의 특수성과 다른 소송법령의 준용의 범위 및 한계에 대한 검토, 헌법재판소, 2019, 44쪽.

헌법재판소법 제40조에서 다른 소송에 관한 법령을 준용하도록 하면서도 "헌법재판의 성질에 반하지 아니하는 한도"라는 단서를 둔 것은 헌법소송이 다른 소송과 구별되는 독자성이 있음을 인정한 것입니다. 이와 같이 헌법재판소법 제40조는 '헌법재판의 성질에 반하지 아니하는 한도에서'라는 문구를 준용에 추가함으로써 헌법재판소가 헌법재판의 고유성과 특수성에 맞게 탄력적으로 민사소송법 등 다른 소송법령의 규정을 준용하여야 함을 강조합니다. 따라서 '헌법재판의 성질에 반하지 아니하는 한도'란 '다른 절차법 준용이 헌법재판의 고유한 성질을 훼손하지 않는 한도'로 해석할 수 있습니다. 헌법재판소도 이를 다른 절차법 준용이 헌법재판의 고유한 성질을 훼손하지 않는 경우로 이해하고, 이것은 헌법재판소가 구체적·개별적으로 판단한다고 하여 그 의미를 분명히 밝혔습니다.[6)]

이러한 점에 비추어 헌법재판소법 제40조에 따라 형사소송에 관한 법령이 제한 없이 탄핵심판절차에 적용되는 것이 아니라 탄핵심판의 성질에 맞게 수정되어 적용되는 것이고, 탄핵심판의 성질에 어긋나면 형사소송에 관한 법령의 전부나 일부가 준용되지 않을 수도 있습니다. 탄핵심판절차에서 형사소송에 관한 법령의 준용이 배제되거나 제한되어 적용할 법령이 없으면, 헌법재판소 스스로 헌법재판소규칙을 제정하거나 법관법을 형성하여 빈틈을 메울 수 있습니다.

라. 탄핵소추사유의 특정

탄핵소추사유에 해당하는 사실은 구체적으로 특정되어야 합니다. 형사소송법 제254조 제4항에 따르면, 공소사실 기재는 범죄의 시일·장소와 방법을 명시하여 사실을 특정할 수 있도록 하여야 합니다. 공소사실 특정은 공소 제기된 범죄의 성격에 비추어 그 공소 원인이 된 사실을 다른 사실과 구별할 수 있는 정도면 되고, 그 일부가 다소 불명확하더라도 함께 적시된 다른 사

6) 헌재 2014. 2. 27. 2014헌마7, 판례집 26-1상, 310, 317 참조.

항들에 따라서 공소사실이 특정될 수 있어서 피고인의 방어권 행사에 지장이 없으면 됩니다.[7]

탄핵심판에서 탄핵소추사유는 '공무원이 그 직무집행에 있어서 헌법이나 법률을 위배한' 사실이고, 여기서 법률은 형사법에 국한되지 않습니다. 그런데 헌법은 물론 형사법이 아닌 다른 법률은 형사법과 같은 구체성과 명확성이 없는 때가 잦아서, 탄핵소추사유를 형사소송법상 공소사실과 같은 수준으로 특정하기 어렵습니다. 특히 국회는 경찰이나 검찰과 달리 수사권이 없어서 개별 사실을 구체적으로 확정하는 데 한계가 있습니다. 그리고 대법원은 공무원 징계와 관련한 징계사유 특정은 그 대상이 되는 비위사실을 다른 사실과 구별할 정도로 기재하는 것으로 충분하다고 합니다.[8] 이러한 점에 비추어 소추의결서에는 피청구인이 방어권을 행사할 수 있고, 대상 사실을 다른 사실과 명백하게 구분할 수 있을 정도의 구체적 사정이 기재되어 있어서 헌법재판소가 심판대상을 확정할 수 있다면 충분합니다.[9]

마. 엄격한 증명 원칙의 완화

증거능력은 증거가 증명의 자료로 사용될 수 있는 법률상 자격을 말합니다. 엄격한 증명은 법률상 증거능력이 있고 적법한 증거조사를 거친 증거에 따른 증명을 말합니다. 이에 비해서 자유로운 증명은 증거능력을 요구하지 않는 증거에 따른 증명으로 충분합니다.

형사소송에서는 자유심증주의에 따라서 증거의 증명력을 판단합니다(형사소송법 제308조). 자유심증주의는 증거의 증명력을 법관의 자유판단에 따른다는 원칙입니다. 형사재판에서 유죄로 인정하기 위한 심증형성 정도는 합리

7) 대법원 2017. 3. 15. 선고 2016도19659 판결; 이재상/조균석/이창온, 형사소송법(제15판), 박영사, 2023, 327쪽; 이주원, 형사소송법(제3판), 박영사, 2021, 251쪽; 정승환, 형사소송법, 박영사, 2018, 233쪽.
8) 대법원 2005. 3. 24. 선고 2004두14380 판결.
9) 헌재 2017. 3. 10. 2016헌나1, 판례집 29-1, 1, 15.

적인 의심을 할 여지가 없을 정도여야 합니다. 이는 모든 가능한 의심을 배제할 정도를 요구하는 것은 아니며, 증명력이 있는 것으로 인정되는 증거를 합리적인 근거가 없는 의심을 일으켜 배척하는 것은 자유심증주의의 한계를 벗어나는 것으로 허용할 수 없습니다. 이때 합리적 의심은 모든 의문·불신을 포함하는 것이 아니라 논리와 경험칙에 근거하여 요증사실과 양립할 수 없는 사실의 개연성에 대한 합리성 있는 의문을 뜻합니다. 단순히 관념적인 의심이나 추상적인 가능성에 기초한 의심은 합리적 의심에 포함되지 않습니다.[10)]

탄핵심판은 형사소송이 아니라 특별한 징계절차로서 헌법이나 법률 위반을 밝혀서 피청구인이 해당 공직에 적합하지 않음을 확인하는 것에 그칩니다. 이러한 점에서 탄핵결정은 형벌과 질적인 차이가 있을 뿐 아니라, 그 제약 정도도 형벌보다 크다고 보기 어렵습니다. 게다가 탄핵심판은 형사소송과 분리되어 형사소송에 영향을 주거나 영향을 받지 않을 뿐 아니라, 탄핵결정이 형사처벌을 면하게 하지도 않습니다. 특히 탄핵심판에서 청구인인 국회나 피청구인인 공직자는 모두 국가기관으로서 대등한 관계에 있어서 피청구인의 이익을 우선할 이유가 없습니다. 따라서 청구인의 탄핵소추사유가 설득력 있게 증명되었는지가 탄핵심판에서 관건입니다. 이러한 점에 비추어 탄핵심판에 자유심증주의가 적용되더라도 형사소송과 마찬가지로 합리적 의심을 배제할 정도의 엄격한 증명 정도를 요구한다고 볼 수도 없습니다.

이러한 점들을 고려하면, 먼저 소추사실을 증명하는 일관된 기준을 설정하기 어렵다는 점에 비추어 엄격한 증명, 즉 법률에 따라 증거능력 있는 증거에 의하여 법률이 정한 증거조사 방식에 따른 증명이 필요한 것이 아니라 자유로운 증명으로 충분합니다. 따라서 증거가 헌법재판소에 제출되어야 하지만, 어떤 방법으로 증거조사를 하여야 하는지는 헌법재판소의 재량에 속합니다. 탄핵심판에서는 많은 증거가 기록이나 자료의 형태로 존재하고, 시간제약으로 말미암아 모든 증인을 신문할 수 없습니다. 따라서 피청구인에게

10) 대법원 2014. 5. 16. 선고 2013도14656 판결.

형사소송법에 준하는 반대신문권을 충분히 보장할 수 없고, 형사소송법상 전문법칙도 그대로 적용할 수 없습니다. 그래서 전문증거라도 그 신용성을 충분히 담보할 수 있다면 증거로 사용할 수 있습니다. 그러므로 공적 문서나 재판의 증거로 채택된 것과 같이 특히 신빙할 수 있는 상태에서 작성된 것이고, 위·변조가 아님이 확인된 것이라면 그대로 증거능력과 증명력을 인정하여야 합니다. 또한 소추사실 증명 정도를 범죄사실의 증명과 같은 수준으로 높이는 것은 공직 적격 여부만을 판단하는 탄핵심판의 성질에 적합하지 않습니다. 따라서 소추사실 증명 정도는 민사소송과 마찬가지로 통상인의 일상생활에서 있어 진실하다고 믿고 의심치 않을 정도의 '고도의 개연성'을 증명하는 것으로 충분하다고 보아야 합니다. 즉 경험칙에 비추어 모든 종합증거 그리고 변론 전체의 취지를 검토하여 십중팔구까지는 확실하다는 확신이 서면 소추사실을 인정할 수 있습니다.[11)]

3. 종국결정 선고기간

가. 쟁점

헌법재판소법 제38조는 심판사건을 접수한 날부터 180일 안에 종국결정을 선고하여야 한다고 규정합니다. 이와 관련하여 피청구인은 충분한 심리를 보장받기 위해서 180일의 심판기간이 보장되어야 한다고 주장합니다. 따라서 탄핵심판의 기간을 피청구인의 이익을 위해서 180일까지 충분히 보장하여야 하는지가 문제 됩니다.

11) 이시윤, 민사소송법(제17판), 박영사, 2024, 558-559쪽 참조.

나. 신속한 재판의 보장

헌법재판소법이 심판기간을 180일 이내로 규정한 취지는 신속한 재판을 보장하려는 것입니다. 재판의 신속성은 탄핵소추가 의결되면 피청구인의 권한 행사가 정지되어서 행정작용이나 사법작용에 혼란과 불안을 가져올 우려가 크며, 이를 최소화하여 국정을 안정화하기 위하여 필요합니다. 하지만 이와 더불어 피청구인의 이익을 보호하는 목적도 있습니다. 즉 피청구인의 권한을 행사하지 못하는 상태는 공직자로서 큰 불이익이며, 또 자신의 지위가 불안정한 상태에 놓입니다. 따라서 헌법재판이 신속하게 결정되면 이러한 불안한 상태에서 일찍 벗어날 수 있습니다. 탄핵심판이 기각되면 피청구인은 자신의 권한 정지가 짧게 끝나 당연히 이익입니다. 탄핵심판이 인용되면 해당 직에서 파면되므로 피청구인에게 불이익이라고 볼 수도 있습니다. 그러나 어차피 해당 공직을 유지하더라도 권한 행사가 정지되기 때문에 피청구인에게 이러한 상태의 유지가 의미 있는 이익이라고 보기 어렵습니다. 오히려 이러한 주관적 이익보다 국정의 혼란이나 불안을 제거하는 객관적 이익이 더 큽니다.

다. 헌법재판소법 제38조의 취지 준수 필요성

헌법재판소법 제38조가 제시한 180일은 심판기간의 상한이며, 결국 헌법재판소는 종국결정을 내릴 만큼 심리가 충분히 이루어지면 180일 이전이라도 종국결정을 내려야 합니다. 특히 행정부 수반이자 국가원수인 대통령의 헌법상 지위와 탄핵소추에 따른 대통령 권한 행사 정지로 말미암아 초래될 국정 공백의 중대성에 비추어 심판기간을 180일로 고정하는 것은 바람직하지 않습니다. 헌법재판소는 노무현 대통령 탄핵심판 사건[12)]에서는 63일 만에, 박근혜 대통령 탄핵심판 사건[13)]에서는 92일 만에 종국결정을 선고하여 신속한

12) 헌재 2004. 5. 14. 2004헌나1, 판례집 16-1, 609.
13) 헌재 2017. 3. 10. 2016헌나1, 판례집 29-1, 1.

- 11 -

재판을 보장하고 국정 공백을 최소화하였습니다. 따라서 심판기간은 심리가 진행되는 과정에서 결정될 수 있는 것이지 헌법재판소가 미리 확정해 놓을 수는 없습니다. 그리고 피청구인은 충분한 심리를 보장해달라고 요구하지만, 신속한 재판은 재판청구권(헌법 제27조 제1항)의 일부로서 피청구인 자신의 이익일 뿐 아니라 국정 공백의 최소화라는 공적 측면에서도 요구됩니다. 또한 충분한 심리가 이루어졌는지는 헌법재판소가 스스로 판단할 사항이라서 피청구인이 일정 기간 이상을 심판기간으로 보장해달라고 요구할 수도 없습니다. 피청구인은 심판기간 보장이 아니라 충분한 심리를 해달라고 요구할 수 있을 뿐입니다.

4. 형사소송의 진행과 탄핵심판절차

가. 쟁점

헌법재판소법 제51조는 "피청구인에 대한 탄핵심판 청구와 동일한 사유로 형사소송이 진행되고 있는 경우에는 재판부는 심판절차를 정지할 수 있다." 라고 규정합니다. 이를 근거로 피청구인은 피청구인이 형사사건으로 기소되면 탄핵심판절차를 정지하여야 한다고 주장합니다.

나. 형사소송과 탄핵심판의 독자성

헌법재판소법 제51조에서 동일한 사유는 피청구인과 피고인이 같고, 소추사유와 공소사실의 기본적 사실관계가 같은 것을 뜻합니다.[14] 따라서 공범의

14) 김하열, 앞의 책(주 4), 744-745쪽; 한수웅/정태호/김하열/정문식, 앞의 책(주 4), 689쪽(김하열 집필 부분); 허완중, 앞의 책(주 4), 590-591쪽.

형사소송이 진행되어도 피청구인에 대한 탄핵심판절차는 정지되지 않습니다. 그리고 소추사유 일부에 대한 형사소송이 진행되면 형사소송과 관련된 소추사유에 관한 심판절차만 정지될 수 있습니다.

탄핵심판절차는 형사재판절차나 일반적인 징계절차와 다른 고유한 목적과 기능이 있습니다. 따라서 탄핵심판절차가 형사절차와 대상자가 같고 동일한 사유에 기초하더라도, 그 목적과 효과 측면에서는 완벽하게 다른 별개의 절차라서 서로 독립적으로 진행되어 독자적인 결론에 이를 수 있습니다. 따라서 탄핵심판절차가 개시되어도 형사소송절차의 개시와 진행에 아무런 영향을 미치지 않습니다. 반대로 형사소송절차가 개시되어도 탄핵심판의 개시와 진행에 아무런 영향을 미치지 않습니다. 하지만 동일한 위법사유를 기초로 탄핵심판과 형사소송이 병립하고 이에 관하여 각기 다른 결과가 나온다면 법질서의 통일성이 깨지고 당사자의 신뢰성은 무너질 수 있습니다.

이러한 점을 고려하여 헌법재판소법 제51조를 둔 것입니다. 이는 탄핵심판이 형사소송의 결과에 구속되어야 한다는 것이 아니라, 엄밀한 증거법칙에 따라서 판단되는 형사소송의 결과를 고려할 수 있도록 제도적으로 보장한 것입니다.[15] 헌법재판소법 제51조에는 심판절차의 정지기간과 재개 시기 등에 관한 내용이 없으므로, 탄핵심판절차의 정지 여부와 정지기간, 시기 등은 헌법재판소의 재량사항입니다. 따라서 탄핵절차를 진행하는 헌법재판소는 헌법재판의 보충성, 사안의 성격, 탄핵심판대상자의 지위와 특성, 형사재판의 결과와 탄핵결정 결과의 상관성 등을 종합적으로 고려하여 탄핵심판절차 정지 여부를 결정할 수 있습니다.[16] 그러나 국가원수이며 행정부 수반인 대통령의 헌법상 지위의 중요성과 탄핵소추에 따른 권한 행사의 정지로 말미암아 초래될 국정 공백의 혼란을 고려하면 3심제인 형사소송이 진행되는 기간에 계속 탄핵심판절차를 정지시켜 놓은 채 경과를 마냥 지켜볼 수는 없습니다.

---

15) 한수웅/정태호/김하열/정문식, 앞의 책(주 4), 688쪽(김하열 집필 부분).
16) 한수웅/정태호/김하열/정문식, 앞의 책(주 4), 688쪽(김하열 집필 부분).

형사소송절차에 따른 사실관계 확정이나 다른 절차 또는 기록 등을 고려할 때 헌법재판소가 사실관계를 충분히 확정할 수 있거나 이에 어려움이 없다면 형사소송절차에서 헌법이나 법률의 해석 적용이 탄핵심판절차에 영향을 미칠 수 없어서 탄핵심판절차를 그대로 진행할 수 있습니다. 이러한 점에 비추어 피청구인에 대한 탄핵심판절차에서는 동일한 사유로 형사소송이 진행되더라도 탄핵심판절차를 정지할 수는 없습니다. 오히려 박근혜 대통령에 대한 탄핵심판 사건과 마찬가지로 집중적인 심리를 통하여 피청구인에 대한 탄핵심판절차를 신속하게 진행하여야 합니다.

5. 탄핵소추사유의 동일성

가. 쟁점

청구인인 국회는 탄핵심판에서 형법 위반 여부에 매몰되지 않기 위해서 사건 쟁점으로 내란죄를 다루는 것을 철회한다고 하였습니다. 이에 대해서 피청구인은 탄핵소추사유를 철회하는 것은 국회의 의결 사안이라고 주장합니다. 즉 이번 사건에서 내란죄가 본질적이고 가장 중요한 요소라서 형법상 내란죄가 성립되지 않는다면 탄핵소추 자체가 잘못된 것이며, 내란죄를 빼려면 국회 의결을 거쳐야 한다고 합니다. 따라서 피청구인에 대한 탄핵소추사유에서 내란죄 위반 여부를 제외하려면 반드시 국회 의결을 거쳐야 하는지가 문제 됩니다.

나. 헌법재판소 직권사항인 탄핵소추사유 확정

헌법재판소는 원칙적으로 국회의 소추의결서에 기재된 소추사유에 구속을 받고, 소추의결서에 기재되지 아니한 소추사유를 판단 대상으로 삼을 수 없습니다. 그러나 소추의결서에서 그 위반을 주장하는 '법규정의 판단'에 관하여 헌법재판소는 원칙적으로 구속을 받지 않습니다. 그러므로 청구인이 그 위반을 주장한 법규정 외에 다른 관련 법규정에 근거하여 탄핵 원인이 된 사실관계를 판단할 수 있습니다. 그리고 헌법재판소는 소추사유를 판단할 때 국회의 소추의결서에서 분류된 소추사유 체계에 구속되지 않습니다. 따라서 소추사유를 어떤 연관관계에서 법적으로 고려할 것인지는 전적으로 헌법재판소 판단에 달려있습니다.[17)]

다. 탄핵소추사유 정리 및 재구성의 가능성

탄핵심판이 청구되고 나서도 국회는 탄핵심판 변론 종결 전에는 원래의 탄핵소추 발의·의결과 같은 절차와 방식을 거쳐서 탄핵소추사유를 추가·철회 및 변경할 수 있습니다. 다만, 기존 소추사유와 기본적 사실관계의 동일성이 인정되는 범위에서 형사소송법 제298조를 준용하여 소추위원은 별도의 국회절차 없이 소추사유를 추가·철회 및 변경할 수 있습니다.[18)] 소추위원은 소추사유의 추가·철회 및 변경을 서면으로 신청하여야 합니다(헌법재판소법 제40조, 형사소송법 제298조, 형사소송규칙 제142조).

소추사유는 직무집행에서 헌법·법률 위배가 되는 구체적 사실과 그에 적용되는 법조문을 통일적으로 가리킵니다. 동일사실에 적용되는 법조문을 단순히 추가·철회 또는 변경하는 것은 소추사유의 추가·철회·변경에 해당하지 않습니다.

헌법재판소는 국회가 제시한 탄핵사유를 ① 12·3 비상계엄 선포 행위, ② 계엄포고령 1호 발표 행위, ③ 군·경찰 동원 국회 방해 행위, ④ 영장 없는 중앙선거관리위원회 압수·수색, ⑤ 전·현직 법관에 대한 체포 및 구금 지

17) 헌재 2017. 3. 10. 2016헌나1, 판례집 29-1, 1, 16-17.
18) 헌재 2004. 5. 14. 2004헌나1, 판례집 16-1, 609, 634.

- 15 -

시 등으로 정리하였습니다. 이와 같이 쟁점을 정리하는 것은 헌법재판소 권한에 해당합니다. 내란은 비상계엄 선포 행위로 시작되었고, 계엄포고령 1호 발표와 군·경찰을 동원하여 국회를 방해한 행위, 그리고 영장 없는 중앙선거관리위원회 압수·수색은 구체적인 내란 실행 행위입니다. 그리고 이러한 행위만 인정된다면 내란죄 성립 여부와 상관없이 헌법과 법률 위반은 인정될 수 있습니다. 따라서 내란죄의 성립 여부를 다투지 않는 것은 사실관계를 전혀 바꾸지 않고 같은 사실관계에 적용되는 법조문을 빼는 것에 불과하여 소추사유 철회에 해당하지 않습니다. 따라서 이에 대해서는 형사소송법 제298조를 준용하여 소추위원이 별도의 국회절차 없이 할 수 있습니다. 그리고 이러한 신청을 받아들일지는 전적으로 헌법재판소의 권한이므로, 이에 따라 탄핵소추사유를 정리하거나 재구성하는 것은 헌법과 법률에 따른 헌법재판소의 정당한 권한 행사입니다. 따라서 소추사유에서 내란죄 성립 여부를 빼는 것에는 국회 의결이 요구되지 않습니다.

6. 수사기록의 송부

가. 쟁점

헌법재판소는 경찰·검찰·고위공직자범죄수사처의 수사기록을 확보해 달라는 청구인의 요청을 받아들였습니다. 이에 대해서 피청구인은 “재판·소추 또는 범죄수사가 진행 중인 사건의 기록에 대하여는 송부를 요구할 수 없다.” 라고 규정한 헌법재판소법 제32조 단서를 근거로 반발하였습니다. 따라서 헌법재판소가 경찰·검찰·고위공직자범죄수사처의 수사기록 송부를 요구한 것이 헌법재판소법 제32조 단서에 위반되는지가 문제 됩니다.

나. 헌법재판소법 제32조 단서의 목적

헌법소송은 객관소송으로서 직권탐지주의를 취합니다. 따라서 헌법소송에서도 원칙적으로 변론주의가 적용되지만, 헌법재판소가 필요하다고 인정하면 보충적으로 직권 탐지할 수 있습니다. 헌법소송에서 직권탐지주의가 인정되는 것은 헌법소송은 주관적 권리 보호뿐 아니라 객관적 헌법 보호 기능도 수행하기 때문에 심리에 필요한 증거자료를 당사자에게만 의존하는 것은 불합리하고, 헌법재판소가 직접 증거자료를 수집할 수 있도록 하기 위함입니다. 이에 따라서 헌법재판소법 제32조 본문은 "재판부는 결정으로 다른 국가기관이나 공공단체의 기관에 심판에 필요한 사실을 조회하거나, 기록 송부나 자료 제출을 요구할 수 있다." 라고 규정합니다. 그러나 헌법재판소법 제32조 단서는 "재판·소추 또는 범죄수사가 진행 중인 사건의 기록에 대하여는 송부를 요구할 수 없다." 라고 규정합니다. 이러한 제한을 둔 취지는 '진행 중인' 재판·소추나 범죄수사에 국한하여 규정한 것으로 보아 재판·소추나 범죄수사에 지장을 초래하거나 영향을 끼치는 것을 차단하기 위한 것입니다.[19]

다. 헌법재판소 심판 규칙 제39조 제2항의 합법성

헌법재판소 심판 규칙 제39조 제2항은 "헌법재판소는 헌법재판소법 제32조에 따라 기록의 송부나 자료의 제출을 요구하는 경우로서 국가기관이나 공공단체의 기관이 원본을 제출하기 곤란한 사정이 있으면 그 인증등본을 요구할 수 있다." 라고 규정합니다. 헌법재판소법 제32조 단서의 의미는 재판·소추 또는 범죄수사가 진행 중인 사건의 기록 '원본'에 대한 송부를 요구할 수 없다는 것입니다.[20] 이 경우에 기록 원본에 대한 송부를 요구하면

19) 한수웅/정태호/김하열/정문식, 앞의 책(주 4), 372쪽(김하열 집필 부분); 허완중, 앞의 책, 590쪽.
20) 헌법재판실무제요(제3개정판), 헌법재판소, 2023, 664쪽.

재판·소추 또는 범죄수사가 지연되는 등의 지장을 초래하기 때문입니다. 이러한 해석을 구체화한 것이 헌법재판소 심판 규칙 제39조 제2항입니다. 즉 헌법재판소 심판 규칙 제39조 제2항이 규정한 '국가기관 또는 공공단체의 기관이 원본을 제출하기 곤란한 사정이 있는 때'의 대표적인 예가 진행 중인 재판·소추나 범죄수사의 기록 '원본' 송부를 요구한 때입니다. 따라서 헌법재판소는 진행 중인 재판·소추나 범죄수사 기록의 인증등본은 요구할 수 있습니다. 특히 헌법재판소가 기록 송부를 요구하는 이유는 범죄사실을 확인하려는 것이 아니라 탄핵심판과 관련된 사실관계를 확정하려는 것에 불과합니다. 더하여 형사재판에서는 실체적 진실 확인에 집중하면서도 개인인 피고인의 권리 보장, 즉 기본권 보장에 심혈을 기울이지만, 탄핵심판의 피청구인은 개인이 아닌 공직자로서 기본권 보장 문제는 생기지 않거나 생겨도 부차적 문제에 불과합니다.

이러한 점에서 헌법재판소 심판 규칙 제39조 제2항이 헌법재판소법 제32조 단서에 어긋난다고 볼 수 없습니다. 결론적으로 헌법재판소가 경찰·검찰·고위공직자범죄수사처의 수사기록의 인증등본을 요구하는 것은 헌법재판소법 제32조 단서에 어긋나지 않습니다.

Ⅲ. 피청구인 행위의 위헌 · 위법성

1. 국가긴급권 · 계엄선포권의 본질과 한계 및 사법심사 가능성

가. 국가긴급권의 본질과 한계

헌법재판소가 정의한 바와 같이, 국가긴급권은 전쟁이나 내란, 경제공황 등 국가의 존립이나 헌법질서를 위태롭게 하는 비상사태가 발생한 경우에 국가를 보전하고 헌법질서를 유지하기 위한 헌법보장의 수단입니다.[21] 국가긴급권은 평상시 헌법상의 기관과 수단으로서는 도저히 대처할 수 없는 국가적 위기에 대처하는 예외적 수단을 헌법에 제도화함으로써 헌법질서의 파괴를 예방하는데 그 목적이 있습니다.[22] 초헌법적 국가긴급권의 인정 여부와 국가긴급권의 실정화를 둘러싸고는 법이론적 논란이 있지만, 현대 헌법국가에서 헌법이 국가긴급권을 명문화하는 이유는 긴급사태시에 권력의 집중을 허용하는 대신에 그 발동의 절차, 요건, 통제 등을 미리 규정해 놓음으로써 국가긴급권의 오 · 남용을 방지하기 위함입니다.[23] 이러한 국가긴급권제도의 헌법화 취지에 비추어 볼 때, 국가긴급권에 관한 헌법규정은 엄격하게 해석하여야 하며 함부로 그 해석을 넓히거나 예외를 인정하는 것은 헌법이 국가긴급권을 인정한 근본적인 정신에 반하는 것입니다.[24]

국가긴급권은 비상적인 헌법보호수단이지만, 다른 한편 권력의 집중과 법치주의의 일시적 제한으로 말미암아 입헌주의 그 자체를 파괴할 위험을 내

21) 헌재 1994. 6. 30. 92헌가18, 판례집 6-1, 557, 567.
22) 대법원 1985. 1. 29. 선고 74도3501 전원합의체 판결.
23) 김도창, 국가긴급권론, 청운사, 1972, 22쪽.
24) 대법원 1985. 5. 28. 선고 81도1045 전원합의체 판결. 헌법재판소 또한 "긴급재정경제명령은 평상시의 헌법 질서에 따른 권력행사방법으로서는 대처할 수 없는 중대한 위기상황에 대비하여 헌법이 인정한 비상수단으로서 의회주의 및 권력분립의 원칙에 대한 중대한 침해가 되므로 위 요건은 엄격히 해석되어야 할 것이다." 라고 판시하여 엄격해석원칙을 견지하고 있습니다. 헌재 1996. 2. 29. 93헌마186, 판례집 8-1, 111, 121.

포하고 있습니다. 이 때문에 국가긴급권에는 – 실정헌법이 규정한 절차적·실체적 요건을 준수하는 이외에 – 이른바 내재적 한계가 있습니다. 헌법재판소 또한 국가긴급권은 본질적으로 위기상황의 직접적인 원인을 제거하는데 필수불가결한 최소한도 내에서만 행사되어야 한다는 목적상 한계와 헌법질서에 대한 예외를 허용하는 것이기 때문에 그 본질상 일시적·잠정적으로만 행사되어야 한다는 시간상 한계가 있다고 보았습니다.[25]

역사적으로 국가긴급권은 정치적 목적으로 악용되거나 권력자에 의해 남용되는 예가 적지 않았고, 우리 헌정사에서도 비상계엄이 군사정변을 위한 도구로 활용되거나 권력의 항구화 수단으로 악용된 예들이 있었습니다.[26] 이 때문에 국가긴급권제도의 설계·운용에 있어서는 무엇보다 위헌·위법적인 국가긴급권 발동에 대한 민주적 통제가 중요한 의미를 갖습니다.

저항권 행사에 따른 국민에 의한 직접적 통제가 예외적인 현상이고 보면, 대통령의 국가긴급권 행사에 대한 일차적 통제의 권한과 책임은 대의기관인 국회에 있습니다. 관련하여 대통령은 국회에 보고할 의무가 있고, 승인, 불승인, 해제요구 등 국회의 결정을 존중할 의무도 있습니다.[27] 국회의 실효적인 통제를 위해서는 국회의원들의 집회와 자유로운 의사결정 또한 보장되어야 합니다.[28] 우리 헌법은 긴급재정경제처분·명령과 긴급명령에 대하여는 국회 보고와 승인권을, 계엄에 대하여는 국회 통고와 해제요구권을 각각 규정하고 있습니다(헌법 제76조 제3항·제4항, 제77조 제4항·제5항). 계엄법이 계엄선

25) 헌재 2015. 3. 26. 2014헌가5, 판례집 27-1상, 226, 231.
26) 우리 헌정사에서 1961년 5·16 군사정변 직후 발동된 비상계엄과 1979년 12·12 군사반란에 수반된 1980년 5·17 비상계엄 전국확대조치는 군부의 권력찬탈 목적으로 비상계엄이 활용된 대표적인 예이고, 유신체제 선포와 함께 발동된 1972년 10·17 비상계엄은 일종의 친위쿠데타로서 영구집권 목적으로 활용되었음은 주지의 사실입니다.
27) 우리 헌법은 국가긴급권 발동을 대통령의 '전속적인' 판단에만 맡겨두고 있지 않습니다. 국가긴급사태의 존부와 국가긴급권 발동 필요성에 대한 1차적인 판단권은 대통령에게 있지만, 불승인권과 해제요구권 형식으로 국회에 사후적 심사권을 부여하고 있기 때문입니다. 우리 헌법은 국회로 하여금 대통령의 국가긴급권 발동이 요건을 갖춘 것인지 검토하여 불승인 또는 해제요구를 통해 위헌·위법적 국가긴급권 발동을 견제할 헌법적 권한과 의무를 부과하고 있습니다.
28) 헌법이 불승인이나 해제요구에 대하여 가중다수를 요구하거나, 대통령 소속정당과 국회 다수당이 일치하는 경우가 있을 수 있습니다. 따라서 자유로운 의사결정에는 충실한 자유위임원칙 보장 또한 포함된다고 할 수 있습니다.

포시 대통령의 국회소집 요구와 국회의원의 불체포특권을 별도로 규정하고 있는 취지 또한 같은 맥락에서 이해할 수 있습니다(계엄법 제4조 제2항, 제13조). 여하 한 형식으로든 국가긴급권에 대한 국회의 관여는 국민주권 이념 하에서 운용되는 현대 국가긴급권제도에 내포된 본질적인 요소라고 할 수 있습니다.

나. 계엄선포권의 본질과 한계

우리 헌법과 계엄법에 따르면, 계엄선포권이란 전시·사변 또는 이에 준하는 국가비상사태에 있어서 병력으로써 군사상 필요에 응하거나 공공의 안녕질서를 유지할 필요가 있을 때에 행정권과 사법권의 전부 또는 일부를 군대에 맡기고, 통상의 법률에 의하지 않고 국민의 자유와 권리 일부를 제한할 수 있도록 하는 국가긴급권을 말합니다. 계엄은 로마 공화정기 위임적 독재제도에서 그 기원을 찾을 수 있지만 근대적 계엄제도는 영국법상 계엄령(martial law)과 프랑스법상 계엄상태(state of siege)에 관한 법에서 그 연원을 찾을 수 있습니다. 양자 모두 전쟁 또는 반란시 군대의 조치를 내용으로 하고 있었던 바, 일반적으로 계엄은 비상사태에 대응하여 군대를 동원하여 이를 극복하는 국가긴급권이라고 할 수 있습니다.[29)]

계엄선포권은 비상사태 극복을 위하여 필요한 최소한도 내에서 일시적이고 잠정적으로 행사되어야 하고, 그러한 한도 내에서만 헌법이 이를 용인하고 있습니다. 따라서 그 요건 충족과 관련하여서는 엄격해석의 원칙이 적용됩니다. 다만 계엄의 요건과 내용의 경우 다음과 같은 이유에서 더욱 엄격한 해석을 필요로 합니다. 우선 현행 헌법에서는 유신헌법 하에서 기본권 유린을 위한 수단으로 악용되었던 긴급조치권에 대한 반성으로 유신헌법상 긴급조

29) Clinton Rossiter, Constitutional Dictatorship: Crisis Government in the Modern Democracies, Princeton University Press, 1948, p. 9. 우리 계엄제도는 1878년 프랑스 계엄법과 1851년 프로이센 계엄법을 계수한 1882년 일본제국 계엄령에 그 뿌리를 두고 있는 것으로 알려져 있습니다. 오병헌, 계엄법의 기원과 문제점, 사법행정 제397호, 1994, 61쪽.

- 21 -

치권이나 1980년 헌법상 비상조치권 같은 포괄적인 국가긴급권을 삭제하였습니다. 이러한 헌정사적 결단을 진지하게 고려한다면, 계엄선포권이 과거 긴급조치권이나 비상조치권처럼 운용되는 폐단을 막기 위해서라도 그 요건과 내용은 엄격히 해석되어야 합니다. 아울러 현행 헌법에서는 국군의 정치적 중립성을 특별히 규정하였습니다(헌법 제5조 제2항). 군이 국민의 군대가 아니라 권력을 찬탈하거나 권력을 유지하는 수단으로 동원되었던 불행한 헌정사에 대한 반성으로 규정된 것이며, 군을 국가의 안전보장과 국토방위의 신성한 의무를 수행하는 것을 넘어 정치적 목적으로 무단히 동원하는 것을 방지하기 위해서라도 계엄선포권은 엄격하게 해석되어야 합니다.

이와 같은 엄격해석의 원칙 하에서 계엄은 전쟁 또는 사변으로 인하여 국가의 존립이나 헌법질서 유지에 위해가 될 만큼 극도로 사회질서가 혼란해진 상태 등이 현실적으로 발생하여 경찰력만으로는 도저히 그와 같은 비상사태의 수습이 불가능하고, 군병력을 동원하여 그러한 상황을 조래한 직접적인 원인을 제거하는 것이 필요한 경우에만 선포될 수 있습니다. 이러한 필요가 없는데도 군병력을 다른 정치적 목적을 추구하기 위한 수단으로 사용하는 것은 그 자체로 계엄제도의 본질에 반하는 것으로서 허용되지 않습니다. 따라서 정상적인 헌법질서 하에서 통상의 국가기관에 의해 비상사태가 충분히 해결될 수 있는 경우에는 - 비록 다소간의 정치적 혼란과 헌법기관의 기능부전을 뜻하는 이른바 헌법장애상태가 있다고 하더라도 - 계엄을 발동하는 요건을 충족시키지 못합니다. 또한 현행 헌법상 계엄이 가장 강력한 국가긴급권이라는 점에 비추어 볼 때, 긴급재정경제처분·명령권 같은 다른 국가긴급권으로 그 목적을 달성할 수 있는 경우에도 계엄권 선포는 허용되지 않는다고 할 것입니다.

긴급재정경제처분·명령권이나 긴급명령권과 마찬가지로 계엄선포에 대한 국회의 관여 또한 계엄제도의 본질적 요소라고 할 수 있습니다. 현행 헌법과 달리 제헌 헌법 제64조는 "대통령은 법률의 정하는 바에 의하여 계엄을 선포한다."라고만 규정하여 계엄선포에 대한 국회의 관여권을 명시하지 않았습니다. 그러나 1949년 11월 24일 제정된 계엄법은 국회에 대한 통고와 국회의 해제요구권을 규정함과 동시에 계엄선포시 국회의원의 불체포특권과 국회 폐회 중 대통령의 국회소집 요구를 명문화함으로써 헌법이 위임한 바에 따라 국회 스스로 통제권을 명문화하였습니다. 이러한 계엄법의 내용 중 일부가 1962년 제5차 개정헌법에 반영되어 헌법으로 승격된 이래 현행 헌법에 이르고 있습니다. 계엄선포권이 군사정변이나 권위주의정권의 연장 수단으로 오·남용되어온 우리 헌정사의 굴곡과는 달리 우리 계엄제도의 출발은 의회주의에 입각하여 국민 대표기관인 국회의 폭넓은 통제권을 보장하고자 하는 것입니다.[30]

다. 국가긴급권과 사법심사

(1) 이른바 통치행위론

피청구인은 계엄선포권은 대통령의 고유한 권한에 해당하기 때문에 이른바 통치행위로서 그에 대한 사법심사는 허용되지 않는다고 주장합니다. 통치행위는 고도의 정치적 결단에 의한 국가행위로서 사법적 심사의 대상으로 삼

30) 1949년 계엄법 제정 전 발동된 1948년 여순 사건과 제주 4·3 사건 계엄령의 경우 구 일본제국 계엄령이 의용되었던 바, 그에 대한 부정적 경험으로부터 촉발되었던 국회의원들의 신분보장과 국회 통제 필요성에 대한 논의가 계엄법 제정과정에서 중요한 쟁점으로 부각되었습니다. 국회 논의과정에서 국민의 기본권 보장 필요성과 국민 대표기관으로서 국회의 역할이 특히 강조되었습니다. 대통령의 독자적 계엄선포론과 국회 계엄선포 승인론 간 대립이 있었으나 절충으로서 국회 통고와 해제요구권 도입으로 귀결되었고, 국회의원 신분보장 필요성에 대한 주장이 관철되어 불체포특권이 규정되기에 이르렀습니다. 불체포특권의 경우 국회의원 불체포특권 규정과 중복이라는 이유에서 반대 견해가 있었으나, 대통령의 국회해산권이 인정되지 않음에도 불구하고 "계엄령을 선포하는 가운데에 국회의원을 적당하게 어디다가 처치해버리면" 사실상 국회가 해산될 수 있고, 국회 개회 전이나 폐회 중 국회의원을 보호할 필요성이 있다는 박찬현 의원의 주장 등이 받아들여져 도입되었습니다. 우리 계엄법이 메이지헌법하 군국주의 계엄령에 그 뿌리를 두고 있음에도 불구하고, 국회 논의과정에서 비교적 상세한 국회 통제권 조항이 추가된 것은 여순 사건과 제주 4·3 사건을 통해 경험한 계엄에 대한 부정적 인식이 작용한 결과라고 할 수 있습니다. 김무용, 한국 계엄령 제도의 역사적 기원과 변천, 선인, 2015. 69쪽 이하 참조.

- 23 -

기에 적절하지 못한 행위라고 일반적으로 정의되고 있습니다.[31] 헌법재판소와 대법원은 이와 같은 통치행위 관념을 인정하면서도 아래에서 살펴보는 바와 같이 국가긴급권의 경우 사법심사의 대상이 될 수 있다는 점을 명확히 밝혀왔습니다.

헌법재판소는 대통령의 긴급재정경제명령은 국가긴급권으로서 대통령의 고도의 정치적 결단을 요하고 되도록 그 결단이 존중되어야 한다고 보면서도, 국가작용의 기본권 구속성과 헌법재판소의 헌법수호의무를 근거로 그것이 국민의 기본권 침해와 직접 관련되는 경우에는 헌법심사의 대상이 될 수 있다고 판단했습니다.[32] 같은 결정에서 헌법재판소는 긴급재정경제명령을 발할 수 있는 중대한 재정경제상 위기상황의 유무에 관한 제1차적 판단은 대통령의 재량에 속하지만, 그렇다고 하더라도 그것이 자유재량이라거나 객관적으로 긴급한 상황이 아닌 경우라도 주관적 확신만으로 좋다는 의미는 아니므로 객관적으로 대통령의 판단을 정당화할 수 있을 정도의 위기상황이 존재하여야 한다고 보았습니다. 다만 헌법재판소는 긴급재정경제명령의 필요성과 관련하여서는 대통령의 판단이 현저히 비합리적이고 자의적인 것이 아닌 이상 존중되어야 한다고 보았습니다.[33] 동 결정은 기본권 침해를 구제하는 헌법소원심판의 본질과 헌법재판의 기능적 특성을 종합적으로 고려하여 사법심사 가능성을 긍정하고 있는 것으로 해석할 수 있습니다. 본안심사에서 심사밀도와 관련하여 상황 요건은 엄격하게 판단하면서도 - 상황요건 충족을 전제로 하는 - 필요성 요건 판단에서는 일정 정도 사법적 자제를 보여주고 있는 점도 동 결정의 특징이라고 할 수 있습니다.[34] 한편 헌법재판소는 외국

---

31) 헌재 1996. 2. 29. 93헌마186, 판례집 8-1, 111, 115.

32) 헌재 1996. 2. 29. 93헌마186, 판례집 8-1, 111, 115-116: "고도의 정치적 결단에 의한 행위로서 그 결단을 존중하여야 할 필요성이 있는 행위라는 의미에서 이른바 통치행위의 개념을 인정할 수 있고, 대통령의 긴급재정경제명령은 … 국가긴급권으로서 대통령이 고도의 정치적 결단을 요하고 가급적 그 결단이 존중되어야 할 것(이다). … 그러나 이른바 통치행위를 포함하여 모든 국가작용은 국민의 기본권적 가치를 실현하기 위한 수단이라는 한계를 반드시 지켜야 하는 것이고, 헌법재판소는 헌법의 수호와 국민의 기본권 보장을 사명으로 하는 국가기관이므로 비록 고도의 정치적 결단에 의하여 행해지는 국가작용이라고 할지라도 그것이 국민의 기본권 침해와 직접 관련되는 경우에는 당연히 헌법재판소의 심판대상이 될 수 있는 것(이다)."

33) 헌재 1996. 2. 29. 93헌마186, 판례집 8-1, 111, 120, 123.

에의 국군파견결정 사건에서 고도의 정치적 결단이라는 이유로 사법심사를 자제한 바 있습니다.[35] 그러나 동 결정은 '헌법과 법률이 정한 절차를 준수한' 고도의 정치적 결단행위인 경우에 그 '정책상 재량판단'을 존중할 수 있다는 취지로서, 대통령의 위헌·위법적인 국가긴급권 행사가 핵심 쟁점인 이 사건에 원용될 수 있는 성질의 것이 아닙니다.

종래 대법원은 국가긴급권 발동 그 자체에 대한 사법심사 가능성을 원칙적으로 부정하면서 예외적으로 인정하는 입장을 보여왔습니다. 대법원은 비상계엄 선포가 무효라는 이유로 군법회의에 재판관할권이 없음을 다툰 사건에서 최초로 통치행위에 대한 사법심사 가능성을 검토한 바 있습니다. 이 사건에서 대법원은 비상계엄의 선포는 고도의 정치적·군사적 성격을 갖는 행위라 할 것이므로 그것이 누구나 일견하여 헌법이나 법률에 위반되는 것으로 명백하게 인정될 수 있는 경우라면 몰라도 그러하지 아니한 이상 당연무효라고 단정할 수 없다고 판단한 바 있습니다.[36] 동 재결은 일본 최고재판소의 1957년 *砂川事件* 판결[37]을 수용한 것으로서, 여기서 정립된 '일견 명백한 헌법·법률 위반시 무효 법리'는 다소간 변형을 거치면서 권위주의 군사정권하에서 통치행위에 대한 대법원 판례의 기초를 형성하였습니다.[38]

그러나 대법원은 5·18 내란 사건에서 '일견 명백한 헌법·법률 위반시

---

34) 유신헌법하에서 발령된 긴급조치의 위헌성이 다투어진 사건에서도 헌법재판소는 유신헌법이 "긴급조치는 사법심사의 대상이 되지 아니한다."라고 규정하고 있었음에도 불구하고, 현행헌법하에서 그것이 사법심사의 대상이 된다는 점을 분명히 하였습니다. 나아가 헌법재판소는 "당시 유신헌법에 반대하는 국민이 유신헌법에 대한 비판적 의사표시나 개헌을 위한 적극적인 의견제시 등을 특정 시기에 집약적이고 집합적으로 표출하고 있었다 하더라도, 이를 긴급조치와 같은 국가긴급권으로서 대처하여야 할 국가적 비상상황이라고 보기도 어렵다."라고 하여 상황요건을 충족하지 못한 긴급조치 발령 그 자체가 위헌적인 것이었음을 판단하였습니다. 헌재 2013. 3. 21. 2010헌바132등, 판례집 25-1, 180, 195, 199.

35) 헌재 2004. 4. 29. 2003헌마814, 판례집 16-1, 601, 607: "이 사건 파견결정은 그 성격상 국방 및 외교에 관련된 고도의 정치적 결단을 요하는 문제로서, 헌법과 법률이 정한 절차를 지켜 이루어진 것임이 명백하므로, 대통령과 국회의 판단은 존중되어야 하고 우리 재판소가 사법적 기준만으로 이를 심판하는 것은 자제되어야 한다."

36) 대법원 1964. 7. 21.자 64초4 재정.

37) 最高裁 昭和34年12月16日 大法廷判決, 刑集第13巻13号3225頁.

38) 대법원 1964. 7. 21.자 64초3, 64초4, 64초6 각 재정; 1979. 12. 7.자 79초70 재정; 대법원 1981. 1. 23. 선고 80도2756 판결 등 참조.

무효 법리'를 언급하면서도 "비상계엄의 선포나 확대가 국헌문란의 목적을 달성하기 위하여 행하여진 경우에는 법원은 그 자체가 범죄행위에 해당하는지의 여부에 관하여 심사할 수 있다."라고 하여 비상계엄선포 행위가 사법심사의 대상임을 인정하였습니다.[39] 나아가 대법원은 긴급조치로 인해 처벌받은 사람의 재심사건에서 '일견 명백한 헌법·법률 위반시 무효 법리'를 언급하지 않고 "법치주의의 원칙상 통치행위라 하더라도 헌법과 법률에 근거하여야 하고 그에 위배되어서는 아니된다."는 전제하에 긴급조치권의 실체적 발동요건 충족 여부를 판단한 후, 그에 기초하여 긴급조치의 위헌무효를 선언한 바 있습니다.[40] 이러한 대법원의 태도는 유신헌법하에서 발령된 계엄포고로 인해 처벌받은 사람의 재심사건에서도 그대로 유지되고 있습니다.[41] 5·18 내란 사건 이후 대법원 판례의 일관된 흐름은 실체적 발동요건을 흠결한 국가긴급권 발동에 대한 사법심사를 하여 그 위헌·위법 여부를 판단하고 그에 기초하여 개별적인 조치의 위헌·위법 여부를 판단하는 것입니다.

이상 살펴본 우리 최고재판소들의 선례 법리에 비추어 볼 때, 대통령이 발동한 비상계엄이 헌법과 법률이 정한 요건을 갖추었는지, 그리하여 그러한 행위가 탄핵사유에 해당하는지 여부에 대한 판단이 사법심사의 대상이 된다는 점은 명백합니다. 입헌주의는 어떠한 국가행위나 국가작용도 헌법과 법률에 근거하여 그 테두리 안에서 합헌적·합법적으로 행하여질 것을 요구합니다. 국가행위 중에는 고도의 정치성을 띤 것이 있을 수 있고, 설령 그와 같은 통치행위 관념을 인정한다고 하더라도 사법심사의 자제에 대해서는 기본

39) 대법원 1997. 4. 17. 선고 96도3376 전원합의체 판결: "대통령의 비상계엄의 선포나 확대 행위는 고도의 정치적·군사적 성격을 지니고 있는 행위라 할 것이므로, 그것이 누구에게도 일견하여 헌법이나 법률에 위반되는 것으로서 명백하게 인정될 수 있는 등 특별한 사정이 있는 경우라면 몰라도, 그러하지 아니한 이상 그 계엄선포의 요건 구비 여부나 선포의 당·부당을 판단할 권한이 사법부에는 없다고 할 것이나, 이 사건과 같이 비상계엄의 선포나 확대가 국헌문란의 목적을 달성하기 위하여 행하여진 경우에는 법원은 그 자체가 범죄행위에 해당하는지의 여부에 관하여 심사할 수 있다."

40) 대법원 2010. 12. 16. 선고 2010도5986 전원합의체 판결.

41) 대법원 2018. 11. 29. 선고 2016도14781 판결.

권을 보장하고 법치주의 이념을 구현하여야 할 사법부의 책무를 포기하는 일이 없도록 지극히 신중하여야 할 것입니다.[42] 헌법재판소는 대통령에 대한 탄핵제도는 "누구든지 법 아래에 있고, 아무리 강한 국가권력의 소유자라도 법 위에 있지 않다는 법의 지배 내지 법치국가원리를 구현하고자 하는 것"이라고 판시한 바 있습니다.[43] 이와 같은 법치주의의 실현 기제로서 탄핵제도의 본질과 파괴된 입헌주의를 복원하도록 헌법재판소에 부여된 헌법수호자로서 지위에 비추어 볼 때, 탄핵심판에서 비상계엄권 발동이 헌법과 법률을 준수한 것인지를 판단하는 것은 헌법재판소의 당연한 권한인 동시에 책무입니다.

민주화 이후 우리 사법부는 대통령을 포함한 공직자들은 국민의 공복(公僕)이며, 그들이 헌법과 법률을 위반하여 국민을 배신하였다면 당연히 탄핵과 처벌의 대상이 된다는 법리를 발전시켜 왔습니다. 이는 또한 법치주의가 유린되었던 우리 헌정사의 굴곡을 바로잡는 지난한 과정이기도 하였습니다. 그 과정에서 우리 입헌민주주의는 공고해졌으며, 아무리 대통령이라 하더라도 헌법과 법률 위에 군림할 수 없고 그에 대한 책임을 통치행위라는 미명으로 면제받을 수 없습니다.

변론을 통해 피청구인측은 헌법과 법률에 위반한 비상계엄선포 행위가 국민을 계몽하기 위한 것이었고, 통치행위로서 대통령의 고유한 권한 행사이므로 사법심사의 대상이 되지 않는다고 강변하고 있습니다. 이러한 주장의 밑바탕에는 헌법과 법률을 초월하여 '국민 위에 군림하는 통치자'라는 그릇된 인식이 자리잡고 있습니다. 헌법재판소는 이 사건 탄핵심판을 통해 대한민국의 주권자는 국민이고, 대통령은 통치자가 아닌 국민의 공복에 불과하며, 대통령이 헌법과 법률을 어길 경우 그 직에서 파면된다는 지극히 상식적인 입헌주의의 기초를 재확인하여야 할 것입니다.[44]

---

42) 대법원 2004. 3. 26. 선고 2003도7878 판결.
43) 헌재 2004. 5. 14. 2004헌나1, 판례집 16-1, 609, 633.
44) 지방자치단체장 선거일 불공고 사건에서 제시된 변정수 재판관의 다음과 같은 반대의견은 헌법과 법률을 위반하고도 통치행위론을 구실삼아 그 정당성을 강변하는 피청구인에게도 해당하는 일갈(一喝)이라고 하겠습니다. "30년간의 군사정부, 권위주의 체제를 겪어 오면서 대통령은 국민

- 27 -

(2) 미국 연방대법원의 판례와 비상계엄선포에 대한 사법심사 관련성

피청구인은 비상계엄선포권은 대통령의 전속적인 권한에 해당하고, 최근 트럼프의 대통령 재직 중 범죄행위에 대하여 형사소추를 면제한 미국 연방대법원의 판례 법리에 원용하여[45] 비상계엄선포 행위에 대한 사법심사는 허용되지 않는다고 주장합니다. 그러나 이러한 주장은 미국 연방대법원 판례 법리에 대한 그릇된 이해이며, 우리 헌법해석론으로는 도저히 수용할 수 없는 부당한 것입니다.

첫째, 트럼프 판결은 헌법재판에 관한 것이 아니고 전직 대통령이 재직 중 범한 범죄에 대한 형사소추면제에 관한 것입니다. 현직 대통령이 범죄를 범하는 경우 미국 연방헌법상으로도 그러한 범죄행위는 당연히 하원의 탄핵소추와 상원의 탄핵심판의 대상이 될 수 있습니다. 둘째, 미국 연방헌법에는 대통령의 재직 중 범죄행위에 대하여 형사소추를 면제하는 조항이 없습니다. 이러한 상황하에서 미연방대법원은 엄격한 삼권분립론에 기초하여 해석상 대통령의 형사소추면제 법리를 구성하고 있습니다. 이에 반해 우리 헌법은 제84조에 대통령의 형사불소추특권에 관하여 규정을 두고 있는 바, 대통령의 형사소추면제 범위는 헌법 제84조 해석론으로 귀결될 뿐입니다. 셋째, 설령

의 공복이 아니라 최고 통치권자라는 그릇된 인식이 굳어져 대통령이 법을 무시하고 함부로 권력을 행사하더라도 대수롭지 않게 생각하고 오히려 이를 정당화시키려고만 하는 사회풍조가 있으므로 이 사건에서 이 나라의 주인은 국민이라는 것, 대통령은 소위 통치권자가 아니라 국민의 머슴이며 국민이 만든 헌법과 법을 반드시 지켜야 하고 만약 그것을 어기면 탄핵을 받게 된다는 것 등 극히 초보적이며 중요한 민주주의 헌법원리를 천명함으로써 그릇된 인식과 사회풍조를 없애고 민주주의, 법치주의의 최고이념을 선양(宣揚)(할) … 절실한 필요성이 있다. 특히 …아무리 고도의 정치적 행위라도 헌법질서에 반하는 행위, 국민의 기본권을 침해하는 행위는 헌법재판의 대상에서 제외될 수 없다는 것을 분명히 밝혀 둘 필요가 있다. 그렇지 아니하면 대통령이 통치행위라는 이름 아래 언제 또 다시 법치주의를 무시하는 행동을 자행할는지 모르며 역대 대통령의 그 동안의 권위주의적 행적이나 이 사건에서의 피청구인의 대응자세(실정법을 어겼으면서도 잘못이 아니라고 강변하는)로 보아 그러한 가능성은 충분히 예견되고도 남는다." 헌재 1994. 8. 31. 92헌마126, 판례집 6-2, 176, 220-222, 재판관 변정수의 반대의견.

45) Trump v. United States, 603 U.S. 593 (2024).

- 그 자체 허용될 수 없는 무리한 입론이지만 - 트럼프 판결이 대통령의 재직 중 행위에 대한 사법심사 일반에 대한 면제 법리로 확대 적용되더라도 위헌·위법적인 대통령의 비상계엄선포 행위는 사법심사에서 면제될 수 없습니다. 우리 헌법상 비상계엄선포는 대통령의 전속적이고 배타적인 권한이라기보다는 국회의 협력과 통제를 예정하고 있는 제한된 권한이기 때문입니다. 미국 연방대법원 판례 법리에 따르더라도 대통령의 비상계엄선포는 '절대적(absolute)' 면책대상이 되는 것이 아니고, 검사측에서 대통령의 행위에 대한 형사소추가 "행정부의 권한과 기능을 침해할 위험이 없다는 점"에 대하여 입증하면 허용되는 이른바 '추정적(presumptive)' 면책대상에 불과합니다.

이와 같은 법리에 대한 오해를 차치하더라도 트럼프 판결은 우리 헌법해석론에는 도저히 수용할 수 없는 부당한 것입니다. 법치주의에 따라 대통령의 국법상 행위라고 할지라도 헌법과 법률을 위반한 점이 있다면 당연히 사법심사를 통한 탄핵이나 처벌의 대상이 되어야 합니다. 트럼프 판결의 반대의견에서 소토마요르 대법관은 대통령에 대한 과도한 면책을 인정한 법정의견은 국익보다는 사익, 자신의 정치적 생존이나 경제적 이득을 우선시하는 대통령에게는 마치 "장전된 무기" (a loaded weapon) 같은 것이라고 경고하였습니다. 소토마요르 대법관은 대통령이 어떠한 방식으로 공권력을 사용하더라도 그것이 면책범주에 속하는 한 형사소추가 면제될 것이고, 심지어 특수부대로 하여금 정적에 대한 암살을 명령하거나 권력을 유지하기 위해 군사쿠데타를 감행하거나 뇌물을 받고 사면권을 행사하는 경우에도 대통령은 면책될 것이라고 우려합니다. 이러한 형사소추면제 법리로 인해 대통령과 국민의 관계가 역전되고, 대통령이 법 위에 군림하는 왕이 되었다는 소토마요르 대법관의 탄식은 충분히 숙고해 볼 만한 가치가 있습니다.[46]

결론적으로 피청구인측이 원용하고 있는 미연방대법원 판례의 법리는 탄핵심판에 적용될 수 없고, 우리 헌법해석론에도 부합하지 않을 뿐 아니라 입헌

46) Trump v. United States, 603 U.S. 593 (2024) (SOTOMAYOR, J., dissenting).

주의와 법치주의에 정면으로 배치되는 것으로서 부당하기 때문에 이 사건에서 고려될 수 있는 논리는 아닙니다.

2. 비상계엄 선포의 위헌·위법성

가. 비상계엄 선포 행위의 배경

(1) 일방적인 강제력 행사를 통한 정치적 교착 상태의 일소 시도

피청구인의 비상계엄 선포는 '전시'나 '사변'과 같이 헌법 제77조 제1항이 상정하고 있는 전형적이고 객관적인 정황에 근거하여 이루어졌다고 보기는 어렵습니다. 피청구인이 계엄을 선포한 구체적인 사유로 제시하는 내용이 "파렴치한 종북 반국가 세력들을 일거에 척결"[47]한다는 것에서부터 "국민들에게 거대 야당의 반국가적 패악을 알려 이를 멈추도록 경고"[48]한다는 것으로 바뀌었다는 사정이 이를 방증합니다. 심지어 4차 변론기일에서는 피청구인측 대리인이 비상계엄 선포가 거대 야당의 권력남용을 막기 위한 것이었다고 밝혔음에도, 이후에 피청구인이 직접 "계엄을 선포한 이유는 야당에 대한 경고가 아니"라, "주권자인 국민에 호소해서 엄정한 감시와 비판을 해달라는 것"이었다고 진술하는 상황이 연출되기도 했습니다. 이러한 사정은 피청구인이 비상계엄을 선포한 근본적인 목적을 파악하기 위해서는 피청구인의 주관적인 동기와 함께 그가 직면하고 있었던 객관적인 상황에 주목할 필요가 있음을 시사합니다.

---

47) 2024. 12. 3. 비상계엄선포 긴급 담화문. 해당 긴급 담화문의 내용은 박찬대 의원 등 190인이 발의한 대통령(윤석열) 탄핵소추안(의안번호 2206448), 7쪽에 기재되어 있습니다.

48) 2024. 12. 12. 담화문. 해당 담화문의 내용은 박찬대 의원 등 190인이 발의한 대통령(윤석열) 탄핵소추안(의안번호 2206448), 18쪽에 기재되어 있습니다.

비상계엄 선포의 배경이 된 주요한 원인으로 야당 소속 국회의원들이 국회의 다수를 차지하는 여소야대의 정치적 교착상태를 지적할 수 있습니다. 1987년 헌법은 국회와 대통령 모두 국민의 선거에 의해 선출되도록 하고 있고(헌법 제41조 제1항, 제67조 제1항), 그로 인해 국회의 다수 정당과 대통령이 소속된 정당이 달라지는 여소야대 현상이 현실화될 수 있습니다. 이 과정에서 양자의 정치적 이해관계가 대립할 경우, 대통령이 국정을 운영하는 데 일정한 제약이 발생할 수 있습니다. 그렇기 때문에 현행 헌법 시행 이후 발생한 '여소야대' 상황에서, 여당은 다른 정당 소속 의원들을 영입하거나 소수 정당들과의 합당을 통해 원내 과반수 의석을 획득한다거나, 이른바 '연정' 내지는 '협치'의 형태를 통해 대통령의 정책 집행 가능성을 확보하려고 시도했습니다.[49]

이러한 방법들은 - 해당 수단을 선택한 것이 정치적으로 올바른지에 대해 논의의 여지가 있으나 - 기본적으로 헌법과 법률이 정한 틀 내에서 정치적인 해법을 모색한 것입니다. 그런데 피청구인은 대통령 취임 이후 지속적으로 직면했던 여소야대의 구도를 극복하기 위해 이전과 같은 정치적 해법을 모색하지 않고,[50] 군대를 동원하여 정치적 반대파를 일소하는 '비상계엄'이라는 수단을 선택했습니다. 이는 이른바 '거대야당'을 상대방으로 인정하고 대화와 타협을 시도하기보다는, 결국 야당이 다수의 지위를 점한 국회를 일거에 무력화함으로써 일방적으로 정치적 교착 상태를 해소하고, 자신의 정치적 영향력을 극대화하려는 의도였다고 보기 충분합니다. 비상계엄은 전시・사변과 같은 국가위기를 극복하고 정상을 회복하기 위한 소극적 목적을 위한 것이며, 이를 넘어서서 헌정을 정지시키고 현행 헌법과 다른 새로운 헌법질서를 창출하고자 하는 적극적 목적을 위해서 선포될 수는 없습니다.

---

49) 예컨대 1990년 이른바 '3당합당', 1990년대 당시 여당 측이 주도한 야당 측 국회의원의 영입 시도, 1997년 대통령선거에서 'DJP 연합'이나 노무현・문재인 정부에서 논의된 (대)연정 등을 그 사례로 들 수 있습니다.

50) 피청구인은 정부 출범 이후, 원내 제1당 대표와의 영수회담은 8번이나 거절한 끝에 2024년 총선 이후에 단 한 번만 만났습니다. 이는 1987년 헌법 시행 이후로는 박근혜 정부를 제외하고는 영수회담이 이루어지지 않았던 경우가 없었다는 사정과 대비되는 상황입니다.

이와 같은 피청구인의 비상계엄 선포 행위의 배경을 감안할 때, 비로소 피청구인의 비상계엄선포 행위 및 그에 이어지는 포고령 제1호를 비롯한 각종 행위들의 헌법적 문제를 각각의 행위 태양에 국한되지 않고 전체적으로 조망할 수 있을 것으로 판단됩니다. 피청구인의 헌법 및 법률 위반 행위 및 그 위반의 중대성을 판단하는 과정에서는 각각의 행위에 관련된 쟁점에 한정하지 않고, 피청구인이 야당이 다수를 점한 국회에 강제력을 행사하여 국회의 기능을 정지시키고 그 권한을 박탈하려는 시도가 헌법이 지향하는 (자유)민주적 기본질서[51]에 내재된 권력분립과 의회제도, 복수정당제도, 선거제도, 사법권의 독립 등의 의의[52]에 끼치는 해악을 종합적으로 고려해야 합니다.

(2) '국가비상입법기구'를 통한 국회 대체 계획

피청구인이 비상계엄을 선포한 배경에 강제력을 동원해 '거대야당'을 일방적으로 무력화하여 자신의 정치적 위기를 해소 내지 극복하고자 했다는 사정은 '국가비상입법기구'를 통한 국회 대체 계획에서 명확하게 드러나 있습니다. 해당 문건을 누가 작성하여 기획재정부장관(경제부총리)에게 전달한 것인지에 관한 구체적인 사실관계의 문제는 별론으로 하더라도, 위 문건에 기재된 "국회, 관련 각종 보조금, 지원금, 각종 임금 등 현재 운용 중인 자금 포함 완전 차단할 것"이라는 내용과 "국가비상입법기구 관련 예산을 편성할 것"이라는 내용의 문언을 놓고 보면 국회의 활동을 차단함과 아울러 국회를 대체하는 별도의 입법기관을 구상했다고 볼 수 있습니다.

이에 대하여 4차 변론기일에서 증인 김용현은 해당 문건의 '비상입법기구'는 국회를 대체하기 위한 기관이 아니라 헌법 제76조 제1항에 규정된

---

51) "민주적 기본질서는 우리가 오늘날의 입헌적 민주주의 체제를 구성하고 운영하는 데에 필요한 가장 핵심적인 내용이나 요소를 의미하는 것"이라고 선언한 헌법재판소 결정으로 헌재 2014. 12. 19. 2013헌다1, 판례집 26-2하, 1, 22 참조.

52) 자유민주적 기본질서를 구성하는 구체적 내용으로는 헌재 2001. 9. 27. 2000헌마238등, 판례집 13-2, 383, 400-401 참조.

- 32 -

대통령의 긴급재정·경제명령권 행사를 수행하기 위한 조직이라고 증언했습니다. 그러나 대통령의 긴급재정·경제명령권은 "국회의 집회를 기다릴 여유가 없을 때에 한하여" 발해지는 것인데, 비상계엄 선포 당시에는 국회 정기회가 집회 중이라 발령될 수 없다는 점에서 해당 시점에 검토된 내용이라고 보기에는 도저히 설득력이 없습니다. 아울러 국회에서 운용되는 임금을 포함한 일체의 자금을 차단하고 별도의 입법기구에 대한 예산을 편성하도록 한 것은 비상계엄 선포로 인한 국회 통제 상황이 상당 기간 지속됨을 전제로 하는 것이라고 볼 수 있습니다. 이러한 측면은 이 사건 비상계엄 선포가 이른바 '경고성 계엄'에 불과했다는 피청구인 측의 주장을 반박하는 근거가 될 수 있을 것입니다.

나아가 해당 문건이 가지는 함의는 국회의 활동 금지를 내용으로 하는 포고령 제1호 1. 및 이후의 계엄실행행위로서 실제로 국회에 대한 군경을 동원한 봉쇄 및 침입, 국회 활동 방해, 국회의원에 대한 체포 시도, 국회의 계엄해제요구의결 방해 시도 등의 사정과 전체적으로 고려될 때 더욱 명확하게 드러납니다.[53] 이러한 행위들은 개별적으로도 위헌·위법임은 물론입니다. 다만 '국가비상입법기구를 통한 기존 국회의 배제 및 대체 시도, 포고령을 통한 국회활동 금지, 정당 활동의 일체 금지를 포함한 일체의 정치활동 금지, 국회에 실제 무장한 군사력 투입'이라는 피청구인의 일련의 행위들은 결국 비상계엄 선포를 통해 국회를 무력화하여 계엄군 통제 하의 대체기구로 대신하게 함으로써 권력분립을 형해화하고 계엄사령부에 대한 지휘·감독 권한이 있는 피청구인 1인에게 권력을 집중시키기 위한 것으로 평가할 수 있습니다. 그렇다면 이와 관련한 피청구인의 행위들은 결국 헌법의 핵심요소인 자유민주적 기본질서를 침해하고 헌법을 공격하여 입헌주의 헌정질서를 무너뜨리고자 한 것이라고 볼 수 밖에 없습니다.

---

53) 피청구인인 대통령은 포고령 발표 무렵부터 국회의 비상계엄 해제요구안 가결 전까지 사이에 조지호 경찰청장에게 6회 전화하여 '조 청장, 국회 들어가려는 국회의원들 다 체포해. 잡아들여. 불법이야. 국회의원들 다 포고령 위반이야. 체포해'라고 지시한 바 있다는 점이 조지호 경찰청장 등에 대한 공소장에 명시된 바 있습니다. 조지호 등에 대한 공소장, 58쪽 참조.

나. 절차적 하자

(1) 계엄선포 건의 절차 미준수

계엄법 제2조 제6항은 국방부장관은 비상계엄 선포시 국무총리를 거쳐 대통령에게 계엄 선포를 건의하도록 규정하고 있습니다. 관련하여 국무총리는 2024년 12월 "3일 오후 9시경 용산 대통령실에서 윤 대통령으로부터 비상계엄 선포 계획을 직접 듣기 전까지 관련한 어떤 보고도 받은 사실이 없다."라고 밝힌 것으로 알려져 있습니다. 이 점에 대해 당시 국방부장관은 국무총리를 거쳤다고 밝히고 있어 추가적인 사실관계 확인이 필요할 것으로 보입니다. 다만 만약에 국방부장관의 계엄선포 건의가 국무총리를 거치지 않고 이루어졌다면, 이는 계엄선포의 절차적 하자에 해당합니다.

(2) 국무회의 심의 관련 흠결

(가) 계엄선포 국무회의 심의의 규범적 부재(不在)

헌법 제89조 제5호에 따르면 계엄선포는 국무회의의 심의 사항에 해당합니다. 만일 피청구인의 계엄 선포행위가 국무회의의 심의를 거치지 않았거나, 실질적으로 심의를 거치지 않았다고 판단될 수 있을 정도로 형식적이었다면 이는 위 헌법 조항을 위반한 것입니다. 국무회의 심의를 거치지 않은 대통령의 계엄선포 행위의 효력에 대해서는 논란이 있겠지만, 그로 인해 국무회의 심의의 부재(不在)라는 절차상 흠결이 치유되는 것은 아닙니다.[54]

---

54) 국무회의 심의를 거치지 않은 대통령의 국법상 행위도 유효하다고 보는 입장에서도 이로 인해 대통령이 탄핵소추의 대상이 될 수 있음을 부정하지는 않고 있습니다(관련된 학설의 검토로 (사) 한국헌법학회 편, 헌법주석[국회, 정부], 경인문화사, 2018, 817쪽(노기호 집필 부분) 참조).

국무회의 내지는 그와 유사한 형태의 기관의 법적 성격이나 기능은 각국의 정부형태에 따라 다릅니다.[55] 다만 헌법에 명시되어 있는 "심의를 거쳐야 한다."라는 문언에 비추어 볼 때, 현행 헌법상 국무회의는 단순한 자문기관에 해당하는 미국식 대통령제의 각료회의(Cabinet Meeting)나 의결기관에 해당하는 의원내각제의 내각(Cabinet)과는 다른 심의기관으로 봄이 학계 다수의 견해입니다.[56] 국무회의에서 특정 안건이 의결의 형식으로 결정되었다 할지라도 대통령이 이에 구속되지는 않지만, 국무회의 구성원이 동등한 지위와 권한을 가지고[57] 해당 안건에 관하여 논의하여야 한다는 점에서, 국무회의를 대통령이나 국무총리가 국무위원들에게 일방적으로 업무상 지시를 하는 장(場)이라고 볼 수는 없습니다.[58] 이는 국무회의의 제도적 의의가 대통령이 정책을 결정하는 과정에서 신중을 기하게 함으로써 대통령의 전제나 독선을 방지하고자 하는 데 있다는 점에서도 확인됩니다.[59] 따라서 단지 국무위원이 모여서 안건에 관한 대통령의 일방적인 지시사항을 들었을 뿐, 국무회의 구성원이 별도의 실질적인 토의를 하지 않았다면, 이는 헌법이 규정한 '국무회의 심의'가 아니었거나, 적어도 '국무회의 심의를 거치지 않은 단순한 요식적 절차'라고 평가할 수 있습니다.

이에 관하여 4차 변론기일 당시 김용현 증인은 2024년 12월 3일 국무회의가 있었고, 당일 비상계엄 선포문 문건의 내용을 개별적으로 국무위원들에게 제시하였다고 진술하였습니다. 다만 그는 재판관 질의에 대한 답변에서 피청구인이 국무회의 현장에 11명이 모인 상황에서 비상계엄 선포와 관련한 안

55) (사)한국헌법학회 편, 앞의 책(주 54), 799쪽(노기호 집필 부분).

56) (사)한국헌법학회 편, 앞의 책(주 54), 805-806쪽(노기호 집필 부분).

57) 관련하여 국무회의의 의사정족수 및 의결정족수에 관한 국무회의 규정 제6조 제1항은 단지 "국무회의는 구성원 과반수의 출석으로 개의(開議)하고, 출석구성원 3분의 2 이상의 찬성으로 의결한다."라고만 규정하여 국무회의 의장인 대통령이나 부의장인 국무총리에 관하여 별도로 언급하지 않고 있는데, 이 또한 국무회의 구성원 간의 동등한 지위 및 권한을 시사한다고 볼 수 있을 것입니다.

58) (사)한국헌법학회 편, 앞의 책(주 69), 807쪽(노기호 집필 부분). 해당 문헌에 따르면 대통령과 국무총리의 지시사항을 단지 전달하는 형태의 회의는 통상의 각료회의에 지나지 않을 것이라고 합니다(같은 책, 같은 쪽).

59) (사)한국헌법학회 편, 앞의 책(주 69), 797쪽(노기호 집필 부분).

- 35 -

건의 주요 내용이라고 할 수 있는 비상계엄의 당위성이라든지 비상계엄의 내용이나 실체적 요건, 시행 지역, 계엄사령관에 대한 사항을 설명하지는 않았다고 진술했습니다. 아울러 언론보도에 따르면, 계엄선포 당시 국무회의는 12월 3일 오후 10시 17분부터 22분까지 약 5분간 대통령실 접견실에서 진행되었는데, 피청구인이 단지 2-3분 남짓 참석했다가 별도의 종료선언 없이 접견실을 나간 후 계엄을 선포했다고 합니다.

이와 같은 사정에 비추어 보면, 계엄선포 행위와 관련한 국무회의는 피청구인의 사실상 일방적인 지시에 해당하는 비상계엄 선포문 문건의 내용을 단순히 전달하는 기능만을 수행하였을 뿐, 해당 안건의 내용에 대한 국무회의 구성원들 사이의 실질적인 심의가 진행되었다고 보기는 어렵습니다. 그렇다면 이는 헌법상 계엄선포를 위해 거쳐야 하는 필수절차로서 '국무회의 심의' 라고 볼 수 없거나, 최소한 실질적인 토의 과정 없이 '국무회의의 외형만을 빌리기 위한 요식적 절차' 에 불과하므로 피청구인의 계엄선포 행위는 헌법 제89조 제5호를 위반한 것입니다.

(나) 계엄사령관 임명에 대한 국무회의 심의 부재

계엄법 제5조 제1항은 대통령이 계엄사령관을 임명할 때에는 국무회의의 심의를 거쳐야 함을 규정하고 있습니다. 그런데 언론보도에 따르면, 국무총리는 당시 국무회의에서 계엄사령관 임명이 논의되지 않았다고 합니다. 이와 관련하여 김용현 증인은 국무위원들에게 배포된 비상계엄 선포문 문건에 계엄사령관이 누구인지 기재되어 있었으므로 심의가 있었다고 볼 수 있다는 취지로 진술했으나, 당시 현장에 참석했던 국무총리와 경제부총리, 국정원장은 애초에 해당 문건을 보지 못했다는 취지로 증언했습니다.

나아가 설령 위 문건의 배포 사실을 인정할 수 있을지라도, 누가 계엄사령관으로 적합한지에 관한 국무회의 구성원들 사이의 구체적인 심사나 토의가 없었다면 이는 대통령이 일방적인 지시사항만을 전달한 것에 불과하고, 결국 국무회의 심의 자체가 없었을 뿐 아니라 실질적인 심의도 없었다고 보기에 충분합니다. 그렇다면 계엄사령관 임명에 관하여 계엄법 제5조 제1항이 정한 국무회의 심의가 존재하지 않았으므로, 피청구인이 이 사건 비상계엄을 선포하는 과정에서 계엄사령관을 임명한 것은 위 계엄법 조항을 위반한 것입니다.[60)]

(다) 국무회의 회의록 부재

공공기록물 관리에 관한 법률 제17조 제2항 제1문 및 동법 시행령 제18조 제1항 제1호를 종합하면, 공공기관은 대통령이 참석하는 주요 회의의 회의록을 작성해야 합니다. 관련하여 정부조직법 제12조 제4항에 근거하여 규정된 대통령령인 국무회의 규정은 행정안전부 의정관이 국무회의의 간사가 되어(동 규정 제10조 제2항) 국무회의록을 작성하도록(동 규정 제11조 제1항) 명시하고 있습니다. 그런데 언론보도에 따르면, 비상계엄 선포 당시 행정안전부 의정관은 사전 공지를 받지 못해 참석하지도 못했고, 행정안전부는 해당 회의 회의록이 작성되지 못하여 없다는 취지로 헌법재판소에 회신하였다고 합니다.[61)] 그렇다면 해당 회의는 회의록 작성 의무에 관한 위 공공기록물 관리에 관한 법률 규정을 위반한 것입니다.

(라) 국무회의 진행 절차 미준수: 의안, 개회선언, 종료선언, 발언요지 부재

국무회의 규정 제3조 제1항은 국무회의 심의사항은 의안으로 제출하도록

60) 더하여, 만약 국무회의의 심의를 거치지 않은 계엄사령관 임명 그 자체의 효력을 인정할 수 없다는 입장의 경우에는(관련된 학설 검토로는 앞서 (가) 항목 관련 논의 참조), 이하 3. 항목에서 검토할 계엄사령관 포고령 제1호가 애초에 적법한 발령권자에 의해 발령되지 않았다는 점에 존재하는 하자 또한 지적할 수 있을 것으로 보입니다.

61) 행안부, “비상계엄 국무회의록 없다” 헌재에 회신, 경향신문 2025. 1. 24.자 기사(최종확인일: 2025. 2. 3.) 해당 기사에 따르면, 국무회의에 행정안전부 의정관이 사전에 공지받지 못해 참석하지 못한 사례는 “역대 정부에서 한 번도 없었다고” 합니다(직접 인용은 같은 기사).

규정하고 있습니다. 그러나 검찰 조사에 의하면, 당시 피청구인과 국방부장관은 비상계엄 선포 안건을 국무회의에 의안으로 제출하지 않았다고 보도된 바 있습니다. 더하여 언론보도에 따르면, 계엄선포 국무회의의 개회 및 종료 선언이 정상적으로 이루어지지 않았고, 회의 참석자들의 발언요지 기록 또한 남아 있지 않다고 합니다. 이러한 사정들 또한 위 국무회의가 적절한 절차를 준수하여 진행되었다고 보기 어렵습니다.

(3) 계엄 공고문 부서 부재

계엄법 제3조는 대통령이 계엄을 선포할 때에는 그 이유, 종류, 시행일시, 시행지역 및 계엄사령관을 공고하여야 한다고 규정하고 있습니다. 헌법 제82조에 비추어 볼 때, 이와 같은 공고는 관계 국무위원이 부서한 문서의 형식으로 하여야 힙니다. 판련하여 4차 변론기일에서 김용현 증인은 공고문 형태의 비상계엄 선포문이 존재한다고 밝혔습니다. 그러나 앞서 (2) (나) 항목에서 확인한 바와 같이, 국무위원들은 해당 문건의 존재를 부인하였고, 계엄 공고문이 존재한다고 증언한 김용현 증인 또한 4차 변론기일에서 비상계엄 선포문을 국무위원들에게 나누어 주기는 했으나 여기에 장관들이 부서를 하지는 않았다고 증언했습니다. 그렇다면 피청구인의 계엄선포 행위는 헌법이 정하는 부서에 관한 규정을 위반한 것입니다.

앞서 언급된 국무회의 심의 없는 대통령의 국법상 행위의 효력 여부와 유사하게 부서가 없는 대통령의 국법상 행위가 유효한지 여부에 관하여서도 견해 대립이 존재하는 것으로 알려져 있습니다. 다만 (이 또한 국무회의 심의는 대통령의 국법상 행위의 경우와 유사하게) 유효설의 입장에서도 부서가 없는 대통령의 국법상 행위는 헌법 위반에 해당되어 탄핵사유가 될 수 있다고 보고 있습니다.[62)]

---

62) 관련된 학설의 검토로 (사)한국헌법학회 편, 앞의 책(주 54), 729쪽(김상겸 집필 부분) 참조).

(4) 계엄 공고문 미공고

설사 4차 변론기일에서 김용현 증인의 증언에 따라 계엄 공고문이 존재한다고 할지라도, 그 내용이 공식적으로 공고된 사정은 확인되지 않고 있습니다. 그렇다면 이 부분 또한 피청구인의 계엄선포 행위가 계엄법에 위반한 절차적 하자를 가지고 있음을 보여줍니다.

(5) 계엄선포 후 국회 통고의무 불이행

헌법 제77조 제4항에 따르면, 대통령이 계엄을 선포할 때에는 지체없이 국회에 통고하여야 하고, 계엄법 제4조 제1항 또한 동일한 취지의 규정을 두고 있습니다. 그런데 피청구인은 2024. 12. 3. 22:30경 계엄을 선포한 후, 약 30분이 지난 같은 날 23:00경 포고령 제1호를 발령하였으나,[63] 포고령 제1호 발령으로부터 약 2시간이 경과하여 국회 본회의에 비상계엄해제요구 결의안이 상정된 2024. 12. 4. 01:00경까지 국회에 문서로 된 형태의 통고를 하지는 않았습니다.[64]

국회 회의록에 따르면, 이 당시 국회에는 계엄선포 통고 문서가 도달한 것이 아니라, 오히려 국회 본회의장 로텐더홀과 3층까지 군인들이 들어왔다는 소식이 들려왔습니다.[65] 다수의 병력과 경찰력까지 국회로 동원할 수 있을

63) 이상의 사실관계는 박찬대 의원 등 190인이 발의한 대통령(윤석열) 탄핵소추안(의안번호 2206448), 5쪽 및 8쪽에 기재된 내용에 따른 것입니다.

64) 당일 국회 본회의 회의록(2024. 12. 4. 제418회국회(정기회) 국회본회의회의록 제15호) 3쪽에 기재된 국회의장의 발언은 다음과 같습니다: "계엄법의 국회 절차와 관련해서 한두 가지 더 말씀 드리겠습니다. 계엄법 제3조(계엄 선포의 공고) 대통령이 계엄을 선포할 때는 그 이유, 종류, 시행일시 등등 이것을 공고해야 하고, 4조(계엄 선포의 통고) '대통령이 계엄을 선포하였을 때에는 지체 없이 국회에 통고하여야 한다'. 그런데 계엄을 선포하고 통고하지를 않았습니다. 그래서 통고하지 않을 것으로 보고, 지체 없이 통고를 해야 됨에도 불구하고 하지 않았기 때문에 저희가 국회에서 이런 절차를 거친 것이고요."

65) 국회본회의회의록(2024. 12. 4. 제418회국회(정기회) 국회본회의회의록 제15호), 1쪽. 아울러 당시 국회 현장은 다수의 언론 및 인터넷 매체를 통해 실시간으로 보도된 바 있습니다.

- 39 -

정도로 충분한 시간이 있었음에도 불구하고,[66] 전자 시스템 등을 통해 신속한 처리가 충분히 가능한 계엄선포 통고 절차를 이행하지 않은 것은, 헌법 및 계엄법이 정한 '지체없는'[67] 국회 통고라는 문언에 반하는 것입니다.

다. 실체적 하자

(1) 실체적 요건 충족 여부

이하에서는 피청구인의 비상계엄선포행위가 계엄선포의 실체적 요건인 상황 요건('전시·사변 또는 이에 준하는 국가비상사태')과 필요성 요건('병력으로써 군사상의 필요에 응하거나 공공의 안녕질서를 유지할 필요')을 갖추었는지를 살펴보고자 합니다. 이때 두 요건은 각각 따로 검토되기 보다는 "국가비상사태에 당면하여 그 대응 수단으로서의 병력의 동원"이라는 계엄제도의 의의를 감안하여 불가분적인 것으로 이해하고 접근할 필요가 있습니다. 이때 위 1. 나. 항목에서 전술한 바와 같이 계엄선포의 실체적 요건 충족 여부는 엄격하게 판단되어야 하고,[68] 특히 필요성 요건과 관련해서는 경찰력 등이 아니라 병력을 동원해야만 비로소 해결할 수 있는 상황이 존재해야 합니다.[69]

---

66) 2024년 12월 3일 밤 당시 국회 주변에서 교전이나 테러가 발생하는 등으로 다른 어떠한 조치보다 군·경의 투입이 최우선적으로 요구되었던 급박한 상황 또한 아니었습니다.

67) 물론 '지체없이'라는 문언은 헌법 제12조 제4항 및 제130조 제3항에 규정된 '즉시'라는 표현과 비교할 때, 다소 유동적인 개념으로 이해될 여지가 있습니다. 그러나 비상계엄선포 행위로 인해 국민의 기본권 보장 및 정부나 법원의 권한에 초래되는 중대한 변화에도 불구하고, 이 사건 비상계엄 선포와 관련하여서는 절차적 요건에 다수의 흠결이 존재하고 있음을 감안할 때, 피청구인은 애초에 절차를 엄격하게 준수할 의지가 없었다고 볼 여지가 있습니다. 그렇다면 설령 피청구인에게 시간이 추가로 부여되었다 할지라도 국회에 대한 통고의무 이행을 기대하기는 어려울 것으로 판단됩니다. 이러한 측면에서 보더라도 피청구인에 의한 '지체없이' 국회에 통고해야 할 의무가 준수되지 않았음을 확인할 수 있을 것으로 생각됩니다.

68) 전술 1. 나. 항목. 같은 취지의 문헌으로 한수웅, 헌법학(제13판), 법문사, 2024, 1294쪽. 계엄을 선포할 때 그 요건이 엄격하게 준수되어야 함을 지적한 견해(예컨대 정종섭, 헌법학원론(제13판), 박영사, 2022, 1386쪽) 또한 결론적으로 유사하다고 할 수 있을 것입니다.

69) 전술 1. 나. 항목. 같은 취지의 문헌으로 (사)한국헌법학회 편, 앞의 책(주 54), 674-675쪽(송기춘

헌법 제77조 제1항에 규정된 '전시'는 국가 상호 간 또는 국가와 외교단체 간의 무력충돌상태로서 외적으로부터의 침입으로 인한 위기를, '사변'은 국토를 참절하거나 국헌을 문란하게 할 목적으로 한 무장반란집단의 폭동행위를, '이에 준하는 국가비상사태'란 전시나 사변은 아니지만 전쟁에 해당하지 않는 외적의 침입이라든지 국토를 참절하거나 국헌을 문란하게 할 목적이 있는 무장 또는 비무장의 집단 또는 군중에 의한 사회질서교란행위와 자연적 재난으로 인한 사회질서교란행위[70]를 의미하는 것으로 이해됩니다.[71]

특히 '이에 준하는 국가비상사태'의 해석과 관련하여, 이는 국가의 존립 자체 또는 입헌체제에 직접적 위해를 가져오는 정도여야 합니다. 그리고 이때 위해는 이미 구체적으로 발생한 것으로서 단지 발생할 가능성이 있는 경우는 해당하지 않으므로 이른바 '예방적 계엄'은 인정될 수 없으며, 또한 모든 반(反)정부적 활동을 '비상사태'로 볼 수는 없습니다.[72] 전술한 바와 같이 이러한 사태가 '병력을 동원하지 않으면 극복할 수 없는 경우'에 해당하여야 함도 물론입니다. 이러한 엄격해석의 필요성은 설령 '이에 준하는 국가비상사태'의 구체적 현상 그 자체는 넓게 이해될 수 있다는 입장[73]에

집필 부분); 한수웅, 앞의 책(주 68), 1294쪽 참조.

70) 이는 이른바 '천재(天災)'에 해당한다는 점에서 '이에 준하는 국가비상사태'에 포함될 수 있는지 여부에 대해 견해대립이 존재할 수 있습니다. 관련하여 사회질서가 교란되는 원인을 반드시 인위적인 경우에만 한정하여 이해할 필요는 없다는 점에서 이를 위 개념에 포함되는 것으로 새길 수 있다는 견해로 김도창, 앞의 책(주 23), 229-230쪽 참조. 해당 견해를 인용하여 자연적 재난 또한 '이에 준하는 국가비상사태'에 해당할 수 있다고 정리한 문헌으로는 (사)한국헌법학회 편, 앞의 책(주 54), 672쪽(송기춘 집필 부분) 참조.

71) 이상 각 개념의 의의는 (사)한국헌법학회 편, 앞의 책(주 54), 672쪽(송기춘 집필 부분)의 내용을 옮긴 것입니다. 해당 문헌에 따르면 비상계엄과 관련하여 계엄법 제2조 제2항에 규정되어 있는 "전시·사변 또는 이에 준하는 국가비상사태 시 적과 교전(交戰) 상태에 있거나 사회질서가 극도로 교란(攪亂)되어 행정 및 사법(司法) 기능의 수행이 현저히 곤란한 경우"는 위 요건을 구체화한 것으로 이해됩니다(같은 책, 같은 쪽).

72) (사)한국헌법학회 편, 앞의 책(주 54), 674쪽(송기춘 집필 부분).

73) 가령 (본문에 언급된 바와 같이) 인간이 초래한 전시나 사변 외에 자연적 재해의 경우도 여기에 포함된다는 견해를 취하더라도 이와 같은 상황요건을 충족하는 자연재해만이 계엄선포의 실체적 요건을 충족시킨다고 할 것입니다. 관련하여 직접적으로는 '전시' 개념과 관련된 것이고, 과거의 계엄법에 관한 사안에 해당하나, 예컨대 대법원 1964. 7. 21. 선고 64초4 재판권 쟁의에 대한 재정신청사건의 판례의 취지를 현대전의 양상 변화에 따라 '전쟁'의 의미를 '병력을 동

의하더라도 마찬가지일 것입니다.

이와 같은 '이에 준하는 국가비상사태'에 관한 해석론은 헌법 제77조 제1항이 '전시'와 '사변'이라는 구체적인 사례를 규정하면서, 여기에 더하여 '이에 준하는 국가비상사태'는 일종의 일반조항으로 볼 수 있다는 점에서 뒷받침될 수 있을 것입니다. 일반조항이 명확성 원칙에 위배되는지 여부에 관한 헌법재판소 결정들의 취지에 의할 때,[74] '전시', '사변'이라는 개별 사례들은 '이에 준하는 국가비상사태'를 해석하기 위한 판단지침을 내포해야 할 뿐 아니라, 일반조항으로서의 '이에 준하는 국가비상사태' 자체가 '전시'와 '사변'을 포괄할 수 있어야 할 것입니다. 그렇다면 결국 전시나 사변에 준할 정도로 객관적으로 국가의 존립이 위태로운 현실이 인정될 때 비로소 '이에 준하는 국가비상사태'라고 할 것이고, 일상(常)이 아닌(非) 모든 경우를 통틀어 헌법 제77조 제1항 문언의 '비상'사태라고 할 수는 없습니다.

피청구인이 비상계엄을 선포할 당시, 대한민국이 '전시' 또는 '사변' 상태가 아니었음은 명확합니다. 다만 피청구인 측에서는 비상계엄 선포 당시의 상황이 '이에 준하는 국가비상사태'에 해당한다는 취지로 주장하고 있고,[75] 그 구체적인 사유로 이른바 입법부의 권한 남용과 부정선거 실시 의혹을 들고 있습니다.[76] 그러나 국회에서 다수를 형성한 야당을 중심으로 한 국회의 권한 행사는 - 그에 대한 정치적 평가는 별론으로 하고 - 적어도 헌법과 법률이 정한 바에 위배되는 사정은 발견되지 않는다는 점에서 "국토를

원한 전투'라는 취지보다 넓게 관념화하여 접근할 필요를 인정한 것으로 볼 수 있다는 취지로 분석한 문헌으로 김도창, 앞의 책(주 23), 232쪽 참조. 다만 해당 문헌의 저자는 이러한 서술에 이어 바로 "전시개념을 지나치게 관념화할 때는, 현대사회가 고전적인 입헌주의 내지는 법치주의원칙을 근저로부터 뒤흔드는 위기의 연속임을 생각하면, 위험성을 내포하게 될 것이다."라고 경고하고 있음에 주목해야 할 것으로 보입니다(같은 책, 같은 쪽). 이러한 '경고'를 지지하는 입장으로 (사)한국헌법학회 편, 앞의 책(주 54), 673쪽(송기춘 집필 부분) 참조.

74) 예시적 입법형식이 명확성 원칙에 위배되는지 여부에 관한 일반론이 설시된 헌법재판소 결정으로 헌재 2009. 3. 26. 2007헌바72, 판례집 21-1상, 406, 418; 헌재 2016. 7. 28. 2012헌바258, 판례집 28-2상, 1, 8-9.

75) 2차 변론기일 피청구인 대리인 조대현 변호사 발언.

76) 2차 변론기일 피청구인 대리인 조대현 변호사 발언.

- 42 -

참절하거나 국헌을 문란하게 할 목적" 이 있다고 할 수 없고, 설령 정치적으로 정부와 대립하는 권한 행사였다고 할지라도 이로 인해 국가의 존립이나 입헌체제 그 자체가 위협을 받고 있는 상황은 아닙니다. 더하여 이른바 부정선거 의혹은 그 실체가 명확하지 않은 단순한 '의혹'에 불과하므로 이미 구체적으로 발생한 비상사태라고 할 수 없습니다.

이상의 내용을 감안할 때, 피청구인의 비상계엄선포 행위는 애초에 '전시·사변 또는 이에 준하는 국가비상사태'라는 상황요건을 충족시키지 못하였고, 그렇다면 병력을 동원해서 이와 같은 상황에 대처해야 하는 필요성 요건은 자연히 충족될 수 없습니다.[77] 따라서 피청구인의 계엄선포 행위는 계엄선포의 실체적 요건을 갖추지 못합니다. 다만 전술한 바와 같은 피청구인 측의 반론의 구체적인 내용 및 그에 대한 검토는 필요합니다.

(2) 반론에 대한 검토

(가) 입법부의 권한 남용 주장에 관하여

먼저, 입법부의 권한 남용 주장과 관련하여, 피청구인 측은 국회가 입법권과 예산심의·확정권, 탄핵소추권을 남용하고 있다고 주장하고 있습니다. 그러나 현대 민주주의 국가에서 입법권이 의회에 속하는 것은 당연한 것이라는 점을 감안할 때, 헌법 제40조에 따른 입법권의 행사는 국회의 고유한 권한에 해당합니다. 나아가 구체적인 법률의 내용과 관련한 정치적 찬성·반대 여부를 논외로 하면, 국회가 적어도 규범적으로 헌법과 법률에 위반하여 입법권을 행사한 사정은 확인되지 않습니다. 이를테면 피청구인 측 일부에서는

77) 가사 입법부의 권한 남용이나 부정선거 실시로 인해 현재의 대한민국의 상황이 '이에 준하는 국가비상사태'에 해당한다고 주장한다고 할지라도, 이를테면 헌법재판소와 법원의 판단을 통해 헌법이 정한 틀 안에서 해당 사안들에 대한 규범적인 해결이 시도될 가능성이 충분히 기대될 수 있다는 점에서, '병력'이라는 물리력을 동원해야만 할 필요가 있었던 상황이었는지에 대해서는 도저히 납득할 수 없습니다.

- 43 -

국회 다수당인 야당이 주도한 특검법안이 일종의 정치공세에 불과한 위헌적인 법률안이라고 주장합니다. 그러나 역대 정부에서 대통령의 친인척이나 측근 비리로 인해 야당이 추천하는 특검을 임명하는 것을 내용으로 하는 특검법이 제정되어 왔음에 미루어 볼 때, 이를 '삼권분립'에 명백히 위배된다고 할 수는 없습니다.[78)]

다음으로, 국회는 예산안을 심의·확정하는 권한을 가지며, 여기에는 예산 삭감권이 내포되어 있습니다.[79)] 실제 야당이 삭감한 4조 1,000억원은 예산 총지출 677조 4,000억원 가운데 불과 0.6%에 지나지 않고, 삭감된 주요 부분은 예비비라든지 주요 기관 특활비에 해당하여 국가의 본질적 기능과 직접적인 관련성이 적습니다. 또 헌법에 규정된 추가경정예산안(헌법 제56조) 제도를 통해 이른바 '셧다운'을 방지한다거나 예산 부족분을 보완하는 여지가 있습니다. 구체적으로 피청구인이 2024년 12월 3일 비상계엄선포 긴급 담화문에서 주장한 재해대책 예비비 삭감이나 아이돌봄 지원 수당, 청년 일자리 지원 사업에 대한 삭감 주장과 관련하여,[80)] 재해대책 예비비의 경우에는 이미 전년도에 비해 14.3% 늘려 편성된 4조 8,000억원의 예비비 가운데 일부에 해당하는 1조원을 삭감한 것이며, 아이돌봄 지원 수당이나 청년 일자리 지원 사업의 경우에는 여야가 감액에 합의하고 정부도 이를 수용하여 삭감된 것으로서 "조금 삭감된 수준이라 집행에는 전혀 문제가 없다"라는 정

78) 헌법재판소 또한, '박근혜 정부의 최순실 등 민간인에 의한 국정농단 의혹 사건 규명을 위한 특별검사의 임명 등에 관한 법률'과 관련하여, "이 사건 법률의 제정 배경과 사건의 위중함, 수사대상에 대통령이 포함될 수도 있었던 사정, 국민적 요구와 이에 기반한 여야 합의의 취지, 이 사건 법률에서 규정하고 있는 특별검사의 정치적 중립성과 독립성 확보를 위한 여러 보완장치 등을 고려할 때, 대통령이 당적을 두고 있는 여당을 특별검사후보자 추천권자에서 배제하고 교섭단체를 구성하고 있는 두 야당으로 하여금 특별검사후보자를 추천하여 2인 중 1인을 대통령이 특별검사로 임명하게끔 규정하였다고 하여 합리성과 정당성을 잃은 입법이라고 볼 수 없다." 라고 결론 내린 바 있습니다(헌재 2019. 2. 28. 2017헌바196, 판례집 31-1, 52, 60).

79) 국회의 예산에 관한 권한 행사는 국민의 대표기관인 의회의 사전동의에 따라 부과되는 조세를 사용하여 이루어지는 재정지출에 대한 국회의 승인을 요구하는 것을 내용으로 하는 이른바 재정(財政)민주주의에 입각해 정당화될 수 있다고 지적됩니다(이러한 취지로 (사)한국헌법학회 편, 앞의 책(주 54), 223-224쪽(정영화 집필 부분)).

80) 해당 내용은 박찬대 의원 등 190인이 발의한 대통령(윤석열) 탄핵소추안(의안번호 2206448), 6쪽에 기재된 바를 옮긴 것입니다.

부관계자의 발언이 보도된 바 있습니다. 아울러 피청구인이 2024년 12월 12일 발표한 담화문에서 언급된 "원전 생태계 지원 예산을 삭감하고, 체코 원전 수출 지원 예산은 무려 90%를 깎아 버렸습니다."[81]라는 주장에 대해서는 산업통상자원부 관계자가 "원전 예산 중 삭감된 건 없고 증액된 정부안 그대로 통과되었다."라고 직접 반박하기도 했습니다.

마지막으로, 헌법 제65조에 따른 탄핵소추권은 헌법이 국회에 부여한 권한으로,[82] 헌법이나 법률에 위배되어 해당 권한이 행사된 경우는 발견되지 않을뿐더러,[83] 탄핵소추권 행사로 인해 소추대상자인 공직자의 권한 행사가 정지되더라도 헌법과 정부조직법, 대통령령인 직무대리규정에 따라 대행체제가 문제없이 작동하고 있었습니다. 특히 피청구인은 2024. 12. 3. 비상계엄선포 긴급 담화문에서 다수의 검사가 탄핵되어 사법 업무가 마비되었다고 주장하였으나,[84] 검사정원법 제1조가 검사의 정원을 2,292명으로 규정하고 있음에 비추어 볼 때, (2024. 12. 5. 의결까지 종합하더라도) 총 6명의 검사에 대한 탄핵소추[85]로 인해 검찰 업무가 수행되지 못하는 정도에 이르렀다고 보기는 어려울 것입니다.

---

81) 해당 내용은 박찬대 의원 등 190인이 발의한 대통령(윤석열) 탄핵소추안(의안번호 2206448), 17쪽에 기재된 내용을 직접 인용한 것입니다.

82) 탄핵제도와 관련하여, 1948년 헌법을 기초한 유진오 교수가 탄핵제도를 국민의 대표기관인 국회가 일반적인 징계절차에 의해 파면하기 곤란하거나 보통 검찰기관에 의해 소추하기 곤란한 중요 공무원에 대한 처벌을 위해 발달한 제도라는 취지로 설명한 이후, 이와 같은 이해가 보편적으로 받아들여지는 것으로 보인다는 취지의 지적으로 (사)한국헌법학회 편, 앞의 책(주 54), 409쪽(박종보 집필 부분)].

83) 특히 국회가 정치적 목적으로 탄핵소추권을 '남용'한 것을 이유로 탄핵심판청구가 부적법할 수 있는지 여부와 관련하여, 최근 헌법재판소는 "국회의 탄핵소추의결 과정에서 법정 절차가 준수되고 피소추자의 헌법 내지 법률 위반행위가 일정한 수준 이상 소명되었다면 (중략) 설령 부수적으로 정치적 목적이나 동기가 내포되어 있다 하더라도 그러한 점만으로 탄핵소추권이 남용되었다고 볼 수 없다."라고 보아 이러한 취지의 주장을 받아들이지 않은 바 있습니다(헌재 2025. 1. 22. 2024헌나1, 결정문, 7).

84) 해당 내용은 박찬대 의원 등 190인이 발의한 대통령(윤석열) 탄핵소추안(의안번호 2206448), 6쪽에 기재된 바를 옮긴 것입니다.

85) 국회의안정보시스템(https://likms.assembly.go.kr/bill/) 검색 결과에 따른 것으로(최종확인일: 2025. 2. 3.), 비상계엄선포행위가 있었던 2024. 12. 3. 기준으로 제21대 국회 및 제22대 국회에서 검사에 대한 탄핵소추가 의결된 것은 총 3건에 불과하고, 기간 범위를 2024. 12. 5.로 확대하더라도 총 6건에 지나지 않습니다.

이상의 사정을 종합하면, 국회의 권한 행사가 국가의 존립이나 입헌체제에 직접적이고 구체적인 위해를 발생시켜 계엄선포의 실체적 요건에 해당하는 전시나 사변에 준하는 '그 밖의 비상사태'를 야기했다고 볼 수는 없습니다. 특히 이는 모두 근본적으로 서로 대립하여 경쟁하는 정당 간의 정치과정에서 발생한 정치문제에 해당하므로, 일상의 정치적 협상과 타협을 통해 그 해법이 모색되어야 하는 사안이고 병력까지 동원하여 해결해야 할 비상한 사안이 될 수 없음을 고려하여야 합니다.

(나) 부정선거 실시 의혹 주장에 관하여

부정선거 실시 의혹과 관련하여, 이는 전술한 바와 같이 피청구인 측의 주장에 의하더라도 단순한 '의혹'의 수준에 불과하여 이미 구체적으로 발생한 국가비상사태라고 보기 어렵습니다.[86] 나아가 설사 부정선거가 발생할 우려를 검증할 필요가 있다고 할지라도 이미 선거관리위원회는 현 정부에서 수사기관으로부터 모두 30차례 압수수색을 받았고, 이 가운데 선거 관련 정보와 시스템을 관리하는 정보관리국 산하 조직에 대한 압수수색도 12차례 진행되었습니다. 이러한 사실관계에 비추어 보면, 헌법과 법률이 정한 통상적인 절차에 따라 수사기관이 - 필요할 경우에는 강제수사와 같은 수단 또한 적절하게 활용하여 - 해당 의혹을 규명할 수 있으므로, 계엄선포의 상황요건이 충족되었다고 보기 어려울 것입니다.[87]

따라서 부정선거 의혹과 관련한 주장 또한 계엄선포의 실체적 요건에 해당하지 않습니다. 이러한 의혹은 기관 내부의 감사나 외부 기관의 수사를 거쳐

86) 한편 의혹의 실체와 관련하여, 중앙선거관리위원회는 2차 변론기일 이후 피청구인 측이 제기한 선거관리위원회 전산시스템 조작 주장, 사전투표 조작 주장, 투표지분류기 조작 주장, 기타 투표함, 투표용지 등 관련 주장을 비판하는 보도자료를 공개한 바 있습니다(대통령 탄핵심판 2차 변론 중 대통령 측의 부정선거 주장에 대한 사실관계 설명).

87) 아울러 이와 같은 사실관계에 비추어 볼 때, 병력을 동원해야만 부정선거 실시 의혹에 대한 강제수사가 가능하다고 할 수도 없다는 점에서 계엄선포의 필요성 요건 또한 흠결되었다고 할 것입니다.

최종적으로 사법적 판단을 통해 규명될 사안이므로, 그 속성상 비상계엄을 정당화하는 사유가 될 수 없습니다.

3. 포고령 제1호의 위헌·위법성

가. 쟁점

피청구인이 계엄사령관을 통해 포고령 제1호를 발표하게 한 행위와 관련해서는 (ⅰ) 이를 피청구인의 직무집행행위로 인정할 수 있는지, 피청구인의 직무집행행위로 인정된다면, (ⅱ) 어떠한 절차적 하자가 있는지, 그리고 (ⅲ) 어떤 실체적 하자가 있는 것인지, 특히 계엄선포시 특별한 조치를 취할 수 있다고 규정한 헌법 제77조 제3항에 따라 헌법상 허용되는 범위 안에 있는지가 문제 됩니다.

나. 포고령 제1호와 피청구인의 직무집행행위

피청구인과 소외 김용현은 김용현이 작성한 포고령 초안을 검토하여 포고령의 내용을 확정하였고,[88] 이렇게 작성된 포고령 제1호의 초안을 국방부장관 김용현으로부터 전달받은 소외 계엄사령관 박안수가 포고령 제1호에 직접 서명하고 2024년 12월 3일 23:23경 발령하였습니다.[89]

대통령은 계엄법 제5조에 따라 계엄사령관을 임명하고, 계엄법 제6조 제1항 단서 규정에 따라 전국을 계엄지역으로 하는 경우에는 계엄사령관을 지

---

88) 2025년 1월 23일 탄핵심판 제4차 변론 내용에 대한 기사 내용 중 참조. 김용현, 포고령·비상입법기구 문건 '윤석열 비호' 맞춤 답변.

89) 김용현으로부터 위헌 위법 포고령을 건네받아 박안수가 직접 서명하고 2024년 12월 3일 23:23경 발령(피고인 박안수의 주요범행에 대한 공소사실 요지에 적시).

휘·감독합니다. 이 사건 비상계엄은 전국을 계엄지역으로 하고 있으므로 대통령에게 계엄사령관에 대한 지휘·감독권이 있으며, 따라서 포고령 제1호의 초안을 검토·확정하여 계엄사령관을 통해 발령하도록 한 것은 피청구인의 직무행위에 해당합니다.[90] 피청구인은 소외 국방부장관 김용현으로부터 포고령 제1호 초안에 대해 보고받았으나, 그 내용이 상위법규에 위반되고 현실적으로 집행 가능성이 없어 형식적으로 놔둔 것이라고 합니다.[91]

그러나 피청구인이 비상계엄을 선포하고 계엄사령관으로 하여금 계엄사무 집행을 위해 포고령 제1호를 발령하게 한 것은, 대통령의 헌법상 직무권한 행사의 외관을 현출한 것일 뿐만 아니라 실제로 포고령 제1호 제1항에 부합하는 피청구인의 지시에 따라 경찰청장 조지호, 서울경찰청장 김봉식에 의해 국회의 출입 통제가 실시되었습니다. 그렇다면 이는 피청구인의 진의와는 무관하게 피청구인의 대통령으로서의 직무집행 행위에 해당합니다. 또한 제4차 변론에서 피청구인의 진술내용[92]도 피청구인이 포고령 제1호가 상위법규, 즉 헌법과 계엄법에 위반된다는 인식을 하였음에도 그대로 발령하게 한 것임을 확인시켜 주고 있습니다. 따라서 계엄사령관으로 하여금 포고령 제1호를 발령하도록 한 것은 피고인의 대통령으로서의 직무집행행위입니다.

다. 계엄선포에 따른 '특별한 조치'의 의미와 포고령 발령의 위헌·위법성

---

90) 계엄실무상 계엄사령관이 계엄법 제9조에 따른 특별한 조치를 발령하는 것에 대하여, 계엄법 제6조에 따라 계엄사령관은 대통령의 지휘를 받기 때문에 대통령의 특별한 조치권한이 계엄사령관의 계엄 포고령 상의 특별한 조치의 형태로 정립되는 것이라고 보아야 한다는 견해로 김래영, 비상계엄 하의 특별한 조치, 법학연구 제34권 제1호, 614쪽 참조.

91) 2025년 1월 23일 탄핵심판 제4차변론 내용에 대한 기사 내용 중 참조.

92) "윤 대통령은 이날 증인으로 출석한 김 전 장관에게 "포고령은 (지난해) 12월 1일 또는 2일 밤에 관저로 가져온 것으로 기억된다" 며 "(포고령이) 상위 법규에 위배되고 내용이 구체적이지 않았지만 (계엄이 하루 이상 유지되기 어렵고 집행 가능성이 없으니) '그냥 둡시다' 라고 말한 것이 기억나냐" 고 물었다."

(1) 문제의 소재

헌법 제77조 제3항에서는 "비상계엄이 선포된 때에는 법률이 정하는 바에 의하여 영장제도, 언론·출판·집회·결사의 자유, 정부나 법원의 권한에 관하여 특별한 조치를 할 수 있다."라고 규정하고 있으며, 계엄법 제9조(계엄사령관의 특별조치권) 제1항은 "비상계엄지역에서 계엄사령관은 군사상 필요할 때에는 체포·구금·압수·수색·거주·이전·언론·출판·집회·또는 단체행동에 대하여 특별한 조치를 할 수 있다. 이 경우 계엄사령관은 그 조치 내용을 미리 공고하여야 한다."라고 규정하고 있습니다. 계엄사령관 명의로 발령된 포고령 제1호가 이러한 헌법 및 계엄법의 규정에 따른 특별한 조치로서 법적으로 정당화될 수 있는지 검토가 필요합니다.

(2) 헌법 제77조 제3항 '특별한 조치'의 의미

헌법은 대통령이 헌법 제77조 제3항에 따라 취할 수 있는 특별한 조치가 어떠한 의미이며, 어떠한 효력을 갖는지에 대해 규정하고 있지 않습니다. 그에 따라 헌법 제77조 제3항 특별한 조치가 법규범의 위계체계에서 어떠한 지위를 갖는지, 특히 영장주의, 권력분립원칙과 같은 헌법원칙을 배제하는 근거가 될 수 있는지, 헌법 제37조 제2항의 기본권 제한의 한계를 넘는 기본권 제한의 근거가 될 수 있는지, 그에 따라 포고령 제1호에 의한 기본권 제한 내지 헌법원칙의 배제를 정당화할 수 있는지가 문제 됩니다.

(가) 특별한 조치의 효력

헌법 제77조 제3항에 따른 특별한 조치가 포고령과 같은 규범의 형태로 발해지는 경우 조치는 법규명령 혹은 법률과 같은 효력을 가진다고 보아야 합

- 49 -

니다. 그러한 조치가 헌법적 효력을 갖는다는 설도 있기는 하지만,[93] 그러한 주장은 다음과 같은 이유로 설득력이 없습니다. 헌법재판소와 대법원은 대통령에게 선출황제의 권한에 버금가는 막강한 권한을 집중시켰던 유신헌법의 긴급조치도 헌법이 정한 요건과 한계를 준수해야 한다는 점에서 헌법과 동일한 효력을 갖지 않는다고 판시한 바 있습니다.[94] 그렇다면 유신헌법 및 1980년 헌법과 같은 반민주적 헌법에 대한 반성 속에서 입헌주의 이념에 상당히 충실하게 만들어진 현행 헌법의 비상계엄에 따른 특별조치의 효력이 헌법규범과 같다고 볼 수는 없습니다. 현행 헌법은 유신헌법상의 긴급조치에 상당하는 긴급재정·경제명령과 긴급명령도 법률과 같은 효력을 갖는다고 규정하고 있습니다(제76조 제1항, 제2항). 그렇다면 비상계엄이 선포된 때 헌법 제77조 제3항에 따라 "법률이 정하는 바에 의하여" 취해지는 특별한 조치의 효력도 법률의 효력 이상이 될 수는 없습니다.

대법원은 비상계엄이 선포된 때 계엄사령관이 취한 특별한 조치인 계엄포

---

93) 그러한 특별한 조치가 헌법적 효력을 갖는다는 설로는 김래영, 앞의 글(주 90), 607쪽, 613-614쪽. 그에 의하면 헌법 제77조 제3항은 직접 헌법에 근거하여 기본권을 제한할 수 있는 권한을 부여하고 있는 헌법유보의 일종으로서 이 규정에 의거한 특별한 조치는 헌법의 효력을 가지며, 그러한 효력을 갖는 특별한 조치를 할 수 있는 국가기관은 대통령이고, 계엄실무상 계엄사령관이 계엄법에 따라 특별한 조치를 발령하는 경우에도 계엄사령관은 대통령의 지휘·감독을 받는 것이므로 대통령의 특별한 조치 권한이 계엄사령관의 계엄포고령상의 특별한 조치의 형태로 정립되는 것이라고 한다.

94) 과거 1972년 유신헌법 제53조에 따른 긴급조치의 경우 대통령이 필요하다고 인정하는 경우 국민의 자유와 권리를 잠정적으로 정지하거나 정부 법원의 권한에 관해 긴급조치를 할 수 있고 이에 대해 사법심사의 대상이 되지 않는다고 당시 헌법에 직접 규정하고 있었으나, 이에 대한 위헌심사에서 헌법재판소는 유신헌법 제53조에 근거한 긴급조치는 동 헌법조항에 정해진 요건과 한계를 준수해야 한다는 점에서 이를 헌법과 동일한 효력을 갖는다고 보기 어렵다고 판시한 바 있습니다. 그리고 내용상 적법절차, 영장주의, 죄형법정주의, 기본권 제한에 대한 법률유보원칙 등을 배제하거나 제한하고 표현의 자유 등 국민의 기본권을 직접적으로 제한하는 내용이 포함되어 있어 사실상 법률보다 하위의 효력을 가졌다고 보기 어렵고 최소한 법률과 동일한 효력을 갖는 것으로 보아 헌법재판소에서 그 위헌여부에 대한 심사권한을 갖는다고 판시한 바 있습니다. 헌재 2013. 3. 21. 2010헌바132등, 판례집 25-1, 180, 193-194. 또한 긴급조치에 대한 위헌 여부를 전제로 하는 상고심 사건에서 대법원은 형식적 의미의 법률 내지 그와 동일한 효력을 갖는 국회의 승인, 동의를 요하는 입법권 행사로 볼 수 있는 규범이 아닌, 유신헌법 제53조에 근거한 긴급조치는, 명령, 규칙에 대한 위헌심사권을 갖는 대법원에서 심사권한을 갖는다고 판시한 바 있습니다. 대법원 2010. 12. 16. 선고 2010도5986 전원합의체 판결.

고령은 헌법 제77조 제3항, 계엄법 제9조가 계엄사령관에게 국민의 기본권 제한과 관련한 특별한 조치를 할 수 있는 권한을 부여한 데 따른 것으로서 계엄법 제9조, 제14조의 내용을 보충하는 기능을 하고 그와 결합하여 대외적으로 구속력이 있는 '법규명령'으로서 효력을 가진다고 판시한 바 있습니다.[95] 헌법재판소도 긴급조치가 위헌법률심판의 대상에 해당한다는 점을 지적하고 있어 법률의 효력을 가질 수는 있다고 하며, 이는 곧 긴급조치가 헌법적 효력을 가질 수 없다고 전제하고 있습니다.[96]

(나) 헌법 제77조 제3항 특별한 조치 규정의 해석

헌법 제77조 제3항은 (ⅰ) 비상계엄 선포시에, (ⅱ) 법률이 정하는 바에 의하여, (ⅲ) 영장제도, 언론·출판·집회·결사의 자유, 정부나 법원의 권한에 대하여, (ⅳ) 특별한 조치를 할 수 있다고 규정하고 있습니다.

(ⅰ) 헌법 제77조 제3항에 근거한 특별한 조치는 비상계엄이 선포된 때에만 취할 수 있으며 경비계엄의 경우는 이를 취할 수 없습니다. 특별한 조치의 전제요건으로서의 '비상계엄이 선포된 때'는 당연히 헌법이 정하는 비상계엄 선포의 절차적 요건을 충족하는 합헌적 비상계엄이 선포된 때를 의미합니다. 따라서 헌법상 비상계엄의 요건을 충족하지 못하는 위헌적인 비상계엄의 경우는 헌법 제77조 제3항의 특별한 조치를 취할 수 있는 요건 또한 충족하지 못합니다.

(ⅱ) 비상계엄 선포시의 특별한 조치는 "법률이 정하는 바에 의하여" 취해야 합니다. 따라서 헌법 제77조 제3항에 따른 특별한 조치는 헌법 제77조 제3항의 수권에 의하여 제정된 계엄법의 규정에 부합하여야 합니다.

95) 대법원 2018. 11. 29. 선고 2016도14781 판결. 물론 이 판결은 유신헌법 및 당시의 계엄법에 의해 발해진 포고령의 규범적 지위에 관한 것입니다.
96) 헌재 2013. 3. 21. 2010헌바132등, 판례집 25-1, 180, 193.

(ⅲ) 헌법 제77조 제3항에 따른 특별한 조치의 대상은 사항적으로 영장제도, 언론·출판·집회·결사의 자유, 정부나 법원의 권한에 대한 것에 한정되어 있습니다.97)

(ⅳ) 헌법 제77조 제3항에 따라 취할 수 있는 특별한 조치는 동 조항에 규정된 대상인 영장제도, 언론·출판·집회·자유, 정부나 법원의 권한에 대한 조치입니다. 이를 근거로 비상계엄하에서 영장주의를 완전히 배제하는 조치를 취할 수 있는지, 언론·출판에 대한 검열을 하거나 집회·결사에 대한 허가제를 실시할 수 있는지, 헌법상 기본권 제한의 한계를 넘는 제한을 할 수 있는지, 행정권과 사법권 행사를 전면적으로 군의 관할하에 둘 수 있는 것인지 논란이 될 수 있습니다.98)

헌법 제77조 제3항 특별한 조치에 관한 규정은 전시·사변과 같은 국가비상사태의 특수성을 고려한 것입니다. 이러한 특별한 조치 규정이 있다고 하여 무제한적인 조치 내지는 최대한도의 조치를 할 수 있는 것이 아닙니다.

97) 다만, 이와 관련하여 현실적으로 헌법 제77조 제3항과 계엄법 제9조의 특별한 조치의 내용 범주에 규정상 차이가 있다는 문제가 있으며, 이에 대하여 헌법 제77조 제3항의 특별한 조치의 대상이 예시적으로 규정된 것인지, 열거적으로 규정된 것인지, 헌법 제77조 제3항에 규정된 사항의 범위를 넘어서는 계엄법 제9조의 특별한 조치 대상 부분(거주이전, 단체행동, 동원징발)이 위헌적인 것이 아닌지 그 해석과 관련하여 논란이 있습니다(이에 대하여는 김래영, 앞의 글(주 90), 614쪽 이하; 김하열, 헌법강의(제6판), 2024, 박영사, 887쪽; 성낙인, 헌법학(제24판), 법문사, 2024, 611쪽 등 참조). 계엄상황에서 불가피하게 요청될 수 있는 일정한 기본권 제한에 대하여, 헌법 제37조 제2항에 따른 일반적인 기본권 제한 가능성 및 제한의 한계가 적용될 수 있는 것이고, 비상계엄 상황에서 군사상 필요 등 법률이 정하는 특별한 상황요건을 고려하여 불가피하게 요청되는 기본권 제한 및 국가의 행정, 사법권한에 대한 조치 가능성에 대하여, 특별한 조치로서 헌법 제77조 제3항에 규정한 것이므로, 헌법 제77조 제3항에 규정된 특별한 조치의 대상은 열거적으로 엄격하게 해석할 필요가 있습니다. 유사하게 제77조 제3항은 제한적 규정이고 엄격하게 해석해야 한다는 견해로는 고문현·고문철, 계엄에 관한 연구, 법학논총 제47권, 2020, 551쪽. 유사하게, 계엄선포에 대한 대통령의 권력남용을 방지하기 위해 한정적 규정설이 더 설득력을 갖는다는 견해로는 성낙인, 위의 책, 611쪽. 다만, 이 견해는 실제로 계엄법에 규정된 거주이전의 자유, 단체행동, 재산권 등에 대한 특별조치를 위헌적 규정으로 보는 경우에는 계엄의 목적 달성에 어려움이 따를 수 있다는 점을 함께 설명하고 있습니다. 헌법 제77조 제3항에 규정된 이외의 기본권 제한 등에 대한 계엄법 조항이나 그러한 계엄집행을 위한 조치가 그 자체로 곧바로 위헌이라는 것은 아니지만, 헌법 제77조 제3항의 사항적 범위를 넘어서는 기본권 제한 등의 조치에 대해 헌법 제77조 제3항에 따른 특별한 조치로서 그 정당화 가능성을 심사할 것이 아니라 일반적인 기본권 제한의 한계 원칙을 적용하여 심사해야 할 것입니다.

98) 관련하여 김래영, 앞의 글(주 90), 619쪽 이하 참조.

헌법에 제도화된 긴급권의 성격상 특별한 조치도 필요최소한의 범위에서 그 상황 요건에 비례하여 취해져야 하며, 영장주의, 권력분립, 기본권 제한의 한계와 같은 헌법의 기본원칙들이 완전히 배제될 수 있는 것은 아닙니다.[99] 예컨대 언론·출판·집회·결사의 자유를 제한하는 모든 조치가 정당화되는 것은 아닙니다. 비상계엄하의 조치가 일반적인 기본권 제한의 한계를 준수하지 않은 것으로서 문제되는 경우에, 헌법 제77조 제3항에 근거하여 기본권을 제한하는 목적의 정당성과 군사상 필요의 상황 요건들, 공익적 중대성 등이 심사에서 고려되어야 합니다. 궁극적으로는 이러한 특별한 조치는 비상계엄 사태에서도 가급적 회피되어야 하며, 설사 허용된다 하더라도 지극히 한시적으로 필요최소한도를 넘어서는 안되며, 국가비상사태가 평상시로 회복되면 가급적 빨리 원상회복하여야 합니다.

(3) 포고령 제1호가 헌법 제77조 제3항에 따른 특별한 조치로서 정당화될 수 있다는 주장의 부당성

우선, 헌법 제77조 제3항 특별한 조치는 헌법에서 규정하고 있는 범위 내에서, 그리고 법률에 구체적으로 정하는 바에 의하여 취해질 수 있습니다. 따라서 비상계엄 선포 자체가 헌법상 요건을 위반한 것이므로 이러한 비상계엄 선포에 따른 포고령 제1호는 헌법 제77조 제3항에 따른 특별한 조치로 정당화될 수 없습니다.

다음으로, 헌법 제77조 제3항 특별한 조치는 동 조항에서 정하고 있는 사항적 범위에 한정하여 취해지는데, 포고령 제1호에서는 헌법에 명시되어 있지 않은 국회와 지방의회의 활동을 금지하는 조치, 정당의 활동을 전면적으로 금지하는 조치가 있어 헌법의 수권 범위를 벗어납니다. 또한 정부와 법원

---

99) 기본권 보장, 사법권 보장의 핵심영역을 훼손해서는 안되는 것이고, 예컨대 영장제도를 전면부인하거나, 언론·집회에 대한 무차별적 검열이나 허가, 결사의 전면 금지는 허용되지 않는다는 견해로는 김하열, 앞의 책(주 97), 887쪽 참조.

의 '권한에 대한' 특별한 조치에 정부와 법원의 활동을 전면적으로 금지하는 것까지 포함된다고 볼 수는 없습니다. 지방의회와 관련해서는 지방의회를 설령 국가조직체계상 정부의 부분 조직으로 본다 하더라도 그 권한에 대하여 특별한 조치를 취할 수 있다는 것이지, 지방의회의 활동을 전면적으로 금지할 수는 없기 때문에, 포고령 제1호 1.에서 지방의회의 활동을 금지한 것은 헌법 제77조 제3항에 따른 특별한 조치로 정당화될 수 없습니다.

그 밖에도 일체의 정치적 활동을 금하고, 모든 언론·출판을 계엄사 통제하에 두며, 복귀명령에 위반한 전공의를 처단하도록 하고, 영장주의를 배제하는 등 영장주의, 언론·출판의 자유, 정치적 자유에 대한 전면적인 제한을 규정하고 있어 헌법 제77조 제3항에 따른 특별한 조치로 정당화될 수 있는 한계를 넘어섰습니다.

라. 절차적 하자 - 계엄사령관 임명시 국무회의 심의 부재의 문제

피청구인은 계엄사령관을 통해 포고령 제1호를 발령하였는데, 계엄법 제5조 제1항에 따르면 계엄사령관은 현역 장성급 장교 중에서 국방부장관이 추천한 사람을 국무회의의 심의를 거쳐 대통령이 임명한다고 규정하고 있습니다. 앞서 살펴본 바와 같이(Ⅲ. 2. 나. (가)와 (나)) 국무회의의 심의가 없었으므로 계엄법의 절차를 위반하여 계엄사령관을 임명한 것이고, 이는 계엄사령관을 통해 발령한 포고령 제1호의 절차적 하자를 확인시켜 줍니다. 또한 계엄선포 자체가 위헌이기 때문에 계엄사령관 임명 및 계엄사령부 구성 또한 위헌적 권력 발동에 따른 것이므로 계엄선포의 위헌성이 계엄사령부 구성에도 위헌성으로 승계되고, 위헌적으로 임명·구성된 계엄사령부의 포고령 발령 또한 절차적 하자를 인정할 수 있습니다.

마. 실체적 하자

[계엄사령부 포고령 제1호]

자유대한민국 내부에 암약하고 있는 반국가세력의 대한민국 체제전복 위협으로부터 자유민주주의를 수호하고, 국민의 안전을 지키기 위해 2024년 12월 3일 23:00부로 대한민국 전역에 다음 사항을 포고합니다.

1. 국회와 지방의회, 정당의 활동과 정치적 결사, 집회, 시위 등 일체의 정치활동을 금한다.
2. 자유민주주의 체제를 부정하거나, 전복을 기도하는 일체의 행위를 금하고, 가짜뉴스, 여론조작, 허위선동을 금한다.
3. 모든 언론과 출판은 계엄사의 통제를 받는다.
4. 사회혼란을 조장하는 파업, 태업, 집회행위를 금한다.
5. 전공의를 비롯하여 파업 중이거나 의료현장을 이탈한 모든 의료인은 48시간 내 본업에 복귀하여 충실히 근무하고 위반시는 계엄법에 의해 처단한다.
6. 반국가세력 등 체제전복세력을 제외한 선량한 일반 국민들은 일상생활에 불편을 최소화할 수 있도록 조치한다.

이상의 포고령 위반자에 대해서는 대한민국 계엄법 제9조(계엄사령관 특별조치권)에 의하여 영장없이 체포, 구금, 압수수색을 할 수 있으며, 계엄법 제14조(벌칙)에 의하여 처단한다.

2024. 12. 3.(화) 계엄사령관 육군대장 박안수.

- 55 -

(1) 포고령 제1호 1. 국회의 활동 금지

(가) 헌법 제77조 제3항과 제5항 및 계엄법 제7조와 제8조 위반

비상계엄이 선포된 때에는 법률이 정하는 바에 의해 정부나 법원의 권한에 관하여 특별한 조치를 할 수 있습니다. 또한 계엄법 제7조와 제8조에서는 비상계엄 선포시 계엄사령관은 계엄지역의 모든 행정사무와 사법사무를 관장하고, 계엄지역의 행정기관 및 사법기관은 지체없이 계엄사령관의 지휘·감독을 받아야 한다고 규정하고 있습니다.

비상계엄 선포 및 그 집행으로서 정부나 법원의 '권한에 대한' 조치는 할 수 있으나 국회의 권한에 대한 조치는 헌법상 및 법률상 인정되지 않습니다. 즉 포고령 제1호 1.은 헌법 제77조 제3항에 따른 특별한 조치의 사항적 범위를 넘어서 발령된 것입니다. 더욱이 헌법 제77조 제5항에서는 국회의 계엄해제요구 의결권을 보장하고 있는데, 포고령이 국회 활동을 금지함으로써 국회의 이러한 권한을 침해하는 것이므로 헌법에 위반됩니다.

(나) 권력분립원칙 위반

국회는 입법부이자 국민을 대표하여 의사를 결정하는 합의체 의사결정기관으로서, 그리고 국정통제기관으로서의 지위를 갖는 헌법기관입니다. 그런데 포고령 제1호 1.는 헌법에서 그 내용과 한계를 정하고 있는 계엄권의 행사범위를 넘어서 정부 및 법원에 해당하지 않는 국회의 활동을 정지한다고 명한 것이고, 이는 헌법기관이자 입법작용을 담당하고 국정통제권한을 행사하는 국회의 헌법상 지위 및 권한을 침해한 것이어서 헌법 제40조를 위반하는 것이며 헌법의 권력분립원칙에 명백하게 위배됩니다.

(2) 포고령 제1호 1. 지방의회의 활동 금지

지방의회는 국가조직체계에서 행정기관의 성격을 가지나, 지방자치단체에서는 자치입법권한을 행사할 수 있는 실질적 입법기관의 성격을 갖습니다. 지방의회는 헌법상 지방자치제도 보장의 본질적 기관에 해당하는 것으로서 헌법 제118조에 따라 보장되고 있으며, 사실상 지방차원에서의 정치적 활동 공간에 해당합니다.

헌법 제77조 제3항 특별한 조치는 비상계엄하의 특수한 상황에서 발해지는 것으로서 필요최소한도로 상황적 요건에 비례하여 행사되어야 하며, 가능한 엄격하게 해석해야 합니다. 따라서 지방의회를 형식적으로 정부에 포함시킬 수 있더라도 특별한 조치의 대상에 지방정부에서 정치적 활동의 공간인 지방의회를 특별한 조치의 대상으로 포함시키는 것은 과잉조치입니다. 지방차원에서 정치활동의 전면적 금지, 나아가 지방자치 제도의 헌법적 보장 내용인 지방의회 활동에 대한 금지로 볼 수 있는 것이기 때문입니다. 이와 같이 포고령 제1호 1.는 헌법상 지방자치제도 보장의 본질적 기관에 해당하는 지방의회의 헌법상 지위 및 권한을 침해하여 헌법 제118조를 위반한 것입니다.

(3) 포고령 제1호 1. 정당 활동 금지, 정치적 결사·집회·시위 등 일체의 정치활동 금지

포고령 제1호 1.은 정당활동, 정치적 결사·집회·시위 등 일체의 정치활동을 금지하고 있습니다. 헌법 제77조 제3항에서 비상계엄 선포시 집회·결사에 대한 특별한 조치를 취할 수 있다고 하고 있으나, 이로써 기본권 제한의 헌법적 한계가 배제되는 것은 아닙니다.

정치적 결사·집회·시위에 대하여는 헌법 제77조 제3항과 계엄법 제9조에 근거가 있다고 볼 수 있지만, 그 외 모든 정치활동 금지는 헌법 및 계엄법에

- 57 -

서 규정하고 있는 조치에 해당하지 않습니다. 또한 포고령 제1호 1.은 정치활동이 금지되는 기간이나 해제 조건, 이러한 금지 조치가 한시적임을 규정하고 있지도 않습니다. 이러한 조치는 헌법 제37조 제2항에 따른 과잉금지원칙에 위배되어 헌법 제8조의 정당의 자유, 헌법 제21조 제1항에서 보장하는 정치적 결사・집회・시위의 자유 등을 침해하는 것입니다.

(4) 포고령 제1호 2.와 3. 언론 출판에 대한 계엄사 통제

포고령 제1호 2.는 가짜뉴스, 여론조작, 허위선동을 금지하고 있고 3.은 모든 언론・출판에 대한 계엄사 통제를 규정하고 있습니다.

제1호 2.에 따라 가짜뉴스, 여론조작, 허위선동이 금지되는 것은 표현의 자유에 대한 제한에 해당하며 이에 대한 헌법심사가 필요합니다. 우선 가짜뉴스, 여론조작, 허위선동에 해당하는 것에 대한 판단기준 또는 해석기준이 없이 불명확하기 때문에 수범자와 법집행자에게 자의적 법해석과 집행을 배제하기 어려우며, 이는 명확성 원칙에 위배됩니다.[100]

또한 헌법 제21조 제2항은 언론・출판에 대한 허가나 검열을 금지하고 있습니다. 포고령 3.에 규정된 언론・출판에 대한 계엄사 통제가 무엇인지는 명확하지 않습니다. 언론・출판에 대한 계엄사의 제한 없는 검열을 포함하는 것이라면 그 자체로서 헌법 제21조 제2항에 위반되는 것으로 볼 수가 있으며, 계엄사에 의한 전면적인 제한을 의미하는 것이라면 과잉금지원칙과 기본권의 본질적인 내용 침해 금지에 위배되어 헌법 제37조 제2항의 기본권 제한의 헌법적 한계를 넘은 것입니다.

---

100) 이와 관련하여 과거 1972년 유신헌법상 비상계엄선포권 및 계엄법에 의거하여 1979년 10월 18일 부산지역에 비상계엄이 선포되고 발해진 포고령 제1호의 위헌・위법성 및 그로 인한 무효를 확인한 판결에서 대법원은 다음과 같이 설시하고 있습니다; "... 또한 '유언비어를 날조・유포하는 일체의 행위(제4항)' 등 범죄의 구성요건이 추상적이고 모호할 뿐만 아니라, 그 적용 범위가 너무 광범위하고 포괄적이어서 통상의 판단능력을 가진 국민으로서 무엇이 법률에 의하여 금지되는 행위인지를 예견하기 어려우므로 죄형법정주의의 명확성 원칙에도 위배된다." 대법원 2018. 11. 29. 선고 2016도14781 판결.

(5) 포고령 제1호 4. 사회혼란을 조장하는 파업・태업・집회행위 금지

포고령 제1호 4.에서는 사회혼란을 조장하는 파업・태업・집회행위를 금지하고 있습니다. 이는 계엄법 제9조에서 단체행동에 대한 특별한 조치를 취할 수 있다고 했기 때문에 이에 따른 것으로 볼 수도 있습니다. 그러나 계엄법 제9조는 군사상 필요할 때 특별한 조치를 할 수 있다고 규정하고 있기 때문에 군사상 필요한 경우가 아닌 상황에서 발령된 포고령 제1호 4.의 파업・태업・집회행위 금지는 계엄법 제9조에 근거한 것으로 정당화될 수 없습니다. 또한 포고령 제1호 4.에 규정된 '사회혼란을 조장하는' 이라는 문언은 명확하게 특정하여 이해하기 어렵기 때문에 사실상 파업・태업・집회행위의 자의적 금지 또는 전면적 금지로 해석될 여지가 있어 명확성 원칙에 위배되고, 헌법 제33조 제1항의 단체행동권을 과잉 침해하는 것으로 헌법에 위반됩니다.

(6) 포고령 제1호 5. 전공의 등 의료인에 대한 복귀명령 및 위반시 계엄법에 의한 처단

포고령 제1호 5.에서는 전공의를 비롯하여 파업 중이거나 의료현장을 이탈한 의료인에 대하여 48시간 내 복귀명령 및 위반시 계엄법에 의한 처단을 규정하고 있습니다. 이러한 의료인에 대한 조치명령은 헌법 및 계엄법상 근거가 없는 기본권 제한이며 이에 따라 전공의 등 의료인의 헌법 제15조 직업의 자유를 침해합니다. 그리고 복귀명령 위반시 계엄법에 의해 처단한다는 부분은 적법절차원칙, 과잉금지원칙에 위배되어 헌법 제12조 신체의 자유를 침해합니다.

- 59 -

(7) 포고령 위반자에 대한 영장없는 체포·구금·압수·수색과 계엄법 제14조에 따른 처단

포고령 위반자에 대한 계엄법 제9조에 의한 영장없는 체포·구금·압수·수색 부분은 영장주의를 전면적으로 배제하고 있다는 점에서 헌법 제12조에 위반됩니다. 그리고 계엄법 제9조에 따른 조치는 비상계엄지역에서 계엄사령관이 군사상 필요한 때 행사할 수 있는 것입니다. 그런데 군사상 필요성 요건이 전혀 충족되지 않은 상황에서 계엄사령관의 특별조치권에 근거하여 헌법상 영장주의에 위배되는 조치를 취할 수 있다고 한 것은 계엄법 제9조에도 위배되는 위법성이 있습니다. 그리고 헌법 제77조 제3항 특별한 조치는 영장주의를 전면적으로 배제하는 것까지를 허용하는 것은 아닙니다.[101]

계엄법 제14조 제2항에서는 계엄법 제8조 제1항에 따른 계엄사령관의 지시를 따르지 않거나 계임법 제9조 제1항 또는 제2항에 따른 계엄사령관의 조치에 따르지 않거나 위반한 자는 3년 이하의 징역에 처한다고 규정하고 있습니다. 그런데 계엄사령관의 특별조치권은 군사상 필요에 응하기 위하여 발동되는 것인데 군사상 필요성과 무관한 포고령 제1호 각 항의 위반에 대하여, 그리고 특히 전공의 등 의료인에 대한 복귀명령 위반에 대한 처단에 계엄법 제14조 벌칙규정을 적용하는 것은 모두 계엄법 제14조에 위배되며, 나아가 헌법 제12조의 적법절차원칙, 신체의 자유, 죄형법정주의 원칙을 침해하는 것입니다.

---

101) 이와 관련하여 1972년 10월 17일 전국 비상계엄 선포에 따른 포고령 제1호의 위헌·위법성에 대해서 대법원은 다음과 같이 설시한 바 있다; "... 이와 같이 이 사건 계엄포고는 헌법과 법률에서 정한 발동 요건을 갖추지 못한 채 발령되었고, 그 내용도 영장주의와 죄형법정주의의 명확성 원칙에 위배되며, 표현의 자유, 학문의 자유, 대학의 자율성 등 헌법상 보장된 국민의 기본권을 침해하는 것이므로, 이 사건 계엄포고가 해제되거나 실효되기 이전부터 구 헌법, 현행 헌법, 구 계엄법에 위배되어 위헌이고 위법하여 무효이다. 대법원 2018. 12. 13. 선고 2016도1397 판결.

4. 비상계엄 선포 이후 조치의 위헌·위법성

가. 군대와 경찰을 동원해 국회를 봉쇄하고 진입해 국회 활동을 방해하도록 지휘한 행위

(1) 쟁점

피청구인의 비상계엄 선포 이후, 경찰이 국회를 봉쇄하고 계엄군이 국회 경내로 진입하였던 사정은 실시간으로 전 국민에게 생중계가 되었습니다. 이하에서는 이와 같은 군대와 경찰의 동원을 지휘하여 국회 활동을 방해하도록 지휘한 피청구인의 행위에 내재된 주요 헌법 위반 사유를 검토하려 합니다. 이 사건 심판절차 준비기일에서 해당 부분을 다루면서 국회의장 등에 대한 체포를 지시한 행위 부분 또한 함께 판단하기로 정리된 바 있음을 감안하여,[102] 이어서 국회의장 등을 체포하도록 지휘한 행위의 위헌성에 관해서도 추가로 언급하고자 합니다.

(2) 사실관계 검토

소추의결서에 따르면, 피청구인의 지휘하에 있는 경찰은 국회를 봉쇄하여 국회의원의 국회 진입을 방해하였고, 계엄군은 국회 본회의장에 진입해 본회의장 안에 있는 국회의원의 체포를 시도하는 방법으로 비상계엄 해제 요구 결의를 위한 국회 본회의를 방해하였습니다.[103]

보다 구체적으로 경찰청장 조지호 등에 대한 공소장에 기재된 내용에 따르면, 경찰은 비상계엄 선포 당시 28개 경찰 기동대를 국회 주변에 배치하고,

102) 2차 변론기일 당시 수명재판관 정형식 준비기일 결과 상정 내용.
103) 박찬대 의원 등 190인이 발의한 대통령(윤석열) 탄핵소추안(의안번호 2206448), 10쪽.

- 61 -

경찰버스와 지휘차량 등을 동원하여 국회의원을 포함한 민간인의 국회 출입을 통제하는 형태로 국회를 봉쇄하였습니다.[104] 다음으로, 수도방위사령부 소속 병력들은 국회 본회의장에 모인 국회의원들을 끌어내라는 피청구인의 지시를 받았습니다.[105] 아울러 국회로 출동한 육군특수전사령부 소속 병력들 중 707특수임무단 및 1공수특전여단 병력 일부는 피청구인과 당시 국방부장관의 지시에 따라 유리창을 깨뜨린다거나 국회의사당 후문을 강제로 개방하는 등으로 국회 내부로 침투하였고, 특히 전자의 병력의 침투 과정에서 국회 내 당직자 등이 계엄군의 국회의사당 진입을 막기 위해 소화기를 분사하는 등의 물리적 마찰이 발생했습니다.[106]

(3) 헌법 제77조 제3항 위반

앞서 반복하여 살핀 바와 같이, 비상계엄이 선포된 때에도 헌법 제77조 제5항에 따라 대통령의 비상계엄선포 행위를 견제할 수 있는 국회의 권한 행사를 방해할 수는 없습니다.[107] 계엄법 제13조에서 계엄 시행 중에는 국회의 회기 중이 아니더라도 국회의원이 불체포특권을 가진다고 규정하여 헌법 제44조 제1항이 정한 국회의원의 회기 중 불체포특권의 적용 범위를 확장한 취지 또한 여기에 있다고 할 것입니다.[108] 그렇다면 비상계엄 선포 이후 피청구인이 병력과 경찰력을 동원해 국회를 봉쇄하고 국회 내부로 진입해 국회의 활동을 방해하도록 지휘했다면, 이는 헌법 제77조 제3항을 위반한 것임이 명백합니다.

이에 대해 피청구인은 3차 변론기일에서 계엄해제 결의를 위해 국회에 모

---

104) 자세히는 조지호 등 공소장, 55-56쪽 참조.
105) 자세히는 조지호 등 공소장, 63-65쪽 참조.
106) 자세히는 조지호 등 공소장, 71-72쪽 참조.
107) (사)한국헌법학회 편, 앞의 책(주 54), 671쪽(송기춘 집필 부분).
108) 계엄법 제13조의 취지가 비상계엄시 발생할 수 있는 국회에 대한 탄압을 방지하기 위한 데서 발견할 수 있다는 취지의 견해((사)한국헌법학회 편, 앞의 책(주 54), 676쪽(송기춘 집필 부분)) 또한 이와 상통한다고 할 수 있을 것입니다.

- 62 -

인 국회의원을 끌어내라고 지시한 적이 없다고 증언하였고, 김용현 증인 또한 4차 변론기일에서 병력들에게 국회의원이 아닌 "요원"을 끌어내라고 지시했고, 별도로 국회를 봉쇄하려던 의도 또한 없었다고 증언하는 등 현 시점을 기준으로 소추의견서에 기재된 사실관계를 부인하고 있는 상황입니다. 다만 소추의결서에 기재된 대로 사실관계가 인정된다면, 피청구인의 해당 행위는 헌법 제77조 제3항에 정면으로 위배됨이 명백합니다. 이는 헌법이 대통령의 계엄선포권 행사를 견제하기 위해 명시하고 있는 국회의 계엄해제요구권 행사를 불가능하게 하려는 것이므로 그 위반의 중대성은 큽니다.

(4) 군인과 공무원의 정치적 중립성 훼손

피청구인의 부인에도 불구하고 객관적 정황에 의해 충분히 입증되는 바와 같이, 피청구인이 계엄군과 경찰을 동원하여 국회 활동을 방해하도록 하는 지휘는 헌법 제7조 제2항 공무원의 정치적 중립성 및 특히 계엄군의 경우에는 헌법 제5조 제2할 국군의 정치적 중립성에 위반됩니다.

헌법 제7조 제2항 공무원의 정치적 중립성은 단지 공무원 개인의 정치적 기본권을 제약하기 위한 것이 아니라, 직업공무원을 정치의 영향력으로부터 보호하려는 데 그 취지가 있습니다.[109] 직업공무원이 특정한 정치적・사회적 세력과 일정한 거리를 유지할 때 공무원이 국민 전체의 이익을 위해 직무를 수행할 수 있고, 이를 통해 국가작용의 공정성이 담보될 수 있기 때문입니다.[110] 직업공무원의 정치적 중립성이 정치적 세력 사이의 일종의 평형추로 기능하여 현대 민주주의 국가에서 권력분립을 실현하는 수단이라는 지적[111] 또한 이러한 취지와 연결됩니다. 그렇다면 피청구인이 직업공무원인 군대와 경찰로 하여금 정치적으로 대립하였던 국회의 활동을 방해하도록 지휘한 행위는 자신의 정치적 목적을 달성하기 위해 계엄군과 경찰을 동원한 것이므

109) 김하열, 앞의 책(주 97), 174쪽.
110) (사)한국헌법학회 편, 헌법주석[I], 박영사, 2013, 200쪽(박경철 집필 부분).
111) 한수웅, 앞의 책(주 68), 1327-1328쪽.

- 63 -

로, 공무원의 정치적 중립성을 훼손한 것입니다.

이와 같은 피청구인의 행위는 특히 국군의 정치적 중립성을 별도로 규정한 헌법 제5조 제2항에 위반됩니다. 헌법은 "국가의 안전보장과 국토방위의 신성한 의무를 수행함을" 국군의 사명으로 명시하고 있으며, 국군의 존재 의의는 외부의 위협으로부터 국가의 존립 및 안전보장을 실현하는 데 있습니다.[112] 이러한 측면에서 국군은 국내 정치에 있어서 중립적이어야 하며,[113] 이는 국군의 정치에 대한 개입뿐 아니라 특정 정치세력이 자신의 목적을 달성하기 위하여 국군을 이용하는 것 또한 금지합니다.[114] 그렇다면 국회를 정치적 반대파라고 간주하고 국회의 활동을 방해하기 위하여 피청구인이 계엄군을 동원하도록 지휘한 사정이 인정된다면, 특히 과거의 헌정사에서 군의 정치개입이 반복되었던 경험을 되풀이하지 않기 위해 헌법 제5조 제2항을 규정한[115] 국군의 정치적 중립성의 의의를 몰각한 것이라고 할 수밖에 없습니다.

(5) 추가 논의: 국회의장 등을 체포하도록 지휘한 행위의 위헌성

위와 같은 결론은 (피청구인 측은 이하의 사실관계를 부정하고 있으나) 소추의결서에 기재된 피청구인이 계엄군과 경찰로 하여금 국회의장이나 국회의원인 야당 대표, 국회의원은 아닌 여당 대표에 대한 체포를 지휘한 행위[116]에도 동일하게 적용될 수 있습니다.

112) 한수웅, 앞의 책(주 68), 372쪽.
113) 한수웅, 앞의 책(주 68), 372쪽. 헌법재판소 또한 "군은 국가공동체와 국민의 생명을 지키는 것을 사명으로 하고 있고, 이를 수행하기 위해서는 국군이 그 정치적 중립성을 준수하는 것이 반드시 필요하다." 라고 판시한 바 있습니다. 헌재 2018. 7. 26. 2016헌바139, 판례집 30-2, 22, 27.
114) (사)한국헌법학회 편, 앞의 책(주 54), 152-153쪽(이상경 집필 부분). 헌법재판소가 "국군은 정치에 개입하거나 특정 정당을 지원하는 등 정치적 활동을 해서는 안 되며, 정치권도 국군에 영향력을 행사하려고 시도해서는 안 된다(헌재 2016. 2. 25. 2013헌바111, 판례집 28-1상, 42, 53)." 라고 밝힌 취지 또한 같다고 할 것입니다.
115) 이처럼 현행 헌법 제5조 제2항의 취지를 설시한 헌법재판소 결정으로 헌재 2018. 7. 26. 2016헌바139, 판례집 30-2, 22, 26-27.
116) 박찬대 의원 등 190인이 발의한 대통령(윤석열) 탄핵소추안(의안번호 2206448), 10쪽.

먼저, 국회의장은 헌법 제48조에 따라 국회에서 선출되는 국가기관으로 국회법 제10조에 따라 국회를 대표하고 의사를 정리하며, 질서를 유지하고 사무를 감독하며, 구체적으로 본회의 의사일정의 작성 및 변경, 의안의 상정, 의안 가결 선포 등의 권한을 행사합니다.[117] 그렇다면 국회의장에 대한 체포 시도는 국회의 권한 행사를 원천적으로 봉쇄하려는 시도로서, 헌법 제77조 제3항에 따라 비상계엄 선포시에도 정당화될 수 없습니다.

다음으로, 헌법 제41조 제1항에 따라 국회의원을 체포하려는 시도 또한 결국 국회의 권한 행사를 방해하는 것이라는 점에서 국회의장의 경우와 결론을 같이합니다.

마지막으로, 국회 내에 교섭단체를 구성한 정당의 대표는 - 비록 국회의원이 아닐지라도 - 공직후보자 추천을 비롯한 정당의 운영 전반을 책임진다는 점에서 해당 정당이 구성한 교섭단체에 소속된 국회의원들의 국회 내에서의 활동에 사실상 영향을 미칩니다. 그러므로 해당 정당 대표를 체포하려는 시도 또한 국회의 권한 행사에 직·간접적으로 영향을 미칩니다.

결국 소추의결서에 기재된 바와 같이 피청구인의 지휘 아래 국회의장, 국회의원인 야당 대표, 국회의원은 아닌 여당 대표를 체포하려고 시도하였다면 이 또한 헌법 제77조 제3항에 위반됩니다. 그리고 이와 같은 시도는 헌법 제77조 제3항 위반뿐 아니라 체포가 시도된 자연인 개인의 기본권을 침해하며, 전술한 내용과 같이 국군과 공무원의 정치적 중립성이 형해화 됩니다. 더하여, 이는 다수를 존중하면서도 소수를 배려하는 민주적 의사결정을 보장하기 위해 복수정당제도를 주요한 요소로 삼고 있는 자유민주적 기본질서[118]의 의의에도 반하는 것입니다.

117) 국회의장의 헌법상 지위를 정리한 헌법재판소 결정으로 헌재 1997. 7. 16. 96헌라2, 판례집 9-2, 154, 164.

118) 헌법 제8조 제4항이 의미하는 민주적 기본질서의 의미와 관련하여 헌법재판소 또한 같은 취지를 밝힌 바 있습니다(헌재 2014. 12. 19. 2013헌다1, 판례집 26-2하, 1, 22-23). 독일 연방헌법재판소 또한 사회주의제국당 해산판결(SRP-Urteil)에서 자유민주적 기본질서의 핵심 요소로 복수정당제 하에서의 야당의 보호를 명시한 것으로 알려져 있습니다(BVerfGE 2, 1, 12f.).

나. 군대를 동원해 영장 없이 중앙선거관리위원회를 압수·수색한 행위

(1) 쟁점

피청구인은 비상계엄을 선포하여 중앙선거관리위원회를 장악하고 포고령에 근거하여 부정선거와 관련되었을 것이라고 추정한 중앙선거관리위원회 관계자들을 영장 없이 체포·구금하고자 하였습니다. 이에 따라 실제 비상계엄을 선포한 후 영장 없이 중앙선거관리위원회 직원들의 휴대전화를 제출하게 하고, 유선전화를 사용하지 못하게 하였고 합리적 근거 없이 중앙선거관리위원회의 전산자료를 영장 없이 압수하여 증거를 확보하고자 하였습니다. 그리고 정보사령부가 중앙선거관리위원회 과천청사를 점거하고 전산실을 폐쇄하였으며, 당직자, 방호원, 통합관제실 근무 직원 등의 휴대전화를 빼앗아 사용하지 못하게 하고 중앙선거관리위원회 통합명부시스템 등을 사진으로 촬영하고 전산실을 폐쇄하였으며, 주요 직원을 체포하기 위하여 대기하였다가 아침에 출근하는 해당 직원들의 신원을 확인한 후 포박·복면을 씌워 모처의 벙커로 이송하라는 지시에 따라 임무를 나눠맡고 대기하였습니다. 또한 경기남부경찰청을 통해 출입통제 지시를 하달하고 중앙선거관리위원회 과천청사 출입을 통제하였습니다.[119]

피청구인의 이러한 행위가 대통령의 지위에서 그 권한을 이용하여 행사한 직무상 행위로서 어떠한 측면에서 헌법 또는 법률에 위반하는 것인지 문제됩니다.

(2) 중앙선거관리위원회에 대한 조치의 위헌·위법성

선거관리위원회는 헌법상 선거와 국민투표의 공정한 관리 및 정당에 관한

119) 조지호 등 공소장, 81쪽 이하 참조.

사무를 처리하기 위해 설치된 독립헌법기관입니다. 독립성을 보장하기 위해 최고기관인 중앙선거관리위원회는 대통령이 임명하는 3인, 국회에서 선출하는 3인, 대법원장이 지명하는 3인으로 구성됩니다(헌법 제114조 제2항). 또한 중앙선거관리위원회는 독립적인 기능을 위하여 필요한 규칙을 제정하는 권한이 있습니다(헌법 제114조 제6항). 따라서 선거관리위원회는 정부와는 구별되는 독립된 헌법기관으로 보아야 할 것이고, 헌법 제77조 제3항에 따른 비상계엄 선포시의 특별조치의 대상으로서 정부에는 포함되지 않습니다. 그리고 헌법 제77조 제3항의 정부·법원의 권한에 대한 특별조치는 그 기관의 권한에 대한 특별한 조치인 것이지 군병력을 동원하여 기습점거하여 그 기능을 점거 기간 동안 중단시키는 것까지를 포함하지는 않습니다. 따라서 어떠한 경우에도 군병력을 통하여 중앙선거관리위원회를 기습 점거하는 것은 헌법 제77조 제3항에 따른 비상계엄하의 특별한 조치가 될 수 없습니다.

다. 전·현직 법관에 대한 체포 및 구금을 지시한 행위

헌법 제103조는 법관의 재판상 독립을 보장하고, 이를 위하여 헌법 제106조를 중심으로 법관의 신분을 보장하고 있습니다.[120] 헌법재판소는 (일반 공무원에 비해 특히) "법관에 대하여 헌법이 직접적으로 그 신분보장 규정을 두고 있는 이유는 사법권의 독립을 실질적으로 보장함으로써 헌법 제27조에 의하여 보장되고 있는 국민의 재판청구권이 올바로 행사될 수 있도록 하기 위한 것"[121]이라고 판시한 바 있습니다. 그렇다면 헌법에 의해 신분이 보장되고 있는 법관에 대하여 적법한 절차에 의하지 않고 불이익을 주는 것은 비단 법관 개인의 기본권뿐만 아니라 사법권의 독립 및 법치주의, 그리고 국민의 재판청구권에 대한 중대한 위협에 해당합니다.[122]

120) (사)한국헌법학회 편, 헌법주석[법원, 경제질서 등], 경인문화사, 2018, 1030쪽(석인선 집필 부분).

121) 헌재 1992. 11. 12. 91헌가2, 판례집 4, 713, 728.

122) 특히 '법관의 의사에 반하는 해직 강제'라는 불이익 처분에 대해 위와 유사한 취지를 설시

소추의결서에 따르면, 피청구인은 “전 대법원장 및 전 대법관 등 법조인 … 에 대한 체포를 지시”[123] 했습니다. 더하여 일부 언론보도에 따르면, 체포 지시 대상자에는 야당 대표인 국회의원에게 무죄를 선고한 현직 판사까지 포함되어 있어 대법원이 “사실이라면 사법권에 대한 직접적이고 중대한 침해”라는 입장을 밝힌 바 있습니다. 위와 관련된 사실관계는 아직 확정되지 않은 것으로 보이나 만약 해당 내용들이 사실로 확인된다면, 이는 일차적으로 전·현직 법관 개인의 기본권을 침해하는 것입니다. 특히 헌법 제77조 제3항은 설령 비상계엄이 선포된 경우라고 할지라도 “법원의 권한에 관한 특별한 조치”가 가능하다고 하고 있을 뿐, 법관에 대한 불이익 강제를 허용하고 있는 것은 아님을 감안해야 할 것입니다.[124]

나아가 현직 법관들에 대한 체포나 구금 지시가 실제로 있었다면, 특히 사법권의 독립에 대한 침해는 현행 헌법 질서의 근간을 이루는 자유민주적 기본질서를 심내하게 훼손하는 결과로 연결된다는 점에서[125] 그 위헌성이 중대합니다.

한 헌법재판소 결정으로 헌재 1992. 11. 12. 91헌가2, 판례집 4, 713, 722 및 728 참조.

123) 박찬대 의원 등 190인이 발의한 대통령(윤석열) 탄핵소추안(의안번호 2206448), 10쪽.

124) 헌법 제77조 제3항과 계엄법 제9조 제1항에 따라 법률이 정하는 바에 의해 ‘영장제도에 관한 특별한 조치’가 거론될 수 있다고 할지라도, ① 형식적으로 전·현직 법관에 대한 체포 지시는 형식적으로 계엄법 제9조 제1항 제2문이 정한 계엄사령관에 의한 공고 절차를 거친 사정이 발견되지 않을 뿐 아니라, ② 실질적으로 ‘특별한 조치’ 또한 국가작용이라는 측면에서 모든 국가작용의 한계를 선언하고 있는 헌법 제37조 제2항의 과잉금지원칙 내지 비례원칙을 지켜야 함을 전제할 때[헌법 제37조 제2항의 의의를 이와 같이 판시한 헌법재판소 결정으로 헌재 2018. 6. 28. 2011헌바379등, 판례집 30-1하, 370, 411; 이에 기반하여 ‘특별한 조치’에 관한 논의를 전개하는 문헌으로 (사)한국헌법학회 편, 앞의 책(주 54), 675-676쪽(송기춘 집필 부분)], 이를 준수했다고 보기는 어려울 것입니다. (현 시점을 기준으로 피청구인 측은 체포 지시 자체를 부정하고 있는 것으로 보여 구체적으로 어떠한 목적이었는지 확인이 어려우나, ‘거대 야당에 대한 경종’이나 ‘부정선거 시스템 점검’과 같은 비상계엄의 목적을 그대로 가져올 경우) 체포 지시가 달성하고자 하는 목적과 전·현직 법관 개인의 신체의 자유, 나아가 (현직 법관의 경우) 법관의 신분보장이 사법권의 독립 및 국민의 재판청구권과 관련하여 가지고 있는 함의를 형량할 때, 이는 과잉금지원칙 내지 비례원칙에 위반된다고 보기 충분할 것이기 때문입니다.

125) (자유)민주적 기본질서의 의의 내지 구성요소로 사법권의 독립을 천명한 헌법재판소 결정으로 헌재 1990. 4. 2. 89헌가113, 판례집 2, 49, 64; 헌재 2001. 9. 27. 2000헌마238등, 판례집 13-2, 383, 400-401.

Ⅳ. 위헌 · 위법의 중대성

1. 탄핵심판의 판단기준으로서 법위반의 중대성 요건

탄핵심판의 청구가 이유 있는 때 파면결정을 선고하는데, 여기서 탄핵심판의 청구가 이유 있는 때는 직무상 헌법 또는 법률을 위반한 모든 경우가 아니라 공직자의 파면을 정당화할 정도로 '중대한' 헌법 또는 법률 위반의 경우를 말합니다. 법위반의 중대성 또는 파면의 정당화 여부는 그 자체로서 인식될 수 있는 것이 아니라, '법위반이 어느 정도로 헌법질서에 부정적 영향이나 해악을 미치는지의 관점'과 '피청구인을 파면하는 경우 초래되는 효과'를 서로 형량하여 파면 여부를 결정해야 합니다.[126)]

2. 법위반의 중대성이 인정되는 경우 – 헌법수호의 책무와 국민의 신임을 배반한 행위

대통령을 파면할 정도로 중대한 법위반이 어떠한 것인지에 관하여 일반적으로 규정하기는 어렵고 구체적 사안별로 판단해야 합니다. 법위반의 중대성은 대통령의 직을 유지하는 것이 더 이상 헌법수호의 관점에서 용납될 수 없거나, 대통령이 국민의 신임을 배신하여 국정을 담당할 자격을 상실한 경우에 한정되며, 이러한 경우에 한하여 대통령에 대한 파면결정이 정당화됩니다.[127)]

헌법수호의 관점에서 용납될 수 없는 정도의 중대한 법위반은 자유민주적 기본질서를 위협하는 행위로서 민주주의원리와 법치국가원리를 구성하는 핵

126) 헌재 2004. 5. 14. 2004헌나1, 판례집 16-1, 609, 615.
127) 헌재 2004. 5. 14. 2004헌나1, 판례집 16-1, 609, 615.

심요소들에 대한 적극적 위반행위를 의미합니다. 국민의 신임을 배반한 행위는 헌법수호의 관점에서 중대한 법위반에 해당하지 않는 그 외의 행위유형을 모두 포괄하는 것으로서 예컨대, 뇌물수수, 부정부패, 국가의 이익을 명백히 해하는 활동 등을 들 수 있습니다.

특히 피청구인에 대한 탄핵사유 판단에 있어 중요한 헌법수호의 관점에서 법위반의 중대성을 구성하는 자유민주적 기본질서 혹은 민주적 기본질서는, 오늘날 입헌 민주주의 체제의 구성 및 운영에 필요한 가장 핵심적인 요소이고, 민주주의와 법치국가원리의 기본원칙에 대한 보장을 의미합니다. 민주적이고 자율적인 정치적 절차를 통해 국민적 의사를 형성·실현하기 위한 요소, 즉 민주주의 원리에 입각한 요소들과, 이러한 정치적 절차를 운영하고 보호하는데 필요한 기본적 요소, 즉 법치주의에 입각한 요소들 중에서 필요불가결한 부분이 중핵적 요소를 구성합니다.[128] 자유민주적 기본질서 혹은 민주적 기본질서는 특히 개인의 자율적 이성을 신뢰하고, 모든 정치적 견해에 대해 각각 상대적 진리성과 합리성을 인정하는 다원적 세계관에 입각하여 모든 폭력적·자의적 지배를 배제하고, 다수를 존중하면서도 소수를 배려하는 민주적 의사결정과, 자유·평등을 기본원리로 하여 구성 및 운영되는 정치적 질서를 의미하며, 국민주권원리, 기본적 인권 존중, 권력분립제도, 복수정당제도 등이 여기에 해당합니다.[129]

3. 피청구인의 법위반 사실의 개요 및 평가

피청구인은 다음과 같이 직무수행에 있어 헌법과 법률을 위배한 것이 명백합니다.

128) 헌재 2016. 9. 29. 2014헌가3등, 판례집 28-2상, 258, 273.
129) 헌재 2016. 9. 29. 2014헌가3등, 판례집 28-2상, 258, 273; 헌재 2014. 12. 19. 2013헌다1, 판례집 26-2하, 1, 3.

첫째, 헌법 제77조, 제82조, 제89조 제5호 등과 계엄법 제2조, 제3조, 제4조 및 제5조 등을 위시하여 공공기록물 관리에 관한 법률 제17조 제2항 제1문이나 국무회의 규정 제3조 제1항 등 관계 법령의 요건과 절차를 제대로 준수하지 아니하고, 자유민주적 기본질서에서 상이한 정치적 견해에 대해 각각 상대적 진리성과 합리성을 인정하는 다원적 세계관에 입각하여 모든 폭력적·자의적 지배를 배제하고 오로지 정치적 대화와 타협을 통해 해소해야 할 정치적 교착 상태의 일소를 목적으로 무모하게 군병력을 동원하는 비상계엄을 선포하고 국가비상입법기구를 통한 국회 대체 계획을 실행하려 함으로써 해당 헌법과 법률을 위배하였습니다.

국가긴급권, 특히 군병력을 동원하는 비상계엄을 선포하는 권한은 국가위기상황에서 헌법을 보호하기 위하여 대통령에 부여된 권한이지만, 이때 취해지는 비상적인 조치가 헌정을 파괴하는 결과가 될 수도 있다는 이중성이 있습니다.130) 바로 이러한 중차대한 위험성 때문에 초입헌적 제도를 헌법에 도입하면서도 그 행사 요건과 절차에 대한 민주적 통제의 장치를 유보해 둔 것이고, 이러한 입헌취지에 따라 국가긴급권의 발동은 그 요건과 절차를 충실히 준수하여야 하며, 그에 따른 조치에 대한 국회와 사법기관에 의한 심사 또한 엄격하게 이루어져야 합니다. 이 사건 비상계엄선포와 같이 헌법과 법률이 정하는 요건과 절차를 준수하지 않은 채 비상계엄을 선포하고 군병력을 동원하여 정치과정을 중단시키는 것은 그 구체적인 실행여부 및 결과에 관계없이 그 자체로서 중대한 위헌·위법을 의미합니다.131)

둘째, 헌법과 계엄법이 정한 요건과 절차를 따르지 아니하고 포고령 제1호를 발령하여 민주적 기본질서의 중추적 요소를 이루는 국회의 권능을 배제하려 시도함으로써 헌법 제77조 제3항을 위배하였고, 헌법 제8조 제1항과 제4항에서 특별히 보호하는 정당의 자유와 복수정당제는 물론 언론·출판의

130) 헌재 1994. 6. 30. 92헌가18, 판례집 6-1, 557,568-569.

131) 앞서 살핀 바와 같이, 헌법재판소가 국가긴급권의 발동과 관련하여 발동권자인 대통령의 재량을 인정하는 핵심적인 전제로 "헌법과 법률이 정한 절차"의 준수를 요청하고 있는 것도 국가긴급권의 발동이 가지는 이러한 이중성에 따른 위험성을 인정한 것이라 할 것입니다(헌재 2004. 4. 29. 2003헌마814, 판례집 16-1, 601, 607 참조).

- 71 -

자유 등 국민의 기본권을 과도하게 침해하였습니다.

셋째, 위헌·위법적인 비상계엄 선포와 포고령 제1호의 실행을 위하여 군대와 경찰을 동원하여 헌법에 따라 계엄의 대상이 될 수 없는 국회를 봉쇄하고 진입하여 국회의 정상적인 활동을 방해하여 헌법 제77조 제3항은 물론 헌법 제5조 제2항이 보장하는 군의 정치적 중립성과 헌법 제7조 제2항이 보장하는 공무원의 정치적 중립성을 위배하였습니다.

넷째, 군대를 동원하여 영장 없이 독립헌법기관인 중앙선거관리위원회를 압수·수색하여 헌법 제77조 제3항과 제114조 제1항을 위배하였습니다.

다섯째, 전·현직 법관이나 국회의장 등에 대한 체포 및 구금을 지시하여 해당 대상자의 신체의 자유에 위협을 가하였을 뿐만 아니라 헌법 제103조와 제106조에 근거한 사법권의 독립 원칙을 훼손하였습니다.

종합하자면, 이와 같은 다섯 유형의 헌법 및 법률 위배 행위는 모두 중핵적 헌법질서인 자유민주적 기본질서의 근간을 이루는 기본적 가치와 제도 및 원칙에 대한 중대한 위협을 가하는 것이라는 점을 특별히 유의할 필요가 있습니다.

피청구인은 헌법 및 법률을 위반하여 실체적·절차적 요건을 충족하지 못하는 비상계엄을 선포하였고, 육군특수전사령부 등 최정예 병력을 주축으로 한 계엄군을 선제적으로 투입한 대상이 애당초 헌법상 계엄의 대상이 될 수 없는 국회였으며, 군과 경찰이 협력하여 국회의원의 국회 출입을 봉쇄하고 국회의 의사가 진행 중인 본회의장에 군병력이 침입하였다는 점에서 계엄해제를 위한 국회의 의결을 막고 국회의 권능을 무력으로 배제하려 한 것이 명백합니다. 이러한 의도는 2024년 12월 3일 대통령 담화에서 비상계엄선포의 핵심 목적으로 국회, 특히 야당을 반국가세력으로 단정하여 지목한 사실이나 탄핵심판과정에서 일관되게 국회의 탄핵소추 남발이나 예산삭감 등으로 국정이 마비되었음을 강변하고 있는 태도에서도 확인됩니다.

또한 비상계엄을 집행하기 위하여 위헌·위법적 포고령을 발령하게 하고, 다시 이 포고령을 근거로 위헌·위법적으로 국군방첩사령부, 육군특수전사령부, 수도방위사령부, 정보사령부 등에 소속된 무장 군인 1,605명과 경찰청, 서울특별시경찰청, 경기남부경찰청 등에 소속된 경찰관 3,790명 등을 동원하여 국회, 중앙선거관리위원회 등 주요 헌법기관과 정당의 당사, 여론조사기관 등을 점거·출입통제하였고, 체포·구금·압수·수색 등의 방법으로 강압하여, 평온을 해하는 폭동을 일으키는 단계에 이르렀으며,[132] 정치인과 전·현직 법관 등 주요 인사에 대한 영장 없는 무단 체포, 국회와 지방의회 활동 금지 및 일체의 정치적 활동 금지, 심지어 비상입법기구를 통한 국회 기능의 대체를 실행하고자 하였음이 객관적으로 충분히 확인됩니다.

이러한 피청구인의 행위는 헌법의 국민주권제도, 의회제도, 정당제도, 선거관리와 이를 통해 지지되는 민주주의, 사법제도와 법치주의 등 자유민주적 기본질서를 근본적으로 파괴하려는 것이고, 입헌민주주의의 본질을 중대하게 침해하는 것으로서, 국헌문란의 목적으로 볼 수밖에 없습니다.

4. 피청구인을 파면하는 경우 초래되는 부정적 효과에 대한 평가

대통령에 대한 파면결정은, 국민이 선거를 통하여 대통령에게 부여한 '민주적 정당성'을 임기 중 박탈하는 것이고, 직무수행의 단절로 인한 국정의 불안정과 국론의 분열로 인한 정치적 혼란을 가져올 수 있습니다.

그런데 이 사건 피청구인의 위헌·위법적인 비상계엄선포와 그 실행행위들은 그 자체로 민주주의와 시장경제의 병행발전을 이룬 선도국으로 발돋움하고 있던 대한민국 헌정에 대한 느닷없는 공격이었으며, 국정의 중추적 역할을 담당하는 대통령 스스로가 국헌문란을 도모하여 국정의 불안정과 혼란을 초래하였을 뿐만 아니라, 사후 법적 책임을 묻는 과정에서 헌법과 법률에 따른 절차를 부정하고 지지자들을 선동하여 극심한 국론분열을 초래하는 것도 모자라 헌정사상 초유의 법원폭동사태의 배경으로까지 작용하였다는 점에서

132) 대통령 윤석열에 대한 공소장 100-101쪽 참조.

- 73 -

피청구인의 파면으로 초래될 수 있는 부정적 효과는 피청구인 스스로가 근본적인 원인을 제공하였다는 특징을 가집니다.

또한 피청구인의 위헌·위법적 비상계엄 선포는 헌정 중단의 중대한 위기를 초래하고 이로 인하여 민주적 기본질서의 심각한 교란과 불안정성을 초래하였으며, 우리 헌정과 경제에 대한 대외적 신인도를 현저하게 저하시키고 국민경제의 위기도 더욱 심화시켰습니다. 특히 이처럼 헌법과 법률이 요구하는 요건과 절차에 대한 사리분별과 판단력이 의심되는 직무수행의 전력을 가진 피청구인에게 다시 그 막중한 직을 수행할 수 있는 기회를 부여하였을 때, 주권자 국민은 물론 외교, 통상, 국방상 초래되는 불안정성과 혼란은 감히 상상조차 할 수 없을 것입니다. 이는 피청구인의 직무수행상의 법 위반 행위에 대한 책임을 묻기 위한 제재인 파면으로 초래될 불가피한 불안정성과는 비교할 수 없을 정도로 높은 수준의 해악이라고 할 것입니다.

5. 법위반의 중대성 판단 - 법위반이 헌법질서에 미치는 해악과 피청구인 파면의 효과에 대한 형량

헌법재판소가 그동안 축적해 온 대통령에 대한 탄핵심판의 법리에 따르면, 대통령의 파면을 정당화하기 위해서는 대통령의 법위반 행위가 헌법질서에 미치는 부정적 영향과 해악이 중대하여 대통령을 파면함으로써 얻는 헌법수호의 이익이 대통령 파면에 따르는 국가적 손실을 압도할 정도로 커야 합니다.[133] 대통령의 법위반이 헌법질서에 미치는 효과를 종합하여 볼 때, 대통령의 구체적인 법위반 행위에 있어 헌법질서에 역행하고자 하는 적극적인 의사를 인정할 수 있는지, 자유민주적 기본질서에 대한 위협으로 평가할 수 있는지, 따라서 파면결정을 통해 헌법을 수호하고 손상된 헌법질서를 다시 회복하는 것이 요청될 정도로 대통령의 법위반 행위가 헌법수호의 관점에서

133) 헌재 2017. 3. 10. 2016헌나1, 판례집 29-1, 1, 21.

중대한 의미를 갖는지, 대통령에 부여한 국민의 신임을 임기 중 다시 박탈해야 할 정도로 국민의 신임을 저버린 경우에 해당하는지를 판단하여[134] 파면 결정을 하여야 합니다.

이 사건 비상계엄사태와 관련하여 피청구인은 헌법 제77조의 계엄선포 규정 및 이를 구체화한 계엄법 규정의 실체적·절차적 요건을 위반하여 위헌·위법적 비상계엄을 선포하고, 군 병력을 동원하여 비상계엄해제 의결을 통해 국가긴급권의 오·남용을 통제할 헌법상 권한을 갖는 국회의 비상계엄 해제 의결을 막고자 하였습니다. 또한 국회의 기능을 중단시키고 비상입법기구를 통해 국회의 기능을 대체하고자 계획하였습니다. 피청구인은 독립헌법기관인 중앙선거관리위원회를 병력을 동원하여 무단으로 점거하였고 영장 없이 압수·수색하였으며, 중앙선거관리위원회 구성원들을 영장 없이 무력으로 체포하고자 하였습니다. 이러한 피청구인의 행위는 헌법수호의 책무를 위반하는 정도를 넘어서 적극적으로 헌법질서를 파괴하고자 하는 것으로서 헌법수호의 관점에서 결코 용납될 수 없는 정도에 이른 것입니다.

설령, 대통령에게 국가긴급권인 비상계엄을 선포함에 있어 일정한 재량이 인정된다고 하더라도 국가권력이 헌법상 부여된 '목적상 한계'를 넘어서 권한을 행사할 수 없음은 자명합니다. 헌법 제77조는 대통령에게 비상계엄 선포권이라는 강력하고 예외적인 국가긴급권을 부여하면서도 동시에 제1항(발동요건), 제3항(조치의 범위와 내용), 제4항·제5항(사후통제)에서 명시적인 한계를 설정하였습니다. 나아가 비상계엄 선포권에는 그 위기상황의 직접적 원인을 제거하는데 필수불가결한 최소한도에서 행사되어야 한다는 '목적상 한계'가 내재되어 있습니다(헌법 내재적 한계).[135] 대통령은 '전시·사변, 이에 준하는 국가비상사태'에 '헌법이 평시에 허용하는 권력행사 방식만으로는 극복할 수 없는 긴급한 상황의 해소'라는 '소극적 목적'을 달성

---

134) 헌재 2004. 5. 14. 2004헌나1, 판례집 16-1, 609, 615-616.

135) 헌재 2015. 3. 26. 2014헌가5, 판례집 27-1상, 226, 231: "국가긴급권의 행사는 헌법질서에 대한 중대한 위기상황의 극복을 위한 것이기 때문에, 본질적으로 위기상황의 직접적인 원인을 제거하는데 필수불가결한 최소한도 내에서만 행사되어야 한다는 목적상 한계가 있다."

- 75 -

하기 위해서 비상계엄을 발동할 수 있다는 한계가 있으며, 다른 헌법질서 창출이라는 적극적 목적을 위해서는 결코 행사될 수 없습니다. 그럼에도 피청구인은 전시·사변, 이에 준하는 국가비상사태의 위기 극복이라는 소극적 목적을 넘어서, 헌법이 전혀 예정하고 있지 않은 방식으로 정치적 갈등을 해결하고 다른 헌법질서를 창출하려는 목적으로 비상계엄 선포권을 악용하였습니다. 또한 헌법내재적 한계 및 헌법문언상 한계를 넘어 위헌적 비상계엄 선포를 통하여, 입헌주의의 핵심적 요소인 민주주의와 법치주의의 구체적 요소들을 임의로 정지시키고, 중추적인 헌정질서인 자유민주적 기본질서를 훼손하고 헌정을 중단하고자 한 것으로 평가할 수 있습니다.

또한 이 사건 계엄선포 이후 피청구인이 보여준 일련의 행위들이 피청구인에게 헌법수호의지를 더 이상 기대하기 어렵다는 것을 확인시켜준다는 점도 피청구인을 파면결정에서 분명히 고려되어야 합니다. 과거 대통령 탄핵심판에서 파면결정된 선례에서도 피청구인의 헌법과 법률 위반을 인정한 후, 피청구인을 파면할 것인지 여부에 대해 판단하면서 피청구인에게는 헌법수호의지가 드러나지 않음을 지적한 바 있습니다.[136] 이번 사안에서 피청구인은 정당한 이유 없이 수사기관의 소환에 응하지 않고, 대통령 경호요원들을 방패로 삼아 구속영장의 집행을 저지하고, 수사기관, 법원, 헌법재판소의 권위와 정당성을 부정함으로써 법치주의의 근간을 훼손하려는 태도를 보이고 있으며, 이 사건 탄핵심판절차에서도 객관적 사실에 명백히 반하는 거짓 진술들을 거리낌 없이 하고 있을 뿐 아니라, 증인들에게도 거짓 진술을 유도하는

136) 헌재 2017. 3. 10. 2016헌나1, 판례집 29-1, 1, 48: "피청구인은 최서원의 국정 개입 등이 문제로 대두되자 2016. 10. 25. 제1차 대국민 담화를 발표하면서 국민에게 사과하였으나, 그 내용 중 최서원이 국정에 개입한 기간과 내용 등은 객관적 사실과 일치하지 않는 것으로 진정성이 부족하였다. 이어진 제2차 대국민 담화에서 피청구인은 제기된 의혹과 관련하여 진상 규명에 최대한 협조하겠다고 하고 검찰 조사나 특별검사에 의한 수사도 수용하겠다고 발표하였다. 그러나 검찰이나 특별검사의 조사에 응하지 않았고 청와대에 대한 압수수색도 거부하여 피청구인에 대한 조사는 이루어지지 않았다. 위와 같이 피청구인은 자신의 헌법과 법률 위배행위에 대하여 국민의 신뢰를 회복하고자 하는 노력을 하는 대신 국민을 상대로 진실성 없는 사과를 하고 국민에게 한 약속도 지키지 않았다. 이 사건 소추사유와 관련하여 피청구인의 이러한 언행을 보면 피청구인의 헌법수호의지가 분명하게 드러나지 않는다."

등 헌법질서의 수호의지는 커녕 최소한의 준법의지도 찾아보기 어렵습니다. 따라서 피청구인의 이러한 계엄선포 이후 행적들이 헌정질서에 미치는 해악을 고려하였을 때 피청구인의 파면을 정당화할 수 있는 직무상 위헌·위법 행위의 중대성을 넉넉히 인정할 수 있습니다.

피청구인의 행위는 현행 헌법의 질서에 역행하고자 하는 적극적인 의사에 따른 것이고, 자유민주적 기본질서에 대한 위협으로 평가될 수 있는 것이며, 피청구인에게 대통령직을 유지하게 하는 것이 헌법수호의 관점에서 용인되기 어려운 것이므로, 피청구인의 행위의 위헌·위법의 중대성이 인정되고 파면결정을 충분히 정당화할 수 있습니다. 또한 피청구인이 계속 직무를 수행하게 하는 경우 피청구인의 헌법수호 책무 위반 및 헌정에 대한 공격이 반복될 위험이 매우 큽니다. 따라서 피청구인의 파면으로 인한 헌정 회복 및 헌법 수호의 효과는 사회혼란 초래와 같은 부정적 영향의 측면을 상쇄시키는 것이고, 오히려 반드시 필요한 것으로 볼 수 있습니다.

마지막으로, 피청구인의 이처럼 자유민주적 기본질서에 중대한 위협을 초래한 법 위배 행위는 국민이 대통령에게 부여한 국민대표로서의 지위를 임기 중 다시 박탈해야 할 정도로 국민의 신임을 저버린 경우에 해당됩니다. 피청구인은 군통수권자인 현직 대통령으로서 국가와 헌법을 수호할 막중한 책무를 지고 있습니다. 그럼에도 불구하고, 오히려 이러한 헌법적 위상과 지위를 망각하고 헌법이 명령하고 있는 국회와의 협치를 통한 민주공화적 국정 수행의 책임을 방기하며, 헌법이 예외상황을 전제로 부여한 국가긴급권인 비상계엄선포권을 오남용하여 국민대표기관인 국회를 반국가세력으로 단정하여 지목하고 모든 폭력적 방법을 지양하여 헌법과 법률이 정한 절차에 따라 해결해야 할 정치적 문제를 빌미로 무모하게 군을 동원함으로써 국가원수이자 정부의 수반의 지위를 국민으로부터 위임받은 대통령 스스로가 국헌문란을 기도한 것[137]으로, 그 해악과 위험성은 국민의 신임을 배신한 것으로

137) 정치학적으로 이러한 행위를 '친위쿠데타'(Self-coup)로 분류하여 민주적 기본질서에 대한 위협의 사례로 분류합니다. 골드스미스(ARTHUR A. GOLDSMITH)는 "행정부의 현직 지도자가 자기가 관장하는 정부를 전복하여 정당성없이 권력을 유지하거나 연장하는 급격한 조치(rapid

보지 않을 수 없을 정도로 매우 중대하다고 하지 않을 수 없습니다.

피청구인은 여소야대에 따른 정치적 교착을 헌법과 법률이 정하는 방법으로 해결해야 할 헌법적 책무를 포기하고, 국가긴급권을 위헌·위법적으로 발동하여 헌정질서를 중단시키며, 우리 헌법의 근간인 자유민주적 기본질서를 적극적으로 훼손하였습니다. 이러한 피청구인의 행위는 입헌주의의 관점에서 용납될 수 없는 정도의 중대한 법위반으로 단순히 헌법수호의 의지가 없는 수준을 넘어 거리낌 없이 헌법질서를 파괴할 수도 있는 위험성을 보여주는 것입니다. 따라서 이러한 위험성을 공공연하게 드러낸 피청구인에게 대통령직을 한시라도 유지하도록 허용하는 것이야말로 국가와 헌정질서의 대내외적 안정성과 신인도를 비롯한 국민 전체의 이익을 저해하는 것이라 할 것이고, 합리적인 일반 평균인의 관점에서 볼 때 이러한 중대한 위험을 방치하는 것에 국민의 신임이 계속하여 부여될 수 있을 것이라고는 도저히 기대할 수 없을 것입니다.

---

moves by sitting executive leaders to "overthrow" their own governments and illegitimately maintain or extend power)"를 친위쿠데타로 정의하고 있으며 피청구인의 이번 비상계엄 선포와 그 실행행위는 전형적인 친위쿠데타에 해당되는 국헌문란이라고 할 것입니다. ARTHUR A. GOLDSMITH, "Power Grabs from the Top: A Database of Self-Coups", International Studies Quarterly, vol. 68(2024), 1쪽 참조.

Ⅴ. 결 론

피청구인이 직무상 범한 중대한 위헌·위법행위들은 헌법수호의 관점에서는 물론 국민의 신임을 배반했다는 관점에서도 피청구인이 대통령으로서 국정을 담당할 자격을 상실하였음을 논란의 여지 없을 정도로 명백하게 입증하고 있습니다.

그러므로 헌법재판소는 전원일치의 의견으로 피청구인을 대통령직에서 파면함으로써 이 사건과 같은 헌정의 비극이 반복되지 않도록 확실한 교훈을 우리 헌정사에 각인함과 동시에 피청구인에 대한 탄핵소추 이후 더욱 심각한 분열상을 보이는 우리 정치공동체를 통합하는 토대를 마련하여야 할 것입니다.

- 79 -

헌정회복을 위한 헌법학자회의 공개집담회
통령 윤석열 탄핵심판과 헌법재판소의 으
일시: 2025. 2. 28.(금) 15:00-17:00 장소: 광화문 변호사회관 조영래홀

헌정회복을 위한 헌법학자회의 공개집담회
윤석열 탄핵심판과 헌법재판소의 역할
일시: 2025. 2. 28.(금) 15:00-17:00 장소: 광화문 변호사회관 조영래홀

헌정회복을 위한 헌법학자회의 공개집담회
대통령 윤석열 탄핵심판과 헌법재판소의 역할

헌정회복을 위한 헌법학자회의
호남권 지역토론회

5·18과 12·3 계엄, 그리고 윤석열 탄핵

일시 | 2025. 3. 7.(금) 15:30-18:00

장소 | 광주광역시의회 예산결산특별위원회 회의실(5층)

진행사회 **윤정인 교수** (고려대 법학연구원)

인사말 **신수정 의장** (광주광역시의회)

발제 사회 | **민병로 교수** (전남대 5·18연구소장)

5·18과 12·3 계엄과 내란
신옥주 교수 (전북대 법학전문대학원)

12·3 계엄과 윤석열 탄핵
정태욱 교수 (인하대 법학전문대학원)

토론
송선태 (전)위원장 (5·18민주화운동진상규명조사위원회)
정다은 시의원 (광주광역시의회 의회운영위원장)
박구용 교수 (전남대 인문대학)
이창환 변호사 (법무법인 케앤씨 대표변호사)
이규연 (전)jtbc대표 (세명대 저널리즘 대학원 교수)
김명식 교수 (조선대 법사회대학)
이종수 교수 (연세대 법학전문대학원)
김선택 교수 (고려대 법학전문대학원
헌정회복을 위한 헌법학자회의 공동대표)

주최 | 헌정회복을 위한 헌법학자회의(CSCEKC) 전남대학교5·18연구소

헌정회복을 위한 헌법학자회의

호남권 지역토론회

5·18과 12·3 계엄, 그리고 윤석열 탄핵

2025.3.7. (금) 15:30-18:00

광주광역시의회 예산결산특별위원회 회의실(5층)

목 차

진행사회

윤정인 (고려대 법학연구원 연구교수)

인사말

신수정 (광주광역시의회)

발표 1

발제 5·18과 12·3. 계엄과 내란

- 다시 계엄, 위헌적 계엄 방지를 위해 무엇을 바꾸어야 하는가?

신옥주 (전북대 교수)

발표 2

발제 12·3 비상계엄과 윤석열 탄핵

: 한국 헌정사에서의 대통령 책임과 대통령 탄핵

정태욱 (인하대 교수)

토론 1

5·18과 12·3 내란에 대한 몇 가지 의견

송선태 (5·18민주화운동진상규명조사위원회)

토론 2

5·18과 12·3내란 - 윤석열 탄핵의 연결점

정다은 (광주광역시의회 의회운영위원장)

토론 3

빛의 혁명과 반혁명 사이에서 철학하기

박구용 (전남대 교수)

토론 4

계엄 제도, 탄핵소추사유의 기속력 등 관련

이창환 (법무법인 케앤씨 대표변호사)

토론 5

계엄 뒤 파쇼 그림자, 헌법 시민교육 나서야

이규연 (세명대 교수)

토론 6

김명식 (조선대 교수)

토론 7

이종수 (연세대 교수)

토론 8

지적 교만의 몰가치성과 진실에 입각한 정의의 회복

김선택 (공동대표·고려대 명예교수)

발제 1

5·18과 12·3. 계엄과 내란
- 다시 계엄, 위헌적 계엄 방지를 위해 무엇을 바꾸어야 하는가?-

신옥주 (전북대 법학전문대학원)

목 차

1. 서론

제헌헌법부터 분단국가의 상황을 고려하여 헌정질서의 위기상황에서 헌정질서를 회복하기 위한 목적으로 국가긴급권을 보장하고 있다. 헌법개정과 더불어 계엄선포요건이 엄격해지고 국회의 사후적 통제가 강화되었다. 또한 1988년 제6공화국 현행 헌법은 기존의 공화국 차수 변경 패턴에서 벗어나 국민이 6월항쟁을 통해 성취한 것이었으며, 민주주의의의 퇴보는 생각조차 할 수 없었다. 민주주의가 실행되고 심화되는 단계라고 평가되었다. 그러나 2024.12.3. 45년만에 비상계엄이 선포되면서 우리의 민주주의가 얼마나 취약한지, 그리고 헌법속에 구조화된 국가긴급권을 통해 헌정질서가 얼마나 쉽게 무너질 수 있는지를 경험하게 되었다.

계엄발령이 신중해야 한다는 것은 아무리 강조해도 지나치지 않을 것이다. 프랑스의 경우 1961년 알제리사태[1]에 발동된 후 계엄 발동이 없었다. 독일의 경우 1968년 많은 논란 끝에 결국 기본법에서 국가방위사태와 국가긴급사태(국가방위사태와 국가긴장사태)에 대한 비상조치권(Notstandrecht)을 두었지만 현재까지 발동된 사례는 없다. 우리나라도 87년 6월항쟁과 더불어 시작된 민주정부와 헌법하에서 계엄은 이제는 역사적 제도로 인식되었다. 그러나 45년만에 다시 발동된 계엄은 우리나라에서 계엄선포가 대통령 개인의 '국가비상사태' 판단에 따라 현행의 헌법과 계엄법의 규정에 의하지 않고도 언제든 다시 소환될 수 있다는 점에 대하여 문제의식을 갖게 한다. 국가긴급권의 규정의 정비 없이 대통령이 합헌적·합법적 계엄을 선포할 것이라 선의에만 기댈 수는 없게 되었다는 것이다.

가장 중요한 것은 위헌·위법한 계엄을 선포하고 내란행위를 범죄자들을 처벌하는 것이다. 더불어 대통령에게 비상적인 방법으로 헌정질서를 회복할 권한을 주는 계엄선포권이 더 이상 불필요한 것인지, 만일 대통령이

1 1954-1962년까지 알제리가 프랑스로부터 독립을 위해 벌인 전쟁기간 중 알제리에 자결권을 부여하고자 한 드골대통령에 반발하여 프랑스군이 알제리에서 반란을 일으키자 드골대통령은 알제리에 비상사태를 선포하였다. 국사원은 이 명령이 통치행위의 성격을 가지므로 동 명령의 적법상 평가나 발동기간에 대한 통제는 국사원에 속하지 아니한다고 결정했다. 성낙인, 헌법학, 2022, 632쪽.

국가의 비상사태에서 긴급한 조치를 취할 필요성이 인정된다고 한다면, 대통령 개인의 자의적 판단에 따른 국가긴급권의 행사가 발생할 수 없도록 국회가 사전적 통제가 필요한지에 대한 검토가 필요하다. 또한 내란죄를 범한 헌정질서 파괴범죄자들에 대한 참정권의 박탈과 사면 제한도 고려해볼 필요가 있다. 또한 헌법에 위배되어 헌법상 기본권보다 더 많은 기본권을 제한하며, "사법·행정의 마비"를 계엄발령 상황요건으로 규정함으로써 계엄권 행사를 확대할 수 있는 여지를 주고 있는 계엄법의 개정이 필요한지도 검토할 필요가 있다.

2. 위헌·위법적 계엄을 방지하기 위한 45년간의 노력과 성과

(1) 대통령의 국가긴급권으로서 계엄선포권

1) 국가긴급권의 의의

계엄은 긴급명령, 긴급재정경제명령 및 처분과 더불어 헌법에서 규정하고 있는 국가긴급권이다. 국가긴급권은 전쟁, 내란, 경제공황, 대규모 자연재해 등 평상시 입헌주의 통치기구로는 대처할 수 없는 긴급사태에서 국가의 존립을 보전하기 위하여 특정한 국가기관에 인정되는 긴급한 조치를 취할 수 있는 비상적·예외적 권한[2]으로 헌법 수호자로서의 대통령의 지위[3]에서 대통령에게 부여된 헌법보장의 한 수단이라고 이해된다. 헌법재판소는 입헌주의국가에서도 전쟁이나 내란, 경제공황 등과 같은 비상사태가 발발하여 국가의 존립이나 헌법질서의 유지가 위태롭게 된 때에는 정상적인 헌법체제의 유지와 헌법에 규정된 정상적인 권력행사방식을 고집할 수 없게 되고, 그와 같은 비상사태하에서는 국가적·헌법적 위기를 극복하기 위

2 학자들은 거의 비슷하게 국가긴급권 설명. 성낙인, 헌법학, 법문사, 2022, 618쪽; 권영성, 헌법학원론, 법문사, 2007, 70쪽 이하; 김철수, 헌법학신론, 박영사, 2013, 1494면 이하; 장영철, 헌법학, 2022, 815쪽 이하; 정재황, 신 헌법입문, 박영사, 제8판, 2018, 739쪽.

3 성낙인, 헌법학, 2022, 620쪽.

하여 비상적 조치가 강구되지 않을 수 없다고 하면서 그와 같은 비상적 수단을 발동할 수 있는 권한이 국가긴급권이라고 설시[4]하고 있다.

2) 국가긴급권행사로 헌법질서가 중단되는지 여부

과거 독일에서 '예외상태(Ausnahmezustand)'[5]에서 정치적 현실을 위하여 법질서가 지양되고 "예외상태에 대하여 결정할 수 있는 사람이 주권자다(Souverän ist, wer über den Ausnahmezustand entscheidet)"[6]라고 하는 칼 슈미트적 사고에 따라 행정부가 권력을 이양받는다고 생각하였다. 그러나 1968년 독일 기본법에 들어온 '비상사태법(Notstandsrecht)'은 과거 예외상태법의 핵심을 잘라내고 있음은 당시 연방정부의 초안이유서에서 잘 나타나 있다. "근본가치로부터 헌법이 도출되고, 헌법은 또한 근본가치에 근거한다. 헌법은 근본가치이며, 헌법은 평시든 전시든, 그 어떠한 경우에도 헌법 자체를 문제화하지 않는다."[7] 이를 통해 국가긴급권이 헌법질서수호를 위해 헌법의 구성원칙(Strukturprinzip)[8]을 포기한다는 오랜 법

4 헌재 1996. 2. 29. 93헌마186 긴급재정명령 등 위헌확인; 헌재 2015.3.26. 2014헌가5 국가보위에관한특별조치법 제9조 등 위헌 제청(구 국가보위에 관한 특별조치법 제11조 제2항 중 제9조 제1항의 위헌 여부)

5 독일 역사상 가장 유명한 국가비상사태 규정은 1919년 바이마르헌법 제48조 (2) Der Reichspräsident kann, wenn im Deutschen Reich die öffentliche Sicherheit und Ordnung erheblich gestört oder gefährdet wird, die zur Wiederherstellung der öffentlichen Sicherheit und Ordnung nötigen Maßnahmen treffen, erforderlichenfalls mit Hilfe der bewaffneten Macht einschreiten. Zu diesem Zwecke darf er vorübergehend die in den Artikeln 114, 115, 117, 118, 123, 124 und 153 festgesetzten Grundrechte ganz oder zum Teil außer Kraft setzen. (3) Von allen gemäß Abs. 1 oder Abs. 2 dieses Artikels getroffenen Maßnahmen hat der Reichspräsident unverzüglich dem Reichstag Kenntnis zu geben. Die Maßnahmen sind auf Verlangen des Reichstages außer Kraft zu setzen. 제국의회는 비상명령을 폐기할 수 있음. 프리드리히 에버트 대통령이 1923년 히틀러 쿠데타시 비상명령을 처음 발령한 이래 바이마르 공화국은 1932년까지 비상명령으로 통치. 1933년 힌덴부륵 대통령은 히틀러를 수상에 임명하고 제국의회방화명령(Reichstagsbrandverordnung)을 통해 중요한 기본권을 정지시킴. 1933.3.24. 제국의회는 수권법(Ermächtigungsgesetz, 원제는 제국과 민족의 위기 제거를 위한 법)제정하여 입법부뿐만 아니라 정부도 법률을 제정할 수 있도록 하여 권력분립원칙에 정면으로 반하여 한 기관에 다른 기관의 권한을 이양하였다. 또한 정부법률은 헌법에 합치하지 않을 수 있다고 함으로써 법치국가원칙에 정면으로 반하고 있다. 이로써 바이마르 헌법을 사실상 실효시킴. Ernst Wolfgang Becker: Ermächtigung zum politischen Irrtum. Die Zustimmung zum Ermächtigungsgesetz von 1933 und die Erinnerungspolitik im ersten württemberg-badischen Untersuchungsausschuss der Nachkriegszeit. Stiftung Bundespräsident-Theodor-Heuss-Haus, Stuttgart 2001.

6 Carl Schmitt, Politische Theologie, 1922, S. 9.

7 Deutscher Bundestag, Ds. V/1879, S. 6.

8 기본법의 구성원칙은 법치국가원칙, 민주주의원칙, 공화주의원칙, 사회국가원칙, 연방국가원칙이며 기본법 제

정치적 논쟁이 극복되고 한시적 "독재"가 용인된다는 비판이 제거될 수 있었다.[9]

우리나라에서도 과거에는 계엄 등 국가긴급권이 선포되면 군이 문민정부를 대체하여 입헌적인 헌법질서가 정지되거나 중단되는 상태가 된다는 견해가 있었으나, 현재는 국가긴급권이 선포된다고 하여도 입헌적인 헌법질서가 정지되거나 중단되는 상태가 되는 것은 아니라는 입장이 다수적 견해이다.[10] 따라서 계엄선포는 원칙적으로 법치주의·적법절차·비례원칙 등이 적용되는 것으로 당연히 헌법에 기속되어야 하며, 국가긴급권이 통치행위로 이에 대하여는 사법적 자제가 요구되기는 하나, 그것이 국민의 기본권 침해와 직접 관련이 되는 경우 헌법재판소가 계엄선포의 실체적, 절차적 요건의 구비 여부 내지 그 당부에 대해서 판단하는 것은 당연[11]하다고 할 수 있다.

79조 제3항에서 영원한 보장(Ewigkeitsgarantie)을 하고 있다. Die Staatsstrukturprinzipien – Überblick, Jura Individuell, in: https://www.juraindividuell.de/artikel/ueberblick-staatsstrukturprinzipien/

9 Heinrich Oberreuter, Notstandverfassung 1968: Die Kompetenz des Parlaments und die Blamage seiner Gegner, Zeitschrift für Parlament, Vol. 49, No. 4(2018), S. 855.

10 이종수, 12·3 비상계엄선포의 성격과 위헌·위법성, 헌정회복을 위한 헌법학자회의 학술토론회, 12·3 비상계엄사태와 헌정회복을 위한 과제, 2025.01.08., 41쪽; 전광석, 한국헌법론, 2019, 728쪽 이하; 김하열 헌법강의, 2023, 881쪽 이하; 박종보, 계엄제도에 관한 비교법적 고찰: 미국을 중심으로, 법학논총 제23집 제2호(2006.12.), 78쪽; 이인호, 전시 계엄법제의 합리적인 운용에 관한 고찰, 법학연구 제30집 제2호(2006.12.), 132쪽.

11 헌재 1996.2.29. 93헌마186 긴급재정명령 등 위헌확인; 헌재 2013. 3. 21. 2010헌바132등 구 헌법 제53조 등 위헌소원 "그러나, 비록 고도의 정치적 결단에 의하여 행해지는 국가긴급권의 행사라고 할지라도 그것이 국민의 기본권 침해와 직접 관련되는 경우에는 헌법재판소의 심판대상이 될 수 있고, 이러한 사법심사 배제조항은 근대입헌주의에 대한 중대한 예외로 기본권보장 규정이나 위헌법률심판제도에 관한 규정 등 다른 헌법 조항들과 정면으로 모순·충돌되며, 현행헌법이 반성적 견지에서 긴급재정경제명령·긴급명령에 관한 규정(제76조)에서 사법심사 배제 규정을 삭제하여 제소금지조항을 승계하지 아니하였으므로, 이 사건에서 유신헌법 제53조 제4항의 적용은 배제되고, 현행헌법에 따라 이 사건 긴급조치들의 위헌성을 다툴 수 있다."

대법원도 대법원 1997. 4. 17. 선고 96도3376 전원합의체 판결에서 "대통령의 비상계엄의 선포나 확대 행위는 고도의 정치적·군사적 성격을 지니고 있는 행위라 할 것이므로, 그것이 누구에게도 일견하여 헌법이나 법률에 위반되는 것으로서 명백하게 인정될 수 있는 등 특별한 사정이 있는 경우라면 몰라도, 그러하지 아니한 이상 그 계엄선포의 요건 구비 여부나 선포의 당·부당을 판단할 권한이 사법부에는 없다고 할 것이나, 비상계엄의 선포나 확대가 국헌문란의 목적을 달성하기 위하여 행하여진 경우에는 법원은 그 자체가 범죄행위에 해당하는지의 여부에 관하여 심사할 수 있다."고 판시하고 있다

(2) 헌법과 법률을 준수한 계엄선포권의 행사

1) 입헌적 국가긴급권

국가긴급권은 국가위기를 극복하고 헌법질서를 수호하기 위한 필요성 때문에 인정되고 있지만, 평상시의 헌법질서에 따른 권력 행사방법만으로는 대처할 수 없는 중대한 위기상황에 대비하여 헌법이 중대한 예외로서 인정한 비상수단으로 권력의 집중과 광범위한 기본권의 제한 등으로 인하여 입헌주의 그 자체를 파괴할 위험을 내재하고 있다. 따라서 현대의 민주적인 헌법국가에서는 일반적으로 헌법에서 국가긴급권의 발동기준과 내용 그리고 그 한계에 관해서 상세히 규정함으로써 그 남용 또는 악용의 소지를 줄이고 심지어는 국가긴급권의 과잉행사 때는 저항권[12]을 인정하는 등 필요한 제동장치도 함께 마련해 두고 있다. 국가긴급권이 발동될 경우에는 헌법이 정한 발동요건·사후통제 및 국가긴급권에 내재하는 본질적 한계를 엄격히 준수되어야 한다.[13]

2) 계엄선포 요건과 효과 및 그 한계

헌법 제77조[14]에서는 계엄선포권의 경우 전시·사변 또는 이에 준하는

12 헌법재판소는 저항권이 국가권력에 의하여 헌법의 기본원리에 대한 중대한 침해가 행하여지고 그 침해가 헌법의 존재 자체를 부인하는 것으로서 다른 합법적인 구제수단으로는 목적을 달성할 수 없을 때에 국민이 자기의 권리·자유를 지키기 위하여 실력으로 저항하는 권리로 주권자가 헌법질서를 유지·회복시키기 위하여 최후의 무기로서 행사할 수 있는 헌법보장의 수단이라고 보고 있어 저항권을 인정하고 있다(헌재 1997. 9. 25. 97헌가4 노동조합및노동관계조정법 등 위헌제청).
대법원은 저항권 개념자체가 막연할 뿐만 아니라 실장법 범주내에서 국가의 법적질서 유지를 그 사명으로 하는 재판권행사에서 실존하는 헌법질서를 무시하고 초법규적인 권리개념으로써 헌법질서에 위배된 행위의 그 정당성을 주장하는 것은 그 자제만으로서도 이를 받아들일 수 없다고 판시하면서 저항권을 부정하거나(대판 1975.4.8. 74도3323 긴급조치위반 민청학련사건), 저항권을 인정한다고 하더라도 실정법에 근거를 두지 않고 자연법에만 근거하고 있는 한 법관이 재판규범으로 원용할 수 없다는 입장이다(대판 1980.5.20. 80도306 김재규 사건).

13 헌재 1996. 2. 29. 93헌마186 긴급재정명령 등 위헌확인; 헌재 2015.3.26. 2014헌가5 국가보위에관한특별조치법 제9조 등 위헌 제청 (구 국가보위에 관한 특별조치법 제11조 제2항 중 제9조 제1항의 위헌 여부)

14 제77조 ① 대통령은 전시·사변 또는 이에 준하는 국가비상사태에 있어서 병력으로써 군사상의 필요에 응하거나 공공의 안녕질서를 유지할 필요가 있을 때에는 법률이 정하는 바에 의하여 계엄을 선포할 수 있다. ② 계엄은 비상계엄과 경비계엄으로 한다. ③ 비상계엄이 선포된 때에는 법률이 정하는 바에 의하여 영장제도, 언론·출판·집회·결사의 자유, 정부니 법원의 권한에 관하여 특별한 조치를 할 수 있다. ④ 계엄을 선포한 때에는 대통령은 지체없이 국회에 통고하여야 한다. ⑤ 국회가 재적의원 과반수의 찬성으로 계엄의 해제를 요구한 때에는 대통령은

국가비상사태에 있어서 병력으로써 군사상의 필요에 응하거나 공공의 안녕질서를 유지할 필요가 있을 경우에 한하여 발동할 수 있게 되어 있어 그 발동요건이 구체적이며 매우 엄격하다.[15] 대통령이 계엄을 선포한 경우에도 지체 없이 국회에 통고하되 만약 국회가 재적의원 과반수의 찬성으로 계엄의 해제를 요구하면 계엄을 해제하여야 한다고 규정함으로써(제77조 제4항, 제5항), 엄격한 민주적 사후통제 절차를 거치도록 하고 있다.

계엄선포요건은 다음과 같다.

첫째, 헌법상 실체적 요건은 다음과 같다.

① 전시·사변·이에 준하는 국가비상사태가 있을 것

전시란 적과의 교전상태로, 국제법적으로는 무력을 중심으로 한 국가 상호간 또는 국가와 외교단체의 투쟁상태이고 전쟁이 개시된 때부터 종료에 이르기까지의 기간이다. 사변은 국내에서 국토를 참절하게 하거나 국헌을 문란하게 할 목적으로 발생한 무장반란집단의 폭동행위로 인한 소요사태이다. 국가비상사태는 전시·사변에 준하는 무장폭동이나 내란, 반란 등 극도의 사회질서 교란상태[16]를 말한다. 이를 비무장의 집단이나 군중에 의한 사회질서 교란상태와 자연적 재난으로 인한 사회질서 교란상태까지 포함시켜 넓게 보는 입장[17]도 있으나, 국가비상사태는 전시·사변·이에 준하는 것으로 이해되므로 비무장, 자연적 재난 등으로 인한 사회질서 교란상태는 포함되지 않는다고 보는 것이 타당하다고 생각한다.

전시·사변 요건의 판단은 비교적 용이하다. 그러나 특히 국가비상사태의 유무는 판단이 쉽지 않으며, 이에 관한 1차적 판단은 대통령의 재량에 속한다고 할 것이다. 그러나 그것이 자유재량이라거나 객관적으로 긴급한 상황이 아닌 경우라도 주관적 확신만으로 국가비상사태에 대한 판단을 해도 좋다는 의미는 아니므로 객관적으로 대통령의 판단을 정당화할 수 있을

이를 해제하여야 한다.

15 헌재 1994.6.30. 92헌가18 국가보위에관한특별조치법 제5조 제4항 위헌제청

16 정재황, 신 헌법학입문, 2018년(제8판), 746쪽; 성낙인, 헌법학, 2022, 626쪽.

17 고문현/고문철, 계엄에 관한 연구, 법학논총 제47집, 2020년 5월, 544쪽.

정도의 위기상황이 존재하여야 한다.[18]

② 병력동원의 필요성

병력으로서 군사상의 필요에 의하거나 공공의 안녕질서를 유지할 필요가 있어야 한다.

계엄법 제2조 제2항 비상계엄 선포조항에서는 "비상계엄은 대통령이 전시·사변 또는 이에 준하는 국가비상사태 시 적과 교전 상태에 있거나 사회질서가 극도로 교란되어 행정 및 사법 기능의 수행이 현저히 곤란한 경우에 군사상 필요에 따르거나 공공의 안녕질서를 유지하기 위하여 선포한다."고 규정하고 있다. 이와 관련된 계엄법 동조의 위헌성 문제는 후술하기로 한다.

둘째, 절차적 요건은 다음과 같다.

① 국무회의 심의, 문서주의와 부서

국무회의 심의는 헌법 제89조 5.에 규정하고 있는 필수적 심의사항이므로 반드시 거쳐야 하며, 거치지 않은 경우 위헌이다. 그리고 대통령의 국법상 행위는 헌법 제82조에 따라 문서로써 해야 하며, 이 문서에는 국무총리와 관계 국무위원이 부서해야 한다. 문서주의는 대통령의 국법상 행위의 명확성을 통하여 그에 따른 확실한 행위의 증거를 남김으로써 대통령에게 권한 행사를 신중하게 하도록 하는데 의의가 있다. 문서는 대통령의 국법상 행위의 유효요건이다. 따라서 문서로 행하지 않은 대통령의 국법상 행위는 무효이다. 국무총리와 관계 국무위원의 부서제도는 대통령의 전제방지와 보필책임을 명백히 하여 책임소재를 분명히 하는 한편, 물적 증거로서 의미도 가진다. 부서가 없는 대통령의 국법상 행위는 부서가 적법요건이므로 위헌이긴하지만 유효하다는 입장과 국법상 행위의 헌법상 요건 결여이므로 무효라는 입장이 존재한다.[19]

② 공고와 계엄선포

법률이 정하는 바에 의하여 계엄을 선포하여야 한다. 계엄법 제3조에

18 헌재 1996.2.29. 93헌마186 긴급재정명령 등 위헌확인 "긴급재정경제명령을 발할 수 있는 중대한 재정·경제상의 위기 상황의 유무에 관한 제1차적 판단은 대통령의 재량에 속한다. 그러나 그렇다고 하더라도 그것이 자유재량이라거나 객관적으로 긴급한 상황이 아닌 경우라도 주관적 확신만으로 좋다는 의미는 아니므로 객관적으로 대통령의 판단을 정당화할 수 있을 정도의 위기상황이 존재하여야 한다."

19 성낙인, 헌법학, 2022, 633-634쪽.

따라 계엄을 선포할 때에는 계엄선포의 이유, 계엄의 종류, 계엄의 시행일시, 시행지역, 계엄사령관을 공고한다.

③ 계엄사령관 임명

대통령은 국방부장관의 추천을 받은 현역 장성급 장교 중에서 국무회의의 심의를 거쳐 계엄사령관을 임명한다.

④ 국회통고

계엄선포한 때는 대통령은 지체 없이 국회에 통고해야 한다. 계엄법 제2조 제6항에 따라 비상계엄과 경계계엄의 사유가 발생한 경우 국방부장관 또는 행안부장관은 국무총리를 거쳐 대통령에게 계엄선포를 건의할 수 있다.

계엄의 내용은 행정사무와 사법법무에 관한 특별한 조치이다. 헌법 제77조 제3항에 따라 비상계엄이 선포된 때에는 정부[20]나 법원[21]의 권한에 관하여 특별한 조치를 할 수 있다. 비상계엄이라고 해도 모든 행정사무를 계엄사령관이 관장하도록 하는 것은 헌법상 문민통제 원칙위반이며, 법원에 대한 관장은 권력분립원리, 사법권독립원칙 위반인 동시에 계엄사령관이 지휘감독권을 가지도록 한 것은 문민통제원칙 위반이며 국가긴급권의 최소성원칙에 반한다는 의견[22]도 있다. 국회의 권한에 관하여는 특별한 조치를 할 수 없다고 보는 것이 일반적이다. 국회의원의 신체의 자유가 국회의 정상적 활동과 직결되기 때문에 계엄법 제13조 '계엄 시행 중 국회의원은 현행범인 경우를 제외하고는 체포 또는 구금되지 아니한다'고 규정하고 있다.

계엄이 선포된 때에는 헌법 제77조 제3항에 따라 법률이 정하는 바에

20 계엄법 제7조 제1항 비상계엄의 선포와 동시에 계엄사령관은 계엄지역의 모든 행정사무와 사법사무를 관장한다.

21 사법사무는 원칙적으로 법원의 재판을 사법경찰·검찰·형집행사무 등이다. 그러나 계엄법 제10조에 열거된 1. 내란(內亂)의 죄, 2. 외환(外患)의 죄, 3. 국교(國交)에 관한 죄, 4. 공안(公安)을 해치는 죄, 5. 폭발물에 관한 죄, 6. 공무방해(公務妨害)에 관한 죄, 7. 방화(放火)의 죄, 8. 통화(通貨)에 관한 죄, 9. 살인의 죄, 10. 강도의 죄, 11. 「국가보안법」에 규정된 죄, 12. 「총포·도검·화약류 등의 안전관리에 관한 법률」에 규정된 죄, 13. 군사상 필요에 의하여 제정한 법령에 규정된 죄는 원칙으로 군사법원에서 재판한다. 한편, 헌법 제110조 제4항에서는 비상계엄하에서 군사재판이 군인·군무원의 범죄, 군사에 관한 간첩죄, 초병·초소·유독음식물공급·포로에 관한 죄 중 법률이 정한 경우에 한해 사형선고를 제외하고는 단심으로 할 수 있음을 규정하고 있다.

22 오동석, 한국전쟁과 계엄법제, 민주법학, 59쪽.

의하여 영장제도, 언론·출판·집회·결사의 자유에 관하여 특별한 조치를 할 수 있게 된다. 먼저 영장주의와 관련하여 살펴보면, 비상계엄 등의 국가시상사태에서도 영장주의를 완전히 배제하는 특별한 조치는 가급적 회피되어야 한다. 설령 그러한 조치가 허용되더라도 지극히 한시적이어야 하며, 영장없이 이루어진 수사기관의 강제처분에 대하여서는 사후적으로 조속한 시간 내 법관에 의한 심사가 이루어질 수 있는 장치가 마련되어야 한다.[23] 헌법에서는 특별한 조치 대상이 되는 제도와 기본권으로 영장제도, 언론·출판·집회·결사의 자유를 들고 있다. 그런데 계엄법 제9조 제1항에서는 체포·구금·압수·수색·거주·이전·언론·출판·집회·결사 또는 단체행동에 대하여 특별한 조치를, 그리고 제2항[24]과 제3항[25]에서는 재산권에 대한 조치를 할 수 있다고 규정하고 있어 헌법보다 더 광범위한 기본권 제한을 규정하고 있어 위헌성 문제가 있다. 동조의 위헌성 검토는 후술한다.

국가긴급권 발동에는 내재적·논리적 한계가 존재한다. 비입헌주의적 상태를 제거하기 위하여 마련된 제도적 장치이므로 입헌주의를 회복할 수 있는 범위내에서 국민의 기본권 제한을 최소화[26]하는 발동이라는 한계를 가지며, 발동목적은 국가긴급권인 계엄권의 행사는 헌법질서에 대한 중대한 위기상황의 극복을 위한 것이기 때문에 본질적으로 위기상황의 직접적인 원인을 제거하는데 필수불가결한 최소한도 내에서만 행사되어야 한다는 목적상 한계가 있다. 따라서 정상적인 헌정질서를 회복하여 국민의 권리와 자유를 보호하려는 소극적 목적이어야 한다. 발동기간이 길면 헌법적 질서 자체를 왜곡시키므로 본질상 일시적·임시적·잠정적으로 행사되어야

23 헌재 2012.12.27. 2011헌가5 구 인신구속 등에 관한 임시특례법 제2조 제1항 위헌제청. 헌법재판소는 국가보안법위반죄 등을 범한 자를 법관의 영장도 없이 구속·압수·수색할 수 있도록 했던 구 인신구속 등에 관한 임시특례법 제2조 제1항이 1961.8.7.부터 계엄이 해제된 1963.12.17.까지 2년 4개월 넘는 기간동안 시행되었는바, 이처럼 장기간 영장주의를 완전히 무시하는 입법적 조치가 허용될 수 없음이 명백하므로, 동 법률조항이 구 헌법 제64조나 현행 헌법 제77조의 특별한 조치에 해당하지 않는다고 판단하였다.

24 계엄법 제9조 ② 비상계엄지역에서 계엄사령관은 법률에서 정하는 바에 따라 동원(動員) 또는 징발을 할 수 있으며, 필요한 경우에는 군수(軍需)로 제공할 물품의 조사·등록과 반출금지를 명할 수 있다.

25 계엄법 제9조 ③ 비상계엄지역에서 계엄사령관은 작전상 부득이한 경우에는 국민의 재산을 파괴 또는 소각(燒却)할 수 있다.

26 대판 2013.5.16. 2011도2031 전원합의체 판결; 성낙인, 헌법학, 2022, 630쪽; 송기춘, 헌법 제77조, 헌법주석(국회, 정부), 한국헌법학회편, 2018, 675-676쪽 참조.

한다는 시간상 한계가 있다.[27] 또한 발동요건은 헌법이 정한 요건과 절차에 따라야 한다.

(3) 통치행위로서의 국가긴급권과 사법심사

국가긴급권은 비상적 권한이지만, 국민이 일정한 국가비상사태를 예정하여 미리 헌법에 정해놓은 요건과 한계에 따라 이루어지는 제도화된 대통령의 권한이다, 따라서 국가긴급권은 그 요건과 한계가 준수되는 경우에 한해서 입헌주의적 헌법보장의 수단, 즉 입헌적 국가긴급권에 해당한다. 계엄은 국가긴급권의 일종으로서 고도의 정치적 결단에 의하여 발동되는 행위이고 그 결단을 존중하여야 할 필요성이 있는 행위라는 의미에서 이른바 통치행위에 속한다고 할 수 있으나, 통치행위를 포함하여 모든 국가작용은 국민의 기본권적 가치를 실현하기 위한 수단이라는 한계를 반드시 지켜야 하는 것이다.

통치행위란 고도의 정치적 결단에 의한 국가행위로서 사법적 심사의 대상으로 삼기에 적절하지 못한 행위라고 일반적으로 정의된다. 통치행위가 사법심사의 대상이 되는지에 대한 다수설적 견해는 헌법이 제27조 제1항 국민의 재판청구권, 제107조 법원의 명령·규칙·처분심사권, 제111조 제1항 헌법재판소의 위헌법률심판 및 헌법소원심판권을 보장하고 있고 제64조 제4항에서 국회의원의 자격심사·징계의 경우에만 사법심사를 명문으로 배제하고 있음을 고려할 때 논리적으로는 처음부터 사법심사가 배제되는 통치행위란 인정되지 않지만, 통치행위에 대한 사법심사가 오히려 사법의 정치화를 초래하여 사법의 독립을 약화시키는 부정적 결과를 야기할 수 있음을 고려할 때 정책적으로는 고도의 정치적 행위의 경우에는 이를 존중하고 정치적 비판의 대상으로 유보함으로써 사법심사를 스스로 자제[28]

27 헌재 1996. 2. 29. 93헌마186; 헌재 2015.3.26. 2014헌가5 국가보위에관한특별조치법 제9조 등 위헌제청(구 국가보위에 관한 특별조치법 제11조 제2항 중 제9조 제1항의 위헌 여부)

28 헌재 2004.4.29. 2003헌마814 일반사변이라크파병 위헌확인 "이 사건 파병결정은 대통령이 파병의 정당성뿐만 아니라 북한 핵 사태의 원만한 해결을 위한 동맹국과의 관계, 우리나라의 안보문제, 국·내외 정치관계 등 국익과 관련한 여러 가지 사정을 고려하여 파병부대의 성격과 규모, 파병기간을 국가안전보장회의의 자문을 거쳐 결

하는 것이 예외적으로 허용될 수 있다고 본다.[29]

그러나 통치행위라고 하더라도 그것이 자유재량이라거나 객관적으로 긴급한 상황이 아닌 경우라도 주관적 확신만으로 좋다는 의미는 아니므로 객관적으로 대통령의 판단을 정당화할 수 있을 정도의 위기상황이 존재하여야 한다. 또한 고도의 정치적 결단에 의하여 행해지는 국가작용이라고 할지라도 그것이 국민의 기본권 침해와 직접 관련되는 경우에는 헌법재판소의 심판대상이 된다는 것은 당연하다.[30]

(4) 초헌법적인 계엄선포에 대한 판단과 행위자에 대한 사법처리

1) 헌법상 계엄규정과 그 행사

우리 헌법은 제헌헌법부터 국가긴급권을 대통령의 권한으로 규정하면서도 국가긴급권의 내용과 효력 통제와 한계를 분명히 함으로써 그 남용과 악용을 막아 국가긴급권이 헌법보호의 비상수단으로서 기능을 나타내도록 하고 있다.

제헌헌법에 긴급명령권·긴급재정처분권(제57조)[31] 및 계엄(제64조),[32] 계

정한 것으로, 그 후 국무회의 심의·의결을 거쳐 국회의 동의를 얻음으로써 헌법과 법률에 따른 절차적 정당성을 확보했음을 알 수 있다. 그렇다면 이 사건 파견결정은 그 성격상 국방 및 외교에 관련된 고도의 정치적 결단을 요하는 문제로서, 헌법과 법률이 정한 절차를 지켜 이루어진 것임이 명백하므로, 대통령과 국회의 판단은 존중되어야 하고 헌법재판소가 사법적 기준만으로 이를 심판하는 것은 자제되어야 한다. 이에 대하여는 설혹 사법적 심사의 회피로 자의적 결정이 방치될 수도 있다는 우려가 있을 수 있으나 그러한 대통령과 국회의 판단은 궁극적으로는 선거를 통해 국민에 의한 평가와 심판을 받게 될 것이다."

대법원은 대통령의 계엄선포행위가 고동의 정치적·군사적 성격을 띄는 행위여서 그 선포의 당·부당을 판단할 권한은 헌법상 계엄해제권을 가지는 국회에게만 있고, 그 선포가 당연무효라면 몰라도 법원이 계엄선포 요건구비나 선포의 당·부당을 심사하는 것은 사법권의 내재적인 본질적 한계를 넘는 것이라고 판시한 바 있다. 대재 1979.12.7. 79초70; 대판 1981.1.23. 80도2756; 대판 1981.2.10. 80도3147 등

29 승이도, 초헌법적 국가긴급권에 대한 위헌심사연구, 공법연구 제45집 제1호 2016년 10월, 149쪽. 참고문헌은 각주 11)과 12) 참조

30 헌재 1994.6.30. 92헌가18 국가보위에관한특별조치법 제5조 제4항 위헌제청.

31 제57조 내우, 외환, 천재, 지변 또는 중대한 재정, 경제상의 위기에 제하여 공공의 안녕질서를 유지하기 위하여 긴급한 조치를 할 필요가 있는 때에는 대통령은 국회의 집회를 기다릴 여유가 없는 경우에 한하여 법률의 효력을 가진 명령을 발하거나 또는 재정상 필요한 처분을 할 수 있다.
전항의 명령 또는 처분은 지체없이 국회에 보고하여 승인을 얻어야 한다.
만일 국회의 승인을 얻지 못한 때에는 그때부터 효력을 상실하며 대통령은 지체없이 차를 공포하여야 한다.

32 제64조 대통령은 법률의 정하는 바에 의하여 계엄을 선포한다.

엄안은 국무회의 의결사항(제72조)[33]; 제2공화국 헌법 대통령 긴급명령권삭제, 긴급재정처분권(제57조),[34] 계엄선포거부권(제64조),[35] 국무회의 계엄안 의결권(제72조)[36]; 제3공화국 긴급명령권, 긴급재정경제명령·처분권(제73조),[37] 계엄선포권(제75조),[38] 계엄은 국무회의 심의사항(제86조)[39]; 제4공화국 긴급조치권(제53조),[40] 계엄선포권(제54조)[41].을 부여, 대통령 긴급조치 또는

33 제72조 좌의 사항은 국무회의의 의결을 경하여야한다. 6. 계엄안, 해엄안

34 제57조 내우, 외환, 천재, 지변 또는 중대한 재정, 경제상의 위기에 제하여 공공의 안녕질서를 유지하기 위하여 긴급한 조치를 할 필요가 있을 때에는 대통령은 국회의 집회를 기다릴 여유가 없는 때에 한하여 국무회의의 의결에 의하여 재정상 필요한 처분을 할 수 있다.
전항의 처분을 집행하기 위하여 필요한 때에는 국무총리는 법률의 효력을 가진 명령을 발할 수 있다.

35 제64조 대통령은 국무회의의 의결에 의하여 계엄을 선포한다.
계엄의 선포가 부당하다고 인정될 때에는 대통령은 국무회의의 의결에 불구하고 그 선포를 거부할 수 있다.
계엄이 선포되었을 때에는 법률의 정하는 바에 의하여 국민의 권리와 행정기관이나 법원의 권한에 관하여 특별한 조치를 할 수 있다.

36 제72조 좌의 사항은 국무회의의 의결을 경하여야한다. 6. 계엄안, 해엄안

37 제73조 ①내우·외환·천재·지변 또는 중대한 재정·경제상의 위기에 있어서 공공의 안녕질서를 유지하기 위하여 긴급한 조치가 필요하고 국회의 집회를 기다릴 여유가 없을 때에 한하여, 대통령은 최소한으로 필요한 재정·경제상의 처분을 하거나 이에 관하여 법률의 효력을 가지는 명령을 발할 수 있다.
②국가의 안위에 관계되는 중대한 교전상태에 있어서 국가를 보위하기 위하여 긴급한 조치가 필요하고 국회의 집회가 불가능한 때에 한하여, 대통령은 법률의 효력을 가지는 명령을 발할 수 있다.
③제1항과 제2항의 명령 또는 처분은 지체없이 국회에 보고하여 그 승인을 얻어야 한다.
④전항의 승인을 얻지 못한 때에는 그 명령 또는 처분은 그 때부터 효력을 상실한다. 다만, 그 명령에 의하여 개정 또는 폐지되었던 법률은 그 명령이 승인을 얻지 못한 때부터 당연히 효력을 회복한다.
⑤대통령은 제3항과 제4항의 사유를 지체없이 공포하여야 한다.

38 제75조 ①대통령은 전시·사변 또는 이에 준하는 국가비상사태에 있어서 병력으로써 군사상의 필요 또는 공공의 안녕질서를 유지할 필요가 있을 때에는 법률이 정하는 바에 의하여 계엄을 선포할 수 있다.
②계엄은 비상계엄과 경비계엄으로 한다.
③계엄이 선포된 때에는 법률이 정하는 바에 의하여 영장제도, 언론·출판·집회·결사의 자유, 정부나 법원의 권한에 관하여 특별한 조치를 할 수 있다.
④계엄을 선포한 때에는 대통령은 지체없이 국회에 통고하여야 한다.
⑤국회가 계엄의 해제를 요구한 때에는 대통령은 이를 해제하여야 한다.

39 제86조 다음 사항은 국무회의의 심의를 거쳐야 한다. 5. 계엄과 해엄

40 제53조 ①대통령은 천재·지변 또는 중대한 재정·경제상의 위기에 처하거나, 국가의 안전보장 또는 공공의 안녕질서가 중대한 위협을 받거나 받을 우려가 있어, 신속한 조치를 할 필요가 있다고 판단할 때에는 내정·외교·국방·경제·재정·사법 등 국정전반에 걸쳐 필요한 긴급조치를 할 수 있다.
②대통령은 제1항의 경우에 필요하다고 인정할 때에는 이 헌법에 규정되어 있는 국민의 자유와 권리를 잠정적으로 정지하는 긴급조치를 할 수 있고, 정부나 법원의 권한에 관하여 긴급조치를 할 수 있다.
③제1항과 제2항의 긴급조치를 한 때에는 대통령은 지체없이 국회에 통고하여야 한다.
④제1항과 제2항의 긴급조치는 사법적 심사의 대상이 되지 아니한다.
⑤긴급조치의 원인이 소멸한 때에는 대통령은 지체없이 이를 해제하여야 한다.
⑥국회는 재적의원 과반수의 찬성으로 긴급조치의 해제를 대통령에게 건의할 수 있으며, 대통령은 특별한 사유가 없는 한 이에 응하여야 한다.

41 제54조 ①대통령은 전시·사변 또는 이에 준하는 국가비상사태에 있어서 병력으로써 군사상의 필요 또는 공공의

계엄과 그 해제는 국무회의 심의 사항(제66조)[42]; 제5공화국 비상조치권(제51조),[43] 계엄선포권(제52조),[44] 대통령 비상조치 또는 계엄과 그 해제는 국무회의 심의사항(제65조)[45]; 제6공화국 긴급명령권, 긴급 재정경제명령·처분(제76조), 계엄선포권(제77조), 계엄선포 및 해제는 국무회의 심의사항(제89조 5.)으로 규정한다.

현행 헌법은 대통령이 긴급재정경제처분·명령권 또는 긴급명령권을 발동한 경우에는 지체 없이 국회에 보고하여 그 승인을 얻어야 하되 만약 그 승인을 얻지 못하면 그 처분 또는 명령이 그때부터 효력을 상실한다고 규정하고(제76조 제3항, 제4항), 대통령이 계엄을 선포한 경우에도 지체 없이 국회에 통고하되 만약 국회가 재적의원 과반수의 찬성으로 계엄의 해제를 요구하면 계엄을 해제하여야 한다고 규정함으로써(제77조 제4항, 제5항), 더욱 엄격한 민주적 사후통제 절차를 거치도록 하고 있다.

안녕질서를 유지할 필요가 있을 때에는 법률이 정하는 바에 의하여 계엄을 선포할 수 있다.

②계엄은 비상계엄과 경비계엄으로 한다.

③비상계엄이 선포된 때에는 법률이 정하는 바에 의하여 영장제도, 언론·출판·집회·결사의 자유, 정부나 법원의 권한에 관하여 특별한 조치를 할 수 있다.

④계엄을 선포한 때에는 대통령은 지체없이 국회에 통고하여야 한다.

⑤국회가 재적의원 과반수의 찬성으로 계엄의 해제를 요구한 때에는 대통령은 이를 해제하여야 한다.

42 제66조 다음 사항은 국무회의의 심의를 거쳐야 한다. 5. 대통령의 긴급조치 또는 계엄과 그 해제

43 제51조 ①대통령은 천재·지변 또는 중대한 재정·경제상의 위기에 처하거나, 국가의 안전을 위협하는 교전상태나 그에 준하는 중대한 비상사태에 처하여 국가를 보위하기 위하여 급속한 조치를 할 필요가 있다고 판단할 때에는 내정·외교·국방·경제·재정·사법 등 국정전반에 걸쳐 필요한 비상조치를 할 수 있다.

②대통령은 제1항의 경우에 필요하다고 인정할 때에는 헌법에 규정되어 있는 국민의 자유와 권리를 잠정적으로 정지할 수 있고, 정부나 법원의 권한에 관하여 특별한 조치를 할 수 있다.

③제1항과 제2항의 조치를 한 때에는 대통령은 지체없이 국회에 통고하여 승인을 얻어야 하며, 승인을 얻지 못한 때에는 그때부터 그 조치는 효력을 상실한다.

④제1항과 제2항의 조치는 그 목적을 달성할 수 있는 최단기간내에 한정되어야 하고, 그 원인이 소멸한 때에는 대통령은 지체없이 이를 해제하여야 한다.

⑤국회가 재적의원 과반수의 찬성으로 비상조치의 해제를 요구한 때에는 대통령은 이를 해제하여야 한다.

44 제52조 ①대통령은 전시·사변 또는 이에 준하는 국가비상사태에 있어서 병력으로써 군사상의 필요에 응하거나 공공의 안녕질서를 유지할 필요가 있을 때에는 법률이 정하는 바에 의하여 계엄을 선포할 수 있다.

②계엄은 비상계엄과 경비계엄으로 한다.

③비상계엄이 선포된 때에는 법률이 정하는 바에 의하여 영장제도, 언론·출판·집회·결사의 자유, 정부나 법원의 권한에 관하여 특별한 조치를 할 수 있다.

④계엄을 선포한 때에는 대통령은 지체없이 국회에 통고하여야 한다.

⑤국회가 재적의원 과반수의 찬성으로 계엄의 해제를 요구한 때에는 대통령은 이를 해제하여야 한다.

45 제65조 다음 사항은 국무회의의 심의를 거쳐야 한다. 5. 대통령의 비상조치 또는 계엄과 그 해제

그러나 계엄선포요건이 엄격해지고 국회의 사후적 통제가 강화되었지만 제헌헌법시기부터 2024년까지 위헌·위법적인 계엄선포가 일어나고 있어 한국의 민주주의는 안정적인가?에 대한 질문을 하게 한다.

계엄이라는 용어는 일본이 고안한 것으로 강점기에 한국인들에게는 익숙한 용어였고 억압과 통제를 상징하는 용어였다. 식민지 시기 계엄은 3.1운동과 같은 독립운동이 있었던 지역, 관동대지진 발생했던 지역, 순종의 장례식이 열렸던 지역, 일본군이 전쟁을 수행하면서 전쟁했던 지역 등에서 빈번하게 선포되었으며, 한국인들은 식민지 시기 전체를 계엄 속에서 지내고 있었다고 해도 과언이 아니다.[46] 일본의 패망과 해방은 곧 계엄과 같은 엄혹한 통치로부터 벗어나는 것을 의미하였으나 미군정의 통제가 강화되면서 포고문의 내용이 일제강점기의 계엄령을 그대로 적용하는 것이어서 지나치게 광범위하여 강점기의 계엄과 다르지 않다고 볼 수 있다.[47]

헌정사를 보면 쿠데타와 계엄이 한국에서 민주주의를 위협하는 가장 중요한 요인임을 알 수 있다. 1948년 제헌헌법 계엄선포권을 규정하였다. 1949.11.24. 계엄법 제정하였는데, 이는 일제의 계엄령을 법명만 변경한[48] 것으로 1981.4.17. 전부개정될 때까지 30여년간 군사독재 정권의 유지수단으로 활용되었다. 특히 계엄법의 제정 이전에 1948.10.19. 여순사건에는 일제강점기때의 계엄령이 의용[49]되었다. 정부 수립 후 이승민 정부시기에 6.25전쟁 등 사유로 내린 계엄[50]을 예외로 하고 1960. 4.19. 혁명

46 일본은 프랑스 국가긴급권을 모방하여 1882년 태정관 공고 제36호로 법적 료력을 가진 규범인 계엄령을 제정하였다. 이 계엄령은 1910년 일본이 한국을 강점한 후 칙령 제283호 '조선에 시행하는 법률에 관한 건'에 의해 한국에 적용되었다. 해방후 미군정 법령 제11호에 의해 의용되었다. 자세한 내용은 백윤철, 계엄법에 관한 연구 –일제의 계엄령과 건국 초기의 계엄법–, 법학논총, 제33권 제1호 93-94쪽 참조; 오동석, 한국전쟁과 계엄법제, 민주법학, 50쪽 이하 참조. 고문현/고문철, 계엄에 관한 연구, 법학논총 제47집, 2020년 5월, 520-521쪽.

47 박태균, 2024년 계엄은 어떻게 가능했는가?, 7쪽.

48 일본 계엄령과 1949년의 제정 계엄법 비교는 오동석, 한국전쟁과 계엄법제, 민주법학, 53-60쪽.

49 1949.11.24. 계엄법 제정 이전 1948.10.19. 여순사건에서 의용되었다. 자세한 내용은 백윤철, 계엄법에 관한 연구 –일제의 계엄령과 건국 초기의 계엄법–, 법학논총, 제33권 제1호 93-94쪽 참조; 오동석, 한국전쟁과 계엄법제, 민주법학, 50쪽 이하 참조. 고문현/고문철, 계엄에 관한 연구, 법학논총 제47집, 2020년 5월, 520-521쪽.

50 대한민국 정부의 첫 계엄: 1948.10.25. 이승만이 여수와 순천에 선포. 제주 4.3. 사건 당시 제주도에 비상계엄. 한국전쟁 발발 후 1950-1951까지 총 3번의 비상계엄과 2번의 경비계엄. 긴급명령 제1호 '비상사태하범죄처벌에관한특별조치령', 제정공포일이 1950.6.25.로 소급. 1952년 부산 정치파동으로 비상계엄 선포. 1960년 4.19. 혁명 당시 경비계엄과 비상계엄이 각 한차례 발동. 고시면, (일명) '실패한 친위 쿠데타'로 (2024년 13우러 3일 22:23경-4일 4:30경) '비상계엄'(계엄법 제2조 제2항 등) 선포 및 해제 등과 관련하여 '국토를 참절하거

시 비상계엄이 선포되었다. 1961.5.16. 군사쿠데타와 계엄, 1972.10.17. 10월 유신 계엄[51]과 유신체제 몰락, 그리고 부마항쟁 직후 계엄 발령. 1979.12.12. 신군부 군사반란과 1980.5.17. 계엄 확대를 통한 내란, 1980.5.18. 광주 민주화운동 무력진압, 2016년 박근혜 대통령 탄핵 직전 쿠데타와 계엄계획,[52] 2024.12.3. 계엄선포의 장구한 역사를 갖고 있다.[53]

2) 초헌법적 국가긴급권은 위헌

입헌주의라는 규범적 관점에서 초헌법적 국가긴급권은 그 자체로 위헌이라 할 것이다. 1994년 헌법재판소는 국가보위에관한특별조치법 제5조 제4항 위헌제청 사건[54]에서, 위 특별조치법이 초헌법적인 국가긴급권을 대통령에게 부여하고 있다는 점에서 이는 헌법을 부정하고 파괴하는 반입헌주의, 반법치주의의 위헌법률이라고 판단하고 있다. 그리고 국가긴급권발동(비상사태선포)의 조건을 규정한 위 특별조치법 제2조의 "국가안전보장에 대한 중대한 위협에 효율적으로 대처하고 사회의 안녕질서를 유지하여 국가를 보위하기 위하여 신속한 사태대비조치를 취할 필요가 있을 경우"라는 규정내용은 너무 추상적이고 광범위한 개념으로 되어 있어 남용·악용의

나 국헌을 문란할 목적으로 폭동'(내란죄; 형법 제87조 등) 혹은 작당하여 병기를 휴대하고 반란'(반란죄; 군형법 제5조 등) 등의 성립여부(상), 사법행정 2025.2, 2쪽 이하 참조; 오동석, 한국전쟁과 계엄법제, 민주법학, 45쪽 이하 참조.

51 유신헌법 상 계엄이 프랑스 제5공화국 헌법 제16조 계엄을 모범으로 하고 있다고 보는 견해, 성낙인, 프랑스 제5공화국 헌법과 유신헌법상 대통령의 국가긴급권에 관한 비교 연구, 공법연구 제28집 제4호 제2권 참조.

52 박근혜·최순실 국정농단으로 인해 일어난 촛불집회는 국회의 탄핵소추 가결을 이끌어내었고, 박근혜 전 대통령은 2016년 12월 9일부터 대통령 직무가 정지됐다. 그런데 당시 국군 기무사령부는 '헌법재판소가 탄핵 소추를 기각 혹은 각하하여 시위가 거세지면 위수령과 계엄령을 발동하여 집회를 차단하고 국회의원을 체포하는 등 사실상 친위 쿠데타를 일으킬 계획'을 세웠다. 이런 군의 움직임에 대한 의혹은 당시 더불어민주당 대표였던 추미애 의원이 2016년 11월 18일 국회에서 처음 제기했으며, 이후에도 더불어민주당의 조응천, 박지원 의원 등을 통해 계엄령 가능성이 제기됐다. 문재인정부가 들어선 이후인 2018년 7월 5일 더불어민주당 이철희 의원이 기무사령부의 '전시 계엄 및 합수업무 수행방안' 문건 일부를 입수해 공개했으며, 다음날인 7월 6일 시민단체 '군인권센터'가 서울시내 병력 배치계획 등이 포함된 기무사 문건 전문을 내부제보를 통해 입수 및 공개 군 특별수사단 및 군·검찰 합동수사단이 출범, 현재 재판진행중, 참여연대, https://p.peoplepower21.org/WatchPro/case_detail.php?id=36

53 계엄을 이승만 정부, 1960.4.19. 혁명시 비상계엄선, 5.16. 쿠데타와 비상계엄, 1972년 유신 쿠데타 후 계엄, 1980년 12.12.와 5.17. 비상계엄 확대로 나누어 설명하는 자료로는 박태균, 2024년 계엄은 어떻게 가능했는가?, 13쪽 참조.

54 헌재 1994.6.30. 92헌가18 국가보위에관한특별조치법 제5조 제4항 위헌제청.

소지가 매우 크므로 기본권 제한법률 특히 형벌법규의 명확성의 원칙에 반한다고 설시한다.

또한 2013년 구 헌법 제53조 등 위헌소원 사건[55]에서는 긴급조치 제1호, 제9호는 유신헌법 제53조가 정한 발동요건조차 충족하지 못하였고, 국가긴급권으로서 갖춰야 할 내재적 한계를 일탈하였을 뿐 아니라, 헌법 개정논의를 포함하여 정치적 의견과 정치사상에 대한 표현을 전면적으로 금함으로써 정치적 표현의 자유, 청원권 등 국민의 정치적 기본권의 본질적 내용을 침해하였으며, 형사처벌하는 구성요건이 추상적이고 모호하고 그 적용범위가 지나치게 광범위하며 포괄적이어서 죄형법정주의의 명확성원칙에 위배되고, 영장주의에 위배되므로 헌법에 위반된다고 판단하였다.

그런데 헌법재판소는 2015년 국가보위에관한특별조치법 제9조 등 위헌제청 사건[56]에서 초헌법적 국가긴급권도 '극단적 위기상황'의 경우 예외적으로 위헌이 아닐 수 있다는 설시를 하고 있다. 즉 구체적 상황에 따라서는 헌법에 규정된 국가긴급권만으로 극복할 수 없는 극단적 위기상황이 존재할 수도 있고, 이러한 극단적 위기상황에서 국가의 독립, 영토의 보전, 국가의 계속성과 헌법의 수호, 나아가 국민의 생명·안전을 보장하기 위하여 초헌법적 국가긴급권을 예외적으로 인정해야 할 필요성이 있을 수 있다는 것이다. 특별조치법 제2조 "국가안전보장에 대한 중대한 위협에 효율적으로 대처하고 사회의 안녕질서를 유지하여 국가를 보위하기 위하여 신속한 사태 대비조치를 취할 필요가 있을 경우 대통령은 국가안전보장회의의 자문과 국무회의의 심의를 거쳐 국가비상사태를 선포할 수 있다."라는 국가비상사태 선포권은 헌법 제76조 및 제77조에 한정적으로 규정된 국가긴급권의 실체적 발동요건 중 어느 하나에도 해당하지 않는 것이므로, 헌법이 예정하지 아니한 '초헌법적인 국가긴급권'의 창설에 해당하는바 특별조치법 제정 당시의 국내외 상황이 이러한 초헌법적 국가긴급권 창설을 예외적

55 헌재 2013.3.21. 2010헌바132등 (2010헌바132, 2010헌바70, 2010헌바170) 구 헌법 제53조 등 위헌소원 (구 헌법 제53조 등 위헌소원 사건)

56 헌재 2015.3.26. 2014헌가5 국가보위에관한특별조치법 제9조 등 위헌제청 (구 국가보위에 관한 특별조치법 제11조 제2항 중 제9조 제1항의 위헌 여부)

으로 정당화할 수 있을 정도의 극단적 위기상황이 존재하였다고 볼 수 없으므로, 특별조치법상의 대통령의 국가비상사태 선포권은 헌법이 요구하는 국가긴급권의 실체적 발동요건을 갖추지 못한 것이라고 판단한 것이다.

초헌법적 국가긴급권이 예외적으로 인정될 수 있다는 견해를 피력하는 학자들[57]도 있다. 극단적 위기상황에서 위기극복의 현실적 필요성 때문에 헌법의 규범성을 완화하는 것은 최후 수단으로서의 국가의 자위수단 내지 국가적 정당방위에 해당되므로, 엄격한 심사를 통하여 정당한 사유가 인정될 수 있다면 예외적으로 그 합헌성이 인정될 여지가 있다고 보고 있는 것이다. 이러한 견해도 극단적 위기상황이란 정당화 요소는 다른 헌정질서와 가치 및 기본적 인권의 보장을 위하여 헌법이 정하는 국가긴급권의 구체적 발동요건을 불가피하게 해석상 후퇴시킨다는 점을 인정한다. 입헌적 국가긴급권도 이미 정상적 권력행사방식이 아닌 비상적 수단으로서 헌법 문언상 극히 제한적으로 인정되는 것인데 초헌법적 국가긴급권은 이러한 비상적 권력행사방식에 대해 다시 해석상 예외를 허용하는 것임을 고려할 때, 그 정당화 사유로서 극단적 위기상황의 인정 여부는 매우 제한적이며 엄격하게 접근해야 한다는 의견을 개젠하는 것이다.[58]

그러나 긴급조치권이 국가의 긴급상황에서 통상적 방법으로 그 해결을 할 수 없을 때, 헌법질서를 수호하기 위하여 권력분립원칙의 예외, 기본권제한의 확대 등 비상적인 방법을 허용하는 것이어서 그 자체가 입헌주의의 파괴를 가져올 위험이 있어 헌법과 법률에서 엄격한 요건과 절차를 규정하고 그 자체의 한계를 인정하고 있다. '극단적 위기상황'을 상정하고 이러한 헌법적 요건을 지키지 못한 초헌법적 비상조치를 예외적으로 합헌으로 본다는 것은 긴급조치권 요건에 대한 헌법규정외에 법관의 해석을 통해 비상적 조치에 더하여 또 예외를 인정함으로써 결국 헌법상의 요건을 충족하지 아니한 초헌법적 비상적 조치들이 합헌적으로 발동될 수 있도록 정당

57 예컨대 성낙인 교수도 국가 존립 그 자체를 방어하기 위한 초헌법적인 긴급권 발동사태를 전적으로 부인하기는 어렵다고 보고 있다, 성낙인, 헌법학, 2022, 619쪽.

58 승이도, 초헌법적 국가긴급권에 대한 위헌심사연구, 공법연구 제45집 제1호 2016년 10월, 157쪽과 163쪽, 참고문헌은 각주 41)-46) 참조.

화해주는 것이다. 이는 법치국가원칙에 반하는 것이고, 이는 결국 헌법 계엄조항의 형해화를 가져올 위험을 초래하게 될 것이다. 따라서 초헌법적 비상조치는 위헌이며, 그 예외가 인정된다고 보기는 어렵다고 생각한다.

3) 성공한 쿠데타의 처벌

1980년 광주 오월항쟁은 한국사회가 질적으로 변화할 수 있는 계기가 되었으며, 민주화를 되돌릴 수 없게 만드는 원동력이 되었다. 이와 더불어 12.12.와 5.17. 반란 및 내란죄 행위자들을 처벌함으로써 민주국가에서 '실패한 쿠데타는 처벌하지 않는다'[59]는 괴변이 더 이상을 수용될 수 없으며, 헌정질서를 파괴한 범죄자는 반드시 처벌되어야 한다는 점을 확고히 함으로써 민주주의의 퇴행을 차단하고 민주주의의 공고화를 위한 사법적 안전판을 확립하였다.[60]

1979.10.26. 박정희 전대통령이 사망하자, 1979.10.27. 제주도를 제

59 5·18과 12·12불기소처분에 대한 불기소처분취소 헌법소원(헌재 1995. 1. 20. 94헌마246 불기소처분취소) 사건에서 검찰은 불기소처분의 근거를 예리넥(G. Jellinek, Allgemeine Staatslehre, S. 337 ff.)), 켈젠(H. Kelsen, Reine Rechtslehre, 1934, Kapital 5))과 라드브루흐(G. Radbruch, Einführung in die Rechtswissenschaft, 1969, Kapitel 1))의 법철학을 인용하고 있다. "재래의 실정법 질서가 무너지고 새로운 법질서가 수립된 경우에는 법적 안정성의 요구에서 이러한 사태가 법의 기초가 되어 법적 효력을 인정받게 된다(라드브르흐)"는 등의 이유로 검찰은 "무너진 구 헌정질서에 근거하여 새로운 정권과 헌법질서의 창출을 위한 행위들의 법적 효력을 다투거나 법적 책임을 물을 수 없으며, 결국 사법심사가 불가능하단,s 견해가 유력함" 의견을 제출하였다. 이 결정에 대하여 많은 비판이 있었고 법학교수들이 「5·18 관련 헌법소원에 대한 의견서를」 제출했는데, "성공한 내란의 처벌불가론은 법철학적으로 뒷받침될 수 없으며, 비록 라드브르흐가 정의와 함께 법적 안정성을 중시하였고, 또 혁명과 성공한 내란을 구분하지 않고 실효성 차원에서 정당화하기도 하였으나, 그는 기본적으로 법의 이념성을 추구하는 법철학자로 정의에 대한 힘의 우위를 승인하지 않았"으며, 나찌의 불법국가를 경험한 후 "법적안정성에 대한 정의의 우월성" 명백히 하였고 이는 '법률적 불법'과 '초법률적 법(Gesetzliches Unrecht und übergesetzliches Recht)'에서 잘 드러난다고 한다. 상세한 내용은 최종고, G. 라드브루흐와 현대법사상, 서울대학교 법학 제36권 3·4호(1995), 93-96쪽. 이러한 라드브르흐의 법사상은 지금까지도 독일 법원에서 적용되고 있다. 통독 당시 동독과 서독을 가로막았던 담이 파괴되고 동독군인들이 동독인들에 대하여 발포한 사건에 대하여 통독후 독일 법원에서 판결을 하였다. 동독군인들의 행위는 경계침범행위에 대한 제재를 허용하는 동동의 국경법(Grenzgesetz) 제27조였다. 먼저 연방대법원은 형벌불소급의 원칙에 반한다는 주장에 대하여 부진정소급입법이라며 받아들이지 않았고, 라드브르흐의 공식을 적용하여 동독 국경법 제27조가 불법의 경계를 극단적으로 넘어섰기 때문에 동독군인의 행동을 정당화하는 규정으로 적용될 수 없다고 보았다. 이 판결에 대한 헌법소원에서 독일연방헌법재판소는 라드브루흐 공식을 적용하면서 매우 중대한 불법에 대하여서는 예외적으로 소급해서 처벌이 가능하므로 기본법 제103조 제2항의 형벌불소급원칙에 반하지 않는다고 판시하였다. BVerfGE 95, 96 - Mauerschützen.

60 이영재, 한국민주주의의 공공화와 5·18 특별법, 민주주의와 인권 제15권 3집, 전남대학교 5·18 연구소(2015), 81쪽; 김이수, 5·18광주항쟁과 5·18의 두 법정, 법학평론 제11권(2021.04.), 12쪽.

외한 전국에 비상계엄령이 발동되어 있었고, 보안사령관 전두환을 중심으로 한 신군부 세력은 1979.12.12. 계엄사령관 정승화를 체포하는 등의 군사반란으로 군부를 실질적으로 장악하였다. 신군부 세력의 위력으로 강압적 분위기에서 열린 임시 국무회의는 1980.5.17. 자정을 기해 지역계엄을 제주를 포함한 전국계엄으로 확대하기로 의결하였다.[61] 계엄 확대 직후 전국 92개 대학과 국회의사당 등 136개 중요시설에 계엄군이 배치되었으며, 광주에는 7공수여단 33대대 병력 366명이 전남대와 광주교대에, 35대대 병력 322명이 조선대와 전남대 의대에 각각 투입되었다. 1980.5.18. 오전 10시경 전남대 정문 앞에서 일어난 시위에 계엄군이 무자비하게 진압하자 이에 저항하는 5·18 광주항쟁이 시작되었으며, 1980.5.27. 새벽 계엄군의 상무충정작전에 의해 비극적인 막을 내렸다.

김영삼 정부가 들어선 이후 5·18 광주항쟁에 대한 진압 계획 및 시행의 핵심 책임자인 전두환과 노태우 등을 처벌하기 위한 고소·고발이 있었다.[62] 서울지방검찰청은 1994년 10월, 12·12 군사쿠데타가 '명백한 군사반란이지만, 이들을 기소할 경우 불필요한 국력을 소모할 우려가 있다'는 이유로 '기소유예' 처분을 내렸고, 1995년 7월 5.18 사건에 대하여 '새로운 헌법 질서가 창조되었고 성공한 쿠데타는 처벌할 수 없다'며 '공소권 없음' 처분을 하였다.

검찰의 불기소처분에 대한 헌법소원심판청구사건에서 헌법재판소는 헌법 제84조의 근본취지를 대통령의 재직중 형사상의 소추를 할 수 없는 범죄에 대한 공소시효의 진행은 정지되는 것으로 해석하는 것이 원칙이라는 점과 "그 처분이 재량의 범위를 벗어난 것으로서 자의적인 결정이 아니라는 판단을 하였다. 12·12 사건의 처리에 있어 과거청산과 장래에 대한

61 이 과정에 대한 자세한 내용은 헌재 1995.1.20. 94헌마246 불기소처분취소 결정 참조.

62 항쟁발생 약 15년이 지난 후에 시작된 범죄자처벌 움직임에 비해 무자비한 진압을 하는 계엄군에 대항하여 항쟁에 가담한 시민(예비 검속된 사람 포함)들 중 409명은 5·18광주항쟁이 진압된 후 내란죄, 소요죄, 계엄법위반죄 등으로 군사법원의 재판을 받았다. 제1, 2심 군사법원의 재판이나 관할관의 확인조치 석방된 사람을 제외한 83명이 상고하였으나 대법원은 1981년 3월 31일 상고를 기각하였다. 대법원판결 후 수형 중인 사람들은 마지막에 이루어진 1982. 12. 23. 성단질 특사 등 네 번의 사면 조치로 모두 석방되었다. 김이수, 5·18광주항쟁과 5·18의 두 법정, 13쪽.

경고, 정의회복과 국민들의 법감정의 충족 등 기소사유가 갖는 의미도 중대하지만 이 사건을 둘러싼 사회적 대립과 갈등의 장기화 또한 가볍다고만 단정할 수는 없을 것이고, 양자간의 가치의 우열이 객관적으로 명백하다고 보기도 어렵다고 하면서 가치의 우열이 명백하지 아니한 상반되는 방향으로 작용하는 두 가지 참작사유 중에서 검사가 그 어느 한 쪽을 선택하고 다른 사정도 참작하여 기소를 유예하는 처분을 하였다고 하여 그 처분이 재량의 범위를 벗어난 것으로서 자의적인 결정이라고 볼 수 없다[63]는 것이다.

1995.12.21. 국회는 헌정질서파괴범죄의 공소시효 등에 관한 특례법(이하 공소시효 특례법이라 함)과 5·18민주화운동 등에 관한 특별법(이하 5·18 특별법이라함)을 제정하였다. 5·18 특별법 제2조 제1항에 "1979년 12월 12일과 1980년 5월 18일을 전후하여 발생한 헌정질서파괴범죄의 공소시효 특례법 제2조의 헌정질서파괴범죄행위에 대하여 국가의 소추권행사에 장애사유가 존재한 기간은 공소시효의 진행이 정지된 것으로 본다."고 규정하고 있다. 공소시효 특례법에서는 형법에 정한 내란의 죄, 외환의 죄와 군형법에 정한 반란의 죄와 이적의 죄를 헌정질서 파괴범죄로 규정하면서(제2조), 헌정질서 파괴범죄에 대해서는 형사소송법과 군사법원법상의 공소시효적용을 배제하고 있다(제3조).

1996년 헌법재판소는 5·18특별법 제2조 제1항의 공소시효특례규정을 합헌이라고 결정하였다. 동 재판소는 위 조항을 부진정소급입법에 해당한다고 보는 경우에는 공소시효 제도에 근거한 개인의 신뢰와 공소시효의 연장을 통하여 달성하려는 공익을 비교·형량하여 공익이 더 크다며 헌법에 위반되지 않는다는 결론을 내렸다. 또한 진정소급입법으로 보는 경우, 진정소급입법은 특단의 사정이 없는 한 헌법적으로 허용되지 아니하는 것이 원칙이지만, 예외적으로 국민이 소급입법을 예상할 수 있었거나, 법적 상태가 불확실하고 혼란스러웠거나 하여 보호할 만한 신뢰의 이익이 적은 경우와 소급입법에 따른 당사자의 손실이 없거나 아주 경미한 경우, 그리고 신뢰 보호의 요청에 우선하는 심히 중대한 공익상의 사유가 소급입법

63 헌재 1995. 1. 20. 94헌마246 불기소처분취소

을 정당화하는 경우에는 허용될 수 있다고 하면서 "왜곡된 한국 헌정사의 흐름을 바로 잡아야 하는 시대적 당위성과 집권 과정에서의 헌정질서파괴범죄를 범한 자 등을 응징하여 정의를 회복하여야 할 공익은 중대하다. 하지만 군사반란죄나 내란죄를 저지른 자가 기대하는 공소시효 완성으로 인한 법적 지위에 대한 신뢰 이익은 보호받을 가치가 별로 크지 않다. 그러므로 위 조항은 헌법적으로 정당화되어 헌법에 위반되지 않는다."[64]고 결정하였다.

검찰은 전두환, 노태우 등을 12·12사건, 5·18사건과 관련하여 군형법상 반란죄와 형법상 내란죄 등으로 기소[65]하였다. 1997.4.17. 판결[66]에서 대법원은 군사반란과 내란을 통하여 정권을 장악한 경우의 가벌성 여부에 대한 판단에 있어서 "군사반란과 내란을 통하여 폭력으로 헌법에 의하여 설치된 국가기관의 권능행사를 사실상 불가능하게 하고 정권을 장악한 후 국민투표를 거쳐 헌법을 개정하고 개정된 헌법에 따라 국가를 통치하여 왔다고 하더라도 그 군사반란과 내란을 통하여 새로운 법질서를 수립한 것이라고 할 수는 없으며, 우리 나라의 헌법질서 아래에서는 헌법에 정한 민주적 절차에 의하지 아니하고 폭력에 의하여 헌법기관의 권능행사를 불가능하게 하거나 정권을 장악하는 행위는 어떠한 경우에도 용인될 수 없다. 따라서 그 군사반란과 내란행위는 처벌의 대상이 된다"[67]고 함으로써 성공여

64 헌재 1996.2.16. 선고 96헌가2등 5.18민주화운동등에관한특별법 제2조 제1항 등 위헌제청

65 서울중앙지방법원은 1996년 8월 26일 판결 선고(서울중앙지방법원 1996. 8. 26. 선고 95고합1228등 판결), 서울고등법원은 1996년 12월 16일 항소심 판결(서울고등법원 1996. 12. 16. 선고 96노1892 판결), 전두환은 무기징역, 노태우는 징역 17년 선고.

66 대법원 1997. 4. 17. 선고 96도3376 전원합의체 판결

67 [반대의견] 군사반란 및 내란행위에 의하여 정권을 장악한 후 이를 토대로 헌법상 통치체제의 권력구조를 변혁하고 대통령, 국회 등 통치권의 중추인 국가기관을 새로 구성하거나 선출하는 내용의 헌법개정이 국민투표를 거쳐 이루어지고 그 개정 헌법에 의하여 대통령이 새로 선출되고 국회가 새로 구성되는 등 통치권의 담당자가 교체되었다면, 그 군사반란 및 내란행위는 국가의 헌정질서의 변혁을 가져온 고도의 정치적 행위라고 할 것인바, 그와 같이 헌정질서 변혁의 기초가 된 고도의 정치적 행위에 대하여 법적 책임을 물을 수 있는지 또는 그 정치적 행위가 사후에 정당화되었는지 여부의 문제는 국가사회 내에서 정치적 과정을 거쳐 해결되어야 할 정치적·도덕적 문제를 불러일으키는 것으로서 그 본래의 성격상 정치적 책임을 지지 않는 법원이 사법적으로 심사하기에는 부적합한 것이고, 주권자인 국민의 정치적 의사형성과정을 통하여 해결하는 것이 가장 바람직하다. 따라서 그 군사반란 및 내란행위가 비록 형식적으로는 범죄를 구성한다고 할지라도 그 책임 문제는 국가사회의 평화와 정의의 실현을 위하여 움직이는 국민의 정치적 통합과정을 통하여 해결되어야 하는 고도의 정치문제로서, 이에 대하여는 이미 이를 수용하는 방향으로 여러 번에 걸친 국민의 정치적 판단과 결정이 형성되어 온 마당에 이제 와서 법원

부와 관계없이 쿠데타는 처벌된다는 점을 명백히 하였다.

12·12는 대통령의 재가 없이 적법한 체포절차도 밟지 아니하고 육군참모총장을 체포한 행위는 육군참모총장 개인에 대한 불법체포행위라는 의미를 넘어 대통령의 군통수권 및 육군참모총장의 군지휘권에 반항한 행위라고 할 것이며, 반란 가담자들이 작당하여 병기를 휴대하고 위와 같은 행위를 한 이상 이는 반란에 해당한다고 판단하였다. 또한 5·18내란 행위자들이 1980.5.17. 24:00를 기하여 비상계엄을 전국으로 확대하는 등 헌법기관인 대통령, 국무위원들에 대하여 강압을 가하고 있는 상태에서, 이에 항의하기 위하여 일어난 광주시민들의 시위진압행위는 내란행위자들이 헌법기관인 대통령과 국무위원들을 강압하여 그 권능행사를 불가능하게 한 것으로 보아야 하므로 국헌문란에 해당한다고 보았다. 5·18내란 과정으로서의 비상계엄의 전국확대는 일종의 협박행위로서 내란죄의 구성요건인 폭동에 해당하므로, 이와 같은 폭동행위가 간단없이 계속되는 가운데 그 비상계엄의 전국확대를 전후하여 그 비상계엄의 해제시까지 사이에 밀접하게 행하여진 이른바 예비검속에서부터 정치활동 규제조치에 이르는 일련의 폭동행위들은 위와 같은 비상계엄의 전국확대로 인한 폭동행위를 유지 또는 강화하기 위하여 취하여진 조치들로서 위 비상계엄의 전국확대로 인한 폭동행위와 함께 단일한 내란행위를 이룬다고 봄이 상당하고, 비상계엄의 전국 확대가 국무회의의 의결을 거쳐 대통령이 선포함으로써 외형상 적법하였다고 하더라도, 국헌문란의 목적을 달성하기 위한 수단으로 이루어진 것이므로 내란죄의 폭동에 해당하고, 이는 국헌문란의 목적을 달성하기 위하여 그러한 목적이 없는 최규하 대통령을 이용하여 이루어진 것이므로 간접정범의 방법으로 내란죄를 실행한 것으로 보아야 한다고 판시하고 있다.[68]

이 새삼 사법심사의 일환으로 그 죄책 여부를 판단할 수 없다.

68 5.18 광주와 대법원 및 헌법재판소 관련 판례에 대한 상세한 분석은 김이수, 5·18광주항쟁과 5·18의 두 법정, 법학평론 제11권(2021.04.), 9-54쪽; 민병로/김남진, 5·18민주화운동의 진상규명과 책임자처벌에 관한 대법원의 판결 분석, 민주주의와 인권(제16권 2호), 61쪽 이하 참조.

(4) 12·3 계엄선포의 위헌·위법성

1) 실체적·절차적 요건의 결여로 초헌법적 계엄

12·3 계엄선포 일지[69]는 다음과 같다.

- 12.3.

  22:23 대통령 계엄선포

  23:40 국회 상공에 헬기 소리가 울려 퍼지더니 UH-60 블랙호크 3대가 국회 뒷편 공터에 착륙. 헬기에서 내린 계엄군들은 야간 투시경과 단검, K-1 기관단총으로 무장, 비슷한 시각 군 병력 이동 포착.

- 12.4.

  0시 경찰청장 긴급간부회의 소집, 을호비상 발령

  01:01 계엄해제결의안 국회본회의 통과 재적의원 190명 전원찬성

  00:24 군인 국회 진입시도

  00:45 국회 본관 3층까지 진입, 군인 분산 진입 시도. 일부 창문깨고 진입. 한덕수 국무총라 국무회의에서 계엄 해제안 의결

  04:27 대통령 계엄해제

- 12.14. 탄핵소추의결
- 2025. 1.1. 정계선, 조한창 헌법재판관 임명, 헌재 8인체제
- 1.17. 내란수괴 혐의로 구속영장 청구
- 1.18. 서울구치소 구속·
- 12.14. 국회 윤석열 대통령 탄핵심판안 의결
- 12.27. 헌법재판소 탄핵심판 시작

계엄선포문은 "정부는 우리국민의 자유와 행복을 약탈하고 자유대한민국의 체제전복을 기도하고 있는 파렴치한 종북 반국가세력을 일거에 척

69 출처 : 어셈블리인사이더 in: http://www.assemblyinsider.com; 시사 IN in: https://www.sisain.co.kr/news/articleView.html?idxno=54486

결하고, 헌정질서를 지켜나가기 위해 비상계엄을 선포합니다."이다.

대통령은 계엄 당시 한국 상황을 국가비상사태로 보았으며 그 구체적 위기현실로 ① 북한을 비롯한 외부의 주권 침탈 세력들과 우리 사회 내부의 반국가세력이 연계하여 대한민국의 자유민주주의를 무너뜨리는 체제 전복 활동을 하여 국가안보와 계속성을 심각하게 위협하고 있다. ② 거대 야당인 민주당은 국가보안법 폐지 주장, 국방력 약화 및 군 무력화에 앞장서며, 이태원 참사가 발생하자 연일 진상규명을 외치면서 정쟁에 이용하고 행정안전부 장관을 탄핵하여 북한지령을 받은 민노총 간첩단과 사실상 똑같은 일을 함으로써 공산주의 세력을 옹호하고 이런 세력과 손잡는 일을 하고, 민주적 정당성의 상징인 대통령을 끌어내리기 위해 2년 반동안 끊임없이 공작을 하며, 감사원장 등 줄탄핵, 입법 폭주, 예산삭감 등 폭거로 정부의 기능을 마비시키는 폭주를 통해 국헌문란을 하고 있다. ③ 2023년 중앙선관위를 포함한 국가기관들이 북한에 의해 심각한 해킹이 발생하였다는 점을 들고 있다. 이로 인하여 대한민국이 존립위기에 처하여 있어 이러한 위기상황과 비상사태에 처하여 있음을 국민에게 알리기 위하여 계엄을 선언한 것이라고 헌법재판소에서 최후진술[70]을 하였다.

계엄포고문에서는 "파렴치한 종북 반국가세력을 일거에 척결"하기 위한 계엄을 선포한다고 밝히고 있는데, 이는 헌법 제77조의 "병력으로서 군사상 필요에 응하거나 공공의 안녕질서를 유지할 필요"라고 하는 필요성 요건을 충족하지 못한 것이다. 또한 계엄의 발동은 소극적인 헌정질서의 회복 목적으로 한정되는데, 포고문에서는 이를 넘어 적극적으로 종북세력 척결의 목적을 가지고 있으므로 계엄의 목적상 한계를 벗어난 것이다. 대통령은 헌법재판소 최종진술에서 보듯이 국가가 비상사태이고 야당의 탄핵, 정부예산안의 삭감, 입법폭주 등으로 인하여 사법·행정이 마비가 되어 국가가 위기에 처했다고 판단하였다. 그러나 12·3 계엄선포 당시 "전쟁·사변, 이에 준하는 비상사태"라고 볼 수 있는 어떠한 사정도 발견할 수 없다.

70 KBS 뉴스, 대통령 최후진술전 기자들에게 사전배포한 최후진술문, 2025.02.25. https://news.kbs.co.kr/news/pc/view/view.do?ncd=8185571&ref=A

최후진술의 내용은 헌법 제77조의 전쟁·사변, 이에 준하는 비상사태라고 볼 수 없다는 점은 명백하다. 또한 이러한 비상사태로 인하여 사법·행정이 마비가 되어 국가가 위기에 처했다는 상황인식도 올바르지 못하다. 여소야대의 정부에서 야당이 정부에 의사에 맞지 않는 입법을 하는 것은 당연히 발생할 수 있는 것으로 보아야 하고, 오히려 이에 대하여 대통령이 거부권을 제한 없이 사용하는 것이 더 큰 문제라고 할 수 있다.

1987년 이후 역대 대통령과 거부권 행사(1987년 이전 이승만 45회, 박정희 5회, 전두환 0회)[71]

대통령	거부권 행사 횟수	국회 의석 분포
노태우	7	여소야대 → 여대야소
김영삼	0	여대야소
김대중	0	여소야대 → 여대야소 → 여소야대
노무현	6	여소야대 → 여대야소
이명박	1	여대야소
박근혜	2	여대야소 → 야소여대
문재인	0	여소야대 → 여대야소
윤석열 (12.3. 계엄선포 이전까지 약 2년 6개월)	25	여소야대

야당대표에 재판이 정상적으로 진행되는 가운데, 재판기간이 길다는 점을 사법부의 마비로 볼 여지는 없으며, 예산안의 심사와 탄핵은 국회에게 헌법에서 보장하는 권리인데, 야당이 이러한 권한을 행사한 것을 입법마비로 볼 수 없다.

국가 비상사태인지에 대한 판단은 1차적으로 대통령이 하지만 이를 위한 객관적 증거가 있어야 하며, 주관적으로 자유로이 광범위한 재량을 가지고 판단할 수 있는 것은 아니다. 위의 상황에서 볼 때 12·3 계엄당시 한국의 정치사회가 갈등구조 속에서 대치적인 측면은 있었다고 볼 수 있으나, 병력을 동원하여 위기를 극복해야 할 국가비상사태는 아니었으므로 계

71 내일신문, 2024.06.13. https://www.naeil.com/news/read/513398 참조하여 재구성

엄의 실체적 요건을 충족하지 못하였으며 종북세력 척결의 적극적 목적으로 발동되어 목적상의 한계를 벗어난 것이다. 따라서 12·3 계엄은 초헌법적인 계엄으로 그 자체가 위헌이다.

또한 대통령은 위 계엄에 대하여 공고를 하지 않았으므로 절차적 흠결이 있어 위헌 무효이다. 국무회의심의 여부와 관련하여 이 선포문 사전배포는 없었으나 심의가 있었다고 하는 김용현 전 국방장관의 헌재에서 발언이 있었으나 참석한 대다수의 국무위원이 안건을 몰랐다고 진술하고 있고 회의시간이 약 5분에 불과하여 심의라 볼 수 있을지 의문이며, 관련 국무위원의 부서가 없다는 점에서 심의와 부서가 결여되어 위헌이다.

2) 포고령의 위헌성

포고령에서는

"1. 국회와 지방의회, 정당의 활동과 정치적 결사, 집회, 시위 등 일체의 정치활동을 금한다.
2. 자유민주주의 체제를 부정하거나, 전복을 기도하는 일체의 행위를 금하고, 가짜뉴스, 여론조작, 허위선동을 금한다.
3. 모든 언론과 출판은 계엄사의 통제를 받는다.
4. 사회혼란을 조장하는 파업, 태업, 집회행위를 금한다.
5. 전공의를 비롯하여 파업 중이거나 의료현장을 이탈한 모든 의료인은 48시간 내 본업에 복귀하여 충실히 근무하고 위반시는 계엄법에 의해 처단한다.
6. 반국가세력 등 체제전복세력을 제외한 선량한 일반 국민들은 일상생활에 불편을 최소화할 수 있도록 조치한다."고 규정한다.

포고령의 기본권 제한은 그동안 내려진 다른 포고령과 비교하여도 훨씬 많은 문제점을 가지고 있다. 헌법에서 제77조에서는 계엄에 따라 '영장제도와 언론·출판·집회·결사의 자유'의 제한을 규정하고 있다. 그런데 포고령에서는 이보다 더욱 광범위하게 직업의 자유, 정당의 자유, 노동3권 등 기본권을 제한하고 있으며, "자유민주주의 체제를 부정하거나, 전복을 기도하는 일체의 행위를 금하고, 가짜뉴스, 여론조작, 허위선동을 금한다."는 매우 추상적인 규정과 이에 따른 처벌은 명확성원칙에 반하고 비례원칙에 반하는 표현의 자유침해이다. 또한 계엄선포의 경우 행정과 사법에 대한 특별한 조치는 할 수 있으나 국회에 대한 조치는 할 수 없다. 대통령은 국회에 대하여 계엄선포 통고를 해야 하며, 국회는 계엄해제를 의결할 수 있기 때문이다. 그런데 포고령에서는 국회와 지방의회에 대한 활동금지를 하고 있어 위헌이다.

3) 폭력을 통한 헌법기관 기능 마비

폭력을 행사하여 헌법기관의 기능을 마비시킨 점도 확인된다. 군대를 본회의장에 투입하였으며, 단전을 한 것은 폭력으로 국회 기능을 마비시켰다고 볼 것이다. 어떠한 법률상의 근거도 없이 부정선거에 대한 점검을 목적으로 헌법기관인 선거관리위원회에 군인을 투입한 점도 명백한 위헌이다. 또한 헌법 제5조에 따라 정치적 중립의무가 있는 군대를 초헌법적 계엄의 실행을 위하여 투입시키는 것은 위헌이다.

따라서 12.3. 계엄은 실체적, 절차적 요건을 충족하지 못하였고 계엄의 한계를 넘는 것으로 초헌법적 계엄으로 그 자체가 위헌이며, 포고령도 그 위헌성이 인정된다. 또한 폭력을 통한 헌법기관들의 기능을 마비시킨 점도 인정될 수 있어 국헌문란의 목적으로 한 내란행위를 하였다고 인정할 수 있다. 국가긴급권 자체는 통치행위이지만, 기본권과 직접 관련이 있는 경우 사법심사의 대상이 된다.

3. 위헌·위법적 계엄을 방지하기 위한 법제개선의 방안

(1) 계엄선포권의 삭제 또는 개선?

학자들 가운데에는 정치권력의 자의적 활용물이었던 계엄제도를 폐지하고 전시입법을 제정함으로써 인도주의적 전시헌법체계를 마련해야 한다는 입장이 있다.[72] 이보다는 유보적인 입장에서 민주화가 되었음에도 불구하고 왜 국민들은 대통령이 갖고 있는 계엄의 권한을 당연한 것으로 생각하고 있는 것에 대하여 의문을 갖고 식민지 시기부터 계엄에 대한 트라우마가 있었음에도 불구하고 이런 상황이 계속되는 이유에 대해 연구가 필요하다는 견해도 존재한다.[73]

다른 한편으로는 계엄에 대한 매우 비판적인 관점에서는 예외상태는 ① 민간 영역으로 권한의 확장 및 전시 권한의 평시로 확장 ② 헌법(기본권)의 효력 정지 ③ '전권', 즉 법적 구속력을 가진 법령을 포고하는 행정권의 등장 ④ 입법, 행정, 사법 권력 구분의 일시적 폐기라고 하는 전체주의의 핵심적 특징을 가지고 있다고 분석한다. "현대의 전체주의는 예외상태를 통해 정치적 반대자뿐 아니라 어떤 이유에서건 정치체제에 통합시킬 수 없는 모든 범주의 시민들을 육체적으로 말살시킬 수 있는 '(합)법적 내전'을 수립한 체제로 정의될 수 있"[74]는데, 대표적으로 유신헌법이 예외상태의 구조물이 어떻게 작동하는지 잘 보여주는 사례라고 한다. 즉 유신헌법은 그 자체로 긴급조치로서의 헌법이고 긴급조치의 상례화를 통해 전체주의의 수립을 가능케 한다고 하면서,[75] 유신헌법 제53조의 비상조치권은 프랑스 제5공화국 헌법 제16조의 비상조치권을 표방한다고 주장[76]하지만 실제는 권위적이고 비민주적인 '메이지헌법'[77]의 비상대권과 긴급칙령권 유사하다

72 오동석, 한국전쟁과 계엄법제, 민주법학, 73쪽.

73 박태균, 2024년 계엄은 어떻게 가능했는가?, 18-20쪽.

74 Giorgio Agamben, Ausnahmezustand, Schurkamp, 2004., 강성현, '예외상태' 상례의 법 구조에 대한 비교 연구: 한국전쟁기와 유신체제기에 발동한 국가긴급권을 중심으로, 2쪽, 재인용.

75 강성현, '예외상태' 상례의 법 구조에 대한 비교 연구: 한국전쟁기와 유신체제기에 발동한 국가긴급권을 중심으로, 3쪽 이하.

76 유신헌법 상 계엄이 프랑스 제5공화국 헌법 제16조 계엄을 모범으로 하고 있다고 보는 견해, 성낙인, 프랑스 제5공화국헌법과 유신헌법상 대통령의 국가긴급권에 관한 비교 연구, 공법연구 제28집 제4호 제2권 참조.

77 히로부미 일행은 1888년 헌법초안을 성안하고 동년 4월 추밀원의 헌법회의에 회부하였다. 추밀원에서 수정가결된 헌법안은 1889년 2월 11일 천황에 의하여 「대일본제국헌법」으로 공포되었다. 이것이 소위 「메이지헌법(明治憲法)」. 「대일본제국헌법」의 특색으로는 천황제를 근본으로 하는 군주주권주의에 입각한 것이고, 군주가 제정한헌법인 흠정헌법(欽定憲法)이며, 황실자율주의, 대권중심주의(大權中心主義), 병정분리주의(兵政分離主義), 비민주적 의회주의, 법률유보주의 등을 들 수 있다. , 제4조는 천황은 국가의 원수로서 통치권을 총람(總攬)하며 이 헌법의 조규(條規)에 따라 행사한다고 규정하였다. 또한 천황은 제국의회의 협찬을 거쳐 입법권을 행사하고(제5조), 제국의회를 소집하며 그 개회 폐회 정회 및 중의원의 해산을 명하는 권한이 있으며(제7조), 육해군을 통솔한다(제11조). 특히 제8조에서는 천황은 공공의 안전을 보지(保持)하거나, 그 재앙(災殃)

고 평가한다.

그러나 헌법재판소와 학자들의 다수의견은 분단국가로서 대한민국 헌법상 국가긴급권제도는 불가피한 필요악이고, 그 제도 자체의 존폐는 문제가 되지는 않는다는 견해를 나타내 보이고 있다.[78] 헌법개정을 위한 다양한 위원회에서도 계엄조항에 대한 특별한 의견은 발견되지 않는다. 2009년 국회 직속 헌법개정자문회의 안에서는 현행의 국가긴급권을 유지하되 긴급명령권 부여, 국무총리에게 긴급재정경제명령권, 긴급재정경제처분권을 부여하는 안을 제시하고 있다. 양원제를 염두에 둔 2014년 국회 헌법개정자문회의 활동결과보고서 I에서는 현행 헌법 제77조 계엄조항에 대한 개정안으로 제99조에서 특별한 내용변화 없이 계엄선포 통고와 사후적 계엄해제권한을 민의원에게 부여하고 있다. 2018. 국회헌법개정특별위원회 자문위원회 보고서에는 계엄조항 개정안 내용 없으며, 2018년 문재인 대통령 개헌안 제81조는 현행 제77조와 같다.

개인적으로는 국가긴급권이 발동되어도 과거 독일의 바이마르 헌법상 예외상태법과 같이 헌정질서의 정지가 된다고 볼 수 없고, 헌법의 근본원칙들과 기본권제한의 비례원칙들을 준수한다는데 의견이 다수설이며, 엄격한 실체적 및 절차적 요건을 충족하고 한계를 준수한 합헌적 계엄만 인정된다는 점을 고려할 때 전쟁 등의 위험이 있는 상존하는 상황에서 대통령의 계엄선포권을 폐지하기는 어려울 것이라고 본다. 그러나 헌법상 계엄조항과 계엄법, 참정권의 박탈, 사면금지 등의 관련 법률들의 개정이 필요하다고 생각하므로 이하에서 검토하여 보고자 한다.

(2) 국회의 계엄선포전 사전통제 필요성

2024.12.3. 10:23 헌정사상 17번째 계엄이 선포되었고 12.4. 4:30 비

을 피하기 위하여 긴급한 필요에 따라 제국의회 폐회의 경우에 법률에 대신할 칙령(勅令)을 발할 수 있도록 하였다. 행정안전부 국가기록원, https://www.archives.go.kr/next/newsearch/listSubjectDescription.do?id=005156&sitePage=

78 성낙인, 프랑스 제5공화국헌법과 유신헌법상 대통령의 국가긴급권에 관한 비교 연구, 공법연구 제28집 제4호 제2권, 158쪽,

상계엄이 해제되었다. 1979.10.26. 유신계엄이 선포된 후 45년만이었다. 비상계엄으로는 13번째이다(이승만 정권에서 9번, 박정희 정권에서 3번). 헌정사를 보면 계엄요건이나 사후적 국회통제가 강화[79]되었음에도 불구하고 쿠데타와 계엄이 1960. 4.19. 혁명시 선포된 비상계엄을 제외(국회해산이나 국회의원 체포조항 없음. 대통령 4.26. 하야) 하면, 일정한 패턴을 가지고 진행되었음을 알 수 있다.

박정희 장군이 1961.5.16 군사쿠데타로 민주당 정권을 붕괴시킨 후, 1961년 6월 6일에 국가재건비상조치법[80]을 제정·공포하였으며, 헌법은 국가재건비상조치법에 위반되지 않는 한에서 효력을 갖도록 규정하였다. 그리고 국회를 해산하고 국가재건최고회의에 국가의 최고통치기관성을 부여하였다. 1962.12.17. 헌법을 전면개정하였고 제3공화국을 시작하였다.

1971년 박정희 대통령이 3선에 당선된 후 1971.12.6. 국가비상사태를 선포하고 의회에서 '국가보위에 관한 특별조치법' 제정하였다. 1972년 7·4 남북 공동성명이 있었다. 그리고 1972.10.17. 소위 10월 유신을 단행하여 국회를 해산하고 비상국무회의가 국회의 권한을 대신 하였으며, 헌법 일부 효력정지와 폐지를 통해 헌정중단이 발생하였다. 1972.12.27. 헌법전부개정과 더불어 제4공화국이 시작되었다.

1979.10.26. 박정희 대통령 시해 사건이 발생하고, 1979.12·12 전두환 국군보안사령관 중심의 쿠테타를 성공하였다. 신군부는 1980.5.17. 비

79 2014년 국회 헌법개정자문회의 활동결과보고서 ǀ 제99조 계엄선포권 참고사항

❑ 제헌헌법에서 "대통령은 법률의 정하는 바에 의하여 계엄을 선포한다"고 규정

❑ 제3차 개정헌법에서 대통령은 "국무회의의 의결에 의하여" 계엄을 선포한다고 규정하고, 계엄의 선포가 부당하다고 인정될 때에는 대통령은 국무회의의 의결에 불구하고 그 선포를 거부할 수 있도록 규정

❑ 제5차 개정헌법에서 대통령은 "전시·사변 또는 이에 준하는 국가비상사태에 있어서 병력으로써 군사상의 필요 또는 공공의 안녕질서를 유지할 필요가 있을 때에는 법률이 정하는 바에 의하여" 계엄을 선포할 수 있도록 하고, 계엄을 비상계엄과 경비계엄으로 하며, 국회에 계엄해제 요구권한 부여

❑ 제7차 개정헌법에서 '비상계엄'에 한하여 영장제도, 언론·출판·집회·결사의 자유, 정부나 법원의 권한에 관하여 특별한 조치를 할 수 있도록 함.

❑ 해당 조항은 조문 위치만 바뀌어 현행헌법에 이르고 있음.

80 대법원 1963.11.7. 선고 63초8 판결 "국가재건비상조치법 제3조에 의하면 "헌법에 규정된 국민의 기본적 권리는 혁명과업 수행에 저촉되지 아니하는 범위내에서 보장된다"라고 규정하였고 같은 법 제24조에 의하면 "헌법의 규정중 이 비상조치법에서 저촉되는 규정은 이 비상조치법에 의한다"라고 규정하였고 같은 법 제9조에 의하면 "헌법에 규정된 국회의 권한은 국가재건 최고회의가 이를 행한다"라고 규정하였으므로 위의 국가 재건 비상조치법이 헌법과 같은 효력이 있는 기본법임을 알 수 있고 ..."

상계엄을 전국으로 확대하였으며, 5·18광주민주화항쟁을 무력으로 진압하였다. 1980.5.31. 국가보위비상대책위원회를 설치하였고 국회해산과 정당활동 금지가 단행되고 국가보위입법회의가 국회의 기능을 대신하는 헌정중단사태가 야기되었다. 1980.10.22. 헌법전면개정과 더불어 제5공화국이 시작되었다.[81]

1988년 제6공화국 현행 헌법은 기존의 패턴에서 벗어나 국민이 6월항쟁을 통해 성취한 것이었으며, 그 이후 민주주의의 퇴보는 생각조차 할 수 없었다. 그러나 2024.12.3. 45년만에 비상계엄이 선포되면서 민주주의가 얼마나 취약한지, 그리고 헌법속에 구조화된 국가긴급권을 통해 헌정질서가 얼마나 쉽게 무너질 수 있는지를 경험하게 되었다. 가장 중요한 것은 위헌·위법한 계엄을 선포하고 내란행위를 한 범죄자들을 처벌하는 것이다. 더불어 국가긴급권의 행사가 발생할 수 없도록 국회가 사전적 통제를 할 필요가 있다.

현행 헌법상 계엄에 대한 사전적 통제는 국무회의 심의, 관계자 부서이다. 사후적 통제는 계엄선포후 국회통고,재적의원 과반수 찬성의 국회의 계엄해제의결, 헌법재판소에 의한 탄핵심판, 헌법소원심판 등을 들 수 있다. 사전적 통제가 매우 미흡한데, 특히 '국가비상사태'와 관련하여 12·3. 계엄에서 보듯이 대통령이 자의적으로 국가비상사태를 판단하고 국무회의를 개최하지 않거나 형식화하고 초헌법적인 계엄을 선포할 위험이 존재한다. 이를 방지하기 위하여 국회의 사전통제가 필요하다. 그 방안은 선전포고의 경우에도 국회동의(헌법 제60조 제2항)가 필요한 점을 고려하면 계엄선포의 경우 국회의 사전동의가 필요하다는 입장,[82] 프랑스 제5공화국 헌법 제16조[83] "수상, 양원의장, 헌법재판소의 공식적인 자문을 거친 후" 계엄

81 1961.5.16., 1972.10.17. 유신쿠데타, 1979.12.12. 반란과 1980.5.17. 내란, 12.3. 내란 중 5·16.과 12·12와 5·17쿠데타는 정권찬탈목적이고 10·17. 유신쿠데타는 전형적인 친위쿠데타로 볼 수 있다.

82 사전동의가 필요하다는 입장으로는 오동석, 한국전쟁과 계엄법제, 민주법학, 65쪽; 김상겸, 계엄법에 관한 연구, 헌법학연구 제11권 제4호(2005.12.), 344쪽

83 백윤철, 계엄법 연구, 법학논총, 제33권 제1호, 90쪽 인용.
프랑스 헌법 제16조
① 공화국의 체제, 국가의 독립, 영토의 보전 또는 국제약정의 이행이 중대하고 또 직접적으로 위협되는 경우로서 헌법상의 공권력의 정당한 운영이 중단되는 경우에 공화국 대통령은 국무총리, 양원의장, 헌법평의회 의장에

을 선포하는 것과 같이 사전자문이 필요하다는 입장이 있다.[84] 개인적으로는 독일과 같이 계엄요건의 충족여부를 국회에서 결정을 하자는 입장에서 1968.6.24. 독일기본법에 삽입된 입법례를 살펴보고자 한다.

독일 기본법 제115a의 국가방위사안(Verteidigungsfall: V-Fal)[85]이 외부적 영토 침략으로 인해 병력이 필요한 방위사태를, 그리고 제80a조가 국가방위사안의 전단계로 병력이 필요(제87a)한 긴장사안(Spannungsfall)이 병력이 필요한 국가긴급권 규정이다. 특징은 의회에서 이러한 사안에 해당하는 여부를 결정하는데 있다.

제115a조에서 규정하는 국가방위사안은 법적으로 확립된 연방독일의 법적 상태가 무기를 가지고 외부로부터 공격을 당하거나 그러한 직접적 공격의 위험이 임박한 경우[86]이다. 이러한 국가방위사안의 확정은 정부가 신청하여 출석의원 2/3(최소한 재적의원의 절대 다수표)로 연방의회가 하며, 이에 대한 연방참사회의 절대 다수에 의한 동의가 필요하다. 외부의 무기공격은 국경선을 침범할 것까지는 요하지 않고 공격이 확정될 수 있으면 족하다. 무기로 침략당하는 것에 대한 확정은 어렵지 않다. 그러나 '직접적 공격의 위험이 임박한 경우'의 정치적, 전략적 상황 및 잠재적 공격자가 함께 분석이 되어야 하기 때문에 항상 잘못 예측할 위험이 있어 그 확정이 문제가 된다. 이 경우도 확정시 중요한 것은 '고도의 개연성이 있는 구체적인 의혹'이 있어야 한다는 것이다.

방위사안에서 연방의회가 요건의 충족을 내릴 수 없거나 집회가 불가

게 공식으로 자문한 후, 그러한 상황에 따른 필요한 조치를 취한다.

② 공화국대통령은 교서로써 국민에게 발표한다.

③ 이러한 조치는 헌법상의 공권력에 대하여, 그 사명을 달성하는 수단을 최단기간 내에 확보시키려는 의사를 그 동기로 하여야 한다. 헌법평의회는 이 조치에 관하여 자문을 받는다.

④ 국회는 당연히 집회한다.

⑤ 국회는 이러한 예외적인 권한이 행사되는 기간 중에는 해산되지 않는다.

84 성낙인, 헌법학, 2022.

85 Axel Hopfauf: Kommentierung der Art. 115a–115l GG. In: Schmidt-Bleibtreu, Hofmann, Hopfauf: Kommentar zum Grundgesetz. 12. Auflage. Köln 2011 Deutscher Bundestag, Verteidigungsfall, in: https://www.bundestag.de/parlament/grundgesetz/gg-serie-14-verteidigungsfall-634560

86 Hans D. Jarass: Verteidigungsfall. In: Jarass/Pieroth: Das Grundgesetz der Bundesrepublik Deutschland. München 2009, S. 1101 ff.

능한 경우에는 연방의회의원과 연방참사회의원 공동의 "공동위원회Gemeinsamer Ausschuss"가 구성되어 결정[87]을 한다. 만일 외부의 침략이 이미 실행되고 있는데 연방의회나 공동 위원회가 그 경우를 확정할 수 없는 상황이라면, 방위사안이 결정된 것으로 간주하고, 침략의 시작과 함께 방위사안으로 연방대통령에 의하여 공포된다. 방위사안에서 연방정부는 전 국토에 연방경찰을 투입할 수 있고 주정부와 주관청에 지침을 내릴수 있다. 연방헌법재판소의 권한은 방위사안에서도 침해되지 않으며, 연방헌법재판소는 공동위원회가 의결한 법률에 대하여 거부권을 가진다(제115g조 1문). 연방의회는 단순 다수결에 따라 연방참사회의 동의를 얻어 방위사안을 종식시킬 수 있다.

긴장사안은 방위사안 이전 단계로 기본법 제80a 제1항 1, 2문에서 규정하고 있다. 연방의회는 중대한 비외교적 갈등상황에서 연방의회에 유보된 법령을 제정하기 위하여 긴장사안을 확정할 수 있다. 비외교적 상황을 전제로 하는바, 연방독일을 침략할 가능성이 중대하고 현저하게 높은 경우이다. 연방의회은 긴장사안의 확정을 위하여 매우 큰 형성재량을 가지며, 이 긴장사안의 확정에 대한 의무는 없기 때문에 연방의회가 헌법적으로 통상적 상황이라고 결정하는 경우에는 국내·외적 갈등을 완화할 수 있다. 연방의회가 긴장사안의 확정을 위하여서는 출석의원 2/3가 찬성하여야 하고 그 해제를 위하여서는 단순 다수결로 족하다.[88]

(3) 위헌·위법 계엄선포행위자에 대한 선거권과 피선거권의 박탈필요성

공직선거법 제18조에서는 선거권이 없는 자로 1. 금치산 선고를 받은

87 이 규정은 1968년 도입시 "국가긴급입버'을 위한 입법권의 침해로 가장 크게 비판을 받았다.

88 Schmidt-Radefeldt, in: Epping/Hillgruber (Hrsg.), GG-Kommentar, 3. Aufl. 2020, Art. 80a Rn. 2; Brenner, in: Mangoldt/Klein/Starck (Hrsg.), GG-Kommentar, Bd. 2, 7. Aufl. 2018, Art. 80a Rn. 18; Mann, in: Sachs (Hrsg.), GG-Kommentar, 10. Aufl. 2024, Art. 80a Rn. 2; Kielmansegg, in: v.Münch/Kunig, GG-Kommentar, 7. Auflage 2021, Art. 80a Rn. 15; Mertins, Der Spannungsfall, 2013, S. 90 f.

자, 2. 1년이상 징역 또는 금고의 형의 선고를 받고 그 집행이 종료되지 아니하거나 그 집행을 받지 아니하기로 확정되지 아니한 자 3. 선거법, 정치자금법 범죄자, 형법상 수뢰 등 범죄자, 특가법상 알선수뢰 범죄자로 100만원 이상의 벌금형을 선고받고 그 형 확정 후 5년 또는 형 집행유예 확정 후 10년, 징역형 확정 후 10년을 경과하지 않거나 집행을 받지 않기로 확정 후 또는 그 집행종료나 면제 후 10년을 경과하지 않는 자, 4. 법원의 판결 또는 다른 법률에 의하여 선거권이 정지 또는 상실된 자가 선거권과 피선거권이 없는 자로 규정되어 있으며, 여기에는 자격정지 선거를 받아 그 정지기간 중에 있는 경우와 피치료감호자(치료감호 등에 관한 법률 제47조 제2호에 의거 치료감호의 집행이 종요되거나 면제될 때까지 선거권이 정지됨)가 해당한다.

제19조 피선거권이 없는 자는 1. 제18조 선거권이 없는 자 제1항 1호, 3호, 4호 해당자 2. 2. 금고 이상의 형의 선고를 받고 그 형이 실효되지 아니한 자 3. 법원의 판결 또는 다른 법률에 의하여 피선거권이 정지되거나 상실된 자 4. 「국회법」 제166조(국회 회의 방해죄)의 죄를 범한 자, 5. 제230조제6항의 죄를 범한 자로서 벌금형의 선고를 받고 그 형이 확정된 후 10년을 경과하지 아니한 자를 규정한다.

참정권은 주권자인 국민이 국가를 구성하는 권리이다. 그런데 내란, 외환죄와 같은 헌정질서 파괴범죄자는 국헌을 문란케 한 자로서 법정 최고형이 예정되어 있는 범죄를 범한 자이므로 이들에게는 국가기관구성에 대한 좀 더 강한 제한이 필요한 사안임에도 불구하고 선거권과 피선거권이 없는 자에 특별히 규정되어 있지 않다. 헌정질서 파괴 범죄자를 "법원의 판결 또는 다른 법률에 의하여 피선거권이 정지되거나 상실된 자"에 포함시켜 선거권, 피선거권을 정지 또는 박탈할 수 있는지에 관하여 살펴본다.

독일의 경우 연방헌법재판소법 제13조, 제36조에 따라 연방의회 또는 연방정부의 청구에 따라 연방헌법재판소가 기본권 실효를 결정한다. 연방선거법 제13조[89]에서는 법원선언(Richterspruch)으로 선거권이 없는 사람

89 Bundeswahlgesetz

은 선거를 할 수 없다고 규정한다. 법원에서 최대 5년간 선거권 상실을 선고할 수 있는 범죄자는 형법과 연방헌법재판소법에서 열거적으로 명시한 연방에 대한 침략전쟁의 준비와 반란(Hochverrat), 국가비밀 누설과 내란(Landesverrat), 외국의 대표와 기관에 대한 공격, 선거방해와 선거서류위조, 의원뇌물, 국가안보에 위협을 주는 간첩활동과 국가방위수단에 대한 사보타쥐, 최소 1년 이상 선고를 받은 법관업무 해태의 범죄에 한정된다.

독일의 경우 반란범죄자 등의 선거권의 정지가 최대 5년이어서 우리와 비교할 때, 매우 짧다. 그러나 독일 선거법에는 우리나라 선거법상 선거권, 피선거권의 조항이 없다. 독일 선거법 제13조[90]에서는 법관에 의해 선거권이 없다고 선언된 사람은 선거권을 갖지 못한다고 규정하고, 제15조 제2항에서는 법관에 의해 선거권이 없다고 선언된 사람과 법관에 의해 공무원 적격이 없다고 선언된 사람이 피선거권이 없다고 규정한다. 이외에 선거권과 피선거권의 제한이 없다. 이러한 점을 고려하면, 반란, 내란죄 등에 범죄자에게 최대 5년의 선거권과 피선거권의 제한은 이 범죄의 심각성을 알 수 있는 조항이라고 생각한다. 우리나라도 헌정질서 파괴범죄에 대하여 법원의 판결로 선거권을 제한하는 것도 하나의 방안이 될 것으로 생각한다.

(4) 위헌·위법 계엄선포행위자에 사면금지의 필요성

헌법에서는 일반사면은 국회동의를 거쳐, 그리고 특별사면은 국회의 동의 없이 대통령이 사면할 수 있다고 규정하며, 사면법에서는 사면 대상자를 제한하는 규정이 없다. 전직 대통령인 박근혜 특별사면의 경우에서 보듯이 헌정질서를 문란케하고 국민의 신임을 배반한 중대성이 인정되어 임기 중 탄핵을 당하였음에도 불구하고 국회의 동의도 없이 사면이 되었

§ 13 Ausschluss vom Wahlrecht

Ausgeschlossen vom Wahlrecht ist, wer infolge Richterspruchs das Wahlrecht nicht besitzt.

90 독일의 경우 선거권 제한이 점점 사라져 현행 제13조 규정만 남아 있다. 구 연방선거법 제13조 2. 에서는 완전성년후견자는 선거권이 없다고 규정하고 있었는데, 2019년 연방헌법재판소는 이 조항이 장애인을 차별하여 기본법 제38조 제1항 보통선거원칙에 반하고 제3조 제3항 장애인 차별금지에 반하여 헌법에 합치되지 않는다고 결정하였다. Beschluss vom 29. Januar 2019 - 2 BvC 62/14

다. 전두환, 노태우씨의 경우도 헌정질서 파괴범죄자로서 이들에 엄정한 대법원의 판단이 있었음에도 불구하고 사회적 갈등의 봉합 차원에서 사면 및 복권이 이루어졌다. 그러나 헌정질서 파괴범죄자들에 대한 사면은 오히려 사회 양극화를 가져오고 있는 것이 현실이다. 국가가 사회통합의 공동체이고 헌법이 국가와의 관계에서 사회통합을 이루는 질서라고 보는 슈멘트적 사고는 일응 인정될 수 있는 부분도 있겠으나, 사회통합이 정의, 법적안정성과 비교하여 동등한 가치로 추구될 수 있는 헌법상 가치인지 확실하지 않고, 또한 정의에 우선하여 실천되어야 하는 가치라고 볼 수는 없다고 본다. 헌정질서파괴범죄자에게는 그에 상응하는 엄중한 처벌을 함으로써 헌정질서 유지의 중요성을 강조하는 것이 오히려 민주적 헌법국가의 측면에서 더 바람직하다는 생각이다.

(5) 계엄법의 개정 필요성

헌법에서는 전시·사변 또는 이에 준하는 국가비상사태에 있어서 병력으로써 군사상 필요에 응하거나 공공의 안녕을 유지할 필요가 있을 때로 계엄의 실체적 요건을 정하고 있다. 그런데 계엄법 제2조 제2항 비상계엄 선포조항에서는 "비상계엄은 대통령이 전시·사변 또는 이에 준하는 국가비상사태 시 적과 교전 상태에 있거나 사회질서가 극도로 교란되어 행정 및 사법 기능의 수행이 현저히 곤란한 경우에 군사상 필요에 따르거나 공공의 안녕질서를 유지하기 위하여 선포한다."고 규정하고 있어 헌법과 다른 상황요건을 규정하고 있다. 계엄법 제2조 제2항이 헌법 제72조 제1항을 구체화하는 것으로 볼 때, 국가긴급권의 최소성원칙에 따라 이 조항을 이해한다면, 전시·사변 또는 이에 준하는 국가비상사태가 발생한 경우 계엄을 바로 선포하는 것이 나이라, 그때라도 ① 적과 교전(交戰) 상태 또는 ② 사회질서가 극도로 교란으로 행정 및 사법 기능의 수행이 현저히 곤란한 경우에 한하여 병력동원 필요성이 인정될 때 계엄을 선포할 수 있는 것으로 해석할 수 있다. 그러나 계엄선포의 실제에서 동조에 대한 해석은 전혀 다르게 이루어지고 있음을 볼 수 있다. 즉, ①, ②가 있는 경우 전시·사변 또는 이에 준하는 국가비상사태라고 보고 계엄을 선포하고 있는 것이다. 계엄선포주체인 대통령이 판단하여 다수의 국민이 동의하지 않아도 '사회질서혼란으로 인한 행정 및 사법 기능의 수행이 현저히 곤란' 한 경우로 언제든 계엄령선포가 가능할 수 있게 이해되고 있는 것이다. 이 점은 2018년 박근혜 전 대통령 탄핵당시 준비되었던 '전시계엄대비계획 세부자료'[91]에서 "탄핵소추안 결정 이후 집회/시위 확산 등 국가위기 관련 공공의 질서유지 및 치안질서 확립을 위한 군사작전지원을 위해 전국비상계엄 선포건의"[92]를 한다고 되어 있어 있고, 12.3. 계엄선포시 "행정·사법기능 마비상황"이어서 국가가 위기상황과 비상사태에 처해 있어 계엄을 선포(선언이라고 표현)하였다고 진술하고 있다는 점에서 잘 드러난다. 계엄선포권은 대통령의 권한이므로. 계엄상황적 요건이 존재하지 않음에도 불구하고 계엄령을 발동하는 경우 12.3. 계엄사태에서 보듯이 대통령탄핵심판을 통해 헌법재판소에서 조헌법적인 계엄선포의 위헌·위법성에 대해 판단[93]할 것이지만 계엄선포후 헌법재판소의 결정이 있을 때까지 국가와 국민이 감당하여야 하는 정치·경제·사회적 비용은 막대[94]하다. 계엄선포에 대한 국회의 사전적 통제가 필요하다고 생각된다. 또한 계엄법 제2조 제2항의 "사회질서가 극도로 교란되어 행정 및 사법기능의 수행이 현저히 곤란한 경우"는 헌법 제77조 제1항에서 규정한 것보다 계엄의 선포가 가능한 상황을 더 폭넓게 인정하는 것이어서, 계엄의 요건을 엄격히 제한하고자 한 헌법의 취지에 반하며, 너무 추상적이어서 명확성원칙에 반하여 국민의 기본권을 침해할 우려가 크므로 삭제[95]하는 것이 바람직하다고 본다.

91 참여연대, 국군기무사령부 전시계엄 및 합수업무 수행방안의 대비계획 세부자료 https://drive.google.com/file/d/11Wt85n0nOFxhKH-bCBtsHd4IiQy2Ggfm/view

92 참여연대, 국군기무사령부 전시계엄 및 합수업무 수행방안의 대비계획 세부자료, 20쪽

93 헌재 1996.2.29. 93헌마186 긴급재정명령 위헌확인 "긴급재정경제명령을 발할 수 있는 중대한 재정·경제상의 위기 상황의 유무에 관한 제1차적 판단은 대통령의 재량에 속한다. 그러나 그렇다고 하더라도 그것이 자유재량이라거나 객관적으로 긴급한 상황이 아닌 경우라도 주관적 확신만으로 좋다는 의미는 아니므로 객관적으로 대통령의 판단을 정당화할 수 있을 정도의 위기상황이 존재하여야 한다."

94 윤석열이 긁은 "계엄의 비용" … "1500만명이 장기 할부로 갚아야", 한겨레, 2024.12.30. https://www.hani.co.kr/arti/economy/heri_review/1175393.html

95 이종수, 12·3 비상계엄선포의 성격과 위헌·위법성, 헌정회복을 위한 헌법학사회의 학술토론회, 12·3 비상계엄사태와 헌정회복을 위한 과제, 2025.01.08., 38쪽과 권건보, 이종수, 12·3 비상계엄선포의 성격과 위헌·위법성

헌법 제77조 제3항에서는 영장제도, 언론·출판·집회·결사의 자유에 관하여 특별한 조치를 규정하고 있다. 그런데 계엄법 제9조 제1항에서는 체포·구금·압수·수색·거주·이전·언론·출판·집회·결사 또는 단체행동에 대하여 특별한 조치를, 그리고 제2항[96]과 제3항[97]에서는 재산권에 대한 조치를 할 수 있다고 규정함으로써 거주·이전의 자유, 단체행동, 재산권의 기본권 제한을 추가하고 있다. 이는 헌법상 규정된 기본권들을 예시적으로 볼것인지, 혹은 한정적으로 볼것인지의 문제로 헌법상 조항을 예시적으로 볼 경우에는 계엄법상의 규정이 합헌이나 열거적으로 이해할 경우 계엄법상 조항은 위헌이 된다. 헌법 제77조 제3항에서 규정하는 기본권을 예시적으로 보는 입장에서는 극도의 위기를 극복하기 위하여 엄격한 요건하에서 발동되는 계엄의 목적과 요건 등을 고려하여 볼 때 계엄법 제9조가 합헌이라고 하거나,[98] 또는 국가비상사태의 경우가 아닌 정상적인 경우에도 헌법 제37조 제2항에 따라 모든 기본권이 법률로써 제한될 수 있는데 이보다 더 심각한 국가비상사태의 경우에 영장제도와 언론·출판·집회·결사의 자유에 한해서만 제한할 수 있다고 하는 것은 계엄제도의 기능과 합치하지 않는다는 관점에서 합헌[99]으로 보고 있다. 그러나 국민에 기본권제한을 확대해석하여 적용하는 것은 허용될 수 없고 대통령의 권력남용을 방지하기 위하여 헌법 제77조 제3항 규정은 열거적으로 이해할 필요가 있으며, 따라서 계엄법 제9조는 위헌이라고 할 것이다.[100]

에 대한 토론문, 50쪽에서도 사제의견을 제시하고 있다.

96 계엄법 제9조 ② 비상계엄지역에서 계엄사령관은 법률에서 정하는 바에 따라 동원(動員) 또는 징발을 할 수 있으며, 필요한 경우에는 군수(軍需)로 제공할 물품의 조사 · 등록과 반출금지를 명할 수 있다.

97 계엄법 제9조 ③ 비상계엄지역에서 계엄사령관은 작전상 부득이한 경우에는 국민의 재산을 파괴 또는 소각(燒却)할 수 있다.

98 김철수, 헌법학개론, 2007, 1448쪽.

99 정종섭, 헌법학원론, 2014, 1282쪽.

100 성낙인, 헌법학, 2022, 628쪽; 오동석, 한국전쟁과 계엄법제, 민주법학, 59쪽; 고문현/고문철, 계엄에 관한 연구, 법학논총 제47집, 2020년 5월, 551쪽.

4. 결론

헌정사를 보면 쿠데타와 계엄이 한국에서 민주주의를 위협하는 가장 중요한 요인임을 알 수 있다. 1961. 5.16. 군사쿠데타와 계엄, 1972. 10. 유신 계엄, 1979. 12.12. 신군부 군사반란과 1980년 5.17. 계엄확대를 통한 내란, 1980.5.18. 광주 민주화운동 무력진압, 2016년 박근혜 대통령 탄핵 직전 쿠데타와 계엄계획, 2024.12.3. 계엄선포의 장구한 역사는 우리나라에서 민주주의가 여전히 취약하며 정권의 유지 및 강화를 위해 여전히 계엄이 소환될 수 있음을 보여주고 있다.

주권자의 민주주의 실천과 더불어 헌법상 계엄선포권의 개헌을 통한 사전적 의회통제 신설, 헌정질서파괴범죄자에 대한 선거권과 피선거권의 특별한 제한과 사면권의 제한, 위헌적 계엄법의 개정 등이 필요하다.

참고문헌

성낙인, 헌법학, 2022.

권영성, 헌법학원론, 법문사, 2007,

김철수, 헌법학신론, 박영사, 2013.

전광석, 한국헌법론, 2019

장영철, 헌법학, 2022.

김하열 헌법강의, 2023.

정재황, 신 헌법입문, 박영사, 제8판, 2018.

정종섭, 헌법학원론, 2014.

성낙인, 프랑스 제5공화국 헌법과 유신헌법상 대통령의 국가긴급권에 관한 비교 연구, 공법연구 제28집 제4호 제2권.

고시면, (일명) '실패한 친위 쿠데타'로 (2024년 13우러 3일 22:23경-4일 4:30경) '비상계엄'(계엄법 제2조 제2항 등) 선포 및 해제 등과 관련하여 '국토를 참절하거나 국헌을 문란할 목적으로 폭동'(내란죄; 형법 제87조 등) 혹은 작당하여 병기를 휴대하고 반란'(반란죄; 군형법 제5조 등) 등의 성립여부(상), 사법행정 2025.2.

박태균, 2024년 계엄은 어떻게 가능했는가?,

백윤철, 계엄법에 관한 연구 -일제의 계엄령과 건국 초기의 계엄법-, 법학논총, 제33권 제1호

송기춘, 헌법 제77조, 헌법주석(국회, 정부), 한국헌법학회편, 2018.

승이도, 초헌법적 국가긴급권에 대한 위헌심사연구, 공법연구 제45집 제1호 2016년 10월.

이종수, 12·3 비상계엄선포의 성격과 위헌·위법성, 헌정회복을 위한 헌법학자회의 학술토론회, 12·3 비상계엄사태와 헌정회복을 위한 과제, 2025.01.08.

오동석, 한국전쟁과 계엄법제, 민주법학.

이인호, 전시 계엄법제의 합리적인 운용에 관한 고찰, 법학연구 제30집 제2호 (2006.12.).

박종보, 계엄제도에 관한 비교법적 고찰: 미국을 중심으로, 법학논충 제23집 제2호 (2006.12.).

고문현/고문철, 계엄에 관한 연구, 법학논총 제47집, 2020년 5월.

이영재, 한국민주주의의 공공화와 5·18 특별법, 민주주의와 인권 제15권 3집, 전남대학교 5·18 연구소(2015).

민병로/김남진, 5·18민주화운동의 진상규명과 책임자처벌에 관한 대법원의 판결 분석,

민주주의와 인권(제16권 2호).

김이수, 5·18광주항쟁과 5·18의 두 법정, 법학평론 제11권(2021.04.).

강성현, '예외상태' 상례의 법 구조에 대한 비교 연구: 한국전쟁기와 유신체제기에 발동한 국가긴급권을 중심으로.

권건보, 토론문, 헌정회복을 위한 헌법학자회의 학술토론회, 12·3 비상계엄사태와 헌정회복을 위한 과제, 2025.01.08.

김상겸, 계엄법에 관한 연구, 헌법학연구 제11권 제4호(2005.12.).

최종고, G. 라드브루흐와 현대법사상, 서울대학교 법학 제36권 3·4호(1995).

참여연대, 국군기무사령부 전시계엄 및 합수업무 수행방안의 대비계획 세부자료 https://drive.google.com/file/d/11Wt85n0nOFxhKH-bCBtsHd4IiQy2Gg-fm/view

2014년 국회 헌법개정자문회의 활동결과보고서 I

행정안전부 국가기록원, https://www.archives.go.kr/next/newsearch/listSubjectDescription.do?id=005156&sitePage=

http://www.assemblyinsider.com;

https://p.peoplepower21.org/WatchPro/case_detail.php?id=36

https://www.sisain.co.kr/news/articleView.html?idxno=54486

https://news.kbs.co.kr/news/pc/view/view.do?ncd=8185571&ref=A

https://www.naeil.com/news/read/513398

https://www.hani.co.kr/arti/economy/heri_review/1175393.html

Ernst Wolfgang Becker: Ermächtigung zum politischen Irrtum. Die Zustimmung zum Ermächtigungsgesetz von 1933 und die Erinnerungspolitik im ersten württemberg-badischen Untersuchungsausschuss der Nachkriegszeit. Stiftung Bundespräsident-Theodor-Heuss-Haus, Stuttgart 2001.

Carl Schmitt, Politische Theologie, 1922.

Hans D. Jarass: Verteidigungsfall. In: Jarass/Pieroth: Das Grundgesetz der Bundesrepublik Deutschland. München 2009.

Deutscher Bundestag, Ds. V/1879.

Schmidt-Radefeldt, in: Epping/Hillgruber (Hrsg.), GG-Kommentar, 3. Aufl. 2020.

Brenner, in: Mangoldt/Klein/Starck (Hrsg.), GG-Kommentar, Bd. 2, 7. Aufl. 2018.

Mann, in: Sachs (Hrsg.), GG-Kommentar, 10. Aufl. 2024.

Mertins, Der Spannungsfall, 2013.

Kielmansegg, in: v.Münch/Kunig, GG-Kommentar, 7. Auflage 2021.

Heinrich Oberreuter, Notstandverfassung 1968: Die Kompetenz des Parlaments und die Blamage seiner Gegner, Zeitschrift für Parlament, Vol. 49, No. 4(2018).

Die Staatsstrukturprinzipien - Überblick, Jura Individuell, in: https://www.juraindividuell.de/artikel/ueberblick-staatsstrukturprinzipien/

Axel Hopfauf: Kommentierung der Art. 115a-115l GG. In: Schmidt-Bleibtreu, Hofmann, Hopfauf: Kommentar zum Grundgesetz. 12. Auflage. Köln 2011 Deutscher Bundestag, Verteidigungsfall, in: https://www.bundestag.de/parlament/grundgesetz/gg-serie-14-verteidigungsfall-634560

발제 2

12.3 비상계엄과 윤석열 탄핵: 한국 헌정사에서의 대통령 책임과 대통령 탄핵

정태욱 (인하대 법학전문대학원)

국문초록

21세기 한국 헌정사의 중요한 특징은 대통령 탄핵이라고 할 것이다. 2004년 노무현 대통령, 2016-7년 박근혜 대통령에 이어 2025년 2월 현재 윤석열 대통령의 탄핵절차도 진행 중이다. 이 글은 먼저 대통령 탄핵을 민주주의와 대통령 책임이라는 관점에서 이해하며, 대통령 책임 추궁의 방법이 어떻게 변화해 왔고, 그것이 대통령 탄핵에서는 어떻게 반영되었는지 탐구한다. 헌정사 초기 이른바 권위주의 대통령제에서 탄핵 규정은 장식에 불과하였다. 그런 상황에서 대통령에 대한 문책은 국민들의 직접행동으로 나타났다. 국민들은 저항권의 형식으로 대통령에 대한 책임을 직접 물었다. 1987년 민주화 이후 대통령에 대한 수평적 책임이 활성화되었고, 대통령 탄핵의 헌법규범이 현실화되었다. 그러나 탄핵소추와 심판과정에서 여전히 국민들의 궁극적 의지는 중요하게 작용하고 있으며, 이는 노무현, 박근혜, 윤석열 대통령의 사례에서 충분히 확인되고 있다. 윤석열 대통령의 무도한 비상계엄은 내란행위이며 그 탄핵과 형사처벌에는 의심의 여지가 없다. 대통령의 친위쿠데타, 비상계엄을 좌절시킨 것은 87년 민주헌정 체제의 저력을 증명하는 것이라고 생각한다. 그러나 12.3 비상계엄은 87년 헌법에 여전히 남아 있는 강권주의의 빈틈을 확인해 준다. 그리하여 이글에서는 대통령의 비상계엄권을 제한하고, 군에 대한 문민통제를 강화하고, 한반도 평화체제의 수립을 통하여 87년 민주헌정을 보완할 수 있기를 제안해 본다. 나아가 87년 체제에 대한 20-30 세대의 불만과 박탈에 대하여도 진지한 고민이 필요하다고 생각한다.

목 차

I. 머리말

12.3 비상계엄은 충격이었다. 누구는 해프닝에 불과하다고 말하고, 또 계엄을 선언한 장본인은 '계몽령'이라고도 한다. 그러나 비상계엄은 국가 물리력 행사의 최대한이고, 따라서 그것은 최대의 헌정의 위기를 반영한다. 계엄은 국가적 위기에 대한 대응일 수도 있지만, 그 자체가 국가적 위기의 원인일 수도 있다. 사실 한국 현대 헌정사는 계엄의 역사였다고 하여도 과언이 아니다. 권위주의 독재는 항상 계엄을 방편으로 삼았고, 민주주의가 전진하면서 계엄은 잊혀졌다.

그렇게 수십년 민주화의 시간 후 다시 '비상계엄'이 선언되었다. 그러나 비상계엄은 실패했다. 상당 기간 준비한 계엄이었지만, 우리 헌정질서는 견고했다. 국민, 군인, 국회의원들의 헌법적 상식과 결의는 최고권력자의 명령에 굴하지 않았다. 우리 87년 민주화 체제는 저력이 있었다. 죽은 자가 산자를 돕듯이, 80년 광주의 희생이 25년 전국을 구하였다고도 얘기된다.

87년 민주주의 체제는 수십년간 주권자 국민들의 헌신과 결단 그리고 그에 대한 헌법기관들의 응답으로 민주헌정의 보루를 쌓아 왔다. 2024년 재발된 비상계엄도 좌절시켰고, 탄핵 심판절차와 함께 현직 대통령 구속기소 내란죄 형사재판까지 진행하고 있다. 이는 한국 헌정사는 물론이고 세계 헌정사에서도 유례를 찾기 어려운 민주헌정의 성취라고 생각한다.

그러나 비상계엄이 촉발한 헌정 위기는 해소되지 않고 있다. 그 전선이 사회 저변으로 심화되고 있는 양상이다. 한 망상 권력자의 발작적 폭거로 여겨졌으나 현재 사정은 그렇지 않음을 보여주고 있다. 87년 민주 체제의 현 주소를 되새겨 보게 된다. 정치 대신 폭력이라는 강권주의 적폐가 민주헌정의 체내에 여전히 부식 중이었던 것이다. 이는 강권주의 헌정위기가 재발하는 조짐인가?

헌법적 경각심이 높아지고 있다. 일각에서는 87년 체제의 한계를 말한다. 제6공화국이 수명을 다했다고 말한다. 87년 헌법에 한계가 있을 것이다. 하지만, 지금 그 종말을 얘기하는 것은 조금 의심스럽다. 새로운 결의보다 오랜 적폐의 향수가 느껴지기도 한다. 지금의 일차적 과제는 87년 체제의 가치를 재확인하고, 강권주의 적폐의 재발을 방지하기 위한 보완이 아닐까 생각한다.

필자는 이를 대통령 책임이라는 관점에서 논의해 보고자 한다. 해방 후 우리 헌정사는 강권주의와 민주주의로 대별된다고 생각한다. 제헌 당시 민주헌정의 기약은 오랫동안 강권주의에 의하여 차단되었다가, 마침내 87년 체제에서 결실을 보았다고 생각한다. 민주헌정의 가장 중요한 요소인 국가원수의 책임 문제는 강권주의 시대 헌법적으로 구현되지 못하였다. 국민들의 직접 행동과 희생으로써만 가능하였다. 87년 체제에서 비로소 대통령 책임에 대한 법적 문책이 작동하기 시작하였다. 80년 신군부의 '성공한 쿠데타'를 청산하고 전직 대통령들을 내란죄로 단죄하였다. 평화적 정권교체를 규범화했으며, 탄핵절차를 통해 현직 대통령까지 파면할 수 있었다. 그리고 지금 다시 무도한 비상계엄을 자행한 윤석열 대통령에 대한 탄핵심판 결정을 목전에 두고 있다.

이하에서는 이와 같은 대통령 책임의 원리, 한국 민주헌정사, 그리고 대통령 탄핵의 사례들을 윤석열 대통령에 이르기까지 살펴보고자 한다. 그럼으로써 87년 체제의 헌법적 성취를 확인해 보고자 한다. 그리고 끝으로 현재 강권주의 재발의 우려에 관하여 87년 민주헌정의 보완에 대하여 몇 가지 소견을 발표해 보고자 한다.

II. 대통령 책임

1. 대통령 책임의 근거

대통령의 책임은 막중하다. 정부형태에 따라 차이가 있지만, 대통령은 국가의 존립, 국민의 안전과 복리, 헌법의 수호 등 국정 운영에 대한 포괄적 책임을 부담한다.[1] 그러나 이 글에서 말하는 책임은 일반적 권한으로서의 책무가 아니라 그 책무를 방기하거나 위반하는 경우에 대한 문책(accountability)을 의미한다. 즉 대통령이 그 책무를 옳게 하지 못하는 경우 그에 대한 제재를 의미한다.

민주공화국 정부에서 대통령은 국민주권 하의 국민의 대표이다. 대통령의 권한은 국민에게서 유래하고, 대통령은 그 직무수행에 대하여 국민에게 책임을 져야 한다.

대통령의 지위는 정부형태에 따라 차이가 있지만, 대통령제 정부에서는 국가 원수, 행정부의 수반 그리고 국가의 의전상의 대표를 포괄한다. 이러한 대통령은 군주제 시대 군주의 지위를 대체하는 것으로 볼 수도 있다.

1 다수의 헌법은 이러한 대통령의 책임을 선서로서 확인하고 있다. 미국 헌법상 대통령은 "나는 합중국 대통령의 직무를 성실히 수행하며, 나의 능력의 최선을 다하여 합중국 헌법을 보전하고, 보호하고, 수호할 것을 엄숙히 선서한다."(미국 헌법 제2조 1절 8항)고 하고 있다. 대만 헌법상 총통은 "나는 반드시 헌법을 준수하고 최선을 다하여 직무를 수행하며 인민의 복리를 증진하고 국가를 보호,방위하여 국민의 요청을 저버리지 아니한다. 만약 선서를 어긴다면 국가의 엄격한 제제를 받겠다. 지극한 성심으로 전국의 인민 앞에 엄숙히 선서한다."(대만 헌법 제48조)라고 그 책임을 규정하고 있다. 한국의 현행 헌법에서도 대통령은 "나는 헌법을 준수하고 국가를 보위하며 조국의 평화적 통일과 국민의 자유와 복리의 증진 및 민족문화의 창달에 노력하여 대통령으로서의 직책을 성실히 수행할 것을 국민 앞에 엄숙히 선서한다."라는 선서를 하도록 규정하고 있다(한국 헌법 제69조).

그리하여 대통령은 '선출된 군주(elected monarch)'라는 표현이 쓰이기도 한다. 그러나 대통령과 군주는 다르다. 대통령은 주권자가 아니며 주권자 국민으로부터 통치권을 위임받은 국민의 대표자이다.

군주제 국가에서 군주는 정치적으로도 법적으로도 무책임이다. "군주는 과오가 없다(The king can do no wrong)"는 원칙이 지배하고, 군주는 '신성불가침'의 존재로 간주된다. 국정 운영에서 책임이 있다면, 군주를 보좌하는 대신들 혹은 군주의 행위에 부서(副署)한 내각이 진다.[2] 그러나 공화국 대통령은 책임에서 자유로울 수 없다. 국민주권에서 국민의 대표자는 국민의 위임에 의하여 권한을 부여받고 또 국민에게 책임을 져야 한다. 대의민주주의의 통치기구들에는 '책임이 없는 권한은 없다'는 원칙이 적용된다. 대통령을 보좌하는 국무총리와 국무위원의 부서 제도도 있고, 그들이 대통령의 책임을 나누기도 하지만, 궁극적으로 대통령 자신도 책임을 면할 수는 없다.

2. 대통령 책임의 유형

주권자인 국민은 대통령에 대하여 직접 책임을 묻거나 다른 국가기관을 통하여 간접적으로 책임을 물을 수 있다. 보통 전자를 수직적(vertical) 책임이라고 하고, 후자를 수평적(horizontal) 책임이라고 부른다.[3] 또한 대통령은 그 위법행위에 대하여도 책임을 져야 하고, 국민들의 신임 철회에 대하여도 책임을 져야 한다. 전자를 법적 책임이라고 하고, 후자를 정치적 책임이라고 한다.

이에 따라 대통령의 책임은 크게 다음과 같은 도표로 표시할 수 있겠다.

2 군주의 무책임은 절대군주제에서 뚜렷하지만, 입헌군주제에도 해당한다. 유럽 입헌군주제의 모델이었던 프랑스 1814년 헌법[헌장]은 이를 다음과 같이 표현하였다: "군주의 인신은 신성불가침이다. 그의 대신들이 책임을 진다. 집행권은 오직 군주에게 귀속한다"(동 헌법 제13조). 다만, 동서고금을 막론하고 폭군방벌론tyrannicide; monarchomachy)은 상존하였다. 하늘의 뜻이든, 신의 뜻이든, 국민의 뜻이든, 인민은 폭군을 응징하는 혁명을 일으킬 수 있었다.

3 수평적/수직적 책임은 Guillermo O'Donnell 등 현대 서구 정치학계에서 안출된 개념이다. 이에 대한 자세한 설명은 배진석, "권력분립이 정치적 책임성에 미치는 영향: 이론적 검토", 대한정치학회보, 제28권 제2호(대한정치학회, 2020), 41-65쪽.

<table>
<tr><th></th><th>법적 책임</th><th>정치적 책임</th></tr>
<tr><td rowspan="2">수직적 책임</td><td>민사제소
형사고소/고발</td><td>국민소환제
국민투표제</td></tr>
<tr><td colspan="2">시민불복종
저항권</td></tr>
<tr><td rowspan="2">수평적 책임</td><td>민사재판
형사재판
탄핵(법위반) 절차</td><td>사고(事故) 선언
탄핵(부적격) 절차</td></tr>
<tr><td colspan="2">독립기관들의 권고적 의견</td></tr>
</table>

먼저 법적 책임을 본다. 민주공화국에서 만인은 법 앞에 평등하다. 대통령도 법적 책임에서 자유로울 수 없다. 대통령이 타인에게 민사적 불법행위를 하거나 형사상 범죄를 범하였을 경우 그에 대한 책임을 면할 수 없다. 국민은 시민의 일원으로 또 주권자의 일인으로서 대통령의 법적 책임을 추궁할 수 있다. 직접 피해자로서 민사상 소를 제기할 수 있고, 형사상 고소, 고발을 할 수도 있다.

다만, 대통령 지위의 중요성에 비추어 일반적으로 재직 중 형사불소추의 특권이 인정된다. 그러나 형사불소추 특권이 인정되어도 그 위법이 중대한 경우 탄핵소추가 가능하다.[4] 대통령의 범법행위에 대하여 국민들은

4 한국 헌법 상 대통령은 내란 및 외환의 죄를 제외하고는 형사불소추 특권을 향유한다(헌법 제84조). 그러나 내란 및 외환의 죄를 범한 경우 형사소추도 가능하며 따라서 형사소추와 탄핵소추가 동시에 진행될 수 있다. 대만 헌법도 우리와 유사한 규정을 두고 있다. "총통은 내란 또는 외환의 죄를 범한 경우를 제외하고는 재직중 파면 또는 해직되지 아니하며, 형사상의 소추를 받지 아니한다."(대만 헌법 제52조). 한편 또 다른 나라들은 대통령에게 일반적인 형사불소추 특권을 부여하고, 특별한 범죄의 경우 탄핵소추를 먼저 진행하여 대통령을 면직시킨 후 형사소추를 하도록 하고 있다. 프랑스의 경우 대통령은 직무상의 행위에 대하여 책임을 지지 않으며, 다만, 국제형사재판소의 관할 범죄 그리고 의회에 의한 탄핵소추의 경우를 예외로 하고 있다(프랑스 헌법 제67조 제1항). 그리고 탄핵심판으로 대통령이 면직된 후 형사소추가 진행되도록 하고 있다(프랑스 헌법 제67조 제3항). 미국의 경우도 형사불소추 특권이 인정되어 내란, 수뢰, 기타 중범죄 및 법위반에 대하여는 탄핵소추에 의한 면직 후에 형사소추될 수 있는 것으로 이해되고 있다(미국 헌법 제2조 제4항). 한편 2024년 미 연방대법원은 대통령의 확정적이고 배타적인 권한 내의 직무집행에 대하여는 퇴임 후일지라도 형사면책 특권을 인정하는 판결을 내린 바 있다. 트럼프 대통령은 2020년 대선에서 바이든 후보에게 패하였으나, 그 선거 결과를 뒤집기 위하여 법무부에 부당한 압력을 행사하였다. 그러나 연방대법원은 법무부 장관(대행) 교체 위협 등의 행위는 대통령의 고유한 권한 내의 것으로 절대적 면책 대상이라고 판시하였다. 한편 소토마요르(Sotomayor) 대법관은 소수의견에서 '대통령은 법위에 군림하는 왕이 아니다'라고 비판하였다. 그 판결에 대한 자세한 설명으로는 송백석, "미국 전직대통령 면책 특권 모델의 한국에 대한 함의: 연방대법원 Trump v. United States 판례연구", 법학논총 제41권 제3호(한양대학교 법학연구소, 2024), 39-64쪽. 윤석열 대통령의 비상계엄을 옹호하기 위하여 이러한 미 대법원 판

탄핵소추의 청원을 할 수 있고, 다른 헌법기구가 대통령의 탄핵소추와 심판을 할 수 있다. 의회가 탄핵소추와 심판을 모두 담당하는 경우도 있고, 의회는 탄핵소추를, 헌법재판소 등 다른 특별한 헌법기구가 탄핵심판을 하는 경우도 있다.

다음은 정치적 책임을 살펴 본다. 민주공화국에서 대통령은 주권자 국민의 신임에 의존한다. 비록 위법행위나 범법행위가 없었다고 하더라도 국민의 신임을 배반하였을 경우 정치적 책임을 면할 수는 없다. 헌법과 법률 위반은 물론 도덕적 흠결, 직무상 무책임과 무능력도 정치적 책임의 사유가 될 수 있다. 정치적 책임의 궁극적 형태는 국민이 부여한 통치권의 회수 즉, 대통령직 박탈이다.

다만, 대의민주주의에서 통치권의 위임은 기속위임이 아니라 무기속위임으로 이해된다. 대통령의 임기는 보장되고, 대통령은 유권자들의 의사에 구애받지 않고 자신의 양심에 따라 직무를 수행할 수 있다. 그러나 주권자 국민의 최고권은 박탈될 수 없다. 국민은 대통령이 국민적 신임을 배반한 경우 불신임 즉 하야 청원을 할 수 있다. 그리고 대의민주제의 무기속위임을 보완하기 위하여 국민소환제(the people's recall)를 둘 수도 있다.[5] 다른 한편 대통령이 주권자 국민에게 스스로 재신임을 확인해 볼 수도 있다. 대통령이 자신의 신임 여부를 직접 국민투표에 붙이는 방법도 있고, 헌법 개정 및 다른 국가적 중요 정책에 대한 국민투표로 대통령에 대한 신임을 확인해 볼 수 있을 것이다.[6] 대통령 연임 제도가 있는 경우 제2기 대통령 선거

결을 원용하는 경우가 있다. 그러나 설사 이 판례의 법리를 전제로 할 경우에도 윤대통령의 비상계엄은 국회, 중앙선거관리위원회 등 다른 독립적인 헌법기관들을 침해한 것으로서 면책되기 어려울 것으로 생각된다.

5 현행 대만 헌법은 의회의 의결을 거쳐 국민투표로 총통을 소환할 수 있게 하고 있다(개정헌법 憲法增修條文 제2조). 오스트리아 헌법도 의회의 의결을 거쳐 국민투표로 대통령을 해임할 수 있게 하고 있다(동 헌법 제60조 제6항). 과거 독일 바이마르(Weimar) 공화국 헌법에도 의회의 결의와 국민투표에 의하여 대통령을 해임시키는 규정이 있었다(동 헌법 제43조 제2항). 오스트리아 및 과거 바이마르공화국에서 그 국민소환 투표가 부결되면 대통령은 재선된 것으로 간주되었다. 또한 오스트리아의 경우 국민투표 부결에 대한 책임으로 의회는 해산해야 한다. 볼리비아, 에쿠아도르, 베네주엘라 등 남미의 여러 나라들은 국민 청원에 의한 대통령 소환제를 규정하고 있다. 오스트리아와 남미의 국민소환제에 대하여 Tom Ginsburg/Aziz Huq/David Landau, "The Uses and Abuses of Presidential Impeachment", Public Law and Legal Theory Working Paper Series, No. 731(2020), 38쪽.

6 이러한 대통령 신임이 결부된 국민투표는 이른비 '플레비시드(plebiszit)'라고 부른다. 우리 헌법의 국민투표는 국가의 중요 정책에 대한 것(referendum)이어야 하며, 대통령의 재신임을 묻기 위한 것이 되어서는 안된다. 이

도 현직 대통령에 대한 정치적 심판의 의미가 있다고 하겠다.

다른 헌법기관들이 대통령의 정치적 책임을 추궁할 수 있다. 우선 의회의 대통령 해임권을 생각할 수 있다. 그러나 의원내각제와 달리 국민 직선의 대통령제에서 의회의 불신임권은 인정되기 어렵다.[7] 다만, 대통령 탄핵사유에 법적 책임만이 아니라 정치적 책임을 포함시키는 경우가 있고,[8] 이럴 경우 대통령 탄핵은 의원내각제의 내각 불신임제도와 유사해진다. 한편 대통령제이지만 의회에 내각 구성원들의 해임의결권 내지 해임건의권을 부여하는 수도 있다.[9] 이는 대통령에 대한 정치적 문책의 간접적 방식이라고 할 것이다.

대통령의 건강 혹은 도덕적 문제에 의한 직무부적격을 이유로 대통령 사고(事故)의 선언도 생각해 볼 수 있다. 우리 헌법 제71조도 "사고로 인하여 직무를 수행할 수 없을 때" 대통령 권한대행을 규정하고 있다. 다만, 그 사고의 선언을 어떤 기관이 하는가에 대하여는 언급이 없다. 미국 헌법의 경우 부통령과 각료들은 대통령의 직무수행 불능을 판단할 수 있고, 대통령이 그에 동의하지 않을 경우, 연방의회의 2/3의 표결로서 대통령의 직무를 정지시키고, 부통령이 권한대행을 할 수 있도록 하고 있다(미국 수정헌법 제25조 제4항). 이러한 사고의 선언도 일종의 수평적 정치적 책임의 일환으

른바 '플레비시트'는 위헌적 행위로서 그 자체가 대통령 탄핵사유가 될 수 있다(노무현 대통령 탄핵 사건에서 헌법재판소의 설시). 그러나 국가 정책에 관한 국민투표가 실질적으로 대통령 신임투표의 효과를 낳을 수도 있을 것이다. 프랑스 드 골 대통령은 1969년 상원 개혁 등과 관련한 국민투표에 자신에 대한 재신임을 걸었고, 국민투표가 부결되자 대통령직을 사임한 바 있다. 성낙인, "대통령 유고의 헌법 문제: 한국과 프랑스의 논의를 중심으로", 헌법학연구 제13권 제3호(한국헌법학회, 2007), 768쪽.

7 의원내각제에서 국민은 의회만을 선출한다. 의회의 다수파는 정부를 구성하고 정부는 의회의 신임에 의존한다. 따라서 의회는 언제든지 그 신임을 철회하여 내각을 해임, 즉 불신임할 수 있다. 다만, 그 반대급부로서 정부 역시 의회를 해산할 수 있다. 이렇게 의원내각제에서 의회와 정부는 상호 정치적 책임을 물을 수 있다. 내각불신임과 의회해산권으로서 견제와 균형의 권력분립이 유지된다. 반면에 고전적 대통령제에서 대통령과 의회는 각기 독자적인 국민의 신임에 의하여 구성된다. 대통령과 의회는 원칙적으로 서로의 신임에 의존하지 않는다. 의회는 대통령 정부를 불신임할 수 없고, 대통령은 의회를 해산할 수 없다. 대통령과 의회는 상호 독립적인 관계로서 견제와 균형의 권력분립이 유지된다. 다만, 대통령도 의회 의원들도 법적인 책임에서는 자유로울 수 없다. 의회는 대통령의 법적 책임을 탄핵할 수 있으며, 정부도 의회 의원들의 위법행위에 대하여 형사소추 할 수 있다.

8 일부 대통령제 국가에서는 대통령의 위헌 위법 행위에 그치지 않고, 직무상의 부적합, 나아가 인격적 결함을 이유로도 탄핵할 수 있게 하고 있다. 이에 대하여는 후술한다.

9 현행 우리 헌법의 경우 국회의 국무총리 및 국무위원 해임건의권을 인정하고 있다. 탄핵소추와 달리 해임건의에서는 헌법과 법률 위반이라는 사유를 요구하고 있지 않다(헌법 제63조 제1항).

로 기능할 수 있을 것이다.

의회가 아니라 다른 독립적 정부기구가 대통령의 정치적 책임을 환기시킬 수도 있을 것이다. 이 경우 그 직의 박탈이 아니라 다만 정치적 도덕적 견책이 될 것이다. 한국의 경우 국가인권위원회의 권고 등이 그에 해당할 것이다.

이상의 책임은 헌법 제도적 문책 방법들이다. 그러나 헌법이 제도적으로 예정하지 않은 방법에 의한 책임추궁이 있을 수 있다. 주권자 국민은 그 주권이 훼손되고 기존의 헌법절차에 의한 회복이 가능하지 않은 경우 직접 행동에 나설 수 있다. 평화적 방법에 의한 대통령 문책의 방법은 시민불복종이 될 것이며, 정부권력의 무력에 맞서는 정당방위적 행동으로 나갈 때에는 저항권의 행사가 될 것이다. 그러한 시민불복종과 저항권이 대통령의 양보, 퇴진 혹은 대통령에 대한 단죄의 결과를 낳을 수도 있다.

III. 대통령 탄핵 제도

위와 같은 대통령 책임의 구도 속에서 대통령 탄핵은 일반적으로 국민이 아닌 다른 헌법기관에 의한 문책으로서 수평적 책임이며, 단순 직무 부적격이 아닌 중대한 법위반에 대한 문책으로서 법적 책임으로 이해된다. 우리 한국 헌법의 대통령 탄핵 설계도 그와 같다. 그러나 국민 직선의 대통령을 다른 국가 기관이 파면한다는 것은 특별한 일이고 따라서 단순히 대통령이 법위반을 했다는 이유만이 아니라 대통령이 직무 부적격 내지 국민들의 신임 배신 등 정치적 책임을 중시할 수도 있다. 이하에서는 대통령 탄핵 제도에 대하여 살펴본다.

1. 대통령 탄핵 제도의 기원

주지하듯이 탄핵 제도는 영국 군주제에서 의회주의와 함께 발전한 것이다. 탄핵은 군주에 대하여 책임을 추궁할 수 없는 상황에서 그 대신들을 문책하는 제도였다. 초기에 탄핵은 대신들에게 면직은 물론 형사처벌까지 부과하였다. 그러나 탄핵의 본질적 성격은 집행권에 대한 정치적 견제에 있었다고 할 수 있다. 그리하여 탄핵의 사유는 'High crime and misdemeanors'로 규정되었다. 이는 영국 전통의 보통법(common law)상 엄밀한 범죄행위가 아닌 경우에도 의회가 위법으로 규정하여 처벌할 수 있다는 뜻이었다. 이후 의원내각제가 정착되고 집행부의 정치적 책임을 묻는 내각불신임 제도가 도입되면서 탄핵절차는 더 이상 이용되지 않게 되었다.[10]

이후 탄핵제도는 미국 헌법에서 대통령 책임을 위한 제도로 도입되었다. 미국은 영국으로부터 독립하면서 군주제를 폐지한 후, 1787년 헌법을 제정하여 의원내각제가 아니라 대통령제의 정부형태를 발전시켰다. 그러나 영국의 대신들에 대한 탄핵제도 전통은 계수하였다. 다만 미국은 고위공직자만이 아니라 국가원수인 대통령도 탄핵의 대상에 포함시켰다. 이어서 프랑스는 시민혁명 최초의 공화국 헌법인 1793년 헌법에서, 비록 대통령제 정부는 아니었지만, 의회에 대한 집행부의 책임을 규정하였다. 집행부는 의회의 신임을 배신할 경우 형사소추될 수 있도록 하였고, 법령을 집행하지 않거나 잘못 집행할 경우 책임을 지도록 하였다(동 헌법 제71조 및 72조). 이후 미국의 영향을 받아 중남미 여러 국가들도 대통령제 정부형태를 취하였으며, 대통령 탄핵제도를 도입하였다. 라틴 아메리카 탄핵제도는 법적 책임에 국한되지 않고, 대통령의 직무 수행에 관한 정신적, 신체적, 도덕적 부적격 등 정치적 책임의 요소를 포함시켰다.[11]

세계적으로도 대통령 탄핵은 예외적인 사건이었다. 미국에서는 230년 동안 3인의 대통령이 하원 탄핵소추가 가결되었으나 모두 상원에서 부결되었다. 최초의 탄핵소추는 1868년 앤드류 존슨 대통령의 경우였고, 두 번

10 영국에서 탄핵심판 처벌은 1806년을 끝으로 더 이상 없었다. 그러나 2004년 토니 블레어 수상에 대하여 이라크 침공을 이유로 탄핵이 제안된 적이 있다. 영국의 헌정의 탄핵제도에 대하여는 Chris Monaghan, "The United Kingdom and Impeachment: Justification, Renewal, and the House of Commons as a Guardian of the Constitution", Chris Monghan, Matthew Flinders and Aziz Huq 엮음, Impeachment in a Global Text: Law, Politics, and Comparative Practice(London and New York: Routledge, 2024), 293-317쪽.

11 John Polga-Hecimovich, "Latin America: Between Governability Cirises and the Impeachment Trap", Chris Monghan, Matthew Flinders and Aziz Huq 엮음, 위의 책, 102쪽.

째 탄핵소추는 1998년 빌 클린턴 대통령의 경우였다. 세 번 째는 도널드 트럼프 제1기 대통령 시절이었다. 트럼프 대통령은 2019년과 2021년에 하원에서 탄핵소추되었으나 상원에서 부결되었다. 아울러 1974년 닉슨 대통령의 경우 탄핵이 유력하였으나 도중에 사임하여 탄핵절차는 진행되지 않았다.

많은 학자들이 대통령 탄핵은 그저 대통령의 민주적 정당성을 지원해주는 헌법적 장식에 불과한 것으로 평가해 왔다. 그러나 20세기 후반 이른바 '민주주의의 제3의 물결'(Samuel Huntington)의 시기 대통령 탄핵은 입헌주의의 정규적 절차로 주목받기 시작했다. 이는 특히 라틴 아메리카에서 두드러진 현상이었다.[12] 이후 국가원수에 대한 탄핵은 세계적으로 확대되어 미국은 물론 동유럽의 리투아니아, 우크라이나, 아시아의 인도네시아, 필리핀에서도 탄핵절차가 진행되었고, 마침내 현대 한국에서도 대통령 탄핵소추는 헌법의 중요한 이슈로 자리매김 되고 있다. 이제 대통령을 비롯한 국가원수에 대한 탄핵은 세계 민주입헌주의에서 실제적 중요성이 있는 제도로 정착되었다.

2. 대통령 탄핵 사유

앞서 보았듯이 대통령 탄핵은 의원내각제의 내각불신임과 대비된다. 그리하여 대통령 탄핵은 법적 책임, 내각의 불신임은 정치적 책임이라는 도식이 적용된다. 한국의 헌법에서도 탄핵은 직무상 헌법 및 법률 위반이라는 법적인 책임으로 규정되고 있다. 그러나 실제로 대통령 탄핵에서는 법적 책임만이 아니라 정치적 책임도 유의미하게 작용하는 것으로 보인다.

12 라틴 아메리카 대통령제 역사에서 탄핵은 희귀한 사례였으나, 1990년대 이후부터 대통령 탄핵이 빈발하고 있다. 1991년부터 2023년 사이 9개국에서 22건의 탄핵소추가 있었고, 8명의 대통령이 탄핵 면직되었으며, 4명의 대통령은 중도 사임하였고, 정부 해체가 한 차례 있었으며, 9명의 대통령은 살아남았다. John Polga-Hecimovich, "Latin America: Between Governability Cirises and the Impeachment Trap", 103쪽. 1991년부터 2004년까지의 대통령 탄핵사례에 대한 자세한 분석은 Aníbal Pérez-Liñán, Presidential Impeachment and the New Political Instability in Latin America(Cambridge University Press, 2009).

미국 제헌 논의에서 탄핵 사유는 "Treason, Bribery, or other High Crimes and Misdemeanors", 즉 "반역죄, 뇌물죄 혹은 기타의 중대한 범죄와 비행"으로 규정하였다. 미국 헌법 제정 당시 대통령 탄핵 사유를 엄격한 법적 책임으로 할 것인지, 아니면 폭넓은 직무상의 잘못까지 포함할 것인지에 대하여 논란이 있었다. 여러 논의 끝에 결국 영국 헌정 전통의 문구인 High Crimes and Misdemeanors로 귀결된 것이다.

이후에도 미국 헌정사에서 그 문구 해석에서 수많은 논란이 있었다. 지금까지 대체로 '중대한 범죄와 비행'이라는 요건은 중대한 범죄, 헌법과 법률 위반을 포함하여 헌법상 허용할 수 없는 권력남용, 국민의 신임을 저버리는 직무상의 위법을 포함하는 것으로 이해되고 있다. 즉 미국의 탄핵제도는 대통령의 법적 책임이 원칙이지만, 국민적 신임 여부의 정치적 책임도 가미되고 있다고 말할 수 있겠다.[13]

세계적으로 대통령 탄핵 사유는 매우 폭넓고 다양한 분포를 보이고 있다. 세계적 규모의 국가원수 탄핵에 대한 연구는 대통령 탄핵 사유가 형사 범죄 혹은 일신의 부정행위에 국한되지 않고 있음을 보여준다. 통치의 실패, 직무수행의 결격 등도 중요한 사유가 되고 있으며, 결국 헌법적 위기 속에서 국민의 지지를 상실한 약한 대통령을 퇴진시키는 절차로 활용되고 있다고 한다.[14] 통계적 연구에 따르면 대통령제 국가에서 탄핵 사유로 형사 범죄가 43개국, 헌법 위반이 19개국, 직무 결격이 19개국, 반역이 19개국 그리고 일반적인 불만족도 7개국이나 되었다.[15]

13 미국 대통령 탄핵 사유에 대한 연구로는 이명웅, "미국 연방헌법의 탄핵사유", 미국헌법연구 제16권 제2호(미국헌법학회, 2005), 131-158쪽. 미국 헌법 제정 당시에는 탄핵 사유에 대하여 폭넓은 의미의 '정치적 범죄(political offences)'로 이해하는 공감대가 있었으나, 이후 '기소가능한 형사범죄(indictable offences)'로 국한해야 한다는 쪽으로 변하고 있다는 분석으로는 Stephen M. Griffin, "Presidential Impeachment in Tribal Times: The Historical Logic of Informal Constitutional Change", Connecticut Law Review(2019), 417-449쪽.

14 Tom Ginsberg, Aziz Huq and David Landau, "Impeachment in Comparative Perspective: An Empirical View", Chris Monghan, Matthew Flinders and Aziz Huq 엮음, 앞의 책, 322쪽.

15 Tom Ginsberg, Aziz Huq and David Landau, 위의 글, 323쪽.

3. 대통령 탄핵의 절차

탄핵절차의 방식은 매우 다양하다. 물론 대부분의 국가에서 의회가 탄핵소추를 한다는 점은 거의 공통된다. 의회는 대통령과 대등한 또 하나의 국민 선출 기구로서 국민을 대신하여 대통령의 책임을 물을 적격이 있다고 할 수 있다. 그러나 그 탄핵심판을 어떤 기구가 할 것인지, 또 탄핵절차를 어떻게 진행할 것인지는 각국의 헌법에 따라 다양한 방식이 나타난다.

탄핵절차는 심판 기구를 기준으로 하여 정치형, 사법형, 그리고 정치와 사법의 혼합형으로 구분해 볼 수 있다.[16] 정치형 탄핵은 의회에서 탄핵을 발의하고 또 심판하는 경우를 말한다. 보통 양원제 의회에서 하원이 탄핵을 발의하고 상원이 심판하게 된다. 미국이 대표적인 사례이다. 이는 대통령과 의회 사이의 견제와 균형을 반영하는 것이며, 탄핵 사유에서도 정치적 성격이 강해진다.

사법형 탄핵은 의회가 탄핵을 발의하지만, 그 심판은 헌법재판소와 같은 사법기구가 담당하는 것을 말한다. 한국과 대만이 대표적 사례이다. 이는 대통령과 의회 그리고 사법기구라는 3권 분립의 헌법적 균형을 반영하고 있다. 탄핵 사유에서도 정치적 성격보다 법적인 성격이 중요해진다.

양자의 절충형은 탄핵의 발의는 의회(하원)에서 하지만, 그 소추 여부는 사법적 기구가 판단하고, 최종 심판은 다시 의회(상원)에서 하게 되는 구조를 말한다. 러시아가 이에 해당한다. 이 역시 입법-행정-사법의 3권 분립이 반영되어 있지만, 최종적 심판은 의회에서 함으로써 탄핵의 사유에서도 정치적 성격이 보다 중요한 문제가 될 수 있다.

16 이에 대한 자세한 설명은 김하열, 탄핵심판에 관한 연구(고려대학교 대학원 법학과 박사학위 논문, 2005), 73쪽 이하. 김하열은 정치형과 사법형으로 대별한 후 그 각각에 다시 세부적인 하위 유형들을 안배하고 있다.

IV. 한국 헌정사와 대통령 책임

1. 대통령 책임의 헌법적 연혁

1.1. 해방 이전

한국의 민주공화국 헌정사는 1919년 대한민국임시정부로 소급한다. 이전 수천년의 군주제 역사에서, 군주의 법적 정치적 책임은 거의 문제되지 않았다.[17] 이는 한민족 최초의 독립국을 선포한 대한제국의 헌법(대한국 국제)에서도 확인된다. 대한(제)국은 군주주권의 무한함을 선언하였으며, 신민에 의한 군권의 침해는 허용하지 않았다.[18]

일제 강점기 1919년 3·1운동에 근거하여 대한민국임시정부가 수립되면서 우리 역사상 최초로 국민주권이 선언되었다. 임시정부는 1919년 4월 최초의 헌법인 임시헌장에서 시작하여 이후 5차례 헌법을 개정하였고 대통령 등 집행부 수반의 정치적 법적 책임을 규정하였다. 1919년 9월 이른바 통합임시정부의 헌법은 대통령을 국가원수로 규정하였고, 대통령에 대한 탄핵제도를 최초로 규정하였다.[19] 국회 격인 임시의정원에서 대통령의 위법, 범죄행위에 대하여 탄핵심판을 할 수 있도록 하였다(1919년 대한민국 임시헌법 제21조 제14호). 탄핵사유는 법적 책임으로 제한되었지만, 당시 대통령은 의정원에서 선출하였으므로 실질적으로 의정원에 대한 정치적 책임의 의미가 있다고 할 수 있다. 실제로 1924년 의정원은 대통령 이승

17 다만, 조선시대 유교국가 체제의 왕권은 천명(天命)의 세계적 질서 속에서 대외적, 대내적 제약이 있었다. 외적으로는 중국 정통(正統) 천하질서의 종번(宗藩) 관계에서 중국 황제에 의한 문책이 가능하였으며, 내적으로는 국가의 존재 이유인 유교의 정통(正統)에 근거하여 사대부들에 의한 책임추궁이 가능하였다.

18 대한국 국제 제2조 대한제국(大韓帝國)의 정치(政治)는 이전(以前)으로는 오백년(五百年)을 전래(傳來)하시고 이후부터는 항만세(恒萬歲) 불변(不變)하오실 전제정치(專制政治)이니라. 제3조 대한국 대황제(大皇帝)께옵서는 무한(無限)하온 군권(君權)을 향유(享有)하옵시느니 공법(公法)에 이르는바 자립정체(自立政體)이니라. 제4조, 대한국 신민(臣民)이 대황제(大皇帝)의 향유(享有)하시는 군권(君權)을 침손(侵損)할 행위(行爲)가 있으면 그 행위의 사전(事前)과 사후(事後)를 막론(莫論)하고 신민의 도리(道理)를 잃은 자(者)로 인정(認定)할 것이다.(밑줄은 필자)

19 1919년 4월 최초의 임시정부는 대통령직을 두지 않고, 의회 격인 의정원 그리고 국무총리 중심의 국무원 집행부로 구성되었다. 최초의 헌법인 임시헌장에는 탄핵 규정은 없었고, 후속 법률인 임시의정원법에 의정원에 의한 국무원 탄핵 규정이 있었다. 정태욱, “대한민국임시정부의 정부형태: 회의제”, 저스티스 제180호(한국법학원, 2020), 13쪽.

만의 유고(有故)안을 가결시켜 직무를 정지시켰고, 1925년 탄핵소추를 하고 심판 면직하였다.[20] 이후 임시정부의 헌법과 정부형태에는 여러 변화가 있었지만, 의정원이 집행부의 수반을 탄핵 혹은 불신임하는 구조는 그대로 유지되었다.

1.2. 해방 이후 민주화 이전

해방 후 남한은 국민 총선에 기하여 정식의 민주공화국을 수립하였다. 정부형태는 대통령제를 기본으로 하였으나, 대통령과 부통령은 국회에서 선출토록 하였다. 그리고 대통령, 부통령, 국무위원들에 대한 탄핵을 규정하였다. 탄핵 사유를 헌법 또는 법률 위배로 국한하여 그것이 법적 책임임을 분명히 하였다. 그렇지만 대통령이 의회선출이라고 할 때 이 역시 국회에 대한 정치적 책임의 의미도 있다고 할 것이다. 그리고 탄핵심판 기구로는 별도의 탄핵재판소를 두고 대법관 5인과 국회의원 5인의 심판관으로 구성케 하였다. 따라서 탄핵심판 유형에서는 순수 사법형이 아니라 사법-정치 혼합형을 취한 것이었다.

이러한 제1공화국에서의 대통령 탄핵제도는 헌법적으로 규정되어 있긴 하지만, 그 실현은 상상하기 힘든 것이었다. 당시 이승만 대통령은 국민직선이 아니라 국회 선출이었지만, 그 국민적 지지와 카리스마는 국회를 압도하였다. 헌정 초기 우리 대통령제는 고전적 3권 분립의 대통령제가 아니라 라틴 아메리카 등에서 만연하였던 권위주의 '신대통령제'(혹은 '대통령주의제')에 가까웠다.

강력한 대통령 권위 하에 대통령에 대한 탄핵은 상상할 수 없는 것이었다. 나아가 이승만 대통령은 제1차 개헌에서 그 선출 방법을 국회 선출에서 국민에 의한 직선으로 바꾸어 대통령의 권위와 정통성을 더욱 강화하였다. 대신 국무원[21] 혹은 국무위원 불신임권을 추가하여 대통령의 책임을 간접

20 정태욱, 위의 글, 20-21쪽.

21 제1공화국 당시 행정부의 합의제 의결기구로서 국무원을 두었다. 국무원은 대통령, 국무총리, 국무위원으로 구성되었다. 제1차 개헌 당시 국회(민의원)는 국무원에 대한 불신임권을 가지게 되었는데, 여기서 대통령은 제외되는 것으로 이해된다(1952년 헌법 제70조의 2). 제2차 개헌에서 국무총리직을 폐지하였고, 국무원 불신임권은 국무위원 불신임권으로 바뀌었다(1954년 헌법 제70조의 2).

적으로 물을 수 있도록 하였다.

한편 이러한 제1차 개헌은 이른바 '부산파동'이라는 비상계엄으로 수행되었다. 원래 직선제 개헌안은 국회의 강한 반대에 부딪혔다. 소위 '민중자결단', '백골단' 등이 동원되어 반대 의원들의 '국민소환' 운동이 펼쳐졌다. 이승만 대통령은 전쟁 중임을 기화로 임시수도 부산 일대에 비상계엄을 선포하고 직선제 개헌에 반대하는 야당 의원들을 납치, 감금하였다. 이는 위헌 위법의 탄핵 사유이며 국헌문란의 내란행위였지만, 대통령에 대한 문책은 불가능하였다. 대신 당시 입안 중이었던 최초의 형법전 내란죄에 국헌문란의 정의 규정이 추가되었다.[22] 위헌적인 계엄, 헌법기관을 무력화하는 계엄에 대한 사후적 정죄(定罪)를 한 것이라고 생각한다.[23]

제2차 개헌에서는 아예 국무총리 제도를 없앴다. 법적 책임으로 대통령 탄핵과 국무위원 등 불신임 제도는 유지되었으나, 현실성은 없는 것이었다.[24] 권위주의 대통령제에서 국무위원 등의 책임은 대통령의 면피를 위한 장치로 이해된다.

이렇게 대통령에 대한 다른 헌법기관의 수평적 책임 추궁이 불가능한 상황에서 대통령의 위법에 대하여는 결국 국민들에 의한 수직적 책임만이 남게 될 것이었다. 대통령제에서 대통령 선거와 국회의원 선거는 모두 대통령에 대한 국민들의 정치적 심판이라는 의미가 있다. 그러나 이승만 정부는 대규모 선거부정을 획책하여 선거를 통한 책임 추궁의 길마저 막아버렸고, 이는 국민들의 저항권을 불러왔다. 4·19 학생의거가 발발하였고, 이승만 대통령은 축출되었다. 민주공화국의 역사에서 최초로 국민들의 직접행동으로 대통령의 책임을 물은 것이었다.

제2공화국은 대통령제 정부형태가 아니라 의원내각제 정부형태를 취

22 제91조(국헌문란의 정의) 본장에서 국헌을 문란할 목적이라 함은 다음 각호의 1에 해당함을 말한다. 1. 헌법 또는 법률에 정한 절차에 의하지 아니하고 헌법 또는 법률의 기능을 소멸시키는 것 2. 헌법에 의하여 설치된 국가기관을 강압에 의하여 전복 또는 그 권능행사를 불가능하게 하는 것. 이러한 내란 국헌문란의 규정은 지금까지 유지되고 있으며 현재 윤석열 대통령의 비상계엄 사태에서 적용되고 있다.

23 이는 한인섭 교수의 분석이기도 하다. 헤럴드 경제, "'12.3 비상계엄' 내란죄일까? 이승만 비상계엄이 답했다[취재메타]", 2024. 12. 28. 〈https://biz.heraldcorp.com/article/10032628〉, 검색일: 2025. 2. 22.

24 다만, 1955년 임철호 농림부 장관에 대하여 양곡, 비료 정책 실패 책임을 이유로 불신임안이 가결된 바 있다.

하였다. 따라서 대통령의 책임은 헌정의 초점은 아니었다. 정부의 책임은 의회의 국무원 불신임제도[25]에 의하여 담보되었다. 국무총리 및 국무위원에 대한 탄핵제도는 두지 않았다. 불신임제도만으로 집행부에 대한 문책의 효과는 충분히 달성할 수 있기 때문이었다.[26] 다만, 의전상의 대통령, 헌법재판소 심판관, 법관, 중앙선거위원회위원, 심계원장 등에 대한 탄핵을 규정하였다. 이 헌법에서 국회의 탄핵소추의 효과로 대통령의 직무정지를 최초로 규정하였다. 제2공화국이 의원내각제 정부이고, 대통령이 의회에서 선출된다는 점을 감안하면 이는 이해할 수 있는 부분이라고 생각된다. 또한 탄핵심판기구로 헌법재판소를 둔 점도 새로운 변화였다.

그러나 제2공화국은 1년 후 5·16 군사쿠데타에 의하여 붕괴되었고, 박정희 정권의 제3공화국이 수립되었다. 군사정부는 그 정부형태를 대통령제로 복귀시켰고, 대통령 책임에 관해 탄핵제도를 두었다. 제1공화국과 같이 헌법과 법률 위배라는 법적 책임을 기초로 하였고, 국회에서 탄핵소추를 하고 탄핵심판위원회(대법원과 의회가 동수로 구성)가 심판을 하는 사법-정치 혼합형을 취하였다. 제1공화국의 탄핵재판소와 차이가 없는 것으로 생각된다. 그리고 국무위원들에 대한 해임건의권도 규정하여 간접적으로 대통령 책임을 묻는 통로를 두었다.[27]

1969년 대통령 3선 개헌이 발의되었다. 박정희 대통령은 3선 개헌을 대통령에 대한 국민 신임과 결부시켰다. 신헌법에서 대통령 탄핵제도 및 국무위원 해임건의권이 유지되었으나 대통령 탄핵의 요건은 가중되었다.[28]

25 1960년 개헌으로 국무원이 다시 부활하였으나, 이는 대통령제의 국무원이 아닌 의원내각제의 국무원으로서 국정의 최고 권력기구였다. 여기서 국무원 불신임은 곧 국무총리를 포함하는 전 행정부에 대한 정치적 문책이라고 할 수 있다.

26 이 점은 현행 일본의 경우를 참고할 수 있을 것이다. 일본 헌법에서 탄핵소추의 대상은 재판관만으로 한정되어 있다(일본국 헌법 제64조). 즉 총리대신 등 국무위원은 탄핵의 대상에 포함시키지 않고 있다. 대신 의회는 이들 집행부에 대한 불신임권으로 폭넓은 정치적 책임을 추궁할 수 있다.

27 1969년 교육부장관 권오병에 대한 해임건의안이 가결되었다. 박정희 대통령은 그에 격분하였으나 해임건의는 사실상 수용하여 그를 사임케 하였다. 그러나 이후 여당 내 '항명' 의원들을 조사하여 양순직·예춘호·박종태·정태성·김달수 등 중진의원 5명을 제명시켰다. '4·8 항명파동'으로 불린다.

28 이전 1963년 헌법에는 대통령 탄핵소추 의결정족수가 다른 고위공직자의 경우와 같이 "국회의원 30인이상의 발의가 있어야 하며, 그 의결은 재적의원 과반수의 찬성이 있어야 한다"(1963년 헌법 제61조 제2항)라고 하였으나, 개정 헌법에서는 "대통령에 대한 탄핵소추는 국회의원 50인 이상의 발의와 재적의원 3분의 2이상의 찬성이 있어야 한다"(1969년 헌법 제61조 제2항)라고 변경되었다. 앞서 본 '항명'과 같은 사태를 방지하기 위한 것

박대통령은 3선 개헌 헌법이 통과되면서 국민들의 재신임을 받은 듯이 보였으나, 충분치 않았다. 1971년에 치러진 대통령 선거에서 박정희 대통령은 야당 후보에게 고전하였다. 박대통령은 634만 여 표를 얻었는데, 김대중 후보는 539만 여 표를 득표하였다. 이어진 국회의원 선거에서도 야당은 선전하였다. 박대통령에 대한 국민들의 신임이 점점 엷어지고 있었다.[29]

박정희 대통령은 마침내 1971년 12월 국가비상사태를 선언한 데에 이어, 1972년 10월 비상계엄을 선포, 친위 쿠데타를 감행하였다. 헌법을 일부 정지시키고 국회를 해산하였다. 이어서 유신헌법을 제정하고 제4공화국을 선언하였다. 대통령 국민 직선을 폐지하고 통일주체국민회의의 간선제를 도입하여 대통령 선거를 통한 국민들의 심판 가능성을 사실상 무력화시켰다.[30] 또한 대통령이 의회의 1/3을 구성할 수 있고(소위 '유신정우회'), 대통령이 의회해산권, 모든 법관 임명권을 보유하게 되었다. 이렇게 절대적 권력을 장악하여 '제왕적 대통령제'를 완성하였다. 수평적 책임으로서 국회의 대통령 탄핵제도는 유지되었다. 다만, 대통령이 국회를 장악하는 상황에서 의회의 탄핵소추권은 무의미한 것이었다. 그리고 탄핵심판기구로서 헌법위원회를 두어 사법형 탄핵으로 변화하였다. 또 국무위원의 책임도 해임의결권이라고 하여 조금 강화하였지만, 제왕적 대통령제에서 이는 단지 장식에 불과하였다.

박정희 대통령의 1972년 비상계엄 10월 유신은 중대한 위헌 위법행위였으며, 국회 해산 등 국헌문란의 내란행위였으나 그에 대한 법적 책임 추

으로 추측된다.

29 아울러 1971년 10월 또 한 번의 항명사태가 발생하였다. 당시 여당인 공화당의 신주류로 떠오른 김성곤 등 '4인방'이 야당과 합세하여 오치성 내무부장관에 대한 해임건의안을 통과시켰다. 박정희 대통령은 해임건의안을 수용하였지만, 중앙정보부(현 국정원의 전신)를 동원하여 '항명분자들'을 납치 감금 고문하여 정계에서 축출하였다.

30 국민들의 직접 선거에 의하여 구성된다는 점에서 대표성을 말할 수 있을지 모른다. 그러나 당시 통일주체국민회의대의원선거법을 보면 그 대표성이 지방 위주로 되어 있음을 알 수 있다. 간단히 말하면 선거구를 구·시·읍·면 단위로 하고, 최소 선거구 인구단위를 1천명으로 설정하고, 1 선거구에 1 대의원을 원칙으로 하여, 인구가 2만을 초과할 때마다 각1인의 대의원을 추가하되, 10만을 초과하는 경우라도 5인을 넘을 수 없도록 하였다. 인구가 적고 행정구역이 많은 지방은 '과잉' 대표되고, 서울 등 인구가 많고, 행정구역이 적은 대도시는 '과소' 대표되게 만들어 놓았던 것이다. 그 결과 통일주체국민회의는 서울에는 선거구 67개에 대의원 303명인데, 전라남도는 242개의 선거구에 대의원 312명, 경상북도에서는 268개의 선거구에 대의원 354명이다. 이는 전 국민적 대표성을 위한 것이 아니라, 한 마디로 말하자면 지방 유지들의 '벼슬잔치'로서 박정희 대통령의 친위부대를 만든 것이다(1972년 통일주체국회의대의원선거법 제14조 및 별표 서식 참조)

궁은 불가능하였다. 사법부 역시 이른바 '통치행위' 내지 '정치적 문제' 이론을 내세워 친위 쿠데타에 대한 법적 심판을 회피하였다.[31]

박정희 정권의 장기집권 독재는 결국 주권자 국민들의 직접행동을 초래하였다. YH 무역 여공 사건 등의 민중탄압 및 김영삼 제명 사건 등 야당 탄압을 계기로 국민들이 거리로 나왔다. 1979년 부산대학교 학생들을 시작으로 부산과 마산 일대에 격렬한 시위가 진행되었고, 정부는 지역에 계엄령을 선포하고 군을 동원하였다. 유혈 참극이 가시화되던 때에 정부 내의 소수파였던 김재규 중앙정보부장이 대통령을 시해하였다. 김재규는 내란목적 살인죄로 사형이 선고 집행되었으나, 김재규 자신은 민주회복을 위한 혁명, 즉 저항권을 주장하였다. 김재규의 행위가 저항권에 해당하는지는 논란이 있겠지만, 박정희 대통령의 죽음은 주권자 국민의 저항, 즉 그 정치적 책임의 귀결이었다고 생각한다.

박정희 대통령의 죽음으로 바로 민주화가 도래하지는 못하였다. 전두환, 노태우 등 '신군부' 세력은 1979년 12·12 군사반란으로 군권을 장악하고, 1980년 5월 17일 비상계엄을 전국으로 확대, 정치 지도자들을 체포하고, 5·18 광주 민주화 운동에 대한 유혈 참극을 감행하며 정권을 탈취하였다. 신군부의 정권찬탈은 국헌문란이자 야만적인 내란이었지만 당시 그에 대한 책임 추궁은 불가능하였다.[32]

정권을 잡은 신군부는 새로운 헌법을 제정하여 제5공화국을 선언하였다. 통일주체국민회의는 폐지하였으나 여전히 대통령 간선제를 유지하여 국민적 심판을 우회하고자 하였다. 유신헌법과 같이 대통령의 의회해산권을 존치시켜 대통령의 궁극적 권력을 확보하였다. 대통령 탄핵제도는 유지되었고, 국무위원 해임건의권도 규정되었으나 대통령 독재 하에서 수평적 책임은 실현 불가능한 것이었다. 대통령 탄핵은 물론 국무위원 해임건의도

31 대법원 1979. 12. 7.자 79초70 재정: "대통령의 계엄선포행위는 고도의 정치적, 군사적 성격을 띠는 행위라고 할 것이어서, 그 선포의 당, 부당을 판단할 권한은 헌법상 계엄의 해제요구권이 있는 국회만이 가지고 있다 할 것이고 그 선포가 당연무효의 경우라면 모르되, 사법기관인 법원이 계엄선포의 요건 구비여부나, 선포의 당, 부당을 심사하는 것은 사법권의 내재적인 본질적 한계를 넘어서는 것이 되어 적절한 바가 못된다."

32 계엄 선포에 대한 사법부의 자제도 계속되었다: 대법원 1981. 4. 28.선고 81도874 판결; 대법원 1981. 9. 22. 81도1833 등.

발의되지 않았다.

하지만 주권자 국민의 저항은 멈추지 않았다. 1980년 5월 광주 항쟁의 진실이 전파되었고, 대학가 반독재 시위는 끊이지 않았다. 1987년 박종철, 이한열의 죽음은 국민을 분노케 하였으며, 전국적 규모의 6·10 민주화운동이 폭발하였다. 군사정권은 물러서지 않을 수 없었고, 전두환의 후계자 노태우는 대통령 직선제 개헌 요구를 수락하였다.

독재 정권에서도 저항권이라는 주권자 국민의 수직적 책임은 여전히 기능하였고, 대통령에 대한 불신임은 물론 그 헌법 체제에 대하여 실효를 명하였다고 하겠다. 그리고 이는 차후 신군부 대통령들의 퇴임 후 내란, 군사반란 죄 등에 대한 형법적 단죄로까지 이어지게 될 것이었다.

1.3. 민주화 이후

1987년 새로운 헌법이 제정되고 제6공화국이 출범하였다. 민주 헌정의 시대가 도래한 것이다. 대통령 직선제를 통하여 국민의 수직적 책임의 헌법을 복원하였다. 대통령 임기와 국회의원 임기를 달리하여 국회의원 선거가 대통령에 대한 심판의 성격을 띠게 하였다. 대통령의 국회해산권은 삭제하였으며, 대통령 탄핵과 국무위원에 대한 해임건의권을 유지하였다. 탄핵심판기구로서 헌법재판소를 두어 그 명칭에서 사법형 탄핵임을 보다 분명히 하였다. 이렇게 제6공화국 헌법은 종래 권위적 대통령제를 헌법적으로 지양하고 수평적 책임의 가능성을 높인 것이다. 이 제6공화국 헌법에서 비로소 대통령에 대한 문책 및 탄핵이 현실화되었다.

1987년 민주헌법 체제에서도 대통령의 권위와 권력은 여전히 막강하였지만, 예전의 '제왕적 대통령제'는 점차 불식되어 갔다. 대통령 단임제가 지켜졌으며, 한국 대통령제에 특유한 의원내각제적 요소는 대통령에 대한 견제 장치로 작동하였다. 또한 현직 대통령 아들들의 부정부패도 처벌되었으며, 마침내 전직 대통령들에 대한 형사처벌도 가능하게 되었다.

김영삼 정부 시기 전두환, 노태우 전직 대통령의 군사반란과 내란죄 등에 대한 고소 및 고발이 있었다. 최초 수사 검사는 소위 '성공한 쿠데타는 처벌할 수 없다'는 논리로 '공소권 없음'이라는 불기소처분을 내렸다. '성공한 쿠데타'는 새로운 헌법 창출 행위이지 형사상 범죄행위가 아니라고 하였다. 새로운 헌법개정과 대통령 선거 등을 통하여 국민적 승인이 있었다고도 하였다.

그러나 이는 국민적 정의감에 어긋나는 것이었다. 새로운 헌법질서를 인정한다고 하여도 유혈 국헌문란의 내란 범죄까지 면책시켜주기는 어려운 것이었다. 마침내 사법부의 태도도 변하였다. 우선 헌법재판소는 '성공한 쿠데타'는 사실상 불처벌 상태에 있을 뿐, 면책의 특권을 주는 것은 아니라고 하였다.[33] 그리고 대법원은 비상계엄 선포가 비록 '정치적 문제'라고 하여도 그것이 국헌문란의 내란죄에 해당하는지의 여부에 대하여는 사법부가 판단할 수 있다고 하였다.[34] 이로써 전직 대통령의 퇴임 후 형사처벌에 대한 최초의 선례가 만들어졌다. 그리고 무도한 비상계엄령을 국헌문란의 내란죄로 단죄할 수 있는 선례도 만들어졌다.

나아가 현직 대통령에 대한 탄핵도 공개적으로 논의되기 시작하였다. 노태우, 김영삼, 김대중 대통령 모두 탄핵에 대한 공개적 논의가 있었다. 1992년 노태우 정부 시절 야당은 지방 선거의 불법 연기와 관련하여 대통령 탄핵소추 발의를 검토하였다. 당시 제1야당 지도자 김대중은 노태우 대통령에 대한 탄핵 발의를 공개적으로 경고하였다.[35] 1995년 김영삼 정부 시절 시민사회는 노동문제에 대한 대통령의 권력남용에 대하여 탄핵 청원을 추진한 바 있다. 2002년 김대중 대통령 시절 야당인 한나라당은 김대중 대통령의 친인척 비리와 관련하여 대통령에 대한 탄핵소추 발의를 공개적으로 검토하였다.[36] 그러나 탄핵 발의는 이루어지지 않았다. 그러한 사유들은 대통령의 의도적인 헌정질서 위해라고 보기는 어려웠고, 야당 또한 탄

33 "범죄행위가 그 성공 여부에 의하여 형벌법규의 존폐를 좌우할 수 있다는 논리는 법의 본질에 반하고 법의 존엄을 해치는 것으로 결코 용인될 수 없는 것이다". 헌법재판소 전원재판부 1995. 12. 15. 95헌마221·233·297(병합), 판례집 7권 2집, 754쪽.

34 "비상계엄의 선포나 확대가 국헌문란의 목적을 달성하기 위하여 행하여진 경우에는 법원은 그 자체가 범죄행위에 해당하는지의 여부에 관하여 심사할 수 있다". 대법원 1997. 4. 17.선고 96도3376 전원합의체 판결.

35 매일경제, "김대중 대표 노대통령 탄핵안 추진", 1992. 6. 4, 〈https://www.mk.co.kr/news/all/1134058〉, 검색일: 2025. 2. 9.

36 조선일보, "야, 김대통령 탄핵소추 검토, 이희호 여사 검찰조사도 요구, 2002. 5. 6, 〈https://www.chosun.com/site/data/html_dir/2002/05/06/2002050670286.html〉, 검색일: 2025. 2. 9.

핵 가결에 충분한 의석을 점하지 못하였다.

V. 한국 헌정사와 대통령 탄핵

앞서 보았듯이 한국 헌정사에서 대통령의 책임은 항상 문제되었다. 대통령 탄핵제도는 제헌 헌법부터 계속 존재해 왔고, 때로는 국민들의 직접 행동에 의한 책임추궁도 있었다. 민주화 시기 이전 '제왕적 대통령제'에서는 대통령 탄핵은 불가능한 것이었고, 대신 국민들의 저항권에 의한 문책이 실현되었다. 그러나 민주화 이후에는 대통령 탄핵의 헌법적 가능성이 현실화되었고, 마침내 2004년 노무현 대통령 탄핵소추를 시작으로 2016-7년 박근혜 대통령 탄핵 그리고 2025년 현재 윤석열 대통령 탄핵까지 대통령 탄핵은 대통령 책임을 묻는 주된 장치로 활용되고 있다.

1. 노무현 대통령

1.1. 탄핵의 경과

새천년민주당은 김대중 대통령에 이어 노무현 대통령을 당선시켰지만, 정치 개혁의 여론이 높았다. 개혁주도세력은 열린우리당을 새롭게 창당하였으며, 노무현 대통령도 이를 지지하였다. 그러나 새천년민주당의 주류 정치인들은 그에 격분하였고, 대통령과 대립 구도를 형성하였다. 차기 국회의원 선거를 앞둔 상황에서 신생 여당은 자칫 소수 정당으로 전락할 수도 있었다.

대통령은 국민들에게 직접 호소하는 방식을 택하였다. 기자 인터뷰에서 국민들에게 신생 소수 여당 지지를 독려하였다. 중앙선거관리위원회의 경고에도 불구하고 소신발언을 이어갔다. 대통령의 신임을 묻는 국민투표의 가능성까지 내비쳤다. 대통령 반대 세력은 그것을 빌미로 탄핵소추를 추진하였다. 대통령의 부당한 선거개입이며, 정치적 중립, 공직선거법 위반 등 반 헌법적 행위라는 것이었다. 새천년민주당은 마침내 당시 야당 한나라당과 합세하여 탄핵소추안을 의결하였고, 노무현 대통령의 직무가 정지되었다. 현대 한국 헌정사에서 국회에 의한 대통령 문책, 즉 수평적 책임 문제가 최초로 현실화된 것이다.

그러나 당시 노무현 대통령은 취임 직후였으며 그 개혁 의지는 많은 국민들에게 지지를 받고 있었다. 국민 여론은 대통령 탄핵소추에 동의하지 않았으며 오히려 의회의 탄핵소추에 저항하였다. 이러한 국민들의 의지는 곧이어 실시된 제17대 국회의원 총선거의 결과로 나타났다. 신생 열린우리당은 47석으로 선거에 도전하여 152석을 획득하는 승리를 거두었다. 전체 299석의 과반수를 넘긴 놀라운 성과였다. 야당 한나라당은 139석에서 121석으로 줄었으며, 새천년민주당은 59석에서 9석으로 줄었다. 대통령 반대 정당, 대통령 탄핵소추의 정당들은 참패하였다. 국민들은 대통령에 대하여 신임을 보냈으며, 대통령을 탄핵한 국회를 심판한 셈이었다.

이후 국회는 그 탄핵소추를 자진 철회해야 한다는 여론이 높았다. 그러나 야당 지도부는 탄핵절차를 강행하였다. 헌법재판소는 최종적으로 국회의 탄핵소추를 기각하였다. 대통령의 기자회견 및 선거관리위원회 관련 발언 등 공직선거법 위반 행위 그리고 재신임 국민투표 언급 등 위헌적 행위가 있었지만, 그것이 대통령을 파면시킬만큼 중대한 위법은 아니었으며, 또 국민의 신임을 배반하지도 않았다는 것이 그 주된 논거였다.

앞서 보았듯이 헌법재판소의 심판 이전에 이미 국민들이 그에 대한 심판을 하였다고 할 수 있다. 탄핵심판 진행 중 국회의원 선거에서 국민들은 그 주권적 의지를 표명할 수 있었다. 국민들은 대통령에 대한 분명한 재신임을 보여주었고, 그것으로 사실상 탄핵심판은 결정되었다고 할 수 있었다. 탄핵이라는 수평적 책임의 제도에서도 주권자 국민의 의지인 수직적 책임이 중요한 요소라는 점을 보여주었다. 결과적으로 해방 후 한국 헌정사에서 최초의 대통령 탄핵 사례는 정당한 탄핵소추가 아니라 탄핵소추의 남용이었다. 한국은 대통령 탄핵의 순기능보다 역기능을 먼저 경험했다고 할 수 있다.

1.2. 탄핵의 법리

노무현 대통령 탄핵 사건은 현대 헌정사 최초의 대통령 탄핵심판으로서 그에 대한 최초의 헌법적 법리가 안출되었다는 점에서 매우 중요하다.[37]

헌법재판소는 먼저 대통령 탄핵심판에 대하여 "국민에 의하여 국가권력을 위임받은 국가기관이 그 권한을 남용하여 헌법이나 법률에 위반하는 경우에는 다시 그 권한을 박탈하는 기능을 한다"고 함으로써[38] 대통령 탄핵의 성격을 판시하였다. 대통령도 국민의 대표기관으로서 책임에서 자유로울 수 없으며, 탄핵심판은 주권자 국민을 대신하여 국회와 헌법재판소가 대통령을 파면하는 절차임을 확인한 것이다.

또한 헌법재판소는 "탄핵심판절차는 법적인 관점에서 단지 탄핵사유의 존부만을 판단하는 것"이고 "정치적 무능력이나 정책결정상의 잘못 등 직책수행의 성실성 여부는 그 자체로서 소추사유가 될 수 없"다고 밝혔다.[39] 즉, 대통령 탄핵의 성격은 대통령의 법적 책임에 대한 것이며 단순한 정치적 책임에 관한 절차는 아님을 확인한 것이다.

또한 헌법재판소는 "탄핵소추절차는 국회와 대통령이라는 헌법기관 사이의 문제이고, 국회의 탄핵소추의결에 의하여 사인으로서의 대통령의 기본권이 침해되는 것이 아니"므로 "국가기관이 국민과의 관계에서 공권력을 행사함에 있어서 준수해야 할 법원칙으로서 형성된 적법절차의 원칙"을 "탄핵소추절차에는 직접 적용할 수 없다"고 하였다.[40] 탄핵심판은 헌법적 차원의 문책 절차이므로 탄핵심판이 형사소송법을 준용하더라도, 그 본질이 형사소송과 같은 것은 아님을 확인하였다.

같은 맥락에서 헌법재판소는 헌법과 헌법재판소법의 탄핵사유를 구체화하면서 이를 형법상 죄형법정주의와는 다른 각도에서 설시하였다. 주지

37 노무현 대통령 탄핵 결정 판례 분석으로는 송기춘, "대통령 노무현 탄핵심판사건 결정(헌법재판소 2004. 5. 14. 선고, 2004헌나1)의 몇 가지 문제점", 민주법학 제26호(민주주의법학연구회, 2004), 332-362쪽; 김종철, "노무현대통령탄핵심판사건에서 헌법재판소의 주요논지에 대한 비판적 검토", 세계헌법연구, 제9호(세계헌법학회 한국학회, 2004), 1-22쪽.

38 헌법재판소 2004. 5. 14. 2004헌나1, 헌법재판소 판례집 제16권 1집, 632쪽.

39 위의 판례집 제16권 1집, 654쪽.

40 위의 판례집, 632쪽.

하듯이 우리 헌법상 대통령 탄핵 사유는 직무상 헌법과 법률 위배 행위로 규정되어 있을 뿐, 구체적 요건에 대하여 언급이 없다. 헌법재판소법에서도 제53조 1항 "탄핵심판 청구가 이유 있는 경우"라는 규정밖에 없다. 이에 대하여 헌법재판소는 그러한 헌법과 법률 위반이 "대통령을 파면할 정도로 중대한 법위반"일 것을 요구한다.[41] 즉 "대통령의 직을 유지하는 것이 더 이상 헌법수호의 관점에서 용납될 수 없거나 대통령이 국민의 신임을 배신하여 국정을 담당할 자격을 상실한 경우"로[42] 탄핵 사유를 한정하고 있다. 그리고 그렇게 파면할 정도의 중대한 법위반 여부는 헌법재판소가 판단하게 된다. 이는 형법상의 죄형법정주의, 즉 '법률이 없으면 형도 없고, 법률이 없으면 죄도 없다'는 원리와는 다른 것이다.

이렇게 헌법재판소는 대통령과 그 밖의 공직자에 차이를 두어 대통령 탄핵에 더욱 높은 문턱을 설정하고 있다. "대통령을 제외한 다른 공직자의 경우"에는 "상대적으로 경미한 법위반행위에 의해서도 파면이 정당화될 가능성이 큰 반면", 대통령의 경우에는 파면결정의 효과가 지대하기 때문에 "이를 압도할 수 있는 중대한 법위반이 존재해야 한다"는 것이다.[43] 대통령이 국민 직선으로 선출되었고, 국민을 대신하여 대통령을 파면하는 상황에서 그 사유를 엄격하게 적용하려는 취지는 충분히 공감할 수 있다.

결론적으로 헌법재판소는 대통령의 경우, "국민의 선거에 의하여 부여받은 '직접적 민주적 정당성' 및 '직무수행의 계속성에 관한 공익'의 관점이 파면결정을 함에 있어서 중요한 요소로서 고려"되어야 하며, 한편으로는 "헌법을 수호하고 손상된 헌법질서를 다시 회복하는 것이 요청될 정도로 대통령의 법위반행위가 헌법수호의 관점에서 중대한 의미를 가지는 경우", 그리고 다른 한편으로는 "대통령에게 부여한 국민의 신임을 임기 중 다시 박탈해야 할 정도로 대통령이 법위반행위를 통하여 국민의 신임을 저버린 경우"에 탄핵이 인용될 수 있다고 보았다.[44] 요컨대 헌법재판소는 대통령

41 위의 판례집, 655쪽.

42 위의 판례집, 656쪽.

43 헌법재판소 판례집 제16권 1집, 655쪽.

44 위의 판례집, 655쪽.

탄핵 사유로 첫째 헌법 수호의 관점에서 중대한 법위반, 둘째 국민적 신임의 배반이라는 두 가지 측면에서 접근한 것으로 보인다.[45]

그리고 이 사안에서 노무현 대통령의 공직선거법상 중립의무 위반, 국민투표 제안의 헌법 위반은 "자유민주적 기본질서에 역행하고자 하는 적극적인 의사를 가지고 있다거나 법치국가원리를 근본적으로 문제 삼는 중대한 위반행위라 할 수 없"다며 다음과 같이 판시하였다.[46]

> "파면결정을 통하여 헌법을 수호하고 손상된 헌법질서를 다시 회복하는 것이 요청될 정도로, 대통령의 법위반행위가 헌법수호의 관점에서 중대한 의미를 가진다고 볼 수 없고, 또한 대통령에게 부여한 국민의 신임을 임기 중 다시 박탈해야 할 정도로 국민의 신임을 저버린 경우에 해당한다고도 볼 수 없으므로, 대통령에 대한 파면결정을 정당화하는 사유가 존재하지 않는다."

헌법재판소는 헌법의 탄핵 조항에 규정된 헌법과 법률 위반에 더하여 그 중대성을 요구하고 있으며 그 중대성 판단에서 국민들의 신임을 고려하고 있다. 그 양자의 관계가 명확하게 제시되고 있지는 않지만, '국민적 신임'이라는 요건은 대통령 탄핵의 특성을 보여주고 있다. 대통령 탄핵은 단순히 법적 책임에 그치는 것이 아니라 정치적 책임의 측면이 포함될 수밖에 없음을 보여주고 있다.

이는 앞서 보았듯이 미국 대통령제 헌법에서 탄핵제도를 도입한 취지이기도 하다. 국민 선출의 대통령을 탄핵한다는 것은 국민이 부여한 통치권을 회수한다는 의미이며 따라서 국민적 신임에 대한 배반 여부를 따져보지 않을 수 없다. 대통령제 정부형태에서 대통령은 의회의 신임이 아니라 국민의 신임에 의존한다. 노무현 대통령 탄핵 사건은 그 점을 명료하게 보여준 사례라고 생각한다.

45 헌법재판소는 그 양자의 관계에 대하여 뚜렷하게 밝히지는 않았으나, 대체로 '법치국가' 및 '민주국가' 원리의 적극적 위반 등 "헌법 수호의 관점에서 중대한 법위반"인 경우는 그 자체로 탄핵 사유가 되는 것으로 보고, 그 정도에 이르지 않은 법 위반 행위에 대하여는 "대통령이 국정을 성실하게 수행하리라는 믿음을 상실"케 하는 정도의 중대성이 인정되어야 하는 것으로 보고 있는 것 같다.

46 헌법재판소 판례집 제16권 1집, 658쪽.

2. 박근혜 대통령 탄핵

1.1. 탄핵의 경과

박근혜 대통령은 부친 박정희 대통령의 보수 정치적 기반을 승계하였으나 실제 그 자신의 통치 능력에 대하여는 많은 회의가 있었다. 박근혜 대통령은 2013년 집권 초부터 수상쩍은 비선 실세들에 대한 풍문에 시달렸다.

특히 2014년 세월호 사건은 박근혜 대통령의 무책임과 무능력을 노정하였다. 대부분이 어린 학생들이었던, 300명이 넘는 무고한 생명이 참혹하게 익사당할 때에 대통령이 안이한 인식으로 직무를 게을리하였다는 사실은 국민을 분노케 하였다. 2015년에는 굴욕적인 위안부 합의를 하여 국민들을 실망시켰다. 2016년 진보 언론 매체는 대통령의 비선 인물을 집요하게 추적하였으며, 마침 이화여대 학내문제가 입시비리로 확대되고 대통령 비선 실세의 딸이 연루되었다는 사실이 밝혀졌다. 민심 이반이 가속화하였다.

더욱이 그 측근 인사가 대통령의 연설문을 '감수'하고 대통령을 '훈계' 하는 태블릿 물증이 확인되면서 국민들은 경악하였다. 마침내 사람들은 거리로 나섰으며 촛불집회가 시작되었다. 매주 수십만명의 인파가 서울 중심부에서 '이것이 나라냐'를 외치며 대통령 하야 혹은 탄핵을 주장하였다. 야당이나 의회에서 대통령 탄핵의 논의가 있기 전에 국민들이 거리에 나와 대통령 탄핵을 먼저 외쳤다.

이처럼 박근혜 대통령에 대한 탄핵은 정치권보다 국민들 여론이 앞서 갔다. 국회의 수평적 책임보다 국민들에 의한 수직적 책임이 먼저 작동한 것이다. 국민들의 여론과 행동에 놀란 정치권은 국민들의 뜻을 수용하지 않을 수 없었다. 의회는 대통령 측근의 국정농단을 위한 특별검사 임명에 동의하였고, 대통령도 그에 대하여 거부할 수 없었다. 그리고 특별검사의 수사결과 국정농단의 상당부분이 사실로 드러났다. 대통령은 최순실(최서원)이라는 오랜 측근에 조종당하였으며, 대통령은 그의 이익을 위해 권력을 남용하였던 것이다.

결국 국회에서 탄핵이 발의되었다. 당시 의회 의석은 집권 여당이 다수였지만, 이들도 결국 야당과 함께 탄핵 발의에 동조하였다. 299명이 표결에 참가하여 234명의 압도적 찬성으로 가결되었다. 여당이었던 새누리 당 의원들도 128명 가운데 62명이나 찬성하였다. 새누리당 의원들의 대거 동참은 놀라운 일이었다. 그리고 주지하다시피 헌법재판소는 8인 재판관 전원일치로서 대통령의 탄핵소추를 인용하여 대통령을 파면하였다.

박근혜 대통령 탄핵은 여야의 정치투쟁보다는 대통령 개인의 범법과 일탈에서 촉발되었다. 국민들은 정체불명의 여인이 대통령을 조종하고, 대통령은 그에 휘둘리고 있다는 사실에 대경실색하였다. 주권자 국민이 위임해 준 권력이 엉뚱한 사인에게 넘어간 듯한 형국은 명백히 국민적 신임에 대한 배반으로 간주되었다. 이에 대하여 야권은 물론 여당을 포함한 정치권 그리고 국민 대다수의 공감대가 형성되었다. 헌법재판소의 파면 결정은 그 귀결이었다.

1.2. 탄핵의 법리

박근혜 대통령의 탄핵 사건은 탄핵소추가 인용된 최초의 사례였다. 헌법재판소는 선행 사례였던 노무현 대통령 사안에서의 법리를 확인하면서 탄핵 인용에 대한 보다 구체적인 법리를 형성했다.[47]

헌법재판소는 이전 노무현 대통령 사건과 마찬가지로 대통령 탄핵절차는 법적 책임에 관한 것이지 정치적 책임에 대한 것이 아니라는 점을 확인했다. 대통령의 '직책을 성실히 수행할 의무'는 헌법적 의무에 해당하지만, '헌법을 수호해야 할 의무'와는 다르며, "원칙적으로 사법적 판단의 대상이 되기는 어렵다"고 하였다. 대통령이 임기 중 성실하게 직책을 수행하였는지 여부는 "다음 선거에서 국민의 심판의 대상"이 되는[48] 정치적 책임임을

47 박근혜 탄핵 사건에 대한 법리적 분석에 대하여는 송기춘, "탄핵심판제도와 대통령 박근혜에 대한 탄핵심판에 관한 헌법적 쟁점", 2016년 한국헌법학회 학술대회 논문집(한국헌법학회, 2016), 1-33쪽; 김하열, "대통령 탄핵: 헌재 2017. 3. 10. 2016헌나1 결정", 법조 제66권 제2호(법조협회, 2017), 399-425쪽.

48 헌법재판소 2017. 3. 10. 2016헌나1, 헌법재판소판례집 제29권 1집, 46쪽. 노무현 대통령과 박근혜 대통령 두 탄핵 사례에 법리의 비교에 대하여는 김하열, "대통령 탄핵: 헌재 2017. 3. 10. 2016헌나1 결정", 406, 409쪽 등.

밝혔다.

또한 헌법재판소는 노무현 대통령 사건에서와 같이 대통령 탄핵은 형사절차가 아니라 헌법 수호절차이며, 형사소송의 '적법절차' 원칙을 그대로 적용할 수 없음을 확인하였다.[49] 같은 맥락에서 "탄핵심판은 고위공직자가 권한을 남용하여 헌법이나 법률을 위반하는 경우 그 권한을 박탈함으로써 헌법질서를 지키는 헌법재판"으로서 "형사절차나 일반 징계절차와는 성격을 달리한다"고 설시하였다. 그리하여 "탄핵소추사유를 형사소송법상 공소사실과 같이 특정하도록 요구할 수는 없"다고 하였다.[50]

또한 헌법재판소는 변론준비절차와 변론기일에 청구인 측이 "뇌물수수 등 각종 형사법 위반 행위 부분은 최서원의 국정 개입 및 대통령의 권한 남용 행위에 포함시켜 쟁점을 단순화"하는 것을 허용하였음을 밝혔다.[51] 탄핵심판의 쟁점은 형사 범죄의 구성요건해당성 여부가 아니라 헌법위반 여부인 것이다.

헌법재판소는 대통령 탄핵 사유에 대하여도 노무현 대통령 때와 같이 '① 직무 집행에서의 헌법과 법률 위배, ② 헌법이나 법률 위배의 중대성'이라는 단계적 구조를 상정하였다.[52] 즉 헌법 탄핵 사유 문언에 대한 축소해석을 통해 대통령 탄핵에 엄격한 척도를 요구한 것이다. 이어서 그 중대성 판단에서도 노무현 대통령 때와 같이 ① 대통령의 법 위배 행위가 헌법 수호의 관점에서 중대한 의미를 가질 것, ② 국민의 신임을 배반한 경우에 해당할 것이라는 기준을 제시하였다.

그러나 박근혜 대통령 사건 탄핵 인용에서는 보다 세부적 판단과 추가적 설시가 있었다. 먼저 비선 측근의 국정 개입과 공적 권한의 사적 남용이라는 법 위반이 임기 시작 때부터 지속적으로 자행되었다는 점이 강조되었다. "국민으로부터 위임받은 권한을 사적 용도로 남용하여 적극적·반복적으로 최서원의 사익 추구를 도와주었고", 그 과정에서 "대통령의 지위를 이

49 위의 판례집, 18쪽.

50 헌법재판소판례집 제29권 1집, 15쪽.

51 위의 판례집, 15-16쪽

52 위의 판례집, 20-21쪽.

용하거나 국가의 기관과 조직을 동원하였다는 점"에서 법 위반의 정도가 매우 중하다고 판시하였다.[53] 그리고 이를 대의민주주의와 법치주의라는 헌법 원리 위반으로 평가하였다. 대통령의 법위반이 지속적이고 적극적, 반복적으로 자행되었음에 주목한 것이다.

박근혜 탄핵 사건에서 특히 눈에 띄는 것은 '헌법수호의 의지'라는 항목이다. 박근혜 대통령이 범법 행위 조사과정에서 진실을 은폐하고 진상규명을 방해했다는 점이 지적되었다. "비선 조직의 조언을 듣고 국정을 운영한다는 의혹이 여러 차례 제기되었으나, 그때마다 피청구인은 이를 부인하고 의혹 제기 행위만을 비난"함으로써, "헌법기관에 의한 견제나 언론 등 민간에 의한 감시 장치가 제대로 작동될 수 없"게 하였고,[54] "국민의 신뢰를 회복하고자 하는 노력을 하는 대신 국민을 상대로 진실성 없는 사과를 하고 국민에게 한 약속도 지키지 않았다"는 점에서 "피청구인의 헌법수호의지"가 분명치 않다는 점이 적시되었다.

결론적으로 박근혜 대통령 탄핵 인용 법리는 3단계의 구조로 정리해 볼 수 있다고 생각한다. 첫째, 헌법과 법률의 중대한 위반, 둘째, 그 법 위반 상태를 시정하려는 헌법수호의지의 결여, 셋째, 국민적 신임에 대한 배반. 그에 따라 헌법재판소는 최종적으로 다음과 같이 판시하였다.

> "헌법과 법률 위배행위는 국민의 신임을 배반한 행위로서 헌법수호의 관점에서 용납될 수 없는 중대한 법 위배행위라고 보아야 한다. 그렇다면 피청구인의 법 위배행위가 헌법질서에 미치게 된 부정적 영향과 파급 효과가 중대하므로, 국민으로부터 직접 민주적 정당성을 부여받은 피청구인을 파면함으로써 얻는 헌법수호의 이익이 대통령 파면에 따르는 국가적 손실을 압도할 정도로 크다고 인정된다"[55]

대통령 탄핵은 대통령의 권력 오남용으로부터 입헌주의(법치주의)와 민

53 위의 판례집, 46-47쪽.
54 헌법재판소판례집 제29권 1집, 47쪽.
55 위의 판례집, 48쪽.

주주의를 지키는 헌법수호 절차라고 할 수 있다. 앞서 보았듯이 우리 헌법재판소는 이를 적극적 입헌주의 침해, 소극적 입헌주의 침해, 민주주의 침해라는 관점으로 접근하고 있다고 생각한다.

박근혜 대통령 탄핵 사유는 뒤에 보는 윤석열 대통령의 경우에 비하여 중하다고 할 수 없다. 헌법재판소는 최서원의 국정 개입을 허용하고 대통령의 권한을 남용하여 사익 추구를 조장한 행위에 대하여 공익실현의무 위반, 기업의 자유와 재산권 침해, 비밀엄수의무 위반이라고 판시하였다. 그러나 그와 같은 박대통령의 적극적 입헌주의 침해가 과연 파면까지 해야 할 정도로 심각한 것인지에 대하여는 다툼이 있을 수 있다. 헌법재판소는 그에 대하여 그 법위반이 지속적이며 반복 적극적으로 자행되었다는 점에 주목하였고, 추가적으로 소극적인 차원에서의 헌법수호의지 결여에도 주목하였다.

그러나 박근혜 탄핵 사유의 가장 중요한 부분은 대통령의 권한이 일개 사인에 의해 전용되었다는 점이 아닐까 생각한다. 국민적 신임의 배반, 즉 민주주의에 대한 침해가 가장 큰 요인이 아니었을까 생각한다.[56] 주권자 국민이 위임한 통치권이 국민적 위임과는 전혀 무관한 사인에게 다시 위탁된 형국은 국민주권주의와 대의민주주의를 저버리는 무책임을 뜻하는 것이었다.[57]

그리고 그것은 전 국민적 실망과 분노를 야기하였고, 한국 헌정사에 유례없는 지속적이고 광범한 촛불 시위로 이어졌다. 이는 국민들의 대통령에 대한 신임철회의 의사표시로 볼 수 있는 것이었다. 대통령의 직무 방기에 대하여 국민들은 대통령에 대한 신임철회로 대응하였고, 헌법재판소는 이를 추인하였다고 생각한다.

56 그러나 박근혜 대통령 사례에서 헌법재판소는 국민 신임 배반의 측면을 강조하지 않고 있다. 결정문 결론 부분에서 최종적으로 언급하고 있으며, 헌법수호의 관점과 신임 배반의 관점을 명확하게 구분하지 않고 통합하여 평가하고 있다. 같은 평가로는 김하열, "대통령 탄핵: 헌재 2017. 3. 10. 2016헌나1 결정", 410쪽. 이는 아마도 국민 신임 배반을 강조할 경우 대통령 탄핵의 법적 책임 성격이 희석되고 정치적 책임의 측면이 부각되는 것을 저어한 것이 아닌가 추측된다.

57 박근혜 대통령 탄핵 사유 중 가장 중요한 것으로 국민주권주의와 대의민주주의를 다룬 글로는 김선택, "대통령의 국민주권주의 위반", 헌법학연구 제23권 제3호(한국헌법학회, 2017), 1-23쪽.

3. 윤석열 대통령 탄핵

3.1. 탄핵의 경과

2024년 12월 윤석열 대통령의 느닷없는 비상계엄령 선포는 실패로 돌아갔고, 2025년 2월 현재 형사절차와 탄핵절차가 진행 중에 있다.

원래 윤석열 대통령 당선은 문재인 정부의 '실패'에 대한 반사이익이었다. 당시 윤석열 대통령의 결함은 문재인 정부에 대한 심판의 목소리에 묻혔다. 그러나 대통령 당선 이후 윤석열 대통령은 본격적인 심판대에 올랐다. 대통령의 독선과 거만함은 '강직한 원칙주의자'라는 외관이 허울이었음을 보여주었고, 영부인의 몰상식과 처가의 비리는 혐오를 불러일으켰으며, 채해병 순직 수사 건에서 드러난 대통령의 폭주는 그 권력남용의 위험성을 증명하였다.

임기 중 치러진 총선에서 집권 여당은 패배하였다. 야권은 192석으로 총의석의 2/3 가까이 점하였고, 여당은 108석으로 겨우 1/3선을 지켰을 뿐이다. 이는 대통령에 대한 정치적 심판의 결과였다. 그러나 대통령에게 자정작용이란 없었다. 영부인에 대한 검찰의 비호는 공정과 상식이라는 국민적 믿음을 배신하는 것이었고, 이른바 '명태균 게이트'에서 드러나는 영부인의 국정농단에 국민들은 다시 아연실색했다. 박근혜 대통령 당시 국정농단의 '확대판'이었다. 윤석열 대통령은 막다른 길에 다다른 상황이었다.

새롭게 여당 대표가 된 한동훈은 대통령과 차별화를 시도하였고, 영부인과 채해병 관련 특검 통과 가능성이 높아졌다. 특검법이 통과되어 수사가 진행되면 대통령의 범법 사실들이 명확해지고 종국에는 탄핵을 피할 수 없을 것이었다. 대통령은 군대라는 막강한 물리력에 위안과 유혹을 느꼈던 것으로 생각된다. 소위 '비상대권'으로 전세 역전의 시도를 감행한 것이 아닌가 생각한다.

대통령은 종북세력 척결을 외치고, 야당의 전횡을 규탄하고, 부정선거 의혹을 강변하였지만, 이들은 모두 계엄의 명분을 찾기 위한 것으로 생각된다. 현 정부 들어 남북 군사적 긴장이 고조되었지만, 북한의 공격은 없었다. 윤대통령과 그 극렬 지지자들은 소위 '부정선거론'을 외쳤지만, 아무 증거도 찾을 수 없었다. 야당이 탄핵소추를 '남발'하였다고 하지만, 이는 헌법재판소에 의해서 견제될 수 있는 문제였다.

대통령의 비상계엄의 실제 목적은 야권과 국민의 비난을 잠재우기 위한 물리력 동원이었다고 생각된다. 전시 상황에서 국민의 안위를 위해 행사해야 하는 계엄을 정권과 일신의 안위를 위해 선포함으로써 오히려 국민을 향해 전시 상태를 선포한 것이다. 대통령의 비상계엄은 헌법이 예정한 국가긴급권의 치명적 남용이었다.

대통령의 무도한 비상계엄은 실패하였다. 북한을 향한 호전적 결의, 국군의 날 위용의 과시, 친위 군부대 동원 등에는 성공했지만, 현장에 임한 장병들의 진심을 얻는 데에 실패하였다. 비록 병력 동원에 이용되었지만, 일선 지휘관들, 그리고 일반 사병들은 그들의 치명적 무기를 시민들에게, 국민의 대표들에게, 우리 민주 헌정에 겨눌 수 없었다. 그들은 군인의 제복을 입었지만, 그 이전에 민주 시민들이었다. 군사 무장을 하였지만, 그들의 용기는 헌법적 상식에 충성했다. 이러한 일선 군인들의 헌법 양심적 거부는 국민 개개인들이 헌법 수호의 주권자임을 입증한 순간이었다고 생각한다.

비상계엄에 대한 국민들의 저항은 대통령 불신임에 대한 명확한 의사표현이었고, 이로써 대통령 탄핵은 기정사실화되었다고 생각한다. 야당은 물론 여당의 당대표도 대통령 직무정지를 공언하였다. 대통령과 이해관계를 같이하는 여당은 극렬히 반대하였지만, 일부 여당 의원들이 동참하여 대통령 탄핵소추안은 가결되었다. 그리고 2025년 2월 현재 헌법재판소 심리가 진행 중이다.

노무현 대통령 탄핵소추는 대통령과의 정치투쟁에서 국회가 동원한 수단이었으며, 박근혜 대통령 탄핵소추는 대통령에 대한 국민적 배신감의 헌법적 반영이었다고 할 때, 윤석열 대통령 탄핵소추는 대통령의 폭거에 대한 국민 저항의 헌법적 표현이었다고 생각한다.[58]

58 비상계엄 시도는 실패하였지만, 이후 윤대통령은 재기를 노리고 있다. 그에게는 정치적 명운을 같이 하는 여당 의원들 그리고 보수세력들이 있었다. 그들은 '종북좌파 척결'이라는 프레임으로 국면을 진환하고 이데올로기적 대립 전선을 만들려고 시도하고 있다. 대통령에 대한 체포영장과 구속영장이 집행되면서 동정 여론도 흡수하였

3.2. 탄핵의 법리

2025년 2월 25일 윤석열 대통령 탄핵심판의 최종 변론이 예정되어 있다. 헌법재판소의 최종 판단은 이전 노무현-박근혜 대통령의 선례에 미루어 추단해 볼 수 있다.

우선 절차적 쟁점을 생각할 수 있다. 윤대통령 측은 피청구인의 방어권을 얘기하며, 헌법재판소의 연속적인 기일 지정, 간소화된 증거조사, 증거능력의 완화 등에 이의를 제기하였지만, 헌법재판소는 이미 헌법재판과 형사재판을 구분하고, 헌법재판에서 형사소송법상의 적법절차의 원칙을 그대로 적용할 수는 없다며 배척한 바 있다.[59]

탄핵소추 적법 요건으로 형법상 내란죄 삭제 문제가 다투어졌다. 윤대통령 측은 내란죄가 국회 탄핵의결서상의 중요한 소추사유였으므로 그것을 삭제하는 것은 탄핵소추의 동일성을 해치는 것이라고 주장하였다. 국회의 재의결이 필요하다는 것이었다. 하지만, 소추의결서상 대통령의 위법행위 사실들은 철회되는 것이 아니라고 할 때, 국회의 탄핵소추는 그 동일성은 유지되는 것이고, 또 위법 사실들에 대한 법적 판단은 헌재의 직권에 속하는 사항이므로 그 점에서도 문제될 것이 없다고 판시할 것이다.

본안에 대하여 대통령 측이 기본적으로 제기한 주장은 대통령의 비상대권, 즉 '통치행위론'이었다. 비상계엄이라는 국가긴급권은 고도의 정치적 문제로서 그 판단은 대통령의 고유권한이며 사법심사의 대상이 되지 않는다는 것이다. 이는 앞서 보았듯이 우리 사법부가 민주화 이전 시기 취했던 법리이기도 하다.

그러나 그와 같이 법적 책임을 부정하는 통치행위의 개념은 국민주권 입헌주의 체제에 부합하지 않는다. 계엄은 군사통치적 의미가 있으며 기본

다. 종래 '자유 반공'의 이데올로기는 주로 60-70대 노년층들의 전유물이었는데, 그것이 마침내 20-30대 청년들에게로 전이되었다. '적과 동지'라는 음험한 구조 속에 청년들의 피해의식을 적개심으로 치환시키는 데 성과를 내고 있는 것으로 보인다. '반공, 반북, 반중'이라는 단순한 이데올로기가 청년들에게 어필하고 있다. 청년들은 그들의 박탈감과 불안을 전통적 주적인 '공산주의'에 투사하고 있으며, 그로부터 정치적 효능감을 얻고 있는 것으로 보인다.

59 탄핵심판의 증거기준(입증정도)에 대한 자세한 분석은 김선택, "탄핵의 성질, 보호법익, 절차 및 증거기준", 헌법연구 제4권 제2호(헌법이론실무학회, 2017), 11-13쪽.

권 제약에 직결된 조치이다. 그에 따라 헌법과 법률은 계엄의 요건, 절 차, 그리고 내용에 관한 엄밀한 규정을 두고 있다. 대통령의 계엄 선포는 그러한 헌법과 법률에 반할 수 없다. 아울러 이미 본 바와 같이 민주화 이후 사법부도 계엄 등 소위 통치행위에 대한 사법심사의 원칙을 밝혀 오고 있다. 그것이 국헌문란 목적의 계엄이라면 내란죄 성립 여부를 판단할 수 있다고 하였고,[60] 국민의 기본권 침해와 직접 관련된 경우라면 사법적 심판 대상이 될 수 있다고 하였다.[61]

비상계엄과 같이 심각한 강제력 동원과 기본권 제한의 조치에 대하여 사법심사 배제의 비상대권을 말하는 것은 '어떤 권력기구도 책임 없는 권한 없다'는 민주헌정의 원칙에 반하는 것이며, '군주는 과오가 없다'와 같은 독재적 인식이다. 대통령의 비상계엄은 헌법과 법률의 규정에 따라 심사되어야 하며, 국가긴급권의 일반 원칙에 따라야 한다.[62]

이렇게 헌법재판소는 이번 탄핵소추를 인용, 대통령을 파면할 것이다. 그 법적 판단은 노무현-박근혜 대통령의 선례와 같이, 헌법 및 법률의 위배, 그 법위반의 중대성, 헌법수호의지의 결여, 국민적 신임의 배반으로 나누어 생각해 볼 수 있다.

60 대법원 1997. 4. 17.선고 96도3376 전원합의체 판결.

61 헌법재판소 1996. 2. 29. 93헌마186.

62 윤석열 대통령은 소위 '두 시간짜리 내란'이 어디 있냐면서, 비상계엄을 실행할 의사가 없었고, 야당과 국회의 폭거에 대하여 경고하고, 국가의 위기와 선거 부정 등에 대하여 국민들에게 알리기 위함('계몽령')이었다는 궤변을 늘어놓기도 한다. 터무니없긴 하지만, 그래도 하나의 논점으로 삼는다면, 이른바 '초헌법적 혹은 헌법외적 국가긴급권(über- oder außerkonstitutionelles Staatsnotrecht)'을 생각해 볼 수도 있을 것이다. 이 개념에 대하여는 한태연, 헌법학(법문사, 1983), 973쪽. 그러나 이와 같은 '초헌법적인 비상계엄'을 상상해 볼 수 있다고 하여도, 국민주권이 유지되는 한, 대통령은 책임에서 자유로울 수는 없다. 그것도 일종의 계엄인 이상 계엄의 일반원칙 혹은 긴급권의 일반 원칙에 준하여 규율되어야 할 것이다. 긴급권의 일반원칙으로는 영미법 전통의 필요 이론(doctrine of necessity), 우리 형법상의 위법성조각사유들에 관한 '필요성', '상당성', '보충성', '비례성' 원칙, 나아가 헌법상의 기본권 제한 과잉금지 원칙에서의 '목적의 정당성', '수단의 적절성', '피해의 최소성', '침해와 보호 법익의 비례성' 기준 등을 참고할 수 있을 것이다. 요컨대 적어도 사회의 혼란이 극심하여 군 투입이 아니면 안되는 상황이어야 하며, 입헌주의 유지를 위한 것이어야지 국헌문란을 위한 것이어서는 안될 것이다. 그러나 윤대통령이 말하는 야당의 탄핵소추 '남발', 예산 삭감의 횡포는 국정 운영의 위기일 수는 있지만, 극심한 사회적 혼란이라고 할 수는 없다. 국회의 탄핵소추는 헌법재판소에서 최종 통제될 수 있고, 예산문제는 추가경정예산으로 보완이 가능하다. 부정선거 문제는 혐의가 있다면 그에 대한 수사와 재판으로 해결될 문제이지 군대를 동원할 일은 아니다. 대통령과 야권의 극심한 정치투쟁은 정치협상으로 풀어가야 하며, 혹시 극단적 정책 대립이 있다면, 국민투표에 회부할 수도 있었을 것이다. 국민투표야말로 대통령이 행사할 수 있는 '비상대권'이었을 것이다.

먼저 12·3 비상계엄은 헌법과 계엄법을 무시한 위헌 위법의 폭거였다. 계엄에 대한 절차적 요건과 실체적 요건을 모두 정면으로 위반하였다. 전시 혹은 사변의 상황도 전혀 없었으며, 국무회의 개최 여부도 불분명하고, 국회에 통고도 없었다. 무엇보다 국회를 봉쇄하여 국회의 해제요구 결의를 방해하고자 하였으며, 불체포특권이 있는 국회의원 등 정치인, 언론인, 법조인 등을 불법 체포하려고도 하였다. 중앙선거관리위원회에도 침입하여 서버 탈취까지 시도하였다. 이는 계엄에 관한 헌법과 법률 위반은 물론, 헌법기관들을 무력화시키고, 탄압하려고 한 국헌문란의 행위였다.[63]

12·3 비상계엄의 법위반은 중대하였다. 계엄은 대통령 권한의 최대한이고, 계엄권의 오남용은 대통령 불법의 최대한이다. 계엄은 입헌질서를 유지하기 위한 최후의 수단이며, 계엄의 오남용은 입헌질서의 결정적 유린이다. 대통령은 '경고용' 계엄이라고 하였지만, 앞서 보았듯이 국회 등 헌법기관들을 침탈한 사실을 감출 수는 없다. 또한 '경고용'으로 군대를 동원했다는 것은 군대를 사병화한 것으로 이는 대통령의 군통수권 남용이자 군의 정치적 중립 위반으로 그 자체로 중대한 헌법위반이다.

윤석열 대통령은 헌법수호의지를 전혀 찾아 볼 수 없다. 대통령은 법적 정치적 책임을 회피하지 않겠다고 하였지만, 여전히 자신의 비상계엄은 대통령의 고도의 정치적 판단에서 나온 통치행위임을 주장하고, 야권을 오히려 국헌문란 세력으로 몰아갔다. "끝까지 싸울 것"이라며 지지세력을 독려하며 정치적 전선을 강화하였다. 형사 수사절차가 개시되었음에도 소환에 응하지 않았으며, 체포영장이 발부되자 경호처를 동원하여 집행을 방해하게 하였다. 국회의원이 아니라 '요원'을 끌어내라고 했다, 국회의 봉쇄가 아니라 '질서유지'를 위한 것이었다는 식의 요설을 반복하여 진실을 호도하고 여론을 오도하였다. 이는 방어권 차원의 변명을 넘는 거짓으로서, 헌법수호의 의지가 아니라 헌법재판을 농락하며, 주권자를 기망하려는 의지를 보인 것이다.

63 이번 12·3 비상계엄은 대통령 탄핵 사유가 될 뿐만 아니라 형법상 내란행위에 해당하는 것이었다. 1952년 '부산파동'의 비상계엄 및 국회의원 체포감금 사태가 바로 형법 제정과정에서 내란죄 국헌문란의 정의 규정이 추가된 계기였다는 점은 이미 언급한 바 있다.

윤석열 대통령의 무도한 비상계엄과 이후의 행태는 국민의 신임을 배반하는 것이다. 계엄은 '입헌독재'[64] 또는 '위임독재'[65]라고 부르기도 한다. 주권자 국민은 국가위기의 급박한 상황에서 대통령에게 군사적 독재를 위임함으로써 입헌질서를 유지할 수 있게 한 것이다. 그러나 윤대통령은 국민의 신뢰를 저버리고 막중한 계엄권을 자기 이익과 국헌문란에 이용하였다. 무도한 비상계엄이 선포된 즉시 수많은 평범한 시민들이 여의도로 달려가 군경을 저지하고 국회를 옹호하였다. 현장에 출동하여 사태를 파악한 군인들은 자신들의 임무가 정치적으로 오염된 것을 깨달았고, 대통령의 위헌적 명령을 따르지 않았다. 시민들 그리고 군인들의 저항과 양심적 거부가 비상계엄을 막아냈고, 그것을 지켜보던 대다수 국민들은 환호하고 감격하였다. 이는 주권자 국민이 대통령에 대한 권력 위임을 철회했다는 표시라고 생각한다.

그리하여 최종적으로 비록 국민에 의하여 선출된 대통령이지만, 헌법수호의 관점에서 그 법위반이 중대하고 또 국민적 신임을 배반한 것이 명백하여, 대통령을 파면함으로써 얻는 헌법수호의 이익이 그에 따르는 국가적 손실을 압도할 정도로 크다는 판시가 나올 것으로 예상된다.

3.3. 대통령 권한대행 탄핵

윤석열 대통령 탄핵의 과정에서 대통령 권한대행인 한덕수 국무총리에 대한 탄핵소추가 발생했다. 대통령 권한대행 탄핵은 우리 헌정사에서도 최초이며 세계 헌정사에서도 유례를 찾기 어렵다. 이에 대하여는 마땅히 별도의 논문에서 연구되어야 하지만, 여기서는 대통령 직무 정지의 문제 그리고 권한 대행 주체 등의 문제에 대하여만 언급하기로 한다.

64 입헌독재의 용어는 김도창, "계엄에 관한 약간의 고찰", 법학 제6권 제2호(서울대학교 법학연구소, 1964), 38쪽. 계엄은 프랑스 혁명의 산물이며 입헌주의를 전제한다. 절대군주제는 상시적 독재이며 국민의 기본권은 언제나 제약 상태에 있기 때문에 별도의 계엄 법제를 말할 필요가 없다. 김도창, 같은 글, 41쪽.

65 이는 원래 칼 슈미트(Carl Schmitt)의 개념이다. 칼 슈미트는 독재를 '주권적 독재(die souveräne Diktatur)'와 '위임적 독재(die kommissarische Diktatur)'로 구분한다. 전자는 주권자가 전권을 행사하며 기존 헌법을 무력화하거나 새로운 헌법질서를 창출하는 독재이며, 후자는 주권자로부터 독재의 권한을 위임받은 통치권자가 기존의 헌법질서를 유지하기 위한 독재이다. 이에 대한 지세한 설명은 김희진, "계엄법제 개신의 필요싱과 그 방향", 민주법학 87호 투고 원고; 슈미트 원저는 칼 슈미트, 김효전 옮김, 독재론(법원사, 1996).

현행 헌법은 대통령 탄핵소추안이 가결되면 그 직무가 정지되고 국무총리 등 권한대행이 그 직무를 맡는 것으로 규정하고 있다. 이에 대하여 첫째, 과연 국회의 탄핵소추만으로 대통령의 직무를 정지시키는 것이 타당한지의 여부, 둘째, 대통령이 직무상 위헌 위법행위로 탄핵소추되는 상황에서 그와 관련이 있는 내각의 구성원에게 권한대행을 맡기는 것이 온당한지의 여부, 셋째, 대통령 권한대행의 탄핵이 다시 문제될 경우 탄핵소추 의결정족수는 어떻게 이해해야 하는지의 문제이다.

첫째, 국회의 탄핵소추에 따른 대통령 권한행사 정지의 문제이다. 우리 헌법은 국회의 탄핵소추만으로 대통령의 권한행사를 정지시키고 있다. 앞서 언급하였듯이 이 조항은 우리 헌정사에서 1960년 의원내각제 헌법에서 최초로 도입되었고, 이후 현행 헌법에까지 유지되고 있다.

그러나 국회의 의결만으로 대통령의 권한행사를 정지시키는 것은 지나치다는 비판이 있을 수 있다. 대통령제 정부형태에서 대통령은 의회의 탄핵소추에 대한 대응 장치가 없는 가운데, 의회의 탄핵소추만으로 대통령의 권한을 적어도 수개월 정지시킬 수 있게 한 것은 의회에 과도한 우월적 권능을 부여한 것이 아닌가 하는 비판이 있을 수 있다.

세계적으로도 의회 탄핵소추의 효과로 대통령 직무정지[66]를 규정한 예는 많지 않다. 폴란드, 핀란드 그리고 헝가리의 사례가 거론되고 있다.[67] 대통령제의 대표 국가인 미국과 프랑스에서는 탄핵소추의 경우에는 직무정지 제도를 두고 있지 않다.

대통령제 정부형태가 기본적으로 대통령과 의회가 각기 고유한 국민적

66 권한대행과 직무대행의 용어는 구별되어 쓰이기도 하고, 혼용해서 사용되기도 한다. 우리 법질서에서는 대통령 그리고 지방자치단체의 장의 경우에는 권한대행이라는 용어를 쓰고 그밖의 공직자의 경우에는 직무대행이라는 용어를 사용한다. 엄밀한 의미를 보자면 권한대행이란 그 직위 전체를 대신하는 개념이고, 직무대행은 특정한 직무를 대행하는 개념으로 구분해 볼 수 있다. 그러나 이 글에서는 이 양자를 문맥에 따라 혼용해서 사용한다. 이에 대한 자세한 설명은 이종수, "직무대행의 기원, 대행자의 지위 및 권한 범위에 관한 소고: 대통령 직을 중심으로", 일감법학 제48호(건국대학교 법학연구소, 2021), 특히 753-756쪽 참조.

67 김하열, 탄핵심판에 관한 연구, 176쪽; 송기춘, "우리 헌법상 대통령 탄핵제도에 관한 소고", 공법연구 제32권 제5호(한국공법학회, 2004), 435쪽. 핀란드의 경우 탄핵사유가 (중대한) 반역, 인륜에 반하는 범죄로 국한되어 있고, 탄핵소추의 의결정족수가 의회 재적 의원의 3/4라는 점에서 그 탄핵소추의 요건이 엄격하다는 점이 감안되어야 할 것이다. 한편 헝가리는 의원내각제 정부형태라는 점에서 대통령의 직무정지가 헌정질서에서 큰 공백을 초래하는 것은 아니라는 점도 참고되어야 할 것 같다.

정당성을 가지고 대등한 균형을 유지하는 체제라고 할 때, 대통령의 대응 수단이 구비되어 있지 않은 상황에서 국회의 의결만으로 대통령의 직무를 정지시킬 수 있게 한 것은 권력분립의 원리상 불균형이 있다고 생각된다.

다만, 내란과 같은 중대하고 광범위한 헌법파괴행위의 경우에는 탄핵소추만으로 직무를 정지시키는 것이 타당하다고 볼 수도 있다. 더욱이 우리의 경우 내란죄에 대하여는 형사불소추 특권도 적용되지 않으므로 바로 수사가 진행되어야 하는데, 대통령이 여전히 권한행사를 할 수 있다면 이는 더 큰 위험과 혼란을 야기할 수도 있기 때문이다.

그러나 그럴 경우에도 의회의 탄핵소추만으로 바로 대통령 직무정지를 가능케 할 것인지 아니면 탄핵심판기구로 하여금 가처분의 형식으로 직무정지를 명하게 하는 것이 좋을지는 생각해 볼 필요가 있다. 대통령의 국민적 대표성을 감안할 때, 의회 단독의 결정이 아니라 의회의 탄핵소추 그리고 심판기구의 가처분이라는 공동 결정의 구조에서 대통령 직무정지를 가져 오게 하는 것이 좋지 않을까 생각한다. 설사 내란 혐의라고 하여도 탄핵사유의 중대성 판단과 그에 따른 직무정지 결정은 원칙적으로 심판기관이 하는 것이 적절해 보인다.[68] 그것이 입헌주의 권력분립의 원칙에 보다 부합할 수 있다고 생각하고, 나아가 탄핵심판기구의 신속한 가처분 결정은 대통령의 최종적 운명에 대한 중요한 신호가 되어 이후의 정국 안정에 도움이 될 수 있다고 생각한다.

둘째, 대통령 직무 정지 시 누구를 권한대행으로 할 것인지의 문제이다. 우리 헌법은 "대통령이 궐위되거나 사고로 인하여 직무를 수행할 수 없을 때에는 국무총리, 법률이 정한 국무위원의 순서로 그 권한을 대행한다"(헌법 제71조)고 규정하고 있다. 이어서 정부조직법은 그 국무위원의 순서에 "기획재정부장관이 겸임하는 부총리, 교육부장관이 겸임하는 부총리 및 제26조제1항에 규정된 순서"라고 하고 있으며(정부조직법 제12조 제2항), 정부조직법 제26조제1항에서는 "1.기획재정부, 2.교육부, 3.과학기술정보

68 김하열, 탄핵심판에 관한 연구, 177쪽; 송기춘, "우리 헌법상 대통령 탄핵제도에 관한 소고", 435쪽. 비록 의원내각제의 경우이지만, 독일연방헌법재판소는 탄핵소추의 제기 후 가처분에 의하여 연방대통령의 직무집행을 정지하는 결정을 할 수 있다(독일 연방헌법재판소법 제53조 및 제58조).

통신부, 4.외교부, 5.통일부 … ” 등 행정각부의 순서를 밝혀 놓았다.

대통령제 정부형태에서 부통령이 없는 경우 내각의 구성원이 대통령 권한대행을 맡는 것은 권력분립 원칙상 일견 일관성이 있어 보인다. 더욱이 국무총리가 국회의 동의에 의해 임명된다면 국민적 대표성도 어느 정도 고려되었다고 할 수 있다. 그런데 대통령이 내란과 같이 전체 법질서를 해치는 중대한 법위반으로 탄핵에 처한 경우 내각도 그 책임에서 자유로울 수 없다는 문제가 있다. 물론 현행 헌법상 국무총리 그리고 이하 법률이 정한 순서에 따른 국무위원의 권한대행은 피할 수 없다. 하지만 대통령의 내란 시도에 대한 공동 책임이라는 차원에서 행정부의 재구성과 국민적 재신임이 필요하다고 볼 수도 있을 것이다.

이런 경우 또 다른 선출 대표인 국회의 관여가 필요하다고 생각한다. 그리하여 국회의 대표들(국회의장 및 원내교섭단체 대표들)과 대통령 권한대행이 함께 국정협의체를 구성하고, 국회 내에도 이를테면 ‘국정 특별위원회’를 설치하여 정부와 상시 협조체제를 구성하는 방안도 생각할 수 있다고 본다.

나아가 헌법 개정의 입법론으로서 대통령 탄핵으로 직무정지를 시키는 경우 그 권한대행을 국회의 대표에게 맡기는 방법도 생각해 볼 수 있다.[69] 예컨대 1848년 프랑스 2월혁명에 따른 대통령제 헌법에서는 대통령의 반역죄(haute trahison; high treason)의 경우 대통령 직무가 정지되며, 집행권 전체가 국회로 이전함을 규정하고 있다(동 헌법 제68조). 현행 프랑스 헌법에서는 탄핵에 따른 대통령 직무정지를 규정하고 있지는 않지만, 일반적인 대통령 궐위 혹은 사고의 경우 권한대행을 규정하고 있다. 여기서 권한대행은 의회의 상원의장이 맡도록 하고 있고, 국방위원회 직무의 경우 수상이, 고등사법위원회의 경우 법무부장관이 대통령의 직무를 대행토록 하고 있다.[70] [71]

69 국민의 대표기관인 국회의장이 권한대행에서 우선적 순위가 되어야 한다는 주장으로는 송기춘, “대통령의 사고 또는 궐위로 인하여 발생하는 헌법적 쟁점들에 관하여”, 국가법연구 제13집 제2호(한국국가법학회, 2017), 14쪽.

70 성낙인, “대통령 유고의 헌법 문제: 한국과 프랑스의 논의를 중심으로”, 헌법학연구 제13권 제3호(한국헌법학회, 2007), 776쪽.

71 폴란드 헌법의 경우에도 대통령은 헌법 및 법률 위반 그리고 범죄행위의 경우 탄핵될 수 있으며, 하원(Sejm)에

대통령 권한대행을 의회의 대표에게 맡기는 것은 '국민적 대표성'의 원리에는 부합하지만, 입법부와 행정부의 권력분립 원칙에는 어긋나는 면이 있다. 의회가 행정부까지 장악하는 소위 '의회정부' 혹은 '회의제' 정부처럼 되어 권력 집중의 심화가 우려될 수 있다. 그리하여 이 경우 권력분립의 입헌주의를 위한 장치를 두어야 할 것이다. 국회의장은 잠정적으로 국회의원으로서의 자격을 정지시키고, 정부의 수반으로서만 행위할 수 있도록 하는 것이 한 방법일 것이다. 우리나라의 경우 원래 국회의장은 당적을 갖지 못하도록 하여(국회법 제20조의2), 그 중립성을 추구하고 있다는 점도 참고될 수 있을 것이다.

셋째, 대통령 권한대행이 다시 직무 수행에서 헌법이나 법률을 위반하여 탄핵소추를 하는 경우 그 의결정족수의 문제이다. 우리 국회는 대통령 권한대행을 맡은 한덕수 국무총리에 대한 탄핵소추를 진행하였으며, 일반 공직자의 탄핵소추 의결정족수에 따라 결정한 바 있다.

현행 헌법에는 고위 공직자 탄핵소추 일반의 경우 "국회재적의원 과반수의 찬성이 있어야 한다"라고 규정하고, 다만, "대통령에 대한 탄핵소추는 국회재적의원 과반수의 발의와 국회재적의원 3분의 2 이상의 찬성이 있어야 한다."고 특칙을 두고 있다. 즉 우리 헌법은 국무총리 등 고위 공직자 일반의 탄핵소추의 의결정족수 그리고 대통령 탄핵소추의 의결정족수를 규정하고 있을 뿐, 대통령 권한대행에 대한 탄핵소추에 대한 명시적 규정은 없는 것이다. 그리하여 여러 해석이 가능할 수는 있다.

한편에서는 대통령 권한대행도 대통령의 직무를 수행하므로, 그 탄핵소추에는 대통령에 관한 가중된 의결정족수가 필요하다고 주장한다. 대통령의 막중한 직무를 생각할 때, 대통령 권한대행의 탄핵도 신중해야 한다

서 탄핵소추안이 가결되면 대통령의 직무를 정지하며(동 헌법 제145조), 그 권한은 국회의장에게로 이전함을 규정하고 있다(동 헌법 제145조 3항 및 제131조). 다만, 폴란드 헌법에서는 단지 탄핵의 경우만이 아니라 건강 상태로 인한 유고의 경우에도 하원의장이 그 권한을 대행한다. 헝가리 헌법의 경우에도 의회의 탄핵소추가 가결되면 대통령의 직무가 정지되며, 그 경우 국회의장이 권한대행을 맡는 것으로 규정하고 있다(동 헌법 제29/*E*조). 그 경우 국회의장의 국회의원으로서의 권한은 정지된다(동 헌법 제29/*E*조 제2항). 다만, 헝가리 정부형태는 의원내각제라는 점을 주의할 필요가 있다. 의원내각제 하에서 대통령은 의회에서 선출하는 의전상의 국가대표이며, 그 대통령이 유고시에 의회의 대표가 잠정적인 권한대행을 하고, 또 대통령 궐위 시에 의회에서 새로운 대통령을 선출하는 것은 당연한 귀결이라고 생각된다.

는 것이다. 그와 유사하게 탄핵사유를 구분하여 총리 직무집행에서의 법위반인 경우는 국무총리에 관한 의결정족수, 대통령 직무집행에서의 법위반에 대하여는 대통령에 대한 의결정족수를 적용하는 것이 논리적이라는 의견도 있다.[72]

그러나 헌법은 권한대행에 대한 별도의 의결정족수를 말하지 않고, 고위 공직자에 대한 일반 원칙과 대통령에 대한 특칙을 두고 있을 뿐이다. 이는 국민의 직선에 의하여 선출된 대통령의 대표성을 감안한 것으로 생각된다. 그런데 우리의 경우 대통령 권한대행은 내각의 구성원으로서 국민의 선출이 아니라 대통령의 임명으로 공직을 담당하고 있다. 따라서 대통령과 대통령 권한대행의 국민적 대표성에는 차이가 있다고 생각한다. 그리고 그 차이에 맞추어 의결정족수에 차등을 두는 것이 합당하다고 볼 수 있다. 대통령 권한대행에 대한 탄핵소추의 의결정족수는 대통령에 대한 특칙이 아니라 고위 공직자에 대한 일반 규정을 적용하는 것이 타당해 보인다.[73]

VI. 12.3 비상계엄과 내란

이제 끝으로 현재 윤석열 대통령 탄핵 문제와 관련하여 비상계엄과 내란에 대하여 보다 자세히 살펴보고, 87년 체제의 성취와 보완에 대하여 언급해 보기로 한다. 앞부분에 본 헌정사 내용이 부분적으로 중복되고 있음에 양해를 구한다.

72 김하열, 탄핵심판에 관한 연구, 114쪽.

73 이번 한덕수 국무총리의 경우와 같이 대통령 탄핵소추에 이어, 권한대행 탄핵소추까지 하게 되는 경우는 대체로 대통령의 법위반행위가 야기한 헌법위기가 지속되는 상황일 것이다. 이 경우 헌정위기 극복을 위한 방법으로 입법부의 주도권에 무게를 둘 수도 있고, 행정부 권한대행의 안정성에 무게를 둘 수도 있을 것이다. 전자의 입장에서는 권한대행 탄핵소추의 의결정족수를 낮게 볼 것이며, 후자의 입장에서는 그 의결정족수를 높게 볼 것이다. 그 헌법위기가 행정부에서 유래한 것이라고 할 때, 일단 대통령 탄핵소추가 의결되어 대통령이 직무정지된 이상 헌법위기 해소의 주도권은 입법부에 주는 것이 옳다고 생각한다. 대통령 권한대행 탄핵소추의 허들을 대통령의 경우와 같이 높게 하면, 헌법위기의 해소에 중첩적 장애가 초래되어 헌정의 혼란이 가중될 우려가 있다고 생각한다.

1. 계엄과 내란의 헌정사

계엄은 일종의 전시상태에 대한 선언이다. 프랑스 어원은 포위상태(합위지경: état de siège)이며, 독일어 어원도 그와 같고(Belagerungszustand) 때로는 전쟁 상태(Kriegszustand)로 표시하기도 한다. 영미의 어원은 군사령관 통치(martial law)이다. 우리의 계엄법은 서구 계엄법의 원조인 프랑스 법에서 연유하고 일본의 법제를 거쳐 계수된 것으로 평가된다.

계엄은 국가공동체가 대내외적인 군사적 위협에 처했을 때, 그로부터의 방어와 보호를 위해 전시상황을 선언하고 군사령관의 통치를 실시하는 것이다. 앞서 '입헌 독재'의 개념을 언급한 바 있듯이, 계엄은 국가공동체 그리고 헌법의 생존을 위한 긴급권으로서 입헌주의를 전제로 한다. 절대군주제에서 계엄은 특별한 법적 위상을 갖지 못한다. 여기서 신민(臣民)은 언제나 주권자인 군주의 명령 하에 종속되어 있기 때문이다.

계엄이 선포되면 행정과 사법의 업무는 군대에 이전하고, 총사령관인 국가원수의 독재가 실시된다. 그러나 앞서 보았듯이 계엄은 입헌주의를 전제로 하고 계엄의 독재는 '입헌독재' 즉 '합헌독재'인 것이다. 이러한 입헌적 계엄은 헌법 상의 정부형태를 바꿀 수 없다. 입법부 사법부 국무회의 중앙선거관리위원회 등 헌법 기구에 대한 변경을 가할 수 없다. 계엄 당국은 새로운 법률을 제정할 수 없다. 계엄 사령관은 긴급처분을 발할 수 있지만, 법률에 해당하는 명령을 발할 수는 없다. 기존의 정부형태를 유지해야 하며, 헌법질서를 유지해야 한다.

그러나 계엄의 독재는 입헌의 틀을 넘어 헌법 파괴의 권력남용으로 이어지기 쉽다. 정당방위 긴급피난등 개인의 긴급권들이 법적 한계가 있듯이, 국가의 긴급권도 한계가 있다. 우리 헌법과 법률은 계엄의 한계를 명백하게 규정해 놓고 있다. 설사 실정법 상 규정이 없더라도 무력의 행사에는 언제나 엄밀한 법적 척도가 요구된다.

그러나 우리 헌정사에서 계엄이 그러한 법적 척도가 지켜지지는 않았다. 우리 계엄은 전시 상황에서 국가와 국민의 안위를 위한 것이라기보다 오히려 정권의 안위를 위하여 국민에게 전시 상황을 선포한 사례들이 거의 대부분이다. 합헌적 계엄이 아니라 국헌문란의 내란 사태였다. 이번 윤석열 대통령의 비상계엄도 그러한 헌정사의 흑(黑)역사의 재발이었다. 아래 표는 우리 헌정사에서 나타난 비상계엄의 사례들이다.[74] 이하에서는 이번 윤석열 대통령의 비상계엄과 같은 친위쿠데타의 사례들을 중심으로 살펴본다.

<table>
<tr><th>계엄의 종류</th><th>계엄 선포 기간</th><th>계엄 선포 계기</th><th>정 권</th><th>비 고</th></tr>
<tr><td>합위지경
(비상계엄)</td><td>1948. 10. 25. ~ 1949. 2. 5.</td><td>여수·순천
10.19 사건</td><td rowspan="4">이승만 정권</td><td rowspan="2">분단의 위기</td></tr>
<tr><td>합위지경
(비상계엄)</td><td>1948. 11. 17. ~ 12. 31.</td><td>제주 4.3 사건</td></tr>
<tr><td>비상계엄</td><td>1950. 7. 8. ~ 1954. 4. 10.
(비상계엄 선포와 해제 반복,
전국 혹은 지역별 비상계엄)</td><td>한국전쟁
부산파동
(발췌개헌)</td><td>이승만 대통령
직선제 개헌</td></tr>
<tr><td>비상계엄</td><td>1960. 4. 19. (관보 제2559호
고시) ~ 26. (종류 변경)</td><td>4.19 혁명</td><td>학생 시위 대응
이승만 대통령 하야</td></tr>
<tr><td>비상계엄</td><td>1961. 5. 16. ~ 27.</td><td>5.16 쿠데타</td><td>5.16 쿠데타 이후
(국가재건
최고회의)</td><td>박정희 군사정권
창출</td></tr>
<tr><td>비상계엄</td><td>1964. 6. 3. ~ 7. 28.</td><td>6.3 항쟁</td><td rowspan="3">박정희 정권</td><td>한일 회담 반대
시위 대응</td></tr>
<tr><td>비상계엄</td><td>1972. 10. 17. ~ 12. 13.</td><td>10월 유신</td><td>박정희 대통령
영구 집권 시도</td></tr>
<tr><td rowspan="3">비상계엄</td><td>1979. 10. 18. ~
(부산시 일원)</td><td>부마항쟁</td><td>민주화운동</td></tr>
<tr><td>1979. 10. 27. 04:00 ~
(제주 제외 전국)</td><td rowspan="2">10.26 사건
광주항쟁</td><td rowspan="2">대통령 유고
기간 이후부터
전두환 정권의
출범 후까지</td><td rowspan="2">박정희 대통령
시해 대응
전두환의 신군부
정권 창출</td></tr>
<tr><td>1980. 5. 17. 24:00 ~ (전국
일원) ~ 1981. 1. 24. 24:00</td></tr>
</table>

1.1. 1952년 이승만 대통령 부산파동

1948년 대한민국 최초 정식 정부에서 대통령은 국회에서 선출하였다. 당시 이승만 대통령의 국민적 숭앙은 높았으며, 국회의 압도적 다수로 당

74 김학진, "계엄법제 개선의 필요성과 그 방향", 민주법학, 제87호(민주주의법학연구회, 2025), 투고 원고에 정리된 표를 조금 수정하였음.

선되었다. 그러나 6.25 전쟁 위기, 김구 암살 등 이대통령의 정치 리더십이 흔들렸으며, 이어진 1950년 5.30 제2대 국회 선거에서 대통령 지지 의원들은 소수파가 되었다. 그러나 이승만 대통령에 대한 전체 국민의 지지는 유지되었다. 1952년 제2대 대통령 선거를 앞두고 이대통령은 직선제 개헌을 추진하였다. 그에 맞서 국회는 의원내각제 개헌으로 맞섰다.

1952년 1. 18. 이승만 대통령은 직선제 개헌안을 발의하였으나, 재적의원 175명에 가 19표, 부 143표 기권 1표로 부결되었다. 이대통령은 이에 격분하여 이른바 '국민소환' 운동을 일으켰다. 민의를 대변하지 못하는 의원들을 소환한다는 것이다. 이른바 '민중자결단', '백골단' 등이 등장하여 국회의원들을 겁박하였다. 야권 의원들은 내각제 개헌안으로 맞섰다. 국회의원 소환 운동, 관제 데모는 더욱 거세졌다. 그리고 마침 내각제 개헌을 주도하던 서민호 의원의 '군인 사살 사건'이 돌출하였다. 정당방위가 부인되었고, 서의원은 살인범으로 처벌되었다.

1952년 5월 25일 이 대통령은 공비 출몰 등 전쟁 상황을 기화로 비상계엄을 선포하였다. 국회의원 수십명을 납치하는 등 국회를 타격하였다. 이 대통령은 국회해산을 계획한 것으로 보인다. 그러나 한국 전쟁 중 한국군에 대한 지휘통제권을 가진 미국이 개입하였다. 그 결과 국회해산 기도는 포기되었고, 정부가 제안한 대통령 직선제에 국회의 의원내각제안이 일부 포함된 발췌개헌이 이루어졌다. 그리고 대통령 직선제를 통해서 이승만 대통령은 대통령 연임에 성공하였다.[75]

1.2. 1972년 박정희 대통령 10월 유신

박정희 대통령은 1969년 3선 개헌을 강행하여 장기집권의 길을 텄으나, 1971년에 치러진 대통령 선거에서 야당의 김대중 후보에게 고전하였다. 약 90만표 차이로 승리하긴 하였지만, 당시 상황에서 실질적으로는 패배한 선거라는 평가가 있었다. 이어진 국회의원 선거에서도 야당은 선전하

75 부산파동에 대한 자세한 회고는 윤길중, '발췌개헌 파동', 김효전 편, "개헌비사", 동아법학, 제72호(동아대학교 법학연구소, 2016), 172-220쪽.

였다. 여당인 민주공화당이 승리하였으나 그 득표율은 48.8%에 그쳤고, 야당인 신민당은 44.4%를 얻었다. 아울러 국회가 개원하면서 오치성 내무부 장관에 대한 해임건의안이 가결되었다(이른바 '10.2 항명파동'). '항명'을 주도한 여당 의원들은 중앙정보부에 끌려가 고문을 당하고 정계에서 축출되었다.[76]

박대통령은 비상조치를 계획하였다. 1971년 12월 6일 박대통령은 '국가비상사태'를 선언하고, '국가보위에 관한 특별조치법'을 선포하였다. 중국의 유엔 가입 및 유엔 안보리 상임이사국 지위의 획득, 베트남 전쟁에서 미국 패배의 가시화, 닉슨 독트린으로 주한 미군 감축 및 철수 우려 등의 국제 상황의 변화와 한반도 안보 위기를 그 이유로 들었다.

그리고 이듬해 1972년 10월 유신을 선포하였다. 헌법의 일부 조항을 중지시키고, 국회를 해산하고, 정당활동을 중지시켰다. 동시에 비상계엄을 선포하여 모든 정치활동 목적의 옥내외 집회 및 시위를 일절 금하고, 언론, 출판, 보도 및 방송은 사전검열을 시행하고, 대학에 휴교령을 내렸다. 정당한 이유 없는 직장이탈이나 태업행위를 금하였다. 주요 야당 국회의원들이 끌려가 고문당하였다.

해산된 국회의 기능은 대통령을 의장, 국무총리를 부의장으로 하고 국무위원으로 구성되는 비상국무회의에서 수행하게 되었다. 비상국무회의법을 의결하고 유신헌법안에 대한 국민투표실시를 위하여 국민투표에관한특례법, 선거관리위원회에관한특례법 등을 의결하였다. 이어서 대통령은 새로운 헌법안을 발의하고 국민투표에 의하여 통과시켰다. 말 그대로 '제왕적 대통령제'인 '유신(維新)헌법'이 만들어졌다.

1.3. 1980년 전두환 신군부의 5.17 비상계엄

박정희 대통령 서거 후 비상계엄이 선언되었으나 이제 유신체제를 넘어 서울의 봄이 기대되었다. 최규하 국무총리 대통령 권한대행은 민주회복

76 10.2 항명파동에 대하여는 김학진, "유신헌법의 성립에 관한 헌정사 검토", 일감법학 제37호(건국대학교 법학연구소, 2017)

을 약속하였고 정승화 계엄사령관도 정치적 중립을 다짐하였다. 유신 체제의 긴급조치가 해제되고 재야인사들이 석방되고 김대중에 대한 가택연금도 해제되었다. 최규하 총리는 통일주체국민회의에서 차기 대통령으로 선임되었다. 그러나 전두환 보안사령관을 중심으로 하는 신군부는 박정희 군사정권을 계승하고자 하였다. 1979. 12. 12. 군사반란을 일으켜 정승화 사령관을 체포하고 군을 장악하였다. 병력을 동원하여 대통령을 강박하여 승인을 받았다. 서울지역 27개 대학 10만 학생들이 서울역 광장을 가득 메우고 전두환 퇴진을 외쳤다. 김대중, 김영삼 등 야권 지도자들도 시국수습책을 발표하여 계엄 해제를 요구하였다.

5월17일 신군부는 "최근 북괴의 동태와 전국적으로 확대된 소요사태 등으로 전국 일원이 비상사태하에 있으므로 국가안전보장과 사회질서를 유지하기" 위한다는 이유로[77] 비상계엄을 전국으로 확대하였다. 수도경비사령부 병력이 중앙청을 장악한 가운데 국무회의를 진행시켜 비상계엄 확대를 의결하였다. 계엄 포고령을 발령하여 모든 정치활동과 정치적 발언을 금지하고 정치 목적의 집회, 시위를 금지시켰다. 전국 주요 대학들 그리고 국회 등 주요 관청들에 계엄군을 배치하였다. 야당들의 합의로 임시국회 소집이 공고되었으나 수도군단 병력들이 장갑차, 전차를 앞세워 국회의사당을 봉쇄하고 국회의원들 출입을 저지하였다. 김대중 김종필 등 2699명을 검거하고, 김대중 등 24명은 내란음모죄로 군법회의에 회부되고 결국 사형선고를 받았다.

1.4. 2025년 윤석열 대통령의 12.3. 비상계엄

윤석열 대통령은 '공정과 상식'이라는 대중적 이미지로 대통령 후보가 되었으나, 그 자신의 정치적 지반은 미약했다. 대통령과 영부인의 독선과 파렴치는 공정과 상식을 배반하는 것이었고, 대통령은 마침내 언필칭 '자유민주주의'를 외치며 보수 반공의 이데올로기 깃발을 들었다. 그로써 우리 사회 전통 보수의 적자(嫡子)가 되었다. 그러나 대통령 실정과 영부인의 몰

77 대통령 공고 제68호, "비상계엄선포",1980. 5. 17.

상식은 계속되었고, 야권의 공세를 벗어날 수 없었다. 더욱이 총선에서 집권 여당은 패배하였다. 야권은 192석, 여당은 108석 겨우 1/3선을 지켰을 뿐이다.

대통령은 아마 최고통치권이라는 권력에 취했던 것 같다. 대통령의 '격노'는 새로운 트레이드 마크가 되었고, 채해병 수사 개입에서 나타난 대통령의 월권은 그 무소불위 권력남용을 깨닫게 하였다. 대통령은 오래 전부터 제왕적 대통령제의 '비상대권'을 얘기해 왔다고 한다. 그 물리적 토대는 바로 군이었다. 대통령은 2023년 75주년 국군의 날 시가행진에 직접 참여하였다. 대통령이 시가행진에 동참한 것은 역대 최초의 일이었다. 2024년 국군의 날에도 거창한 시가행진을 거행하였다. 국군의 날 2년 연속 시가행진은 80년대 군부정권 이후 최초의 일이었다.

윤대통령 집권 후 남북 관계는 급속하게 악화되었다. 9.19 군사합의도 무효화되어, 남북 사이 군사적 완충 장치도 사라졌다. 남측의 삐라 살포와 북한의 오물 풍선 투하가 반복되었고, 심지어 우리 군의 것으로 추정되는 무인기가 평양 상공에 삐라를 뿌리기도 하였다. 서해 5도 연평도 해상에서는 대규모 사격훈련이 재개되었다. 북한 오물풍선의 원점 타격에 대한 지시도 있었다는 증언도 있다.

새롭게 여당 대표가 된 한동훈은 대통령과 차별화를 시도하였고, 영부인과 채해병 관련 특검 통과 가능성이 높아졌으며, '명태균 게이트'가 터져 대통령과 영부인은 막다른 골목에 다다른 듯 보였다. 결국 탄핵을 면키 어려워보였다. 그리고 2024년 12월 3일 대통령은 비상계엄을 선포하였다.

대통령은 야당의 탄핵소추 '남발', 예산 삭감을 비난하고, 국회를 "범죄자 집단의 소굴"이며 "입법 독재"로써 "자유민주주의 체제의 전복"을 기도하고 있다고 비난하였다. 그리고 "북한 공산세력의 위협으로부터 자유대한민국을 수호하고, 우리 국민의 자유와 행복을 약탈하고 있는 파렴치한 종북 반국가 세력들을 일거에 척결하고 자유 헌정 질서를 지키기 위해" 비상계엄을 선포한다고 하였다.[78]

78 비상계엄 선포 대통령 담화, 2024. 12. 3.

이어서 계엄 포고령을 선포하여 국회와 지방의회, 정당의 활동과 정치적 결사, 집회, 시위 등 일체의 정치활동을 금하고, 자유민주주의 체제를 부정하거나, 전복을 기도하는 일체의 행위를 금하고, 가짜 뉴스, 여론조작, 허위 선동을 금하며, 모든 언론과 출판은 계엄사의 통제를 받게 하였다.[79] 그리고 실제 군경 병력을 동원하여 국회 봉쇄를 기도하였고, 여야 당대표를 비롯한 국회의원, 그리고 법조인 언론인 등을 체포하려고 하였으며, 중앙선거관리위원회에도 병력을 투입하여 서버탈취를 시도하였다. 그리고 최상목 경제부총리에게 건넨 문건에 '비상입법기구'에 대한 예산지원도 적혀 있어, 아예 국회해산을 계획한 것이 아닌가 추측된다.

2. 강권주의 비상계엄의 특징들

이상에서 보았듯이 우리 헌정사 친위쿠데타의 비상계엄은 공통적인 특징을 보인다.

첫째, 대통령 등 최고 권력의 무도한 권력남용이었다. 이승만 대통령은 대통령 재선을 위해 비상계엄을 이용하였고, 박정희 대통령도 영구집권을 위해 비상계엄을 이용했고, 전두환 당시 보안사령관은 신군부의 권력 승계를 위하여 비상계엄을 이용했다.

둘째, 의회와 반정부 지도자들을 체포하려고 하였다. 이승만 대통령은 대통령에 반대하고 내각제 개헌을 시도한 야당 의원들을 체포 감금하였으며, 박정희 대통령도 야당 의원들을 체포 고문하였으며, 전두환 신군부는 야당 지도자를 체포 내란죄를 물어 사형 선고까지 하였다.

셋째, 의회를 무력화시키고자 하였다. 이승만 대통령은 야당을 분열시키고, 또 국회해산까지 시도하였으며, 박정희 대통령은 국회를 해산하였고, 전두환 신군부는 국회를 봉쇄하여 기능을 정지시켰다.

넷째, 국가안보위기를 내세웠다. 이승만 대통령은 한국전쟁의 전시 상황에서 공비 출몰 등을 이유로 하였고, 박정희 대통령은 미중의 관계개선

79 계엄사령부 포고령 제1호, 2024. 12. 3.

과 닉슨독트린 등에 의한 안보위기를 내세웠고, 전두환 신군부는 북한 남침 위협을 거론하였다.

이러한 특징들은 이번 12.3 윤석열 대통령 비상계엄에서도 그대로 적용된다. 윤석열 대통령은 야권의 공세를 제압하고 정권을 지속하기 위하여 비상계엄을 이용했으며, 국회의장은 물론 여야 정당 대표들을 체포하려고 하였으며, 국회를 봉쇄하고 정치활동을 금지시키고자 하였으며, '종북반국가세력 척결'을 내세웠다.

이러한 특징들은 모두 입헌주의의 파괴를 의미한다. 위기 상황에서 입헌주의를 회복하기 위한 계엄이 아니라 오히려 입헌주의를 유린하는 계엄인 것이다. 입헌주의를 위한 것이 아니라 최고권력자의 권력 유지 혹은 창출을 위한 것이었다. 그 타격 대상은 바로 국회 그리고 반정부 정치지도자였다. 그렇기 때문에 이는 합헌적 비상대권이 아니라 헌법 파괴의 친위쿠데타에 불과한 것이다. 그리고 이승만 대통령 부산 파동 당시 국회 침탈의 경험으로부터 형법상 국헌문란의 정의를 명확하게 할 수 있었듯이, 이러한 반헌법적 비상계엄은 곧 국헌문란의 내란죄를 구성한다.

더욱 심각한 것은 그 내란 행위가 북한의 위협을 구실로 삼고 있다는 점이다. 계엄은 군을 동원하는 국가긴급권이다. 민간통치에서 부분적으로 군사통치로 이행하는 것이다. 그것이 정당화되기 위해서는 전시상황 혹은 그에 준하는 사변이 벌어져야 한다. 우리는 현실적으로 분단과 정전 체제의 위기 상황에 있다. 그러나 우리 헌정사 친위 쿠데타 비상계엄들은 그 어떤 추가적인 북한 도발도 없는 상황에서 안보 위협을 내세웠다. 이번 윤석열 대통령 비상계엄의 경우에는 오히려 북한의 도발을 유도하려는 정황까지 보였다. 국가안보를 위한 비상계엄을 정권의 안보를 위해 남용하고, 나아가 정권의 유지를 위하여 안보위기까지 유발하려는 행태를 보인 것이다.

87년 체제는 과거 권위주의 시대를 넘어서 민주헌정을 수립하였다. 강권주의를 극복하고 입헌주의를 공고히 하였다. 이번 12.3 비상계엄을 좌절시킨 것은 그러한 87년 민주헌정의 저력이라고 생각한다. 그러나 윤석열 대통령의 비상계엄은 과거 강권주의 시대 친위 쿠데타와 똑같은 논리와 양상을 보여주었다. 이는 87년 민주헌정 속에 아직까지 강권주의의 가능성이 부식하고 있다는 방증일 수도 있다. 정치를 무력으로 대신하는 잔혹한 강권주의는 지나간 역사에 불과한 것이 아니라 언제 다시 출몰할 수 있는 정치적 괴물이 아닌가 생각된다.

3. 대통령 비상계엄에 대한 헌법적 보완

이제 87년 체제에 대한 추가적 보완의 필요성에 대하여 생각해 본다. 첫째, 대통령의 계엄선포권을 제한해야 한다. 둘째, 군에 대한 문민 통제가 강화되어야 한다. 셋째, 한반도 평화 체제가 시급하다.

3.1. 대통령 계엄선포권 제한

계엄 등 국가긴급권은 국가원수이자 행정부 수반인 대통령의 고유권한으로 이해된다. 국민 직선의 대통령은 국민 전체에 대한 책임이 가장 막중하며 또 국내외적 상황에 대한 가장 정밀하고 종합적인 판단을 할 수 있는 지위에 있다고 얘기된다. 그러나 우리 헌정사에서 보듯이 대통령의 계엄은 정당한 국가긴급권 행사가 아니라 정권 긴급권의 행사였을 뿐이다. 그렇다면 이제 대통령의 계엄선포권은 재고될 필요가 있다고 생각한다.

계엄선포권이 대통령에 속한다는 것은 자명하거나 필연적인 공리는 아니다. 계엄법의 원조인 프랑스의 경우 과거 계엄은 의회의 법률로 선포되는 것이었다. 계엄을 대통령 고유권한으로 전제할 이유는 없으며, 오히려 그 권한의 분산을 생각해 볼 수 있다.

첫째, 현재는 계엄의 결정, 선포, 집행이 모두 대통령의 권한으로 되어 있다. 긴급한 비상사태에서 대통령에 의한 군사독재가 정당화되고 있다. 그러나 이제 이를 분산할 필요가 있다고 생각한다. 현재 우리 헌법은 국회에 계엄해제결의권을 부여하고 있다. 이른바 사후적 통제인 것이다. 그러나 이를 사전적 통제로 바꾸는 것이 필요하다고 생각된다. 대통령에게 계엄 선포요구권을 부여하고, 국회가 계엄을 선포하고, 대통령이 계엄을 집행하며, 국회가 다시 계엄을 해제할 수 있는 견제와 균형의 원리를 도입하는 것을 생각할 수 있을 것이다. 계엄선포는 화급을 다투는 긴급한 일이라고 하지만, 현재 발전된 통신수단을 생각하면 국회와의 공조 속에서 계엄을 선포하게 하는 것이 큰 문제가 되지는 않을 것이다.

둘째, 현행 계엄법은 국방부장관 혹은 행안부장관이 국무총리를 거쳐 계엄을 건의할 수 있도록 되어 있다(계엄법 제2조 제6항). 그러나 계엄과 같은 전국가적 중대사에는 좀 더 까다로운 절차를 거치도록 하는 것이 좋을 것이다. 우리 헌법에는 국가안전보장회의를 규정하고 있다(헌법 제91조). 비록 대통령 자문기구로 되어 있지만, 국가안보에 관한 중요한 사안은 국무회의 심의에 앞서 대통령의 자문에 응할 수도 있도록 되어 있다. 계엄 선포를 위해서는 국가안전보장회의의 심의를 반드시 거치도록 하는 것이 좋겠다고 생각한다.[80]

3.2. 군에 대한 문민 통제

계엄은 잠정적 군정의 실시라고 할 수 있다. 그렇기 때문에 계엄 남용의 방지, 적정한 계엄 집행은 군의 역량에 달려있다고도 할 수 있다. 이번 12.3 계엄을 좌절시키고 평화를 유지한 데에는 군인들의 역할이 지대하였다. 영문도 모르고 현장에 출동한 군인들이 사태를 파악하고는 대통령의 무도한 계엄에 동조하지 않고, 헌법적 상식에 충성하였던 것이다.

그러나 여전히 대통령의 강권에 추종한 군인들이 있으며, 그것은 군인의 덕목으로 생각하는 군인들도 있었다. 그렇기 때문에 윤석열 대통령은 비상계엄을 강행할 수 있었다. 그리하여 군에 대한 헌법적 통제, 문민적 통제를 더욱 보완할 필요가 있다고 생각한다.

첫째, 국방부장관의 문민적 성격을 강화할 필요가 있다. 이번 12.3 비상계엄에서 대통령의 사자(使者)는 바로 국방부장관이었다. 우리 헌법은 국무총리와 국무위원은 현역을 면하지 않고서는 임명될 수 없게 하였다(헌법 제86-87조). 말하자면, 일본 군국주의 시대 '군부대신 현역무관제'의 폐해를

80 국가안전보장회의의 구성원은 대통령, 국무총리, 외교부장관, 통일부장관, 국방부장관 및 국가정보원장(이상 국가안전보장회의법), 그리고 행정안전부장관, 대통령비서실장, 국가안보실장, 국가안전보장회의 사무처장, 국가안보실의 제2차장 및 제3차장(국가안전보장회의 운영 등에 관한 규정)이 추가된다. 비상계엄이 자칫 내란범죄가 될 수 있는 상황에서 여러 고위공직자의 '심의'를 거치게 하는 것은 그 남용의 위험성을 줄이는 효과가 있을 것으로 생각한다.

방지하기 위한 것이다. 하지만, 여전히 전직 장성들이 국방부장관을 역임하여 군부에 대한 문민통제에 문제가 생긴다. 미국의 경우 역대 국방부장관 가운데 군 출신은 많지 않았으며, 또한 원칙적으로 전역한 지 7년이 지나지 않으면 국방부장관이 될 수 없도록 하고 있다. 우리도 국방부장관 그리고 국방부차관 모두 전역한지 최소 7년 이상이 지나지 않으면 임명될 수 없도록 하는 것이 좋지 않을까 생각한다.[81]

둘째, 계엄에 관한 군령(軍令)권의 중층화가 필요하다고 생각한다. 주지하듯이 대통령은 군 통수권을 가지며, 군통수권은 군령(軍令)과 군정(軍政)으로 구분된다. 전자는 군사작전 병력전개에 관한 것이고, 후자는 인사, 군수, 행정에 관한 것이다. 계엄의 경우 군사작전으로서 군령권이 문제된다. 우리 국군조직법상 군령권은 대통령-국방부장관-합동참모의장-각 군 참모총장의 순으로 계통화되어 있다. 통일적인 군 운용을 위한 것이라고 할 수 있다. 그러나 이는 달리 말하면 대통령의 군동원 명령이 손쉽게 하달될 수 있다는 뜻이기도 하다. 이번에도 만약에 합동참모의장이 계엄에 동조하였다면 사태의 전개는 달라질 수도 있었다. 즉 합동참모의장이 국방부장관의 계엄 관련 명령을 수용하지 않았던 것이다. 그리하여 계엄군사령관도 합동참모의장으로 할 수 없었고, 또 국방부장관의 북한 오물풍선 원점 타격 명령도 시행되지 않았다고 한다.[82] 따라서 이러한 군령권의 군사획일적 구조에 문민적 관문을 두는 것이 좋겠다고 생각한다. 즉 비상계엄의 군령권의 경우 국무총리를 추가하는 필요하다고 생각한다. 대통령의 비상계엄 군령이 바로 국방부장관에게 시달되는 것이 아니라 국무총리를 거치도록 하는 것이다. 이는 계엄법 상 국방부장관이 계엄을 건의할 때에 국무총리를 거치도록 하는 절차와도 상응하는 것이기도 하며, 또 계엄에 대한 문민통제를 보강하는 의미가 있을 것이다. 그리하여 현행 계엄법은 계엄사령관은 계엄의 시행에 관하여 국방부장관의 지휘감독을 받고, 전국을 계엄지역으

81 12.3 계엄의 주역 김용현 장관은 2017년 11월 전역하여 전역한지 7년이 지났다. 이번 계엄 때에 김용현 장관이 동원할 수 있었던 군이 많지 않았던 이유 중 하나는 그가 전역한지 상당한 시간이 흘렀기 때문이 아닐까 생각해 본다.

82 동아일보, 김용현 주관 대북 전술토의 논란… 野 "金, 오물풍선 원점타격 지시", 2024. 12. 9, 〈https://www.donga.com/news/Politics/article/all/20241209/130597597/2〉, 검색일: 2025. 3. 3.

로 하는 경우와 대통령이 직접 지휘, 감독할 필요가 있는 경우에는 대통령의 지휘감독을 받도록 하고 있는데(계엄법 제6조), 여기에도 국무총리의 국방부장관 지휘감독권을 추가할 필요가 있다고 생각한다.

셋째, 계엄에 대한 헌법수호 원칙을 명기해야 한다. 앞서 보았듯이 계엄은 원래 입헌민주주의의 회복을 위한 잠정적 병력 동원인데, 그것이 오히려 입헌주의를 파괴하는 군사통치가 되어 왔다. 우리 헌정사에서 1980년 광주에서 이는 가장 야만적으로 나타났으며, 그에 대한 전국민적 그리고 전군의 각성이 있었다고 생각한다. 그것이 87년 체제의 중요한 토대가 되었으며, 그 민주헌정의 가치는 이번 12.3 비상계엄에서 다수 군인이 권력의 강권이 아니라 헌법의 상식에 충성하는 것으로 실현되었다고 생각한다. 그러나 여전히 군의 사명을 그저 군령권자의 명령을 사수하는 것으로 생각하는 사람들이 있다. 더욱이 일부 청년들이 그에 대한 어떤 전도된 '남성주의적 낭만'에 집착하는 경우도 보인다. 우리 헌법은 국가의 안전보장과 국토방위의 신성한 의무를 군의 사명으로 말하고, 정치적 중립을 명하고 있다(헌법 제5조 제2항). 그러나 이에 더하여 헌법수호를 추가할 필요가 있다고 생각한다. 쇼비니즘적 애국이 아니라 헌법 애국주의에의 단련이 필요하다고 생각한다. 다행히 현재 군인의 지위 및 복무에 관한 기본법 시행령의 군인 선서에는 '헌법과 법규를 준수하며'라는 문구가 있다(동 시행령 제17조). 그러나 그 모법의 '충성 의무'에는 국가안전보장, 국토방위의 의무, 국가와 국민에 충성은 규정되어 있지만, 헌법에의 충성은 언급이 없다(군인의 지위 및 복무에 관한 기본법 제20조). 이 부분이 보완될 필요가 있다고 생각한다.

3.3. 한반도 평화체제

앞서 보았듯이 내란의 계엄은 언제나 북한의 위협, 안보위기를 빌미로 하였다. 그러나 이번 12.3 계엄은 과거의 사례들보다 더욱 심각하였다. 앞서 언급하였듯이 대통령은 남북 완충지대를 규정한 남북 군사합의 폐기에 적극적이었으며, 남북 갈등 상황을 이용하여 국지전을 야기하려 했다는 정황도 나오고 있다. 개인의 안위와 정권 유지를 위하여 오히려 안보위기를 조장하고 그에 편승하려 한 것이다. 북한 오물풍선 원점타격 명령이 정말 이라면 위험천만한 일이다. 연평도 근해의 사격훈련도 의심스럽다. 주지하듯이 북한은 2010년 연평도 NLL 근해 우리 군의 포사격 훈련에 대하여 반발하여 연평도를 포격한 일이 있다. 이번에도 당시와 유사한 해역에 그 때보다 훨씬 대규모의 사격훈련을 실시했다고 한다. 그러나 이번에는 북한의 대응이 없었고, 위기가 확대되지 않았다.[83] 북한 평양 상공에 수차례 무인기를 띄워 삐라를 살포한 것도 일촉즉발의 위기를 야기하였다. 북한은 주민들에게 공개되는 노동신문 전면에 연일 보복을 공언하였으나, 더 이상의 적대행위로 나아가지는 않았다.[84]

한반도 분단과 위기상황이 지속하는 한 언제든지 계엄의 명분이 생기고, 이는 강권주의의 편리한 유혹일 수 있다. 따라서 한반도 위기상황을 완화하고 분쟁의 평화적 해결 원칙을 확립하는 것이 계엄의 남용에 대한 근원적 방비가 될 수 있을 것이다. 그리고 87년 체제가 그점에서 좀 더 보완될 필요가 있다고 생각한다.

우리 헌법은 자유민주적 기본질서에 입각한 평화통일의 원칙을 천명하고(헌법 제4조), 국제평화유지에 노력하고 침략전쟁을 부인한다(헌법 제5조제1항)고 규정하고 있다. 그리고 우리 영토를 '한반도와 부속도서'(헌법 제3조)라고 선언하였으나 현실적인 남북 분단과 그 위기 상황에 대한 규율은 두지 않고 있다. 남북관계 발전에 관한 법률을 두어 자주, 평화, 민주의 기본원칙을 선언하고, 남북공동번영과 한반도평화통일의 방향을 말하고 있다. 그러나 보다 적극적인 분쟁해결의 평화적 원칙을 헌법에서부터 규정할 필요가 있다고 생각한다.

83 MBC 뉴스, "NLL서 북한 공격 유도"··실제 6월부터 포사격 훈련, 2024. 12. 24, 〈https://imnews.imbc.com/replay/2024/nwtoday/article/6670185_36523.html〉, 검색일: 2025. 3. 3. 서해 5도 소청도와 연평도와 사이의 수역은 우리 측의 NLL 주장과 북한 측의 12해리 영해 주장이 중첩되는 수역이다. 따라서 우리는 NLL 이남에 포사격을 했다고 하여도 북한은 여전히 자신들 영해에 대한 사격이라고 주장할 수도 있다. 2010년 연평도에 대한 북한의 포격도 그런 맥락에서 발생한 일이었다.

84 이에 대하여 미국이 조사와 통제에 나섰던 것으로 보인다. 동아일보, 北 주장 '한국 무인기 침투일'에… 美 인태사령관, 판문점 JSA 방문, 2024. 10. 16, 〈https://www.donga.com/news/Politics/article/all/20241016/130228336/1〉, 검색일: 2025. 3. 3; 미국의 소리(VOA), 유엔사 "평양 무인기 침투 주장 인지…엄정하게 조사 중", 2024. 10. 15, 〈https://www.voakorea.com/a/7823392.html〉, 검색일: 2025. 3. 3.

그 평화적 해결의 원칙은 유엔 헌장과 한국군사정전협정(Korean Armistice Agreement)을 기준으로 할 수 있을 것이다. 남북 간의 모든 분쟁은 평화적 수단에 의하여 해결되어야 함을 규정하고(유엔헌장 제2조 제3항 참고), 군사정전협정에 따른 군사정전위원회 혹은 그에 준하는 공동평화기구를 복원하여야 할 것이다. 군사정전협정에 따라 남북 간에 모든 적대행위를 중단하고, 남북접경지대에 대한 중립국 감시체제를 복원해야 할 것이다. 그리고 군사정전협정에 따라 한반도 문제의 항구적이고 평화적인 해결을 위하여 남북미중 혹은 남북미의 평화회담을 지속적으로 추진해야 할 것이다.

이렇게 한반도 남북관계의 평화 체제를 헌법적으로 그리고 국제적인 차원에서 설정할 수 있다면 국내 정권안보를 위하여 남북 관계를 악용하고 더 나아가 위기를 조장하는 일은 그만큼 어려워질 것이다.[85]

VII. 맺음말

국민주권 민주주의 체제에서 대통령은 책임에서 자유로울 수 없다. 대통령의 막중한 권한에는 책임이 수반된다. 대통령의 권한은 주권자 국민의 위임에 기초하며, 위임받은 직무를 옳게 수행하지 못할 경우 대통령은 법적 정치적 책임을 져야 한다. 그에 대하여 주권자 국민이 직접 문책을 하는 수도 있고, 권력분립의 원리에 따라 다른 헌법기관이 문책을 담당할 수도 있다. 대통령 탄핵은 그러한 대통령 책임에 대한 가장 중요한 헌법절차이며, 우리의 경우 국회가 탄핵을 소추하고 헌법재판소가 심판을 한다.

우리 헌정사에서 대통령 탄핵은 처음부터 규정되어 있었으나, 민주화 이후 87년 체제에서 비로소 현실화되었다. 그 이전에는 주권자 국민의 직

85 이번 윤석열 정부 들어 남북 적대관계가 심화되었고, 특히 계엄 상황에서 일촉즉발의 위기도 예상될 수 있었으나, 더 이상 심각한 상황으로 빠져들지 않은 것은 어쩌면 우리 정전체제를 미군 유엔군사령부가 관리하고, 비상시 작전통제권(군령권)이 한미연합사에 속해 있었기 때문이었는지도 모른다. 군사통제권이 우리에게 없다는 사실이 오히려 우리의 안전에 기여한다는 것은 씁쓸한 역설이다.

접 행동으로 대통령 책임을 물었다. 특히 21세기 들어서 대통령 탄핵은 헌법현실의 중요한 이슈가 되었다. 노무현 대통령은 국회에서 탄핵소추되었으나 헌법재판소에서 기각되었고, 박근혜 대통령은 국회에서 탄핵소추되고 헌법재판소에서 인용되었다. 현재 윤석열 대통령은 국회에서 탄핵소추되고 헌법재판소 탄핵심판 변론까지 마친 상태이다.

우리 대통령제 정부형태에서 탄핵은 단순한 정치적 불신임이 아니라 엄격한 법적 책임으로 이해된다. 우리 헌법 규정상 대통령은 헌법과 법률을 위배하는 경우 탄핵이 가능하다. 나아가 헌법재판소는 그 법위반이 중대할 것을 요구하고 있다. 그러나 그 법위반의 중대성 판단에 관한 명시적 규정은 없다. 우리 헌법재판소는 그에 대하여 헌법 수호의 관점과 국민적 신임 배반 여부를 중요한 요소로 언급한다.

현재 윤석열 대통령 탄핵의 경우 터무니없는 비상계엄 그 자체로서 헌법과 법률 위반의 중대성이 명확해 보인다. 여기서도 국민적 신임의 문제를 볼 수 있다고 생각한다. 대통령의 무도한 비상계엄 선포에 국민들이 거의 호응하지 않았다는 점을 상기할 필요가 있다. 일반 시민들은 적극 저항하고, 동원된 군인들은 무력 사용을 주저하고 거부하였다. 정치권의 대표들도 비상계엄의 위법을 선언하고 국민들과 함께 저항할 것을 촉구하였다. 결국 국회는 비상계엄 해제를 의결하였고, 대통령은 그 현실, 즉 민의를 수용할 수밖에 없었다. 이렇게 윤대통령의 비상계엄은 국민들의 지지를 받지 못하고 실패하였으며, 대통령의 무도한 권한 남용은 주권자 국민들에게 불신과 실망을 안겼다. 일반 시민들 그리고 현장 군인들의 용기와 그에 대한 국민들의 성원은 곧 대통령에 대한 신임 철회의 의미가 있었다고 생각한다. 이렇게 주권자의 뜻이 확인되었고, 대통령 탄핵소추는 신속하게 이루어졌다.

이러한 12.3 비상계엄에 대한 국민적 반대는 87년 민주헌정의 저력을 말해주는 것이었다고 생각한다. 혹자는 87년 체제가 이제 그 명을 다했다고 말하기도 하는데, 필자는 그에 앞서 87년 체제의 성취와 가치를 선양하고 싶다. 그러나 87년 체제가 완전하지는 않을 것이고 이번 12.3 계엄 내란 사태에서 그 보완 문제를 토론해 볼 수 있다고 생각한다. 필자는 그에 대하여 대통령의 계엄선포권에 대한 제한, 군에 대한 문민통제의 보완, 그리고 한반도 평화체제의 강화를 제안해 보았다.

끝으로 우리 사회 전체에 대한 우려를 첨언해 본다. 윤석열 대통령에 대한 헌법재판소의 파면 결정 그리고 형법상 내란죄의 단죄는 의심의 여지가 없다고 생각한다. 이는 87년 체제 우리 헌법과 법률 그리고 헌법재판소와 법원이 쌓아 온 법학에서의 상식이라고 생각한다. 그런데 현재 윤석열 대통령과 그 지지세력은 우리의 헌법적 상식에도 불구하고 반전을 노리고 있다.

대통령은 이른바 '종북좌익 척결'을 외치며 정치적 전선을 만들고 있다. 탄핵 사태는 야권이 만든 공작이며, 대통령은 자유민주주의의 수호자이자 핍박받는 순교자를 자처하고 있다. 비상계엄의 위헌, 위법에도 불구하고 정치 이데올로기로서 국민적 재신임에 도전하고 있다고 생각한다. 놀라운 것은 60-70 세대만이 아니라 20-30 세대들도 적지 않게 그러한 윤석열 대통령의 주장에 동조하고 있다는 사실이다.

필자는 이것이야말로 87년 체제의 진정한 한계이고 위기라고 생각한다. 어째서 20-30 청년들이 무도한 비상계엄의 강권주의에 호응하고, 윤석열 대통령의 선전선동에 감응하는가? 이는 어쩌면 기성세대에 대한 불신과 반감의 표출이 아닌가 생각한다. 젊은 계층이 87년 체제가 만든 세상에 좌절하고 있는 것이다. 민주화와 산업화를 이루었다는 기성세대의 자랑은 지금 어떤 모습인가? 우리 사회의 양극화, 불로소득, 탐욕과 허영, 차별과 혐오의 체제가 과연 도덕적 상식으로 납득될 수 있는 일인가? 20-30 세대의 다수는 사회의 모순에 직격을 맞고 미래 없는 현재를 힘겹게 살고 있다. 혹은 절망적으로 투기에 매달리고 혹은 절박한 노동에 안간힘을 쓰고 있다. 어떻게 울분이 없을 수 있을까?

그런데 윤석열 대통령은 대상을 찾아 주었다. 우리 사회 '악의 근원'을 공식 지정해 주었다. 북한, 중국, 좌익은 원래 '대한민국의 주적'이기도 하였으니, 정의감에도 부합한다. 윤석열 대통령은 방식도 제시해 주었다. 바로 힘이다. 강력한 힘을 호쾌하게 휘두르는 것이다. 억눌린 20-30 청년들에게 강권주의는 매력이다. 그에 동참함으로써 인간적, 정치적 효능감을 향유할 수 있게 된다.

87년 체제는 헌법적 상식을 북돋는 데는 성공하였지만, 도덕적 상식을 북돋는 데에서는 성공하지 못했다고 생각한다. 필자는 이것이 87년 체제의 가장 큰 결함이라고 생각한다. 그리고 87년 민주헌정의 주역이었던 우리 사회 민주진영이 돌이켜 봐야 할 지점이라고 생각한다. 윤석열 대통령 탄핵과 형사재판에 대하여는 걱정이 없다. 그러나 윤대통령이 부활시킨 강권주의가 앞으로 어떻게 전개될지는 우려스럽다.

참고문헌

김도창, "계엄에 관한 약간의 고찰", 서울대학교 법학연구소, 법학 제6권 제2호, 1964, 38-76쪽.

김선택, "대통령의 국민주권주의 위반", 한국헌법학회, 헌법학연구 제23권 제3호, 2017, 1-23쪽.

김선택, "탄핵의 성질, 보호법익, 절차 및 증거기준", 헌법이론실무학회, 헌법연구 제4권 제2호, 2017, 1-19쪽.

김종철, "노무현대통령탄핵심판사건에서 헌법재판소의 주요논지에 대한 비판적 검토", 세계헌법학회한국학회, 세계헌법연구 제9호, 2004, 1-22쪽.

김하열, 탄핵심판에 관한 연구, 고려대학교 대학원 법학과 박사학위 논문, 2005

김하열, "대통령 탄핵: 헌재 2017. 3. 10. 2016헌나1 결정", 법조협회, 법조 제66권 제2호, 2017, 399-425쪽

배진석, "권력분립이 정치적 책임성에 미치는 영향: 이론적 검토", 대한정치학회보, 제28권 제2호, 대한정치학회, 2020, 41-65쪽.

성낙인, "대통령 유고의 헌법 문제: 한국과 프랑스의 논의를 중심으로", 한국헌법학회, 헌법학연구 제13권 제3호, 2007, 751-787쪽.

송기춘, "우리 헌법상 대통령 탄핵제도에 관한 소고", 한국공법학회, 공법연구 제32권 제5호, 2004, 413-442쪽.

송기춘, "대통령 노무현 탄핵심판사건 결정(헌법재판소 2004. 5. 14. 선고, 2004헌나1)의 몇 가지 문제점", 민주주의법학연구회, 민주법학 제26호, 2004, 332-362쪽.

송기춘, "탄핵심판제도와 대통령 박근혜에 대한 탄핵심판에 관한 헌법적 쟁점", 한국헌법학회, 2016년 한국헌법학회 학술대회 논문집, 2016, 1-33쪽.

송기춘, "대통령의 사고 또는 궐위로 인하여 발생하는 헌법적 쟁점들에 관하여", 한국국가법학회, 국가법연구 제13집 제2호, 2017, 1-27쪽.

송백석, "미국 전직대통령 면책 특권 모델의 한국에 대한 함의: 연방대법원 Trump v. United States 판례연구", 한양대학교 법학연구소, 법학논총 제41권 제3호, 2024, 39-64쪽.

이명웅, "미국 연방헌법의 탄핵사유", 미국헌법학회, 미국헌법연구 제16권 제2호, 2005, 131-158쪽.

이종수, "직무대행의 기원, 대행자의 지위 및 권한 범위에 관한 소고: 대통령 직을 중심으로", 건국대학교 법학연구소, 일감법학 제48호, 2021, 743-768쪽.

정태욱, "대한민국임시정부의 정부형태: 회의제", 한국법학원, 저스티스 제180호, 2020,

5-53쪽.

한태연, 헌법학, 법문사, 1983.

슈미트, 칼, 김효전 옮김, 독재론, 법원사, 1996.

Ginsburg, Tom/Huq, Aziz/Landau, David, "The Uses and Abuses of Presidential Impeachment", *Public Law and Legal Theory Working Paper Series*, No. 731 2020.

Monghan, Chris/Flinders, Matthew/Huq, Aziz 엮음, *Impeachment in a Global Text: Law, Politics, and Comparative Practice*, London and New York, Routledge, 2024.

Pérez-Liñán, Aníbal, *Presidential Impeachment and the New Political Instability in Latin America*, Cambridge University Press, 2009.

토론 1

5·18과 12·3 내란에 대한 몇 가지 의견

송선태 (전 5·18진상규명조사위원장)

1. 상황 인식

지난해 11월 25일부터 28일까지 EBS에서 미국의 법학자이며 노동법 전문가인 조앤 윌리엄스(Joan C. Williams, 캘리포니아 대학) 교수의 <위대한 수업, 그레이트 마인즈>가 방영되었다. 저출생과 젠더, 극우화 문제에 대한 4일간의 강연은 우리 사회에 깊은 감명을 남긴 것으로 평가되고 있다. 전 세계적으로 부상하고 있는 극우 정치 현상과 그 배경에 뿌리내린 신자유주의를 지목하며 승자독식의 경제가 중산층을 붕괴시키고 계층 간 격차의 심화를 초래했다고 분석했다. 한국의 지속 가능한 발전을 위한 대안 모색과 극우세력의 이해를 위한 세계적 담론 차원의 견해를 제시하고 그녀는 한국을 떠났다.

그로부터 일주일 뒤 윤석열 대통령은 납득할 수 없는 12.3 비상계엄을 선포했다. 그 계엄은 전두환 신군부에 의한 5.17 비상계엄과 대부분 똑 닮았고, 5.18 내란의 국헌 문란을 상당 부분 답습했다. 12.3 비상계엄이 헌법과 법률을 심대하게 위반한 지점과 현재까지의 주요 증언과 물증 등으로 볼 때 12.12, 5.17, 5.18 수사, 재판, 합수부 운영, 국보위와 국가보위 입법회의 설치 등을 벤치마킹한 사실을 반증하고 있다.

전두환이 1979년 10월 26일 저녁 김재규 중정부장을 체포하기 직전 신군부 측근들에게 5.16과 이집트 군사쿠데타를 연구하여 보고하라는 장면과 그 결과가 80년 초 시국수습방안으로 확정, 실행되었던 모습이 오버랩된다.

헌법재판소의 최종 평결을 남겨놓은 우리 사회에는 지금 비상계엄이 사실상 지속 되고 있다. 우리 사회의 극우세력은 SNS, 특히 유튜브 알고리즘을 공유하며 거리에서는 극단적 대립과 사실 왜곡이 탄핵 찬반의 국론 분열로 치달아 민주공화정의 토대를 흔들고 있다. 에이미 츄아(Amy Chua, 예일대) 교수가 지적한 바 있는 '정치적 부족주의'가 한국에서 심화되고 있음을 실감하게 한다.

국격과 국가경쟁력 추락에 따른 손상된 국민의 명예와 존엄성을 회복하기 위해서는 오랜 치유의 시간이 필요할 것으로 보인다. 조앤 윌리엄스 교수가 강의의 마지막 날 '한국의 저출생, 워킹맘, 극우세력, 신자유주의 등을 극복하려면 조금 더 포용적이고 미래지향적인 사회가 해법'이라고 남긴 충고도 이제 먼 나라의 얘기인 듯 안타까움을 감추기 어렵다.

그러나 5.17 비상계엄과 5.18 내란의 비극이 국민의 끊임없는 진상규명과 책임자 처벌, 정신계승 투쟁 요구로 17년 만에 5.18민주화운동으로 자리매김하고, 가해자들에 대한 사법적 단죄가 일부분 가능했다는 역사적 사실을 깊이 재음미해야할 시간이다.

동시에 헌재와 법원의 판결이후 최우선적으로 갈등과제별 대타협을 통해 미래를 위한 새로운 희망의 탑을 완성하지 못하면 소멸할 수밖에 없다는 절박한 상황인식이 요청된다. 탄핵은 조국의 운명을 타개할 출발점이다.

2. 12.3과 5.18 내란의 비교

12.3 계엄이 5.18 내란과 유사한 점은 다음과 같다.

(1) 국가 최고 권력자가 주도했다.

5.17 비상계엄 당시 전두환은 명실상부한 최고실력자였고, 12.3 계엄은 현직 대통령에 의해 발령되었다.

(2) 내란 주요 임무종사자, 내란 기획 참여자는 전·현직 군 수뇌부였다.

국방장관의 지휘아래 방첩사(보안사) 특전사, 수방사, 정보사가 주도했다. (5.18 당시에도 HID 요원 본인의 광주 투입에 관한 수차의 증언에도 불구하고 정보사는 45년간 부인 내지 침묵하고 있다)

(3) 12.3 비상계엄은 계엄법 제정(1949.11.24.) 이후 32년만인 11대 국회 개원 6일후에 최초로 전부 개정(1981.4.17.)된 뒤, 5.18 민주화운동등의 발생,억제책을 고려하여 비상계엄 발령요건이 완화된 상태에서 발령되었다.

(4) 방첩사가 작성한 '계엄사 및 합수본부운영방침'은 5.18 관련자 처리방침과 동일한 체계를 갖추고 있다.

(5) 12.3 계엄포고령 제1호는 5.17 계엄포고령 제10호와 동일하게 국회 등 정치활동을 금지시키고 국가보위 입법회의와 같은 헌정사상 4번째 과도입법기구 설치를 준비했다.

(6) 체포(수거) 대상, 수용시설 등은 5.18 당시 2,699명의 체포 사례를 원용, 확대 적용하려는 계획을 수립했다.

(7) 국회 봉쇄 및 국회 본청 투입시 계엄군이 휴대한 화기, 실탄 및 체포 관련 장비는 5.18 당시보다 강화되었다.

(8) 육군항공대의 헬기동원 등으로 지공협동작전이 전개되었다.

(9) 윤석열 대통령의 계엄의 명분, 책임회피 행위는 정상적 공권력 행사라는 전두환의 변명과 유사하다.

(10) 12.3 내란의 당위성과 실상에 대한 사회적 왜곡 및 선동은 5.18 내란의 왜곡처럼 전문화, 전국화, 조직화의 경로를 답습하고 있다.

3. 비상계엄의 약사와 5.18에 대한 대법원 판결

정부 수립 이후 총 12차례의 비상계엄이 있었다. 계엄법이 제정(1949.

11.24.)되기 전, 여순사건과 4.3 항쟁 당시 2차례 선포되었다. 계엄법 제정 후 한국전쟁(1950), 부산정치파동(1952), 4.19혁명(1960), 5.16쿠데타(1961), 6.3항쟁(1964), 10월 유신(1972), 부마민주항쟁(1979), 10.26사태(1979), 5.17쿠데타(1980), 12.3내란(2024) 등 10차례의 계엄령이 선포되었다.

그간의 비상계엄은 국가비상사태의 해소보다는 정치적 혼란을 무력으로 제압하고 독재정권을 강화, 유지하는 수단으로 남용된 사례가 많았다고 평가되고 있다.

대법원(1997.4.17.)이 12.12, 5.17, 5.18에 대해 '헌법이 정한 민주적 절차에 의하지 않고 폭력에 의하여, 헌법기관의 권능 행사를 불가능하게 하거나 정권을 장악한 행위는 어떠한 경우에도 용인될 수 없다'라고 엄정하게 판결하면서 '5.18민주화운동은 헌정질서를 수호하기 위한 정당한 행위'라고 판시한 점은 12.3 내란에 대해서도 기판적 영향력을 유지할 수 있다고 판단된다.

지금 한국은 12.3 내란 이후 민주주의의 붕괴 위험에 노출되어 있다. 이같은 사태에 대한 국민 통합과 재발방지대책을 수립하기 위해서는 제도적 취약점과 87체제의 한계를 동시에 재검토하는 논의가 필요하다. 미국의 헌법학자들도 미국헌법에 내재된 결함이 미국 민주주의의 위험요인으로 진단하고 있음을 유의미하게 보아야 한다.

우리는 지금 혐오와 배제에 의한 극단적 여론의 양극화, 폭력과 선동의 반복, 헌법기관에 대한 음해와 공격, 극우적 주장에 대한 정치적 동조가 일상화되고 있음을 우려하지 않을 수 없다. 그럼에도 불구하고 과거 대법원의 판결에 의해 비상계엄에 대한 기존의 강학적 수준을 뛰어넘어 민주 헌정의 최후적 수호책임이 주권자인 국민에게 있으며 그에 대한 헌법적 정당성은 국내외에서 평가되고 있음을 직시해야한다. 내란죄의 구성요건, 착수 및 기수시기, 공소시효 등에 대한 판례는 이미 국민적 상식으로 공유되어 있다.

12.3 내란에 대한 헌재의 최종 평결이 3월 중에 예견되고 관련 형사재판이 진행 중이지만, 5.18 재판 후 현시점에서 헌재의 주요 쟁점은 대체로 5가지로 요약된다.

첫째, 12.3 비상계엄의 명분과 절차상의 위헌성

둘째, 포고령 제1호의 위헌성

셋째, 군경의 국회 봉쇄 및 침탈에 의한 활동 방해

넷째, 중앙선관위에 대한 불법 침탈과 압수수색

다섯째, 정치인, 법관 등의 체포 시도 등

헌법기관에 대한 불법적인 권능 행사 방해와 국민의 기본권 침해혐의는 대부분 5.18 재판 쟁점과 중첩된다.

윤대통령 측이 주장하는 '고도의 정치 행위에 대한 사법심사불가론'을 더이상 반복하지 않아야 한다. 대법원은 판결문에서 '대통령의 비상계엄 선포와 확대행위는 고도의 정치적, 군사적 성격의 행위이나 국헌 문란의 목적을 달성하기 위하여 행해진 경우 법원은 그 자체가 범죄행위에 해당하는지의 여부에 관하여 심사할 수 있다'고 판시하면서 당시 전두환, 노태우, 정호용 등 15인의 상고이유를 기각했다.

4. 기존 법률의 검토와 보완

5.17 비상계엄 후 28년 후에 12.3 비상계엄이 재발된 것은 기존 법률과 제도의 점검이 불가피하게 요청하고 있다. 헌법 이외에도 계엄법, 형법, 국무회의규정, 대통령경호법, 대통령기록물관리법, 대통령비서실직제법, 군형법, 계엄사령부법, 군사법원법, 군법회의법, 군사기밀보호법, 예비군법, 집시법, 경찰직무집행법, 공수처법, 경찰법 등 최소 16개 법령의 개정이 시급하다.

5. 12.3 내란의 진상규명

12.3 비상계엄의 범죄혐의에 대한 수사와 재판은 주로 사법적 진실규명 차원에서 진행되고 있다. 헌법재판소는 12.3 계엄의 헌법상 위반 여부를 판단하여 대통령의 파면여부를 결정하며 공수처와 경찰수사본부 등의

수사를 이어받은 서울중앙지검 및 재판부는 12.3 계엄의 범죄혐의 전반을 증거에 기반하여 판단할 것이다. 헌재와 서울중앙지검의 명명백백한 조사 결과가 기대되지만 미완의 쟁점이나 의혹에 대한 국민적 진상조사 요구를 전면적으로 배제할 수는 없다고 본다.

5.18 진상조사는 그간 국회, 검찰, 국방부, 정부합동조사, 특별수사본부, 5.18진상조사위 등 국가기관에 의해 10여차례의 조사가 있었지만 추가 조사의 필요성은 계속 잔존해있다.

일반적으로 과거사 조사나 과거 청산문제에 대해서는 총체적 진실추구, 피해자 중심주의, 정부의 이중적 지위 감시, 사법적 증거주의 극복 등 국제법적 원칙이 이미 확립되어있다.

특히 진실의 총체성 확보를 위해서 사법적 진실 이외에도 서사적 진실, 정치적 진실, 군사적 진실, 공동체적 진실(회복적 진실) 등으로 진실을 구분하고 있다.

증거의 판단에 있어서도 엘살바도르, 과테말라, 남아공 등에서는 확신의 등급을 압도적 증거, 확실한 증거, 충분한 증거 등으로 구분하여 이를 개연성의 균형 내지 증거 우위로 명명하고 있다.

현재 12.3 계엄을 놓고 우리 사회의 여론은 극단적으로 대립, 분열, 왜곡, 선동, 폭력으로 치닫고 있다. 헌재의 판결과 수사, 재판 이후에도 그 결과에 승복치 않을 가능성이 높아보인다. 정부의 공식 인정행위, 정의와 책임의 규정, 제도개혁, 화해 촉진이나 갈등 해소로 나아가지 못하고 양측으로 나뉘어 진상규명 요구도 상반된 입장으로 제기될 개연성을 해소해 나아갈 준비가 필요하다. 특히 엄정한 기밀이 요구되는 외환설 등이 실체적 진실과 무관하게 증폭되지 않으면서 진실규명 작업이 진행되는 지혜도 요구된다.

6. 개헌에 대한 단상

5.18 판례와 12.3 내란과의 관련성에 국한된 개헌에 대하여 몇가지 숙고해야할 지점이 있다.

첫째, 87체제 성립과정에서 국민적 요구는 선택적으로 수용되었다. 부마항쟁, 5.18민주화운동, 5.3인천민주화운동, 6월항쟁은 민주적 공동체의 지속가능성, 평화의 달성을 위해 포기할 수 없는 각 분야의 사명으로 연결되어있다고 할 수 있다. 특히 5.18광주항쟁을 부활시켰다고 평가되는 6월항쟁에서 분출된 다양한 국민적 요구는 대통령 직선제 수용에만 국한되었다고 해도 과언이 아니다. 당시의 국민들은 직선제 외에도 군사독재척결, 남북대결완화, 지역감정해소, 악법개폐, 노동권(노동없는 민주주의), 지방분권(풀뿌리 민주주의), 저항권, 환경권 보장등을 요구했지만 반영되지 않았거나 불충분한 상태로 머물러왔다. 6월항쟁 정신이 '여의도 제도권의 개헌'이라는 블랙홀에 빠져 다양한 국민적 요구가 소멸되었다는 피해의식이 남아있다.

둘째, 민주 헌정의 준거규범으로서 적극적 저항권에 대한 명문규정이 필요하다. 현행 헌법 전문의 '불의에 항거한 4.19민주이념을 계승'이라는 대목을 저항권의 반영 내지 대체 개념으로 해석하는 것은 온당치 않다. 서독연방공화국헌법(1968)에서 '자유민주주의 질서를 배제하려고 시도하는 어떠한 자에 대해서도 모든 독일 국민은 다른 구제방법이 없을 때 저항할 권리를 가진다'라고 규정하고 있다. 서독베를린헌법(1950), 미국 5개 주(버지니아, 펜실베이니아, 메사추세츠, 버몬트, 뉴햄프셔)도 1776년부터 1784년 사이에 저항권을 규정했다. 이밖에도 프랑스인권선언(1789), 프랑스 쟈코뱅헌법(1793) 등에서 저항권을 명시하고 있다.

지금 일부 극우 세력들이 국민저항권 발동 운운하는 것은 저항권 개념의 오해와 발동 요건인 헌법질서 위협상태나 법치의 훼손 등에 대한 견강부회적인 억지주장일 뿐이다.

5.18과 12.3을 비견해볼 때 저항권 발동목적은 '국민의 존엄성과 헌정질서 수호'임이 명명백백하다. 그 구체적인 발동요건은 1) 국가권력에 의한 헌법기본원리에 중대한 침해가 있고, 그 침해가 헌법 존재 자체를 부인한 경우, 2) 공권력 행사가 객관적으로 명백한 불법없이 확인될 경우, 3) 다른 적합한 수단이 없을 때 보충적 또는 최후 수단인 경우, 4) 필요한 최소한의 수준에 그치고 평화적일 경우 등을 고려해야 한다.

셋째, 개헌이 만병통치적 해법이 아니더라도 시민사회의 주도적 역할이 보장되어야 한다. 개헌안에 포함되는 권력분립, 기본권, 사법권 독립, 경제민주화, 언론자유, 헌법재판, 탄핵제도 등 국민과 국가의 미래를 결정짓는 사안인 만큼 시민사회가 국민발안적 개헌안을 집약하고 반영할 수 있는 주도적 역할이 사회적 대타협적 차원에서 부여되어야 한다.

7. 개인적 소회

이번 사태를 겪으며 개인적으로는 '5.16혁명공약'과 '국민교육헌장'의 암기 강요, 수많은 반공 궐기대회, 10월 유신과 위수령, 5.17 비상계엄, 고문 수사, 공민권 상실과 감시, 6월항쟁과 광주청문회등 결코 지울 수 없는 트라우마 위에 12.3내란의 비수가 가슴 깊히 꽂혔다.

우리 사회에 만연한 확증 편향, 패로팅으로 어느 때보다 민주헌정의 위험 수위가 높아졌다. 미국 민주주의의 위기를 진단한 스티븐 레비츠키와 대니얼 지블렛(Steven Levitski & Daniel Ziblatt, 하버드대)은 잠재적 독재자 구별법을 4가지로 제시했다.

1) 헌법 등 민주주의 규범을 거부하거나 준수 의지가 부족한 자

2) 정치 경쟁자를 부정하는 자

3) 폭력을 조장하거나 묵인하는 자

4) 언론과 정치경쟁자의 기본권을 억압하는 자

이들 학자는 이 네 가지 유형 중 한 가지라도 해당된다면 독재자의 가능성이나 독재에 동의할 우려가 있다고 진단했다.

12.3 종결 이후 우리 사회의 반목과 질시의 질병을 치유하고 빠른 회복력을 갖추기 위해서는 독재적(파쇼적) 요소의 추방, 단호한 사법처리, 상호존중과 인정이 보장되는대타협의 명예혁명이 어느 때보다 절실한 시점이다.

토론 2

5·18과 12·3내란 - 윤석열 탄핵의 연결점

정다은 (광주광역시의회)

■ 발제에 대하여

• 신옥주교수님이 주장하는 바와 같이, 현행법과 제도상의 미비점이 존재한다는 사실은 분명함. 그에 따라 계엄의 사전적 통제장치가 필요하다는 지적에 대하여는 학계를 넘어 각계의 공감을 얻을 것으로 예상됨.

• 헌법과 계엄법상의 절차가 너무 쉽게 무시될 수 있고, 일단 계엄이 선포되면 국가와 국민이 감당해야 할 정치 경제 사회적 비용이 막대하다는 것을 12·3내란을 통해 경험하였음. 사전적 통제를 통해 계엄의 결정과 선포, 집행을 조금이라도 더 제어해야 한다는 필요에 적극 공감하며, 실제로 실현 가능한 제안이라고 보임.

• 정태욱 교수님의 "한반도의 평화체제 구축"이 강권주의의 확산과 계엄을 어렵게 할 것이라는 지적은 매우 유의미한 주장이고 꼭 달성하고 싶은 과제임. 제안에 따라 유엔헌장과 한국군사정전협정의 기준을 분쟁해결의 평화적 원칙으로 헌법에 규정하고, 남북미중 등 평화

회담을 지속적으로 추진하기에는 현실적인 어려움이 있음. 그중 평화체제를 구축하는 구체적 방안을 모색함에 있어 언젠가는 이루어질지도 모를 통일된 한반도를 전제로 하는 것인지, 그렇지 않으면 분단의 현실을 전제로 하는 것인지 판단이 어려움. 어려운 과제인만큼 실현가능성도 우려됨. 그렇다면 대체적 방법은 무엇이 있을까도 고민할 필요가 있음

■ 의문점

• 1980년의 5·18과 2024년의 12·3의 관련성

- 호남지역의 토론회이기도 해서 토론의 주제로 5·18이 12·3에 어떤 영향이 있었는지 조명되기를 기대함.

- 5·18의 가치와 의미가 재조명되는 기회를 맞았다고 광주지역은 고무되어 있지만, 국회에서의 피상적 발언 이외에 5·18과 12·3이 어떻게 연결이 되는지에 관해 선명한 분석이 없음.

- 실제 12·3 이후 국민적 저항의 현장인 집회현장에 나가보면 5·18에 대한 구체적인 언급은 찾아보기 어려움. 5·18을 경험하지 못한 채 5·18을 상속받은 광주시민으로서 궁금증을 품게 됨.

- 특히 저항운동의 새로운 주도세력이 된 2030청년들의 경우, 그 동력 중 하나가 5·18이라 단정할 수 없음. 그들은 과거 내란에 관한 경험이 없음에도 12월 3일 계엄 선포 직후부터 누군가의 지휘나 지시를 받지 않고 자의적 판단에 따라 국회를 엄호하고 계엄군에 맞섰음.

- 한편, 윤석열을 위시한 세력의 선전선동에 동조하는 2030청년들의

경우, 그 동기 역시 87체제가 만든 세상에 대한 불신이나 반감의 표출이라고 단정하기 어려움. 아직 그들의 동기가 밝혀지지 않았기 때문에 여러 가설들이 주장되고 있는 상황으로 보임.

- 가설을 더해보자면, 2030청년들이 어느 쪽에 감응하였는지를 불문하고 일부 참여자들의 동기 중에는 "자신의 권리와 영역에 이루어지는 침범 또는 공격에 대한 문제 제기 필요성"도 있을 수 있음. 그들에게 헌법이나 체제의 수호라는 명분이 부재하다는 것은 아니나, 헌법과 체제를 수호해야 하는 각자의 이유 중에 "자신의 권리와 영역을 침범하는 세력을 패퇴시키고 침범행위 이전의 상태를 단순히 회복하려는 욕구"도 있겠음.

- 탄핵찬성(내란반대)세력이든 탄핵반대(내란동조)세력이든, 아직까지 그 참여자들의 신분, 지위, 동기 등이 조사된바 없고, 앞으로도 정확한 파악이 어려운 상황이기에, 반드시 역사에 기록되어야 할 사항이라도 신중을 기해야 할 필요가 있어 보임.

- 그럼에도 불구하고 윤석열이 불을 지핀 강권주의의 전개가 세대를 불문하고 우리사회에 미칠 영향이 심히 우려스러운 것은 사실임.

토론 3

빛의 혁명과 반혁명 사이에서 철학하기

박구용 (전남대 철학과)

<지금, 여기>, 대한민국의 내란범과 그들을 옹호하는 폭민들이 사유하는 시민, 행동하는 시민에게 새로운 형태의 철학적 고통을 주고 있다. 철학적 고통은 물리적이고 신체적이거나 심리적인 고통과는 다르다. 철학적 고통은 참과 거짓, 옳음과 틀림, 예쁨과 미움의 구별 문제가 어떤 개인이나 특정 집단의 좋음과 싫음의 구별 문제로 환원될 때 나타나는 고통이다. 계몽의 시대를 거치며 진·선·미를 판단하는 기준을 실용성으로 환원하면서 나타나기 시작한 철학적 고통은 삶의 의미 상실과 가치 상실을 동반하면서 확장해 오고 있다.

계몽은 뿌리, 원천, 근본, 본질, 아르케로부터 존재와 생명의 목적, 의미, 가치를 부여해 왔던 시대와 작별을 선고했다. 고대 그리스를 모델로 삼았던 사람들에게 계몽 이전은 모든 존재와 생명의 목적, 의미, 가치는 ἀρχή (archē)에 있다. 아르케는 시작(beginning), 근원(origin)만이 아니라 최초 원칙(principium primum), 최초 원인(causa prima)과 같이 철학적인 맥락에서 근본을 따지는 담론이다. 아르케는 오랫동안 근본 있는 자들의 지배(rule), 권위(authority), 심지어 정부(government)를 가리켜 왔다. 플라톤의 『법률』(Nόμοι, Nomoi)에 따르면 ①부모의 자식 지배, ②연장자의 연소자 지배, ③주인의 노예 지배, ④귀족의 하층민 지배, ⑤강하고 우월한

자의 약하고 열등한 자의 지배, ⑥ 지식이 많은 자의 지식이 부족한 자 지배는 근본 있는 자의 정당한 지배, 곧 아르케다.

『예기(禮記)』의 「대대예(大戴禮)」 편에 나오고 후대 한나라 동중서(董仲舒)에서 체계화된 것으로 보이는 삼강(三綱)에서 강(綱)은 개념적으로 아르케와 유사하다. 綱은 그물의 가장 굵고 중요한 줄(벼리)을 가리키는 말로 '뿌리', '근본', '기본원칙'으로 확장되었다. 군위신강(君爲臣綱), 부위자강(父爲子綱), 부위부강(夫爲婦綱)에서 알 수 있듯이 임금에 의한 신하의 지배, 아버지에 의한 아들의 지배, 남편에 의한 아내의 지배는 모두 '뿌리' 담론을 통해 정당화되었다.

동서양을 가로지르는 아르케 담론은 주권 독점 체계의 정당화 논리였다. 한 사람이 주권을 독점하려면 그 한 사람만이 아르케로 인정되어야 한다. 그래서 탄생한 개념이 Monarchy다. Monarchy는 '하나', '단일'을 가리키는 μόνος(monos)와 아르케가 결합하여 '홀로 아르케', '절대 아르케'인 사람의 통치 체계, 곧 군주정을 의미한다. 군주정과 달리 귀족정과 민주정은 누가 통치하는지를 나타낼 뿐, 그 통치 자체의 정당성을 부여하는 아르케란 말이 없다. 귀족정(Aristocracy)이 탁월한 사람을 가리키는 ἄριστος(aristos)의 통치κράτος(kratos) 체계라면 민주정(Democracy)은 지역에서 무작위로 선출한 인민δῆμος(dēmos)의 통치κράτος (kratos) 체계다. 플라톤의 관점에 따르면 귀족정은 그나마 근본 있는 자들의 지배 체계지만 민주정은 근본 없는 자들의 지배 체계, 아르케가 없는 무정부상태, 곧 아나키(Anarchy=없음ἀν-(an-)+ἀρχή)에 가깝다.

절대 아르케인 군주는 홀로 유일하게 주권을 가진다. 홀로 주권자인 군주는 언제든 기존의 법률 체제조차 부정할 수 있다. <Ἐν ἀρχῆ ἦν ὁ λόγος>에서 표현된 신적 권위를 갖는 군주의 말은 그 자체로 아르케이자 로고스다. 유일 주권자의 말을 분석하거나 비판하는 것, 나아가 불복종하는 것은 허용되지 않는다. 계몽과 함께 등장한 홉스(Th. Hobbes)의 사회계약론에서조차 유일 주권자인 리바이어던(Leviathan)에게 계약의 당사자인 자연 상태의 시민들도 불복종은 허용되지 않는다. 국가의 신민에게 불복종은 곧 불법이다. 물론 유일 주권자인 리바이어던이 국민의 생명을 보호하고

안전을 도모하지 못할 때, 다시 말해 최소한의 국가 기능이 마비될 때 시민들의 저항권 행사는 자연스럽다. 왜냐하면 이때 리바이어던은 이미 리바이어던이 아니기 때문이다. 이때 시민 행동은 불복종이 아니라 체제 전복의 저항에 해당한다.

『리바이어던』 이후 등장한 국가학이나 국가체계에 관한 철학적 담론에서 주권을 홀로-아르케, 절대-아르케에서 찾는 경우는 거의 없다. 사적 자율성과 공적 자율성, 민주와 법치가 서로를 구성하고 규제하는 상호 제약적 법체계에서 주권은 국민, 시민, 인민에게 있다. 이 체계에서 누구도 진·선·미의 기준을 독점하는 아르케일 수가 없다. 존재와 생명의 목적, 의미, 가치를 제공하는 아르케도 없다. 이제 존재와 생명의 목적, 의미, 가치는 이미 정해진 것이 아니라 항상 다시 만들어 가야 한다. 이제 의미는 차이에서 발생한다. 차이를 존중하고 인정하고, 나아가 차이에서 가치를 발견하는 세계에서 유일하게 정당한 지배 체계는 근본 없는 자들의 통치 체계인 민주정일 수밖에 없다.

계엄령이 대통령의 고도의 정치적 행위라는 사고는 대통령을 홀로-아르케, 절대-아르케라고 간주하던 시절로의 역주행이다. 이 역주행이 참되고, 올바르고, 예쁜 길인 것처럼 꾸미는 말들이 철학적 고통을 유발한다. 말(λόγος)이 아닌 말, 말이라고 할 수 없는 말, 말 같지 않은 말이 공론장을 파괴하고 있다. 문제는 자신의 말이 곧 아르케라고 생각하는 내란 수괴가 어떤 흔들림도 없이 말이 아닌 말을 쏟아내고 있다는 것에서 그치지 않는다. 홀로-아르케라고 생각하는 대통령을 절대-아르케라고 숭배하는 폭민들이 점점 늘어나고 있다는 것이다. 87년 체제에 대한 반혁명이 극점에 이른 내란의 밤 이후 다른 성벽에서 87년 체제를 넘어서려는 혁명의 빛이 쏟아지고 있다. 이 과정을 공유하기 쉽게 30의 명제로 정리하면 다음과 같다.

1. 2024년 12월, 대한민국은 반혁명과 혁명, 그리고 반혁명이 동시에 충돌한다.
2. 일반적으로 혁명이 먼저 일어나고 그에 대한 반혁명이 일어난다.
3. 윤석열의 반란은 반혁명이다.

4. 윤석열의 반란에 맞서 시민, 군인, 야당의 혁명이 일어났다.
5. 이번 내란은 반혁명이 먼저 있고 이를 되돌리려는 혁명이 일어났다.
6. 윤석열의 내란은 87년 체제 이전으로 회귀를 꿈꾸는 반혁명이다.
7. 우리의 시민의식은 촛불혁명을 통해 87년 체제를 넘어서는 혁명을 요구했다.
8. 87년 체제 이전으로 회귀를 꿈꾸는 윤석열의 반혁명과 87년 체제의 극복을 바라는 시민들의 의식 사이에는 너무 넓고 깊은 심연이 있다.
9. 윤석열의 반혁명은 시민의식의 혁명적 에너지 앞에서 좌절할 수밖에 없다.
10. 윤석열의 반혁명이 성공했다면 제2의 4.3, 제2의 5.18이 재현될 수밖에 없었다.
11. 윤석열의 반혁명이 진압되면 우리는 87년 체제에 머무를 것인지, 아니면 87 체제를 극복할 것인지를 물을 수밖에 없다.
12. 박근혜, 윤석열과 같은 정치 괴물의 등장은 87년 체제가 잘 못 작동해서가 아니라 너무 잘 작동해서 일어난 일이다.
13. 87년 체제를 극복하려는 혁명을 시작해야만 유사 박근혜, 유사 윤석열을 막을 수 있다.
14. 87년 체제를 극복하는 혁명은 민족국가와 국민국가의 충돌과 모순을 극복할 수 있는 제7공화국을 열어야 한다.
15. 제7공화국은 사회국가와 세계국가의 성격을 보다 강화해야만 한다.
16. 제7공화국은 모든 사회 집단, 모든 지역 사회를 권력 구성의 주체로 인정하는 연방 체계로 가야한다.
17. 통일은 연방을 확장하는 평화의 프로세스가 되어야 한다.
18. 제7공화국은 국가주의를 벗어나는 법 형식을 구현하여야 한다.
19. 제7공화국은 권리의 다원주의와 권력의 분산이 최대한 구현된 민주공화국을 지향해야 한다.
20. 제7공화국은 사회소득과 기본소득을 결합하는 시민소득을 일반화하고, 사회 서비스와 기본 서비스를 결합하는 시민 서비스를 일반화하는 공화주의적 복지체제를 구축해야 한다.

21. 제7공화국은 자유(지상)주의적 메리토크라시를 극복하는 금융시장 개혁과 주리스토크라시를 극복하는 사법개혁을 추진해야 한다.
22. 제7공화국은 무사유, 무감각의 폭력이 확산되는 것을 방지하기 위하여 차별을 금지하고 차이를 존중하는 법과 제도, 그리고 교육을 확장해야 한다.
23. 2024년 12월이후 빛의 혁명에서 제7공화국을 열 수 있는 에너지가 축적되고 있다.
24. 우리가 맞이하고 있는 혁명 속에는 반혁명의 요소가 남아 있다.
25. 혁명 속에 있는 반혁명은 지체된 도덕 감각과 홀로-아르케의 욕망이 숨어있다.
26. 혁명을 위협하는 반혁명으로 절대적 자유는 공포정치의 부활이다.
27. 혁명이 반혁명을 극복하려면 공포정치, 폭력정치가 아니라 우정의 정치를 복원해야 한다.
28. 혁명을 위협하는 반혁명으로 지체된 도덕감각은 혁명의 아침을 열고 있는 소수자로부터 마이크를 빼앗을 수 있다.
29. 혁명이 반혁명을 극복하려면 무시의 정치가 아니라 상호 인정의 정치를 복원해야 한다.
30. 반혁명을 극복하고 빛의 혁명을 완수하는 제7공화국을 위한 개헌은 헌법을 파괴한 내란 세력으로부터 정치적 권력을 완전하게 박탈한 다음, 곧 헌법수호 세력이 정치권력을 장악한 이후에 시작해야 한다.

토론 4

계엄 제도, 탄핵소추사유의 기속력 등 관련

이창환 (법무법인(유) 케이앤씨)

1. 계엄 제도 개선에 관한 의견

가. 비상계엄제도 자체를 폐지하거나 국회의 사전 동의를 얻도록 하는 방향으로 계엄제도를 변경하는 안에 동의한다.

나. 현재의 비상계엄제도를 그대로 존치하는 것을 전제로 하더라도 헌법 개정 이전에 계엄법을 개정해서라도 아래와 같은 제도 개선이 필요하고 가능한 것 아닌가 생각된다.

1) 계엄 발동 요건으로 헌법 제77조 제1항 “전시·사변 또는 이에 준하는 국가비상사태”의 발생을 규정하고 있고, 계엄법 제2조도 동일하게 규정하고 있다. 그런데 윤석열의 12.3 비상계엄 발표에서 확인되었듯이 “이에 준하는 국가비상사태”라는 부분이 불명확하여 남용의 위험이 존재한다. 현실적으로 ‘전쟁과 내란’의 발생 이외에 “병력으로써 군사상의 필요에 응하거나 공공의 안녕질서를 유지할 필요”를 인정할 수 있는 상황을 상정하기 어렵다. 대규모 재해 발생으로 인하여 병력 동원이 필요한 경우에도 계엄을 발령하지 않고도 병력으로 대규모 재해에 대처하는 것이 얼마든지 가능

하다고 할 것이다. 이러한 점에 비추어 계엄의 발동 요건을 '전쟁과 내란의 발생'으로 한정할 필요가 있다.

2) 헌법 제77조 제3항은 "비상계엄이 선포된 때에는 법률이 정하는 바에 의하여 영장제도, 언론·출판·집회·결사의 자유, 정부나 법원의 권한에 관하여 특별한 조치를 할 수 있다."고 규정하고 있다. 계엄은 "병력으로써 군사상의 필요에 응하거나 공공의 안녕질서를 유지"하기 위한 것이다. 그런데 '집회나 시위'는 그러한 목적상 제한의 필요성을 인정할 수 있으나 언론·출판의 자유에 대한 제한의 필요성이 있는지 의문이다. 계엄의 필요성이나 발령된 계엄의 계속 여부에 대한 공론의 자유로운 형성이 보장되어야 한다. 이러한 점에서 비상계엄시 특별한 조치를 할 수 있는 기본권 항목에서 적어도 '언론·출판'의 자유는 제외시킬 필요성이 있다.

3) 영장제도에 관하여도 영장 없는 체포나 압수수색이 불가능하지도 않은 상황하에서 영장제도에 대한 특별한 조치를 할 필요성이 있는지 의문이다. 영장 발부 요건에 대해서도 비상계엄이 발령된 상황적 특수성이 충분히 감안되어야 할 것이라는 점에서도 영장제도에 관한 특별한 조치의 필요성을 인정하기 어렵다고 볼 수도 있다. 특별한 조치를 하고자 하더라도 영장 발부 요건 심사에 있어 계엄이 발령되게 된 상황과 계엄으로 달성하고자 하는 목적 달성이 충분히 감안될 수 있도록 하는 정도로 충분할 수 있다고 본다.

4) 계엄법 제9조 제1항은 "특별한 조치를 할 수 있다"고만 규정하고 있으나 특별한 조치의 한계나 기준을 명시하는 방향으로 개정할 필요가 있다.

2. 탄핵 사유와 형사소송법 준용에 대하여

가. 윤석열 탄핵사유에서 내란죄 철회 논란

윤석열 탄핵심판 과정에서 '내란죄'철회 여부가 논란이 되었다. 피심인 윤석열 측, 국민의 힘, 보수 언론의 정치공세로서의 성격이 짙은 것으로 보이기는 하나, 탄핵소추 사유와 형사소송법 준용 범위 사이의 관련성에 대한 명확하지 않은 이해에서 비롯된 면도 없지 않다고 생각된다.

윤석열 탄핵심판 변론에서 주심이 탄핵소추사유를 정리하면서 소추대리인에게 '내란죄'를 철회한다는 뜻이냐고 질문하였고, 그에 대하여 소추대리인이 '그렇다'고 답변한 것이 논란의 시발점이었다. 이에 대하여 윤석열 측은 탄핵소추사유에서 '내란죄'를 철회한 이상 국회의 재의결을 받아야 한다고 주장하였고, 소추대리인 측은 '내란죄를 철회하더라도 소추사유로 삼은 사실관계 자체가 달라지는 것은 아니므로, 국회의 재의결은 필요 없다'는 취지의 주장으로 맞섰다.

이러한 논란은 헌법과 헌법재판소법상 탄핵심판의 대상, 국회가 의결한 소추 사유의 기속력과 헌법재판소의 권한, 탄핵소추사유로 형벌규정 위반이 문제되는 경우 형사소송법 준용 범위가 달라지는지에 대한 불분명한 이해에서 비롯된 면이 있다고 생각된다.

나. 헌법상 탄핵 사유

헌법 제65조는 대통령 등이 "그 직무집행에 있어서 헌법이나 법률을 위배한 때"를 탄핵사유로 규정하고 있다. 위 규정에 따르면, 국회가 탄핵소추를 의결함에 있어서는 대통령 등이 그 직무집행에 있어서 위배한 "헌법이나 법률"의 규정과 함께 그 위반에 해당되는 피심인의 행위를 명시하여야 할 것이다.

국회는 윤석열에 대한 탄핵소추를 의결할 때 형법상 내란죄 규정 등 피심인이 위반한 헌법, 법률 조항이 무엇인지 구체적으로 명시하였다. 노무현 전 대통령, 박근혜 전 대통령에 대한 탄핵심판사건에서도 이는 마찬가지였고, 헌법재판소도 그에 관하여 구체적으로 판단하였다. 이와 관련하여, 헌법재판소는 아래와 같이 판시하고 있다.

"헌법 제65조는 대통령이 '그 직무집행에 있어서 헌법이나 법률을 위배한 때'를 탄핵사유로 규정하고 있다. 여기에서 '직무'란 법제상 소관 직무에 속하는 고유 업무와 사회통념상 이와 관련된 업무를 말하고, 법령에 근거한 행위뿐만 아니라 대통령의 지위에서 국정수행과 관련하여 행하는 모든 행위를 포괄하는 개념이다. 또 '헌법'에는 명문의 헌법규정뿐만 아니라 헌법재판소의 결정에 따라 형성되어 확립된 불문헌법도 포함되고, '법률'에는 형식적 의미의 법률과 이와 동등한 효력을 가지는 국제조약 및 일반적으로 승인된 국제법규 등이 포함된다"(헌재 2004. 5. 14. 2004헌나1).

헌법의 규정과 헌법재판소의 위와 같은 판시에 비추어, 피심인이 위반한 헌법, 법률의 조항이나 법원칙 등을 구체적으로 명시하지 않는 탄핵소추나 탄핵심판결정은 허용되지 않을 것이다.

다. 국회가 의결한 탄핵소추 사유의 기속력

헌법재판소는 탄핵심판의 대상에 관하여 노무현 전 대통령에 대한 탄핵심판 사건에서 아래와 같이 판시하였다(헌법재판소 2004.5.14. 선고 2004헌나1 전원재판부).

"헌법재판소는 사법기관으로서 원칙적으로 탄핵소추기관인 국회의 탄핵소추의결서에 기재된 소추사유에 의하여 구속을 받는다. 따라서 헌법재판소는 탄핵소추의결서에 기재되지 아니한 소추사유를 판단의 대상으로 삼을 수 없다. 그러나 탄핵소추의결서에서 그 위반을 주장하는 '법규정의 판단'에 관하여 헌법재판소는 원칙적으로 구속을 받지 않으므로, 청구인이 그 위반을 주장한 법규정 외에 다른 관련 법규정에 근거하여 탄핵의 원인이 된 사실관계를 판단할 수 있다. 또한, 헌법재판소는 소추사유의 판단에 있어서 국회의 탄핵소추의결서에서 분류된 소추사유의 체계에 의하여 구속을 받지 않으므로, 소추사유를 어떠한 연관관계에서 법적으로 고려할 것인가의 문제는 전적으로 헌법재판소의 판단에 달려있다."

박근혜 전 대통령에 대한 탄핵심판 사건에서도 위와 같은 헌법재판소의 입장은 그대로 유지되었다(헌법재판소 2017. 3. 10. 선고 2016헌나1 전원재판부).

위와 같은 헌법재판소의 판시에 따르면, 국회가 의결한 탄핵소추 사유 중에서 기속력이 있는 부분은 '헌법이나 법률 위반'에 해당되는 피심인의 행위에 관한 기재 부분에 한정되고, 위반된 헌법, 법률의 조항이 무엇인지에 관한 부분은 기속력을 갖지 않는다고 할 것이다.

라. 탄핵소추대리인의 국회가 의결한 법률조항 철회 가부

헌법재판소 판례에 의하면, 헌법재판소는 국회가 의결한 소추사유에 기재되지 않은 헌법이나 법률 조항 위반을 인정하여 탄핵을 인용할 수도 있다. 즉, 헌법재판소는 국회가 의결한 탄핵소추 사유에 기재된 피심인의 행위들이 구체적으로 어느 헌법, 법률 조항을 위반한 것인지를 판단함에 있어서는 국회의 의결에 구속되지 않고 재량으로 달리 판단할 수 있다는 것이다.

탄핵소추대리인은 이러한 헌법재판소의 재량적 판단을 구하는 차원에서 국회가 의결한 헌법이나 법률 조항의 적용이 인정되지 않는다면, 그 대신 다른 조항 위반으로 인정해달라는 주장을 제출할 수는 있을 것이다. 다만, 이러한 탄핵소추대리인단의 주장은 헌법재판소의 재량적 판단을 구하

는 의미만 가질 뿐이고, 헌법판재판소를 기속한다고 할 수는 없을 것이다.

여기에서 더 나아가 탄핵소추대리인이 국회가 탄핵소추사유로 의결한 헌법이나 법률 조항의 적용을 임의로 철회하고, 다른 조항의 적용을 주장할 수 있는지에 대해서는 논란의 여지가 있다고 본다. 국회가 의결한 탄핵소추사유 중에서 위반된 헌법, 법률 조항 부분에 대하여 기속력이 인정되지 않는 마당에 국회의 탄핵소추의결의 취지에 반하지 않는 범위 내에서 이를 허용하지 않을 합리적 이유를 발견하기는 어렵다. 다만, 탄핵소추대리인의 그러한 주장이 헌법재판소를 기속하는 것은 아니라는 점에서 이러한 논의가 법적으로 특별한 의미를 갖는 것은 아니라고 볼 수 있다.

마. 탄핵소추 사유와 형사소송법 준용

헌법재판소법은 준용규정에 관하여 아래와 같이 규정하고 있다.

제40조(준용규정) ① 헌법재판소의 심판절차에 관하여는 이 법에 특별한 규정이 있는 경우를 제외하고는 헌법재판의 성질에 반하지 아니하는 한도에서 민사소송에 관한 법령을 준용한다. 이 경우 탄핵심판의 경우에는 형사소송에 관한 법령을 준용하고, 권한쟁의심판 및 헌법소원심판의 경우에는 「행정소송법」을 함께 준용한다.

② 제1항 후단의 경우에 형사소송에 관한 법령 또는 「행정소송법」이 민사소송에 관한 법령에 저촉될 때에는 민사소송에 관한 법령은 준용하지 아니한다.

이와 관련하여, 형벌 규정 위반이 탄핵소추 사유로 된 경우 공소사실 특정에 관한 형사소송법 제254조 제4항과 전문법칙 등 증거능력에 관한 형사소송법의 규정이 그대로 준용되어야 하는지 여부가 문제된다.

이에 대하여 헌법재판소는 아래와 같이 판시하고 있다.

"탄핵심판은 고위공직자가 권한을 남용하여 헌법이나 법률을 위반하는 경우 그 권한을 박탈함으로써 헌법질서를 지키는 헌법재판이고(헌재 2004. 5. 14. 2004헌나1), 탄핵결정은 대상자를 공직으로부터 파면함에 그치고 형사상 책임을 면제하지 아니한다(헌법 제65조 제4항)는 점에서 탄핵심판절차는 형사절차나 일반 징계절차와는 성격을 달리 한다. 헌법 제65조 제1항이 정하고 있는 탄핵소추사유는 '공무원이 그 직무집행에 있어서 헌법이나 법률을 위배한' 사실이고, 여기에서 법률은 형사법에 한정되지 아니한다. 그런데 헌법은 물론 형사법이 아닌 법률의 규정이 형사법과 같은 구체성과 명확성을 가지지 않은 경우가 많으므로 탄핵소추사유를 형사소송법상 공소사실과 같이 특정하도록 요구할 수는 없고, 소추의결서에는 피청구인이 방어권을 행사할 수 있고 헌법재판소가 심판대상을 확정할 수 있을 정도로 사실관계를 구체적으로 기재하면 된다고 보아야 한다. 공무원 징계의 경우 징계사유의 특정은 그 대상이 되는 비위사실을 다른 사실과 구별될 정도로 기재하면 충분하므로(대법원 2005. 3. 24. 선고 2004두14380 판결), 탄핵소추사유도 그 대상 사실을 다른 사실과 명백하게 구분할 수 있을 정도의 구체적 사정이 기재되면 충분하다."

또한, 헌법재판소는 탄핵사유를 인정하기 위한 증거의 증거능력에 관하여, 피심인이 부동의하더라도 영상녹화, 변호인의 입회 등의 조건하에서 이루어진 진술은 진술자를 증인으로 불러 신문하지 않고 증거능력을 인정할 수 있다고 보고 있다.

형벌 규정 위반이 탄핵사유인 경우에도 위와 같이 형사소송법의 규정이 그대로 준용되는 것은 아니라는 것인바, 형사소송법의 규정이 그대로 준용됨으로 인하여 탄핵심판절차가 지연될 것을 우려하여 국회가 의결한 탄핵소추 사유에서 위반된 형벌 조항 부분만을 철회할 변론 전략상의 필요성을 부정하기는 어려울 것으로 보인다.

바. 입법론

헌법재판소는 "탄핵결정은 대상자를 공직으로부터 파면함에 그치고 형사상 책임을 면제하지 아니한다(헌법 제65조 제4항)는 점에서 탄핵심판절차는 형사절차나 일반 징계절차와는 성격을 달리 한다"고 판시하고 있다. 이러한 판시에 비추어 보면, 헌법재판소법이 탄핵절차에 형사소송법을 준용하도록 하고 있는 것이 타당한지 의문이다. 차제에 다른 헌법소송과 마찬가지로 민사소송을 준용하되 행정소송법과 형사소송법을 준용할 수 있다는 취지로 개정하는 것이 바람직한 것 아닌가 생각된다.

토론 5

계엄 뒤 파쇼 그림자, 헌법 시민교육 나서야

12.3 계엄 사태로 헌법과 계엄법 손질 당연
제도 개선만으로 반(反)헌법 기류 막기 벅차

이규연 (세명대 저널리즘대학원)

지난 계엄 사태는 우리가 굳건히 믿고있던 민주주의의 벽에 금을 내는 행위였다. 법률가 출신인 대통령이 절차와 요건에 맞지 않는 계엄을 느닷없이 선포했다는 점에서 충격의 크기는 배가 됐다. 말을 듣지 않으면 사실상 언론인과 의료인을 처단한다는 포고령은 귀를 의심케 했다. 대통령이 자신을 당선시킨 선거체계를 의심해 계엄으로 선거관리위원회를 털려 했다는 주장은 '상식분포 곡선'의 극단치에 위치한다. 윤 대통령이 주장한 주요 탄핵사유 중 하나인 입법 폭주도 그렇다. 신옥주 교수께서 발제문에 표로 정리해주신 것처럼 윤 정부는 집권 2년6개월 동안 25차례나 법률거부권을 행사해놓고, 계엄 사유를 입법부에 돌린다. 이런 계엄 사유들을 받아들이기 어렵기에, 언론은 몇 달 째 '진짜 사유'를 찾아다니고 있다. 다수의 언론이 주목하는 사유는 명태균 게이트다. 계엄 선포 이후, 언론이 찾아 올린 '명태균 사유 탑'은 하루가 다르게 높아지고 있다.

국가원수가 정치적 협공에서 벗어나기 위해 계엄권을 악용하는 사례가 앞으로도 나올 수 있다는 점에서, 이에 대한 사전 견제장치를 강화할 필요가 있다. 신옥주 교수께서 계엄선포권을 규정한 헌법 제 77조를 손질하자고 발제 하셨다. 아무리 국가원수이자 정부수반이라도 대통령이 혼자 중차대한 결정을 하게 할 수 없다. 계엄권의 사전적 통제라고 할 수 있는 국무회의 심의는 이번 사태에서 보듯, 대통령이 얼마든지 무력화할 수 있다. 새로운 헌법에선 대통령이 계엄을 선포한 때에는 지체 없이 국회에 보고해 승인을 받는 조항을 신설할 필요가 있다. 아울러 국회 승인을 받지 못하면 계엄은 즉시 효력을 상실한다는 조문도 추가됐으면 한다.

계엄법의 제2조의 일부 내용을 삭제해야 한다는 지적에도 동의한다. '사회질서가 극도로 교란되어 행정 및 사법 기능의 수행이 현저히 곤란한 경우'을 확대 해석하면 대통령은 자신을 반대하는 집회 시위가 확산될 때 계엄을 선포할 수 있다. 2008년 광우병 사태가 벌어졌을 때 광화문에는 학부모와 학생이 다수 포함된 시민들이 정부의 안이한 대처를 질타하는 대규모 시위를 벌였다. 경찰은 이른바 '명박산성'을 쌓아놓고 시위대의 청와대행을 막았다. 2016년 최순실 게이트가 터졌을 때도 박근혜 정부의 국정농단에 항의하는 시위가 수 개월 째 도심에서 이어졌다. '권력이 위험할 때는 강했을 때가 아니라 나약해 졌을 때'이다. 정치적 수세에 몰린 국가원수가 이런 규정을 악용해 경찰이 아닌 군을 동원할 수 있음을 우리는 이미 경험했다.

정태욱 교수께서 맺음말에 내린 진단을 언급하지 않을 수 없다. '젊은 계층이 87년 체제가 만든 세상에 좌절하고 있다. 양극화, 불로소득, 탐욕과 허영, 차별과 혐오의 체제가 과연 도덕적 상식으로 납득될 수 있는 일인가? 어떻게 울분이 없을 수 있을까? 윤석열 대통령은 대상을 찾아 주었다. 방식도 제시해 주었다. 북한, 중국, 좌익에 강력한 힘을 호쾌하게 휘두르는 것이다.'

열정적인 현실 토로에 전적으로 동감하면서, 과거와 미래를 살피면서 간단히 첨언하고자 한다. 2017년 탄핵 직전의 주요 여론조사를 종합하면 대개 70~80%가 탄핵에 찬성했다. 박근혜 파면이 결정된 직후에는 10% 안팎만 이에 불복한다고 답했다. 지금의 탄핵 찬성은 50~60% 정도다. 윤 대통령에 대한 파면 결정이 나오더라도 2017년 때보다 훨씬 많은 불복 의사가 나올 개연성이 크다. 상당수 제도권 정치인이 거리의 구호와 일부 유튜브에 동조하는 것도 2017년과 다른 불길한 현상이다. 2017년 탄핵 반대 시위자의 90% 이상은 노인층이었다. 지금의 반대 집회에서는 20~30대 주로 남성들이 분위기를 띄우고 있다. 이런 현상이 일정한 체계를 갖춘 특정 종교단체나 사회단체와 결합한다며 유럽사회에 출몰한 파쇼적 정당이 우리 사회에도 생겨날 수 있다.

자본주의, 공산주의 등과 달리 파쇼의 개념은 덜 체계적이다. 그렇더라도 극단적 국가주의나 민족주의의 표출, 억압적 권위주의의 정당화, 포퓰리즘 선동이라는 특징은 뽑아낼 수 있다. 비상계엄 사태와 법원 폭동에서 파쇼적 징후가 잡혔다. 중국과 북한에 극단적인 적대감을 표출하고 야당을 반국가세력으로 몰아세웠다. 법원에 난입하는 방식으로 사법부를 억압하려 했다. 적지 않은 정치인은 사법절차를 거부하면서 끝까지 함께 싸우자고 대중을 선동했다. 필자는 2017년 탄핵 반대 집회 현장에서 만난 분들에게서 측은지심을 느꼈다. 8년이 지난 지금은 살벌함으로 바뀌어 있다. 탄핵 결정 이후에 이런 기운이 모아져 정치세력화를 시도할 가능성이 있지 않을까.

정태욱 교수께서 지적하신 젊은 세대의 좌절과 분노는 우리 기성세대가 긴 안목을 갖고 해소해야 할 근본적인 중장기 과제라고 하겠다. 단기 과제를 하나만 꼽는다면 헌법 시민교육이 아닐까 한다. 헌법의 내용과 의미, 맥락을 이해하는 시민은 불행히도 많지 않다. 이번 계엄이 헌법 규정을 명백하게 위배했다고 보도해도, 다수의 시민이 그 조문을 찾아보지 않는다. 민주주의의 수호자이자 지침서로서, 헌법을 쉽게 풀어주는 교육이 대대적으로 이루어졌으면 한다. '언더스탠딩 헌법'을 위하여.

토론 6

김명식 (조선대 법사회대학)

우선 '헌정회복을 위한 헌법학자회의 호남권 지역토론회'에서 종합토론의 기회를 주신 데 대해 깊은 감사의 말씀을 드립니다. 또한 오늘 '5.18과 12.3 계엄, 그리고 윤석열 탄핵'이란 주제로 여러 헌법적·정치적 쟁점을 잘 정리해서 훌륭한 발표를 해주신 신옥주교수님, 정태욱교수님께도 충심으로 감사드립니다. 전혀 예상치 못했던 비상계엄사태로 민주주의의 시계가 너무나도 멀리 되돌아가 버렸다는 사실 하나만으로도 국민적 공분이 얼마나 큰지 충분히 짐작이 갑니다. 정말이지 국가 발전을 위해서는 다시는 이러한 어처구니없는 일이 발생하지 않도록 예방장치와 제어장치를 강화하는 것은 매우 중요한 과제이고, 그러한 관점에서 오늘 두 분 교수님의 발표는 더욱더 큰 의미를 갖는다고 생각합니다.

먼저, 제1주제에서 신옥주교수님께서는 계엄에 대한 사전적 통제가 국무회의의 심의와 국무총리 및 관계 국무위원의 부서만으로는 충분하지 않다고 지적하시면서, 프랑스 제5공화국헌법상의 사전자문제도, 독일기본법상의 국회의 계엄요건사전심사제도 등을 소개해 주셨는데, 우리나라도 국회의 사전동의 내지 사전심사 제도를 도입하는 방안을 적극 추진할 필요가 있겠다고 공감하게 되었습니다. 나아가 위헌·위법한 계엄선포 등 헌정질서파괴범죄자에 대한 사면금지 방안(아니면 미국헌법과 같이 탄핵결정을 받은 경우에는 사면대상에서 제외하는 방안)이라든가, 다소 추상적인 계엄법 제2조

제2항의 일부를 삭제하자는 방안에 대해서도 공감이 갑니다.

다만, 위헌·위법한 계엄선포행위자에 대해 참정권을 박탈하자는 주장과 관련하여, 현행 선거법제로도 충분하지 않은가 생각됩니다. 주지하다시피 위헌·위법한 계엄선포행위는 '법원의 판결이나 다른 법률에 의해 참정권이 제한되는 경우'에 당연히 해당되지 않을까 생각되기 때문입니다.

다음으로, 제2주제에서 정태욱교수님께서도 계엄에 대한 사전적 통제의 강화를 언급해 주셨습니다. 특히 대통령의 계엄선포 요구, 국회의 계엄선포, 대통령의 계엄 집행, 국회의 계엄해제 요구 등 견제와 균형 원리에 입각한 통제방안의 제시는 매우 인상적입니다. 그런데 국가안전보장회의의 사전심의를 추가하자는 방안과 관련하여, 과연 사전통제의 실효성이 있겠냐는 의문이 들기도 합니다. 이번 계엄에서 국무회의의 심의조차 제대로 거치지 않고 진행되듯이 국가안전보장회의의 사전심의가 형식적으로 이루어질 수도 있고, 국가안전보장회의 구성원의 상당수가 국무회의 구성원인 점을 고려할 때 오히려 국가안전보장회의에서 계엄 반대의견을 피력했으나 다수의 찬성의견으로 사전심의가 통과되고 나면 그 의결결과에 구속되어 국무회의 심의에서 반대의견을 피력하기 어려워질 수도 있지 않을까 우려되기 때문입니다. 그밖에 다양한 군에 대한 문민통제 강화방안이라든가, 한반도 평화체제 구축 필요성에 대해서는 깊이 공감합니다.

그런데, 대통령 책임 추궁방안으로 미국의 권한대행(승계)제도를 잠깐 소개해주셨는데, 과연 권한대행(승계)제도를 통하여 12.3계엄선포와 같은 국가긴급권의 부당한 행사를 통제할 수 있을지 약간 의문이 듭니다. 우리 헌법이 대통령권한대행의 사유로 궐위와 사고라는 다소 추상적이고 포괄적인 용어를 사용하고 있는 반면, 미연방헌법은 면직(removal), 사망(death), 사직(resignation), 직무수행불능(inability), 자격상실(disqualification) 등으로 일견 보다 구체적인 용어로 권한대행(승계)사유를 규정하고 있습니다. 특히 궐위에 해당하는 면직, 사망, 사직, 자격상실의 경우는 비교적 그 개념이 명확하여 논란될 여지가 없을 듯합니다. 왜냐하면 면직, 사망, 사직, 자격상실 등 경험적으로 인식될 수 있는 객관적 사실의 발생으로 인하여 당연히 권한의 대행(승계)이라는 법적 효과가 발생하게 되기 때문입니다.

그러나 직무수행불능의 경우는 그것의 정확한 의미와 적용범위가 너무나 모호하고 포괄적이어서 계속 논란의 대상이 되어 왔습니다. 다만, 직무수행불능의 경우들은 매우 다양한 형태로 발생할 수 있고 이 용어가 이러한 모든 조건이나 상황을 포섭하기 위해서는 이에 대한 헌법상의 엄격한 개념정의가 오히려 바람직하지 않을 수도 있다는 관점에서 명확성원칙 위반의 문제는 제기되고 있지 않습니다. 통상 직무수행불능의 경우에는 해외순방 등으로 인한 국내부재, 신체적·정신적 질환뿐만 아니라, 심지어는 실종·납치·전쟁포로 등의 극단적인 상황까지 포함될 수 있다고 합니다.

그렇지만 직무수행불능이라는 권한대행(승계)사유가 너무나 모호하고 광범위하게 적용될 수 있기에 '누가', '어떠한 절차에 따라', '어떠한 기준으로', 직무수행불능을 '판단'할 것인가가 문제되어 왔고, 이를 해결하기 위해 수정헌법 제25조 제4항이 도입되었다고 할 수도 있겠습니다. 아무튼, 이러한 절차에서 확정하려는 대상은 과연 대통령이 직무수행능력을 유지하고 있는가의 문제이지, 그 권한의 행사가 과도한 남용에 해당하는가는 전혀 논의되지 않고 있습니다. 즉, 수정헌법 제25조 제4항의 절차를 대통령의 권한남용을 통제하려는 제도적 장치로 보는 것은 그 연혁과 취지에 부합하지 않는다고 보여지며, 미국에서도 대통령에 대한 책임 추궁이나 정치적 통제가 필요한 상황에서는 탄핵제도를 활용하고 있다는 점에 비추어 보아도 그렇다고 보여집니다.

조금 다른 이야기입니다만, 일반적인 대통령 책임 추궁방안으로는 중임제로의 변경을 통한 정치적 통제의 방식이 더 바람직하지 않나 생각해봅니다. 주지하다시피 미국은 대통령중임제를 운용하고 있는데, 두 번째 임기에 당선되기 위해서라도 국민의 의사에 귀 기울이는 책임정치를 하게 된다고 평가받고 있습니다. 물론 이에 대해서는 두 번째 임기가 마지막이이서 국민의 의사에 반하는 국정운영을 할 수 있지 않겠냐는 반론이 있지만, 그럴 경우에는 다음 선거에서 소속 정당에 대한 국민의 심판이 신랄하게 이루어질 수 있기에 그러지 않는다거나 통상 첫 번째 임기에 국정수행을 잘 하는 경우 두 번째 임기도 그래왔다는 역사적 경험도 그 근거로 제시되고 있습니다.

마지막으로, 이번 계엄사태와 탄핵에 대한 국민의 분열과 극단적이고 심지어는 폭력적인 의사표출의 문제점을 어떻게 해결할 것인지에 대한 고민이 정말 필요하다고 생각합니다. 기본적으로는 국민에 대한 민주시민 교육이 더욱 강화되어야 하지 않을까 생각해 보았습니다. 특히 유튜브나 각종 SNS와 같은 불확실하고 왜곡된 주장을 제대로 판단하지 못하고 이를 무조건적으로 신뢰하고 극단적인 행위로 나아갈 수 있는 현실을 보면서 민주주의에 대한 시민교육이 학교 교육에서부터 보다 철저히 이루어질 필요가 있으며, 정보화시대의 알고리즘 편향성 문제도 함께 지적되어야 한다고 생각하게 되었습니다.

토론 7

이종수 (연세대 법학전문대학원)

이번 12.3비상계엄에 대한 법적 평가를 두고서 여러 황당한 주장이 난무하고 있는 가운데, 오늘 두 분 발제자의 글이 이 같은 혼란상을 정리하는 데에 큰 도움이 되리라고 봅니다. 진영논리에 따른 주장, 특히나 합법성을 무시하고서 정당성을 강조하는 궤변이 횡행하는 가운데 그간 우리가 합의해온 법치주의와 사법제도의 근간이 흔들리고 있는 작금의 상황은 매우 위중합니다.

신옥주 교수께서는 12.3비상계엄의 위헌/위법성 그리고 이같이 무도(無道)한 비상계엄의 재발을 방지하기 위한 헌법적 차원에서의 보완책을 주로 논구(論究)하셨습니다. 그리고 정태욱 교수께서는 대통령제의 본질과 책임 및 탄핵제도에 대해 매우 상세한 논의를 덧붙여주셨습니다. 두 분 발제자의 논지에 딱히 따로 반박할 대목이 없는 관계로 아래에서 몇 마디 덧붙이는 말로써 토론자의 소임을 다하고자 합니다.

지난 12월초 그간 지속되어온 경기침체 말고는 지극히 평온했던 일상 중에 3일 늦은 밤에 윤석열 대통령이 45년 만에 느닷없이 비상계엄을 선포했고, 이러한 가운데 국무회의의 심의와 회의록, 국무총리와 관계 국무위원의 부서 및 국회 통고가 없었고 그리고 국회의 활동정지 등을 명령하는 포고령 1호의 다수 내용이 헌법과 계엄법이 정하는 실체적 요건과 절차적 요건을 모두 준수하지 않았습니다. 유일하게 합헌적이라고 평가할 수 있는 대목은 헌법 제77조상의 선포권자인 대통령이 비상계엄을 발동했다는 사실뿐입니다. 이와 함께 비상계엄 상황에서도 "언터처블(untouchable)한" 존재로 규범화되어있는 국회와 중앙선관위를 경찰과 병력이 봉쇄하고 침입하는 모습을 온 국민이 생중계로 똑똑히 지켜보았습니다.

그런데 공교롭게도 이 대목에서 재임 중의 대통령에게 보장되는 "형사불소추특권"에도 불구하고, 헌법 제84조가 정하는 유일한 예외, 즉 "내란 및 외환의 죄"로 바로 이어집니다. 우리 형사법체계는 누구나가 아니라 예외적으로 특정한 인적 집단만이 범죄의 실행주체가 될 수 있는 이른바 "신분범" 조항을 갖고 있습니다. 뇌물죄에 있어서 공무원 신분과 존속살해죄에서 존비속 관계의 신분 등이 그러합니다.

그런데 헌법 제84조는 형법을 포함해서 전체 법질서 안에서 특정 개인을 특정 범죄의 실행주체로 정하고 있는 유일무이한 법 규정입니다. 즉 현직 대통령 한사람을 "내란 및 외환의 죄"의 잠재적인 범행 주체로 특정하고 있습니다. 군통수권자인 대통령이 권력을 남용할 가능성을 헌법이 미리 예정하고 있는 셈이고, 이번 사태를 돌이켜보면 꽤나 체계정합적인 규정이기도 합니다.

탄핵심판에서 대통령 측은 국가비상사태 여부의 판단주체인 대통령이 비상계엄을 선포한 까닭에 하등 문제될 것이 없고, 이는 통치행위로서 사법심사의 대상이 되지 않는다고 주장합니다. 그러나 오래전에 국가비상사태와 그 해결수단으로 따로 독재관(Diktatur)을 임명해온 로마공화정에서도 "외적(外敵)의 공격"이 분명히 전제되었음을 감안한다면, "경고용 계엄"이라거나 심지어 "계몽령"이라는 주장이 얼마나 생뚱맞고 뜬금없는 헛소리인지는 더 이상 언급할 필요가 없겠습니다.

저로서는 우리가 여전히 분단 상황이고, 특히 이번 서울서부지법습격사건에서 목도했듯이 향후에도 정치적 갈등이 내부 소요(騷擾)사태로까지 불거질 수 있는 잠재적 가능성을 고려하면 국가긴급권의 헌법적 규범화가 나름 불가결하다는 생각입니다. 그러나 이번 사태에서 경험했듯이 보완과 개선은 필요해 보입니다. 신옥주 교수님의 발제문 말미에서 비상계엄 발동과 관련해서 현행과 같은 국회의 사후적인 계엄해제 요구가 아니라 사전적 통제의 필요성이 지적되고 있고, 저 역시도 일전에 이 토론회에서 같은 취지로 밝힌 바가 있습니다.

특히나 SNS 등 통신과 매체기술이 발달된 오늘날에는, 이번처럼 비상계엄이 선포되고서 국회의 계엄해제 요구가 있기까지 불과 두 시간여가 걸린 사실을 고려한다면, 향후에 실제로 있을 수 있는 국가비상사태 시에 계엄 선포를 위한 국회의 사전 동의로도 충분히 신속하게 대응할 수 있음이 확인되었다고 판단됩니다.

다들 그리 짐작하듯이, 이번에 비상계엄이 발동된 정황은 꽤나 단순해 보입니다. 그간의 여러 실정(失政)과 가족비리로 인해 대통령이 정치적으로 궁지로 내몰렸고, 이를 위한 타개책이 비상계엄이었다고 봅니다. 무소불위에다가 거칠 것이 없던 대통령에게 딱 하나가 아쉬웠는데, 그게 바로 국회다수(多數)였습니다. 여소야대(與小野大)의 국회구도가 아니었다면, 굳이 이토록 무도(無道)한 계엄 카드를 꺼내지 않았을 법합니다. 야당 우위의 이 국회구도를 되돌리려면, 지난 총선을 부정선거로 몰아서 다수 국민을 설득시켜야 했고, 이를 위해서는 선관위 서버 확보 또한 필요했겠습니다.

따라서 이번 12.3비상계엄은 지난 총선에서 대통령과 집권세력에게 경고하고, 야당에게 힘을 실어준 주권자의 의사, 즉 국민주권주의를 또한 정면으로 공격한 것이기도 합니다. 이게 바로 독재인 셈인데, 독재를 옹호하는 정당성의 논리가 민주주의와 법치주의 및 합법성의 원칙을 훼손하고 있는 작금의 현실이 또한 매우 유감스럽습니다.

설령 죽여 마땅한 사람일지라도 그리고 죽일만한 상황이었다 하더라도, 사람을 죽이거나 죽이려고 했다면, 살인이나 살인미수의 죄책을 피할 수 없는 게, 그간 우리사회가 합의해온 법이고 사법체계입니다. 여기에는 다른 이론(異論)이 있을 수가 없습니다. 이번 비상계엄이 정당하다는 주장은 특정한 경우에 살인이나 살인미수가 정당하다고 주장하는 궤변과 하등 다를 바가 없다는 생각입니다. 향후에 이 같은 사태의 재발 방지를 위해서라도 관련자들에 대한 엄중한 사법적인 책임 추궁 또한 불가피합니다.

끝으로 발제문을 작성하신 두 분 발제자의 노고와 특히 5.18정신이 깃든 이곳 빛고을 광주에서 토론의 기회를 갖게 된 데에 감사드리며, 짧은 토론을 마칩니다.

토론 8

지적 교만의 몰가치성과 진실에 입각한 정의의 회복

김선택 (고려대 법학전문대학원)

우선 상황이 긴박하게 진행되고 있어서 불가피하게 아주 짧은 기간이 주어졌음에도 훌륭한 논문을 발제해주신 두 분 발제자님께 깊은 감사의 말씀을 드립니다. 미시적인 관점에서 세세한 법률적 쟁점들에 대해서는 물론이고 거시적인 관점에서 12·3 계엄/내란 사태에 대한 역사적·사회적 맥락까지 잘 짚어주셔서 배울 바가 많았습니다. 다시 한 번 수고에 감사드립니다.

봄이 왔습니다만 아직 봄 같지가 않습니다. 겨울의 냉기가 여전히 느껴지는 봄입니다. 온전히 계절을 회복하지 않으면 언제까지나 이 싸한 느낌(어쩌면 트라우마)에서 벗어날 수 없을 것만 같습니다.

저는 오늘 광주로 내려오는 기차 안에서 지금으로부터 30년 전인 1995년 크리스마스 이브가 떠올랐습니다. 24일에서 25일로 넘어가는 한밤중에 '과거청산과 법치국가'라는 논문을 마무리하면서 제일 마지막에 "1995년 12월 25일 탈고함"이라고 한 줄을 덧붙였던 기억이 납니다. 다 아시겠습니다만 그 해에 5·18특별법이 헌법에 합치하는지 여부를 둘러싸고 논란이 있었고, 저는 이미 '성공한 쿠데타는 처벌할 수 없다'는 당시 검찰의 주장에 분노하고 있었던 터라, 5·18특별법이 합헌임을 주장하기 위하여 성탄절 전야를 지새웠고, 그것을 기억하기 위하여 젊은 기분에 그런 사족을 붙였던 것입니다.

2024년 12월 3일 계엄사태가 있었던 날 밤 이후 저는 1995년 크리스마스 이브 때와 비슷한 상태가 된 것 같습니다. '말이 안되는 것이 명백함'을 모를 리가 없을 것으로 짐작되는 사람들이 '말이 안되는 주장'을 거침없이 하고 있습니다. 그날 밤의 소위 담화로부터 시작된 이 기괴한 상황은 지금까지도 여전히 계속되고 있습니다. 취임식에서 '반지성주의'를 공격하던 자가 스스로 저지른 '반지성주의'도 기괴하지만, 그것에 부화뇌동하여 긴 행렬을 이루고 있는 정치인, 언론인, 법조인, 그리고 이른바 학자들까지 너무나 기괴합니다. 아무리 탈진실(post-truth)의 시대라지만, 그리고 양극화된 진영논리가 득세하는 시대라지만, 자신들이 서있는 위치라든가 자신들에 대한 공동체의 기대를 조금만 돌아볼 지성이 있다면 그럴 수는 없는 일입니다. 이것이 어쩌면 작금의 위기의 진짜 배경이 아닌가 생각됩니다.

정치적이든 경제적이든 사회적이든 문화적이든 권력을 가진 자들이 보여주는 지적 교만은 그들의 몰가치함을 백일하에 드러내고 있습니다. 문제는 그들의 허위주장이 사태의 진실을 가리는 데서 끝나는 것이 아니고 사태의 해결을 방해하고 왜곡한다는 데 있습니다. 진실 없이는 정의도 없습니다. 우리가 '헌정회복을 위한 헌법학자회의'를 구성하여 지혜를 모으고 있는 것은 바로 진실에 입각한 정의를 회복하기 위해서입니다.

저는 두 분 발제자께서 발제하신 내용에 대체로 동의한다는 말씀을 드리고, 다만 토론자로서 현재 진행되고 있는 논의상황에서 특별히 의미있는 것으로 보이는 세 가지 점에 관하여 보충적 말씀을 해주십사 부탁드리는 것으로 토론에 갈음할까 합니다.

첫째, 국가긴급권에 관하여 헌법에 규정을 두는 방식과 헌법에 규정이 없음에도 그것이 행사되는 방식을 나누어 말씀을 하셨습니다. 전자를 입헌적 긴급권, 후자를 초헌법적 긴급권이라고 명명하셨습니다. 그런데 입헌적 긴급권의 방식을 취하고 있는 경우에도 초헌법적 긴급권이 추가적으로 인정될 수 있는 것인지, 그리고 긴급권이 실제로 행사되었을 때 입헌적 긴급권 규정으로 정당화될 수 없는 경우에 다시 초헌법적 긴급권으로 정당화될 수 있는지 여부를 추가적으로 검토해야 하는 것인지 아니면 입헌적 긴급권 규정을 위반한 그 자체로써 위헌으로 판단하면 족한 것인지 말씀 부탁드립니다.

둘째, 국가긴급권 행사가 이른바 '통치행위(Regierungsakt, act de gouvernment, political question)'라는 헌법적 개념범주에 해당하여 사법심사 대상이 되어서는 안된다는 주장이 여전히 제기되고 있습니다. 물론 한국의 헌법재판소(금융실명제 긴급재정경제명령 헌재 결정)도 대법원(12·12군사반란과 5·17내란 대법원 판결)도 통치행위라는 개념의 인정 여부와 별개로 사법심사를 해야 한다는 입장이라는 점은 잘 들었습니다. 그런데 헌재의 입장과 대법원의 입장에 미묘한 차이가 있는 것으로 보입니다. 특히 대법원 판례의 경우, 이번 사태와 같은 계엄선포의 경우 '국헌문란 목적이 있는 경우' 내란죄 성립여부와 같은 형사법적 판단을 해야 한다는 것이었고 계엄선포 자체의 당·부당을 심사할 수 있느냐와는 거리가 있는 듯 보이기도 합니다. 헌재 판례의 경우 긴급권행사로 인한 기본권침해에 대하여 심사가능성을 인정한 것으로 더 적극적으로 보입니다만, 다른 한 편 해외파병사건에서 '정치문제'로 사법자체를 택한 적이 있어서 논란의 불씨가 남아있는 것 같습니다. 이 점에 관하여 보충 설명 부탁드립니다.

셋째, 12·3 사태 이후 가장 많이 듣는 이야기가 '도대체 왜 이런 일이 발생할 수 있었을까?' 하는 질문과 '어떻게 하면 이런 일이 재발하지 않을까?' 하는 질문입니다. 전자의 질문의 경우 특정 개인의 문제(성격적인 문제이건 야심의 문제이건)로 치환가능할까, 아니면 제도적으로 어떤 결함이 있었던 것일까가 논의되어야 하고, 후자의 질문의 경우 계엄을 비롯한 국가긴급권제도 자체를 오남용이 불가능하게 손질하는 것과 나아가 그것을 포함하여 헌법의 국가권력구조 전반의 시스템적 문제 또는 더 나아가 한국사회의 정치적 경제적 양극화의 문제라든가 젠더갈등과 젊은 세대의 우경화 현상 같은 사회적 문제까지 진단해야 할 지도 모르겠습니다.

이들 문제는 앞으로 더 세밀한 검토를 학제적으로 진행해야 할 것 같고, 다만 여기에서는 과연 제도로써 해결 가능한 것인지, 즉 제도가 잘 갖춰져 있었으면 이번 사태와 같은 것이 발생할 가능성이 전혀 없었을 것인지 말씀 부탁드리고 싶습니다. 서슬이 시퍼런 독재의 칼날이 과연 형식과 절차라는 법치국가적 장애물 앞에서 기꺼이 멈춰섰을 것인지 의문이 들기도 하기 때문입니다. 물론 제도적이든 비제도적이든 필요한 모든 방어수단을 갖춰야 한다는 것은 당연하지만 그 이전에 지향점으로서 생각해볼 만한 것이 무엇인지 고견을 부탁드립니다.

오늘, 두 분의 훌륭한 발제와 여러 분의 진지한 토론으로 유익한 행사가 되었습니다.

이 행사를 준비하느라 수고해주신 여러 분들의 노고에 갚이 감사드리고, 오늘 우리의 논의가 작금의 위기를 극복하는데 작으나마 기여할 수 있기를 소망하며 토론을 마칠까 합니다. 감사합니다.

5·18과 12·3계엄,
박구용
김선택
신옥주
민병로
송선태

5·18과 12·3계엄, 그리고 윤석열 탄핵
일시 | 2025. 3. 7.(금) 15:30-18:00
장소 | 광주광역시의회 예산결산특별위원회 회의실(5층)
주최 | 헌정회복을 위한 헌법학자회의(CSCEKC)
박구용
이규연

헌정회복을 위한 헌법학자회의 활동보고서

2025년 12월 15일 초판 1쇄 찍음
2025년 12월 22일 초판 1쇄 펴냄

엮은이 헌정회복을 위한 헌법학자회의

편집 김천희·엄귀영·박훈·정지현·김찬호
디자인 김진운

펴낸이 윤철호
펴낸곳 ㈜사회평론아카데미
등록번호 2013-000247(2013년 8월 23일)
전화 02-326-1545
팩스 02-326-1626
주소 03993 서울특별시 마포구 월드컵북로6길 56
이메일 academy@sapyoung.com
홈페이지 www.sapyoung.com

ISBN 979-11-6707-218-4 93360